제 3 판

AVR Embedded System 설계를 위한

ATmega128 이론 및 실험

김종부 / 서종완 / 안비오 공저

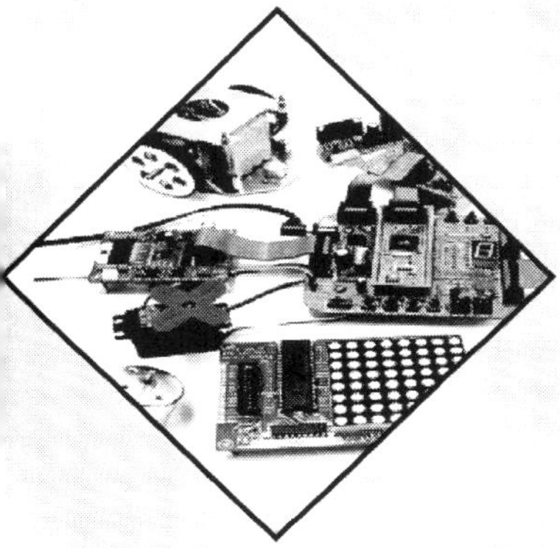

D.B.Info

머 리 말

"사람이 마음으로 자기의 길을 계획할지라도 그 걸음을 인도하는 자는 여호와시니라 (잠언 16장 9절)" 기독교인인 제가 하나님의 사랑을 느끼면서 매일 매시간 체험하고 느끼고 의지하며 살아가는 말씀입니다. 이 책을 출판하게 된 것도 인도하심이라 믿으며 하나님께 조금이나마 영광을 드릴 수 있길 바랄 뿐입니다.

이 책은 25년이 넘게 마이크로프로세서 및 로봇을 대기업연구소에서 또 학교에서 연구하고 가르치면서 느꼈던 노하우 및 아쉬움을 후학들을 위해서 미력하나마 기여를 하고자 만든 첫 번째 열매입니다. 앞으로 몇 년에 걸쳐서 여러 종류의 마이크로프로세서 및 로봇 관련 교재부터 첨단 기술을 실험해 볼 수 있는 실험용 장비까지 일체를 개발하여 발표 할 예정입니다.

AVR 마이크로프로세서는 8비트 RISC 마이크로프로세서로서 빠르고, 소비전력이 적고, 여러 종류가 있어서 필요에 따라 다양한 선택을 할 수 있으며, ISP 기능으로 별도의 ROM 라이터 없이도 편리하게 사용할 수 있는 매우 좋은 마이크로프로세서입니다.

AVR 마이크로프로세서는 여러 종류가 있지만 이 책은 그 중에서 최근에 개발되어 다른 AVR 마이크로프로세서 기술 대부분을 포함하고 있으며 성능이 우수한 ATmega128을 중심으로 만들어서, 이 책을 공부하면 다른 AVR 마이크로프로세서도 사용 할 수 있도록 하였습니다.

AVR에 대한 기술은 이 책을 공부하면서 충분히 배우게 될 것이므로 여기서는 더 이상 언급을 하지 않고, AVR을 공부하기로 선택한 것은 참 잘한 일이며 후회 없는 일이 될 것이라는 것만 감히 말씀드립니다. ATmega128 마이크로프로세서는 산업현장에서 MP3 플레이어, DMB 수신기, 로봇 등 첨단 제품에 매우 많이 사용되고 있는 최첨단 마이크로프로세서입니다.

제가 교육을 하면서 항상 아쉬운 점은 교재들이 보편적으로 어렵고 배운 이론을 산업현장에서 바로 적용하기가 어렵다는 것이었습니다. 이 책은 어려운 이론을 실험 및 예제 프로그램 을 통해서 쉽게 이해할 수 있도록 프로그램의 설명을 특히 강화 하였으며, 실제 산업현장에서 사용하고 있는 회로 및 사진 등도 첨부하여 초보자도 쉽게 이해할 수 있고, 배운 지식을 신업현장에서도 쉽게 적용이 가능하도록 하였습니다. 이 책을 공부하면 AVR 이론을 쉽게 이해할 수 있으며, 응용기술을 더 공부하고자 하는 학생들은 "Dr. Kim ATmega128 Training Kit" 나 모듈을 가지고 더 많은 실험을 해봄으로써 산업현장에서 실제로 적용할 수 있는 기술 습득도 가능 할 것입니다. 물론 Training Kit나 모듈 없이 이 책만 가지고도 충분한 공부가 가능합니다.

현재 마이크로프로세서는 각종 기사시험의 실기 시험이나 졸업 작품 등에서 매우 중요한 위치를 차지하고 있습니다. 그러나 아쉬운 점은 키트나 모듈 등이 너무 비싸서 학생들이 개인적으로 구입하여 사용하기에는 힘들며, 학교에서도 계속 발전하는 기술을 적용한 새로운 장비를 수시로 구입하여 사용하기가 어려웠습니다. 그리고 실험용 키트를 구입하면 키트 이외의 더 이상의 응용이 어렵다는 문제도 가지고 있었습니다. 그래서 ATmega128 CPU 모듈, 다양한 응용 모듈, 저가, 중가. 고가 Training 키트 및 응용 로봇 제품까지 다양하게 개발하여 관심 및 수준에 따라서 선택적으로 공부할 수 있도록 하였으며, 임베디드 시스템을 공부하기위한 준비까지 가능하도록 하였습니다.

앞으로 MCS51계열, ARM, CPLD, FPGA 등의 단순 저가 모듈부터 응용 로봇제품까지 다양한 제품을 시리즈별로 개발하여 국내 및 해외에서 출시 할 것을 약속드립니다.

작은 우리나라는 세계 속에서 많은 꿈을 이루어왔고 또 많은 꿈을 이루어 가고 있습니다. 저는 첨단기술로 중국 대륙을 정복하고 싶은 꿈을 꾸고 있습니다. 특히 중국의 학생들을 지도하여 이들이 각자 분야에서 지도자들이 됐을 때 우리나라의 영향력을 만들고 싶은 꿈이 있습니다. 저는 지금 이런 꿈을 이루어 가고 있습니다. 저는 중국의 지질대학에서 객좌교수로 임명을 받았으며, 특별 초청되어 제가 만든 교재와 교육 장비를 사용하여 중국의 학생들을 가르치는 아주 특별한 기회를 가졌었고, 이를 성공적으로 완수하여 많은 대학 및 기업에서 교육 특강의 의뢰를 받고 있습니다. 그래서 본 교재는 중국어로도 동시에 출간이 되어 중국에서도 판매가 되고 있으며 제가 만든 교육장비도 "Dr. Kim Robot"이라는 브랜드로 중국에서 판매되고 있습니다. 그리고 중국의 전자학회등과 협력하여 중국의 많은 대학에 "Dr. Kim Robot Simulation"이라는 교육 프로그램을 만들어서 마이크로프로세서 및 로봇 관련 교육을 할 예정이며, 자격증까지 만들 예정 입니다. 그리고 본 과정을 이수한 학생들을 대상으로 한중 마이크로프로세서 및 로봇 관련 대회를 개최할 예정입니다. 또한 현재 러시아, 프랑스, 영국, 동남아시아에서도 저의 이러한 프로그램에 많은 관심을 보이고 있어서 조만간 좋은 일들이 있을 것 같습니다.

끝으로 이 책이 나오는데 많은 도움을 주신 복두출판사 송광헌 사장님과 실험 및 제품을 개발하는데 고생을 많이 한 (주)교육로봇의 양동민, 박경진, 이근형, 이승훈 연구원과 국내외에 제품을 알리고 있는 (주)교육로봇 관계자 여러분에게도 진심으로 감사를 드립니다.

2009년 8월

불암산 기슭에서 저자드림

차 례

ATmega128

CHAPTER 1

제 1 장 AVR 마이크로컨트롤러의 개요

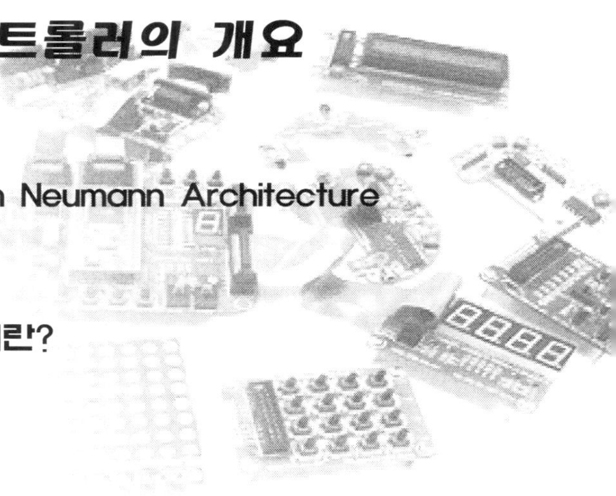

1.1 AVR 이란?

1.2 Harvard Architecture 와 Von Neumann Architecture

1.3 RISC와 CISC

1.4 ISP (In-System Program) 이란?

1.5 AVR 마이크로컨트롤러의 종류

1.1 AVR이란?

AVR은 ATmel사가 개발한 RISC 마이크로컨트롤러들을 말하는 것으로서 기능에 따라서 크게 ATtiny family, AT90S family, ATmega family로 분류된다. 이들 AVR 마이크로컨트롤러 계열은 같은 구조의 CPU를 사용하고 있어서 기본구조 및 명령어가 동일하며 사용법 또한 매우 유사하다. 단지 CPU의 속도나 내부 메모리의 크기, 여러 가지 특수 기능 등의 내장 여부에 따라 분류된다. 보다 자세한 AVR 마이크로컨트롤러에 대해서는 1.5장에서 설명하기로 한다. 여기에서는 이들 AVR 마이크로컨트롤러 중에서 최근에 개발되어 성능이 우수하며 이들 AVR 계열의 기능을 대부분 포함하고 있는 ATmega128 마이크로컨트롤러를 중심으로 설명 하고자 한다.

ATmega128은 8비트 RISC(Reduced Instruction Set Computer) 구조의 AVR Core를 가지는 마이크로컨트롤러로써 대부분의 명령어를 Single cycle에서 수행하고, I/O구조는 외부에 추가되는 소자를 최소화 할 수 있도록 설계된 마이크로컨트롤러이다. 칩 내부에는 발진회로, 타이머, UART(Universal Asynchronous Receiver and Transmitter)와 SPI(Serial Peripherial Interface) 및 풀업 저항과 PWM(Pulse Width Modulation), ADC(Analog to Digital Converter), Analog 비교기, Watch-dog 타이머가 있으므로 ATmega128과 같은 AVR 계열의 프로세서는 아래 그림의 왼쪽과 같은 여러 소자들로 이루어진 회로를 오른쪽과 같이 칩 하나로 구현할 수 있는 장점을 가진다.

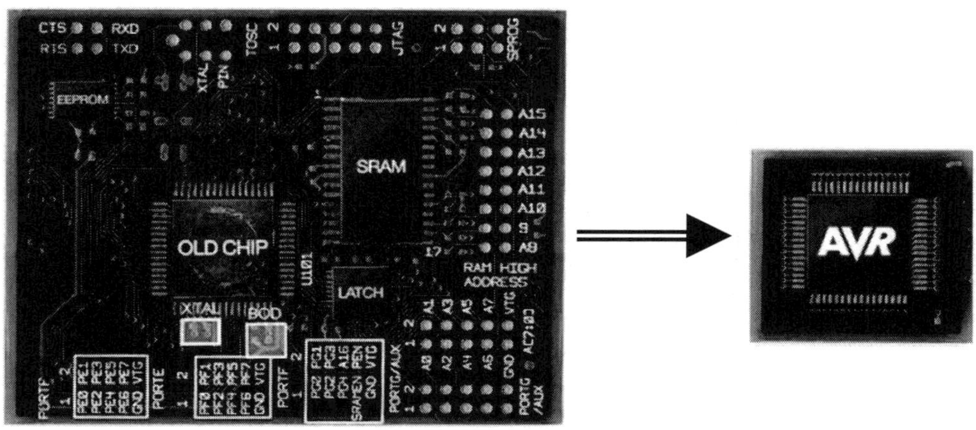

ATmega128은 프로그램 영역과 데이터 영역의 Address bus 및 Data bus가 분리된 Harvard Architecture 구조를 채택하고 있다. 그래서 프로그램 영역에 있는 명령어는 파이

프라인을 통하여 실행되는 구조를 가지고 있어서 하나의 명령어가 수행되는 동안 다음 실행될 명령어가 미리 읽혀 실행 대기 상태로 있게 된다. 따라서 순차적인 명령 처리보다 빠르게 명령어가 처리된다.

ATmega128의 명령어는 C언어와 어셈블러에 최적화되도록 설계되어 있으며, 특히 ATmega128은 칩의 개발 단계에서부터 C언어를 사용한 개발에 적합하도록 기획/설계/제작하여 기타 마이크로컨트롤러에 비하여 C언어에 최적화된 마이크로컨트롤러라 할 수 있다.

ATmega128은 내부에 ISP(In-System Programmable) Flash 메모리와 EEPROM 및 SRAM을 가지고 있어서 편리한 개발 환경을 제공한다. 그래서 실행할 코드와 동작 중 필요한 데이터를 저장할 SRAM 및 EEPROM을 칩 안에 내장하고 있어서 시스템을 구성할 때 Flash 메모리나 SRAM, EEPROM 등을 추가하지 않아도 되므로 다른 마이크로컨트롤러에 비하여 경제적이고 회로를 간단하게 설계할 수 있다.

1.2 Harvard Architecture와 Von Neumann Architecture

마이크로컨트롤러 또는 마이크로프로세서에서 주로 사용되는 Architecture는 크게 Harvard Architecture와 Von Neumann 구조로 나뉘게 되며, 실제 마이크로컨트롤러 등에서 적용 될 때는 이들을 다소 변형한 구조를 사용하고 있다. 예를 들어 8051의 경우 칩 내부에서는 데이터와 프로그램 메모리의 버스가 분리되어 있으나 칩 외부에 연결될 때는 버스를 Mux 하여 동일한 외부 pin을 사용하고 있는데 이러한 경우에는 Modified Harvard 구조라고 한다. ATmega128은 칩 내부에만 프로그램 메모리가 존재하고 외부로 연결되는 Address 및 Data Bus는 데이터 메모리에만 연결되어 있어 칩 내부와 외부 모두 프로그램 및 데이터 메모리와 Bus가 분리된 Harvard Architecture 구조를 가지고 있다.

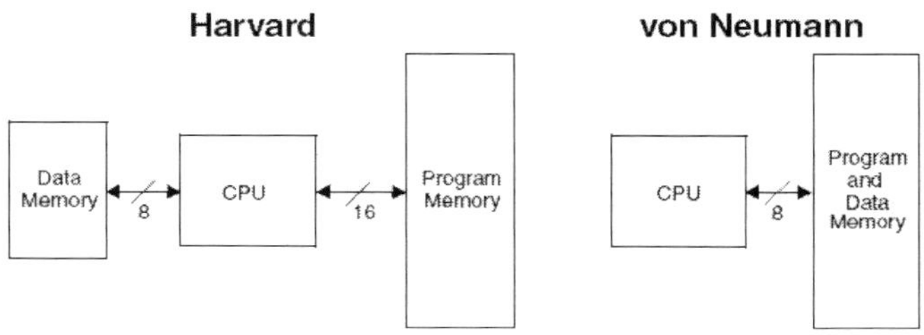

일반적으로 Harvard Architecture 구조는 TI사에서 만든 DSP 제품들이나 인텔의 8051 등에서 주로 사용되고 있으며, Von Neumann Architecture는 일반적인 대부분의 마이크로프로세서 및 마이크로컨트롤러 등에서 채택하고 있는 구조이다. 이들 구조에 대해서 요약하면 다음과 같다.

- Harvard architecture
  - 프로그램과 데이터에 대해 별도의 메모리와 버스 사용
  - 하버드 대학의 물리학자 Howard Aiken에 의해 1930년대 후반에 개발
  - Harvard MARK I 컴퓨터가 1944년에 개발됨

- Von Neumann architecture
  - 명령과 데이터가 단일 메모리 공간을 사용
  - 컴퓨터의 설계를 간소화할 수 있음
  - 펜실베니아 대학의 Von Neumann이 1943년부터 1946년 사이에 개발한 ENIAC (Electronic Numerical Integrator and Calculator)에서 채택된 구조임
  - 한 번에 명령이나 데이터 중 하나만 엑세스 가능

1.3 RISC와 CISC

범용 마이크로컨트롤러를 구성하는 요소에는 명령어, 레지스터, 메모리 등이 있다. 이중 명령어 세트는 RISC(reduced instruction set computer)와 CISC(complex instruction set computer)의 2가지로 크게 분류할 수 있다. CISC란 소프트웨어 특히, 컴파일러 작성을 쉽게 하기 위해 하드웨어화 할 수 있는 것은 가능한 모두 하드웨어에게 맡긴다는 원칙 아래 설계된 컴퓨터이다. 반면 RISC는 실행 속도를 높히기 위해 가능한 복잡한 처리는 소프트웨어에게 맡기는 방법을 택한 컴퓨터이다.

RISC의 특징을 CISC와 비교하면, 첫째, 명령의 대부분은 1머신 사이클에 실행되고, 명령어 길이는 고정이며, 명령어 세트는 단순한 것으로 구성되어 있는데, 가령 메모리에 대한 액세스는 Load/Store 명령으로 한정되어 있다. 둘째, 어드레싱 모드가 적으며, 마이크로프로세서 프로그램에 의한 제어를 줄이고, 와이어드 로직을 많이 이용하고 있다. 반면에 레지스터수가 많으며 마이크로프로세서 프로그램을 저장하는 칩의 공간에 레지스터를 배치한다. 셋째, 어셈블러 코드를 읽기 어려울 뿐 아니라 파이프라인을 효과적으로 사용하기 위해서 일부 어셈블러 코드를 시계열로 나열하지 않은 부분이 존재하여 컴파일러의 최적화가 필요하다. 최적화를 하지 않으면 파이프라인을 유효하게 이용할 수 없고, RISC 구조를 사용하는 의미가 없어진다.

1.4 ISP (In-System Program)

ISP(In-System Program) 기능이란 칩을 PCB(Printed Circuit Board)에 장착한 후에 전원과 클록, 데이터 등의 극소수의 핀만을 연결하여 보드에 부착된 상태에서 프로그램을 하거나 칩 안에 있는 내용을 읽거나 변경할 수 있는 기능을 의미한다.

이전에는 ROM-Writer라고 불리는 장비 등에 의해 칩을 ROM-Writer에 끼운 후 프로그램을 하거나 칩 안에 들어있는 내용을 읽는 방식을 취했으나, ISP 기능이 개발된 후에는 칩을 보드에 실장한 후 직접 쓰기나 읽기 등의 동작이 가능해졌다. 일반적으로는 Clock, Data In, DATA Out, Enable 등의 핀이 사용되며 이들을 축소하여 2개의 신호선으로 제어하는 방식도 있다.

이들 기능을 이용하면 프로그램의 Debugging이 용이하고 업그레이드가 쉬운 장점이 있으나 약간의 회로가 추가되어 부피가 커지고 제품의 단가가 올라가는 단점이 있다.

1.5 AVR 마이크로컨트롤러의 종류

AVR에 속하는 마이크로컨트롤러 계열은 거의 같은 구조의 CPU를 사용하고 있으므로 기본구조가 동일하고 기본 명령어 또한 같지만, 메모리의 크기라든가 특수기능의 내장여부에 따라 ATtiny family, AT90S family, ATmega family로 분류된다.

1. ATiny family

ATiny family는 모든 모델명이 ATiny로 시작하는 4비트 범용 마이크로컨트롤러이다. 내부에 1K Bytes에서 2K Bytes정도의 플래시 메모리를 가지고 있으며, 간단한 응용분야에 사용하는 것을 목표로 개발되어 기능이나 성능이 비교적 낮지만 가격이 저렴한 장점을 가지고 있다.

여기에 해당되는 모델 들은 8핀에서 28핀 정도의 작은 외형으로 대부분 외부 시스템 버스가 없고, 외부 클록 입력 단자가 없는 대신 시스템 클록을 발생하는 전체 발진 회로를 내장하는 경우가 대부분이다.

2. AT90S family

ATtiny와 ATmega의 중간정도 사양을 가진 8Bit 마이크로컨트롤러로서 모든 모델명이 AT90S로 시작한다. 내부에 1K Bytes에서 8K Bytes정도의 플래시 메모리를 가지고 있으며, 512Bytes 이하의 EEPROM과 SRAM을 내장하고 있다. 여기에 해당되는 모델들은 20핀에서 40핀 정도이며, ATtiny와 ATmega의 패밀리에 비하여 뚜렷한 특징이나 장점이 없어서 시장에서 사장되는 추세이다.

3. ATmega family

ATmega 계열은 그야말로 메가급 8비트 범용 마이크로 컨트롤러이며, 모든 모델명이 ATmega로 시작한다. 내부에 8K Bytes에서 256K Bytes정도의 플래시 메모리를 가지고 있으며, 가장 규모가 크고 성능이 높은 응용분야에 사용하는 것을 목표로 개발되어 가격이 높지만 마이크로컨트롤러에 필요한 거의 모든 특수기능을 내장하고 있다. 여기에 해당되는 마이크로컨트롤들은 28핀에서 100핀 정도이고, 16MHz에서 평균적으로 16MIPS의 명령처리 속도를 갖는다.

AVR 마이크로컨트롤러의 주요 모델들과 그것들의 특징들을 요약하여 아래의 표에 나타내었다. 하지만 AVR 모델들은 새로 출시되기도 하고 출시되었던 모델들이 단종 되어 사라지기도 한다. 그렇기 때문에 AVR 마이크로컨트롤러의 종류 및 특징은 ATMEL사의 홈페이지에서 확인하는 것이 가장 정확한 방법이다. 다음은 AVR 마이크로컨트롤러의 모델 및 특징을 ATMEL사의 홈페이지에서 찾아보는 방법이다.

[표 1.1] AVR 마이크로컨트롤러의 종류 및 특징

모델명	프로그램 메모리 (Bytes)	EEPROM (Bytes)	SRAM (Bytes)	I/O 라인	타이머	UART	ADC (채널)
ATtiny11	1K	-	-	6	1	-	-
ATtiny12	1K	64	-	6	1	-	-
ATtiny13	1K	64	64	6	1	-	4
ATtiny25	2K	128	128	6	2	-	4
ATtiny26	2K	128	128	16	2	-	11
ATtiny28	2K	-	-	11+9	1	-	-
ATmega48	4K	256	512	23	3	1	8/6
ATmega8515	8K	512	512	32	2	1	-
ATmega8535	8K	512	512	32	3	1	8
ATmega8	8K	512	1024	23	3	1	8
ATmega16	16K	512	1024	32	3	1	8
ATmega162	16K	512	1024	35	4	2	-
ATmega165	16K	512	1024	53	3	1	8
ATmega168	16K	512	1024	23	3	1	8/6
ATmega32	32K	1024	2048	32	3	1	8
ATmega64	64K	2048	4096	53	4	2	8
ATmega128	128K	4096	4096	53	4	2	8

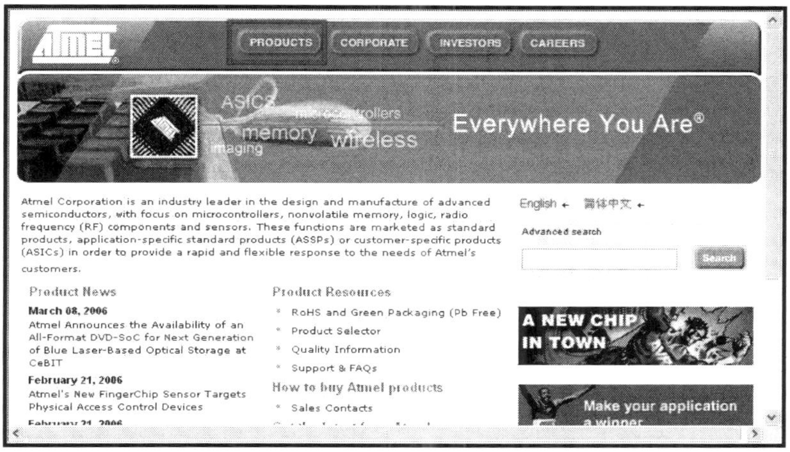

[그림 1.1] ATMEL사의 홈페이지 메인화면 (www.atmel.com)

[그림 1.1]은 ATMEL사의 홈페이지 메인 화면을 나타내는데 화면에서 "PRODUCTS"를 선택한다.

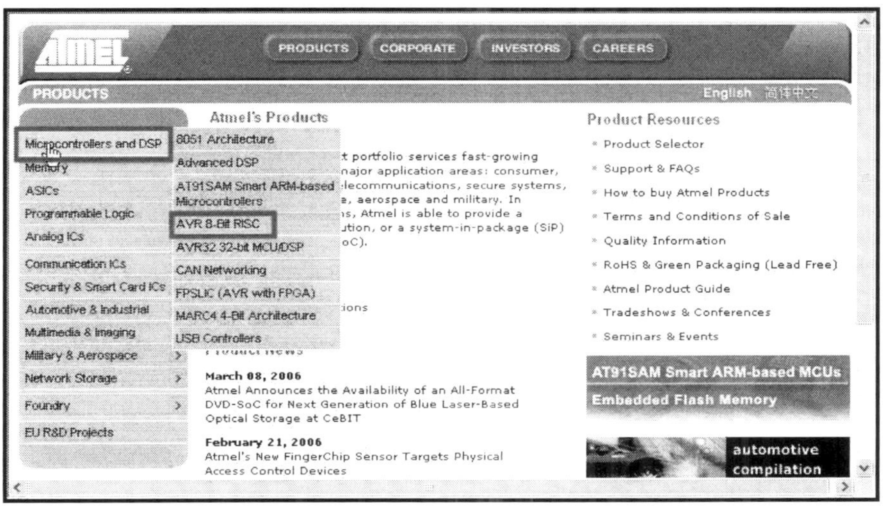

[그림 1.2] PRODUCTS을 선택한 화면

"Microcontrollers and DSP" -> "AVR 8-Bit RISC"를 선택한다.

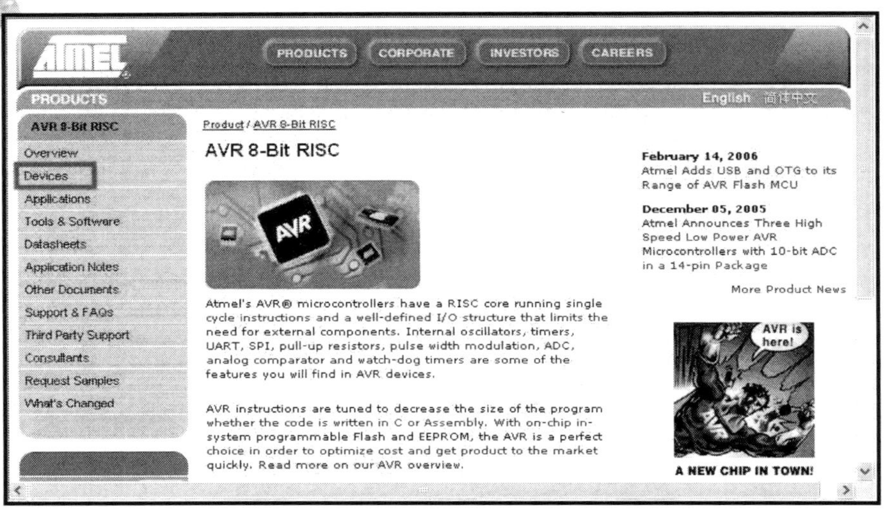

[그림 1.3] AVR 8-Bit RISC를 선택한 화면

AVR의 모든 설명에 관한 것들이 링크되어 있는 페이지이다. 윗 그림에서 볼 수 있듯이 Device의 종류, Datasheets, Application Notes등 AVR을 공부하는 학생이나 엔지니어들에게 필요한 내용들이 상세하게 나와 있다. "Devices"를 선택한다.

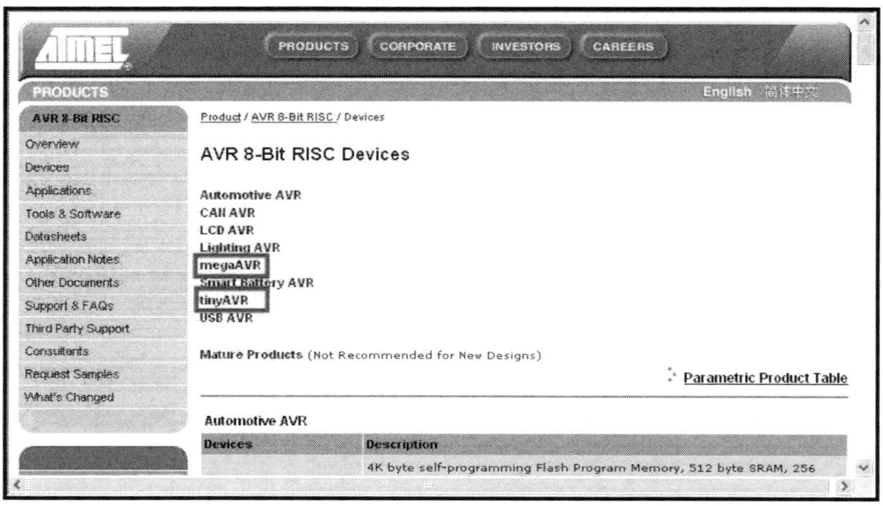

[그림 1.4] Devices를 선택한 화면

[그림 1.4]는 AVR 마이크로컨트롤러의 모든 종류를 나타내고 있다. "megaAVR", "tinyAVR"를 선택하면 현재 출시되고 있는 모델들과 그 모델들의 간략한 설명 등을 볼 수 있다.

[그림 1.5]와 [그림 1.6]은 "megaAVR", "tinyAVR"를 선택했을 때 나타나는 화면이다.

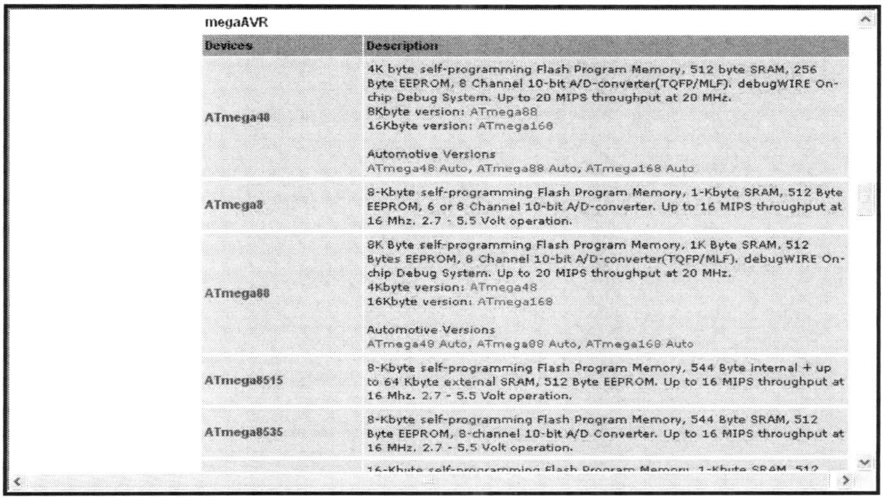

megaAVR

Devices	Description
ATmega48	4K byte self-programming Flash Program Memory, 512 byte SRAM, 256 Byte EEPROM, 8 Channel 10-bit A/D-converter(TQFP/MLF). debugWIRE On-chip Debug System. Up to 20 MIPS throughput at 20 MHz. 8Kbyte version: ATmega88 16Kbyte version: ATmega168 Automotive Versions ATmega48 Auto, ATmega88 Auto, ATmega168 Auto
ATmega8	8-Kbyte self-programming Flash Program Memory, 1-Kbyte SRAM, 512 Byte EEPROM, 6 or 8 Channel 10-bit A/D-converter. Up to 16 MIPS throughput at 16 Mhz. 2.7 - 5.5 Volt operation.
ATmega88	8K Byte self-programming Flash Program Memory, 1K Byte SRAM, 512 Bytes EEPROM, 8 Channel 10-bit A/D-converter(TQFP/MLF). debugWIRE On-chip Debug System. Up to 20 MIPS throughput at 20 MHz. 4Kbyte version: ATmega48 16Kbyte version: ATmega168 Automotive Versions ATmega48 Auto, ATmega88 Auto, ATmega168 Auto
ATmega8515	8-Kbyte self-programming Flash Program Memory, 544 Byte internal + up to 64 Kbyte external SRAM, 512 Byte EEPROM. Up to 16 MIPS throughput at 16 Mhz. 2.7 - 5.5 Volt operation.
ATmega8535	8-Kbyte self-programming Flash Program Memory, 544 Byte SRAM, 512 Byte EEPROM, 8-channel 10-bit A/D Converter. Up to 16 MIPS throughput at 16 MHz. 2.7 - 5.5 Volt operation.

[그림 1.5] ATmega 모델들의 종류 및 간략한 설명

ATmega128

CHAPTER 2

제 2 장 ATMEGA128의 구조

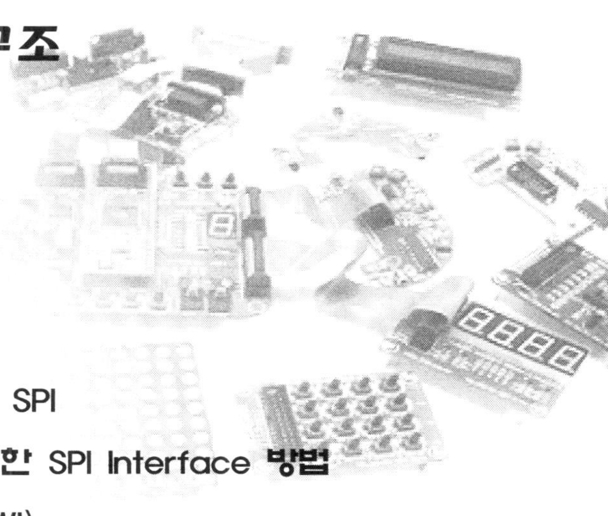

2.1 ATmega128 특징

대개 마이크로프로세서를 처음 공부하는 학생들은 다음과 같은 마이크로프로세서의 특징들을 소홀히 하기 쉬우나 산업체에 나가서 마이크로프로세서를 이용하여 제품을 설계할 때에는 사용하고자 하는 마이크로프로세서의 특징 등이 매우 중요하다. 그래서 본 교재에서는 산업체에 종사하는 기술자들도 참고가 가능하도록 ATmega128의 특징을 보다 자세히 다루고자 한다.

ATmega128은 Atmel사가 개발한 64핀 TQFP형의 저전력 8비트 CMOS 마이크로 컨트롤러로서 유사 RISC 아키텍처(RISC like Architecture) 구조로 되어있어서, 대부분 1 Machine cycle에서 수행되는 명령어를 가지고 있으며, 공급되는 클록 1MHz당 1MIPS (Million Instruction per Second)의 처리능력을 가지고 있다. 그러나 처리 속도에 비하여 최적화된 전력 소모 구조를 가지고 있어서 다른 마이크로컨트롤러에 비하여 상대적으로 적은 소모 전력으로 보다 향상된 처리를 가능하게 한다. ATmega128은 다음과 같은 특징을 가진다.

1. RISC 구조

유사 RISC 아키텍처(RISC like Architecture) 구조는 복합 명령어를 가능한 줄이고 명령어의 수 및 주소 지정방식을 최소화한 구조이다. MCS-51 계열 등 대부분의 마이크로 컨트롤러는 CISC 구조이나 , Atmel사의 AVR 계열은 유사 RISC 구조로 되어있다. 그러나 Atmel사의 AVR은 RISC 구조로 되어 있음에도 불구하고 명령어의 수가 133개나 되고 주소지정 방식의 수도 12개로 매우 많다. 그러나 대부분의 마이크로컨트롤러는 발진주파수를 분주해서 내부클록을 만들지만, AVR은 발진주파수와 내부클록이 같아서 매우 빠르다. 소수의 로드, 스토어 명령 및 분기명령의 실행시간은 2 내지 4클록 이지만 대개 기본명령어의 실행시간은 1클록이어서 평균 CPI(Clock Per Instruction)는 1.3 정도로 매우 빠르다. 보통 하나의 명령을 수행하는데 요하는 시간은 16MHz에서 16MIPS의 처리속도를 가지는데 이 속도는 종래 8051등 CISC 구조 마이크로컨트롤러의 10여배에 달한다. 또한 32개의 범용 레지스터가 ALU에 직접 연결되어 있어서 모든 연산 및 전송이 레지스터에서 레지스터로(register to register) 직접 이루어지며, 2단 명령 파이프라인으로 구성되어 있어서 제1명령어의 실행 중 제2명령어의 호출(fetch)이 시작된다. 명령어의 길이가 16비트 1워드로 고정적이어서 디코딩하기가 쉬운 특징 등은 ATmega128이 유사 RISC 구조로 실행 속도를 중시했음에도 불구하고 명령어들이 많아서 사용하기에도 매우 편리함을 알 수 있다.

2. 하바드 구조

ATmega128은 하바드 구조(Havard architecture)로 되어 있어서 내부적으로 프로그램 버스와 데이터버스를 별도로 구비함으로써 동일시간대에 프로그램 메모리와 데이터 메모리에 동시에 접근(access)할 수 있는 장점이 있다. 일반적으로 하바드 구조에서는 레지스터와 데이터 메모리를 레지스터 파일(register file)이라고 하는 하나의 통합된 공간에 같이 배치해 두고 "레지스터에서 레지스터로(register to register)"의 방식으로 통합관리하고 있어서 레지스터와 메모리 간에 상호전송이 필요 없으므로 명령어수도 줄고, 속도도 빠르다. 그리고 하바드 구조에서는 데이터 메모리와 프로그램 메모리가 별개로 존재하므로, 데이터메모리와 프로그램 메모리의 워드 폭을 달리 할 수 있다. 실제로 ATmega128 데이터 메모리의 워드 폭은 8비트이고 프로그램 메모리의 워드 폭은 몇 개를 제외하고는 모두 16비트인데 이처럼 두 메모리의 워드 폭을 달리 함으로써 모든 명령어를 하나의 워드에 넣을 수 있어서 구조가 간단해지고 프로그램 메모리가 1.5~2.0배 절약된다. 그래서 ATmega128은 로드 명령, 스토어 명령과 분기 명령을 제외한 모든 명령이 1사이클에 실행되는 장점을 가지고 있다.

3. CMOS 기술

ATmega128은 CMOS 기술을 채택하고 있어서 고속의 동작이 가능하고, 소비전력이 매우 적으며, 잡음여유 및 입력 임피던스가 크고, 동작 전압의 범위가 2.7~6.0V로 큰 장점이 있다. 그러나 CMOS 기술이기 때문에 정전기 및 과전압에 의한 파손 위험이 큰 단점도 가지고 있다.

4. ISP(In System Program) 기능

ATmega128의 프로그램 메모리는 플래쉬 메모리로 되어있고 데이터 메모리는 EEPROM으로 되어 있어서 5V 단일 전원으로도 기록이 가능하며, 특히 ISP(In System Program)가 가능하여 타깃시스템(target platform)에 꽂아 있는 상태에서도 프로그램의 기록이 가능한 매우 유용한 특징을 가지고 있다.

5. C 언어를 고려한 설계

ATmega128의 어셈블리어도 고급언어를 지향하고 있지만 특히 C 언어를 고려하여 설계가 되어 있어서 프로그램을 효율적으로 쉽게 구현할 수 있는 장점이 있다.

6. 페어 레지스터의 구성

범용 레지스터 32개는 ALU와 직결되어 있어서 하나의 내부클록으로 실행되는데, 이들 중 X, Y, Z 레지스터는 각각 2개(XH/XL, YH/YL, ZH/ZL)가 1개로 결합되어 페어 레지스터(pair register)로 사용할 수 있도록 되어 있다. 그래서 이들 레지스터는 16비트 어드레스 포인터(address pointer)로 사용할 수 있다.

이상에서 열거한 ATmega128의 특징을 간략히 정리하면 다음과 같다.

▸ 향상된 RISC 구조
- 133개의 강력한 명령어 : 대부분 1사이클에 동작하는 명령어
- 32개의 8 bit 범용 레지스터 및 주변장치 제어 레지스터
- 완전 정적인 동작 지원
- 16MHz의 공급 클록에서 최대 16MIPS의 성능
- 2사이클에 동작하는 하드웨어 곱셈기 내장

▸ 비휘발성 프로그램 메모리와 데이터 메모리
- 128K Bytes의 In-System Programmable Flash 메모리
  - 프로그램의 실행 코드 저장 영역
  - 최소 10,000번 이상의 쓰기/삭제 수명 보장
- 4K Bytes의 EEPROM
  - 비휘발성 데이터 저장 영역
  - 최소 100,000번 이상의 쓰기/삭제 수명 보장
- 4K Bytes의 내부 SRAM
- 최대 64K Bytes까지의 외부 데이터 메모리 추가 가능
- 소프트웨어 보안성을 위한 프로그램 잠금 기능
- ISP(In-System Programming)를 위한 SPI 인터페이스 제공

▸ ATmega128에 내장된 주변장치
- 분주기와 비교기 모드가 분리된 2개의 8 bit 타이머/카운터
- 분주기와 비교기 모드 및 캡춰 모드가 분리된 두개의 확장 가능한 16-bit 타이머/카운터
- 발진회로와 분리된 실시간 계수기(Real Time Counter)

- 2개의 8 bit PWM 채널
- 2 bit 에서 16 bit의 분해능을 가진 프로그램 가능한 6개의 PWM 채널
- 출력 비교 변조기(Output Compare Modulator)
- 8채널의 10 bit ADC(Analog to Digital Converter)
  - 8개의 single-ended 채널
  - 7개의 differential 채널
  - 2개의 프로그램 가능한 입력 게인(1×, 10×, 200×)을 갖는 채널
- Byte 정렬된 Two-wire 직렬 인터페이스
- 두 개의 프로그램 가능한 USART(Universal Synchronous/Asynchronous Receiver and Transmitter)
- Master/Slave SPI 시리얼 인터페이스
- 내장된 발진 회로와 프로그램 가능한 Watch-dog 타이머
- 내장된 Analog 비교기

▸ 특별한 마이크로 컨트롤러 기능

- Power-On Reset 기능과 프로그램 가능한 Brown-out 검출 기능
- 조율된 내부 RC 발진 회로
- 외부 및 내부 인터럽트 소스
- 6가지의 슬립 모드
- 소프트웨어로 선택 가능한 클록 주파수
- 선택 가능한 ATmega103 호환 모드
- 전체적인 pull-up 해제 기능

▸ 주소 지정방식

- 레지스터 직접 단일 레지스터 주소 지정방식
- 레지스터 직접 양 레지스터 주소 지정방식
- I/O 직접 주소 지정방식
- 직접 데이터 주소 지정방식
- 변위 데이터 직접 주소 지정방식
- 전감소 데이터 간접 주소 지정방식
- 후증가 데이터 간접 주소 지정방식
- 코드 메모리 상수 주소 지정방식
- LPM 상수 주소 지정방식
- 간접 프로그램 메모리 주소 지정방식

- 상대 프로그램 메모리 주소 지정방식

▸ 인터럽트
- 외부 및 내부 인터럽트
- 30개의 인터럽트 소스
- 단순화한 인터럽트 벡터 및 우선순위

▸ Sleep 모드
- idle, ADC 잡음제어, 전력 절약, power-down, 대기, 확장대기 등 6개의 sleep 모드

▸ I/O와 Package
- 53개의 프로그램 가능한 입/출력 Pins
- 64핀의 TQFP 또는 64개의 Pad를 갖는 MLF 패키지

▸ 동작 전압
- ATmega128L은 2.7V~5.5V의 공급 전원에서 동작가능
- ATmega128은 4.5V~5.5V의 공급 전원에서 동작가능

▸ 전력소비
- 정상 동작 : 5.5mA
- idle 모드 : 1.6mA
- power down 모드 : <1μA

▸ 동작 속도
- ATmega128L은 0~8MHz의 공급 클록에서 동작 가능
- ATmega128은 0~16MHz의 공급 클록에서 동작 가능

▸ 동작 온도 범위
- -40℃ ~ +85℃

▸ ATmega128의 내부 블록도
- ATmega128은 [그림 2.1]과 같은 내부 구조를 가지고 있다.

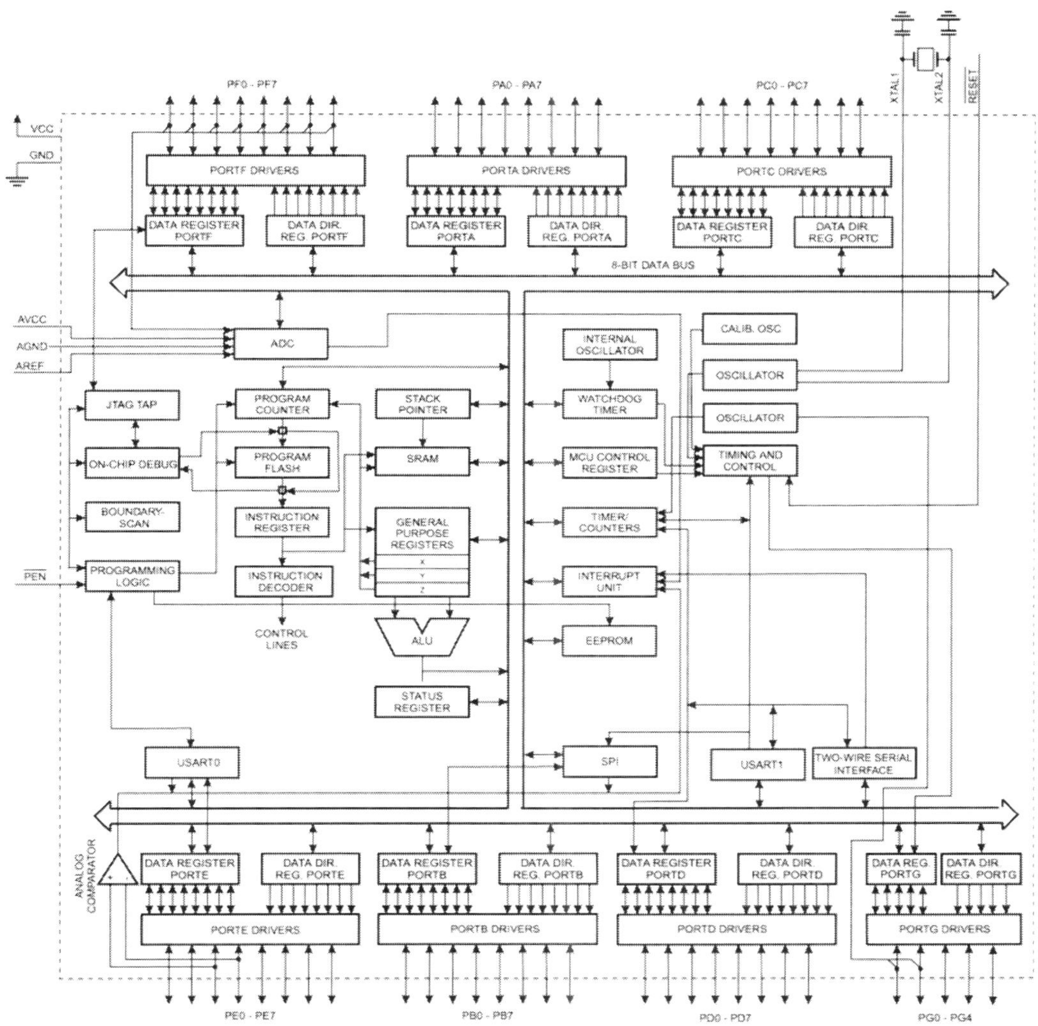

[그림 2.1] ATmega128의 내부 블록도

2.2 PIN OUT

ATmega128의 핀 배열은 [그림 2.2]와 같이 모두 64개의 핀으로 구성되어 있다. 이들 중 전원(VCC, AVCC, GND)과 클록 공급 핀(XTAL1, XTAL2), 리셋(RESET), Program Enable(PEN)을 제외한 나머지 핀은 모두 일반 I/O 기능과 ATmega128 내부의 특수한 기능을 공유하여 사용할 수 있도록 구성되어 있다. PEN핀은 칩에 전원이 공급되어 동작이 안정화 될 때까지 RESET 상태를 유지하게 함으로써 칩의 기능들이 불안정한 상태에서 동작하지 않도록 해주는 Power On Reset 기간에 "LOW" 상태를 유지하여 SPI를 사용한 프로그램 모드로 동작할 수 있도록 하는데 사용한다. 일반적인 동작에서는 사용되지 않는다.

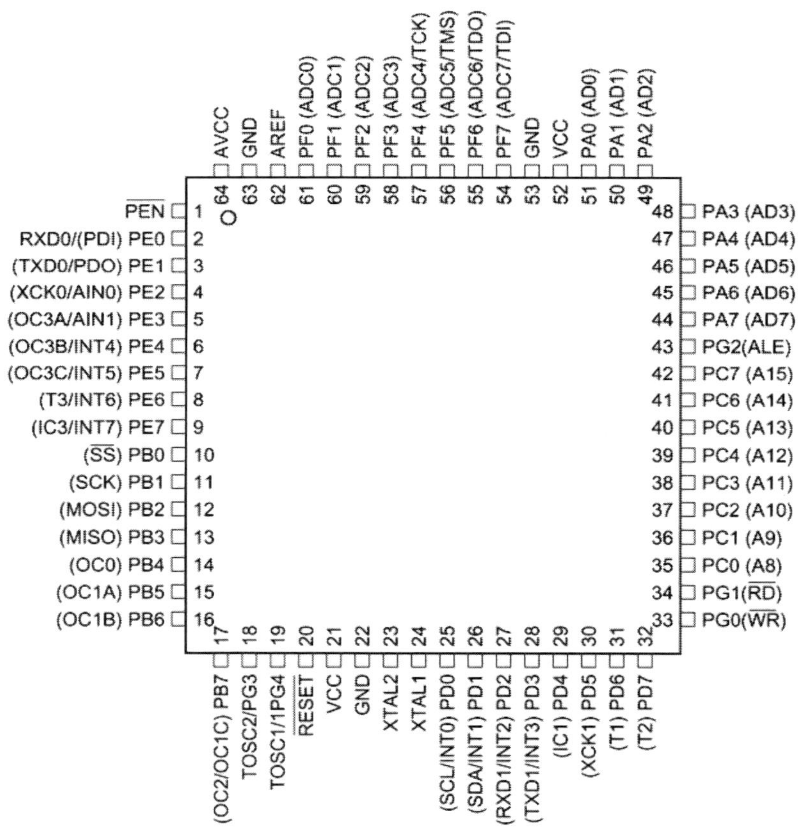

[그림 2.2] ATmega128의 Pin Out

[표 2.1] ATmega128 핀의 기능

핀 이름	핀 번호	역 할
/PEN	1	저전압 직렬 프로그래밍 모드에 대한 프로그래밍 enable
VCC	21,51	공급 전압
GND	22,53,63	접지
AVCC	64	ACD 및 포트 F에 대한 공급 전압
AREF	62	ADC 참조전압
/RESET	20	리셋
XTAL1	24	반전 발진 증폭기 및 내부 클록 회로 입력
XTAL2	23	반전 발진 증폭기로부터의 출력
TOSC1	19	반전 타이머/카운터 발진 증폭기에 대한 입력
TOSC2	18	반전 타이머/카운터 발진 증폭기에 대한 출력
/WR	33	외부 SRAM 기록 스트로브
/RD	34	외부 SRAM 판독 스트로브
ALE	43	외부 메모리가 enable될 때 사용되는 address latch enable
포트A(PA7~PA0)	44~51	8비트 양방향성 I/O포트, 비트별 내부 풀업저항 연결 가능, 외부 메모리를 둘 경우 주소(A7~A0)/데이터 버스(D7~D0)로 멀티플렉스 됨
포트B(PB7~PB0)	10~17	내부 풀업저항이 있는 8비트 양방향성 I/O포트 등 별도의 기능을 가짐
포트C(PC7~PC0)	35~42	내부 풀업저항이 있는 8비트 양방향성 I/O포트, 외부 메모리를 둘 경우 상위주소(A15~A8) 버스로 동작
포트D(PD7~PD0)	25~32	내부 풀업저항이 있는 8비트 양방향성 I/O포트 등 별도의 기능을 가짐
포트E(PE7~PE0)	2~9	내부 풀업저항이 있는 8비트 양방향성 I/O포트, 외부 인터럽트 요청 등 별도 기능을 가짐
포트F(PF7~PF0)	54~61	8비트 입력포트, ADC에 대한 아날로그 입력
포트G(PG4~P0)	18,19,33, 34,43	내부 풀업저항이 있는 5비트 양방향성 I/O포트 등 별도의 기능을 가짐

2.3 ATmega128의 내부 구조

[그림 2.3]은 성능과 병렬처리기능을 최대화하기 위하여 하바드 구조를 가지는 ATmega128의 내부 구조에 대한 블록도이다. 즉 프로그램과 데이터 영역에 대하여 메모리와 버스를 분리하여 사용하고 있다. 그림에서 보듯이 ATmega128의 내부 구조는 Flash Program Memory와 Data SRAM 메모리로 메모리가 분리되어 있고 이들 각각에 연결된 BUS 또한 Data Bus와 Addressing Bus로 나뉘어 각 메모리에 연결된 것을 볼 수 있다.

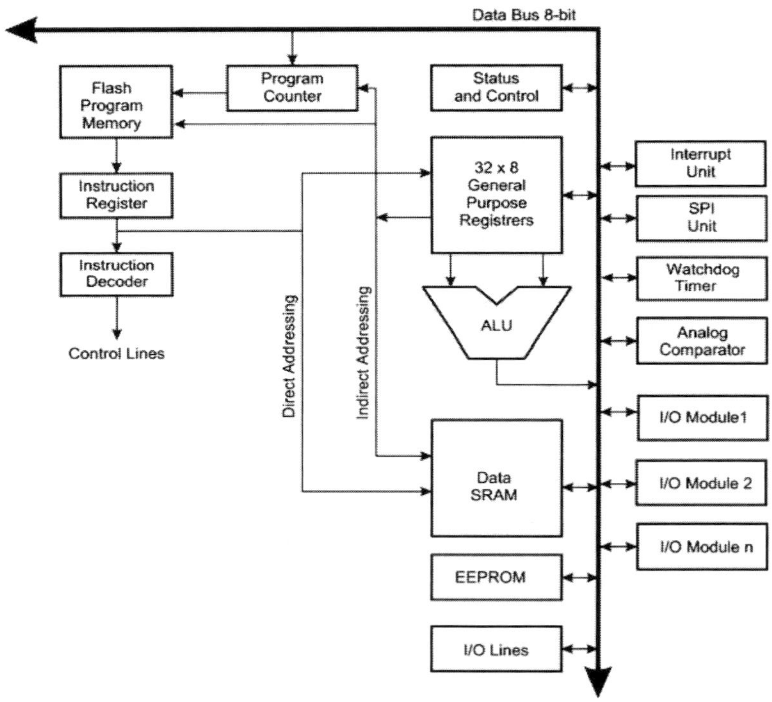

[그림 2.3] ATmega128의 내부 구조

일반적인 ATmega128의 내부 구조는 [그림 2.3]에서와 같이 ALU, 범용레지스터와 제어 유닛으로 Status and Control, Program Counter(PC) register, Interrupt Unit 및 I/O line으로 구성되며, 칩 내부에 프로그램 코드를 저장하는 플래쉬 메모리와 데이터 저장용 SRAM 및 EEPROM이 존재하며 SPI, Watchdog Timer, Analog Comparator, I/O Modules로 구성되어 있는 것을 볼 수 있다.

1. ALU

ALU는 32개의 범용레지스터와 직접 연결되어 있어 레지스터간의 연산, 레지스터와 직접 입력한 값과의 연산은 하나의 시스템 클록안에서 수행한다. (단, 곱셈의 경우 2개의 시스템 클록에 동작한다). ALU는 수학연산(덧셈, 뺄셈, 곱셈, 1증가, 1감소, 2의 보수), 논리연산(AND, OR, XOR, NOT) 및 비트연산의 세 부분으로 구성되어있다.

2. Watchdog Timer

Watchdog Timer는 프로세서의 안정적인 동작을 위해 사용되는 유닛으로 일정 시간마다 Watchdog Timer를 Clear시키지 않으면 시스템에 인터럽트를 발생시켜 프로세서를 초기화 시키는 동작을 한다. 이는 프로세서가 정상적으로 동작을 하지 않거나 동작하지 않고 멈추게 되는 경우 Watchdog Timer를 사용하면 자동으로 리셋을 유발시켜 정상적으로 다시 동작할 수 있도록 해준다. 물론 Watchdog Timer를 사용할 경우에는 프로그램에서 일정 시간마다 주기적으로 Watchdog Timer를 Clear 시켜야 한다.

3. Status Register

ATmega128의 상태레지스터(Status Register)는 SREG라는 이름을 가지고 있으며 연산 명령의 실행된 가장 최근의 결과를 반영하고 있다. 이 결과는 조건 연산 등에서 프로그램의 흐름을 변경하는데 사용될 수 있다. SREG는 ALU의 모든 연산에 따라 최신 값으로 갱신된다.

▸ ATmega128의 Status Register – SREG

Bit	7	6	5	4	3	2	1	0
	I	T	H	S	V	N	Z	C
Read/Write	R/W	R/W	R/W	R/W	R/W	R/W	R/W	R/W
Initial Value	0	0	0	0	0	0	0	0

▸ SREG의 각 상태 비트는 다음과 같은 뜻을 가지고 있다.

- Bit 7 – I : Global Interrupt Enable

  ATmega128의 인터럽트 기능을 사용하기 위해서는 SREG의 7번 비트를 1로 설정해 놓아야 한다. CLI와 SEI 명령을 사용해서 0 또는 1로 설정할 수 있다.

- Bit 6 – T : Bit Copy Storage

BST(Bit STore), BLD(Bit LoaD) 명령에 사용되는 레지스터로 레지스터 파일로부터 특정 레지스터의 비트를 복사할 때 BST에 의해 해당 비트가 SREG의 6번 비트 T에 저장되고 BLD 명령에 의해 이 비트가 읽혀 대상 레지스터에 저장된다.

- Bit 5 – H : Half Carry Flag

  BCD 연산에 유용하게 사용되는 Flag bit다.

- Bit 4 – S : Sign Bit, S=N⊕V

  부호 비트로 negative flag인 N과 2의 보수 연산의 overflow flag V와 XOR한 결과 값이다.

- Bit 3 – V : Two's Complement Overflow Flag

  2의 보수 연산에서 overflow가 발생하면 설정된다.

- Bit 2 – N : Negative Flag

  수치 연산이나 논리 연산의 결과가 음수가 되었을 때 설정된다.

- Bit 1 – Z : Zero Flag

  수치 연산이나 논리 연산의 결과가 0이 되었을 때 설정된다.

- Bit 0 – C : Carry Flag

  수치연산이나 논리 연산의 결과에서 자리올림이 발생했을 때 설정된다.

4. 범용 레지스터

[그림 2.4]는 32개의 ATmega128 범용 레지스터로 8-bit로 구성되어 있으며, 이들 중 R26 ~ R31은 X, Y, Z 레지스터로 사용될 수 있으며 이들은 데이터 영역에 16-bit의 간접 주소 지정 방식에 사용된다.

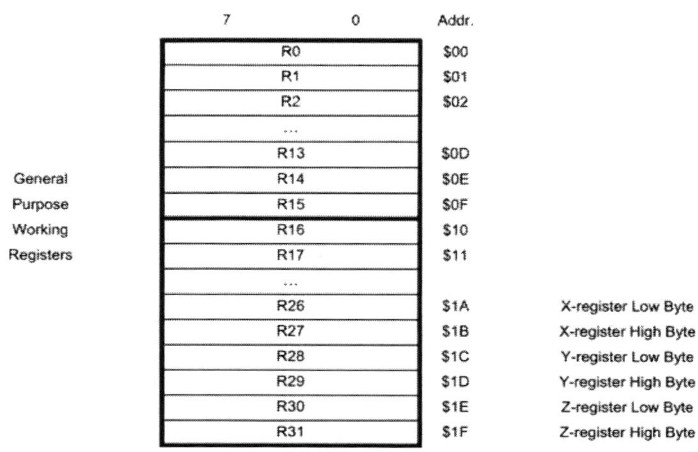

[그림 2.4] AVR의 범용레지스터

[표 2.3]과 [표 2.4]는 ATmega128의 I/O레지스터와 확장 I/O레지스터의 이름과 기능을 나타낸다.

[표 2.3] ATmega128의 I/O레지스터 이름과 기능 (64개)

이 름	기 능
SREG	Status Register
SPH	Stack Point High
SPL	Stack Point Low
XDIV	XTAL Divide Control Register
RAMPZ	RAM page Z select Register
EICRB	General Interrupt Control
EIMSK	External Interrupt Mask Register
EIFR	External Interrupt Flag Register
TIMSK	Timer/Counter Interrupt Mask Register
TIFR	Timer/Counter Interrupt Flag Register
MCUCR	MCU general Control Register
MCUCSR	MCU Control & Status Register
TCCRO	Timer/Counter0 Control Register
TCNT0	Timer/Counter0 (8-bit)
OCR0	Timer/Counter0 output compare Register
ASSR	Asynchronous status Register
TCCR1A	Timer/Counter1 Control Register A
TCCR1B	Timer/Counter1 Control Register B
TCNT1H	Timer/Counter1 High Byte
TCNT1L	Timer/Counter1 Low Byte
OCR1AH	Timer/Counter1 Output Compare Register A High Byte
OCR1AL	Timer/Counter1 Output Compare Register A Low Byte
OCR1BH	Timer/Counter1 Output Compare Register B High Byte
OCR1BL	Timer/Counter1 Output Compare Register B Low Byte
ICR1H	Timer/Counter1 Input Capture Register High Byte
ICR1L	Timer/Counter1 Input Capture Register Low Byte
TCCR2	Timer/Counter2 Control Register
TCNT2	Timer/Counter2 Register
OCR2	Timer/Counter2 Output Compare Register
OCDR	On-chip Debug Related Register in I/O Memory

WDTCR	Watchdog timer Control Register
SFIOR	Special Function I/O Register
EEARH	EEPROM Address Register High
EEARL	EEPROM Address Register Low
EEDR	EEPROM Data Register
EECR	EEPROM Control Register
PORTA	Data Register, Port A
DDRA	Data Direction Register, Port A
PINA	Input Pins, Port A
PORTB	Data Register, Port B
DDRB	Data Direction Register, Port B
PINB	Input Pins, Port B
PORTC	Data Register, Port C
DDRC	Data Direction Register, Port C
PINC	Input Pins, Port C
PORTD	Data Register, Port D
DDRD	Data direction Register, Port D
PIND	Input Pins, Port D
SPDR	SPI Data Register
SPSR	SPI Status Register
SPCR	SPI Control Register
UDR0	UART0 I/O data Register
UCSR0A	UART0 Control and Status Register A
UCSR0B	UART0 Control and status Register B
UBRR0L	UART0 Baud rate Register Low
ACSR	Analog Comparator control and status Register
ADMUX	ADC Multiplexer Selection Rester
ADCSRA	ADC Control and Status Register A
ADCH	ACD Data Register High Byte
ADCL	ACD Data Register Low Byte
PORTE	Data Register, Port E
DDRE	Data Direction Register, Port E
PINE	Input Pins, Port E
PINF	Input Pins, Port F

[표 2.4] 확장 I/O레지스터 이름과 기능 (74개)

이 름	기 능
UCSR1C	UART1 Control and Status Register C
UDR1	UATR1 I/O Data Register
UCSR1A	UART1 Control and Status Register A
UCSR1B	UART1 Control and Status Register B
UBRR1L	UART1 Baud Rate Register Low
UBRR1H	UART1 Baud Rate Register High
UCSR0C	UART0 Control and Status Register C
UBRR0H	UART0 Baud Rate Register High
TCCR3C	Timer/Counter3 Control Register C
TCCR3A	Timer/Counter3 Control Register A
TCCR3B	Timer/Counter3 Control Register B
TCNT3H	Timer/Counter3 High Byte
TCNT3L	Timer/Counter3 Low Byte
OCR3AH	Timer/Counter3 Output Compare Register A High
OCR3AL	Timer/Counter3 Output Compare Register A Low
OCR3BH	Timer/Counter3 Output Compare Register B High
OCR3BL	Timer/Counter3 Output Compare Register B Low
OCR3CH	Timer/Counter3 Output Compare Register C High
OCR3CL	Timer/Counter3 Output Compare Register C Low
ICR3H	Timer/Counter3 Input Capture Register High
ICR3L	Timer/Counter3 Input Capture Register Low
ETIMSK	Extended Timer Counter Interrupt Mask Register
ETIFR	Extended Timer Counter Interrupt Flag Register
TCCR1C	Timer/Counter1 Control Register C
OCR1CH	Timer/Counter1 Output Compare Register High
OCR1CL	Timer/Counter1 Output Compare Register Low
TWCR	TWI Control Register
TWDR	TWI Data Register
TWAR	TWI Address Register
TWSR	TWI Status Register
TWBR	TWI Bit Rate Register
OSCCAL	Oscillator Calibratin Regiater
XMCRA	External Memory Control Register A

XMCRB	External Memory Control Register B
EICRA	External Interrupt Control Register A
SPMCSR	SPM Control and Status Register
PORTG	Data Register, Port G
DDRG	Data Direction Register, Port G
PING	Input pins, Port G
PORTF	Data Register, Port F
DDRF	Data Direction Register, Port F
OCDR	On-chip Debug Related Register in I/O Memory
WDTCR	Watchdog timer Control Register
SFIOR	Special Function I/O Register
EEARH	EEPROM Address Register High
EEARL	EEPROM Address Register Low
EEDR	EEPROM Data Register
EECR	EEPROM Control Register
PORTA	Data Register, Port A
DDRA	Data Direction Register, Port A
PINA	Input Pins, Port A
PORTB	Data Register, Port B
DDRB	Data Direction Register, Port B
PINB	Input Pins, Port B
PORTC	Data Register, Port C
DDRC	Data Direction Register, Port C
PINC	Input Pins, Port C
PORTD	Data Register, Port D
DDRD	Data direction Register, Port D
PIND	Input Pins, Port D
SPDR	SPI Data Register
SPSR	SPI Status Register
SPCR	SPI Control Register
UDR0	UART0 I/O data Register
UCSR0A	UART0 Control and Status Register A
UCSR0B	UART0 Control and status Register B
UBRR0L	UART0 Baud rate Register Low
ACSR	Analog Comparator control and status Register
ADMUX	ADC Multiplexer Selection Rester

ADCSRA	ADC Control and Status Register A
ADCH	ACD Data Register High Byte
ADCL	ACD Data Register Low Byte
PORTE	Data Register, Port E
DDRE	Data Direction Register, Port E
PINE	Input Pins, Port E
PINF	Input Pins, Port F

5. ATmega128의 Timing Diagram

[그림 2.5]는 ATmega128의 명령 실행 및 Fetch의 병렬 처리방식에 대한 Timing Diagram이다. CPU clock cycle T1, T2, T3, T4에 대해 각각 4개의 명령어의 Fetch, Execution을 보여주고 있다. 그림에서 보듯이 ATmega128은 병렬 Pipeline 구조를 가지고 있으므로 Fetch 와 Execution은 모두 2개의 CPU clock cycle이 필요하지만 한 명령이 실행되고 있는 동안 다음에 실행될 명령이 Pipeline을 통해 Fetch 되므로 전체적인 실행 cycle은 1cycle이 되어 동작 클록 1MHz당 하나의 명령이 실행되므로 1MIPS의 성능을 가진다.

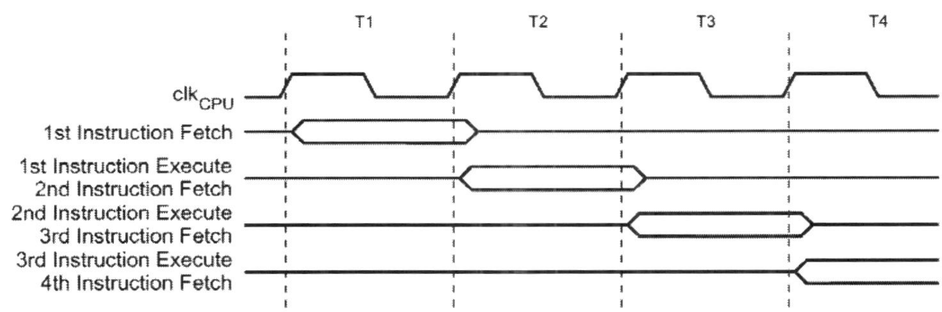

[그림 2.5] ATmega128의 병렬 명령어 Fetch 및 실행 사이클

[그림 2.6]은 ATmega128의 명령 실행 주기 동안의 내부에서 수행되는 동작을 보여주고 있다. 명령이 실행되는 1cycle 동안 레지스터로부터 데이터를 읽어와 ALU에서 적절한 동작을 수행하고 다시 이 결과를 레지스터에 저장한다.

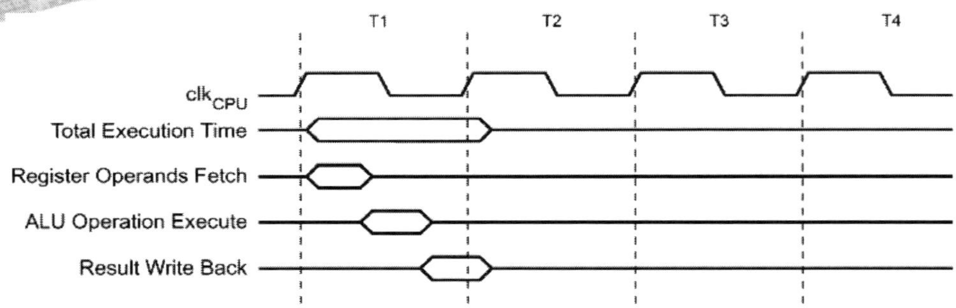

[그림 2.6] Single Cycle ALU Operation

2.4 ATmega128 Memory

AVR ATmega128의 Flash memory는 In-System reprogrammable program memory로 128K Bytes의 크기를 가지고 있다. ATmega128의 명령어의 크기는 16bit 또는 32bit의 크기를 가지고 있으므로 128K Bytes의 플래쉬 메모리는 64K Words × 16bit(2Bytes, 1Words)로 구성된다. 플래쉬 메모리는 크게 Boot section과 Application program section으로 나뉜다.

1. Memory Map

[그림 2.7]은 ATmega128의 Program Memory Map으로 PC(Program Counter) 레지스터의 크기가 16-bit로 접근 가능한 주소 공간은 64K Words의 크기인0x0000~0xFFFF로 되어 있으며, 이 공간에 대해 JTAG이나 SPI 모드를 통해 ISP로 접근할 수 있다. ATmega128의 플래쉬 메모리는 10,000번의 쓰기/삭제가 보장된다.

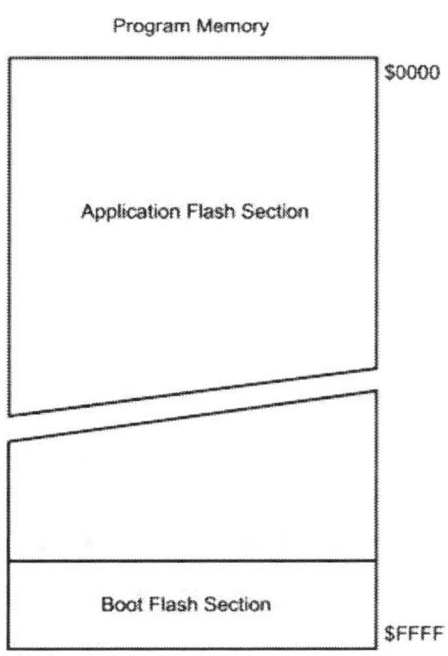

[그림 2.7] Program Memory Map

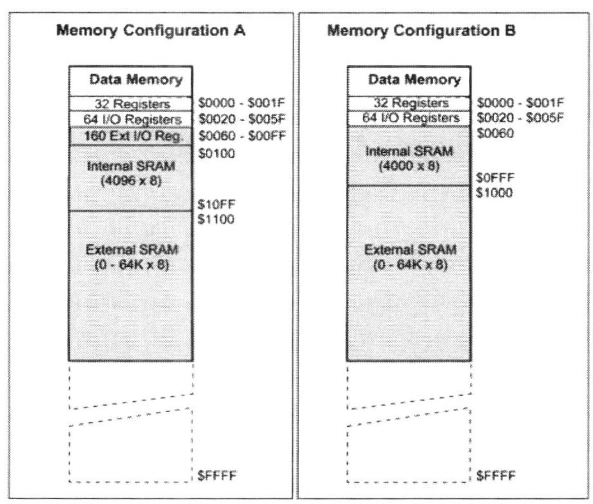

[그림 2.8] Data Memory Map

[그림 2.8]은 ATmega128의 Data memory map으로 4096Byte의 SRAM을 가지고 있으나 이전 모델인 ATmega103과의 호환성을 유지하기 위한 4000Byte만을 사용하는 모드와 4096Byte를 모두 사용 가능하게 하는 모드, 두 가지를 지원한다. 또한 SRAM은 외부에

추가하여 모두 64KByte의 공간을 사용할 수 있으며, 내부 메모리 공간에는 32개의 범용 레지스터, 64개의 입/출력 레지스터와 160개의 확장 입/출력 레지스터의 주소 공간이 포함되어 있다. [그림 2.8]에서 보듯이 외부 SRAM은 0x1100 또는 0x1000 번지 이후의 주소 공간부터 사용자 임의로 활용 가능하며 그 이하의 주소 공간은 칩 내부의 레지스터에 접근하게 된다.

2. EEPROM 메모리

ATmega128은 칩 내부에 4KByte의 EEPROM을 가지고 있으며 이는 데이터 영역과는 분리되어 있다. EEPROM은 Byte 단위로 읽고 쓸 수 있는 구조를 가지고 있으며 100,000회의 기록/삭제 수명을 보장한다.

ATmega128에서 EEPROM에 접근하기 위해서는 EEPROM Address Register, Data Register, Control Register를 사용해야 하며, Address Register는 EEARH(하위 4비트 사용)와 EEARL(8비트) 레지스터를 조합하여 12비트의 크기를 가지고 4KByte 공간에 대한 주소 영역을 표현할 수 있다. EEPROM Data Register인 EEDR은 8비트 크기를 가지고 EEPROM에 데이터를 기록할 때 기록할 데이터를 보관하고 있고, 읽을 때 읽혀진 데이터를 가지고 있다. EEPROM 제어 레지스터인 EECR 레지스터는 EERIE, EEMWE, EEWE, EERE의 4개의 유효한 제어비트를 가지고 있다.

▸ EEPROM Control Register – EECR

Bit	7	6	5	4	3	2	1	0
	-	-	-	-	EERIE	EEMWE	EEWE	EERE
Read/Write	R	R	R	R	R/W	R/W	R/W	R/W
Initial Value	0	0	0	0	0	0	x	0

- EERIE : EEPROM Ready Interrupt Enable

  EEPROM의 사용이 가능해 졌을 때 인터럽트 발생을 활성화 시키는 비트로서, '1'의 값일 때 활성화 되며 '0'일 때 비활성화 된다. EEWE 비트가 clear 되었을 때 인터럽트가 발생된다.

- EEMWE : EEPROM Master Write Enable

  EEPROM에 기록 가능한 상태를 지정하는 비트로 EEMWE가 '1'로 설정되고 EEWE가 '1'일 때 지정된 EEPROM 주소영역에 CPU의 4클록 사이클 이내에 데이터가 기록된다. 만약 EEMWE가 '0'으로 설정되어 있다면 EEWE의 값과는 무관하게 EEPROM에는 데이터를 기록하지 않는다. EEMWE를 소프트웨어에서 '1'로 기록하면 CPU의 4사이클 이후에 하드웨어에서 '0'으로 이 비트의 값을 기록한다.

- EEWE : EEPROM Write Enable
  EEWE는 EEPROM의 Write Strobe 신호로 기록될 공간의 주소, 데이터가 유효한 상태에서 EEWE가 '0'으로 지정되면 EEPROM에 실제 데이터를 기록하게 된다. 단, ATmega128은 CPU에서 내부 플래쉬 메모리에 기록하는 동안에는 EEPROM에 데이터를 기록할 수 없으며, EEPROM에 데이터를 기록하는 도중 Interrupt 신호가 인가될 경우 기록이 실패할 수 있다.

- EERE : EEPROM Read Enable
  EERE는 EEPROM의 Read Strobe 신호선으로 동작한다. EEPROM에 유효한 주소를 지정한 후 EERE가 '0'으로 되면 지정된 주소 공간으로부터 데이터를 읽어오게 된다.

3. 외부 메모리 사용법

ATmega128은 프로그램 메모리와 데이터 메모리가 분리된 Harvard architecture를 가지고 있으며 외부 메모리는 데이터 메모리 영역에 대해서 사용할 수 있다.

ATmega128은 memory mapped I/O 방식을 사용하고 있어 외부 메모리를 사용할 수 있는 공간에 SRAM 뿐만 아니라 I/O 장치, LCD, ADC 및 DAC를 붙여 사용할 수 있다. 외부 메모리를 사용하기 위해서는 XMEM(eXternal MEMory)이 활성화 되어 있어야 하며, 이 경우 내부 SRAM 이외의 주소 공간에 대해 접근하게 되면 ATmega128의 Address, Data 버스를 통하여 외부에 부착된 소자들에 접근할 수 있게 된다.

ATmega128의 외부 메모리 공간은 몇 개의 섹터로 나눌 수 있도록 구성되어 있어 각 섹터별로 4가지의 서로 다른 wait state를 지정할 수 있어 엑세스 속도가 상이한 소자들을 붙여 사용하는데 유리하도록 구성되어 있다.

단, ATmega128의 외부 메모리를 사용할 경우에는 앞의 [그림 2.8]의 memory map에서 보듯이 0x1100 ~ 0xFFFF(ATmega103 호환 모드 사용시 0x1000 ~ 0xFFFF)의 영역에 대해서만 외부 메모리를 액세스 할 수 있으며, 0x0000 ~ 0x1100(ATmega103 호환 모드 사용시 0x0000 ~ 0x1000)의 영역에 접근할 경우 외부 메모리가 아닌 ATmega128 내부의 레지스터 혹은 내부 SRAM에 접근하게 되므로 주의하여 사용해야 한다.

ATmega128의 외부 어드레스 핀의 하위 8비트는 Data 버스 8비트와 Mux되어 칩 외부에서 ALE 신호에 따라 Address와 Data를 분리해야 한다. [그림 2.9]에서와 같이 AVR ATmega128로부터 AD(7:0)의 신호를 받아 이를 ALE(Address Latch Enable) 신호에 의해 Address와 Data로 분리해주는 장치가 외부 메모리와 AVR 사이에 필요하다. 이러한 소자들로 일반적으로는 TTL을 사용하며 74HC373 또는 74HC573 등을 사용한다.

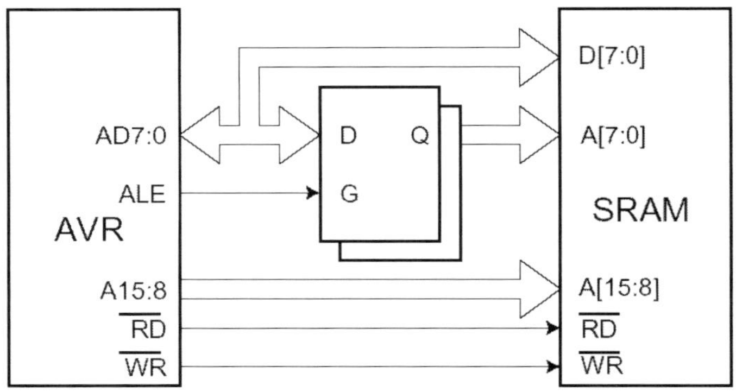

[그림 2.9] AVR과 외부 SRAM과의 인터페이스

ATmega128에서 외부 메모리에 접근하려면 MCUCR, XMCRA, XMCRB의 레지스터를 제어해야 한다. MCUCR 레지스터에서는 상위 두 비트가 외부 메모리 엑세스에 관련된 것이며 그 나머지는 외부 메모리 이외의 다른 사항에 관련되어 MCU(Micro Control Unit)를 제어하는 비트들이다.

MCU Control Register인 MCUCR 레지스터는 다음과 같이 구성되어 있다. 이들 중 외부 메모리 엑세스에 관련되는 비트는 비트 7, 비트 6이다.

▸ MCU Control Register – MCUCR

Bit	7	6	5	4	3	2	1	0
	SRE	SRW10	SE	SM1	SM0	SM2	IVSEL	IVCE
Read/Write	R/W	R/W	R/W	R/W	R/W	R/W	R/W	R/W
Initial Value	0	0	0	0	0	0	0	0

- SRE : External SRAM/XMEM Enable

SRE의 비트가 '0'이 기록되면 외부 메모리 엑세스를 사용하지 않는 모드로 동작하며, 메모리 인터페이스에 사용되는 핀 AD(7:0). A(15:8), ALE, /RD, /WR은 일반 I/O 핀으로 사용된다. SRE에 '1'을 기록하면 AVR은 외부 메모리를 엑세스할 수 있으며 AD(7:0). A(15:8), ALE, /RD, /WR은 일반 I/O가 아니라 메모리 엑세스에 필요한 동작을 한다.

- SRW10 : Wait-State Select Bit

  ATmega128의 이전 모델인 ATmega103과의 호환성을 유지하기위해 MCUCR 레지스터에 존재하는 비트로서 configuration bit에서 103 호환 모드를 선택할 경우 SRW10에 '1'이 기록되면 외부 메모리 엑세스에 하나의 사이클이 추가되어 one-wait으로 동작하게 한다. 그러나 ATmega128 단독 모드로 동작시킬 경우에는 XMCRA 레지스터와 함께 wait state의 미세한 조정에 사용된다.

▶ External Memory Control Register A – XMCRA

Bit	7	6	5	4	3	2	1	0
	-	SRL2	SRL1	SRL0	SRW01	SRW00	SRW11	SRW10
Read/Write	R	R/W	R/W	R/W	R/W	R/W	R/W	R/W
Initial Value	0	0	0	0	0	0	0	0

- SRL2, SRL1, SRL0 : Wait-state Sector Limit

  SRL 비트 값을 지정하여 외부 메모리 64K Bytes 공간을 두개의 영역으로 나눌 수 있으며 이들에 대하여 각각 다른 Wait-state를 적용할 수 있도록 한다. 이 영역은 상/하로 나뉘며 SRL 비트 값에 따른 영역 구분은 [표 2.6]과 같다. 외부 메모리 영역의 시작은 ATmega128의 내부 메모리 영역을 제외한 0x1100~0xFFFF까지의 범위이다.

- SRW11, SRW10(in MCUCR Register) : Wait-state Select Bit

  상위 영역에 대하여 Wait-state를 지정할 때 사용된다. SRW10은 MCUCR 레지스터안에 있는 비트이다.

- SRW01, SRW00(in MCUCR Register) : Wait-state Select Bit

  하위 영역에 대하여 Wait-state를 지정할 때 사용된다.

[표 2.5] SRW1,0 비트 값에 따른 Wait states

SRWn1	SRWn0	Wait States
0	0	No wait-states
0	1	Wait one cycle during read/write strobe
1	0	Wait two cycles during read/write strobe
1	1	Wait two cycles during read/write and wait one cycle before driving out new address

n은 0 또는 1을 의미하며 회부 메모리 상/하위 영역을 지정한다.

[표 2.6] SRL 비트 값에 따른 외부 메모리 영역 구분

SRL2	SRL1	SRL0	Sector Limits
0	0	0	Lower Sector = N/A Upper Sector = 0x1100 - 0xFFFF
0	0	1	Lower Sector = 0x1100 - 0x1FFF Upper Sector = 0x2000 - 0xFFFF
0	1	0	Lower Sector = 0x1100 - 0x3FFF Upper Sector = 0x4000 - 0xFFFF
0	1	1	Lower Sector = 0x1100 - 0x5FFF Upper Sector = 0x6000 - 0xFFFF
1	0	0	Lower Sector = 0x1100 - 0x7FFF Upper Sector = 0x8000 - 0xFFFF
1	0	1	Lower Sector = 0x1100 - 0x9FFF Upper Sector = 0xA000 - 0xFFFF
1	1	0	Lower Sector = 0x1100 - 0xBFFF Upper Sector = 0xC000 - 0xFFFF
1	1	1	Lower Sector = 0x1100 - 0xDFFF Upper Sector = 0xE000 - 0xFFFF

▸ External Memory Control Register B – XMCRB

Bit	7	6	5	4	3	2	1	0
	XMBK	-	-	-	-	XMM2	XMM1	XMM0
Read/Write	R/W	R	R	R	R	R/W	R/W	R/W
Initial Value	0	0	0	0	0	0	0	0

- XMBK : External Memory Bus-keeper Enable

  Bus Keeper의 동작을 활성화 시키거나 비활성화 시킬 수 있는 비트로 '1'을 기록하면 활성화된다. Bus Keeper가 활성화되면 외부 메모리 인터페이스에 연결된 버스가 tri-state 상태를 가지고 있어도 AD(7:0)는 가장 최근에 설정된 값을 유지하게 된다.

- XMM2, XMM1, XMM0 : External Memory High Mask

  ATmega128의 외부 메모리를 사용할 경우 AVR의 Port C를 Address 핀으로 사용하게 되는데 외부 메모리 공간을 모두 사용하지 않고 일부 영역만 사용하고자 할 경우 이들 3 bit를 사용하여 적절한 공간을 선택하면 해당되지 않는 공간을 가리키는 주소비트가 할당되는 핀은 사용하지 않고, 대신 Port C의 I/O 동작을 하게 된다.

2.5 Serial Peripheral Interface - SPI

Serial peripheral interface(SPI)는 ATmega128과 다른 주변 장치들 또는 AVR 제품들과 고속 데이터 통신에 사용된다. ATmega128의 SPI는 다음과 같은 특징을 가지고 있다.

- 전이중, 3-wire 동기 데이터 전송
- master/slave 동작
- LSB 우선/MSB 우선 전송 방식 선택 가능
- 7종류의 프로그램 가능한 전송률
- 전송완료 인터럽트
- master SPI 모드의 더블스피드

[그림 2.10]은 ATmega128의 SPI의 블록도로 크게 두 개의 쉬프트 레지스터와 Master 클록 발생기로 구성되어 있다.

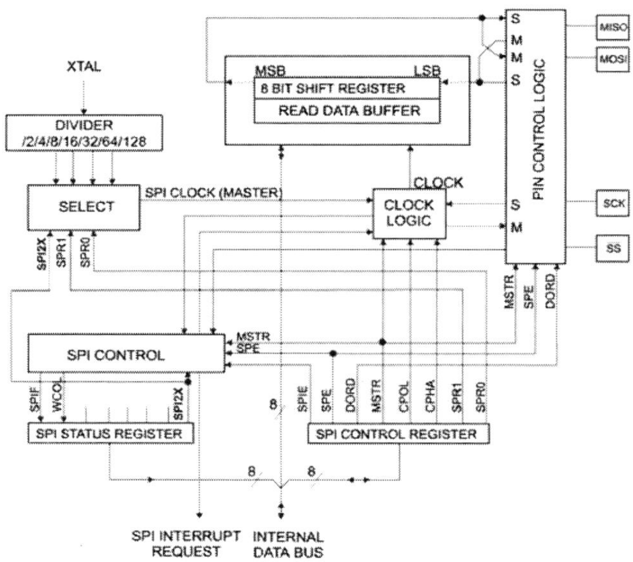

[그림 2.10] SPI 블록도

SPI 통신 방식은 "Slave Select - /SS", "Master Output Slave In - MOSI", "Master In Slave Output - MISO" 및 데이터 교환에 사용되는 master에서 발생시키는 클록 SCK가 사용되며, master와 slave간의 연결은 [그림 2.11]과 같다.

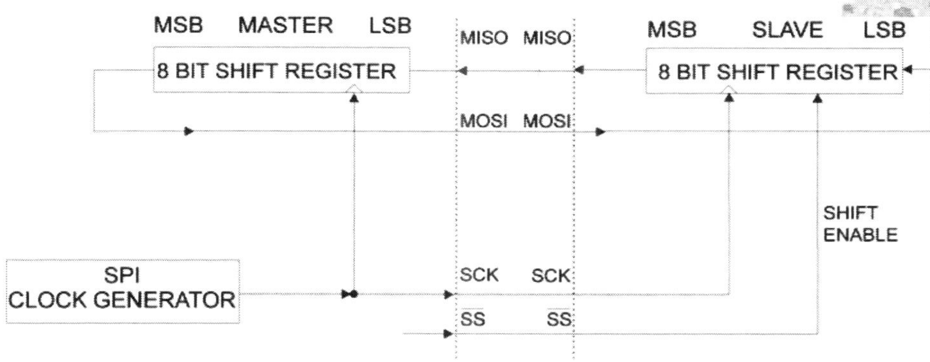

[그림 2.11] SPI Master-Slave Interconnection

SPI master로 구성한 경우 /SS 핀의 경우 자동으로 설정이 이루어지지 않으므로 통신이 시작되면 반드시 master측의 프로그램에서 제어해야 한다. 반면 SPI slave로 동작하는 경우에는 /SS가 '1'을 유지하는 동안은 MISO핀은 high-impedance 상태를 유지하며 '0'이 되면 이때부터 slave 동작을 시작한다.

PORT B와 SPI가 핀을 공유하고 있으므로 SPI의 동작 모드에 따라 적절히 핀을 구성해 주어야 한다. Slave로 SPI가 동작할 경우에는 MISO를 제외한 MOSI, SCK, /SS는 입력으로 설정되며, MISO는 DDRB 레지스터의 MISO에 해당되는 비트의 설정에 따라 입/출력을 지정할 수 있다. Master로 SPI가 동작하는 경우에는 MISO는 입력으로 설정되며, MOSI, SCK, /SS는 소프트웨어에서 DDRB 레지스터의 해당 비트를 설정함으로 입력과 출력을 지정할 수 있다. 따라서 SPI를 사용할 경우 소프트웨어의 SPI의 초기화 부분에서 Master인 경우에는 MOSI와 SCK를 출력으로, Slave인 경우에는 MISO를 출력으로 지정한다.

Slave로 동작하는 경우 /SS핀은 입력으로 구성되며 '0'인 경우 SPI가 활성화되어 정상적인 동작을 수행하며 '1'이 되면 SPI는 reset되며 동작하지 않는다. Master로 동작하는 경우에는 /SS핀을 출력으로 구성할 경우 SPI에는 아무런 영향을 미치지 않으며, 입력으로 구성한 경우에는 Master 동작을 정상적으로 수행하기 위해서는 반드시 '1'의 값을 유지해야 한다. 만약 '0'이 되면 다른 Master에 의해 SPI 버스를 사용하려는 것으로 간주하여 "SPI Control Register - SPCR"의 MSTR이 '0'으로 만들어 Slave 모드로 동작하도록 하여 MOSI, SCK가 입력으로 바뀌게 된다. 또한 "SPI Status Register - SPSR"의 SPIF가 '1'이 되어 SPI 인터럽트 발생이 가능하도록 한다.

SPI는 "SPI Control Register - SPCR", "SPI Status Register - SPSR"과 "SPI Data Register - SPDR" 레지스터를 사용한다.

▸ SPI Control Register – SPCR

Bit	7	6	5	4	3	2	1	0
	SPIE	SPE	DODR	MSTR	CPOL	CPHA	SPR1	SPR0
Read/Write	R/W	R/W	R/W	R/W	R/W	R/W	R/W	R/W
Initial Value	0	0	0	0	0	0	0	0

- Bit 7 – SPIE : SPI Interrupt Enable

SREG의 global interrupt enable이 설정되고, SPSR 레지스터의 SPIF가 설정된 경우 SPI 인터럽트가 실행되도록 한다.

- Bit 6 – SPE : SPI Enable

'1'의 값으로 설정되면 SPI 동작이 활성화된다. SPI 동작을 위해서는 반드시 '1'로 지정해야 한다.

- Bit 5 – DODR : Data Order

SPI를 통해 전송되는 데이터의 순서를 지정한다. '1'인 경우 LSB가 먼저 전송되며, '0'인 경우 MSB가 먼저 전송된다.

- Bit 4 – MSTR : Master/Slave

SPI의 master/slave 동작을 지정한다. '1'로 지정된 경우 master로 동작하 며 '0'인 경우 slave로 동작한다.

- Bit 3 – CPOL : Clock Polarity

'1'로 지정한 경우 SPI로 데이터 전송을 하지 않는 동안 SCK가 '1'을 유지하며, '0'인 경우 SCK가 '0'의 상태를 가진다. 데이터 전송 구간에서는 Bit 2의 CPHA와 함께 SPI mode를 결정하여 데이터의 샘플링 시점을 결정한다.

CPOL	Leading edge	Trailing edge
0	Rising	Falling
1	Falling	Rising

- Bit 2 - CPHA : Clock Phase

  CPOL 비트와 함께 SPI 동작 모드를 결정하는데 사용된다.

[그림 2.12]와 [그림 2.13]은 SPI 모드에 따른 전송 포맷을 보이고 있다.

CPOL	CPHA	Leading edge	Trailing edge	SPI mode
0	0	Sample(Rising)	Setup(Falling)	0
0	1	Setup(Rising)	Sample(Falling)	1
1	0	Sample(Falling)	Setup(Rising)	2
1	1	Setup(Falling)	Sample(Rising)	3

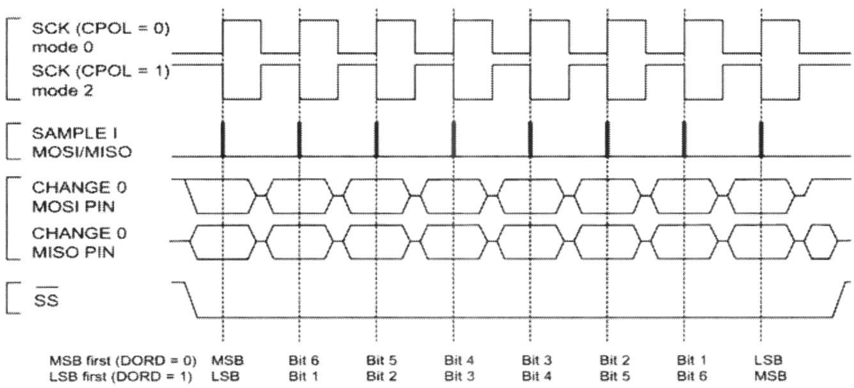

[그림 2.12] SPI Transfer Format with CPHA=0

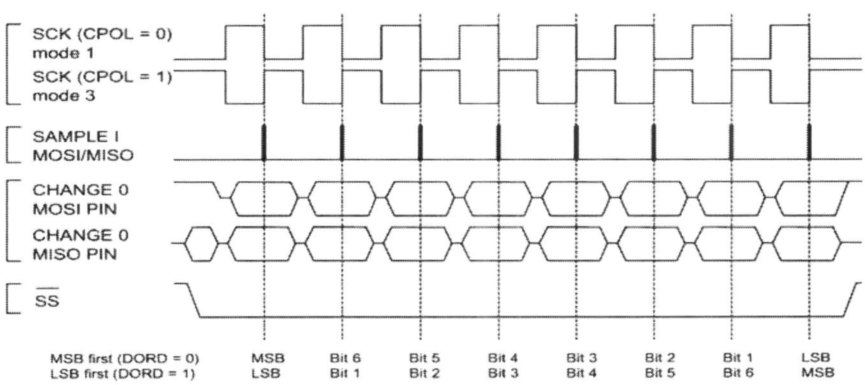

[그림 2.13] SPI Transfer Format with CPHA=1

- Bit 1,0 – SPR1, SPR0 : SPI Clock Rate Select 1 and 0

  SPI 동작 클록을 설정하는 비트로 "00 – fOSC/4", "01 – fOSC/16", "10 – fOSC/64", "11 – fOSC/128"로 되며, SPSR의 SPI2X 비트가 '1'로 설정되면 각 2배의 클록으로 지정되어 fOSC/2, fOSC/8, fOSC/32, fOSC/64로 설정된다.

▶ SPI Status Register – SPSR

Bit	7	6	5	4	3	2	1	0
	SPIF	WCOL	-	-	-	-	-	SPI2X
Read/Write	R	R	R	R	R	R	R	R/W
Initial Value	0	0	0	0	0	0	0	0

- Bit 7 – SPIF : SPI Interrupt Flag

  SPI 전송이 끝나면 SPIF는 '1'로 설정된다. SPI 인터럽트에 해당되는 인터럽트 루틴이 실행되면 하드웨어적으로 '0'으로 지정된다.

- Bit 6 – WCOL : Write COLlision flag

  데이터 전송중에 SPDR 레지스터에 값을 기록하면 '1'로 설정된다. WCOL 비트가 '1'로 설정된 상태에서 SPSR 레지스터의 WCOL 비트를 읽고 SPDR에 접근하면 '0'으로 초기화 된다.

- Bit 5..1 – Res : Reserved Bit

  이 비트의 값은 항상 '0'으로 읽힌다

- Bit 0 – SPI2X : Double SPI Speed Bit

  SPCR 레지스터의 SPI Clock Rate Select 1 and 0과 함께 사용되어 SPI2X가 '1'인 경우 기본 클록의 2배로 동작한다.

▶ SPI Data Register – SPDR

Bit	7	6	5	4	3	2	1	0
	MSB							LSB
Read/Write	R/W	R/W	R/W	R/W	R/W	R/W	R/W	R/W
Initial Value	X	X	X	X	X	X	X	X

2.6 ISP(In-System Program)를 위한 SPI Interface 방법

ATmega128을 프로그래밍 하는 가장 실용적이면서 AVR의 특징을 가장 잘 나타내는 방법은 SPI 직렬 통신을 이용하는 방법이다. ATmega 모델들은 직렬 프로그래밍을 수행할 때는 SPI 통신 포트인 MOSI, MOSO핀을 사용하지만, ATmega128의 경우에는 PDI, PDO 핀을 사용한다.

[표 2.7] ISP핀 이름 및 기능

신호 이름	핀 이름	기능
PDI(MOSI)	PE0	ISP를 위한 데이터 INPUT
PDO(MISO)	PE1	ISP를 위한 데이터 OUTPUT
SCK	PB1	ISP를 위한 클록

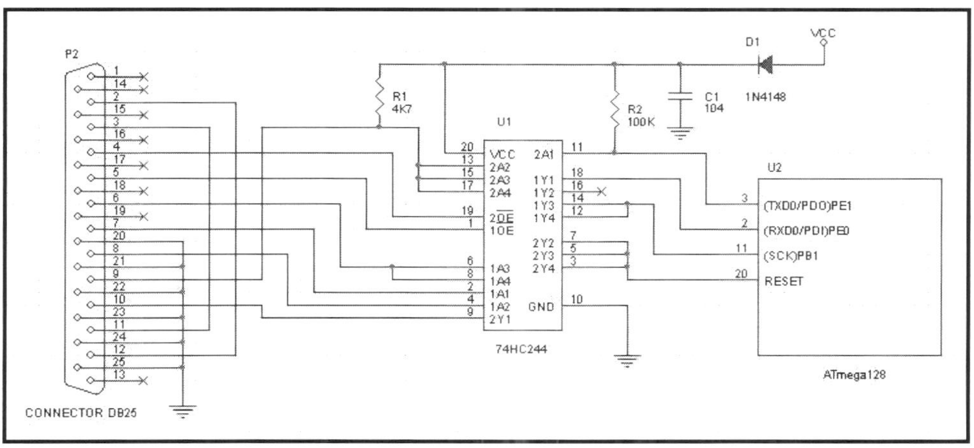

[그림 2.14] ATmega128의 ISP 회로도

위의 그림과 같이 컴퓨터의 병렬포트와 ATmega128을 연결하면 PonyProg2000과 같이 대부분의 ISP용 소프트웨어를 사용하여 사용자 프로그램을 다운로드 하는 것이 가능하다.

2.7 Two-Wire Serial Interface(TWI)

TWI는 일반적인 마이크로컨트롤러 응용에 사용되며, SCL, SDA 두개의 양방향 버스를 사용하여 최대 128개의 디바이스와 통신을 할 수 있는 프로토콜이다. TWI 버스는 [그림 2.15]와 같이 구성된다.

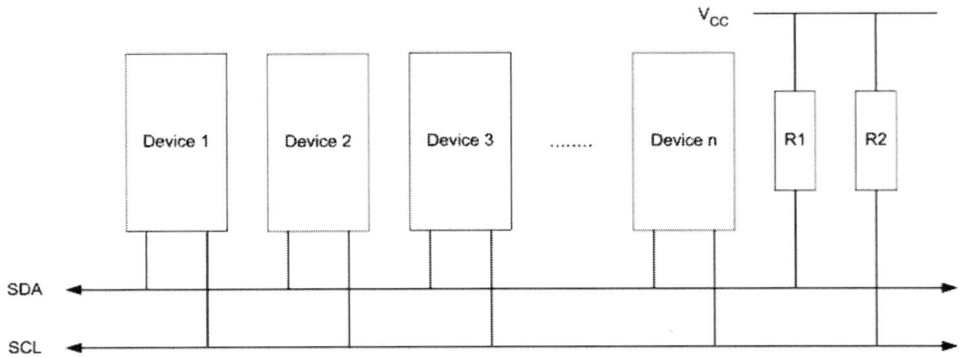

[그림 2.15] TWI Bus Interconnection

ATmega128은 TWI 통신 방식의 Master/slave 모두 지원하며 최대 128개의 디바이스를 선택할 수 있는 7-bit의 Address를 가진다. Multi-master 방식을 지원하며 최대 400KHz의 데이터 전송률을 가진다.

Two-Wire Interface(TWI)는 Inter-IC Communication(I^2C)로 알려진 통신 프로토콜로 [그림 2.16]과 같이 Start, Repeated Start, Stop에 대한 조건을 만족해야 한다.

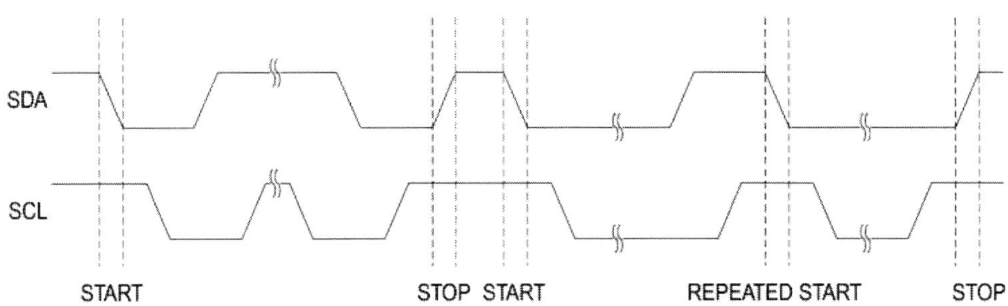

[그림 2.16] START, REPEAT START and STOP Conditions.

[그림 2.16]과 같이 전송을 시작할 때 SCL이 '1'이며 SDA가 '1'에서 '0'으로 변해야 하며 전송을 멈출 때는 SCL이 '1'이며 SDA가 '0'에서 '1'로 변해야 한다.

[그림 2.17]은 TWI를 사용하여 데이터를 전송할 때의 타이밍도로 데이터의 전송을 위해서 먼저 START 조건을 만족시키고 slave 장치의 address를 전송한 후, 데이터의 MSB부터 순서대로 전송한다. Address와 데이터를 전송한 후에는 반드시 ACK를 체크하여 정상적으로 전송되었는지 확인한다.

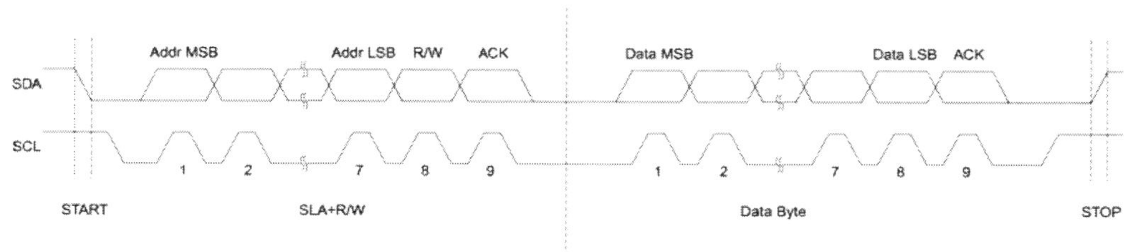

[그림 2.17] Typical Data Transmission

ATmega128의 TWI 모듈은 [그림 2.18]과 같이 구성되어 있다.

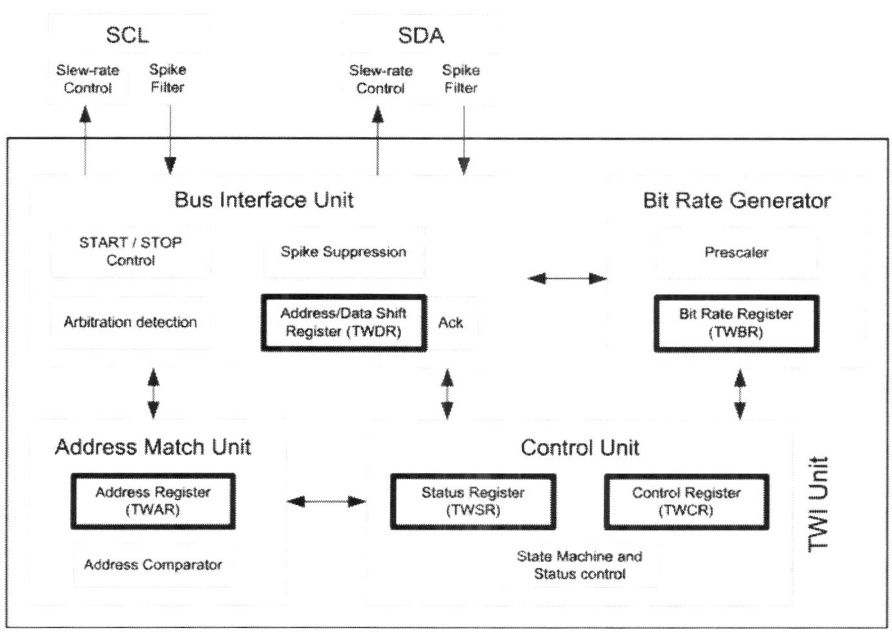

[그림 2.18] Overview of the TWI Module

▸ TWI Bit Rate Register – TWBR

Bit	7	6	5	4	3	2	1	0
	TWBR7	TWBR6	TWBR5	TWBR4	TWBR3	TWBR2	TWBR1	TWBR0
Read/Write	R/W	R/W	R/W	R/W	R/W	R/W	R/W	R/W
Initial Value	0	0	0	0	0	0	0	0

TWBR 레지스터의 8-bit의 값과 "TWI Status Resiger – TWSR" 레지스터의 TWPS1..0의 값과 함께 SCL 클록의 동작 속도를 결정하는데 사용된다. 다음 수식은 SCL 클록의 동작 속도 계산식이다.

$$\text{SCL frequency} = \frac{\text{CPU Clock Frequency}}{16 + 2(\text{TBWR}) \times 4^{\text{TWPS}}}$$

▸ TWI Control Register – TWCR

Bit	7	6	5	4	3	2	1	0
	TWINT	TWEA	TWSTA	TWSTO	TWWC	TWEN	-	TWIE
Read/Write	R/W	R/W	R/W	R/W	R	R/W	R	R/W
Initial Value	0	0	0	0	0	0	0	0

- Bit 7 – TWINT : TWI Interrupt Flag

  TWI의 동작이 완료되면 '1'로 설정되며, 소프트웨어에 의해 TWINT 비트에 '1'을 기록하면 '0'으로 초기화 된다. TWINT 비트는 인터럽트 루틴의 수행에 의해 자동으로 '0'으로 설정되지 않으므로 반드시 프로그램에서 '0'으로 설정해 주어야 한다.

- Bit 6 – TWEA : TWI Enable Acknowledge Bit

  TWI의 ACK 펄스를 만들어주는 비트이다. '1'로 설정되면 자동으로 ACK 신호를 발생시킨다.

- Bit 5 – TWSTA : TWI START Condition Bit

  TWSTA 비트가 '1'로 설정되면 START 조건에 맞는 펄스를 생성한다.

- Bit 4 – TWSTO : TWI STOP Condigtion Bit

  TWSTO 비트가 '1'로 설정되면 STOP 조건에 맞는 펄스를 생성한다.

- Bit 3 – TWWC : TWI Write Collision Flag
  TWI 데이터 레지스터가 완전히 전송되지 않은 상태에서 또 다른 데이터를 기록하는 경우 발생한다

- Bit 2 – TWEN : TWI Enable Bit
  TWI 동작을 활성화 시킨다.

- Bit 1 – Res : Reserved

- Bit 0 – TWIE : TWI Interrupt Enable
  TWI의 인터럽트를 활성화 시킨다.

▶ TWI Status Register – TWSR

Bit	7	6	5	4	3	2	1	0
	TWS7	TWS6	TWS5	TWS4	TWS3	-	TWPS1	TWPS0
Read/Write	R	R	R	R	R	R	R/W	R/W
Initial Value	0	0	0	0	0	0	0	0

- Bit 7..3 – TWS : TWI Status
  TWI의 상태를 나타내는 비트들이다.

- Bit 2 – Res : Reserved

- Bit 1..0 – TWPS : TWI Prescaler Bits
  SCL 클록의 동작속도 설정에 사용되는 bit로 다음 수식에 사용된다.

$$\text{SCL frequency} = \frac{\text{CPU Clock Frequency}}{16 + 2(\text{TBWR}) \times 4^{\text{TWPS}}}$$

▶ TWI Data Register – TWDR

Bit	7	6	5	4	3	2	1	0
	TWD7	TWD6	TWD5	TWD4	TWD3	TWD2	TWD1	TWD0
Read/Write	R/W	R/W	R/W	R/W	R/W	R/W	R/W	R/W
Initial Value	0	0	0	0	0	0	0	0

TWDR 레지스터에는 전송 모드에서는 다음에 전송될 데이터가, 수신 모드에서는 마지막에 수신된 데이터가 저장된다.

▸ TWI(Slave) Address Register – TWAR

Bit	7	6	5	4	3	2	1	0
	TWA6	TWA5	TWA4	TWA3	TWA2	TWA1	TWA0	TWGCE
Read/Write	R/W	R/W	R/W	R/W	R/W	R/W	R/W	R/W
Initial Value	0	0	0	0	0	0	0	0

TWAR 레지스터에는 TWI의 slave 동작할 때 주소가 저장되며, TWGCE 비트가 '1'로 설정되면 "General Call"을 인식할 수 있도록 한다.

ATmega128

CHAPTER 3

제 3 장 System Clock & System Control

3.1 Clock Options

[그림 3.1]은 AVR의 기본적인 클록 시스템과 클록 분배를 보여주고 있다.

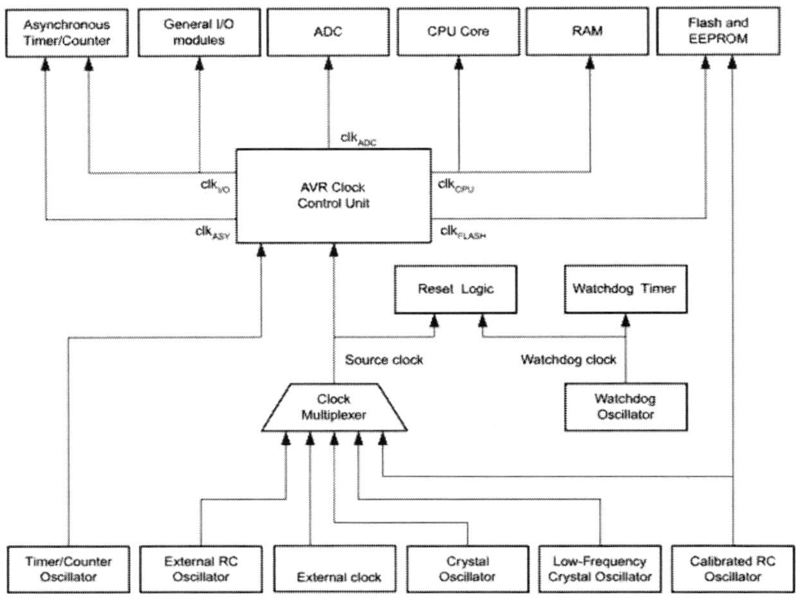

[그림 3.1] AVR의 클록 시스템과 분배 체계

AVR의 클록은 외부 RC 발진, 외부 클록, 크리스탈, 저주파 크리스탈, 내부 RC 발진들 중에 선택하여 공급받을 수 있다. AVR의 Configuration bit을 설정함으로 발진 회로를 선택하여 어떤 클록을 사용할 것인지 지정할 수 있다. 이렇게 공급된 클록은 AVR Clock Control Unit에 의해 CPU Clock, I/O Clock, Flash Clock, Asynchronous Timer Clock, ADC Clock로 만들어지며 각 모듈에 공급된다. 또한 별도로 Timer/Counter 발진회로가 있어 RTC(Real Time Clock)에 공급될 수 있도록 한다. 그림에서 보면

- clkCPU : CPU Clock

  CPU Clock은 Core, 범용레지스터, 상태레지스터 및 SRAM에 공급된다.

- clkI/O : I/O Clock

  I/O Clock은 I/O 모듈 및 Timer/Counter, SPI, USART에 공급된다.

- clkFLASH : Flash Clock

Flash 메모리 제어에 사용되는 클록으로 일반적으로는 CPU Clock과 동시에 발생된다.

- clkASY : Asynchronous Timer Clock

비동기 타이머에 공급되는 클록으로 AVR의 XTAL1, XTAL2 핀에 의해 공급되는 클록 이외의 Real Time Clock으로 32.768KHz의 외부 크리스탈에 직접 연결될 수 있다.

- clkADC : ADC Clock

ADC에 공급되는 별도의 클록으로 I/O 시스템 등의 디지털 회로에 의해 발생되는 노이즈를 최소화하여 보다 정확한 ADC 변환 결과를 가져올 수 있도록 분리되었다.

ATmega128의 클록은 CKSEL3..0의 4비트를 설정함으로 외부 크리스탈, 외부 저주파 크리스탈, 외부 RC 발진, 내부 RC 발진, 외부 클록 중에 선택할 수 있도록 되어 있다. AVR의 내부는 각 설정 비트들에 따라 해당되는 공급 클록 방식에 따른 적절한 발진 회로가 선택되어 적절한 클록을 발생시킬 수 있도록 구성되어 있다. 단, 외부 클록을 공급 받도록 설정되면 어떠한 발진 회로도 선택되지 않고 XTAL1 핀이 직접 클록 공급 회로에 연결되므로 회로를 설계할 때 외부 크리스탈에 의해 클록을 공급받도록 설계한 후 클록 옵션을 외부 클록을 직접 공급 받도록 선택하면 크리스탈이 발진되지 않아 AVR에 공급되는 클록이 없어 동작하지 않게 되므로 주의해야 한다.

[표 3.1] AVR의 클록 옵션

Device Clocking Option	CKSEL3..0
External Crystal/Ceramic Resonator	1111 - 1010
External Low-frequency Crystal	1001
External RC Oscillator	1000 - 0101
Calibrated Internal RC Oscillator	0100 - 0001
External Clock	0000

* [표 3.1]에서 AVR의 설정 비트는 Flash 방식을 사용하고 있으므로 '1'은 프로그램되지 않은 상태를 나타내고 '0'이 프로그램된 상태를 의미한다.

* ATmega128은 초기에 CKSEL="0001", SUT="10"으로 설정되어 칩 내부의 RC 발진회로에 의해 1MHz와 긴 지연시간을 가지고 동작한다. AVR이 리셋 후에 CPU가 동작하기 위해서 전원이 안정적인 수준에 도달할 때까지 시간지연이 필요하며 SUT 비트에 의해 설정된다.

3.2 Crystal Oscillator

[그림 3.2]와 같이 AVR의 XTAL1과 XTAL2에 crystal, quartz crystal, ceramic resonator를 연결할 수 있다. 이때 XTAL1과 XTAL2은 각각 입/출력으로 동작하며, 동작 환경이 잡음이 많은 경우에는 칩 설정 비트 중 CKOPT를 프로그램하여 사용한다("0"으로 표시된 상태, 프로그래머에서 체크해 놓은 상태). 이 경우 XTAL2는 외부 클록 버퍼 1개를 드라이빙 할 수 있도록 출력된다. CKOPT 비트가 프로그램 되지 않은 상태에서는 외부 클록 버퍼를 드라이빙할 수 없으나 칩의 소모 전력을 줄일 수 있다. Resonator를 사용할 경우 CKOPT가 프로그램 되지 않으면 최대 8MHz까지, 프로그램 된다면 16MHz까지 동작시킬 수 있다.

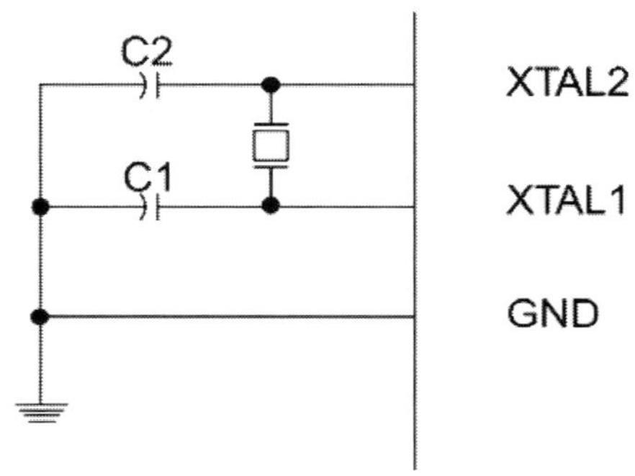

[그림 3.2] Crystal Oscillator

CKOPT	CKSEL3..1	MHz	C1, C2
1	1011*	0.4-0.9	-
1	110	0.9-3.0	12pF-22pF
1	111	3.0-8.0	12pF-22pF
0	101,110,111	1.0-	12pF-22pF

* **Crystal에서는 사용하지 말 것. Ceramic resonator에만 사용 할 것**

CKSEL0 비트는 SUT1..0 비트와 함께 사용되어 Start-up time을 지정하는데 사용된다. Crystal oscillator를 사용하는 경우 일반적으로 CKSEL0='1', SUT1..0="11"로 지정하여 사용한다. Ceramic resonator를 사용하는 경우와 Fast rising power 모드를 사용할 경우에는 ATmega128 데이터 시트를 참고하기 바란다.

3.3 Low-frequency Crystal Oscillator

Low-frequency crystal oscillator를 사용하는 경우에는 일반적으로 32.768KHz를 사용하며 이 경우에는 CKSEL3..0 비트를 "1001"로 지정하며, SUT1..0 비트는 "10"으로 지정한다.

연결은 [그림 3.2]와 같이 하며, CKOPT 비트를 프로그램 할 경우에는 AVR 내부의 36pF의 capacitor를 사용하도록 설정되므로 외부 C1, C2는 연결하지 않아도 된다.

3.4 External RC Oscillator

외부 RC 발진은 [그림 3.3]와 같이 연결하고, 발진 주파수는 $f = \frac{1}{(3RC)}$ 과 같다.

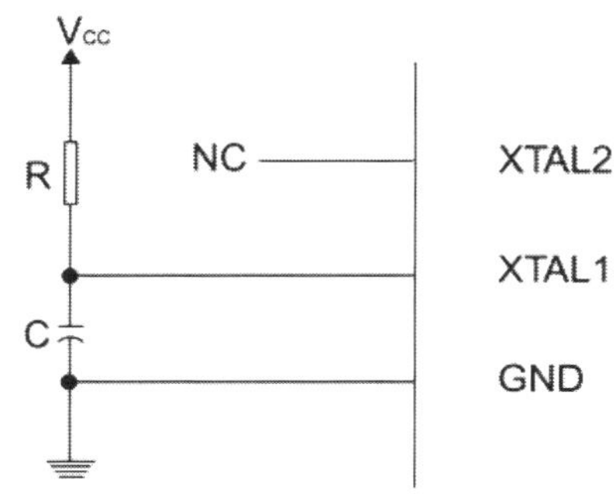

[그림 3.3] 외부 RC 발진

CKSEL3..0	MHz
0101	- 0.9
0110	0.9 - 3.0
0111	3.0 - 8.0
1000	8.0 - 12.0

C는 최소 22pF 이상은 되어야 하며, CKOPT 비트를 프로그램 할 경우 XTAL1과 GND 사이에 36pF의 capacitor가 연결되며 외부 C는 연결하지 않아도 된다. SUT1..0 비트는 "10"으로 설정한다.

3.5 Calibrated Internal RC Oscillator

내부 RC 발진은 5V의 공급전원과 25℃ 환경에서 1.0, 2.0, 4.0 과 8.0MHz로 고정되어 있으며 CKSEL3..0의 비트들에 의해 선택되며, 이 모드를 사용할 경우에는 CKOPT 비트는 프로그램 되어서는 안 된다. CKSEL3..0의 비트 값이 "0001", "0010", "0011", "0100"인 경우 각각 1.0, 2.0, 4.0과 8.0 MHz에 해당되며 칩이 만들어질 때는 "0001"로 설정된다. 내부 RC 발진을 선택한 경우에는 칩 외부에 어떤 발진 소자도 연결할 필요가 없다. 즉, XTAL1과 XTAL2는 연결되지 않은 상태로 놓아두어야 한다.

칩이 리셋되는 동안 5V의 25℃ 환경에서 발진 회로의 RC 값이 OSCCAL 레지스터에 로드되고 이 값에 의해 자동으로 발진 회로가 조율된다. 이 값은 발진회로가 ±1%의 범위안에서 동작할 수 있도록 보장한다. 단, RC 발진 회로는 R과 C의 값이 주변 온도에 따라 변하는 값이므로 회로에서 아무리 정확히 보상을 하여도 발진 주파수를 항상 일정하게 유지하기 힘들다. 따라서 Timer를 사용하여 정확한 시간 간격으로 동작을 시키거나 시계와 같은 Real Time 기능을 사용할 경우에는 RC 발진은 권장하지 않는다. 이는 내부 RC 발진 회로나 외부 RC 발진 회로를 사용할 경우 모두에 해당한다.

3.6 External Clock

외부 오실레이터에 의한 클록 공급을 받을 경우에는 CKSEL3..0 비트의 값은 "0000"으로 설정되어야 하며, CKOPT 비트가 프로그램 될 경우에는 XTAL1과 GND 사이에 36pF의 capacitor가 연결된다. [그림 3.4]는 외부에서 오실레이터나 기타 클록 발생 장치를 사용하여 ATmega128에 클록을 공급할 경우의 그림이다.

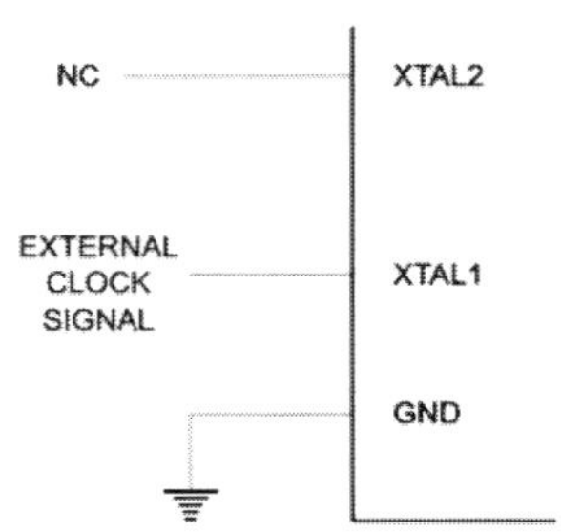

[그림 3.4] 외부 오실레이터 연결

3.7 Timer/Counter Oscillator

Timer/Counter Oscillator(TOSC1, TOSC2) 핀을 가지고 있는 AVR에는 이 핀에 별도의 capacitor 없이 crystal을 직접 연결하여 동작시킬 수 있다. 이 발진회로는 32.768KHz에 최적화 되어 있으며 TOSC1에 외부에서 발진된 클록을 공급하는 것은 권장하지 않는다.

▸ XTAL Divide Control Register - XDIV

Bit	7	6	5	4	3	2	1	0
	XDIVEN	XDIV6	XDIV5	XDIV4	XDIV4	XDIV2	XDIV1	XDIV0
Read/Write	R/W	R/W	R/W	R/W	R/W	R/W	R/W	R/W
Initial Value	0	0	0	0	0	0	0	0

XTAL 분주 제어 레지스터는 공급되는 클록을 2-129 사이의 값으로 분주할 수 있다. XDIVEN이 '1'의 값으로 지정되면 하위 7비트(d)에 의해 다음과 같이 표현된다.

$$f_{\mathrm{CLK}} = \frac{\text{Source clock}}{129 - d}$$

3.8 System Control and Reset

ATmega128에는 다음과 같은 5가지의 리셋 소스가 있으며 이들 리셋 로직에 대해서는 [그림 3.5]에 나타나 있다.

- Power-on Reset : 공급 전압이 Power-on Reset Threshold(VPOT)이하일 때 발생한다.
- External Reset : 외부 리셋으로 /RESET 핀이 최소 시간 이상 low로 되면 발생한다.
- Watchdog Reset : Watchdog이 활성화되어있을 때, Watchdog 타이머에 의해 발생한다.
- Brown-out Reset : Brown-out 검지기가 활성화 되어 있을 때 공급 전압이 Brown-out Reset Threshold(VBOT)이하일 때 발생한다.
- JTAG AVR Reset : JTAG에 의해 리셋 레지스터가 설정된 경우 발생한다.

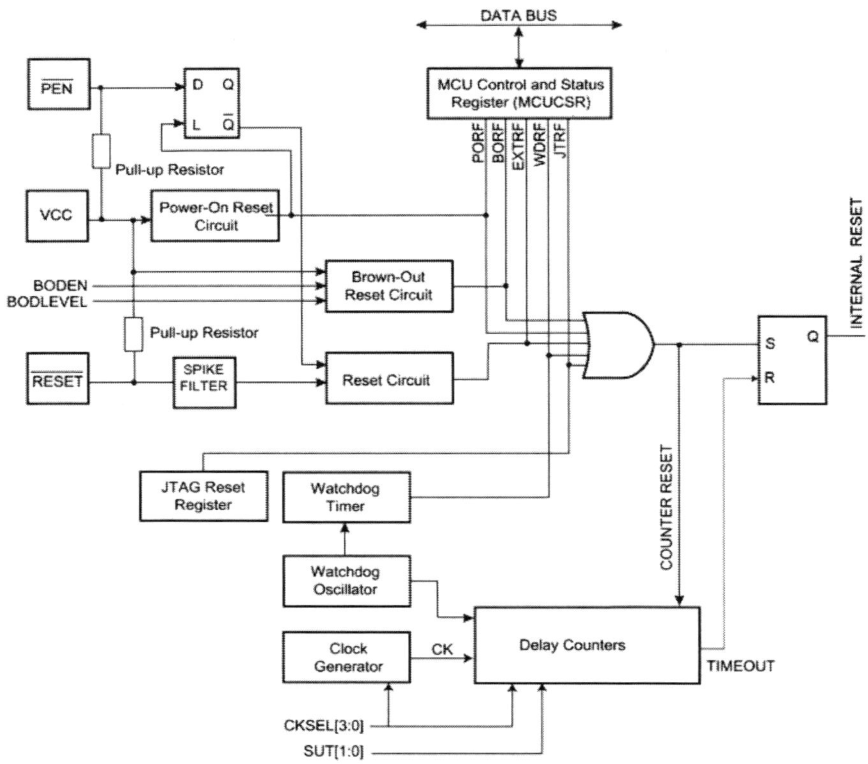

[그림 3.5] ATmega128의 Reset Logic

리셋 구간동안 I/O 레지스터는 모두 초기값으로 설정되며 프로그램은 "Reset Vector"라고 불리는 주소 공간에서부터 시작한다. Reset vector에는 JMP 명령(절대 번지 점프)이 존재해야 한다. I/O 포트는 리셋 후에 초기 값으로 설정된다.

MCUCSR 레지스터는 MCU의 제어와 상태를 나타내는 레지스터로 리셋이 발생하면 해당되는 비트가 '1'로 설정되므로 어떠한 이유에 의해 리셋이 발생했는지 확인할 수 있다.

▸ MCU Control and Status Register - MCUCSR

Bit	7	6	5	4	3	2	1	0
	JTG	-	-	JTRF	WDRF	BORF	EXTRF	PORF
Read/Write	R/W	R	R	R/W	R/W	R/W	R/W	R/W
Initial Value	0	0	0					

- JTRF : JTAG Reset Flag
- WDRF : Watchdog Reset Flag

- BORF : Brown-out Reset Flag
- EXTRF : External Reset Flag
- PORF : Power-On Reset Flag

프로그램에서 강제로 리셋을 시키는 동작이 필요할 경우에는 프로그램 카운터 레지스터를 Reset Vector인 0x0000로 강제로 설정해주면 된다. 아래의 코드는 gcc를 사용한 경우 인라인 어셈블러를 이용하여 프로그램에서 강제로 reset를 발생시키는 코드이다. 프로그램 내부의 원하는 위치에 아래의 구문을 삽입하면 reset의 효과를 얻을 수 있다.

```
asm("JMP 0x0000"); // 프로그램 카운터 레지스터를 0x0000으로 강제 설정
                      하여 리셋을 발생시키는 코드
```

아래의 프로그램은 "asm("JMP 0x0000")" 구문을 사용하여 프로그램의 외부 인터럽트가 5회 누적되어 발생하였을 때 시스템 reset을 시키는 프로그램이다. 인터럽트 처리에 관한 자세한 설명은 6장을 참고하기 바란다.

```
#include <avr/io.h>
#include <avr/interrupt.h>
#include <avr/signal.h>

volatile unsigned char count=0;

int main(void)
{
         EICRA = 0x03;   // External Interrupt 0 trigger at rising edge.
         EICRB = 0x00;   //
         EIMSK = 0x01;   // External Interrupt enable.(INT0)

        while(1);
        return 0;
}
SIGNAL(SIG_INTERRUPT0) // 외부 인터럽트 0번에 신호 발생할 경우 동작하는 함수
{
        count++;
        if(count>=5)
        {
                asm("JMP0x0000");// 프로그램 카운터 레지스터를
                // 0x0000으로 설정하여 reset과 동일한 효과를 발생시키는 코드
        }
}
```

3.9 Watchdog Timer

Watchdog Timer는 "watchdog"이라는 이름과 같이 마이크로컨트롤러의 동작을 감시하여 비정상적인 동작을 할 때 system reset 신호를 발생시켜 마이크로컨트롤러를 초기화함으로써 시스템의 오동작을 막는 역할을 한다. Watchdog Timer는 ATmega128 내부의 다른 타이머들과는 달리 독립적인 클록을 공급 받아 동작하며 watchdog timer가 overflow될 때 reset signal을 발생한다. 따라서 ATmega128의 타이머를 동작시켜 타이머 인터럽트 루틴 내부에서 watchdog timer의 값이 overflow 되기 전에 clear 시켜야 정상적인 동작을 시킬 수 있다. 이와 같은 동작 메커니즘으로 일정 시간 간격으로 watchdog timer를 clear 시키는 동작을 하지 않을 경우 마이크로컨트롤러의 동작이 비정상적이라 판단하고 reset signal를 발생함으로써 마이크로컨트롤러를 초기화 하여 시스템 전체의 오동작을 방지할 수 있다.

Watchdog Timer는 별도로 분리된 1MHz의(공급 전원이 5V일 경우) 클록을 공급 받아 동작하며, 이 Watchdog 클록은 Watchdog prescaler에 의해 분주되어 Watchdog 타이머에 공급된다. [그림 3.6]은 Watchdog 타이머를 나타내며 공급 클록과 Watchdog timer control register인 WDTCR 레지스터의 각 비트들의 의미를 보이고 있다.

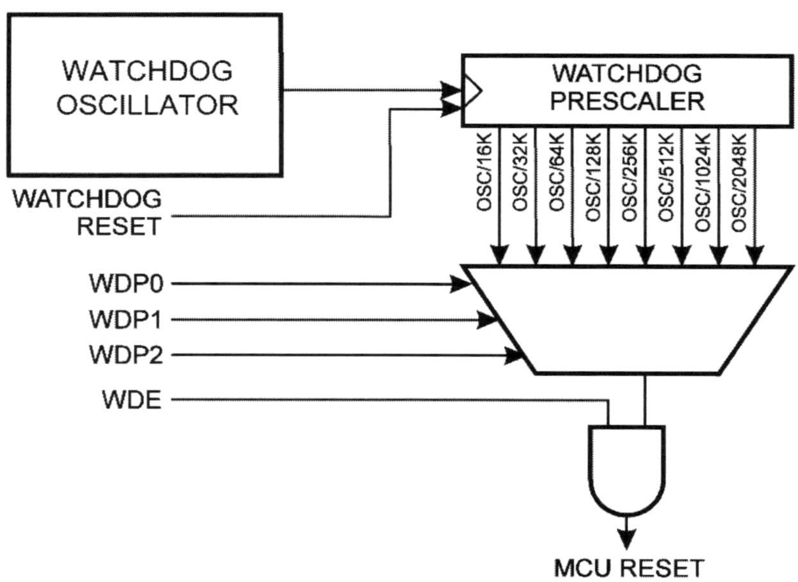

[그림 3.6] Watchdog Timer

▸ Watchdog Timer Control Register – WDTCR

Bit	7	6	5	4	3	2	1	0
	-	-	-	WDCE	WDE	WDP2	WDP1	WDP0
Read/Write	R	R	R	R/W	R/W	R/W	R/W	R/W
Initial Value	0	0	0	0	0	0	0	0

– WDCE : Watchdog Change Enable

WDE를 '0'(Watchdog disable)으로 설정한 경우, WDCE는 반드시 '1'로 설정해야 한다.

– WDE : Watchdog Enable

'1'일 경우 Watchdog 기능이 활성화되며 '0'일 경우 비활성화 된다.

– WDP2, WDP1, WDP0 : Watchdog Timer Prescaler

WDP2..0의 각 값에 따라 Watchdog Timer에 공급되는 클록의 분주비가 결정되며, "000"~"111" 사이의 값을 가질 수 있고 각각 16K, 32K, 64K, 128K, 256K, 512K, 1024K, 2048K의 WDT oscillator cycle에 동작한다. Watchdog 타이머는 5V의 공급 전원에서 각 16ms, 32ms, 64ms, 0.13s, 0.26s, 0.5s, 1.0s, 2.0s의 주기로 Time-out이 발생한다.

ATmega128은 아래 그림과 같이 "WDTON" 비트에 대해 프로그램 함으로써 watchdog timer를 on 시킬 수 있으며 이 경우에는 WDTCR 레지스터의 설정과 상관없이 항상 watchdog timer가 on 되어 있으므로 사용자는 일정 시간 간격으로 watchdog timer를 clear 해주어야 한다. avr-gcc 컴파일러에서 watchdog timer를 사용하려면 헤더 파일에 "#include <avr/wdt.h>"을 포함시키고 아래와 같이 timer interrupt 루틴에서 "wdt_reset();" 함수를 호출하여 clear 시킬 수 있다. 단, watchdog timer의 overflow가 발생하기 이전에 반드시 timer interrupt에서 watchdog timer를 clear 시켜야 시스템이 정상 동작하며 그렇지 않을 경우에는 시스템은 주기적인 reset 동작을 반복하게 됨을 유의하기 바란다.

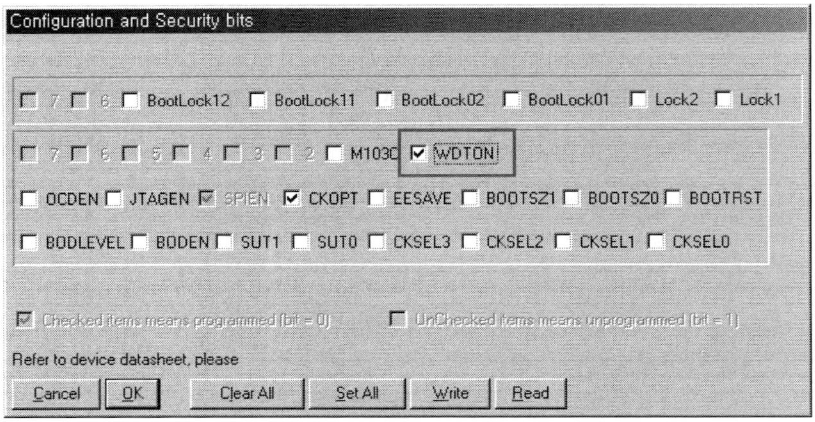


```
SIGNAL(SIG_OUTPUT_COMPARE1A)
{
        wdt_reset();
}
```

위의 예제는 Timer1을 사용하여 일정 주기로 타이머 인터럽트가 발생할 경우 동작하는 인터럽트 처리 함수이며 여기에서 watchdog timer를 reset 시키고 있다. Timer 인터럽트 관련된 자세한 설명은 7장을 참고한다.

ATmega128

CHAPTER 4

제 4 장 Dr. Kim ATmega128 Training Kit의 사용 환경 설정

4.1 Dr. Kim ATmega128 Training Kit의 구성

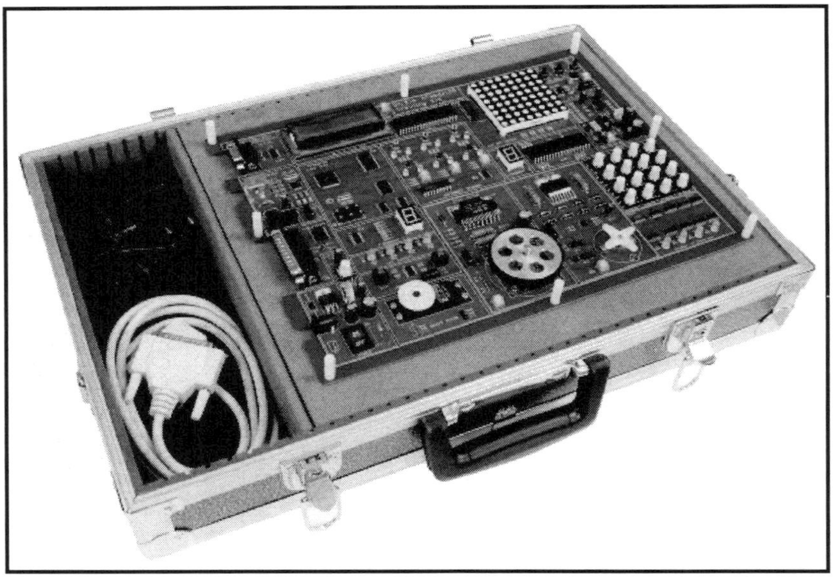

[그림 4.1] Dr. Kim ATmega128 Training Kit(모델명:SAT128-350)의 전체 구성도

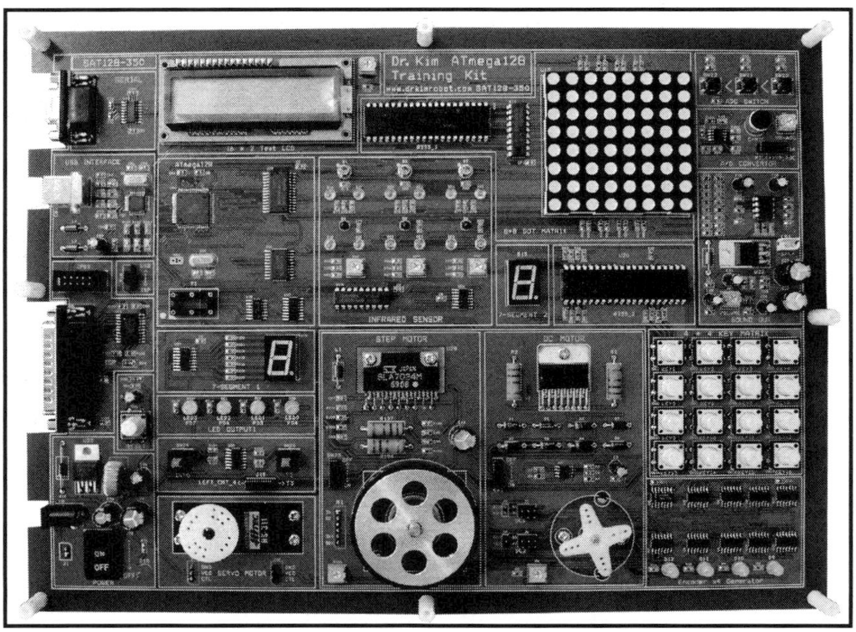

[그림 4.2] Dr. Kim ATmega128 Training Kit

1. 각 부분별 Switch 설명

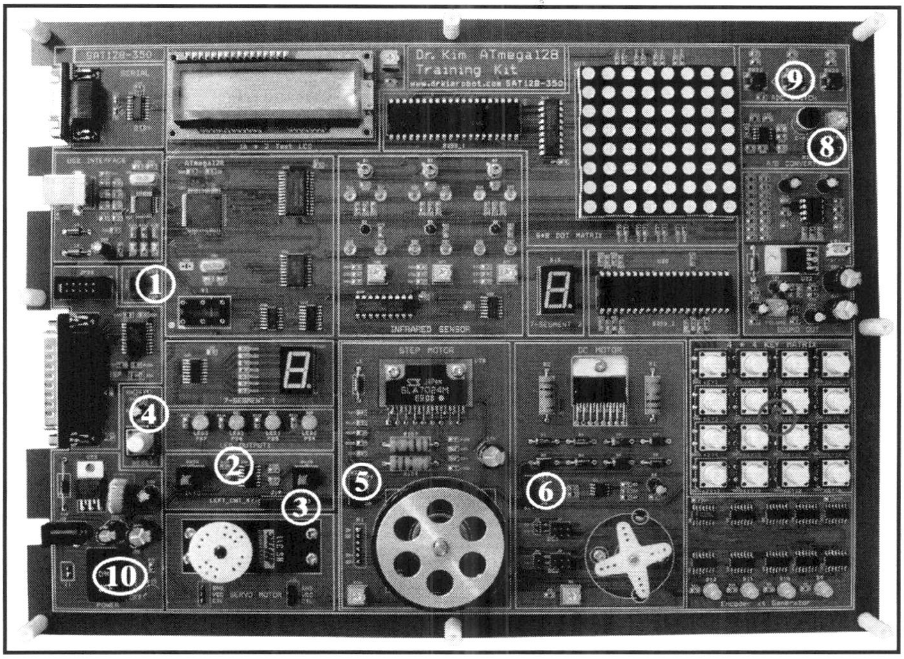

[그림 4.3] Training Kit Switch

① ISP, USB Select Switch (프로그램 다운로드 및 RS232C로 PC와 통신할 경우 ISP 선택, USB로 PC와 통신할 경우 USB선택)
② Interrupt & Counter Switch
③ Counter & Encoder Motor Select Switch
④ Reset Switch
⑤ Step Motor Select Switch
⑥ DC Motor Select Switch
⑦ 4×4 Key Matrix
⑧ Microphone & AD Converter Select Switch
⑨ AD Converter Switch
⑩ Power Switch

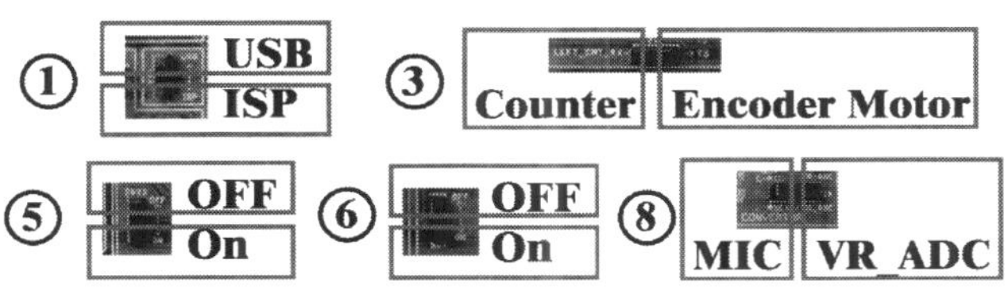

[그림 4.4] Training Kit Select Switch

2. 각 부분별 기능 설명

(1) Display 부분

1) 7-Segment

7- Segment 드라이버인 74LS47을 사용하여 구성한 것과 82C55를 사용하여 구성한 것이 있다.

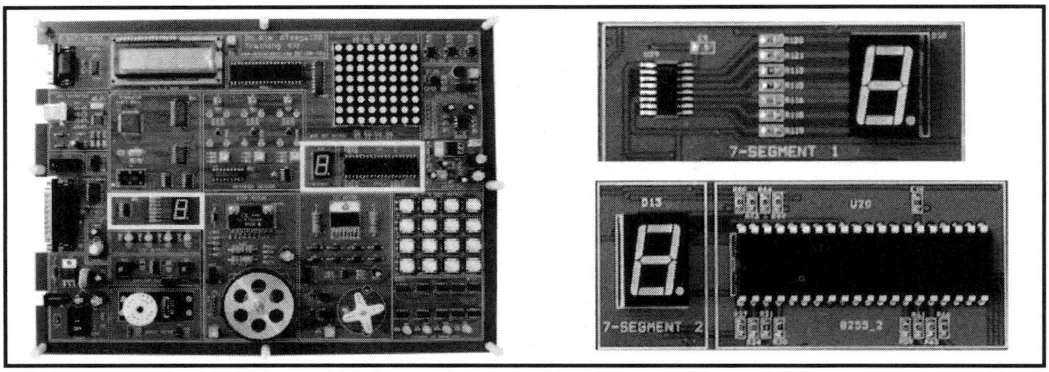

[그림 4.5] 7-Segment

2) Dot-Matrix

82C55을 사용하여 구성하였으며 Green, Red, Orange 색과 글씨를 표시할 수 있다.

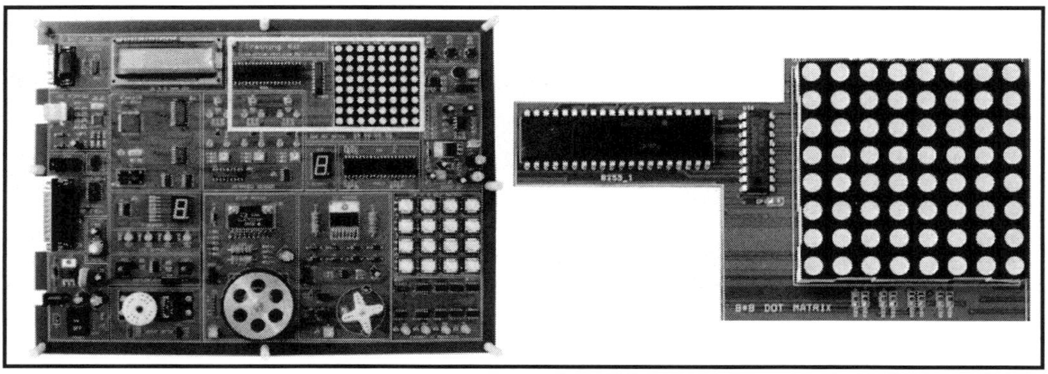

[그림 4.6] Dot-Matrix

3) LCD

LCD에 16x2의 문자를 표시할 수 있고, 가변저항을 조절하여 밝기를 조절할 수 있다.

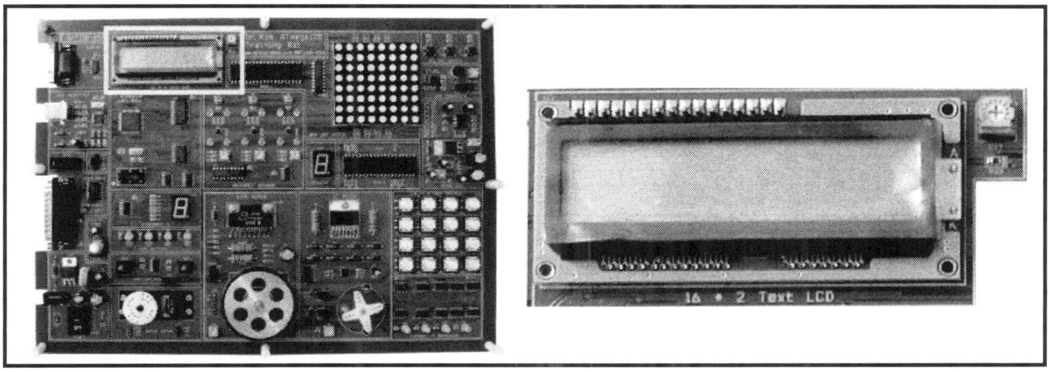

[그림 4.7] LCD

(2) Motor 부분

1) Step Motor

Step Motor를 제어하여 정회전, 역회전 및 속도를 제어할 수 있고, 가변저항을 조절하여 Step Motor의 전류를 제어함으로써 모터의 Torque를 조절할 수 있다.

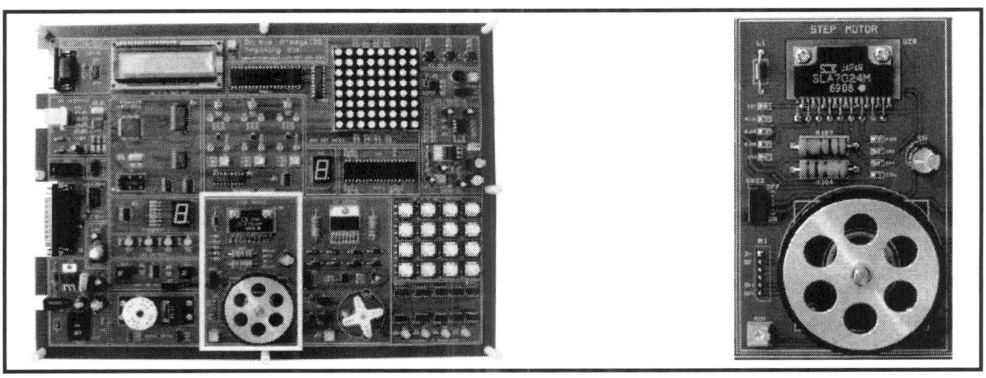

[그림 4.8] Step Motor

2) DC Motor

DC Motor의 회전 및 속도를 제어하고, 가변저항을 조절하여 전류를 제어함으로써 모터의 Torque를 조절할 수 있다.

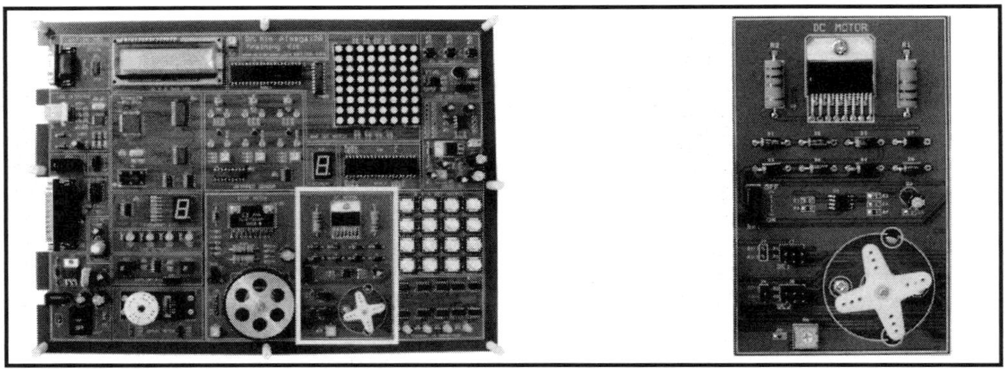

[그림 4.9] DC Motor

3) Servo Motor

Servo Motor의 회전 및 속도를 제어할 수 있다. Servo Motor의 컨넥터를 연결할 때에는 GND는 Black핀에 VCC는 Red핀에 CTL는 Yellow핀에 연결한다.

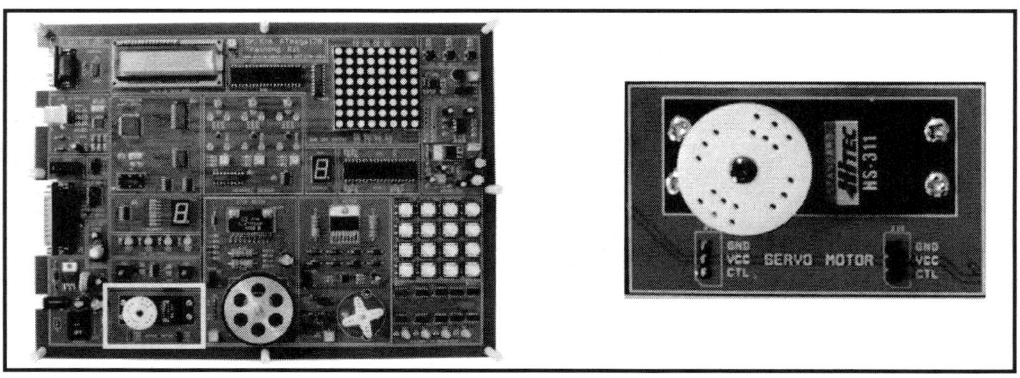

[그림 4.10] Servo Motor

(3) Sensor 부분

위쪽 3족의 광량 센서와 아래쪽 3족의 근접 센서로 움직임을 감지할 수 있고, 가변 저항을 조절하여 근접센서의 거리를 조절할 수 있다.

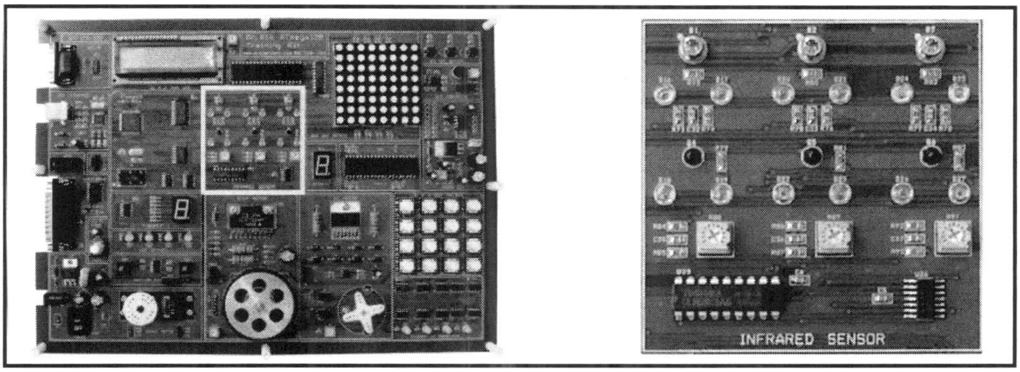

[그림 4.11] Sensor

(4) Sound 부분

Sound를 증폭하여, 음성을 출력할 수 있다.

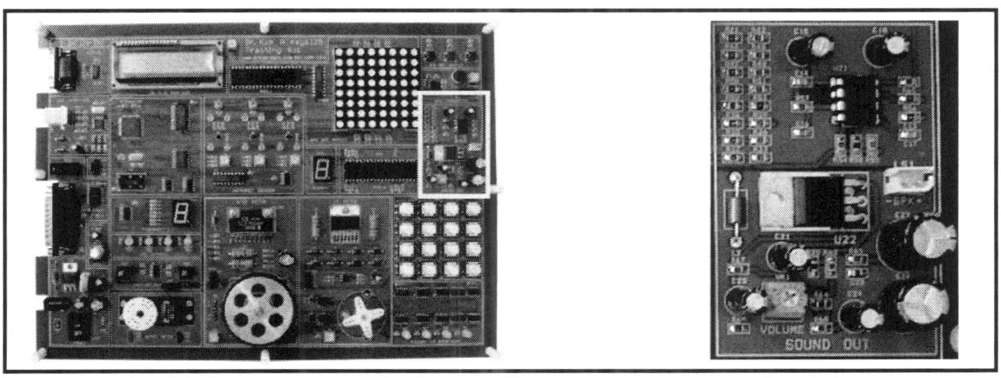

[그림 4.12] Sound

(5) AD Converter 부분

3족의 Switch, 가변저항의 변하는 값, 마이크로 들어오는 소리 등 Analog 신호를 Digital 신호로 변환하는 Converter의 사용 방법을 학습할 수 있다.

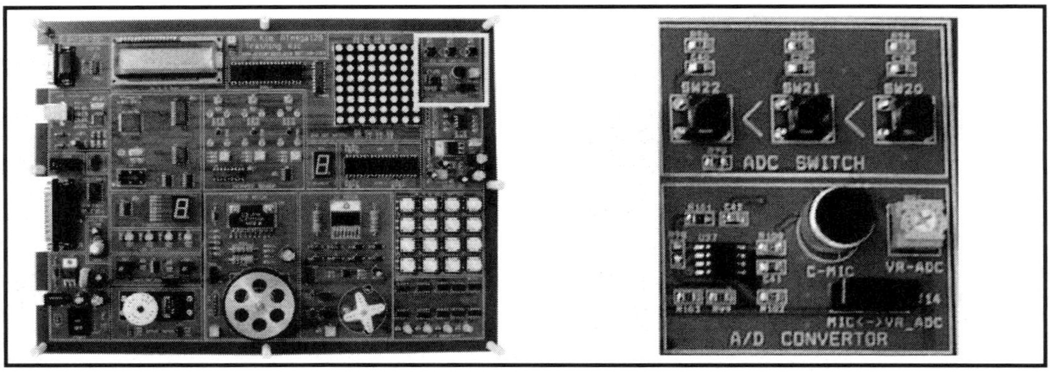

[그림 4.13] AD Converter

(6) Key Matrix 부분

16개 스위치의 입력 값을 판독하는 방법을 학습하여 LCD, 7Segment에 표시한다. 가로 세로 4비트씩 입력 값을 확인하여 16개 스위치의 값을 판독한다.

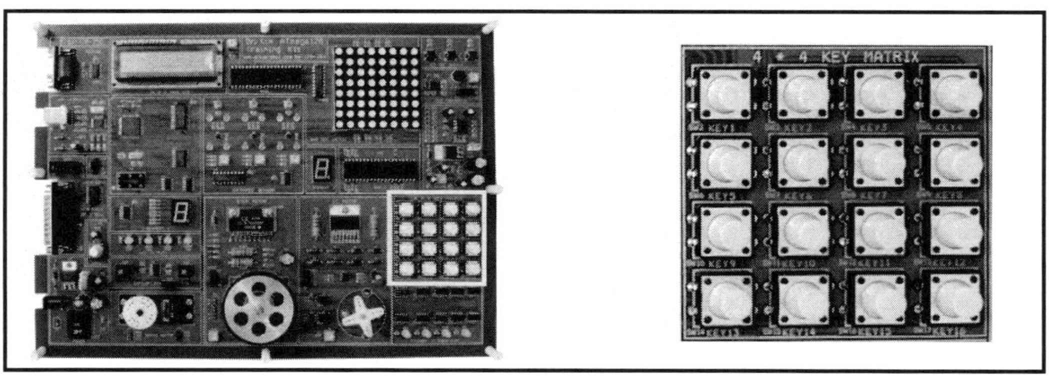

[그림 4.14] 4*4 Key Matrix

4.2 Dr. Kim ATmega128 Training Kit의 하드웨어 구조

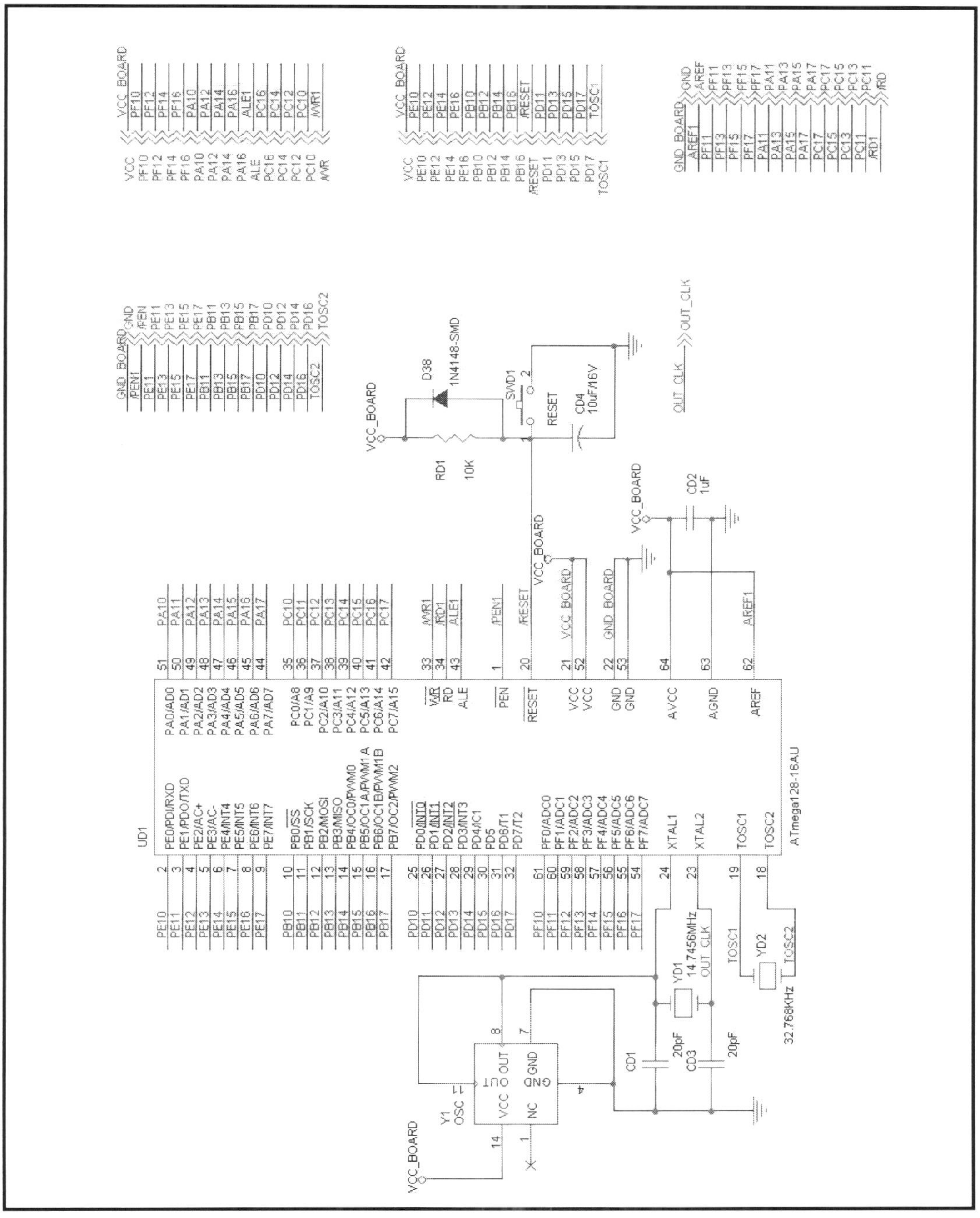

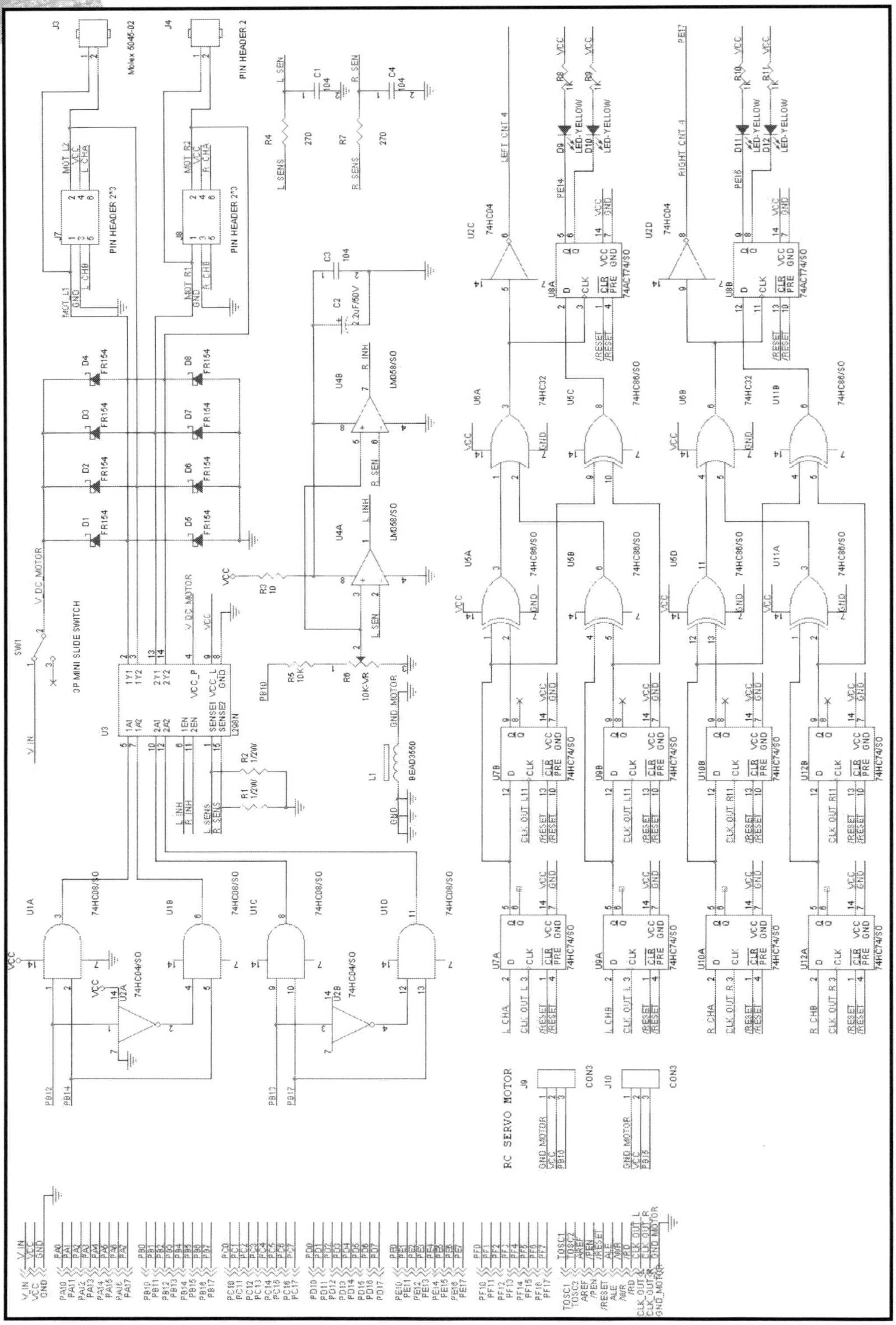
Molex 5045-02
PIN HEADER 2
PIN HEADER 2*3
3P MINI SLIDE SWITCH
L298N
LM358/SO
BEAD3550
LEFT CNT 4
RIGHT CNT 4
74HC04
74HC08/SO
74HC32
74HC86/SO
74HC74/SO
74ACT74/SO
RC SERVO MOTOR
CON3

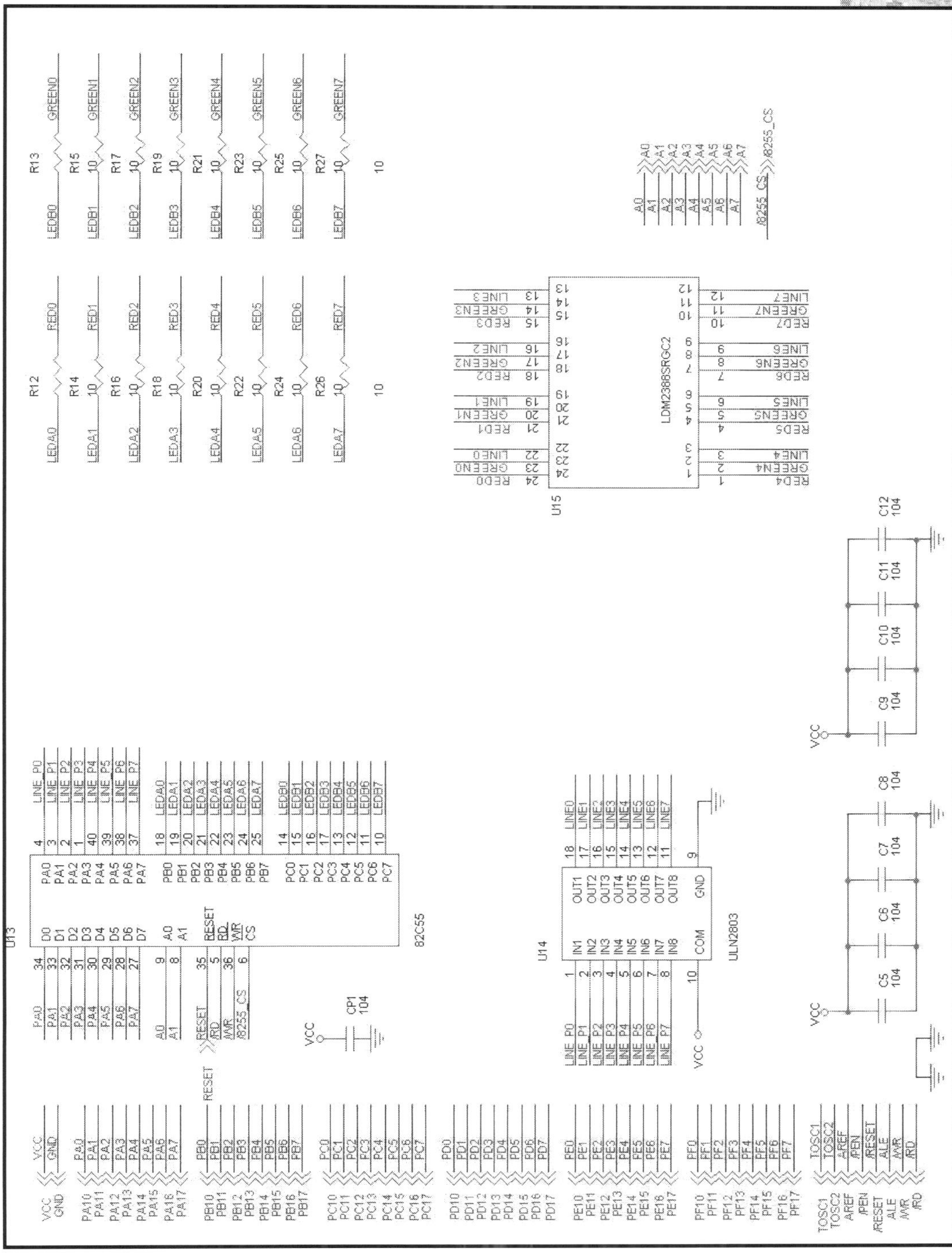

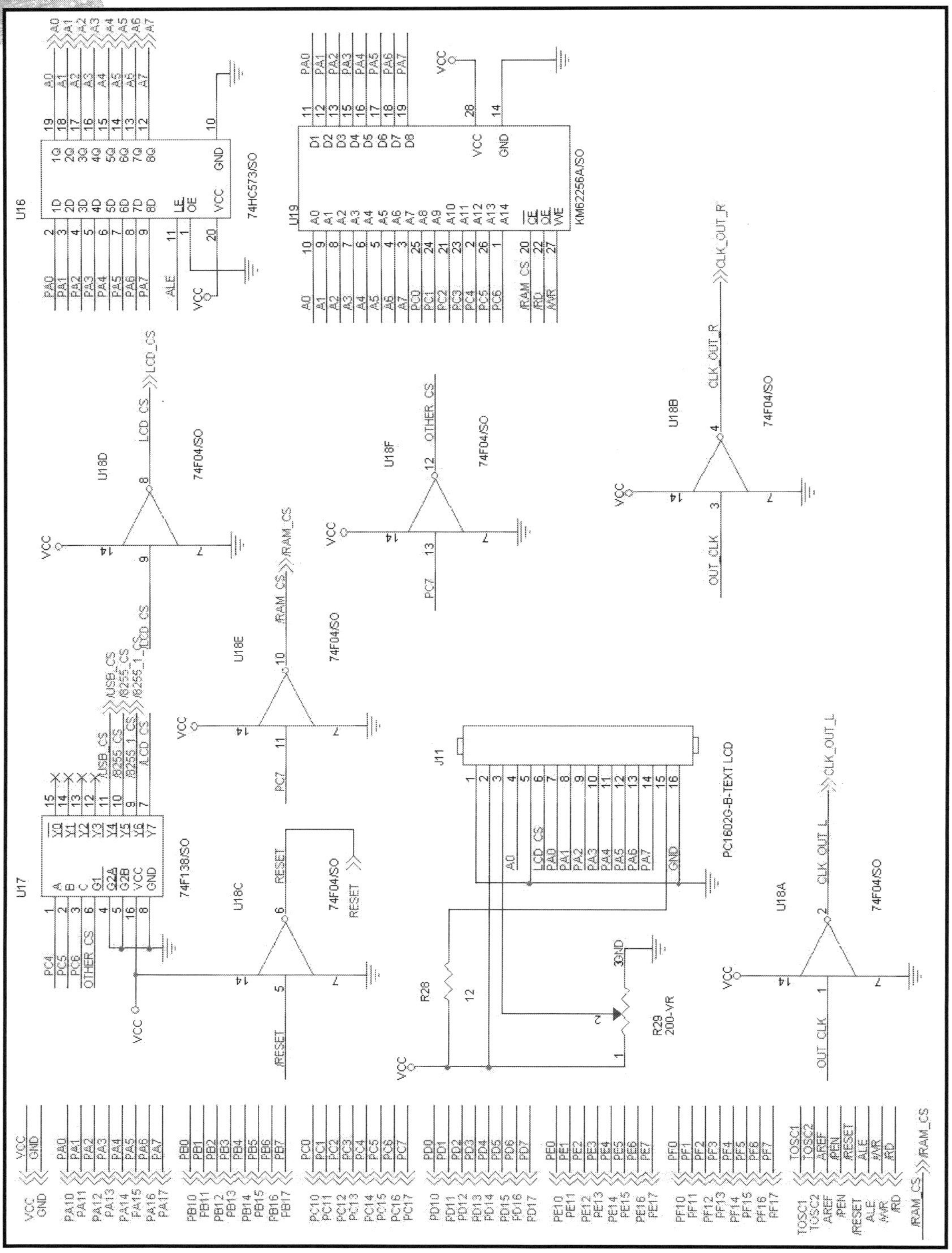
U16
74HC573/SO
U19
KM62256A/SO
U17
74F138/SO
U18D
U18E
U18F
U18B
U18C
U18A
74F04/SO
J11
PC1602G-B-TEXT LCD
R28
R29
200-VR
LCD_CS
/RAM_CS
OTHER_CS
CLK_OUT_R
CLK_OUT_L
OUT_CLK
RESET
/RESET
VCC
GND

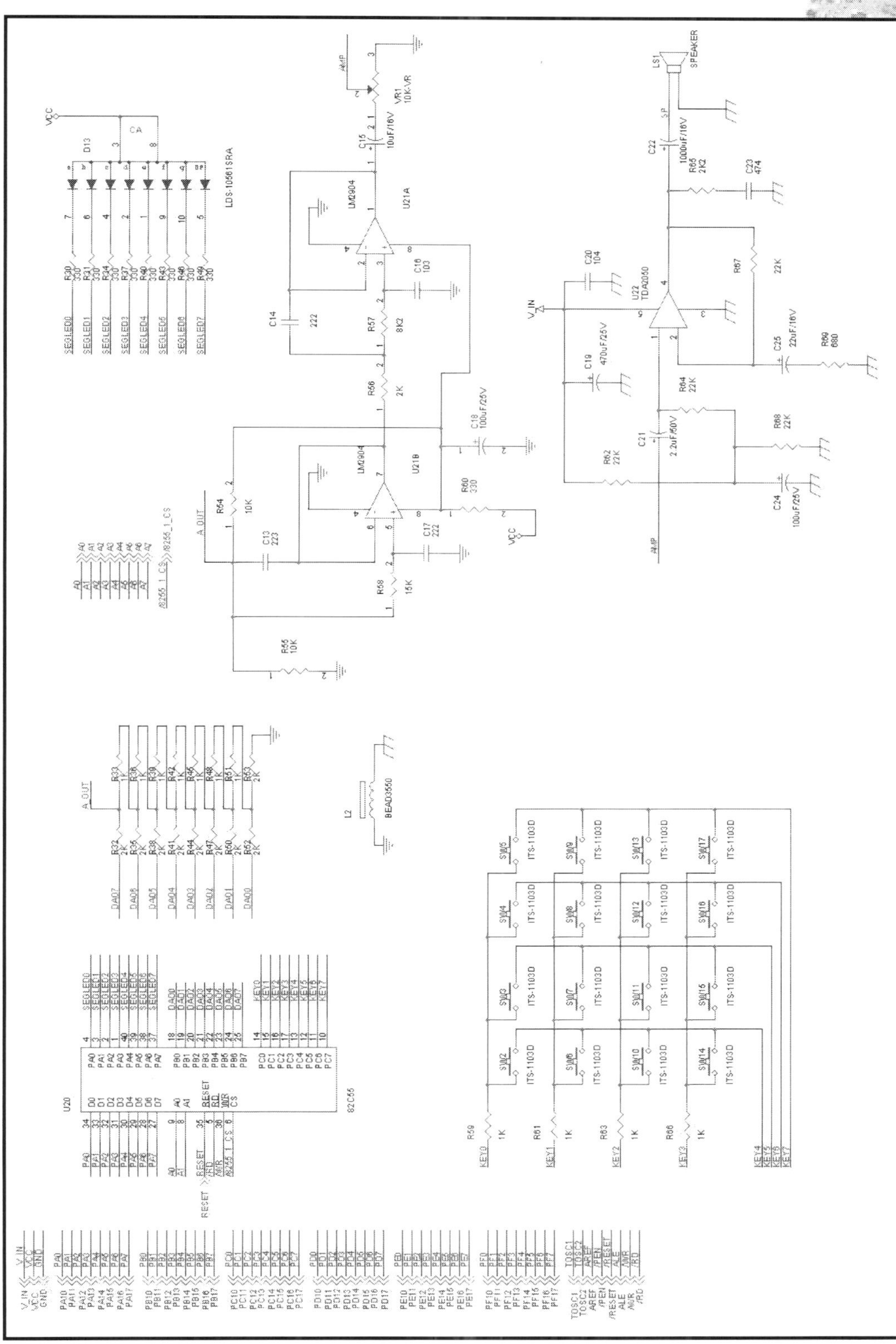

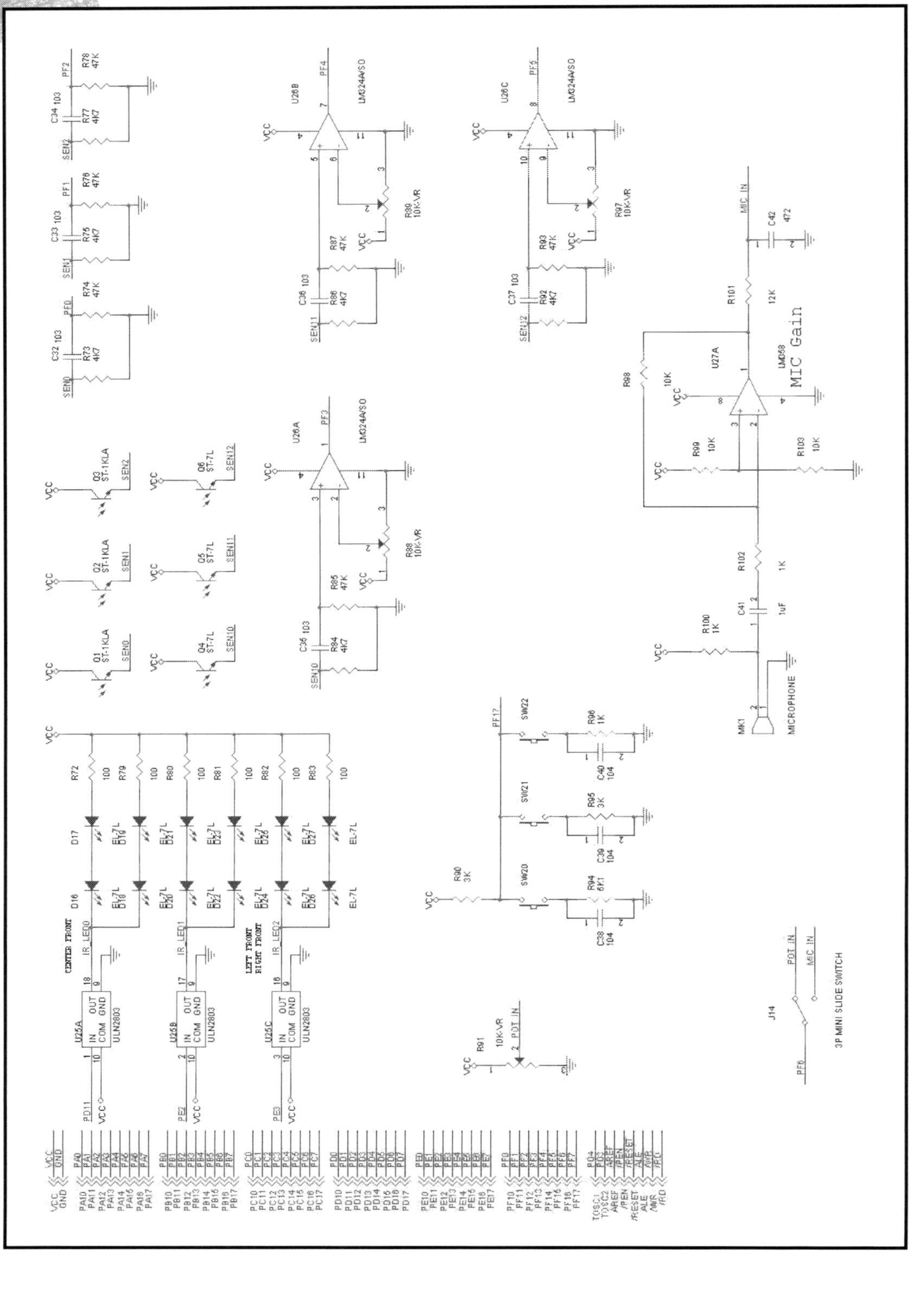
MIC Gain
MICROPHONE
3P MINI SLIDE SWITCH
LM324A/SO
ULN2803
CENTER FRONT
LEFT FRONT
RIGHT FRONT

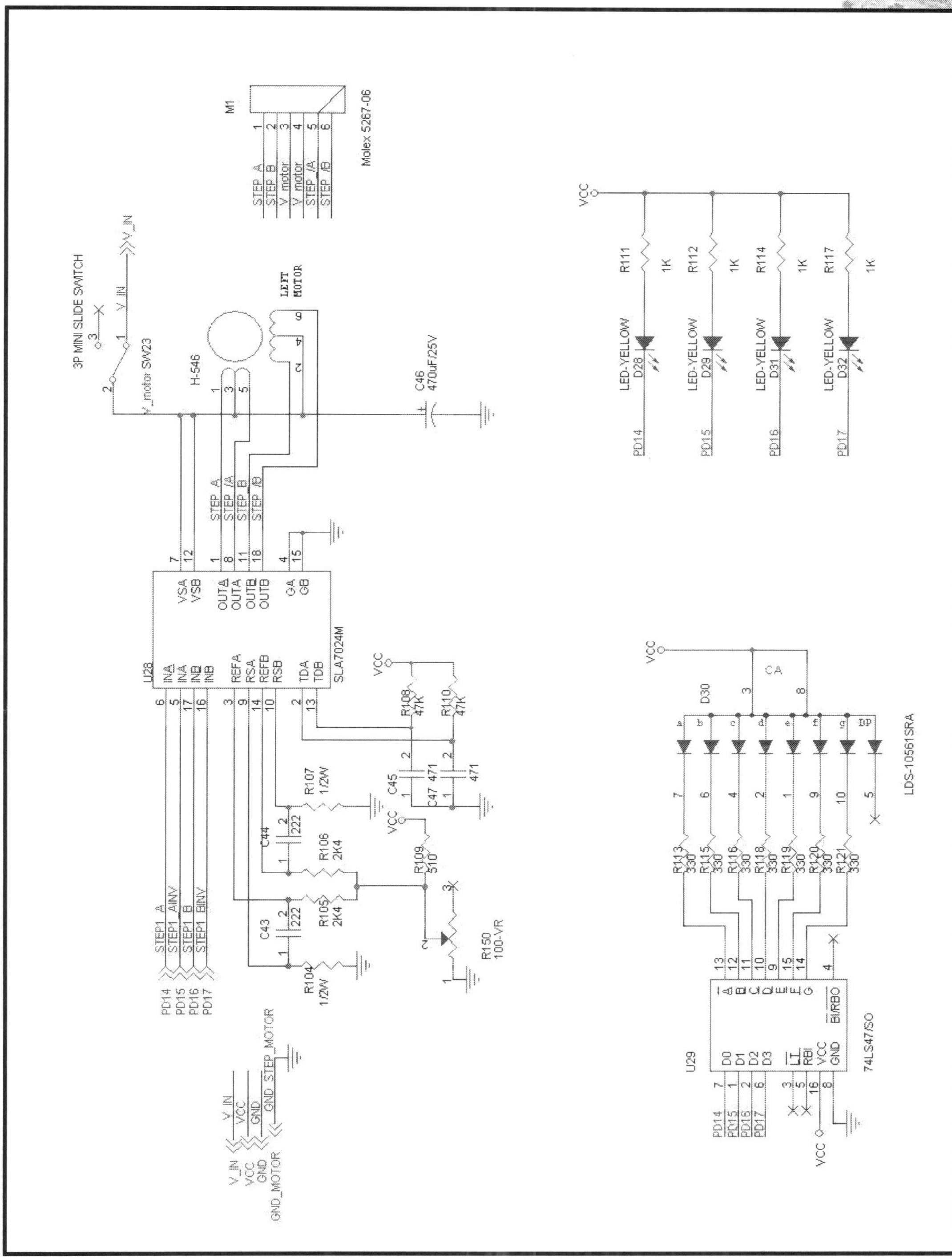

4.3 컴파일러의 다운로드 및 설치

Dr. Kim ATmega128 Training Kit (모델명:SAT128-300)에서는 프로그램 개발을 위해서 C언어 개발환경을 지원하는 공개용 컴파일러인 gcc를 사용한다.

gcc(GNU C Compiler)는 GNU(GNU is Not Unix) 프로젝트의 하나로 개발된 컴파일러로써 FSF(Free Software Foundation)의 지원하에 개발된 공개 C언어 컴파일러로 매우 뛰어난 성능과 안정성을 제공한다. gcc는 Linux 시스템의 시스템용 C컴파일러로 채택되었으며, 매우 다양한 유닉스 시스템에 이식되어 있다.

▸ gcc는 다음과 같은 특징을 가진다.

- 이식성(portability)
- 여러 플랫폼에 대하여 거의 동일한 개발환경(development environment)
- 소스 코드 호환성(source code compatibility)을 제공

AVR-gcc는 크로스컴파일러의 일종으로 현재 Windows 운영체제와 LINUX 환경에서 동작 가능한 버전이 제공되고 있으며, 플랫폼에 의존적인 부분과 비의존적인 부분으로 모듈화되어 있으며, 각 모듈은 특정한 규칙으로 인터페이싱하고 있다.

- gcc : C언어를 어셈블러로 변환하는 기능
- 어셈블러(assembler) : 어셈블러를 오브젝트 코드로 변환
- 링커(linker) : 다수의 오브젝트 코드를 하나의 오브젝트 코드로 병합

AVR용 gcc 컴파일러는 http://www.avrfreaks.net에서 "AVR GCC"를 선택하면 gcc의 공식 페이지와 리눅스에서 동작하는 gcc 컴파일러를 다운로드 받을 수 있는 URL이 링크되어 나타난다.

gcc 컴파일러는 기본적으로 text 환경에서 동작하도록 만들어져 있으며 Windows환경에서도 DOS 창에서 작업하도록 되어있으나, AVR gcc는 text 방식의 개발환경의 불편함을 해결하기 위해 Windows 환경에서 동작 가능한 IDE(Integrated Development Environment)를 제공하는 AVR EDIT라는 툴이 개발되어 있다.

다음은 http://www.avrfreaks.net에서 AVR Edit, AVR GCC, WinAVR등 AVR에 관련된 소프트웨어를 다운받는 방법을 설명한다.

메뉴에서 "TOOLS"를 선택하면 다음과 같은 회면이 나온다. 그림에서와 같이 Find Tool 박스에 "avr-gcc"를 쓴 다음에 "Find" 박스를 선택한다.

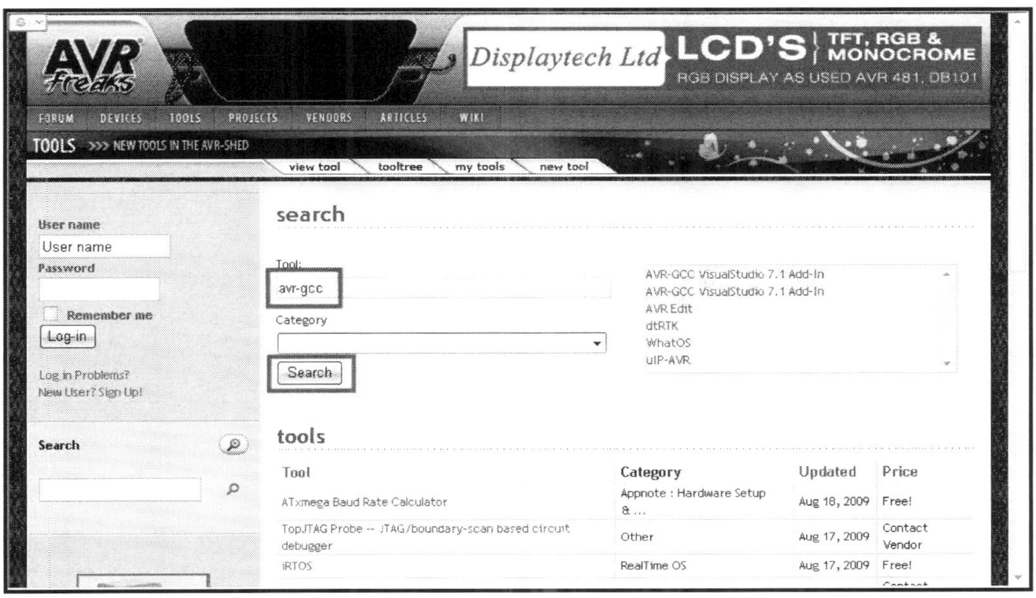

아래 그림은 avr-gcc 컴파일러 및 AVR Edit등이 링크되어 있는 화면이다. 그림에서와 같이 AVR Edit를 선택한다.

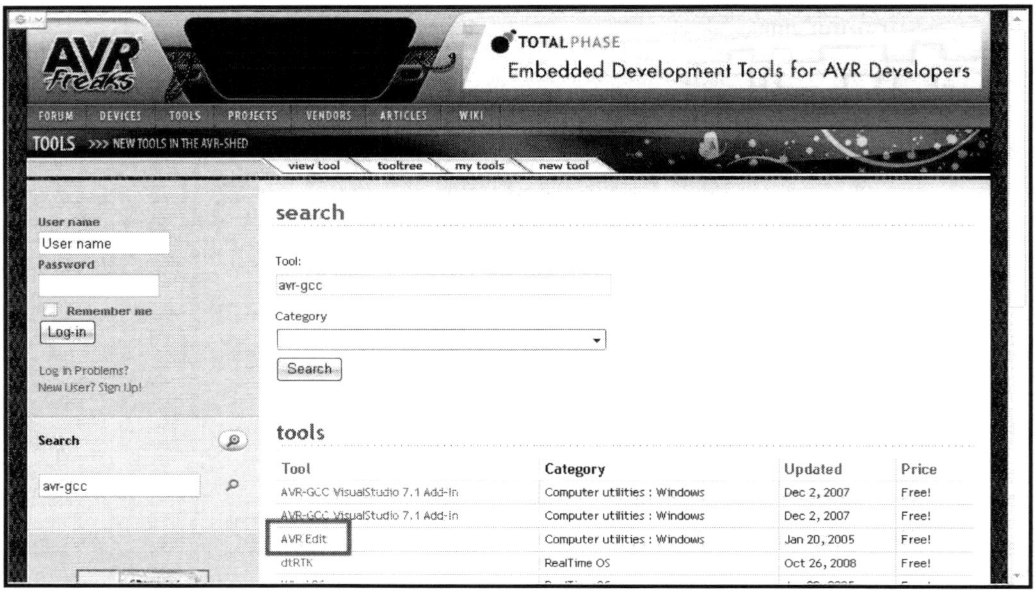

아래 그림에서와 같이 "AVREdit3.5English.zip"을 선택한다.

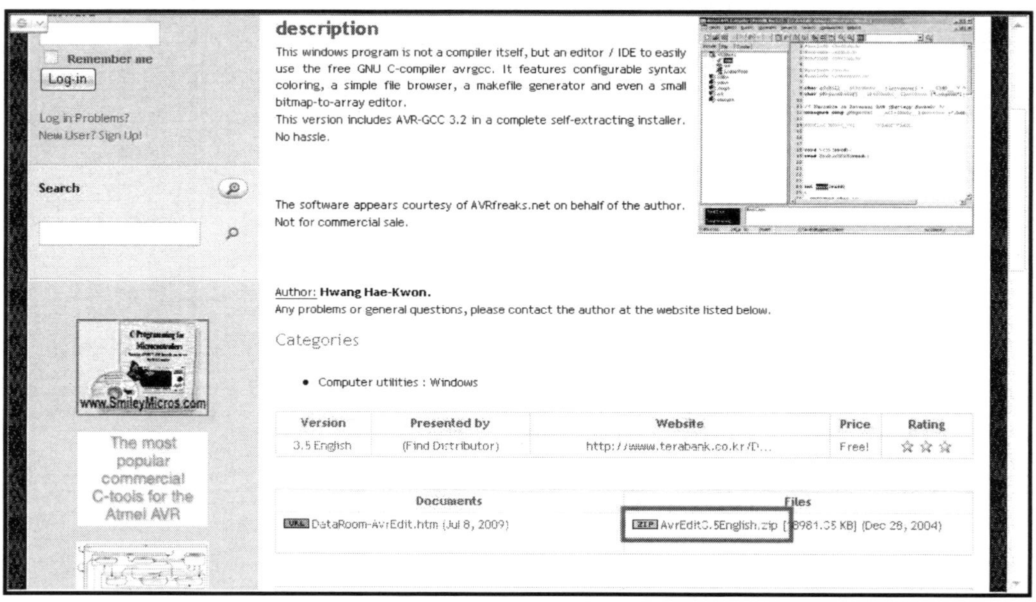

다음 그림과 같이 "Download"를 선택하면, AVR Edit를 다운로드 받을 수 있다.

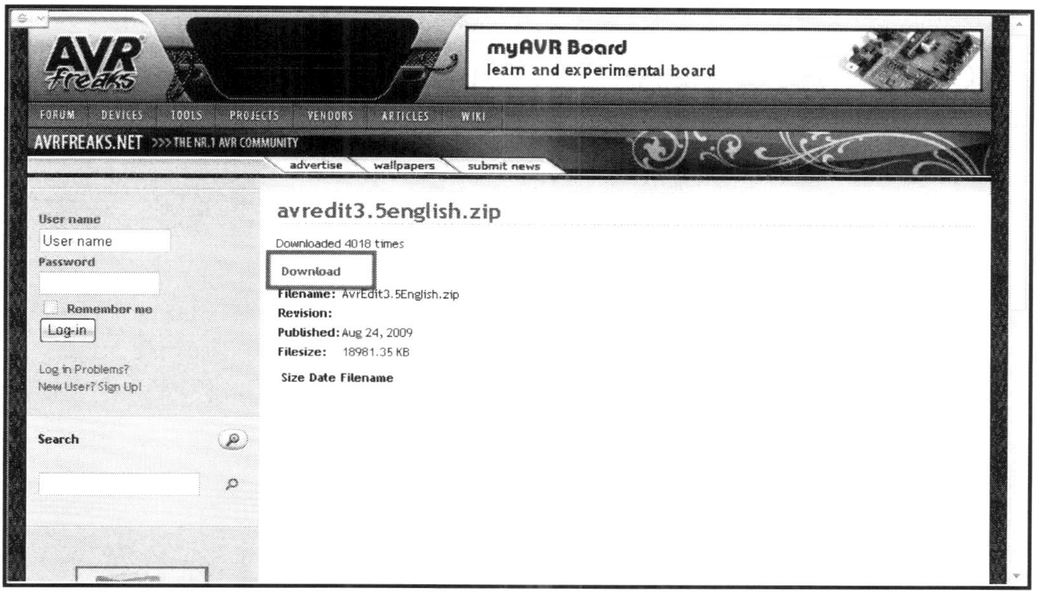

이전의 그림에서 다운로드받을 수 있는 AVR EDIT는 영문 3.5버전으로 AVR EDIT의 한글 과 영문 3.6버전은 http://www.terabank.co.kr에서 다운로드 받을 수 있다. AVR EDIT에는 AVR-gcc 3.2버전이 포함되어 있다. 반면 WinAVR에는 AVR-gcc 버전 3.3이 포함되어 있다. 두 버전의 차이는 거의 없지만 수학의 함수 등을 사용하는 부분에서 gcc 버전상의 문제로 약간의 차이가 있다.

AVR-gcc의 버전 상에 약간의 차이는 있지만, 대개 한글 개발 환경 하에서 사용하게 되면 AVR EDIT 3.6 버전을 설치하기 바란다.

다음 그림은 한글 버전의 AVR EDIT를 다운로드 받기 위하여 접속한 terabank라는 곳의 http://www.terabank.co.kr의 화면이다.

그림에서와 같이 "다운로드"(Download)를 선택한다.

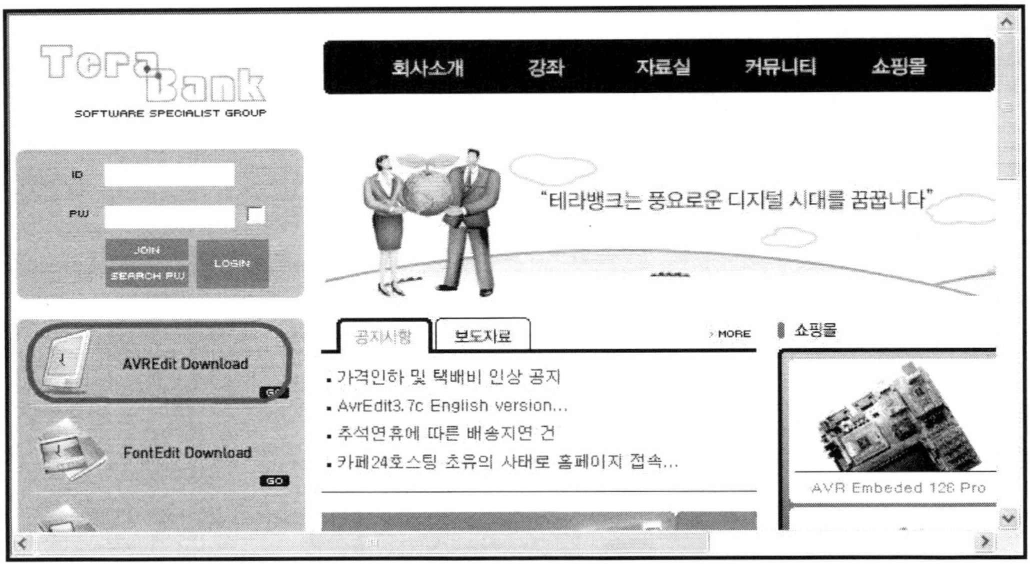

"다운로드" 화면에서는 AVR Edit3.6버전의 한글 버전과 English버전을 다운로드 받을 수 있다.

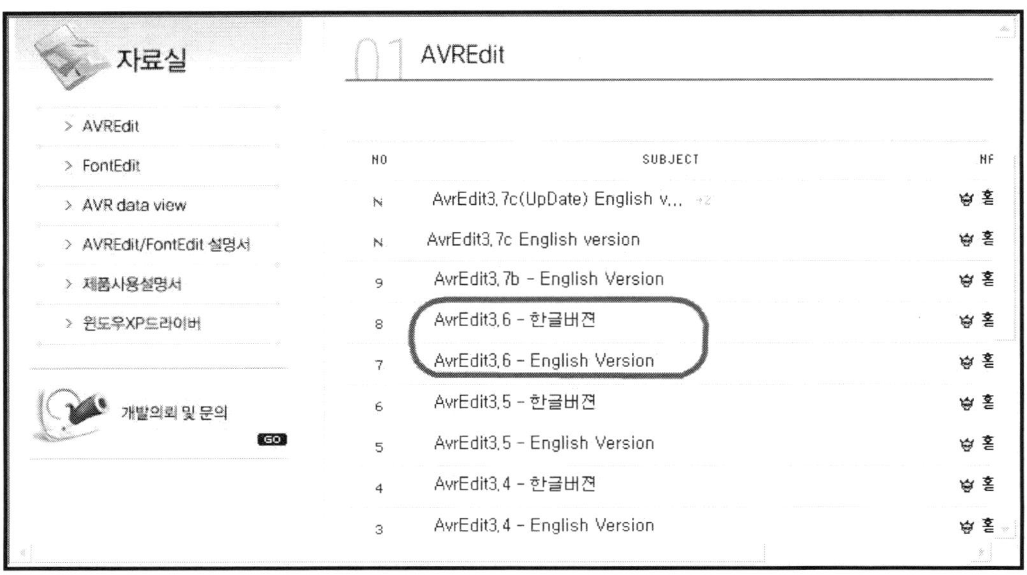

다음 그림에서와 같이 AvrEdit3.6을 선택하면 다음과 같은 다운로드 창이 나타나는데 이 파일을 저장한다.

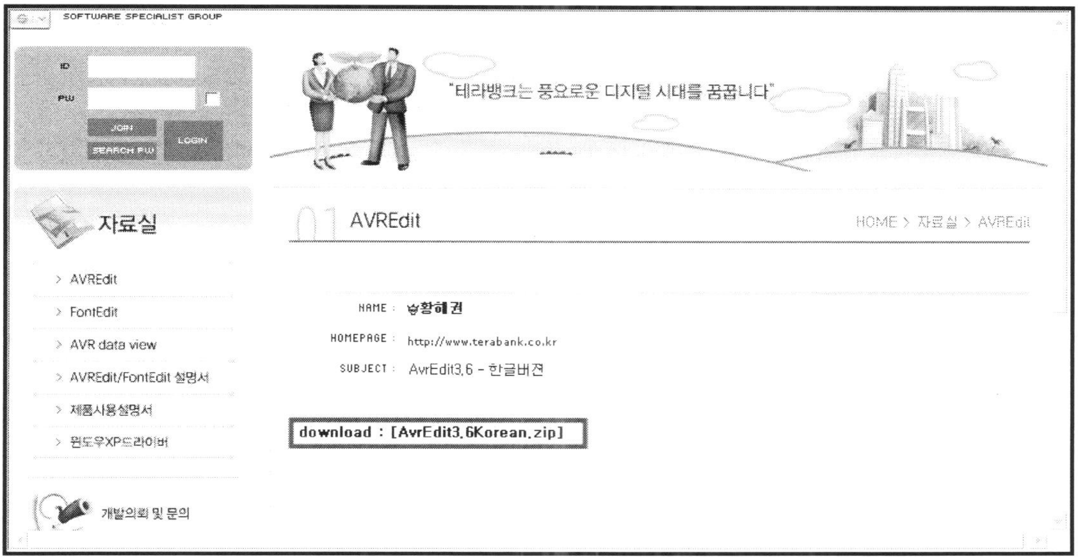

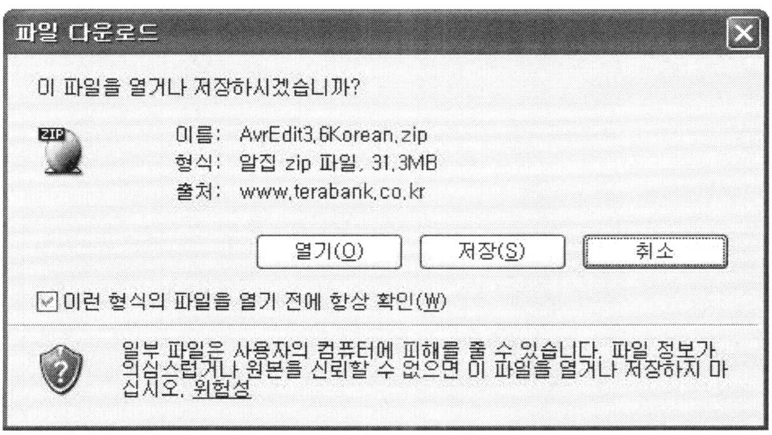

다운로드 받은 AvrEdit3.6Korean.zip을 실행하면 다음과 같은 폴더가 나타나며 이를 적당한 곳에 압축을 풀고 DISK1에 들어 있는 SETUP.EXE를 실행한다.(사용자의 컴퓨터에 설치된 zip 파일 관리자에 따라 다른 화면이 나타날 수 있다. 여기서는 ALZip에서 실행된 화면을 나타냈다.)

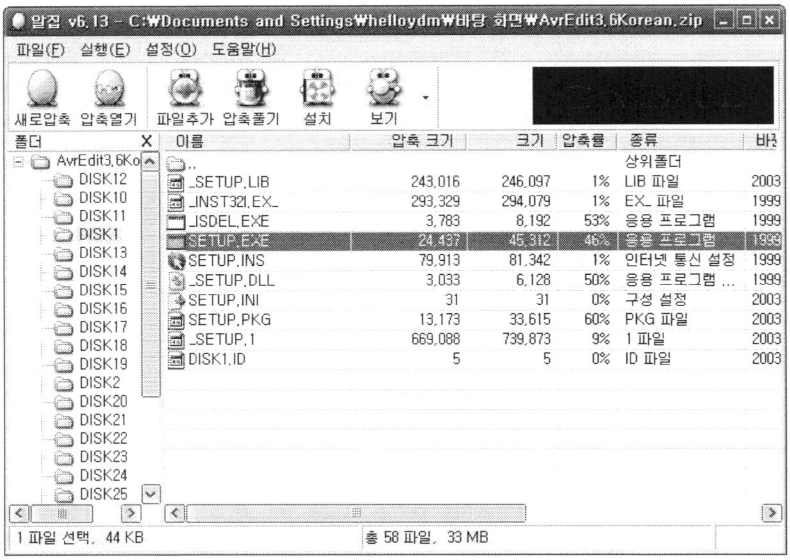

원하는 폴더에 압축을 풀고 AvrEdit3.6의 SETUP.EXE를 실행하면 다음과 같은 설치 화면이 나타난다. "Next"를 클릭하여 다음 단계로 넘어간다.

AvrEdit의 사용권 계약에 관한 화면이 나타난다. 끝까지 잘 읽어본 후 동의하면 "Next"를 눌러 다음 단계로 진행한다.

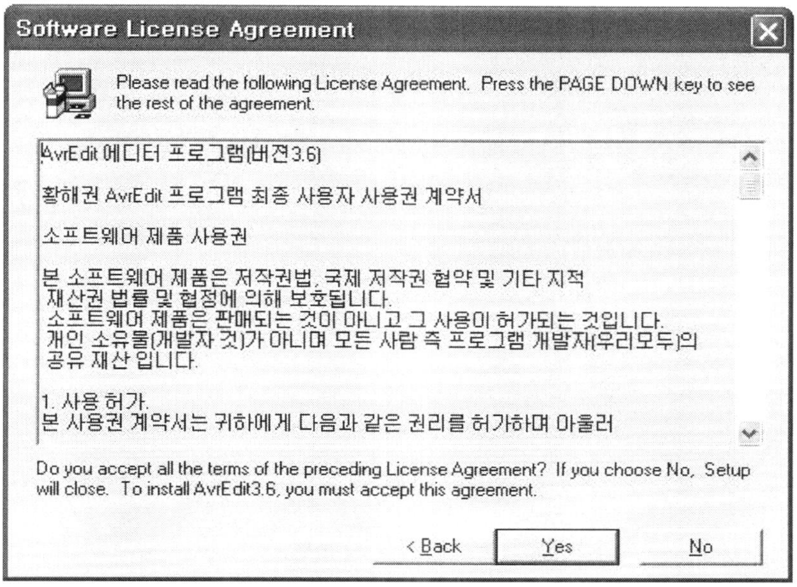

AvrEdit3.6 버전에서 추가된 기능과 함께 포함된 AVR-gcc 버전에 대한 정보를 보여준다. 확인한 후 "Next"를 눌러 다음 단계로 진행한다.

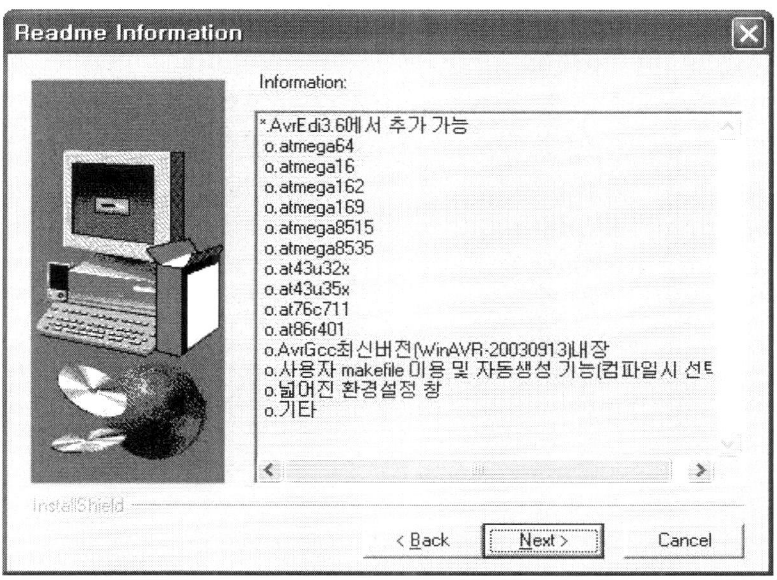

사용자의 이름과 소속회사에 대한 정보를 입력하는 부분이다. 사용자의 이름과 소속의 정보를 입력하고 "Next"를 클릭하여 다음 단계로 넘어간다.

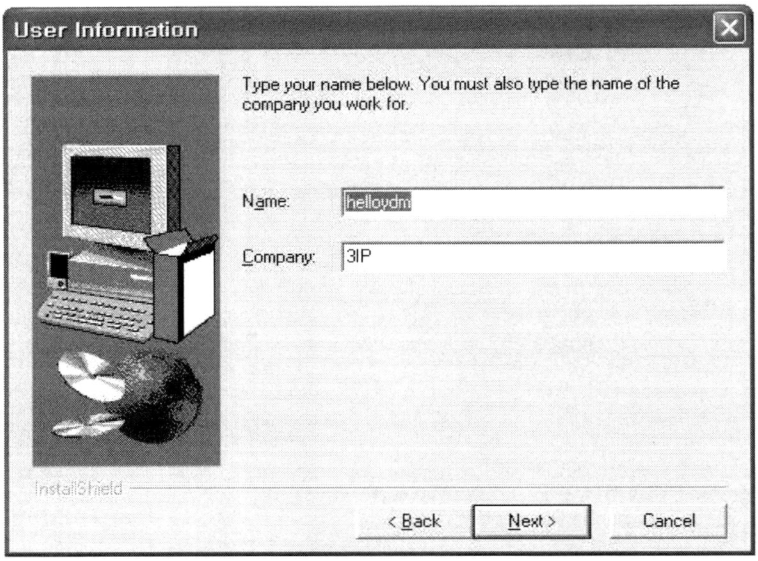

설치될 디렉토리를 지정하고, 특별히 지정할 필요가 없다면 디폴트로 지정되어 있는 C:\AvrEdit를 사용한다. "Next"를 눌러 다음 단계로 진행한다.

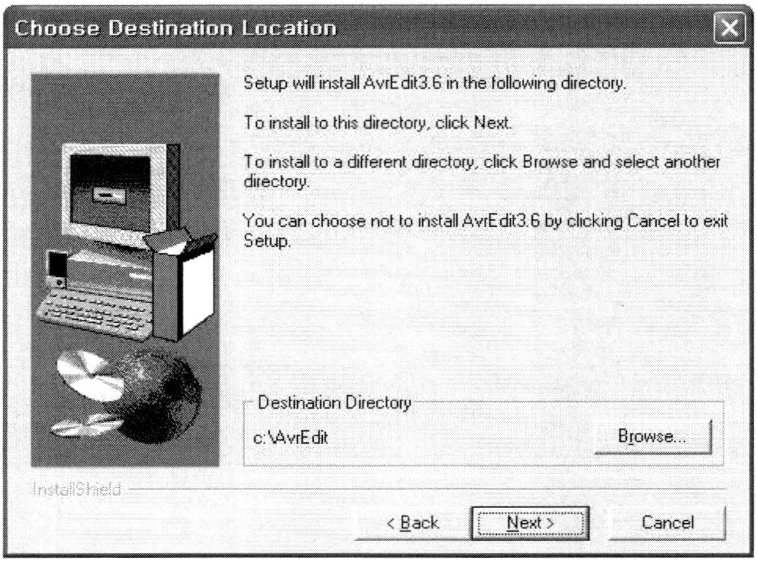

AvrEdit의 설치 옵션을 선택한다. 일반적으로 "Typical"을 선택한다. 이 옵션은 대부분의 경우에 추천되는 옵션이므로 "Typical"이 선택된 상태를 변경하지 말고 "Next"를 눌러 다음단계로 진행한다.

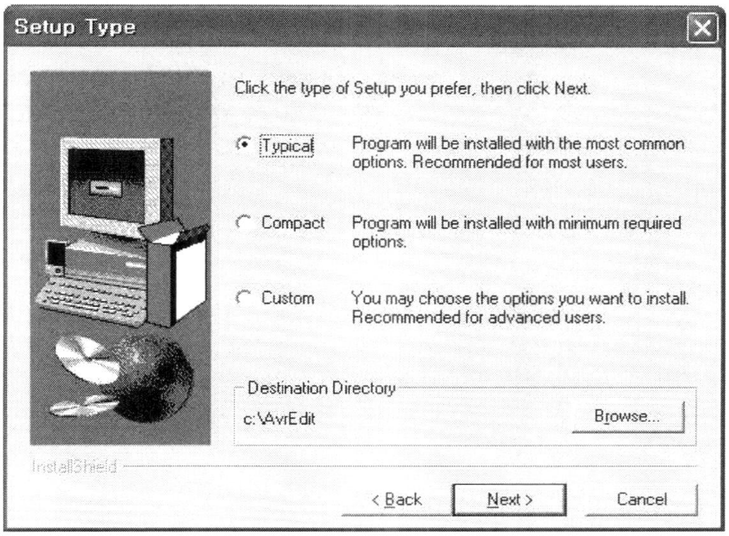

설치될 프로그램의 그룹을 지정한다. 디폴트로는 AvrEdit라는 이름으로 지정되어 있다.

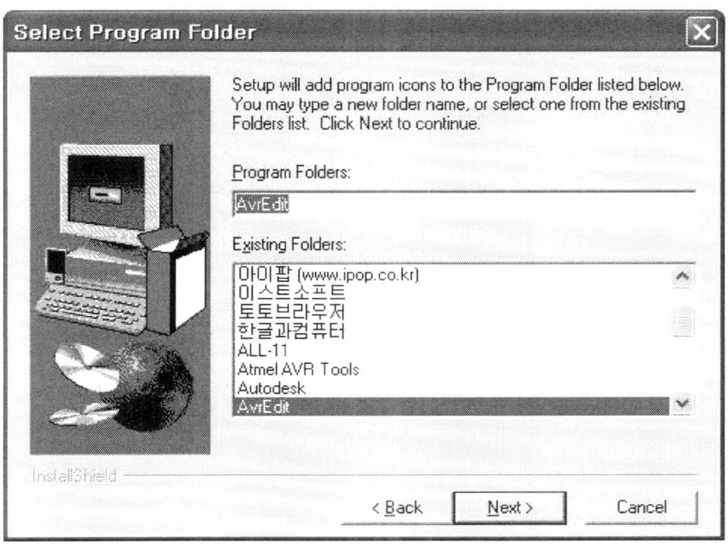

지정된 설치 옵션에 대한 상태를 요약하여 보여 준다. 만약 잘못된 정보가 있다거나 변경할 내용이 있다면 "Back"을 눌러 이전 단계로 돌아가 변경할 수 있다. 더 이상 변경할 내용이 없다면 "Next"를 눌러 설치를 시작한다.

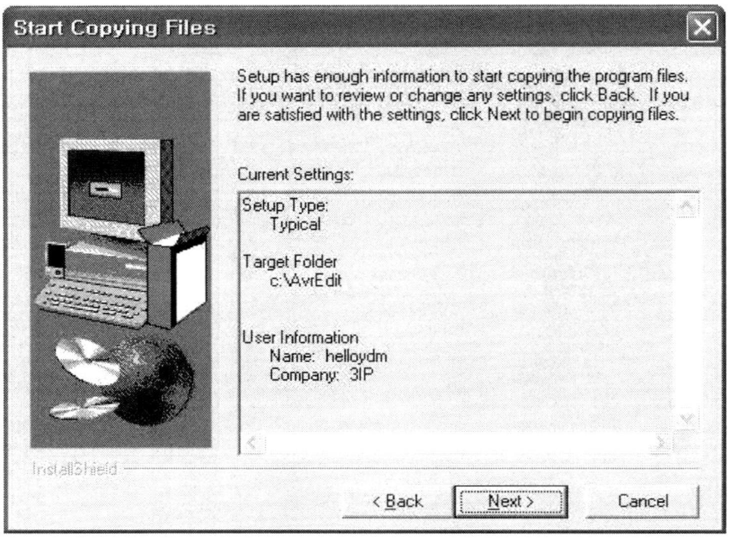

4.4 AvrEdit 설정하기

AvrEdit3.6의 설치가 끝난 후 실행하면 다음과 같은 화면이 나타난다.

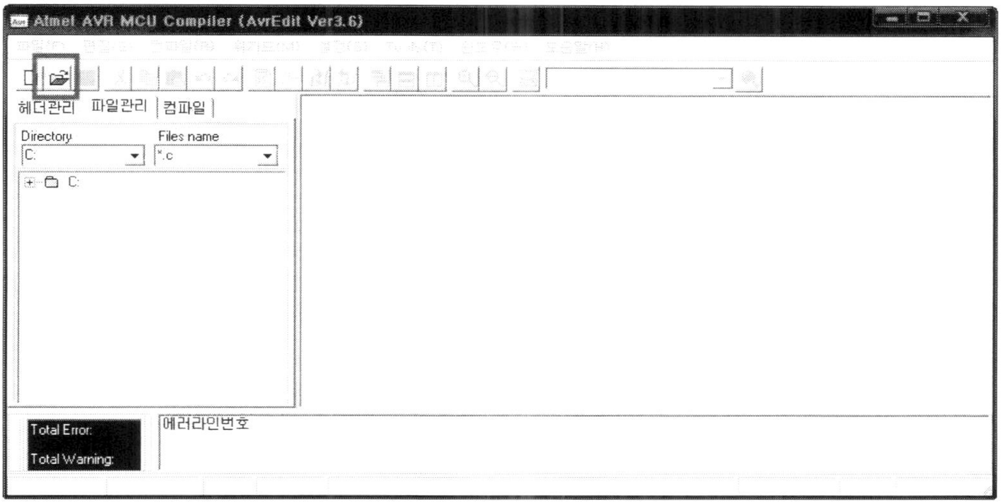

Dr. Kim ATmega128 Training Kit와 함께 제공된 프로그램이 설치된 곳(디폴트 경로는 C:\AVR_KIT\source\1.LED\)에서 LED.c 를 open하면 화면과 같이 C언어로 작성된 프로그램이 나타난다.

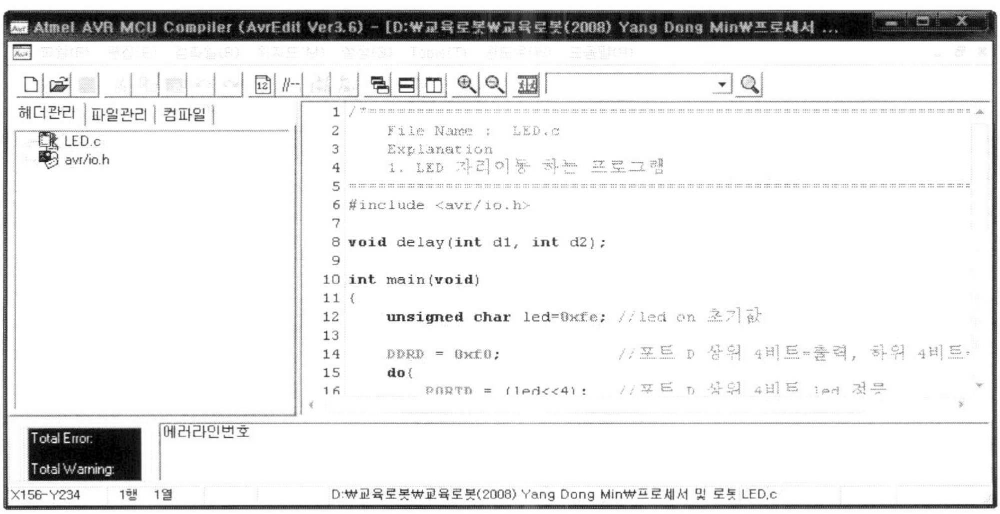

메뉴의 “설정”에서 “환경설정”을 선택하여 사용하고자 하는 AVR 제품 종류를 지정한다. 환경설정에서 사용되는 옵션은 각각의 소스 파일에 적용되는 것으로써 미리 AvrEdit에 소스 파일이 열려 있어야 메뉴에서 활성화 되며, 열려있는 파일에 대해서만 설정 내용이 적용된다.

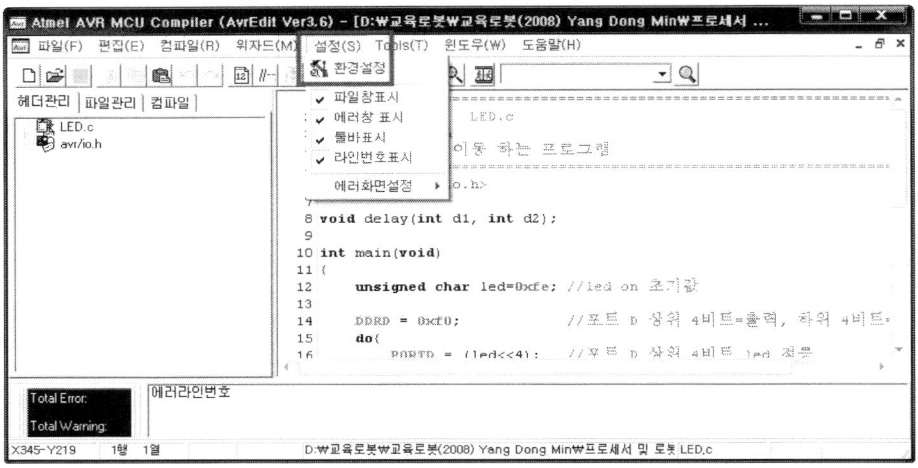

MCU종류라는 탭을 선택하여 나온 화면에서 AVR MCU종류에 atmega128를 Hex Format종류에 ihex를 각각 선택한다.

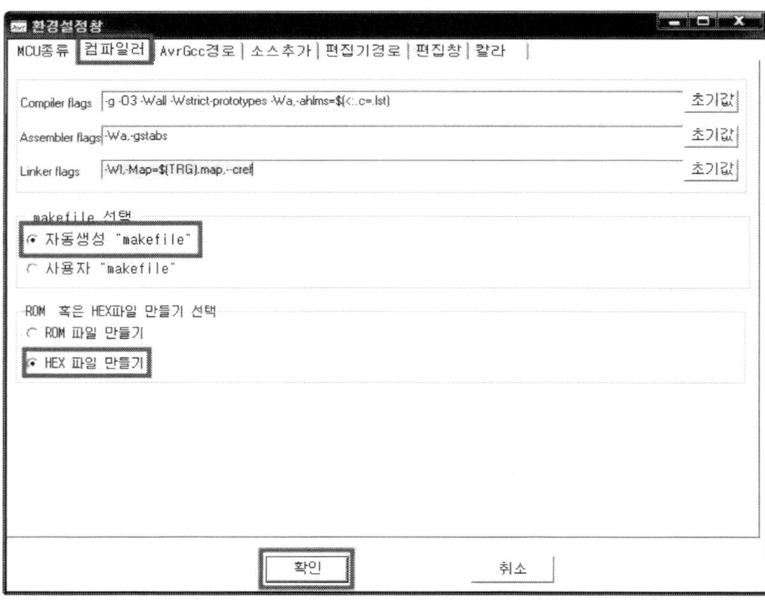

컴파일러라는 탭을 선택하여 나온 화면에서 자동생성 "makefile"과 "HEX 파일 만들기"가 지정되도록 한다.

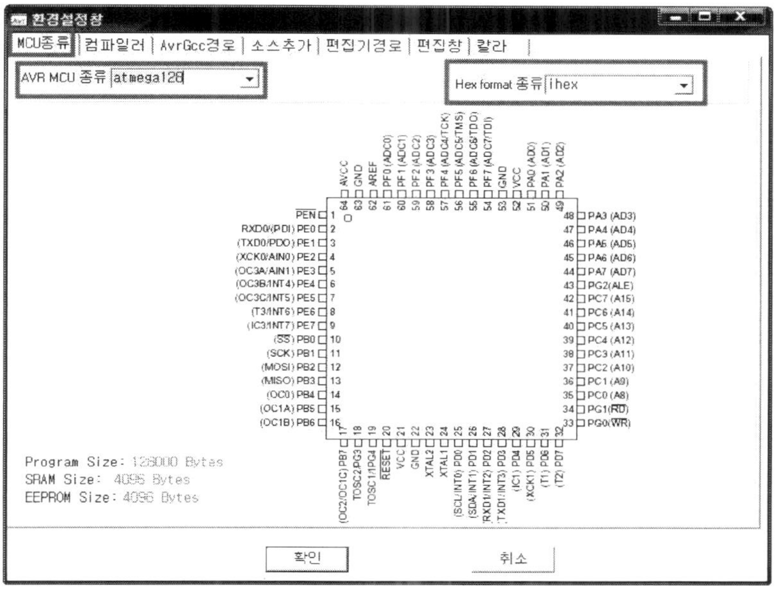

지정한 파일을 컴파일하기 위해서 gcc는 makefile에 지정된 옵션들을 사용한다. 따라서 source code가 들어있는 파일 뿐만 아니라 makefile도 사용자가 직접 만들어 주어야 한다. AvrEdit에는 이러한 번거로움을 해결하기 위해 makefile을 자동으로 생성해 주는 메뉴를 가지고 있다. 아래와 같은 사항은 환경설정에서 "사용자 makefile"을 선택한 경우에만 해당한다.

앞의 환경설정의 컴파일러 탭에서 "자동생성 makefile"을 선택한 경우에는 아래와 같은 makefile을 만드는 과정을 AvrEdit 내부에서 자동으로 만들어 사용하기 때문에 이와 같은 작업을 수행할 필요가 없다. "자동생성 makefile"을 선택한 경우에는 다음 단계의 컴파일 과정으로 넘어가면 된다.

▶ makefile을 만들기 위해서는

- 메뉴에서 "위자드(M)" → "Makefile생성" 을 선택한다.

"Makefile생성"을 선택하면 다음과 같은 Makefile 위자드에 대해 설명하는 대화상자가 나타난다. "다음"을 선택하여 다음 단계로 넘어간다.

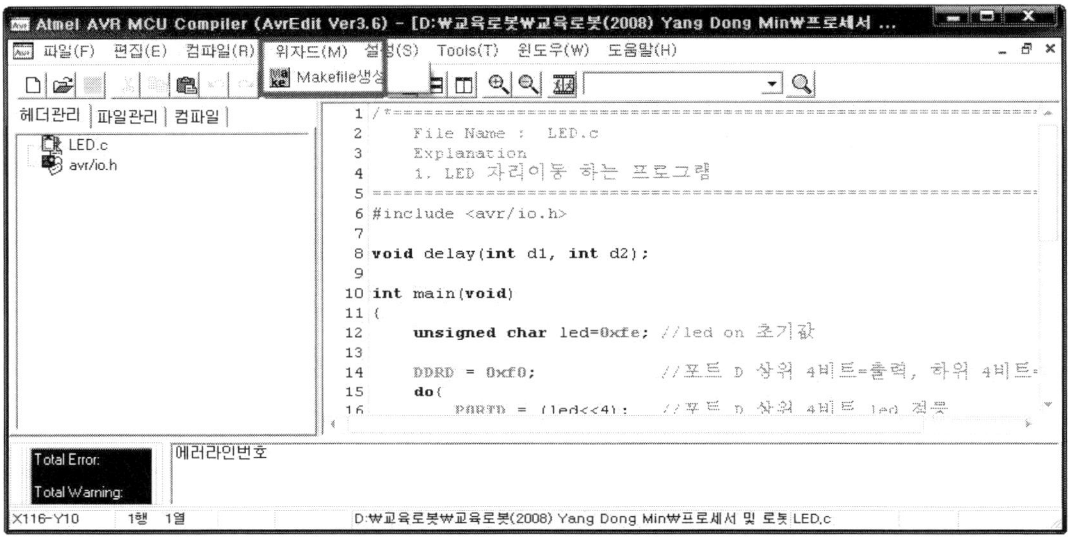

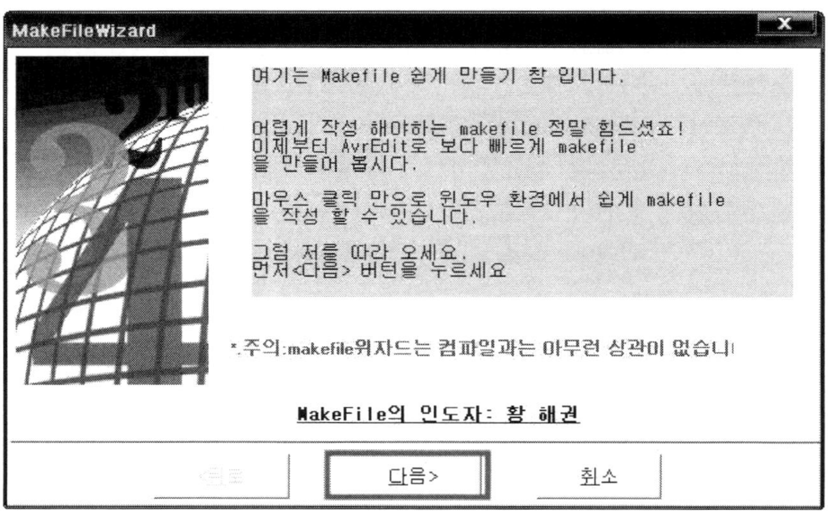

다음 단계에서는 사용하는 Avr Mcu 종류와 컴파일되어 최종 출력되는 파일의 형식을 지정하고, gcc 설치시 함께 설치된 기본적인 include 파일과 library 파일 및 실행 파일의 경로를 지정하게 되는데 AvrEdit의 설치 과정에서 프로그램의 설치 경로를 변경하지 않았다면 디폴트로 지정되어 있는 값을 변경하지 않고 사용하면 된다. 이번 단계에서는 다음 그림에서 표시한 부분(Avr Mcu 종류, Hex Format 종류)이 각각 atmega128, ihex인지를 확인한다.

"다음"을 눌러 컴파일 및 링크시에 사용되는 옵션 항목들을 지정한다. 이 부분은 가급적이면 수정하지 말고 디폴트로 지정되어 있는 값을 그대로 사용하도록 한다. 이 부분의 옵션 항목들에 대한 자세한 내용은 AvrEdit의 도움말을 참고하기 바란다. "다음"을 눌러 계속 진행한다.

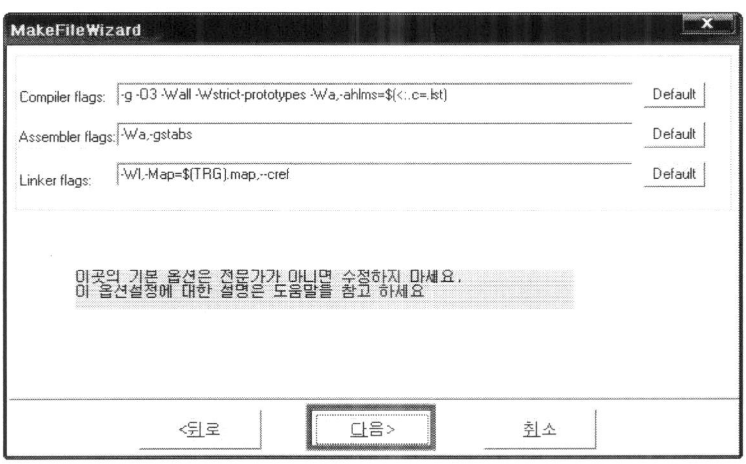

여기서는 컴파일할 소스 파일을 지정하는 부분인데, C Main Source Name이라는 부분에는 main() 함수를 가지고 있는 소스 파일 이름을 지정한다.

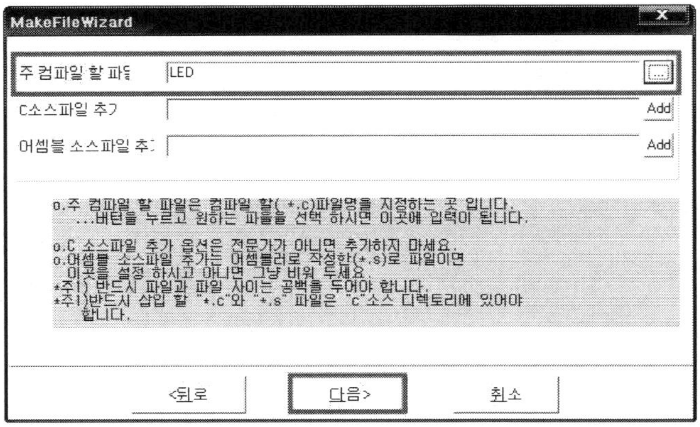

처음 프로그램을 배우는 단계에서는 대부분 하나의 파일로 모든 프로그램을 작성하게 되지만, 프로그래밍에 익숙해지고 규모가 큰 프로그램을 작성하게 될 경우 여러 가지의 소스 파일로 분할해서 작성하고, C언어와 어셈블리어를 섞어서 프로그램을 작성할 수도 있다. 이러한 경우에도 C Main Source Name에는 main() 함수를 가지고 있는 C 언어로 작성된 소스 파일 이름을 지정하고, Add C Source Name에 그 이외에 사용된 C 소스 파일을 지정 하되 파일 이름과 파일 이름 사이에는 공백을 두도록 한다. 그리고 어셈블리어로 작성된 소스가 있다면 Assemble Source Name에 지정한다. 대부분의 경우에는 하나의 소스 파일로 프로그램을 작성하므로 C Main Source Name에 작성한 프로그램만 지정하면 된다.

앞에서 C Main Source Name을 지정했다면 이번 단계에서는 단지 "다음"만을 누르면 된다. 나머지는 자동으로 생성된다.

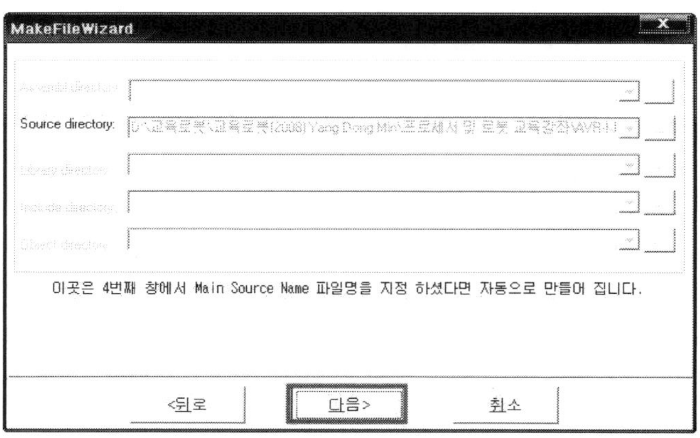

앞에서 지정된 내용들을 바탕으로 자동으로 생성한 makefile의 내용을 출력해 주는 화면이다. 살펴보고 이상이 없으면 "다음"을 눌러 makefile 생성을 계속 진행한다.

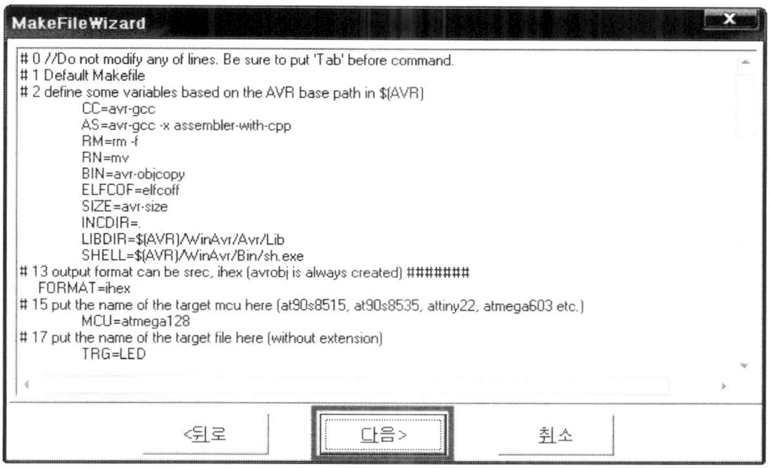

자동으로 makefile을 생성해주며 기본 설정 단계가 모두 끝났음을 알려준다. 여기서 "완료"를 선택하면 앞에서 지정된 옵션을 바탕으로 makefile을 생성한다.

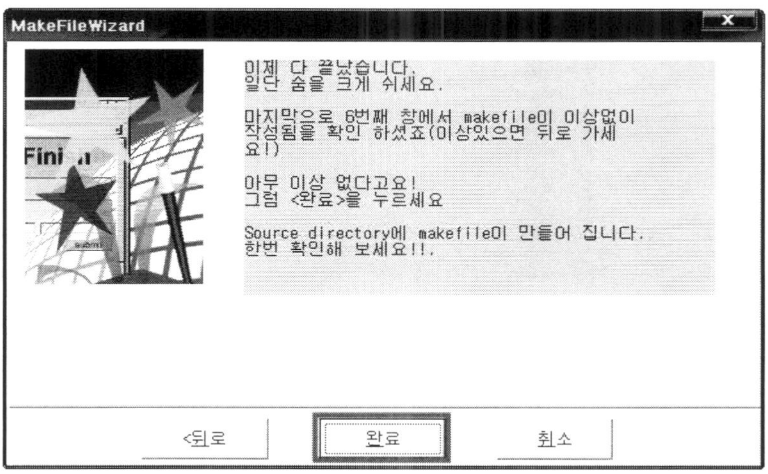

"완료"를 선택하면 makefile을 생성할 것인지를 묻는 대화상자가 나타나며, 여기서 "예(Y)"를 선택하면 실제로 makefile을 생성한다.

메뉴의 "컴파일(R)" → "컴파일"을 선택하면 makefile에서 만들어놓은 옵션을 바탕으로 작성된 source 파일에 대해 컴파일, 링크 과정을 거쳐 앞에서 지정한 것과 같이 intel hex 포맷의 실행코드가 들어있는 파일이 생성된다. 정상적으로 컴파일 과정이 끝났다면 다음과 같이 Compiling OK라는 메시지가 나타나며, 에러와 경고 부분에 숫자가 0으로 나타난다.

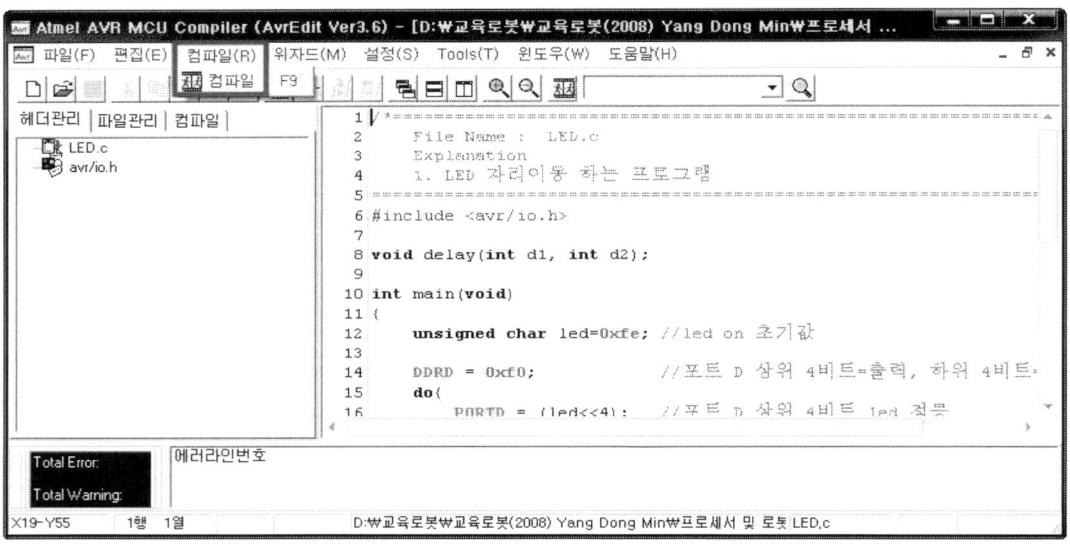

이 대화상자에서는 컴파일이 제대로 수행되었는지, 에러가 있다면 몇 개나 존재하는지, 경고는 얼마나 있는지를 나타내며, 어떤 종류의 MCU에 대해 실행 코드를 만들었는지와 지정된 MCU에 사용가능한 FLASH, SRAM, EEPROM의 용량과 컴파일한 코드에서 사용하고 있는 용량을 비교하여 보여준다.

4.5 AVR ISP Programmer의 다운로드 및 설치

AVR용 ISP Write 프로그램은 PonyProg2000을 사용하며 이 프로그램은 아래와 같은 방법으로 다운로드 받을 수 있다.

http://www.lancos.com에서 아래와 같이 PonyProg를 선택한다.

위의 화면에서 "PonyProg"을 클릭하면 아래와 같은 화면이 나타나며 이 페이지를 아래로 스크롤 하고 "Download PonyProg for Win…" 에서 스크롤을 멈추고 선택한다

Lancos@Libero.it
PonyProg
serial device programmer
Online Forum
Introduction
If you are looking for a simple but powerful programmer you a
PonyProg is a serial device programmer software with a user fi
framework available for Windows95/98/ME/NT/2000/XP and
purpose is reading and writing every serial device. At the mome
Bus, Microwire, SPI eeprom, the Atmel AVR and Microchip P
SI-Prog is the programmer hardware interface for PonyProg.
With PonyProg and SI-Prog you can program Wafercard for S
within GSM, TV or CAR-RADIO. Furthermore it can be used
starter kit for PIC and AVR.
PonyProg
Who am I?
MiniThreads
Buy SI-Prog NOW!!! Look at SI-Prog page for price and delivery detail

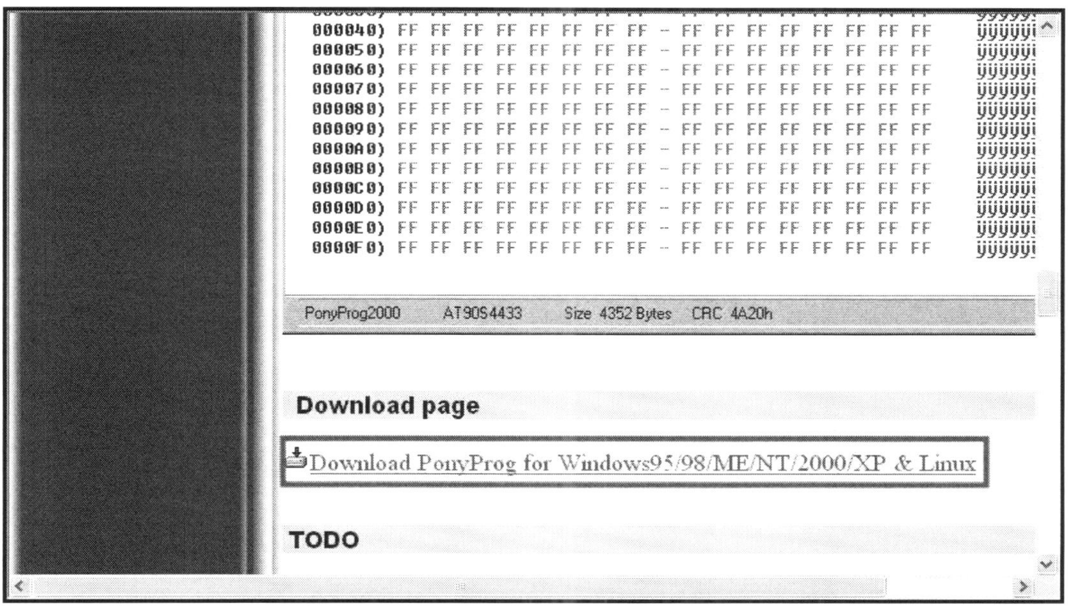
000040) FF FF FF FF FF FF FF FF - FF FF FF FF FF FF FF FF
000050) FF FF FF FF FF FF FF FF - FF FF FF FF FF FF FF FF
000060) FF FF FF FF FF FF FF FF - FF FF FF FF FF FF FF FF
000070) FF FF FF FF FF FF FF FF - FF FF FF FF FF FF FF FF
000080) FF FF FF FF FF FF FF FF - FF FF FF FF FF FF FF FF
000090) FF FF FF FF FF FF FF FF - FF FF FF FF FF FF FF FF
0000A0) FF FF FF FF FF FF FF FF - FF FF FF FF FF FF FF FF
0000B0) FF FF FF FF FF FF FF FF - FF FF FF FF FF FF FF FF
0000C0) FF FF FF FF FF FF FF FF - FF FF FF FF FF FF FF FF
0000D0) FF FF FF FF FF FF FF FF - FF FF FF FF FF FF FF FF
0000E0) FF FF FF FF FF FF FF FF - FF FF FF FF FF FF FF FF
0000F0) FF FF FF FF FF FF FF FF - FF FF FF FF FF FF FF FF
PonyProg2000 AT90S4433 Size 4352 Bytes CRC 4A20h
Download page
Download PonyProg for Windows95/98/ME/NT/2000/XP & Linux
TODO

PonyProg2000 페이지가 나타난다. 아래로 스크롤을 한다.

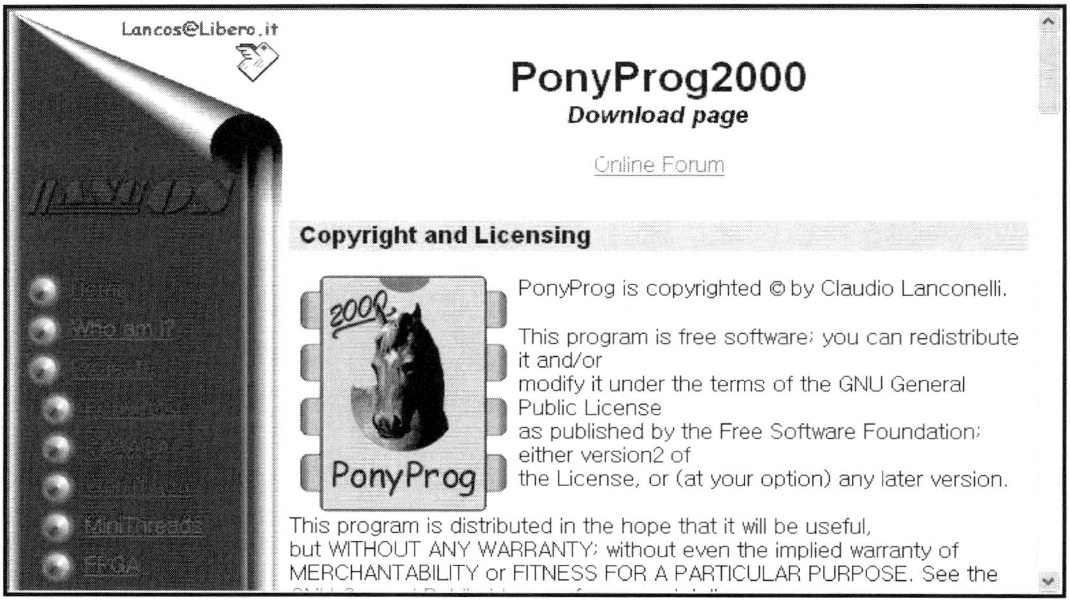

"v2.07" 표시한 부분을 선택하면 다음과 같은 화면이 나온다.

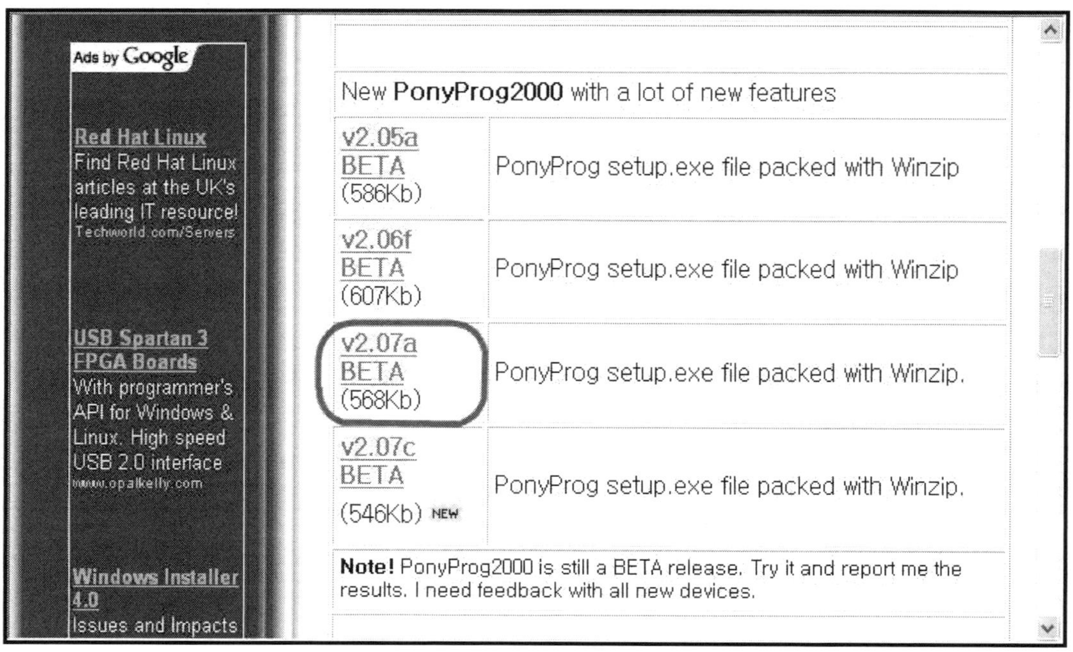

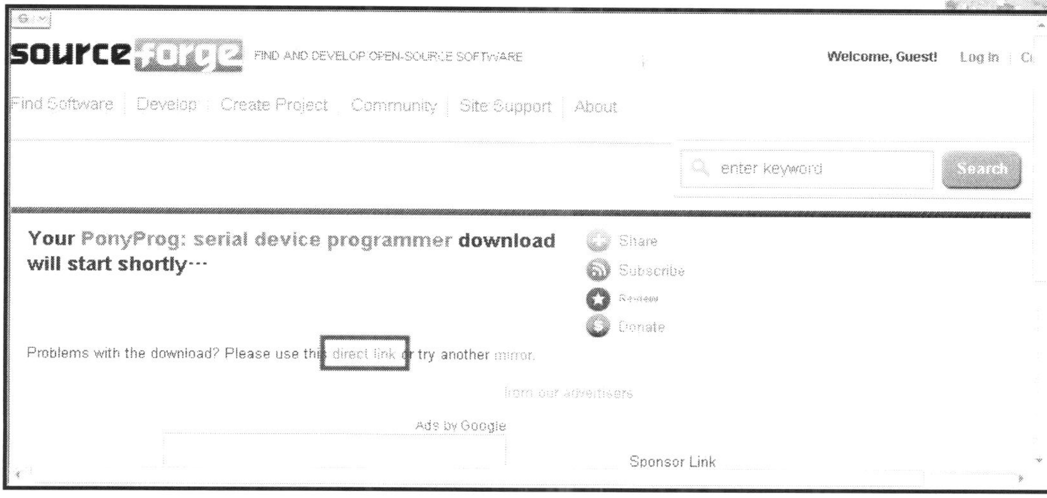

"direct link"을 선택하면 ponyprogV207a.zip 을 다운로드 받을 수 있는 다음과 같은 창이 열린다.

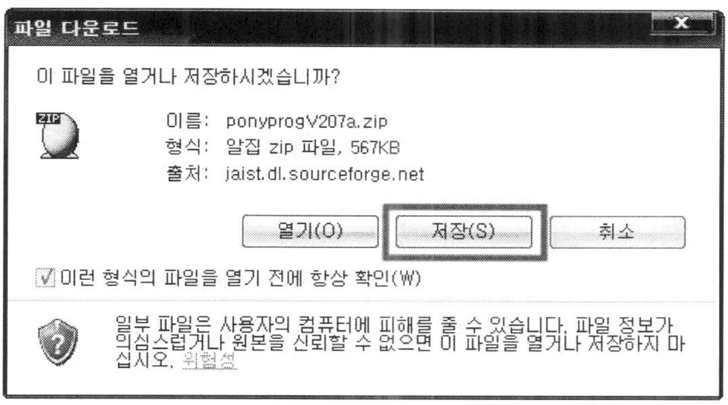

적당한 폴더에 ponyprogV207a.zip을 다운받는다.

다운로드 받은 PonyProg2000은 ponyprogV207a.zip 이름의 압축 파일로 저장되어 있다. 압축을 풀면 setup.exe.파일이 생성된다. 이를 실행하여 설치한다. 압축을 풀어 생성된 setup.exe를 실행하면 다음과 같은 다이얼로그 박스가 나타난다. "Next"를 선택한다.

사용 권한에 대한 설명이 나타나고 이를 읽어본 후 동의하면 "Yes"를 눌러 계속 설치를 진행한다.

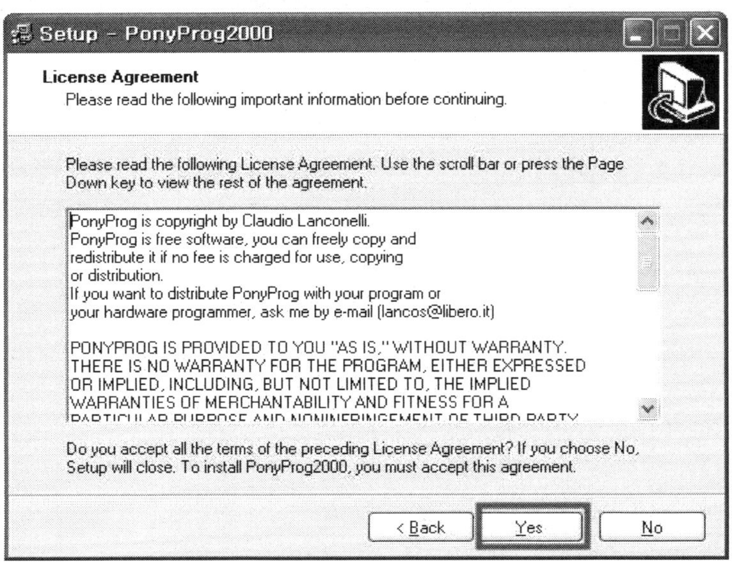

다음에 나타나는 다이얼로그 박스는 설치 경로에 대한 것으로 특정한 디렉터리로 설치할 것이면 여기서 지정하고, 디폴트로 설정된 경로에 설치할 것이면 "Next"를 눌러 계속 설치를 진행한다.

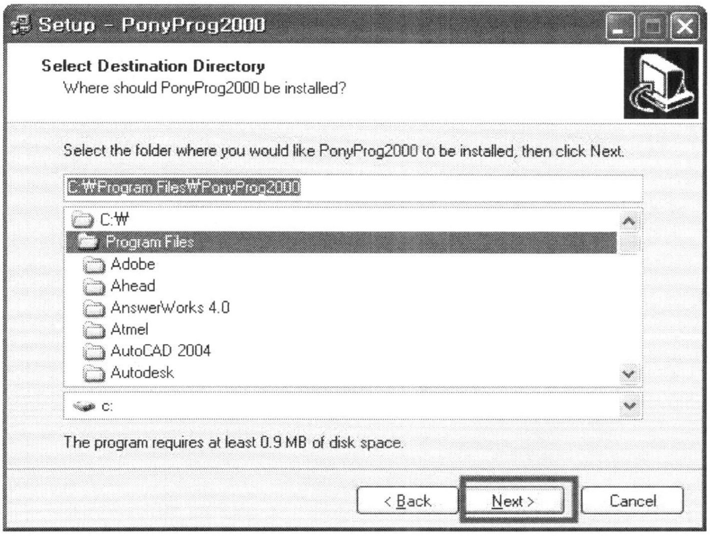

다음엔 생성될 프로그램 그룹의 이름을 묻는 다이얼로그 박스가 나타난다. 다른 프로그램 그룹으로 이름을 지정할 것이면 여기서 지정하고, 디폴트로 사용할 것이면 변경하지 않고 "Next"를 선택한다.

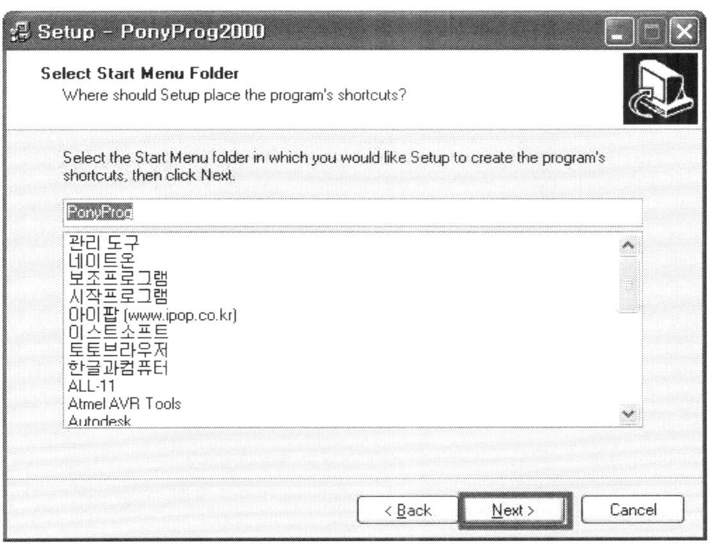

이상의 과정이 완료되면 설치에 필요한 설정이 끝났음을 알려주고, 설정 값을 보여주며 설치를 진행할 것인가를 묻는 화면이 나타난다. 만약 설정한 내용이 원하는 값과 다르다면 "Back"을 눌러 이전 단계로 돌아갈 수 있다. 설치할 것이라면 "Install"을 선택하여 설치를 진행한다.

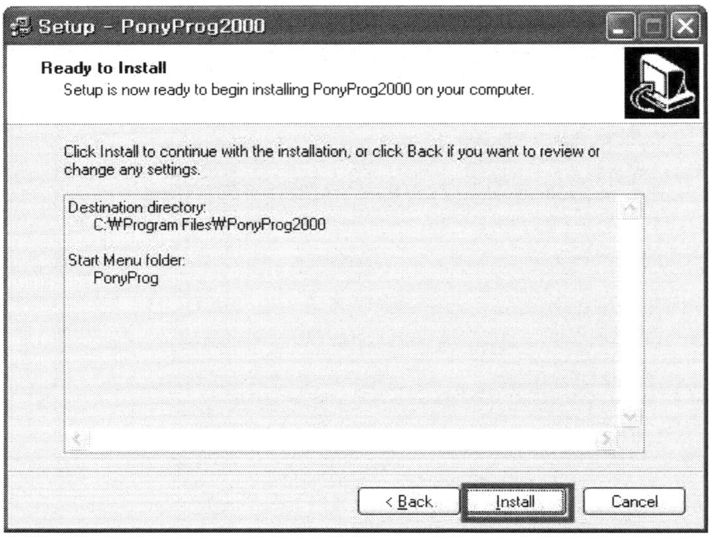

4.6 PonyProg2000 설정하기

설치가 끝나면 윈도우즈의 "시작" → "프로그램" → "PonyProg"를 선택하여 PonyProg2000을 실행한다. 말 울음 소리와 함께 프로그램이 실행되면 그림과 같은 화면이 나타난다.

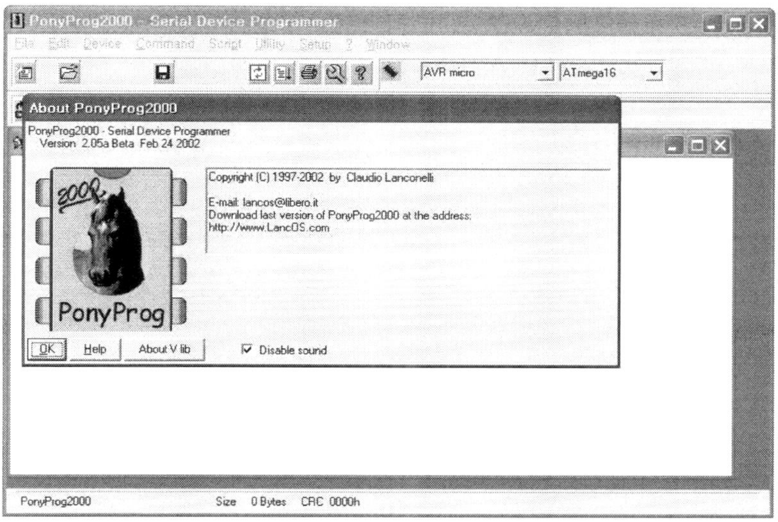

실행할 때 나오는 말 울음 소리가 거슬리면 초기 화면의 "Disable Sound"를 체크하고 "OK"를 눌러주면 다음 실행할 때부터 소리가 나오지 않는다.

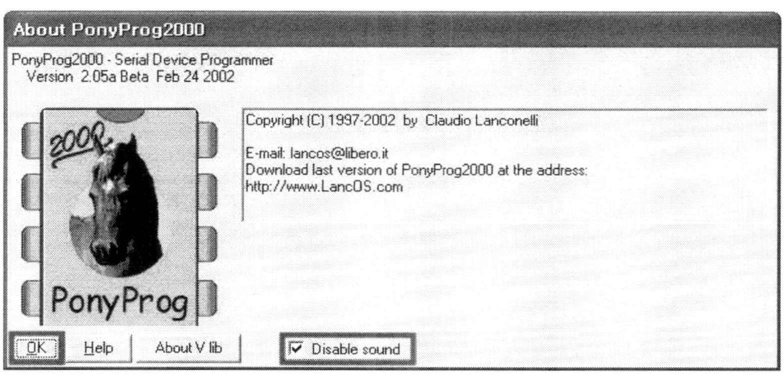

"OK"를 누르면 다이얼로그 박스가 사라지게 되고 PonyProg2000의 초기화면이 나타난다. 처음 사용자라면 다음과 같이 사용할 MCU와 Programmer에 대한 설정을 해주어야 한다.

아래의 그림과 같이 사용할 MCU의 종류를 "AVR micro"로 지정한다

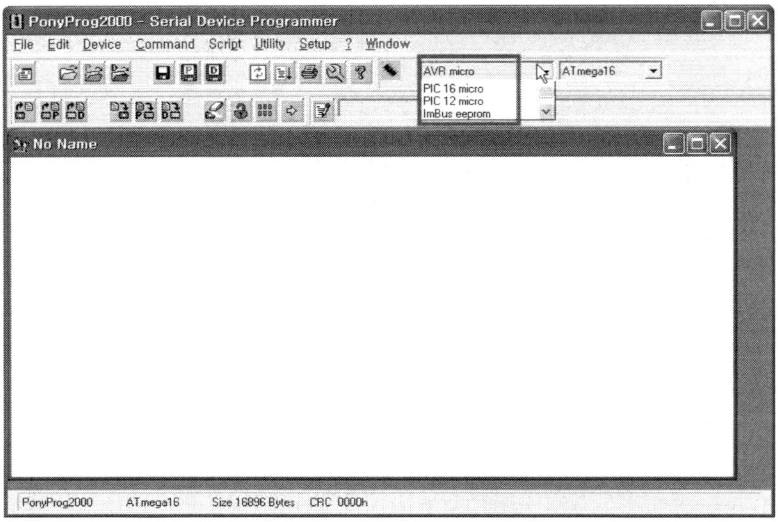

프로세서의 종류를 "ATmega128"로 지정한다

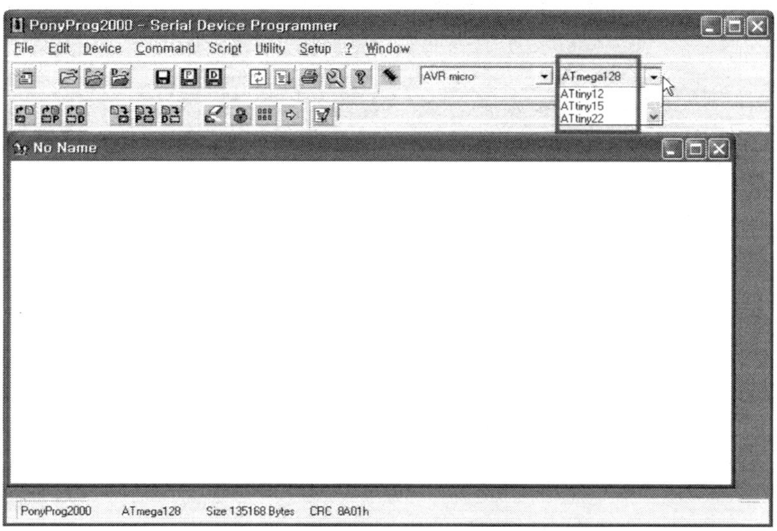

PonyProg2000에서는 여러 종류의 ISP Writer를 지원하므로 Dr. Kim ATmega128 Training Kit와 함께 제공되는 Parallel 방식의 ISP Writer를 사용하기 위해서는 PonyProg2000에 이를 알려주어야 한다.
"Setup"메뉴의 "Interface Setup" 항목을 선택한다.

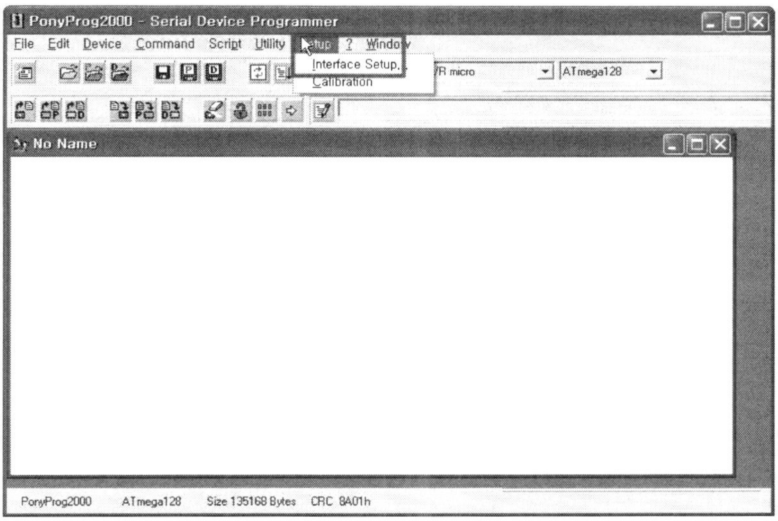

사용할 ISP를 parallel 포트에 연결한 상태에서 "Interface Setup"을 실행한다. Training KIT에 있는 ISP에 대해 Parallel 방식, Avr ISP I/O, LPT1을 지정하고 "Probe"를 눌렀을 때 [Test Ok]라는 다이얼로그 박스를 확인한다.

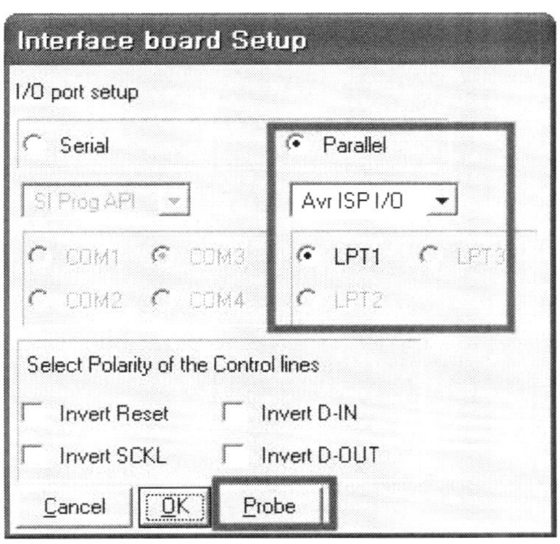

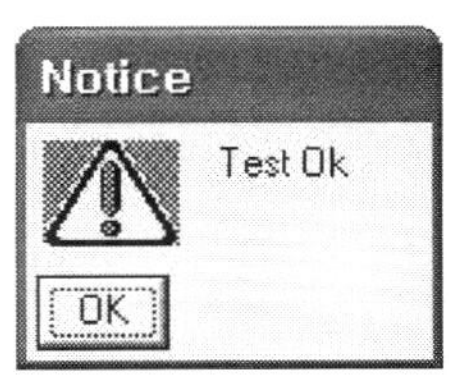

ISP Writer에 대한 기본 설정이 끝나면 “Setup”→“Calibration”을 선택하여 각 사용자의 시스템에 따라 Bus Timing에 대한 설정을 해야 하는데, 이 값은 사용하고 있는 CPU와 하드디스크의 억세스 속도에 따라 다르므로 PonyProg를 처음 설치하고 인터페이스 설정을 한 후에는 반드시 실행해 주어야 정상적으로 프로그램 실행 코드가 기록된다.

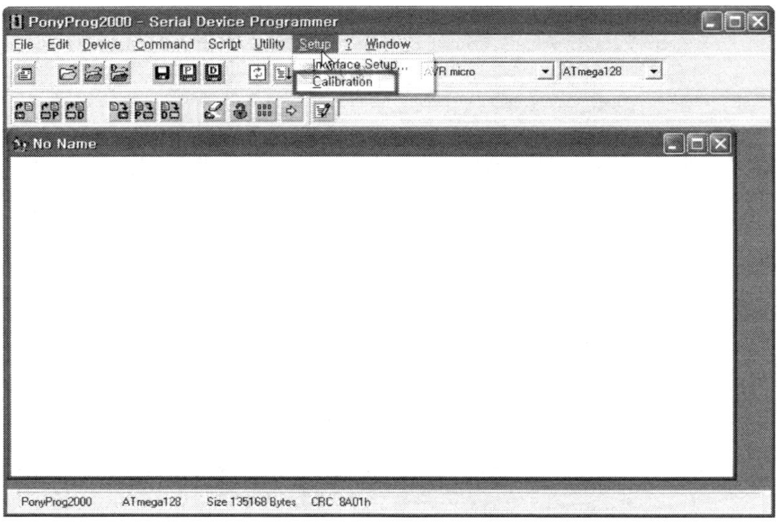

“Setup” → “Calibration” 메뉴를 선택했을 때 다음과 같은 다이얼로그 박스가 나타나며 “Yes” 를 선택하면 Calibration이 수행되는데 길게는 수 십초 정도의 시간이 소요되며, 완료된 후에는 “Calibration OK”라는 다이얼로그 박스가 나타난다.

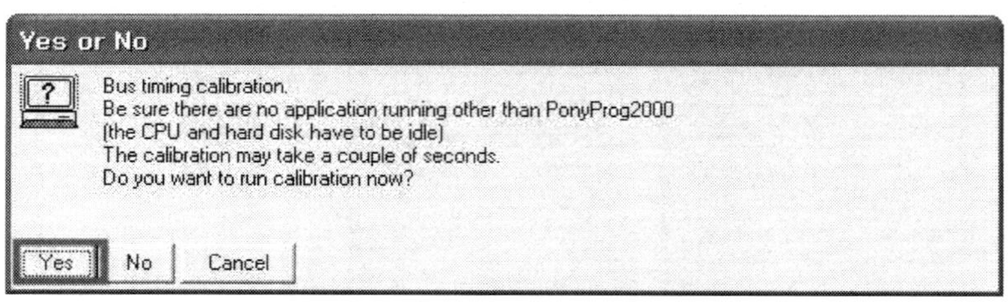

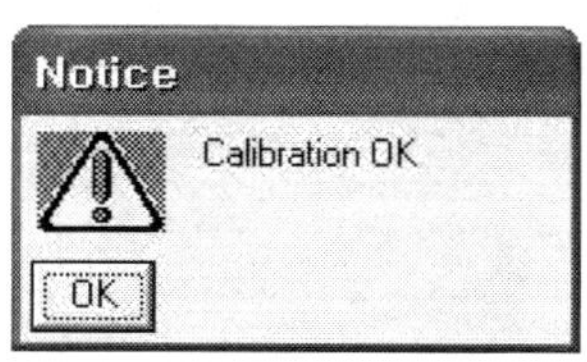

ATmega 시리즈는 내부 RC발진, 외부 Crystal 또는 Resonator 또는 Oscillator로 클록을 공급받아 동작할 수 있다. ATmega 시리즈는 공장에서 생산할 당시 디폴트로 내부 RC 발진에 의해 약 1MHz로 동작하도록 설정되어 있다. Dr. Kim ATmega128 Training Kit에서는 외부 Oscillator에 의해 클록이 공급되도록 설계되어 있으므로 ATmega에도 외부 OSC에 의해 클록이 공급된다고 알려주어야 한다.

클록 소스를 선택하기 위해 메뉴에서 "Command" → "Security and Configuration Bits..."을 선택하면 체크 박스가 여러개 포함된 다이얼로그 박스가 하나 나타난다.

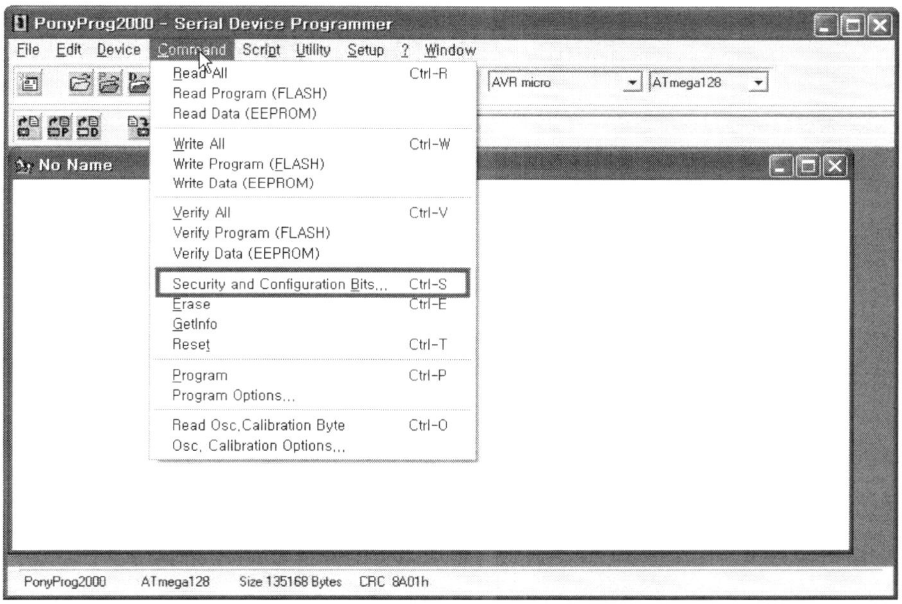

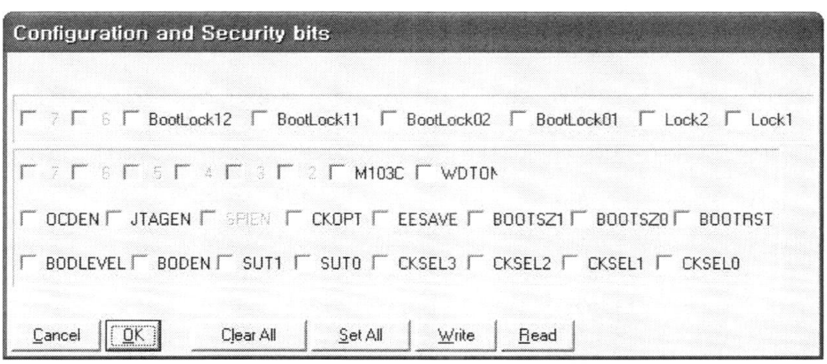

ATmega128의 경우 한번도 사용되지 않은 상태라면 "Read"를 눌렀을 경우 다음과 같은 항목이 체크된 상태로 나타난다.

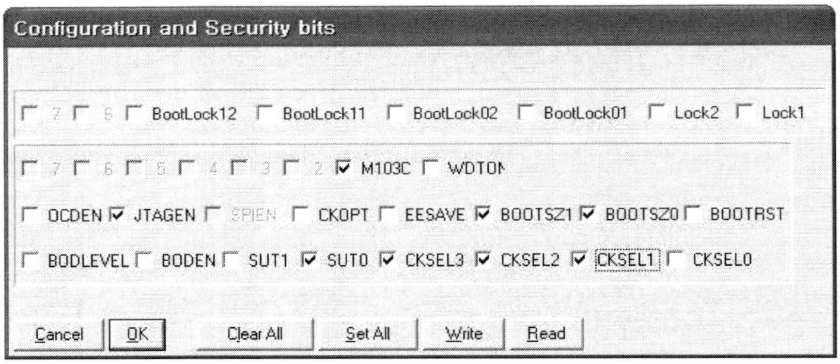

내부 설정 비트들은 FLASH이므로 체크가 된 상태(프로그램된 상태)를 "0"으로 인식하고 체크되지 않은 상태를 "1"로 인식한다. 데이터북을 읽을 때 프로그램된 상태가 "0"을 뜻하므로 주의하기 바란다.

ATmega128은 칩이 제조되었을 때 디폴트로 내부 RC 발진이 설정되어 있어 약 1MHz로 동작하며, 외부에서 공급되는 클록은 무시한다. 따라서 이 과정을 거치지 않더라도 칩은 동작하지만, 사용자에 의해 공급되는 클록이 아닌 내부 클록으로 동작하므로 사용자가 예상한 것보다 느린 속도로 동작한다. Dr. Kim ATmega128 Training Kit에서는 외부 Oscillator에 의해 14.7456MHz의 클록을 공급받도록 되어있다.

Dr. Kim ATmega128 Training Kit는 외부 Crystal에 의해 클록을 공급받으므로 내부 발진 회로가 활성화 되도록 설정해 주어야 한다. 따라서 다음과 같이 "CKOPT"만 체크되고 나머지는 체크하지 않은 상태를 확인하고 "Write"를 수행하여 ATmega128의 클록 소스를 지정한다.

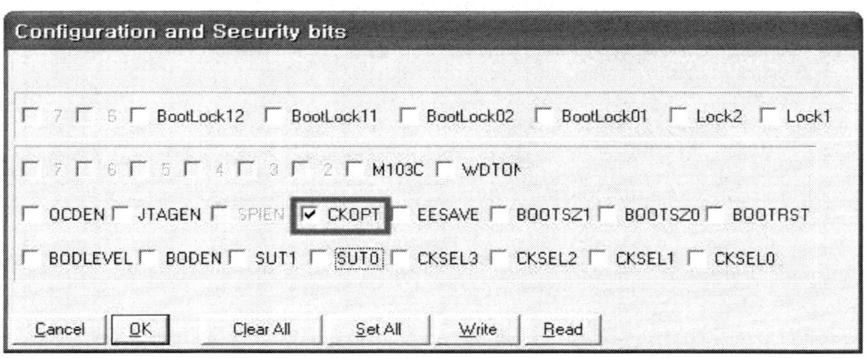

만약 "CKSEL3", "CKSEL2", "CKSEL1", "CKSEL0"이 모두 체크된 상태로 기록된다면 외부에서 Oscillator에 의해 클록을 공급해야만 동작하므로 이런 상태가 되지 않도록 주의해야 한다. 이렇게 체크된 상태에서 기록을 하면 외부 Oscillator로부터 클록을 공급해 주기 전까지는 ISP 동작도 활성화되지 않는다.

AVR은 내부에 플래시메모리를 프로그램 메모리로 가지고 있으므로 어떤 값을 기록하기 전에 반드시 삭제하고 기록을 해야 정상적으로 데이터가 기록된다. 따라서 프로그램을 할 경우에도 항상 플래시메모리를 먼저 삭제하고 프로그램을 해야 하므로 이 과정을 자동으로 할 수 있도록 옵션을 설정한다.

메뉴의 "Command" → "Program Options..."를 선택한다.

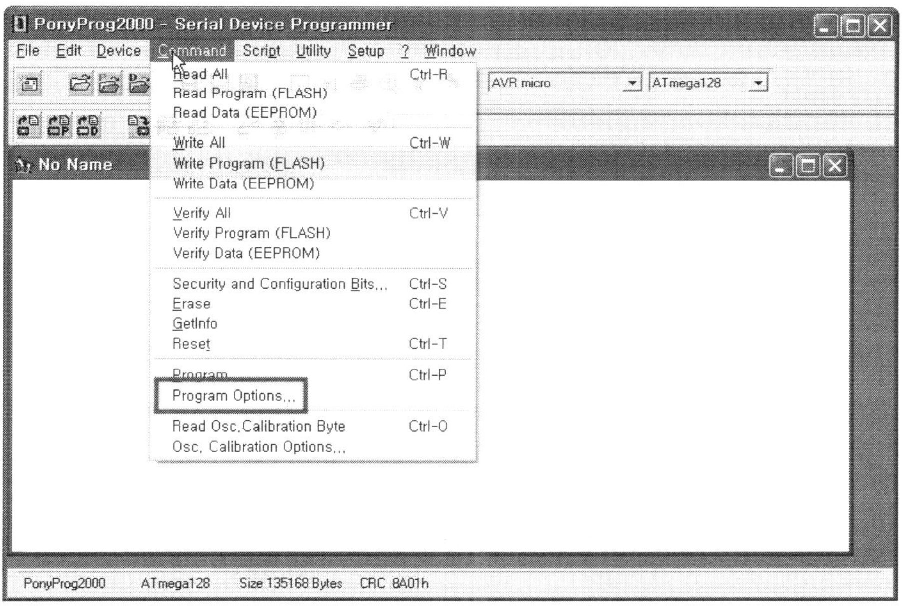

Program Options 다이얼로그 박스가 나타나면 "Reload Files", "Erase", "Write Program Memory[FLASH]" 세 가지를 선택하고 "OK"를 누른다.

Reload Files는 사용자가 프로그램 소스를 수정하고 컴파일 한 후 AVR에 다운로드 할 경우, 매번 새로 변경된 프로그램 실행 코드를 읽어 들이지 않고 PonyProg2000에서 자동으로 읽을 수 있도록 하는 옵션이다. 처음 한번만 프로그램 실행 코드를 읽으면 다음부터는 플래시메모리에 프로그램 코드를 기록할 때 자동으로 같은 이름으로 되어있는 파일을 다시 읽어 새로운 코드로 갱신하게 된다.

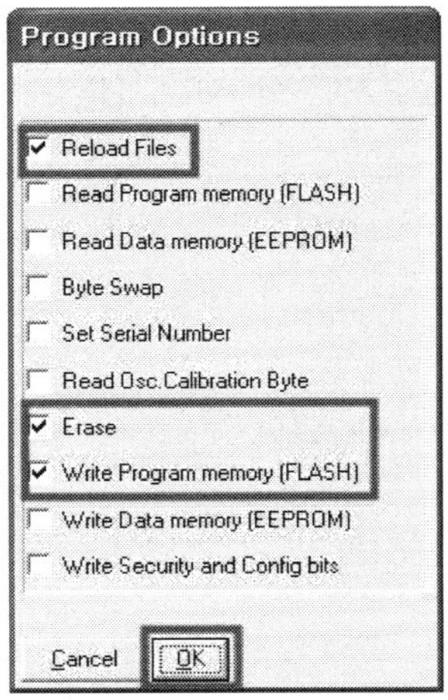

"File" → "Open Program(FLASH) Files"를 선택한다.

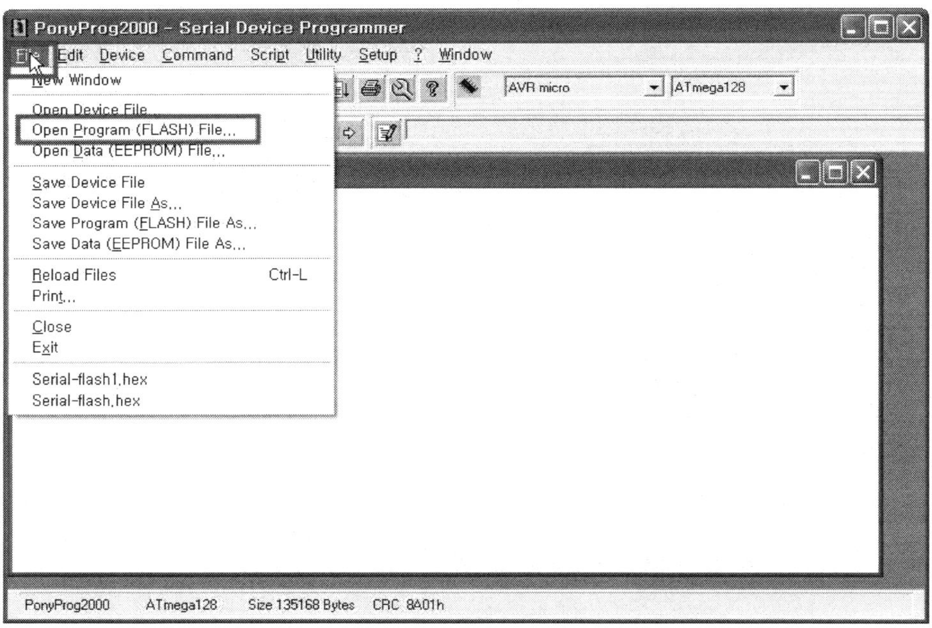

함께 제공된 CD를 설치하여 생성된 프로그램 코드가 있는 디렉토리(디폴트는 C:\AVR_KIT\source\1.LED\)를 찾아서 File Open 다이얼로그 박스의 파일 형식을 "*.hex"로 지정하고 LED.hex를 선택한다. 프로그램 실행 코드가 읽혀지면 PonyProg의 화면에 읽혀진 코드가 나타난다.

프로그램 코드가 화면에 나타난 것을 확인하고 "Command"→"Program"을 선택한다.

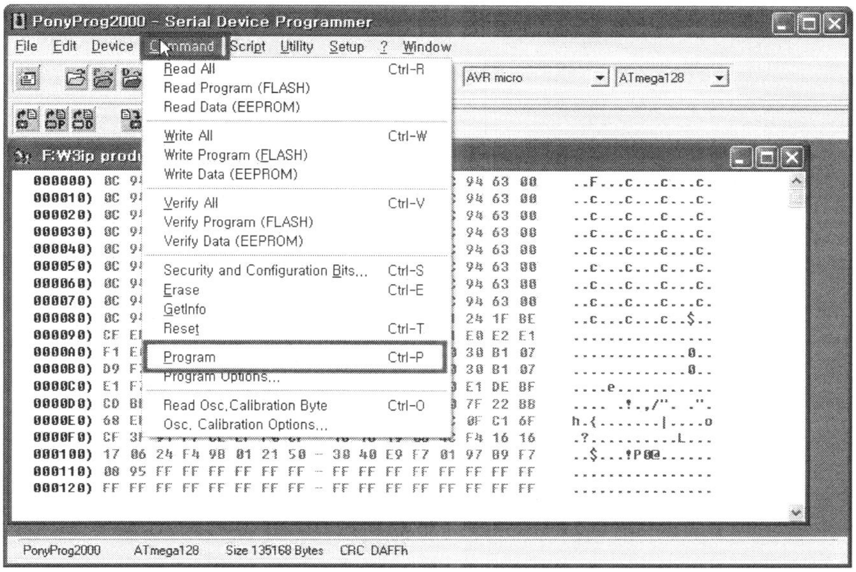

ISP Writer를 통하여 AVR에 프로그램이 되는 동안 Program Options에서 설정한 대로 프로그램 실행 코드를 다시 읽은 후, 삭제, 기록, 확인의 동작을 하게 되며 각각의 상황에 따라 아래와 같은 다이얼로그 박스가 나타난다.

디바이스가 정상적으로 삭제되고 프로그램이 기록된 후 검증까지 이상 없이 완료되면 "Program successful"이라는 다이얼로그 박스가 나타난다.

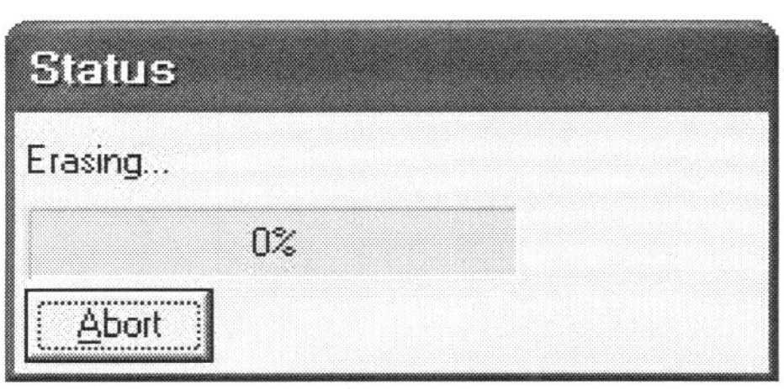

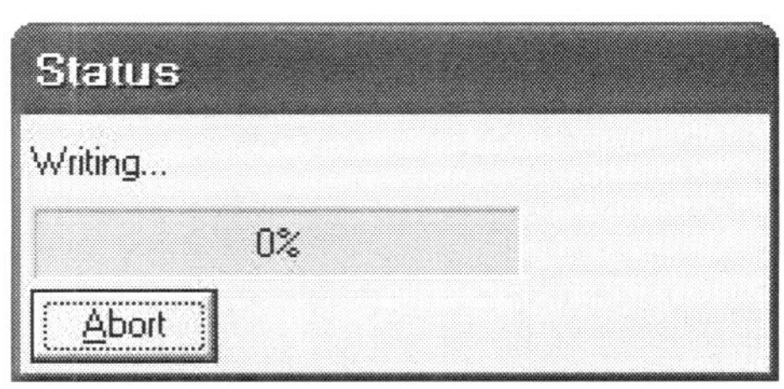

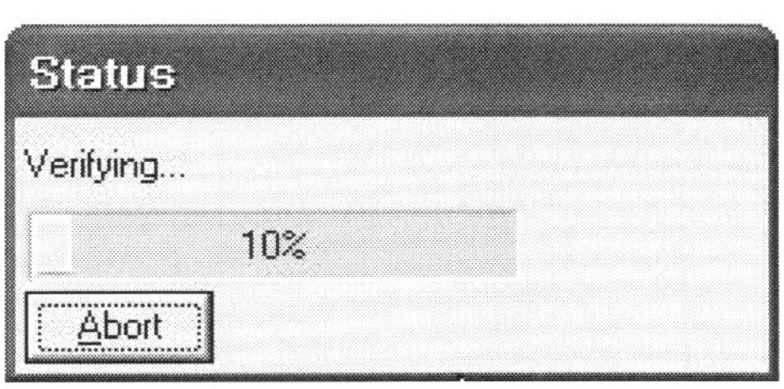

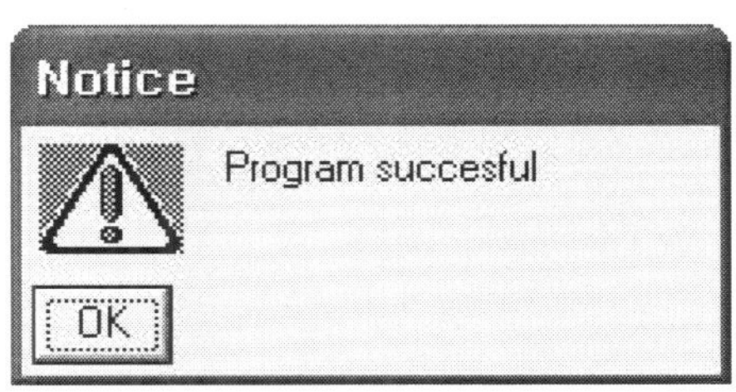

4.7 어셈블러의 다운로드 및 설치

이 장에서는 Atmel사에서 무료로 제공하는 IDE 소프트웨어인 AVR Studio V4.12를 사용하여 어셈블리 프로그래밍 하는 방법에 대해 설명한다. 우선 AVR Studio를 다운로드 받는다.

Atmel 홈페이지의(www.atmel.com) 메인 화면이다. "PRODUCTS"를 선택한다.

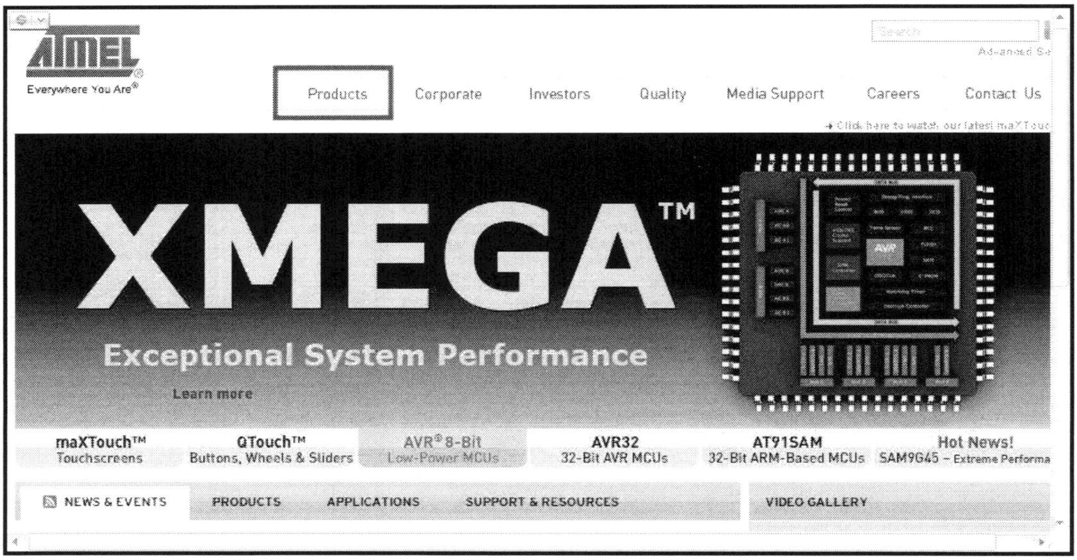

Microcontrollers --> AVR 8-Bit RISC를 선택한다.

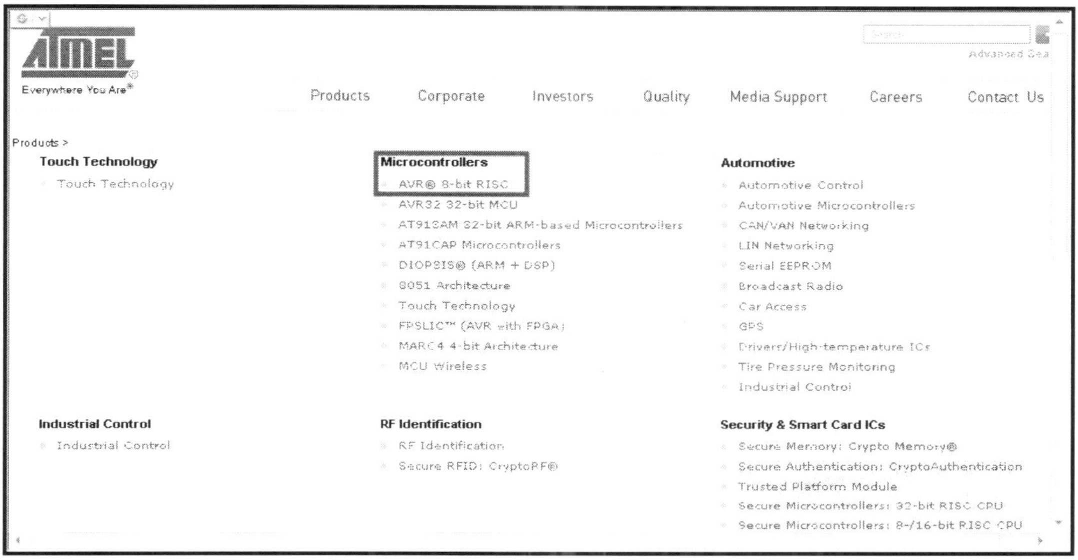

Tools & Software를 선택한다.

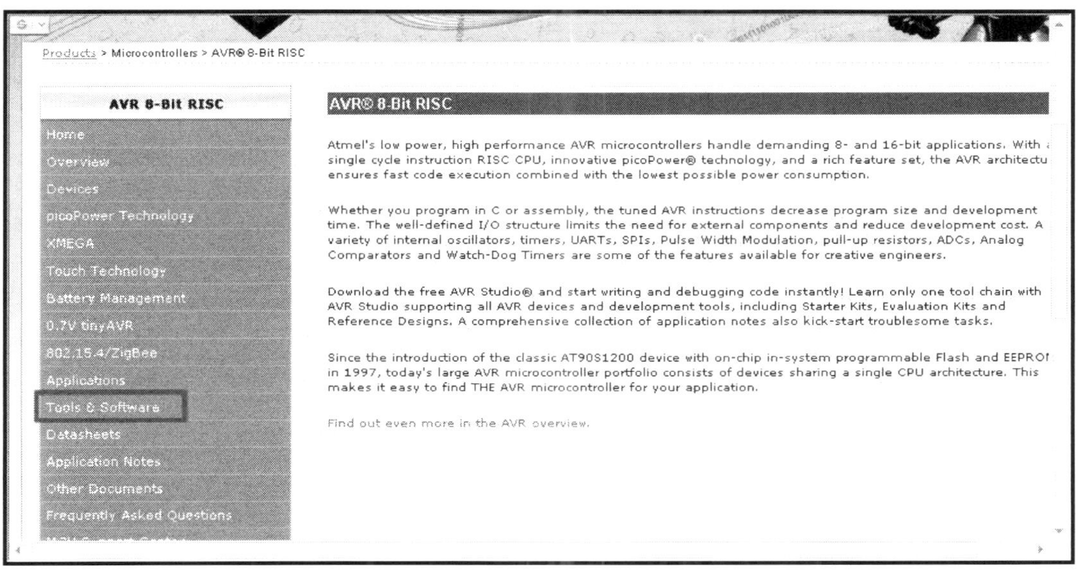

Design Software 를 선택한다.

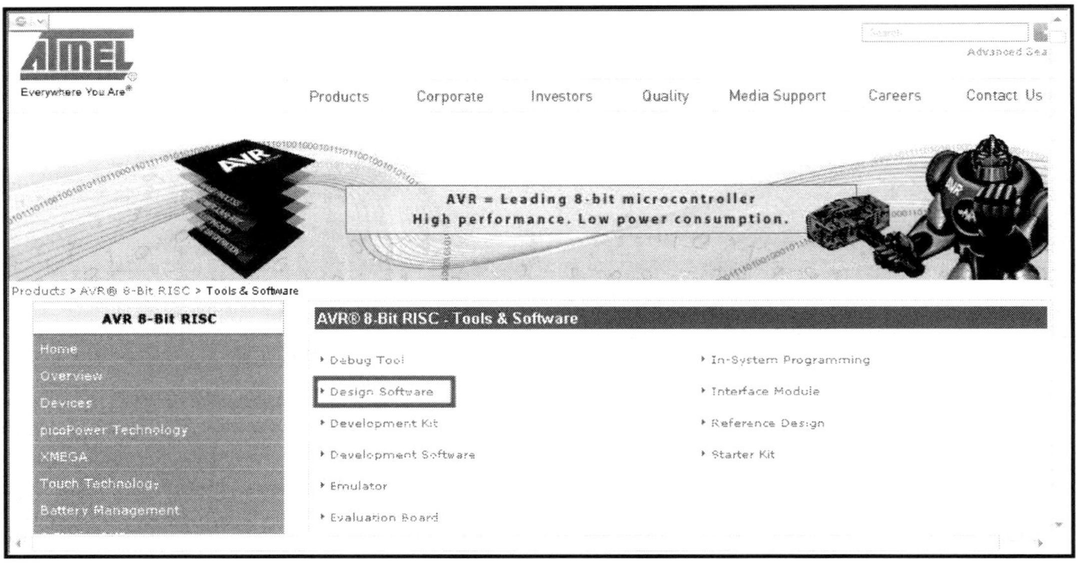

AVR Studio 4를 선택한다.

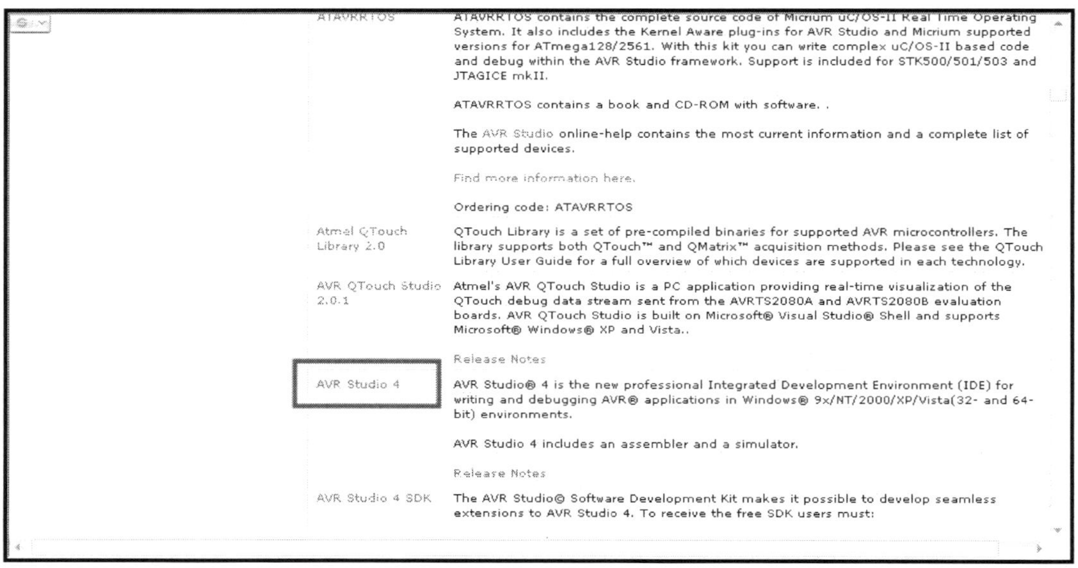

다음 그림과 같이 AVR Studio 4.16 SP1의 아이콘을 누르면 AVR Studio 4.16 SP1.exe를 다운로드 받을 수 있는 박스가 생성되며, 원하는 곳에 다운받은 후 AVR Studio4 4.16을 아래의 설명대로 설치한다.

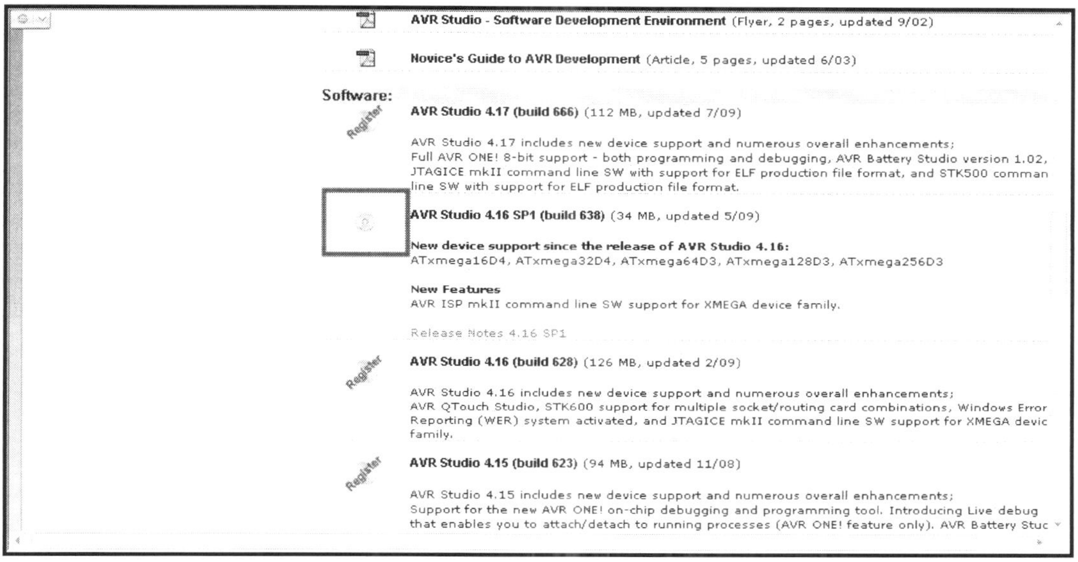

다음 그림과 같이 "Next"를 선택한다.

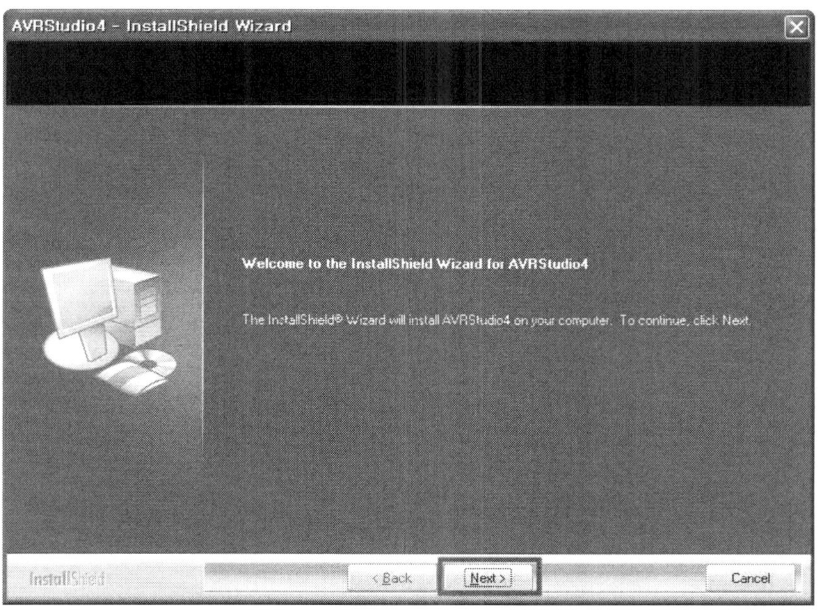

사용권 계약에 관한 화면이 나타나면 동의 할 경우 "Next"를 눌러 다음 단계로 넘어간다.

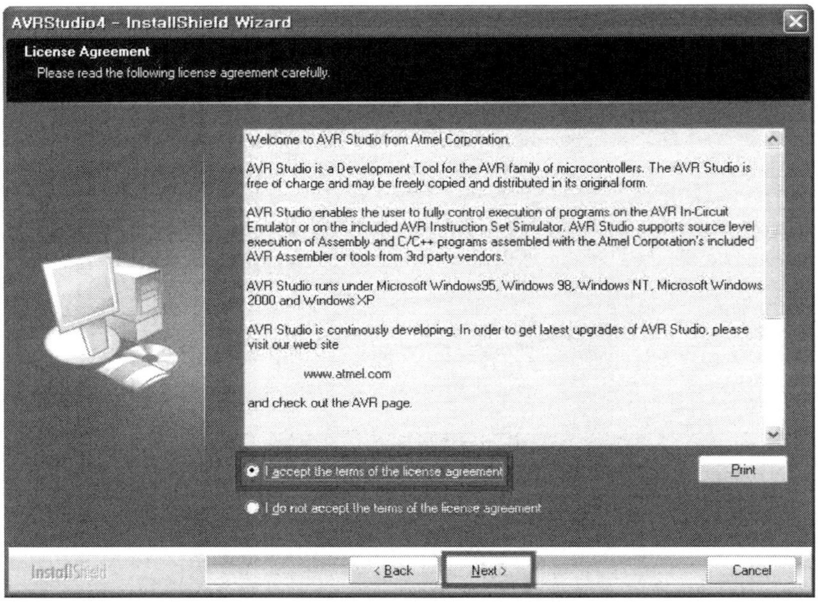

설치될 디렉터리를 지정하고, 특별히 지정할 필요가 없다면 디폴트로 지정하고 "Next"를 눌러 다음 단계로 진행한다.

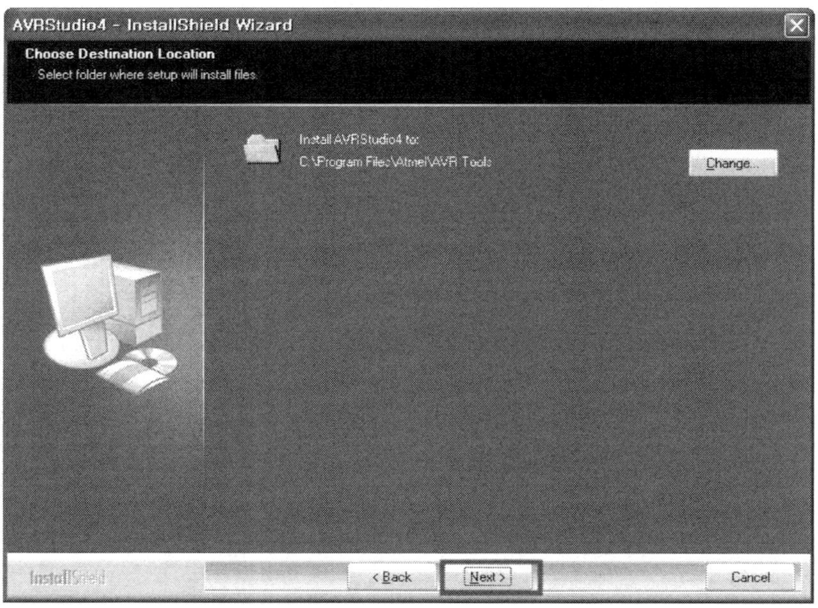

"Install/upgrade USB Driver" 체크 박스를 그림처럼 체크하지 않은 채 "Next"를 선택한다.

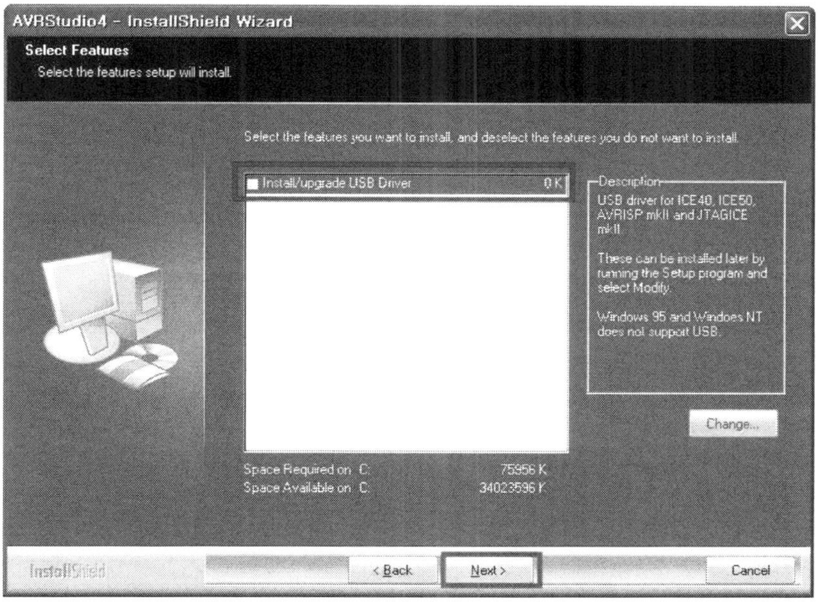

마지막으로 바뀔 부분이 없는지 확인하고 "Install"를 눌러 프로그램을 설치한다.

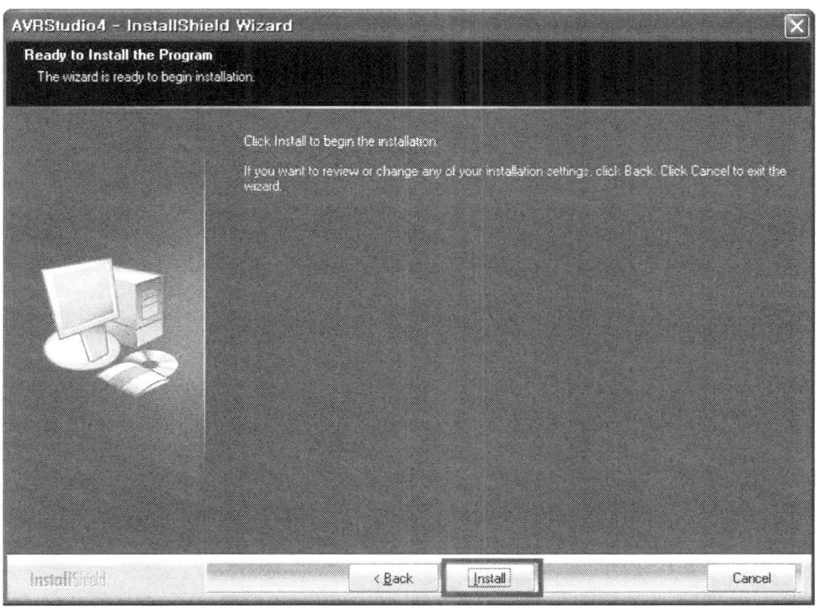

4.8 AVR Studio 설정하기

설치가 끝난 후 AVR Studio 4를 실행하면 다음과 같은 화면이 나타난다. "NEW Project" 다이얼로그 박스를 누른 후 새로운 프로젝트를 만든다.

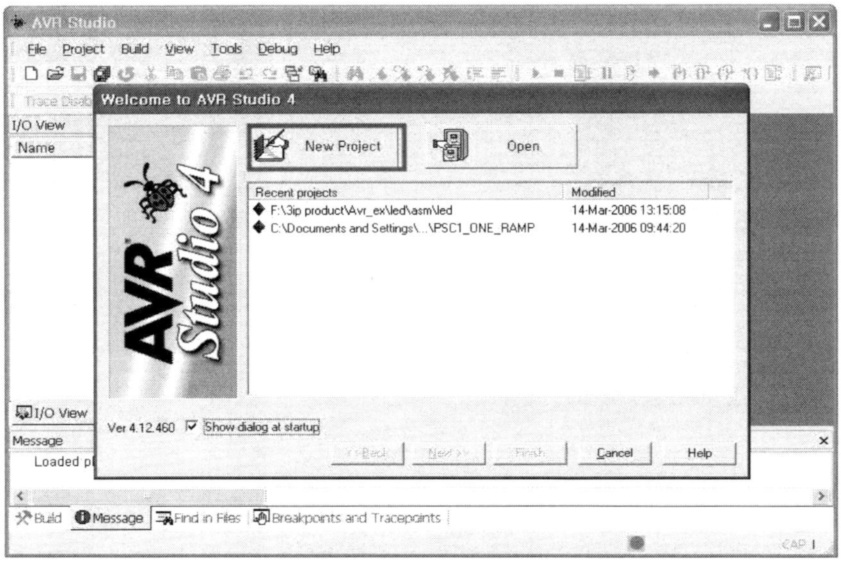

아래 그림처럼 "Atmel AVR Assembler"를 선택하고, Project name를 정하고, 저장할 디랙토리를 설정한 후 Next를 눌러 다음단계로 넘어간다.

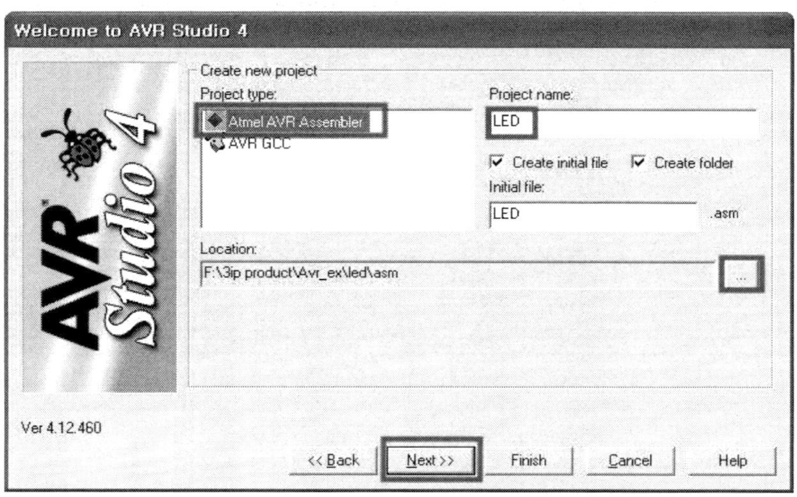

AVR Simulator 와 ATmeg128을 선택 후 Finish를 누르면 모든 선택 사항이 완료된다.

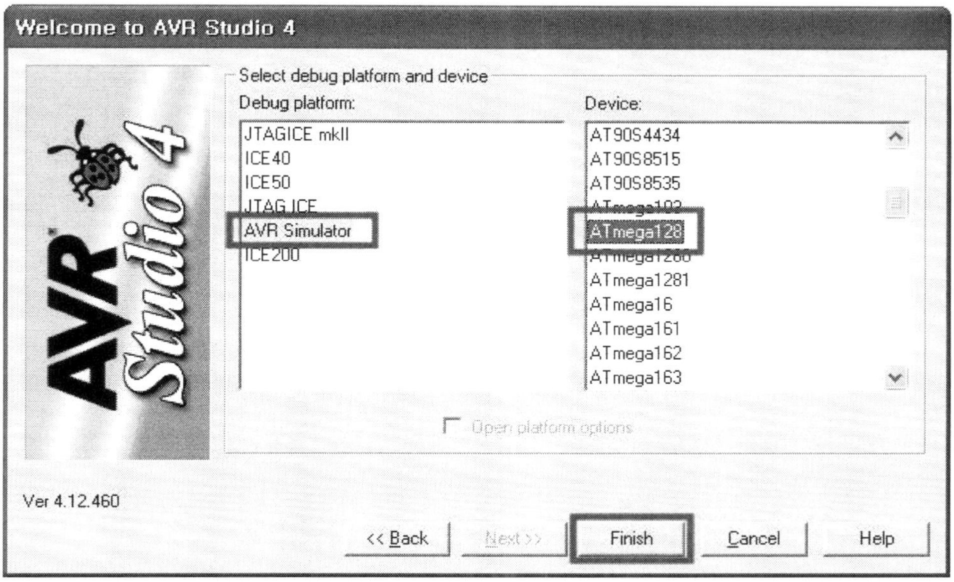

Project -> Assembler Options를 선택한다.

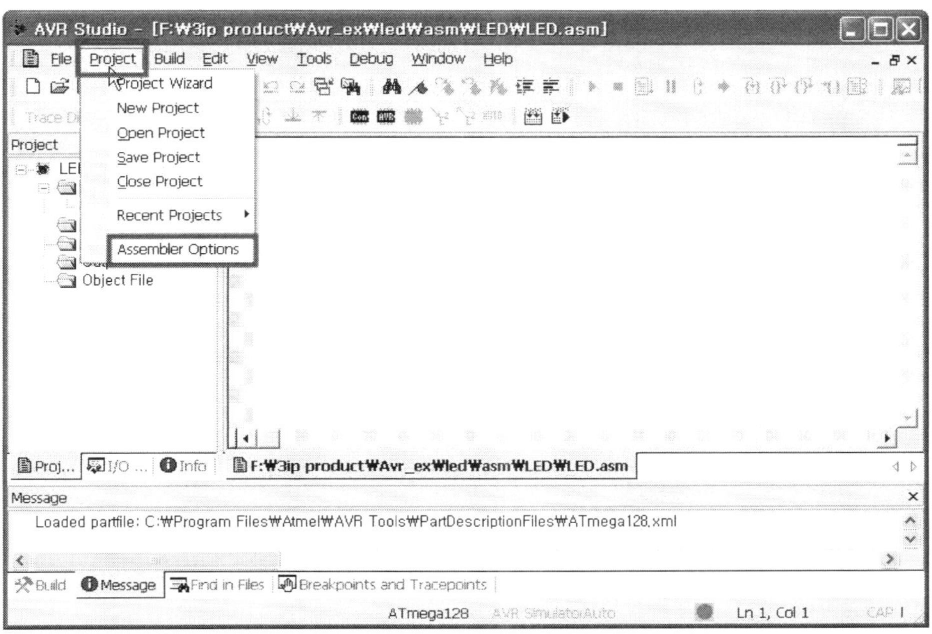

아래 그림처럼 체크박스를 체크한 후 OK를 누른다.

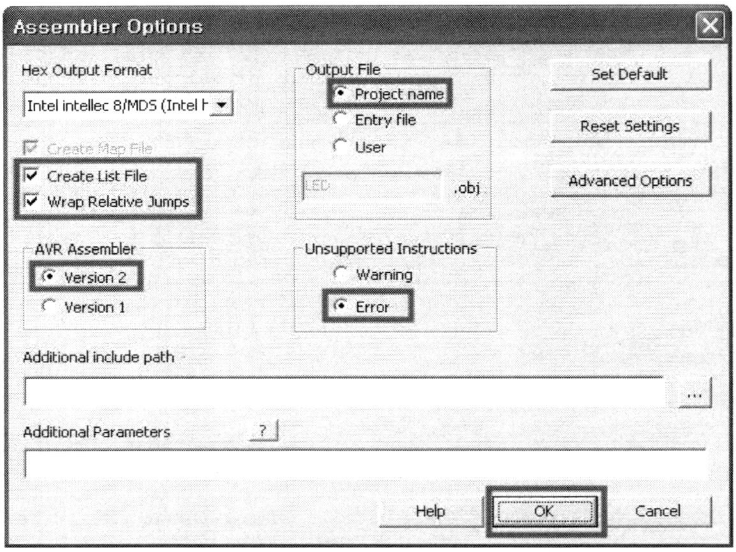

5장의 어셈블러 소스를 직접 작성하거나, 제공된 어셈블러 소스를 복사한 후 메뉴 바의 Build -> Build 선택하면 어셈블 동작을 수행한다.

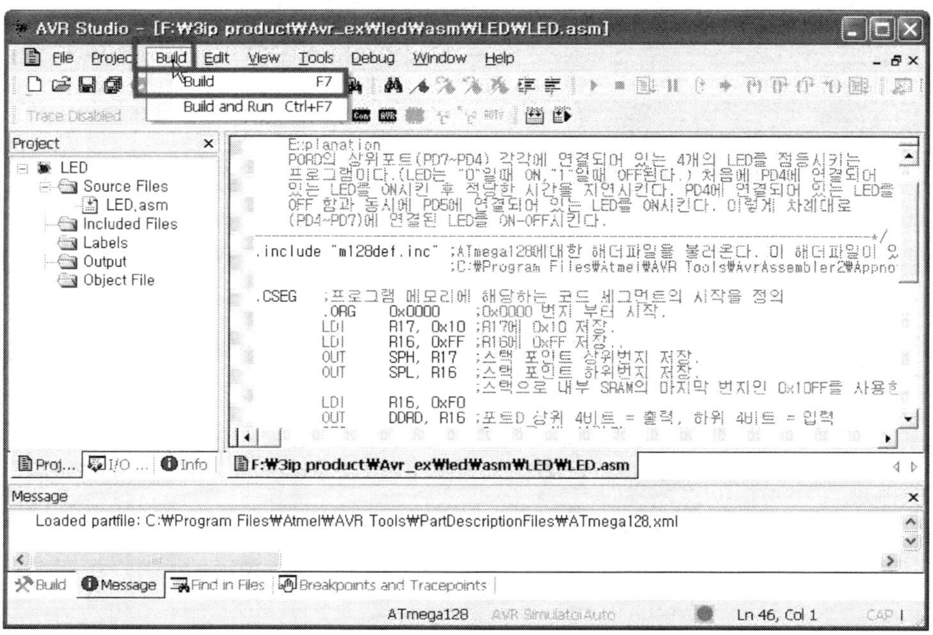

4.9 Dr. Kim ATmega128 Module 및 Robot

이상에서와 같이 Dr. Kim ATmega128 Training Kit를 이용하면 ATmega128 마이크로컨트롤러에 대한 여러 가지 실험이 가능하다. Training Kit는 ATmega128 마이크로컨트롤러를 이용하여 각종 디바이스 실험을 하는 데에는 사용이 간편하고 다양한 실험을 손쉽게 할 수 있는 장점이 있으나 가격이 비싸고 ATmega128 마이크로컨트롤러만 사용하여 응용 제품을 구성하기에는 한계가 있다. 이러한 문제는 [그림 4.15]과 같은 Dr. Kim ATmega128 Module (모델명: MAT128-100)을 이용하면 ATmega128 마이크로컨트롤러를 이용하여 여러 가지 응용 제품을 만드는데 손쉽게 해결 할 수 있다.

[그림 4.15] Dr. Kim ATmega128 Module

대개 ATmega128 마이크로컨트롤러는 I/O 핀 수가 많고 SMD Type으로 구성되어 있어서 브레드보드에 꼽거나 직접 납땜을 하여 사용하기에 매우 불편하다. 이러한 문제는 [그림 4.15]과 같은 Dr. Kim ATmega128 Module를 사용하면 손쉽게 해결 할 수 있다. Dr. Kim ATmega128 Module은 Reset, ISP 단자, Crystal Clock과 전원 입력 상태 표시 LED 등으로 구성되어 있어서 ATmega128 마이크로컨트롤러를 이용한 기본적인 회로 구성이 가능하다. 또한 Dr. Kim ATmega128 Module은 각각의 핀 단자마다 포트 이름을 표시하여 보다 쉽게 사용할 수 있도록 구성되었다.

Dr. Kim ATmega128 Module은 ATmega128의 기능 중에서 필요한 부분에 대한 실험에 적합하도록 좌/우 핀 간격이 900mil로(브레드보드 한 칸 간격 = 100mil) 브레드보드에 장착할 경우 양쪽 끝에 핀을 연결할 수 있도록 여유 공간을 두었으며 일반 TTL과 같은 전원(VCC, GND)핀을 배치하여 Dr. Kim ATmega128 Module을 하나의 TTL 칩과 같이 다룰 수 있도록 설계하였다. Dr. Kim ATmega128 Module은 Training Kit가 없어도 이 책에 있는 내용을 실습하고 모듈을 사용하여 사용자 개개인의 목적에 따른 별도의 시스템을 구성하기 용이하도록 설계되었다. 교육로봇(주)에서는 Dr. Kim ATmega128 Module를 이용하여 여러 가지 실험을 할 수 있도록 [그림 4.17]와 같이 각종 응용 모듈을 구비하고 있다.

[그림 4.16]는 Dr. Kim ATmega128 Module를 브레드보드에 장착하여 실험하는 모습을 보여주며, [그림 4.17]는 Dr. Kim ATmega128 Module과 각종 응용 모듈을 브레드보드에 장착하여 실험하는 모습을 보여주고 있다.

[그림 4.16] Dr. Kim ATmega128 Module를 브레드보드에 장착하여 실험하는 모습

[그림 4.17] Dr. Kim ATmega128 Module과 각종 응용 모듈을 브레드보드에 장착하여 실험하는 모습

[그림 4.18]은 DR. Kim ATmega128 Robot을 보여주고 있다. 이 로봇을 이용하면 Dr. Kim ATmega128 Training Kit에서 할 수 있는 대부분의 실험을 할 수 있고 로봇에 관련된 여러 가지 기술을 배울 수 있다. 이 로봇은 Dr. Kim ATmega128 Module과 같은 여러 가지 모듈로 구성되어 있어서 모듈들을 이용하여 스스로 로봇을 조립하여 봄으로서 로봇의 기술을 스스로 익힐 수 있는 장점도 가지고 있다. 또한 모듈들은 로봇 이외에도 [그림 4.18]과 같이 서로 이용하여 여러 가지 실험을 할 수 있도록 구성되어 있다.

[그림 4.18] Dr. Kim ATmega128 Robot과 여러 가지 응용 모듈들

ATmega128

CHAPTER 5

제 5 장 I/O Port

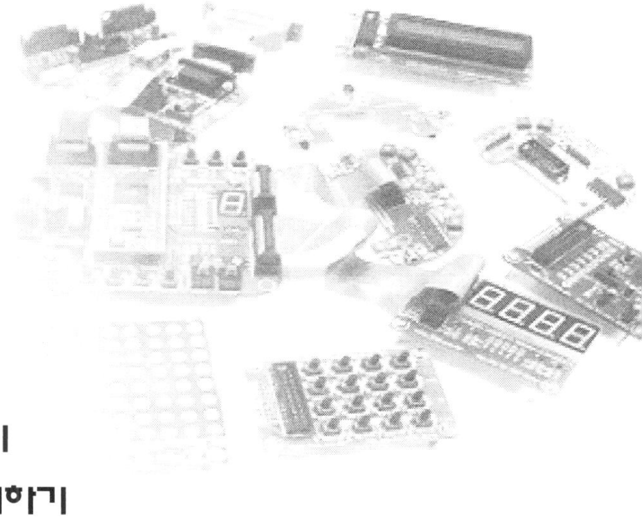

5.1 I/O Port의 구조 및 기능

ATmega128의 I/O port는 기본적으로 [그림 5.1]과 같이 등가회로로 나타낼 수 있으며, 일반적인 디지털 I/O는 [그림 5.2]와 같이 되어 있다.

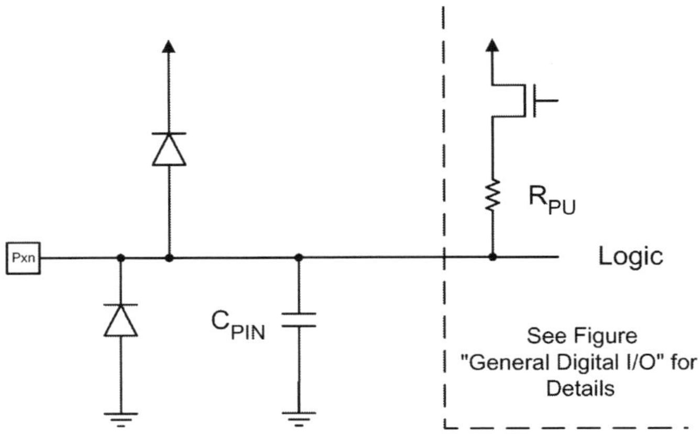

[그림 5.1] I/O의 등가회로

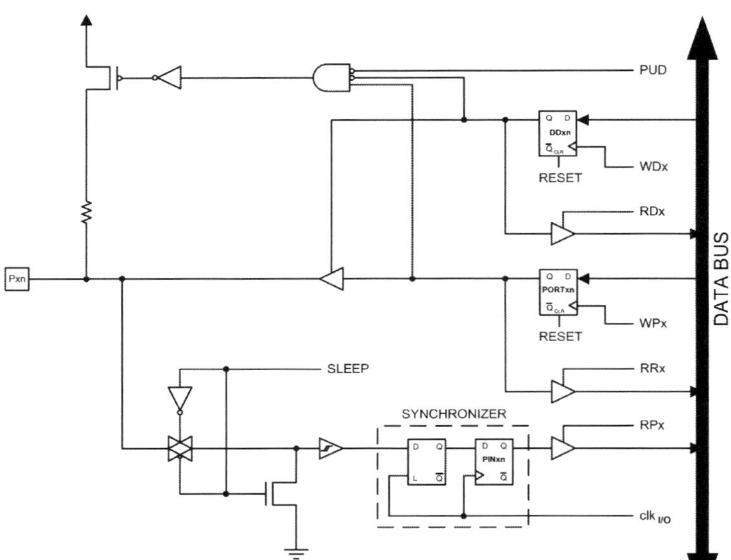

[그림 5.2] 일반 디지털 I/O

[표 5.1] DDRxn 및 PORTxn와 I/O Port의 풀업 관계

DDRxn	PORTxn	PUD (in SFIOR)	I/O	Pull-up	Comment
0	0	X	Input	No	Tri-state(Hi-Z)
0	1	0	Input	Yes	Pxn will source current if ext. pulled low
0	1	1	Input	No	Tri-state(Hi-Z)
1	0	X	Output	No	Output Low(Sink)
1	1	X	Output	No	Output High(Source)

I/O포트(Input/output port)는 I/O 인터페이스라고도 하며, 입출력장치와 CPU사이에 존재하여, 전송 속도, 전압 레벨, 전송 사이클의 길이 등을 조절함으로써 이들 간에 데이터 전송이 원활하게 이루어지도록하게 하는 역할을 한다.

일반적으로 입출력 장치를 직접 CPU에 연결할 수 있으면 좋겠지만, 실제로 그럴 수가 없다. 그 이유는 첫째로 속도가 맞지 않는다. 입출력 장치의 속도는 CPU의 속도에 비교가 되지 않을 정도로 느리다.

둘째로 전압 레벨이 맞지 않는다. 입출력 장치의 전압 레벨은 기종에 따라 각양각색이다.

셋째로 전송 사이클의 길이가 맞지 않는다. 상당수의 입출력 장치는 기계 장치이기 때문에 전송 사이클의 길이가 길다.

이러한 것들을 서로 맞게 하기 위해서는 CPU와 입출력장치 사이에 특별한 하드웨어를 만들어 넣어야 하는데, 이것이 I/O 포트이다.

ATmega128의 내장 병렬 I/O Port는 모두 8비트의 크기를 갖는 A~F의 port와 5비트의 크기를 갖는 G port까지 모두 53개의 I/O를 가지고 있다. 이들 port는 I/O 기능 이외에 AVR의 다른 기능을 가지고 있으며 특히 PA7..0과 PC7..0은 외부 메모리 인터페이스에 사용된다. ATmega128의 외부 핀이 64개 밖에 되지 않으므로, 대부분의 외부 핀이 I/O라인에 할당되어 있음을 알 수 있다.

ATmega128의 I/O 포트 라인들은 자유자재로 입력 또는 출력으로 될 수 있다.

출력의 경우 High 상태에서는 3mA의 전류를 공급(source)할 수 있고, Low 상태에서는 20mA의 전류를 흡입(sink)할 수 있다. ATmega128은 High 상태에서 3mA 밖에 출력하지 못하므로 전류 흡입 형으로 외부 장치를 연결해야 한다.

ATmega128의 I/O포트에 있어서는 몇 가지 유의할 사항이 있다. 그 중 하나는 모든 AVR 포트는 기록 동작이 Read-Modify-Write로 이루어진다. AVR 마이크로컨트롤러에 있어서 모든 기록 동작(write operation)은 Read-Modify-Write 동작이다. 어느 포트(PORT

레지스터)에 기록을 하면 CPU는 먼저 그 포트 모든 핀의 High/Low 상태를 읽어드리고, 이를 수정한 후, 그 포트의 PORT 래치에 기록한다. 그런데 포트 핀의 High/Low 상태는 DDR 레지스터에 의하여 그 포트가 입력으로 되어 있느냐 출력으로 되어 있느냐에 따라 전혀 그 성질이 달라진다. DDR 레지스터에 의해서 입력으로 되어 있는 경우에 포트 핀의 High/Low 상태는 해당 PORT 래치와는 관계가 없이 I/O핀의 High/Low 상태에 의해서 결정되고, 출력으로 되어 있는 경우에는 PORT 래치의 내용에 의해서 결정된다.

이 관계를 좀 더 자세히 보기로 한다. Read-Modify-Write 동작은 명시한 포트 핀을 먼저 읽어드리고 이를 수정한 후 다시 PORT 래치에 기록을 하는 것이긴 하나, DDR 레지스터에 의해서 그 포트가 출력으로 설정되어 있는 경우에는 PORT 래치의 H/L 상태가 포트 핀에 출력되기 때문에 결과적으로 PORT 래치의 내용을 읽어 들임에 반하여, 그 포트가 입력으로 설정되어 있는 경우에는 예컨대 [그림 5.2]에서 출력버퍼가 float 상태로 되므로 포트 핀에는 PORT 래치의 내용이 출력되지 못하게 되기 때문에 결국 PORT 래치와는 관계가 없이 해당 I/O핀의 H/L 상태를 읽어 들인다.

요약컨대 출력으로 설정된 경우이든 입력으로 설정된 경우이든 Read-Modify-Write 명령은 I/O핀의 H/L 상태를 읽어드리는데, 출력으로 설정된 경우에는 PORT 래치의 H/L 상태가 I/O핀에 출력된 것을 읽어 들이므로 결과적으로는 PORT 래치의 상태를 수정한 후에 다시 PORT 래치에 기록하는 것이 되고, 입력으로 설정된 경우에는 I/O핀의 H/L 상태를 읽어 들이므로 결과적으로 입력으로 설정된 I/O핀의 상태와 나머지 PORT래치의 상태를 수정한 후 다시 PORT 래치에 기록하는 것이 된다. Read-Modify-Write 동작은 이런 복잡한 동작을 하므로 I/O포트의 사용에는 약간의 주의가 필요하다.

[표 5.2] PORT의 별도 기능 (PORT A,B,C)

PORT PIN	Alternate Function
PA7	AD7(External memory interface address and data bit 7)
PA6	AD6(External memory interface address and data bit 6)
PA5	AD5(External memory interface address and data bit 5)
PA4	AD4(External memory interface address and data bit 4)
PA3	AD3(External memory interface address and data bit 3)
PA2	AD2(External memory interface address and data bit 2)
PA1	AD1(External memory interface address and data bit 1)
PA0	AD0(External memory interface address and data bit 0)
PB7	OC2/OC1C(Output Compare and PWM Output for Timer/Counter2 or Output Compare and PWM Output C for Timer/Counter1)
PB6	OC1B(Output Compare and PWM Output B for Timer/Counter1)

PB5	OC1A(Output Compare and PWM Output A for Timer/Counter1)
PB4	OC0(Output Compare and PWM Output for Timer/Counter0)
PB3	MISO(SPI Bus Master Input/Slave Output)
PB2	MOSI(SPI Bus Master Output/Slave Input)
PB1	SCK(SPI Bus Serial Clock)
PB0	/SS(SPI Slave Select Input)
PC7	A15(External memory interface address bit 15)
PC6	A14(External memory interface address bit 14)
PC5	A13(External memory interface address bit 13)
PC4	A12(External memory interface address bit 12)
PC3	A11(External memory interface address bit 11)
PC2	A10(External memory interface address bit 10)
PC1	A9(External memory interface address bit 9)
PC0	A8(External memory interface address bit 8)

PE0과 PE1은 직렬통신 포트0에 연결되어 RXD, TXD의 기능과 함께 ISP(In-System Programmer)를 사용한 칩 내부 플래시 및 EEPROM의 프로그래밍에 사용되는 PDI, PDO의 기능을 함께 가지고 있다.

[표 5.3] PORT의 별도기능 (PORT D,E,F)

PORT PIN	Alternate Function
PD7	T2(Timer/Counter2 Clock Input)
PD6	T1(Timer/Counter1 Clock Input)
PD5	XCK1(USART1 External Clock Input/Output)
PD4	IC1(Timer/Counter1 Input Capture Trigger)
PD3	INT3/TXD1(External Interrupt3 Input or UART1 Transmit Pin)
PD2	INT2/RXD1(External Interrupt2 Input or UART1 Receive Pin)
PD1	INT1/SDA(External Interrupt1 Input or TWI Serial DAta)
PD0	INT0/SCL(External Interrupt0 Input or TWI Serial CLock)
PE7	INT7/IC3(External Interrupt7 Input or Timer/Counter3 Input Capture Trigger)
PE6	INT6/T3(External Interrupt6 Input or Timer/Counter3 Clock Input)

PE5	INT5/OC3C((External Interrupt5 Input or Output Compare and PWM Output C for Timer/Counter3)
PE4	INT4/OC3B((External Interrupt4 Input or Output Compare and PWM Output B for Timer/Counter3)
PE3	AIN1/OC3A(Analog Comparator Negative Input or Output Compare and PWM Output A for Timer/Counter3)
PE2	AIN0/XCK0(Analog Comparator Positive Input or USART0 external clock input/output)
PE1	PDO/TXD0(Programming Data Output or UART0 Transmit Pin)
PE0	PDI/RXD0(Programming Data Intput or UART0 Receive Pin)
PF7	ADC7/TDI(ADC input channel 7 or JTAG Test Data Input)
PF6	ADC6/TDO(ADC input channel 6 or JTAG Test Data Output)
PF5	ADC5/TMS(ADC input channel 5 or JTAG Test Mode Select)
PF4	ADC4/TCK(ADC input channel 4 or JTAG Test ClocK)
PF3	ADC3(ADC input channel 3)
PF2	ADC2(ADC input channel 2)
PF1	ADC1(ADC input channel 1)
PF0	ADC0(ADC input channel 0)

ATmega128에서는 이전 모델인 ATmega103에 비하여 5개의 포트가 추가되었는데 외부 메모리 인터페이스 전용으로 할당되었던 핀들과 RTC(Real Time Clock)의 입력 클록 핀으로 사용되는 핀을 I/O 포트로 사용할 수 있도록 할당하였다.

[표 5.4] PORT의 별도기능 (PORTG)

PORT PIN	Alternate Function
PG4	TOSC1(RTC Oscillator Timer/Counter0)
PG3	TOSC2(RTC Oscillator Timer/Counter0)
PG2	ALE(Address Latch Enable to external memory)
PG1	/RD(Read strobe to external memory)
PG0	/WR(Write strobe to external memory)

ATmega128의 I/O 포트의 구성은 ATmega103과 호환성을 유지하는 모드로 동작할 때는 제약 사항들이 많이 있는데, 특히 ADC와 함께 연결된 PF7..0의 I/O는 ATmeg103 호환모드에서는 입력 전용으로만 동작하며, PG4..0은 I/O 포트로는 사용할 수 없다.

5.2 I/O Port 관련 레지스터

I/O포트를 제어하기 위해서 ATmega128은 두 종류의 레지스터와 하나의 핀 주소(pin address)를 준비하고 있다. 두 레지스터 중 하나는 포트의 데이터 방향을 경정하는 데이터 방향 레지스터 DDR(DDRA, DDRB, DDRC, DDRD, DDRE, DDRF, DDRG)이고, 다른 하나는 출력으로 설정된 포트라인에 데이터를 출력하는 데이터 출력 레지스터 PORT(PORTA, PORTB, PORTC, PORTD, PORTE, PORTF, PORTG)이다. 그리고 핀 주소는 입력으로 설정된 포트 핀의 High/Low 상태를 읽어 들이는 PIN(pinA, pinB, pinC, pinD, pinE, pinF, pinG)이다. 이들 레지스터 및 핀 주소는 [표 5.5]와 같이 I/O레지스터(SFR)에 속하는데, DDR 레지스터는 I/O포트의 DDR 래치에 직접 매핑(mapping)되어 있고, PORT 레지스터는 PORT 래치에 직접 매핑 되어 있다. 그리고 PIN은 I/O레지스터에 들기는 해도 그 자신이 레지스터는 아니고 물리적인 포트 입력 핀에 접근하는 주소일 뿐이다.

[표 5.5] 포트 관련 레지스터

레지스터	기 능	리셋 시의 값
DDR	포트의 데이터 방향을 결정한다. 1: 출력 0:입력	0000 0000
PORT	DDR에 의해서 출력으로 설정되어 있는 경우에 출력을 하면 이것은 포트의 PORT 래치에 기록된다.	0000 0000
PIN	DDR에 의해서 입력으로 설정되어 있는 경우에 핀을 판독하면 포트 I/O핀의 High/Low 상태를 읽어 들인다.	모두 하이 임피던스

1. DDR 레지스터

ATmega128에는 7개의 I/O포트가 내장되어 있는데, 이들 포트 중 포트 A~F에는 8개의 I/O 핀이 있고, 포트 G에는 5개의 I/O핀이 있다. 그런데 이들 I/O핀들은 비트별로 입력으로 사용될 수도 있고, 출력으로 사용될 수도 있다. 일반적으로 I/O포트에 있어서는 입출력 방향 결정이 쉽지 않은데, AVR에 있어서는 인텔의 8051또는 80C196과는 달리 방향을 직접 결정하는 DDR 레지스터가 있어서 쉽사리 그 방향을 결정 할 수 있으므로 이 문제는 간단히 해결되는 셈이다.

DDR은 Data direction register라는 뜻으로, 이것은 I/O포트의 입출력을 비트별로 결정한다. 이들 레지스터는 I/O레지스터의 $1A(%3A), $17($37), $13($33), $11($31), $02($22),

($61), ($64)번지에 위치하고 I/O포트와 같은 비트로 구성되어 있어서 I/O핀의 하나하나의 비트와 1대1의 관계에 있다.

DDR 레지스터의 어느 비트를 "0"으로 하면 해당 DDR 래치가 0으로 되어 Tri-state 버퍼가 High impedance로 되므로, PORT 래치의 출력은 나가지 못하므로 출력은 되지 않고 대신 아래쪽 버퍼를 통하여 입력을 할 수 있게 된다. 한편 DDR의 어느 비트를 "1"로 하면 해당 DDR 래치가 1로 되어 Tri-state 버퍼가 High impedance에서 풀리므로 래치의 출력은 포트 핀에 출력된다. 다른 마이크로 컨트롤러의 경우에는 입출력 지정이 이와는 반대로 되어있어서 Output의 O는 숫자 0과 비슷하고, Input의 I는 숫자 1과 비슷하다고 생각하면 되나, AVR에 있어서는 그 반대로 되어 있으므로 주의해야한다.

2. PORT 레지스터

PORT 레지스터는 레지스터 파일의 $1B($3B), $15($35), $12($32), $03($23), ($62), ($65) 번지에 위치하는 I/O레지스터들로, 출력으로 설정된 포트라인에 디지털 데이터를 비트별로 출력하는데 사용된다. 즉, ATmega128에는 도합 53개의 I/O핀이 있는데, 이들 I/O핀은 PORT 레지스터에 비트별로 매핑 되어 있다. 7개의 PORT 레지스터는 PORTA, PORTB, PORTC, PORTD, PORTE, PORTF, PORTG로 표기하다.

PORT 레지스터는 그 포트라인이 출력으로 설정되어 있는 경우 디지털 데이터를 출력하는데 사용될 뿐, 입력에는 관여하지 못한다. 외부 핀의 High/Low 상태를 읽어 들이기 위해서는 그 포트라인이 입력으로 설정되어 있는 가운데 입력 핀을 읽어 들여야 한다. AVR의 경우에는 다른 마이크로컨트롤러와 달리 입력 핀에는 따로 주소가 지정되어 있다. 포트 A의 입력 핀 주소는 $19($39), 포트 B는 $16($36)... 포트 G는 ($63)이다.

PORT, DDR, PIN 레지스터의 구성은 각각 다음과 같다.

▸ PORTx Data Register - PORTx

Bit	7	6	5	4	3	2	1	0
	PORTx7	PORTx6	PORTx5	PORTx4	PORTx3	PORTx2	PORTx1	PORTx0
Read/Write	R/W	R/W	R/W	R/W	R/W	R/W	R/W	R/W
Initial Value	0	0	0	0	0	0	0	0

▸ PORTx Data Direction Register - DDRx

Bit	7	6	5	4	3	2	1	0
	DDx7	DDx6	DDx5	DDx4	DDx3	DDx2	DDx1	DDx0
Read/Write	R/W	R/W	R/W	R/W	R/W	R/W	R/W	R/W
Initial Value	0	0	0	0	0	0	0	0

▸ PORTx Input Pins Address – PINx

Bit	7	6	5	4	3	2	1	0
	PINx7	PINx6	PINx5	PINx4	PINx3	PINx2	PINx1	PINx0
Read/Write	R/W	R/W	R/W	R/W	R/W	R/W	R/W	R/W
Initial Value	0	0	0	0	0	0	0	0

Port D를 모두 출력으로 설정 후 "0xFF" 를 출력하고자 할 경우

```
DDRD = 0xFF;                    // Port D를 출력으로 설정
PORTD = 0xFF;                   // Port D에 0xFF 출력
```

Port D를 모두 입력으로 설정 후 입력을 저장 할 경우

```
DDRD = 0x00;                    // Port D를 입력으로 설정
led = PIND;                     // 변수 led에 Port D 저장
```

5.3 ATmega128 어셈블리어

ATmega128은 C언어에서 사용하기 편리하고 최적하게 설계되어 있어서 다른 마이크로프로세서에 비해서 어셈블리어의 필요성은 크지 않으나 경우에 따라서 어셈블리어를 사용하여 프로그램을 할 경우를 대비하여 간단하게 정리하고자한다. 기능이 유사한 ATmega128의 명령어들을 데이터 이동 명령어, 산술연산 명령어, 논리연산 명령어, 분기 명령어, 비트 처리 명령어 및 MCU 제어 명령어로 묶었다.

1. 데이터 이동 명령어

데이터 이동 명령어는 범용 레지스터(R0~R31)들 간에 또는 범용 레지스터와 외부 데이터 메모리 사이에 또는 프로그램 메모리의 상수 데이터 등을 처리하는데 이용하는 명령어이다. 데이터 이동 명령어를 크게 나누어 보면 Move 명령어는 레지스터들 사이에 데이터를 이동하는데 사용하는 명령어이고, Load 명령어는 레지스터에 값을 저장하는 명령어이며, Store 명령어는 레지스터의 값을 데이터 메모리에 저장하는 명령어이다. PUSH/POP 명령어는 스택(Stack)에 데이터를 저장하거나 꺼내오는데 사용하는 명령어이고, I/O 포트에서 데이터를 입력받거나 데이터를 출력하는 데에는 IN/OUT 명령어를 사용한다. 또한 프로그램 메모리에 상수 데이터를 쓰거나 읽는 데에는 LPM/ELPM/SPM 명령어들을 사용한다.

데이터 메모리에서 데이터를 읽거나 쓸 때에 어드레스 번지를 간접 지정하기 위해서는 X, Y, Z 레지스터를 사용하며 이들은 16비트로 구성되고 어드레스 포인터라고 부른다. 변위까지를 포함하는 데이터 메모리 간접지정에는 Y, Z 레지스터만 사용한다. 32개의 범용 레지스터 중에서 1개의 명령으로 직접 데이터를 처리할 수 있는 레지스터는 R16에서 R31까지 16개이다.

[표 5.6] 데이터 이동 명령

Mnemonics	Operands	Description	Operation	#Clocks
MOV	Rd, Rr	Move Between Registers	Rd←Rr	1
MOVW	Rd, Rr	Copy Register Word	Rd+1:Rd←Rr+1:Rr	1
LDI	Rd, K	Load Immediate	Rd←K	1
LD	Rd, X	Load Indirect	Rd←(X)	2

LD	Rd, X+	Load Indirect and Post-Inc.	Rd←(X), X←X+1	2
LD	Rd, -X	Load Indirect and Pre-Dec.	X←X-1, Rd←(X)	2
LD	Rd, Y	Load Indirect	Rd←(Y)	2
LD	Rd, Y+	Load Indirect and Post-Inc.	Rd←(Y), Y←Y+1	2
LD	Rd, -Y	Load Indirect and Pre-Dec.	Y←Y-1, Rd←(Y)	2
LDD	Rd, Y+q	Load Indirect with Displacement	Rd←(Y+q)	2
LD	Rd, Z	Load Indirect	Rd←(Z)	2
LD	Rd, Z+	Load Indirect and Post-Inc.	Rd←(Z), Z←Z+1	2
LD	Rd, -Z	Load Indirect and Pre-Dec.	Z←Z-1, Rd←(Z)	2
LDD	Rd, Z+q	Load Indirect with Displacement	Rd←(Z+q)	2
LDS	Rd, k	Load Direct from SRAM	Rd←(k)	2
ST	X, Rr	Store Indirect	(X)←Rr,	2
ST	X+, Rr	Store Indirect and Post-Inc.	(X)←Rr, X←X+1	2
ST	-X, Rr	Store Indirect and Pre-Dec.	X←X-1, (X)←Rr	2
ST	Y, Rr	Store Indirect	(Y)←Rr	2
ST	Y+, Rr	Store Indirect and Post-Inc.	(Y)←Rr, Y←Y+1	2
ST	-Y, Rr	Store Indirect and Pre-Dec.	Y←Y-1, (Y)←Rr	2
STD	Y+q, Rr	Store Indirect with Displacement	(Y+q)←Rr	2
ST	Z, Rr	Store Indirect	(Z)←Rr	2
ST	Z+, Rr	Store Indirect and Post-Inc.	(Z)←Rr, Z←Z+1	2
ST	-Z, Rr	Store Indirect and Pre-Dec.	Z←Z-1, (Z)←Rr	2
STD	Z+q, Rr	Store Indirect with Displacement	(Z+q)←Rr	2
STS	k, Rr	Store Direct to SRAM	(k)←Rr	2
LPM		Load Program Memory	R0←(Z)	3
LPM	Rd, Z	Load Program Memory	Rd←(Z)	3
LPM	Rd, Z+	Load Program Memory and Post-Inc	Rd←(Z), Z←Z+1	3
ELPM		Extended Load Program Memory	R0←(RAMPZ:Z)	3

ELPM	Rd, Z	Extended Load Program Memory	Rd←(RAMPZ:Z)	3
ELPM	Rd, Z+	Extended Load Program Memory and Post-Inc	Rd←(RAMPZ:Z), RAMPZ:Z←RAMPZ:Z+1	3
SPM		Store Program Memory	(Z)←R1:R0	-
IN	Rd, P	In Port	Rd←P	1
OUT	P, Rr	Out Port	P←Rr	1
PUSH	Rr	Push Register on Stack	STACK←Rr	2
POP	Rd	Pop Register from Stack	Rd←STACK	2

2. 산술연산 명령어

산술연산 명령은 정수 데이터의 덧셈, 뺄셈, 곱셈 명령을 지원하고 나눗셈 명령은 지원하지 않는다. 이들 산술연산 명령의 결과는 상태 레지스터(SREG)에 반영되며, 대부분의 연산명령은 특별한 제한 없이 모든 범용 레지스터(R0~R31)에서 연산 수행이 가능하다.

덧셈 명령은 8비트 범용 레지스터에서만 가능하며, 레지스터와 데이터를 직접 더하는 명령어는 없지만 캐리 Flag를 함께 더하는 ADC 명령어는 가지고 있어서 큰 수를 더하는데 유용하게 사용할 수 있다. 그리고 R24:R25, R26:R27(X), R28:R29(Y), R30:R31(Z) 등 4개의 레지스터 쌍에 대하여는 6비트의 데이터와 덧셈이 가능하여 어드레스 포인터용으로도 사용할 수 있다.

뺄셈은 8비트 범용 레지스터(R16~R31)에서 8비트 데이터를 빼는 명령어를 가지고 있다.

곱셈은 부호 없는 8비트 정수의 곱셈과 2의 보수로 표현되는 부호 있는 8비트 정수의 곱셈 명령어를 가지고 있으며, 정수와 부호 없는 정수의 곱셈 명령어를 가진다. 또한 FMUL/FMULS/FMULSU 는 소수를 곱셈하는데 사용할 수 있도록 곱셈 및 비트 시프트 기능을 가진다. 8비트 정수의 곱셈 결과는 최대 16비트 길이로 나타나므로 곱셈 결과는 항상 R1:R0 레지스터 쌍에 저장된다. 모든 곱셈명령은 제로 Flag와 캐리 Flag에만 영향을 주며 캐리 Flag의 값은 곱셈 결과의 최상위 비트와 같다.

나눗셈 명령어는 가지고 있지 않아서 사용자가 프로그램으로 작성하거나 Atmel사에서 제공하는 다양한 곱셈 및 나눗셈 서브루틴이나 라이브러리를 이용하여야 한다. 또한 BCD(Binary-Coded Decimal number) 연산을 처리하는 명령어도 없으므로 유의하여야 한다.

[표 5.7] 산술연산 명령

Mnemonics	Operands	Description	Operation	#Clocks
ADD	Rd, Rr	Add two Registers	Rd←Rd+Rr	1
ADC	Rd, Rr	Add with Carry two Registers	Rd←Rd+Rr+C	1
ADW	Rdl,k	Add Immediate to Word	Rdh:Rdl←Rdh:Rdl+K	2
SUB	Rd, Rr	Subtract two Registers	Rd←Rd-Rr	1
SUBI	Rd, K	Subtract Constant from Register	Rd←Rd-K	1
SBC	Rd, Rr	Subtract with Carry two Registers	Rd←Rd-Rr-C	1
SBCI	Rd, K	Subtract with Carry Constant from Reg.	Rd←Rd-K-C	1
SBIW	Rdl, K	Subtract Immediate from Word	Rdh:Rdl←Rdh:Rdl-K	2
INC	Rd	Increment	Rd←Rd+1	1
DEC	Rd	Decrement	Rd←Rd-1	1
MUL	Rd, Rr	Multiply Unsigned	R1:R0←Rd × Rr	2
MULS	Rd, Rr	Multiply Signed	R1:R0←Rd × Rr	2
MULSU	Rd, Rr	Multiply Signed with Unsigned	R1:R0←Rd × Rr	2
FMUL	Rd, Rr	Fractional Multiply Unsigned	R1:R0←(Rd × Rr) <<1	2
FMULS	Rd, Rr	Fractional Multiply signed	R1:R0←(Rd × Rr) <<1	2
FMULSU	Rd, Rr	Fractional Multiply signed with Unsigned	R1:R0←(Rd × Rr) <<1	2

3. 논리연산 명령어

논리연산 명령어는 다른 마이크로프로세서들과 마찬가지로 AND, OR, EOR 의 기본적인 명령어를 가지는데 배타적 논리합 명령어를 다른 마이크로프로세서에서는 보통 XOR로 부르지만 여기서는 EOR이라고 부르는 정도만 차이를 가진다. AND 및 OR 명령어는 레지스터와 8비트 즉치 데이터의 연산이 가능하지만 EOR 명령에서는 이것이 불가능하다.

ATmega128에서는 기계어 코드는 동일하지만 니모닉 코드는 다르게 표시되는 명령어를 여러개 가지고 있는데 이들 명령어들은 1개의 명령어로 간주되지 않고 2개의 명령어로 간주된다. 예를 들어 CBR Rd,K 명령어와 ANDI Rd,K 명령어는 즉치 데이터를 반전시키면 서로 동일한 명령어이며, SBR Rd,K 명령은 ORI Rd,K 명령과 동일한 명령어이다. 또한, TST Rd 명령어는 AND Rd,Rd 명령어와 동일한 명령어이고, CLR Rd 명령어는 EOR

Rd,Rr 명령어와 동일한 명령어이며, SER Rd 명령어는 LDI Rd,0xFF 명령어와 동일한 명령어이다.

[표 5.8] 산술연산 명령

Mnemonics	Operands	Description	Operation	#Clocks
AND	Rd, Rr	Logical AND Registers	Rd←Rd · Rr	1
ANDI	Rd, K	Logical AND Register and Constant	Rd←Rd · K	1
OR	Rd, Rr	Logical OR Registers	Rd←Rd ∨ K	1
ORI	Rd, K	Logical OR Register and Contant	Rd←Rd ∨ K	1
EOR	Rd, Rr	Exclusive OR Registers	Rd←Rd ⊕ Rr	1
COM	Rd	One's Complement	Rd←$FF - Rd	1
NEG	Rd	Two's Complement	Rd←$00 - Rd	1
SBR	Rd, K	Set Bit(s) in Register	Rd←Rd ∨ K	1
CBR	Rd, K	Clear Bit(s) in register	Rd←Rd · ($FF · K)	1
TST	Rd	Test for Zero or Minus	Rd←Rd · Rd	1
CLR	Rd	Clear Register	Rd←Rd ⊕ Rd	1
SER	Rd	Set Register	Rd←$FF	1

4. 분기 명령어

마이크로프로세서의 분기 명령어는 프로그램을 제어하는데 매우 중요한 명령어이다. ATmega128에서의 분기 명령어는 무조건 분기, 조건부 분기, 서브루틴 호출 및 복귀, 루프처리 명령어 등으로 나눌 수 있다.

무조건 점프 명령어는 JMP, IJMP 및 RJMP 명령어 등이 있다. IJMP 명령어는 Z 레지스터를 이용하는 간접 지정 점프 명령어 이다. RJMP 명령어는 상대번지인 오프셋(offset)을 12비트 2의 보수로 표시할 수 있으며, 점프할 번지를 -2048~+2047의 범위에서 지정할 수 있다.

분기 명령어로 분류되는 CP/CPC/CPI 명령어들은 산술적 비교 기능을 가진 명령어로서 비교 연산만을 수행하고 그 결과를 저장하지 않아서 조건부 명령에서 분기의 조건으로 사용할 수 있다.

모든 조건부 점프 명령에서는 점프할 목적번지를 7비트 2의 보수로 나타내어 점프할 수 있는 폭이 이 점프 명령어의 다음 명령을 기준으로 -64 ~ +63 번지 이내로 제한되는 단점이 있지만 기계어 명령 코드가 1워드로 짧아지는 장점을 가지고 있다. 그러나 JMP 명령어는 명령이 2워드로 길어지지만 점프 범위에 제한을 받지 않는다.

분기 명령어 중에서 SBRC/SBRS/SBIC/SBIS 같은 스킵명령어는 특정 조건이 만족될 경우에 그다음에 오는 1개의 명령을 실행하지 않고 다음 명령으로 건너뛰는 명령어이다. 이들 중 SBRC/SBRS 명령어는 범용 레지스터의 특정 비트 값을 조사하여 스킵 조건을 판단하며, SBIC/SBIS 명령어는 I/O 레지스터의 특정 비트 값을 조사하여 스킵 조건을 판단한다. 이들 스킵 명령어의 실행 시간은 조건이 충족되지 않아서 바로 다음 명령을 실행하면 1사이클, 조건이 충족되고 그다음에 1워드로 된 명령을 스킵하면 2사이클, 2워드로 된 명령을 스킵하면 3사이클이 소요된다.

CALL/ICALL/RCALL 명령어는 서브루틴 호출 명령어로서 프로그램을 작성할 때 매우 중요한 명령어이다. 이들 명령어들은 호출을 한다는 의미에서 인터럽트와 유사하나 서브루틴에서 복귀 할 때에 RET 명령을 사용하는 것이 인터럽트 서비스 루틴과의 큰 차이점이다. 참고로 인터럽트 서비스 루틴에서 복귀할 때는 RETI 명령어를 사용한다. 보통 프로그램을 간결하고 효율적으로 작성하기 위해서는 기능별로 서브루틴을 만드는 것이 좋으며 작성한 서브루틴은 이들 명령어를 사용하여 호출을 할 수 있다.

[표 5.9] 분기 명령

Mnemonics	Operands	Description	Operation	#Clocks
RJMP	k	Relative Jump	PC←PC+k+1	2
IJMP		Indirect Jump to (Z)	PC←Z	2
JMP	k	Direct Jump	PC←k	3
RCALL	k	Relative Subroutine Call	PC←PC+k+1	3
ICALL		Indirect Call to (Z)	PC←Z	3
CALL	k	Direct Subroutine Call	PC←k	4
RET		Subroutine Return	PC←STACK	4
RETI		Interrupt Return	PC←STACK	4
CPSE	Rd, Rr	Compare, Skip if Equal	If(Rd=Rr)PC←PC+2or3	1/2/3
CP	Rd, Rr	Compare	Rd-Rr	1
CPC	Rd, Rr	Compare with carry	Rd-Rr-C	1
CPI	Rd, K	Compare Register with Immediate	Rd-K	1

SBRC	Rr, b	Skip if Bit in Register Cleared	if(Rr(b)=0)PC←PC+2or3	1/2/3
SBRS	Rr, b	Skip if Bit in Register Set	if(Rr(b)=1)PC←PC+2or3	1/2/3
SBIC	P, b	Skip if Bit in I/O Register Cleared	if(Rr(b)=0)PC←PC+2or3	1/2/3
SBIS	P, b	Skip if Bit in I/O Register Set	if(Rr(b)=1)PC←PC+2or3	1/2/3
BRBS	s, k	Branch if Status Flag Set	If(SREG(s)=1) then PC ←PC+k+1	1/2
BRBC	s, k	Branch if Status Flag Cleared	If(SREG(s)=0) then PC ←PC+k+1	1/2
BREQ	k	Branch if Equal	If(Z=1)thenPC←PC+k+1	1/2
BRNE	k	Branch if Not Equal	If(Z=0)thenPC←PC+k+1	1/2
BRCS	k	Branch if Carry Set	If(C=1)thenPC←PC+k+1	1/2
BRCC	k	Branch if Carry Cleared	If(C=0)thenPC←PC+k+1	1/2
BRSH	k	Branch if Same or Higher	If(C=0)thenPC←PC+k+1	1/2
BRLO	k	Branch if Lower	If(C=1)thenPC←PC+k+1	1/2
BRMI	k	Branch if Minus	If(N=1)thenPC←PC+k+1	1/2
BRPL	k	Branch if Plus	If(N=0)thenPC←PC+k+1	1/2
BRGE	k	Branch if Greater or Equal, Signed	If(N ⊕ V=0) then PC ←PC+k+1	1/2
BRLT	k	Branch if Less Than Zero, Signed	If(N ⊕ V=1) then PC ←PC+k+1	1/2
BRHS	k	Branch if Half Carry Flag Set	If(H=1)thenPC←PC+k+1	1/2
BRHC	k	Branch if Half Carry Flag Cleared	If(H=0)thenPC←PC+k+1	1/2
BRTS	k	Branch if T Flag Set	If(T=1)thenPC←PC+k+1	1/2
BRVS	k	Branch if Overflow Flag is Set	If(V=1)thenPC←PC+k+1	1/2
BRVC	k	Branch if Overflow Flag is Cleared	If(V=0)thenPC←PC+k+1	1/2
BRIE	k	Branch if Interrupt Enabled	If(I=1)thenPC←PC+k+1	1/2
BRID	k	Branch if Interrupt Disabled	If(I=0)thenPC←PC+k+1	1/2

5. 비트 처리 명령어

비트 처리 명령은 시프트 및 로테이트 명령, 비트 액세스 명령, 상태 레지스터 액세스 명령 등으로 나누어진다.

이 명령들은 매우 동작이 단순하며, CBI/SBI 명령으로 비트 액세스할 수 있는 I/O 레지스터는 0x00 ~ 0x1F의 32개로 제한된다.

[표 5.10] 비트 처리 명령

Mnemonics	Operands	Description	Operation	#Clocks
SBI	P, b	Set Bit in I/O Register	I/O(P,b)←1	2
CBI	P, b	Clear Bit in I/O Register	I/O(P,b)←0	2
LSL	Rd	Logical Shift Left	Rd(n+1)←Rd(n), Rd(0)←0	1
LSR	Rd	Logical Shift Right	Rd(n)←Rd(n+1), Rd(7)←0	1
ROL	Rd	Rotate Left Through Carry	Rd(0)←C, Rd(n+1) ←Rd(n), C←Rd(7)	1
ROR	Rd	Rotate Right Through Carry	Rd(7)←C, Rd(n) ←Rd(n+1), C←Rd(0)	1
ASR	Rd	Arithmetic Shift Right	Rd(n)←Rd(n+1),n=0..6	1
SWAP	Rd	Swap Nibbles	Rd(3..0)←Rd(7..4), Rd(7..4)←Rd(3..0)	1
BSET	s	Flag Set	SREG(s)←1	1
BCLR	s	Flag Clear	SREG(s)←0	1
BST	Rr, b	Bit Store from Register to T	T←Rr(b)	1
BLD	Rd, b	Bit load from T to Register	Rd(b)←T	1
SEC		Set Carry	C←1	1
CLC		Clear Carry	C←0	1
SEN		Set Negative Flag	N←1	1
CLN		Clear Negative Flag	N←0	1
SEZ		Set Zero Flag	Z←1	1
CLZ		Clear Zero Flag	Z←0	1
SEI		Global Interrupt Enable	I←1	1
CLI		Global Interrupt Disable	I←0	1
SES		Set Signed Test Flag	S←1	1
CLS		Clear Signed Test Flag	S←0	1
SEV		Set Two's Complement Overflow	V←1	1
CLV		Clear two's Complement Overflow	V←0	1
SET		Set T in SREG	T←1	1
CLT		Clear T in SREG	T←0	1
SEH		Set Half Carry Flag in SREG	H←1	1
CLH		Clear Half Carry Flag in SREG	H←0	1

6. MCU 제어 명령

MCU 제어 명령어는 NOP, SLEEP, BREAK, WDR 등 4개가 있으며 주로 MCU 자체의 동작을 제어 하는데 사용하는 명령어들이다.

우선 NOP 명령은 아무런 기능을 수행하지 않고 1사이클의 실행 시간만 소비하는데 이 명령어는 디버깅이나 원하는 타이밍 등을 얻는데 주로 사용한다.

SLEEP 명령은 MCU를 슬립모드로 들어가도록 하여 전력 소모 등을 제어하는데 사용하며, MCUCR 레지스터에 의해서 슬립모드의 허용 여부나 종류를 설정한다.

BREAK 명령어는 온칩 디버그 시스템(on-chip debug system)에서 사용하기 위하여 만들어 놓은 명령어로서 이 명령을 실행하면 MCU가 정지모드(stopped mode)로 들어가 온칩 디버거의 기능을 수행하기 시작한다.

WDR 명령어는 워치독 타이머를 리셋시키는 명령어로써, 워치독 기능을 설정하였을 경우 WDR 명령어를 제한 시간내에 반복적으로 실행 시키지 않으면 MCU가 리셋되어 다시 부팅되므로 주의하여야 한다.

[표 5.11] MCU 제어 명령

Mnemonics	Operands	Description	Operation	#Clocks
NOP		No Operation		1
SLEEP		Sleep	(see specific descr. for Sleep function)	1
WDR		Watchdog Reset	(see specific descr. for WDR/timer)	1
BREAK		Break	For On-chip Debug Only)	N/A

5.4 하드웨어 설명

1. LED란?

LED는 Light Emitting Diode(발광 다이오드)의 머리글자를 딴 것으로 직류(DC)가 흐르면 발광하는 반도체이며, 다이오드의 하나이다. 다시 말하면 LED란 전기 신호를 빛의 신호로 변환하는 표시 소자이다.

LED(Light Emitting Diode)란 발광다이오드의 영어 명을 줄인 것으로 빛을 발하는 반도체소자를 말하며 각종 조명등, 가로등, 전자 제품 류와 자동차 계기판 등의 전자 표시판에 활용되고 있다.

LED는 반도체라는 특성으로 인해 처리속도 , 전력소모 , 수명 등의 제반사항에 큰 장점을 보인다. 기존 전구 램프처럼 눈이 부시거나 엘러먼트가 단락 되는 경우가 없는 LED는 소형으로 제작되어 폭 넓게 사용되고 있으며 반영구적인 수명(휘도 절반으로 약해지는 시점 약 50,000시간)으로 그 활용도가 높다.

2. LED의 특징

LED의 밝기는 일반적으로 사용하고 있는 소형 LED에서는 0.1~20mcd(밀리 칸델라)정도로서 그다지 밝지 않다. 그러나 소형 전구나 네온 램프 등에 비하여 다음과 같은 이점이 있으므로 전자기기의 표시등이나 센서의 광원으로 LED를 사용하고 있다.

- 발열이 거의 없다.
- 소비전력이 적다.(저전압, 저전류로 연속 발광이 가능)
- 수명이 길다.(정상적인 사용방법으로 하면 반영구적인 수명)
- 발광색이 풍부하고 보기 쉽다.
- 모양이 다른 발광체를 만들 수 있다.
- 응답속도가 빠르고 펄스동작 고주파에 의한 변조가 가능하다
- 발광효율이 높고 저전류에서 고출력을 얻을 수 있다
- 광출력을 전류제어로 용이하게 변화시킬 수 있다
- 대량 생산할 수 있다.(가격이 싸다) 최근에는 초고휘도의 적색 LED가 개발되어 자동차의 스톱램프, 옥외 전광게시판 등에도 사용되고 있다.

- LED는 다음과 같은 전기적 특성을 갖는다.

- LED에는 극성이 있다.
- 일정이상의 순전압을 가하지 않으면 발광하지 않는다.
- 발광하기 위해서는 최저 약1.8~2.0V 정도의 전압이 필요하다.
- 전류에도 제한이 있다. 최대 전류는 25~35mA 정도이나 LED의 재질 등에 따라 다르다.
- 역 전압은 3~4V이다.

3. 7-Segment

7-Segment란 LED를 다음 그림과 같이 배열한 것으로 모든 숫자를 표시하기 위해서 7개의 LED가 사용되므로 7-Segment라는 이름으로 불린다.

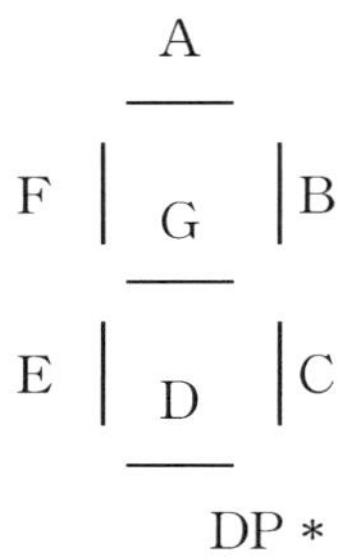

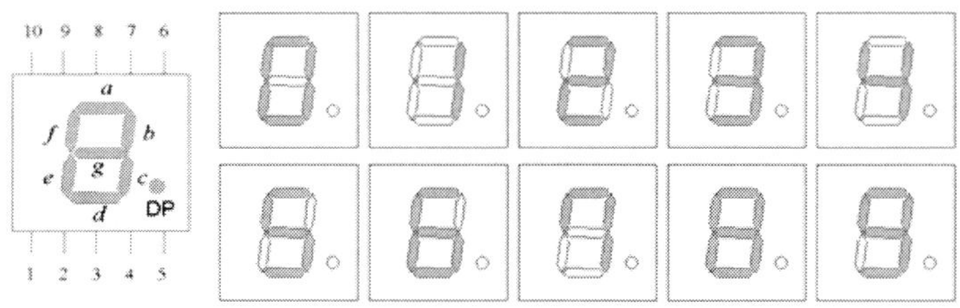

[그림 5.3] 7 segment 동작

7-segment display는 7개의 LED를 이용하여 십진수를 표현할 수 있도록 만들어진 장치이다. 각각의 LED는 a~g로 부르는 것이 일반적이다. 구하기 쉽고 사용하기 간편한 7 segment display 중 하나인 휴렛-패커드(Hewlett Packard)의 HDSP-5501 모델의 경우, 7개의 LED로 a~g의 십진수를 표시하며 오른 쪽 아래에는 소숫점(DP; decimal point)을 표시하는 LED가 하나 더 있어 모두 8개의 LED로 구성된다.

HDSP-5501의 3번과 8번 핀은 Vcc, 즉 +5V에 대해 할당되어 있으며 내부에서 연결되어 있기 때문에 둘 중 하나만 Vcc에 연결해도 무방하다. 나머지 8개 핀은 a~g와 DP로 이름지어진 LED에 각각 하나씩 할당되어 있다. 각각의 LED의 양극은 3번과 8번 핀에 연결되어 있으므로 입력이 0인 경우 (즉, 0V가 입력에 들어오는 경우)에 불이 켜지고 입력이 1인 경우 (즉, +5V가 입력에 들어오는 경우)에 꺼진다. 이러한 타입의 7-Segment를 Common Anode Type이라 부르고, 3번과 8번 핀에 GND, 즉 0V를 인가하고 나머지 8개

핀에 입력 1을(+5V) 인가할 경우 불이 켜지고 반대로 0(0V)을 입력할 경우 꺼지는 Common Cathode Type의 7-Segment도 있다.

Dr. Kim ATmega128 Training Kit에서는 CA(Common Anode) 방식의 7-Segment를 사용하고 있어 논리 0을 입력할 경우 켜지고, 1을 입력할 경우 꺼진다. Dr. Kim ATmega128 Training Kit에는 2개의 7-segment가 있으며, 하나는 PORTD의 상위 4Bit (PD4~PD7)에 7-segment 구동 소자인 74LS47에 연결되어 구동되고(PD4~PD7은 LED에도 연결되어 있어, LED는 2진수를 7-segment는 10진수를 동시에 표시한다.), 다른 하나는 7-Segment를 드라이버 IC에 연결하지 않고, 직접 ATmega128 포트에 연결하여, 직접 구동 할 수 있다.

[표 5.12] 74LS47 데이터 논리 표

10진수	Inputs				Outputs						
	D3	D2	D1	D0	/A	/B	/C	/D	/E	/F	/G
0	0	0	0	0	0	0	0	0	0	0	1
1	0	0	0	1	1	0	0	1	1	1	1
2	0	0	1	0	0	0	1	0	0	1	0
3	0	0	1	1	0	0	0	0	1	1	0
4	0	1	0	0	1	0	0	1	1	0	0
5	0	1	0	1	0	1	0	0	1	0	0
6	0	1	1	0	1	1	0	0	0	0	0
7	0	1	1	1	0	0	0	1	1	1	1
8	1	0	0	0	0	0	0	0	0	0	0
9	1	0	0	1	0	0	0	1	1	0	0
10	1	0	1	0	1	1	1	0	0	1	0
11	1	0	1	1	1	1	0	0	1	1	0
12	1	1	0	0	1	0	1	1	1	0	0
13	1	1	0	1	0	1	1	0	1	0	0
14	1	1	1	0	1	1	1	0	0	0	0
15	1	1	1	1	1	1	1	1	1	1	1

4. Training KIT의 연결선도

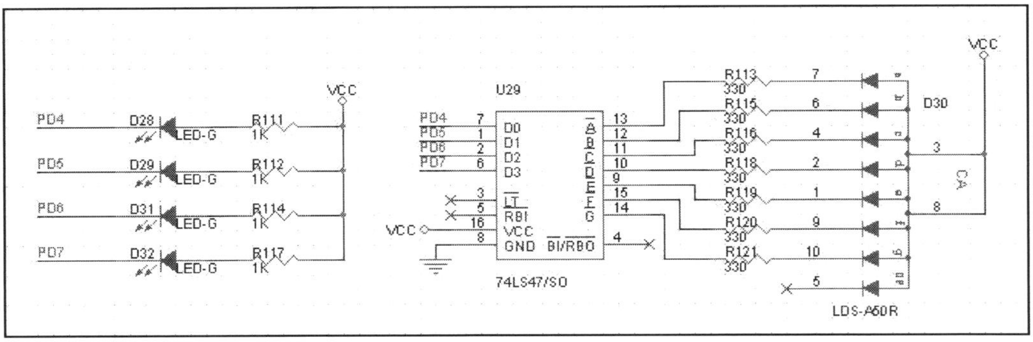

[그림 5.4] LED & 7-Segment의 회로도

위의 그림에서 보는 것과 같이 PORTD 상위 4비트에 LED 및 7-Segment가 연결되어 있어 동시에 제어가 가능하다. 다음의 사진은 위의 회로가 구현된 Training Kit 내의 LED 사진이다.

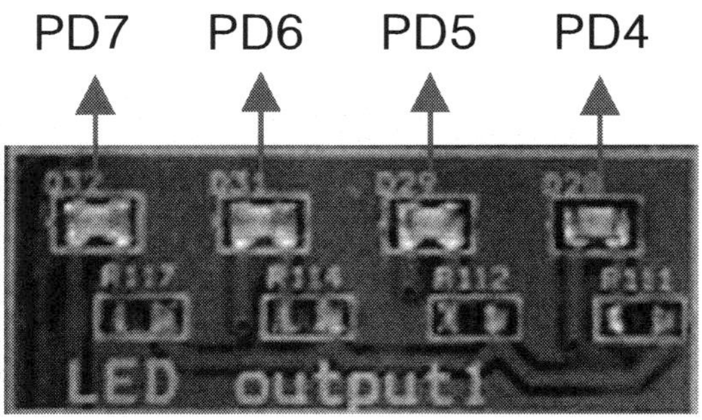

5.5 실험1 - LED 자리이동

※ 프로그램 실행

led.hex 파일을 PonyProg2000을 사용하여 다운로드하면 아래와 같이 작동한다.

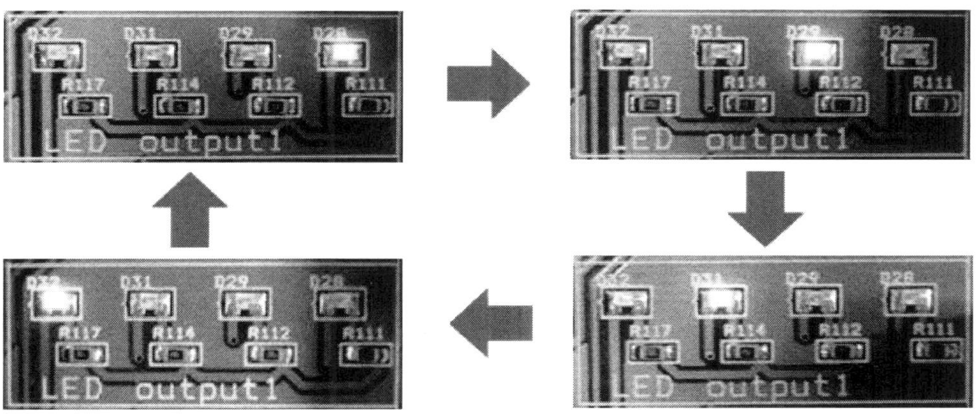

```
/*=====================================================================
    File Name :  LED.ASM
    Explanation
    이 프로그램은 포트D의 상위포트(PD7~PD4) 각각에 연결되어 있는 4개의 LED들을 하나씩
    시프트 해가면서 한 개식 점등한다. (LED는 "0"일때 ON, "1"일때 OFF된다.)
=====================================================================*/
;ATmega128에 대한 헤더 파일을 불러온다. 이 헤더 파일이 있는 경로는 C:₩Program Files₩
;Atmel₩AVR Tools₩AvrAssembler2₩Appnotes 이다.

.include "m128def.inc"

.CSEG   ;프로그램 메모리에 해당하는 코드 세그먼트의 시작을 정의
        .ORG    0x0000          ;0x0000 번지부터 시작.
        LDI     R17, 0x10       ;R17에 0x10 저장.
        LDI     R16, 0xFF       ;R16에 0xFF 저장..
        OUT     SPH, R17        ;스택 포인트 상위번지 저장.
        OUT     SPL, R16        ;스택 포인트 하위번지 저장. 스택으로 내부
                                ;SRAM의 마지막 번지인 0x10FF를 사용한다.
        LDI     R16, 0xF0
```

```
        OUT     DDRD, R16          ;포트D 상위 4비트 = 출력, 하위 4비트 = 입력
        LDI     R16, 0b11110111    ;LED ON 초기 값 저장

MAIN:   ROL     R16                ;왼쪽으로 1비트 자리이동 시킨다.
        ORI     R16, 0x0F          ;하위 4비트를 "1111"로 마스크 시킴
        OUT     PORTD, R16         ;LED ON
        CALL    DE_1               ;LED가 켜져 있는 시간 딜레이
        SBRC    R16, 7             ;R16의 최상위 비트(R16.7)가 클리어 되면 바
                                   ;로 다음에 오는 하나의 명령어를 실행하지 않는다.
        RJMP    MAIN               ;MAIN으로 점프한다.
        LDI     R16, 0b11110111    ;LED ON 초기 값을 다시 저장한다.
        RJMP    MAIN               ;MAIN으로 점프한다.

DE_1:   LDI     R17, 50       ;R17에 50을 저장한다.
DE_2:   LDI     R18, 0        ;R18에 0을 저장한다.
DE_3:   LDI     R19, 0        ;R19에 0을 저장한다.
DE_4:   DEC     R19           ;R19의 값을 '1'씩 감소시킨다.
        BRNE    DE_4          ;R19 = 0 이면 다음 명령어를, 아니면 DELAY3로 점프한다.
        DEC     R18           ;R18의 값을 '1'씩 감소시킨다.
        BRNE    DE_3          ;R18 = 0 이면 다음 명령어를, 아니면 DELAY2로 점프한다.
        DEC     R17           ;R17의 값을 '1'씩 감소시킨다.
        BRNE    DE_2          ;R17 = 0면 다음 명령어를, 아니면 DELAY1로 점프한다.
        RET                   ;서브함수로 복귀한다.
```

※ 프로그램 설명

```
        LDI     R17, 0x10          ;R17에 0x10 저장.
        LDI     R16, 0xFF          ;R16에 0xFF 저장..
        OUT     SPH, R17           ;스택 포인트 상위번지 저장.
        OUT     SPL, R16           ;스택 포인트 하위번지 저장. 스택으로 내부
                                   ;SRAM의 마지막 번지인 0x10FF를 사용한다.
```

16진수, 10진수, 2 진수의 표현 방법은 차례대로 0x01, 1, 0b00000001와 같이 표현하면 모두 "1"의 값을 표현한 것이다. LDI R17, 0x10의 해석은 R17레지스터에 수치 값 0x10(16, 0b00010000)을 저장하라는 뜻이다. LDI 라는 명령어는 R0~R15까지는 사용할 수 없는 명령어다.

SPH, SPL은 스택 포인터를 설정하는 부분으로 16비트 데이터를 보낼 경우 상위 8비트를 먼저 보낸 후 하위 8비트를 나중에 보낸다. 스택 포인터의 시작 번지는 0x10FF이다. 이 번지는 내부 SRAM의 마지막 번지이다.

```
        LDI     R16, 0xF0
        OUT     DDRD, R16       ;포트D 상위 4비트 = 출력, 하위 4비트 = 입력
        LDI     R16, 0b11110111 ;LED ON 초기 값 저장
```

DDR 레지스터에 수치 값을 저장하여 포트의 입출력을 설정하는 부분이다. AVR 마이크로컨트롤러를 사용하여 프로그램을 코딩할 경우 꼭 설정해야 하는 부분이다. DDRD 레지스터에 0xF0를 저장하여 포트D의 상위 4비트를 출력으로, 하위 4비트를 입력으로 설정한다.

```
        ORI     R16, 0x0F       ;하위 4비트를 "1111"로 마스크 시킴
        OUT     PORTD, R16      ;LED ON
```

이 부분은 포트D에 수치 값을 출력하기 전 포트D의 하위 4비트를 마스크 시키는 부분이다. 위 부분에서 설명했듯이 포트D의 하위 4비트는 입력으로 설정되어 있기 때문에 하위 4비트를 항상 '1'로 세팅해야한다. 출력을 하기 전 입력으로 설정되어 있는 부분은 항상 마스크 시킨 후 출력해야 한다.

```
MAIN:   ROL     R16             ;왼쪽으로 1비트 자리이동 시킨다.
        ORI     R16, 0x0F       ;하위 4비트를 "1111"로 마스크 시킴
        OUT     PORTD, R16      ;LED ON
        CALL    DE_1            ;LED가 켜져 있는 시간 딜레이
        SBRC    R16, 7          ;R16의 최상위 비트(R16.7)가 클리어 되면 바로
                                ;다음에 오는 하나의 명령어를 실행하지 않는다.
        RJMP    MAIN            ;MAIN으로 점프한다.
        LDI     R16, 0b11110111 ;LED ON 초기 값을 다시 저장한다.
        RJMP    MAIN            ;MAIN으로 점프한다.
```

초기 R16의 수치 값과 캐리 플래그의 값을 보면 아래와 같다

Carry	←	7bit	6bit	5bit	4bit	3bit	2bit	1bit	0bit
0	←	1	1	1	1	**0**	1	1	1

R16의 수치 값을 왼쪽으로 1비트 자리 이동하면 아래와 같고

Carry	←	7bit	6bit	5bit	4bit	3bit	2bit	1bit	0bit
1	←	1	1	1	**0**	1	1	1	**0**

R16의 하위 4비트를 마스크 시키면 아래와 같다.

Carry	←	7bit	6bit	5bit	4bit	3bit	2bit	1bit	0bit
1	←	1	1	1	**0**	1	1	1	**1**

이제 R16의 값을 포트D에 출력하면 포트D의 4번째 비트에 '0'이 출력되어 LED가 ON 된다. 이 함수는 위의 설명대로 출력하는 것을 반복하며, R16의 7bit가 '0'이 되면, 포트D에 이 값을 출력한 후 R16에 초기 값인 0b11110111을 저장하고 다시 반복한다.

```
DE_1:   LDI    R17, 50   ;R17에 50을 저장한다.
DE_2:   LDI    R18, 0    ;R18에 0을 저장한다.
DE_3:   LDI    R19, 0    ;R19에 0을 저장한다.
DE_4:   DEC    R19       ;R19의 값을 '1'씩 감소시킨다.
        BRNE   DE_4      ;R19 = 0 이면 다음 명령어를, 아니면 DELAY4로 점프한다.
        DEC    R18       ;R18의 값을 '1'씩 감소시킨다.
        BRNE   DE_3      ;R18 = 0 이면 다음 명령어를, 아니면 DELAY3로 점프한다.
        DEC    R17       ;R17의 값을 '1'씩 감소시킨다.
        BRNE   DE_2      ;R17 = 0 이면 다음 명령어를, 아니면 DELAY2로 점프한다.
        RET              ;서브함수로 복귀한다.
```

이 부분은 시간을 지연하는 부분이다. LED의 켜짐을 눈으로 확인하기 위해 긴 시간을 지연한 루틴이기 때문에 복잡해 보이지만 아래의 간단한 루틴의 확장일 뿐이다.

```
DE_1:   LDI    R17, 50   ;R17에 50을 저장한다.
DE_2:   DEC    R17       ;R17의 값을 '1'씩 감소시킨다.
        BRNE   DE_2      ;R17 = 0 이면 다음 명령어를, 아니면 DELAY2로 점프한다.
        RET              ;서브함수로 복귀한다.
```

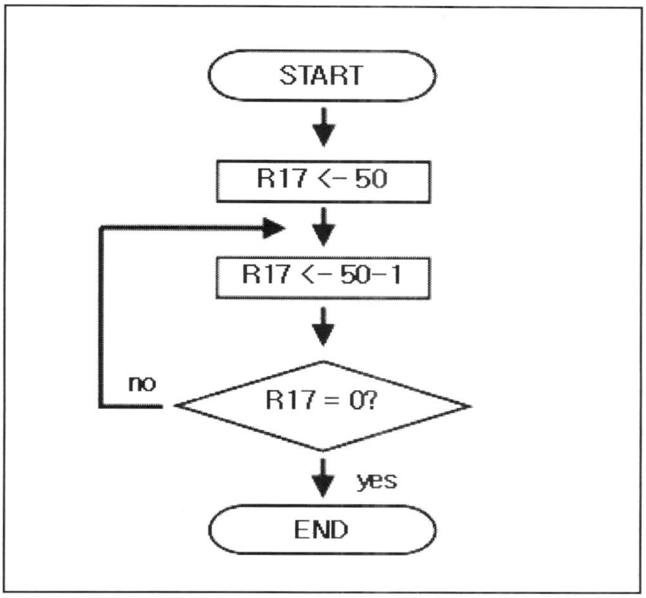

위 그림처럼 루프에 들어가서 맴돌다 빠져 나오기 까지 시간이 걸린다. 자 그럼 얼마 동안의 시간이 딜레이 되는지 계산해보자.

DELAY 루틴			머신 사이클 수	반복수행	머신 사이클의 총수
DE_1:	**LDI**	R17, 50	1	1	1×1
DE_2:	**DEC**	R17	1	50	50×1
	BRNE	DE_2	1/2	50	49×1+2
	RET		4	1	1×4
합 계					106

이 딜레이 루틴의 머신 사이클의 총수는 106개로 여기에 머신 사이클의 시간을 곱하면 지연되는 시간을 구할 수 있다. 발진 주파수가 14.7456MHz이기 때문에 한 머신 사이클은 1/14.7456MHz가 된다.

106 × 1/14.7456MHz ≒ 7.19us (총 지연되는 시간)

자 그러면 실제 프로그램에서 사용되어진 딜레이 루틴에 지연시간을 계산해보자.

DELAY 루틴			머신 사이클 수	반복수행	머신 사이클의 총수
DE_1:	LDI	R17, 50	1	1	1×1
DE_2:	LDI	R18, 0	1	50	50×1
DE_3:	LDI	R19, 0	1	256×50	256×50×1
DE_4:	DEC	R19	1	256×256×50	256×256×50×1
	BRNE	DE_4	1/2	256×256×50	257×257×51×1
	DEC	R18	1	256×50	256×50×1
	BRNE	DE_3	1/2	256×50	257×51×1
	DEC	R17	1	50	50×1
	BRNE	DE_2	1/2	50	51×1
	RET		4	4	4×1
합 계					6684162

지연시간 = 6684162 × 1/14.7456MHz ≒ 0.453초 지연된다.

아래의 프로그램은 C언어로 작성한 프로그램이다.

```
/*========================================================================
    File Name :  LED.c
    Explanation
    이 프로그램은 포트D의 상위포트(PD7~PD4) 각각에 연결되어 있는 4개의 LED들을 하나씩
시프트 해가면서 한 개씩 점등한다. (LED는 "0"일때 ON, "1"일때 OFF된다.)
========================================================================*/
#include <avr/io.h>

void delay(int d1, int d2);

int main(void)
{
    unsigned char led=0xfe; //led on 초기값

    DDRD = 0xf0;             //포트 D 상위 4비트=출력, 하위 4비트=입력
    do{
        PORTD = (led<<4);    //포트 D 상위 4비트 led 점등
        delay(1000,3000);    //led on 지연시간
        led <<= 1;           //왼쪽으로 1비트 쉬프트
        led |= 0xf1;         //상위 4비트, 최하위 비트 마스크
        if(led==0xff)
            led = 0xfe;
    }while(1);
    return 0;
}
```

```
void delay(int d1, int d2)     //led 점등을 위한 시간 지연 함수
{
    int i, j;

    for(i=0;i<d1;i++){
        for(j=0;j<d2;j++);
    }
}
```

※ 프로그램 설명

```
DDRD = 0xf0;          //포트 D 상위 4비트=출력, 하위 4비트=입력
```

포트D의 입력과 출력을 설정하는 부분이다. 앞에서 설명했듯이 AVR 마이크로컨트롤러의 프로그램을 하기 위해 가장 먼저 코딩해야 하는 부분이다. '1'일 때 출력이 되며, '0'일 때 입력으로 설정된다.

```
    PORTD = (led<<4); //포트 D 상위 4비트 led 점등
```

led의 값을 4비트 왼쪽으로 자리이동 한 후 포트D에 출력하는 부분이다. led의 초기 값이 0xFE (0b11111110)이므로 4비트 왼쪽으로 자리이동하면, 11100000가 되므로 포트D.4에 연결되어 있는 led에 불이 점등된다. 이때 led의 값은 저장되지 않기 때문에 초기 값인 0xFE (0b11111110)의 값을 그대로 가진다.

```
led <<= 1;          //왼쪽으로 1비트 쉬프트
led |= 0xf1;        //상위 4비트, 최하위 비트 마스크
if(led==0xff)
led = 0xfe;
```

led의 초기 값을 왼쪽으로 1비트 자리 이동하면 아래와 같다. C언어에서의 자리 이동 명령은 Carry값이 최하위 비트 값으로 되돌아오지 않는다. 그렇기 때문에 최하위 비트 값을 항상 '1'로 마스크 시켜야 한다.

Carry	←	7bit	6bit	5bit	4bit	3bit	2bit	1bit	0bit
0	←	1	1	1	1	1	1	**0**	**0**

led의 값과 0xF1 값을 각 비트 단위로 OR하면 아래와 같다.

Carry	←	7bit	6bit	5bit	4bit	3bit	2bit	1bit	0bit
0	←	1	1	1	1	1	1	**0**	**1**

위와 같은 과정을 4번 하게 되면 led의 값은 0xFF의 값을 가지게 되어 초기 값인 0xFE의 값을 저장하게 된다.

```
void delay(int d1, int d2)      //led 점등을 위한 시간 지연 함수
{
     int i, j;

     for(i=0;i<d1;i++){
          for(j=0;j<d2;j++);
     }
}
```

시간을 지연하는 함수이다. C언어에서는 어셈블리어 와는 다르게 실제 지연되는 시간을 계산할 수 없다. 이 부분의 지연시간을 계산하기 위해서는 컴파일 할 때 얻어지는 LIS 파일을 보고 계산한다.

5.6 실험2 - LED 하나씩 소등하기

※ 프로그램 실행

led1.hex 파일을 PonyProg2000을 사용하여 다운로드하면 아래와 같이 작동한다.

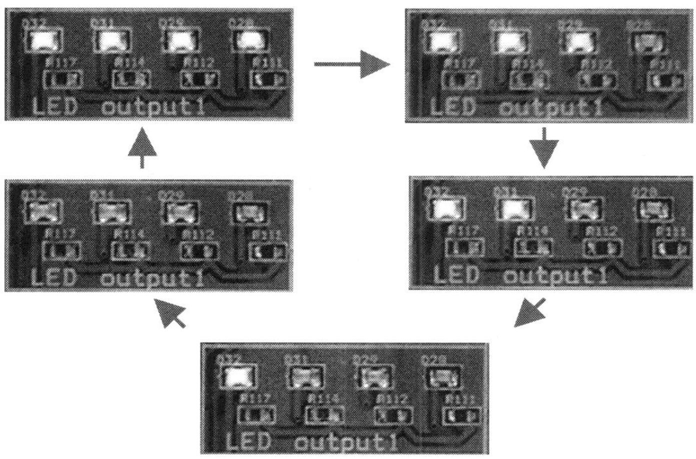


```
/*================================================================
    File Name :  LED1.ASM
    Explanation
    이 프로그램은 포트D의 상위포트(PD7~PD4) 각각에 연결되어 있는 4개의 LED들을 하나씩
시프트 해가면서 한 개식 점멸한다. (LED는 "0"일때 ON,"1"일때 OFF된다.)
================================================================*/

.include "m128def.inc"

.CSEG
        .ORG    0x0000          ;0x0000 번지부터 시작.
        LDI     R17, 0x10       ;R17에 0x10 저장.
        LDI     R16, 0xFF       ;R16에 0xFF 저장..
        OUT     SPH, R17        ;스택 포인트 상위번지 저장.
        OUT     SPL, R16        ;스택 포인트 하위번지 저장.
        LDI     R16, 0xF0
        OUT     DDRD, R16       ;포트D 상위 4비트 = 출력, 하위 4비트 = 입력
        SEC                     ;Carry를 셋 시킨다.
        LDI     R16, 0b00000111 ;LED ON 초기 값 저장
```

```
MAIN:   ROL     R16             ;왼쪽으로 1비트 자리이동 시킨다.
        ORI     R16, 0x0F       ;하위 4비트를 "1111"로 마스크 시킴
        OUT     PORTD, R16      ;LED ON
        CALL    DE_1            ;LED가 켜져 있는 시간 딜레이
        SBRS    R16, 7          ;R16의 7번째 비트(R16.7)가 셋 되면 바로 다음에
                                ;오는 하나의 명령어를 실행하지 않는다.
        RJMP    MAIN            ;MAIN으로 점프한다.
        LDI     R16, 0b00000111 ;LED ON 초기 값을 다시 저장한다.
        RJMP    MAIN            ;MAIN으로 점프한다.

DE_1:   LDI     R17, 50     ;R17에 50을 저장한다.
DE_2:   LDI     R18, 0      ;R18에 0을 저장한다.
DE_3:   LDI     R19, 0      ;R19에 0을 저장한다.
DE_4:   DEC     R19         ;R19의 값을 '1'씩 감소시킨다.
        BRNE    DE_4        ;R19 = 0 이면 다음 명령어를, 아니면 DELAY3로 점프한다.
        DEC     R18         ;R18의 값을 '1'씩 감소시킨다.
        BRNE    DE_3        ;R18 = 0 이면 다음 명령어를, 아니면 DELAY2로 점프한다.
        DEC     R17         ;R17의 값을 '1'씩 감소시킨다.
        BRNE    DE_2        ;R17 = 0면 다음 명령어를, 아니면 DELAY1로 점프한다.
        RET                 ;서브함수로 복귀한다.
```

※ 프로그램 설명

```
        SEC                 ;Carry를 셋 시킨다.
```

LED.ASM을 설명할 때 Carry비트가 최하위 비트로 자리이동 하는 것을 보았다. 위의 코드처럼 Carry를 셋 시키고 자리 이동을 하면, 최하위 비트가 '1'로 된다.

Carry	<-	7bit	6bit	5bit	4bit	3bit	2bit	1bit	0bit
0	<-	0	0	0	0	1	1	1	**1**

```
        SBRS    R16, 7          ;R16의 7번째 비트(R16.7)가 셋 되면 바로 다음에
                                ;오는 하나의 명령어를 실행하지 않는다.
        RJMP    MAIN            ;MAIN으로 점프한다.
        LDI     R16, 0b00000111 ;LED ON 초기 값을 다시 저장한다.
        RJMP    MAIN            ;MAIN으로 점프한다.
```

R16의 값을 4번 1비트씩 자리이동을 하면 R16의 값은 0b11111111의 값이 되어 R16의 7번째 비트가 셋이 된다. 이렇게 되면 다음명령어인 'MAIN으로 점프하라'를 실행하지 않고 그다음에 오는 명령어 'R16에 0b00000111을 저장하라'를 실행한 후 MAIN으로 점프하게 된다.

아래의 프로그램은 C언어로 작성한 프로그램이다.

```
/*==========================================================================
    File Name :  LED1.c
    Explanation
    이 프로그램은 포트D의 상위포트(PD7~PD4) 각각에 연결되어 있는 4개의 LED들을
    하나씩 시프트 해가면서 한 개식 점멸한다. (LED는 "0"일때 ON, "1"일때 OFF된다.)
==========================================================================*/
#include <avr/io.h>

void delay(int d1, int d2);

int main(void)
{
    unsigned char led=0xf0;           //led on 초기값

    DDRD = 0xf0;                      //포트 D 상위 4비트=출력, 하위 4비트=입력
    do{
        PORTD = (led<<4);             //포트 D 상위 4비트 led 점등
        delay(1000,3000);             //led on 지연시간
        led <<= 1;                    //왼쪽으로 1비트 쉬프트
        led |= 0xf1;                  //상위 4비트, 최하위 비트 마스크
        if(led==0xff){
            PORTD = (led<<4);
            delay(1000,3000);
            led = 0xf0;
        }
    }while(1);
    return 0;
}

void delay(int d1, int d2)            //led 점등을 위한 시간 지연 함수
{
    int i, j;

    for(i=0;i<d1;i++){
        for(j=0;j<d2;j++);
    }
}
```

5.7 실험3 - 7-Segment 수 표시하기

※ 프로그램 실행

led1.hex 파일을 PonyProg2000을 사용하여 다운로드하면 아래와 같이 작동한다.

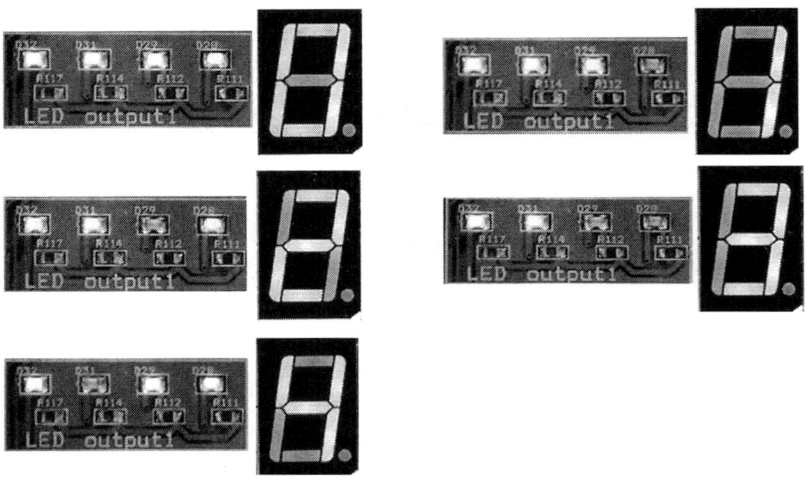


```
/*==================================================================
    File Name :  LED2.ASM
    Explanation
    LED가 2진수로, 7-Segment-1이 10진수로 하나씩 증가한다.
==================================================================*/

.include "m128def.inc"

.CSEG
        .ORG    0x0000          ;0x0000 번지부터 시작.
        LDI     R17, 0x10       ;R17에 0x10 저장.
        LDI     R16, 0xFF       ;R16에 0xFF 저장..
        OUT     SPH, R17        ;스택 포인트 상위번지 저장.
        OUT     SPL, R16        ;스택 포인트 하위번지 저장.
        LDI     R16, 0xF0
        OUT     DDRD, R16       ;포트D 상위 4비트 = 출력, 하위 4비트 = 입력
        LDI     R16, 0xF0       ;LED ON 초기 값 저장
```

```
MAIN:   SWAP    R16             ;상의 4비트와 하위 4비트의 값을 교환한다.
        OUT     PORTD, R16      ;LED ON
        SWAP    R16             ;상의 4비트와 하위 4비트의 값을 교환한다.
        CALL    DE_1            ;LED가 켜져 있는 시간 딜레이
        INC     R16             ;R16의 값을 1증가 시킨다.
        SBRC    R16, 7          ;R16의 7번째 비트(R16.7)가 클리어 되면 바로 다음에
                                ;오는 하나의 명령어를 실행하지 않는다.
        RJMP    MAIN            ;MAIN으로 점프한다.
        LDI     R16, 0xF0       ;LED ON 초기 값을 다시 저장한다.
        RJMP    MAIN            ;MAIN으로 점프한다.

DE_1:   LDI     R17, 50     ;R17에 50을 저장한다.
DE_2:   LDI     R18, 0      ;R18에 0을 저장한다.
DE_3:   LDI     R19, 0      ;R19에 0을 저장한다.
DE_4:   DEC     R19         ;R19의 값을 '1'씩 감소시킨다.
        BRNE    DE_4        ;R19 = 0 이면 다음 명령어를, 아니면 DELAY3로 점프한다.
        DEC     R18         ;R18의 값을 '1'씩 감소시킨다.
        BRNE    DE_3        ;R18 = 0 이면 다음 명령어를, 아니면 DELAY2로 점프한다.
        DEC     R17         ;R17의 값을 '1'씩 감소시킨다.
        BRNE    DE_2        ;R17 = 0면 다음 명령어를, 아니면 DELAY1로 점프한다.
        RET                 ;서브함수로 복귀한다.
```

※ 프로그램 설명

```
MAIN:   SWAP    R16             ;상위 4비트와 하위 4비트의 값을 교환한다.
        OUT     PORTD, R16      ;LED ON
        SWAP    R16             ;상의 4비트와 하위 4비트의 값을 교환한다.
```

R16의 초기 값은 0b11110000이고 이 값을 상의 4비트와 하의 4비트를 교환하면, R16의 값은 0b00001111이 되어 이 값을 포트D에 출력을 하면 4개의 led가 점등된다. 다시 R16의 상의 4비트와 하의 4비트 값을 교환하면 R16은 처음 값을 갖는다.

```
        INC     R16             ;R16의 값을 1증가 시킨다.
        SBRC    R16, 7          ;R16의 7번째 비트(R16.7)가 클리어 되면 바로
                                ;다음에 오는 하나의 명령어를 실행하지 않는다.
```

R16의 초기 값은 0xF0이고 이 값을 1씩 증가 시키다 보면 R16의 값은 0xFF가 된다. 이 값을 1증가시키면 0x00이 되어 R16의 7,6,5,4비트가 클리어 되어 R16에 0xF0를 다시 저장하게 된다.

아래의 프로그램은 C언어로 작성한 프로그램이다.

```
/*================================================================
    File Name :  LED2.c
    Explanation
    LED가 2진수로, 7-Segment-1이 10진수로 하나씩 증가한다.
================================================================*/
#include <avr/io.h>

void delay(int d1, int d2);

int main(void)
{
    unsigned char led=0x00;         //led on 초기값

    DDRD = 0xf0;                    //포트 D 상위 4비트=출력, 하위 4비트=입력
    do{
        PORTD = (led<<4);           //포트 D 상위 4비트 led 점등
        delay(1000,3000);           //led on 지연시간
        led++;                      //led 증가
        if(led==0x10)
            led = 0x00;
    }while(1);
    return 0;
}

void delay(int d1, int d2)          //led 점등을 위한 시간 지연 함수
{
    int i, j;

    for(i=0;i<d1;i++){
        for(j=0;j<d2;j++);
    }
}
```

ATmega128

CHAPTER 6

제 6 장 INTERRUPT

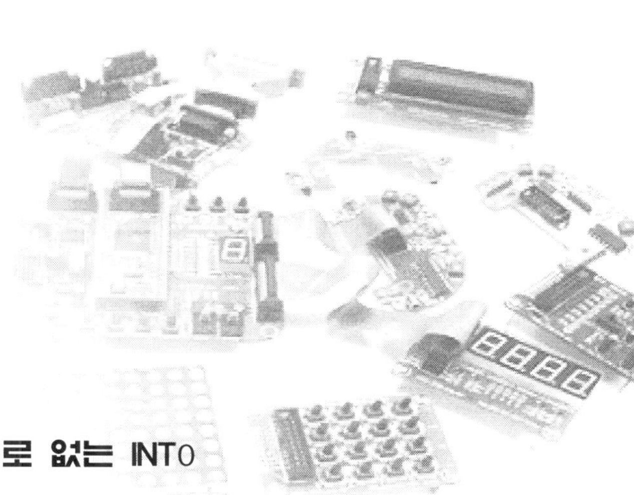

6.1 Interrupt의 개요

6.2 Interrupt 관련 레지스터

6.3 하드웨어 설명

6.4 실험1 - INT0

6.5 실험2 - 바운스 현상 방지 회로 없는 INT0

6.6 실험3 - 인터럽트 플래그 사용

6.1 Interrupt의 개요

인터럽트는 MCU에 어떠한 특정 동작을 시키기 위해서 하드웨어적인 방법으로 부여한 기능으로서 MCU가 입력이나 출력기능을 수행하는데 매우 중요한 기능이며 프로그램을 수행하면서 매우 빈번히 사용하는 기능이다.

ATmega128에는 8개의 외부 인터럽트를 사용할 수 있으며, 내부 인터럽트로는 Timer, SPI, USART, UART, ADC, Analog Comparator, TWI 등이 있다. Reset 기능도 인터럽트의 하나인데 인터럽트들 중 가장 우선순위가 높다.

인터럽트가 발생하면 MCU는 현재 실행중인 프로그램을 중단하고, 실행중인 프로그램의 주소를 저장한 후, 발생한 인터럽트가 어떤 종류의 인터럽트인지 판단하여 인터럽트 벡터 테이블에서 해당되는 인터럽트 벡터의 주소를 획득하여 인터럽트 서비스 루틴으로 이동한다. 인터럽트 서비스 루틴은 발생한 인터럽트가 처리하여야 할 기능의 프로그램을 말한다. 인터럽트 서비스 루틴을 수행하여 필요한 작업이 종료되면 인터럽트가 발생하였던 지점으로 되돌아와 인터럽트 발생 이전에 처리하던 프로그램을 정상적으로 실행하게 된다. Reset은 현재 실행중인 프로그램의 주소를 저장하지 않고 무조건 0x0000번지에 있는 명령을 실행하고 실행이 종료되어도 인터럽트 발생 이전으로 되돌아가지 않는다는 점에서 다른 인터럽트의 동작과 구별된다.

그러면 ATmega128의 인터럽트 수행에 필요한 몇 가지 기능을 살펴보도록 하자.

1. 인터럽트 소스

인터럽트 소스는 인터럽트를 요청한 곳을 지칭하는 것으로서, ATmega128의 인터럽트 소스(interrupt source)는 리셋을 포함해서 35개이다. 다음은 ATmega128의 인터럽트 소스를 나타낸다.

- 리셋(RESET)
- 외부 인터럽트 0(INT0)
- 외부 인터럽트 1(INT1)
- 외부 인터럽트 2(INT2
- 외부 인터럽트 3(INT3)
- 외부 인터럽트 4(INT4)
- 외부 인터럽트 5(INT5)

- 외부 인터럽트 6(INT6)
- 외부 인터럽트 7(INT7)
- 타이머/카운터2 비교일치 인터럽트(TIMER2 COMP)
- 타이머/카운터2 오버플로 인터럽트(TIMER2 OVF)
- 타이머/카운터1 캡처 인터럽트(TIMER1 CAPT)
- 타이머/카운터1 비교 일치A 인터럽트(TIMER1 COMPA)
- 타이머/카운터1 비교 일치B 인터럽트(TIMER1 COMPB)
- 타이머/카운터1 오버플로 인터럽트(TIMER1 OVF)
- 타이머/카운터0 비교일치 인터럽트(TIMER0 COMP)
- 타이머/카운터0 오버플로 인터럽트(TIMER0 OVF)
- SPI 직렬 전송완료 인터럽트(SPI STC)
- UART0 수신완료 인터럽트(UART0, RX)
- UART0 데이터레지스터 엠프티 인터럽트(UART0, UDRE)
- UART0 송신완료 인터럽트(UART0, TX)
- ADC 변환완료 인터럽트(ADC)
- EEPROM 레디 인터럽트(EE READY)
- 아날로그 비교기 인터럽트(ANALOG COMP)
- 타이머/카운터1 비교 일치C 인터럽트(TIMER1 COMPC)
- 타이머/카운터3 캡처사건 인터럽트(TIMER3 CAPT)
- 타이머/카운터3 비교 일치A 인터럽트(TIMER3 COMPA)
- 타이머/카운터3 비교 일치B 인터럽트(TIMER3 COMPB)
- 타이머/카운터3 비교 일치C 인터럽트(TIMER3 COMPC)
- 타이머/카운터3 오버플로 인터럽트(TIMER3 OVF)
- UART1 수신완료 인터럽트(UART1, RX)
- UART1 데이터레지스터 엠프티 인터럽트(UART1, UDRE)
- UART1 송신완료 인터럽트(UART1, TX)
- 2선 직렬 인터페이스(TWI)
- Store Program Memory Ready(SPM READY)

2. 인터럽트 벡터

인터럽트 벡터는 인터럽트가 발생했을 때 요청한 인터럽트를 처리해 주기 위해서는 그에 합당한 프로그램을 작성하여야 하는데 이 프로그램을 인터럽트 서비스 루틴이라고 한다. 인터럽트 서비스 루틴은 인터럽트 소스 마다 구성되며, 이 인터럽트 서비스 루틴의 시작 번지를 모아놓은 메모리 공간을 인터럽트 벡터 테이블이라고 한다. 인터럽트 벡터 테이블 내에 있는 인터럽트 서비스 루틴의 시작번지를 인터럽트 벡터라고 한다. 인터럽트 벡터는 마이크로컨트롤러에 따라 어떤 특정의 번지로 고정되어 있는 것도 있고, 인터럽트를 요구한 외부장치가 데이터 버스를 통하여 지정하는 것도 있는데, ATmega128에서는 전자의 방법으로 구성되어 있다. [표 6.1]과 같이 인터럽트 종류에 따라 점프하는 곳이 벡터주소에서 나타내는 특정 번지로 고정되어있다. ATmega128은 인터럽트 벡터에 인터럽트 서비스 루틴으로 이동할 jump 명령을 둠으로써 인터럽트 서비스 루틴으로 점프하여 인터럽트 기능을 수행한다.

[표 6.1] 인터럽트 벡터 및 벡터번호

벡터 NO.	벡터 주소	인터럽트 소스	인터럽트
1	$0000	RESET	External Pin, Power-on Reset, Brown-out Reset, Watchdog Reset, and JTAG AVR Reset
2	$0002	INT0	외부 인터럽트 0
3	$0004	INT1	외부 인터럽트 1
4	$0006	INT2	외부 인터럽트 2
5	$0008	INT3	외부 인터럽트 3
6	$000A	INT4	외부 인터럽트 4
7	$000C	INT5	외부 인터럽트 5
8	$000E	INT6	외부 인터럽트 6
9	$0010	INT7	외부 인터럽트 7
10	$0012	TIMER2 COMP	타이머/카운터2 비교일치
11	$0014	TIMER2 OVF	타이머/카운터2 오버플로
12	$0016	TIMER1 CAPT	타이머/카운터1 캡처
13	$0018	TIMER1 COMPA	타이머/카운터1 비교일치 A
14	$001A	TIMER1 COMPB	타이머/카운터1 비교일치 B
15	$001C	TIMER1 OVF	타이머/카운터1 오버플로
16	$001E	TIMER0 COMP	타이머/카운터0 비교일치
17	$0020	TIMER0 OVF	타이머/카운터0 오버플로

18	$0022	SPI, STC	SPI 직렬 전송 완료
19	$0024	USART0, RX	USART0, Rx 완료
20	$0026	USART0, UDRE	USART0, Data Register Empty
21	$0028	USART0, TX	USART0, Tx 완료
22	$002A	ADC	ADC 변환 완료
23	$002C	EE READY	EEPROM 준비
24	$002E	ANALOG COMP	아날로그 비교
25	$0030	TIMER1 COMPC	타이머/카운터1 비교일치 C
26	$0032	TIMER3 CAPT	타이머/카운터3 캡쳐
27	$0034	TIMER3 COMPA	타이머/카운터3 비교일치 A
28	$0036	TIMER3 COMPB	타이머/카운터3 비교일치 B
29	$0038	TIMER3 COMPC	타이머/카운터3 비교일치 C
30	$003A	TIMER3 OVF	타이머/카운터 오버플로
31	$003C	USART1, RX	USART, Rx 완료
32	$003E	USART1, UDRE	USART1, Data Register Empty
33	$0040	USART1, TX	USART1, Tx 완료
34	$0042	TWI	2선 직렬 인터페이스
35	$0044	SPM READY	Store Program Memory Ready

3. 인터럽트 우선순위

MCU가 프로그램을 처리 중에 경우에 따라서는 1초에도 몇 번의 인터럽트가 발생할 수 있으며 같은 시간에 동시에 몇 개의 인터럽트가 발생 할 수도 있다. 인터럽트 우선순위는 이와 같이 동시에 2개 이상의 인터럽트가 발생할 경우 어느 것부터 처리할지를 지정하는데 사용하는 기능이다. ATmega128은 [표 6.1]에서 처럼 벡터번호(Vector no.)가 미리 하드웨어적으로 지정되어 있는데 번호가 낮을수록 우선순위가 높다. 그래서 [표 6.1]에서 보면RESET이 가장 높고 SPM READY 인터럽트가 가장 낮은 순위인 것을 알 수 있다.

6.2 Interrupt 관련 레지스터

AVR의 인터럽트를 사용하기 위해서는 AVR Status Register인 SREG의 7번 비트인 I register의 비트 값을 '1'로 지정하고, 사용하려는 인터럽트에 해당되는 각각의 인터럽트 활성 레지스터를 '1'로 지정해주어야 한다. AVR은 이와 같이 모든 인터럽트를 사용하거나 사용하지 않도록 선택하는 "Global Interrupt Enable" 비트가 있고, 각 인터럽트 종류별로 설정하는 "Interrupt Mask Register"가 별도로 존재하여 개별 인터럽트의 사용 여부를 지정할 수 있도록 구성되어 있다.

외부 인터럽트의 경우 "External Interrupt Mask Register - EIMSK"와 현재 발생한 인터럽트가 어떤 종류의 인터럽트인지 판단할 수 있도록 해주는 "External Interrupt Flag Register - EIFR"가 있다. 앞에서도 설명한 것과 같이 SREG의 I 비트는 cli와 sei(assembler) 또는 _CLI()와 _SEI() (C언어)로 해제/설정할 수 있다.(AvrEdit와 함께 사용하는 avr-gcc에서는 sei()와 cli()를 호출하면 SREG의 I 비트를 set, clear 시킬 수 있다.)

▸ The AVR Status Register - SREG

Bit	7	6	5	4	3	2	1	0
	I	T	H	S	V	N	Z	C
Read/Write	R/W	R/W	R/W	R/W	R/W	R/W	R/W	R/W
Initial Value	0	0	0	0	0	0	0	0

외부 인터럽트를 사용하기 위해서는 "Global Interrupt Enable" 비트가 '1'로 설정되어야 하고, 각 외부 인터럽트에 해당되는 "External Interrupt Mask Register - EIMSK"의 비트가 설정되어야 한다. 또한 인터럽트가 발생한 경우 어떤 인터럽트가 발생하였는지 확인할 수 있는 "External Interrupt Flag Register - EIFR" 레지스터가 있으며 EIFR 레지스터는 외부 인터럽트가 발생하면 해당되는 비트가 '1'로 설정되며, 인터럽트 루틴이 종료되면 자동으로 '0'으로 설정된다.

▸ External Interrupt Mask Register - EIMSK

Bit	7	6	5	4	3	2	1	0
	INT7	INT6	INT5	INT4	INT3	INT2	INT1	INT0
Read/Write	R/W	R/W	R/W	R/W	R/W	R/W	R/W	R/W
Initial Value	0	0	0	0	0	0	0	0

▸ External Interrupt Flag Register – EIFR

Bit	7	6	5	4	3	2	1	0
	INTF7	INTF6	INTF5	INTF4	INTF3	INTF2	INTF1	INTF0
Read/Write	R/W	R/W	R/W	R/W	R/W	R/W	R/W	R/W
Initial Value	0	0	0	0	0	0	0	0

ATmega128의 외부 인터럽트는 모두 8개가 존재하며 이들은 INT3..0의 4개의 외부 인터럽트와 INT7..4의 4개의 두 그룹으로 나뉘게 되며 제어 레지스터도 “External Interrupt Control Register A – EICRA”와 “EICRB”로 구분된다.

▸ External Interrupt Control Register A – EICRA

Bit	7	6	5	4	3	2	1	0
	ISC31	ISC30	ISC21	ISC20	ISC11	ISC10	ISC01	ISC00
Read/Write	R/W	R/W	R/W	R/W	R/W	R/W	R/W	R/W
Initial Value	0	0	0	0	0	0	0	0

ISCn1	ISCn0	Description
0	0	The low level of INTn generates an interrupt request
0	1	Reserved
1	0	The falling edge of INTn generates asynchronously an interrupt request
1	1	The rising edge of INTn generates asynchronously an interrupt request

외부 인터럽트 3..0에서 발생하는 인터럽트 신호는 AVR의 내부 클록과는 비동기 방식으로 동작하며 최소 50ns 이상 신호가 유지되어야 정상적으로 AVR에서 인식할 수 있다.

외부 인터럽트 7..4는 AVR의 내부 클록과 동기되어 인터럽트 발생 신호를 인식하는 방식으로 동작하며, 인터럽트 발생 이전 CPU의 최소 1 cycle 이상의 시간동안 신호가 변하지 않고 유지되어야 발생한 인터럽트를 정상적으로 인식할 수 있다.

▸ External Interrupt Control Register B – EICRB

Bit	7	6	5	4	3	2	1	0
	ISC71	ISC70	ISC61	ISC60	ISC51	ISC50	ISC41	ISC40
Read/Write	R/W	R/W	R/W	R/W	R/W	R/W	R/W	R/W
Initial Value	0	0	0	0	0	0	0	0

ISCn1	ISCn0	Description
0	0	The low level of INTn generates an interrupt request.
0	1	Any logic change on INTn generates an interrupt request.
1	0	The falling edge between two samples of INTn generates an interrupt request.
1	1	The rising edge between two samples of INTn generates an interrupt request.

1. SREG 레지스터

상태 레지스터인 SREG(Status Register) 비트7의 I (global interrupt enable)는 전체 인터럽트를 허용하거나 금지 시키는데 사용한다. 이 비트가 "0"이면 모든 인터럽트도 "금지(disable)"되며, 단 하나의 인터럽트라도 허용(enable)하려면 SEI [C에서는 _SEI()] 명령으로 반드시 이 비트를 1로 해주어야 한다. 전원 리셋 후에 이 비트는 자동적으로 0 으로 클리어 되므로 리셋 후에는 이 비트를 위와 같은 방법으로 세트 시키지 않으면 모든 인터럽트는 금지된다. 그리고 MCU가 인터럽트 요구를 허용하여 인터럽트 서비스 루틴으로 점프할 때 이 비트는 자동적으로 클리어 되어 인터럽트 처리 중 다른 인터럽트가 발생하는 것을 금지시킨다. 해당 인터럽트 서비스 루틴을 모두 처리하고 복귀명령인 RETI 이 명령이 실행되면 이 비트는 자동적으로 1로 세트된다. 이 비트를 이용하면 경우에 따라서 인터럽트를 일괄적으로 금지시키는데 매우 유용하게 사용할 수 있다.

2. EICRA(External Interrupt Control Register A) 레지스터

이 레지스터는 INT3:0의 인터럽트 요청 레벨 및 에지를 결정하는데 이용하는 레지스터이다. ISCn1과 ISCn0가 00 이면 INTn의 저레벨에서 인터럽트가 요청되고, 10 이면 하강에지에서 요청되며, 11 이면 상승에지에서 요청된다. 펄스를 INT3:0에 인가할 때에는 그 기간이 50ns 이상이어야 하며, 저레벨 인터럽트를 선택했을 경우에는 저레벨 상태가 현재 실행중인 명령이 마칠 때 까지는 지속되어야 한다. ISCn 비트를 바꾸면 인터럽트가 발생할 수 도 있으므로, 이 비트를 바꾸려면 그 이전에 EIMSK 레지스터의 인터럽트 허용비트를 클리어 함으로써 INTn을 불능(disable)으로 해놓고 바꾸어야 한다. EIFR 레지스터의 해당 플래그 비트에 1을 쓰면 클리어 되어 인터럽트를 다시 허용할 수 있다.

3. EICRB(External Interrupt Control Register B) 레지스터

이 레지스터는 INT7:4 인터럽트 요청 레벨 및 에지를 결정하는데 이용하며, 에지나 논리 레벨 변화를 선택했을 경우에는 하나의 클록기간 동안은 펄스가 지속되어야 한다. 저레벨을 선택했을 경우에는 현재 실행중인 명령이 끝날 때까지는 저레벨이 지속되어야 한다. 이 레지스터는 논리 변화에서도 인터럽트가 요청 될 수 있다는 점에서 EICRA 레지스터와 다르다.

4. EIMSK(External Interrupt Mask Register)

SREG(Status Register) 비트7의 I (global interrupt enable)가 전체 인터럽트를 허용하거나 금지 시키는데 사용되는 것에 비하여 이 레지스터는 외부 인터럽트를 개별적으로 허용하거나 금지시키는데 사용한다. 이 레지스터의 해당 외부 인터럽트의 비트를 1로 하면 개별적으로 인터럽트가 허용되고, 0으로 하면 해당 외부 인터럽트는 금지된다. EICRA 및 EICRB 레지스터의 내용에 의해서 외부 인터럽트가 INT핀의 레벨이나 에지에서 인터럽트가 요청된다.

5. EIFR 레지스터

이 레지스터는 인터럽트의 요청 상태를 나타내는 플래그로서 INTn 인터럽트가 요청되면 CPU가 자동적으로 플래그를 세트한다. 이 인터럽트 플래그들은 SREG의 I 비트나 EIMSK의 개별 인터럽트 허용 비트와는 아무 상관이 없이 INTn 외부 인터럽트 조건만 성립하면 자동적으로 세트 된다. 그러나 실제 인터럽트의 발생 여부는 개별 인터럽트 허용 비트와 전체 허용 비트에 의해서 결정된다. 실제 인터럽트가 발생하면 이들 플래그 비트는 자동적으로 클리어 되어, 인터럽트 루틴에서 별도로 이들을 클리어 시킬 필요가 없다. 다른 인터럽트 플래그들도 같은데 이것은 다른 마이크로컨트롤러와 다른 점이다. 특히 INT7:0을 저레벨 인터럽트로 선택 했을 경우에는 이들 플래그는 항상 클리어 되어 플래그를 이용하여 프로그램이 불가능 하다. 그리고 SLEEP모드로 들어갔을 때는 INT3:0 인터럽트는 금지된다.

6. 외부 인터럽트

이 인터럽트는 ATmega128의 INT7~INT0 핀에 연결된 외부장치가 레벨 또는 에지 트리거의 변화가 있을 때 EICRA와 EICRB 레지스터의 내용에 따라 발생하는 인터럽트이다. INT7~INT0에 유효한 레벨 또는 에지가 들어오면 [그림6.1]과 같이, EIFR 레지스터의 INTF7 비트는 1로 세트되는데 이때 SREG 비트7의 I와 EIMSK 레지스터의 INT7 비트가 1로 세트되어 있으면 INT7~INT0의 외부 인터럽트가 발생된다. 외부 인터럽트가 발생한 후 3~4 명령 사이클 후에는 I 비트가 0으로 자동적으로 클리어 되어 또 다른 인터럽트의 발생을 금지 시킨다. 이 인터럽트는 EIMSK의 INT7~INT0 비트를 클리어 함으로써 금지(disable)시킬 수 있다.

인터럽트 서비스 루틴에서는 인터럽트가 처리될 때 자동적으로 클리어 되기 때문 명령에 의해서 INTF7 또는 INTF0를 클리어 시킬 필요가 없다.

EIMSK의 INT7~INT0 비트가 세트되어 있는 경우에 외부 인터럽트는 SLEEP으로부터 CPU를 깨울 수 있는데, 이때 INT<7:0>가 SLEEP 이전에 세트되어 있고, I 가 1이면 SLEEP으로부터 깨어난 후 INTx 인터럽트로 들어간다.

[그림 6.1] 외부 인터럽트 발생조건

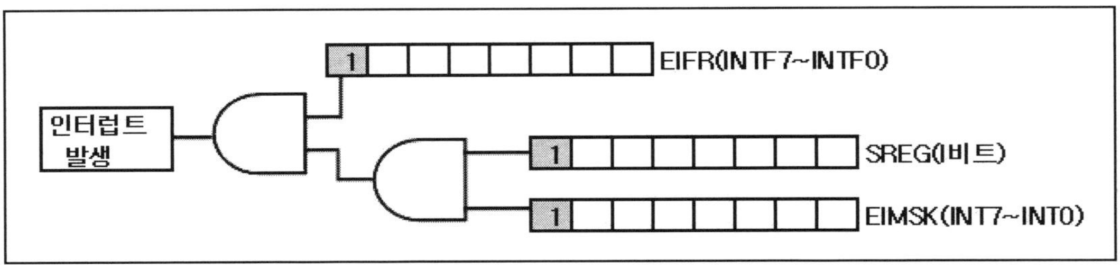

6.3 하드웨어 설명

스위치를 누르면 [그림 6.3]처럼 바운스 현상이 생긴다. 바운스 현상이란 접점이 붙거나 떨어질 때 여러 개의 펄스가 생기는 것을 말한다. 이 현상 때문에 한 번의 스위치의 눌림이 여러 번의 스위치 눌림으로 인식되어 출력된다. [그림 6.2]처럼 결선을 하면 바운스 현상을 제거 할 수 있다.

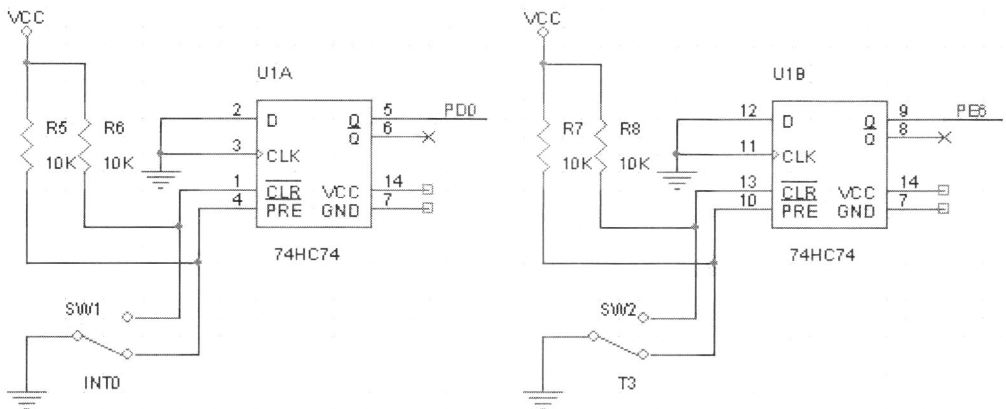

[그림 6.2] 바운스 현상 방지 회로

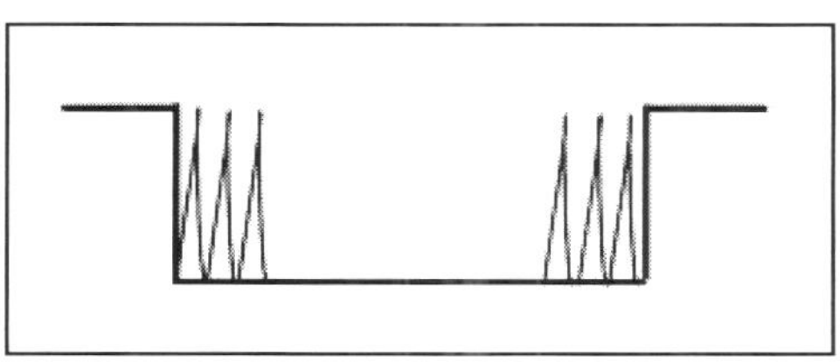

[그림 6.3] 바운스 현상

[그림 6.4]는 Dr. Kim ATmega128 Training Kit의 인터럽트 스위치의 연결된 모습이다.

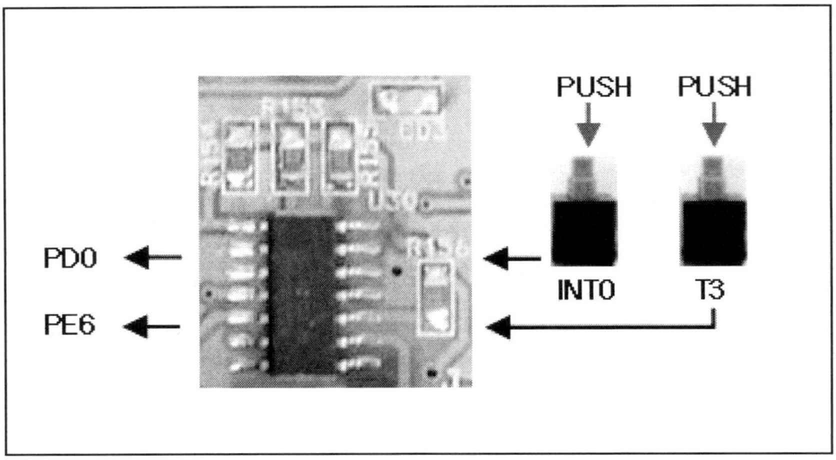

[그림 6.4] ATmega128과 스위치의 연결된 모습

6.4 실험1 - INT0

※ 프로그램 실행

INTERRUPT.hex 파일을 PonyProg2000을 사용하여 다운로드하면 아래와 같이 작동한다.

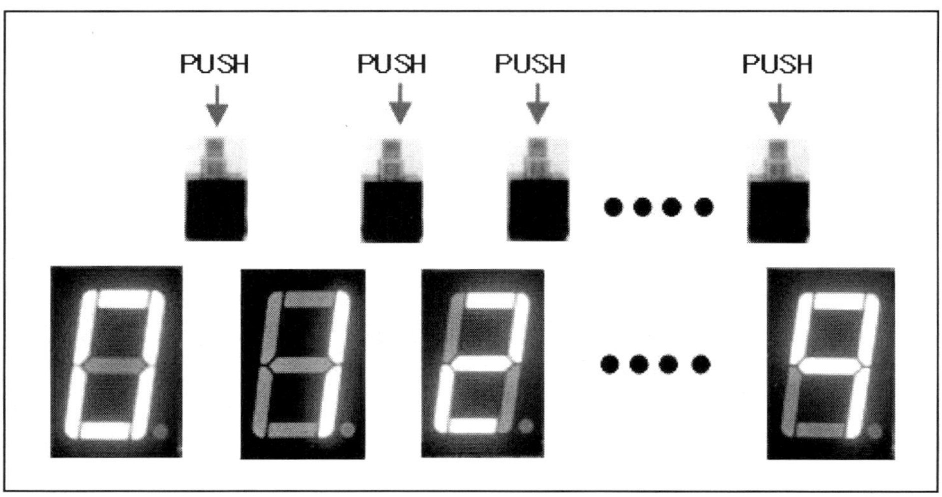

```
/*==========================================================================
    File Name :  INTERRUPT.c
    Explanation
    1. INT0 KEY 를 누르면 7-Segment-1 의 수 가 증가 한다.
    2. 바운스 현상 방지 회로가 없으면 한번의 Switch 눌림으로 2~3번의 인터럽트 발생함
==========================================================================*/
#include <avr/io.h>
#include <avr/signal.h>
#include <avr/interrupt.h>

volatile unsigned char interrupt_count=0;

void initialize(void);

SIGNAL(SIG_INTERRUPT0)  //External Interrupt0
{
    interrupt_count++;
    if(interrupt_count>9)
        interrupt_count=0;
}

int main(void)
{
    initialize();
    DDRD = 0xf0;
    do{
        PORTD = (interrupt_count<<4);
    }while(1);
}

void initialize(void)
{
    EIMSK = 0x01;  //외부 인터럽트 0(INT0) 사용
    EICRA = 0x02;  //falling edge interrupt request
    sei();         //SREG의 최상의 비트 I를 1로 설정 - enable all interrupt
}
```

※ 프로그램 설명

```
#include <avr/signal.h>
#include <avr/interrupt.h>
```

인터럽트를 코딩하기 위해선 인터럽트 서비스 루틴과 레지스터들에 대해 정의되어 있는 헤더 파일 signal.h, interrupt.h 을 포함(include) 시켜야 한다.

```
volatile unsigned char interrupt_count=0;
```

interrupt_count 라는 변수를 전역변수로 선언하는 부분이다. 메인 함수와 인터럽트 서비스 루틴에서 공유하는 전역변수 선언은 주위를 요한다. 인터럽트 서비스 루틴에서 이 변수 값이 변하고 메인 함수에서 그 변수 값에 따라 어떤 일을 처리해야 한다면, 전역변수를 선언할 때 반드시 volatile로 선언해야 한다.

```
SIGNAL(SIG_INTERRUPT0)   //External Interrupt0
{
}
```

인터럽트 서비스 루틴에 대한 설정을 한 후 인터럽트(INT0) 스위치를 누르면, 이 서비스 루틴으로 분기하게 된다. 인터럽트 서비스 루틴 명에 대한 설명은 AvrEdit 프로그램의 메뉴 바에서 도움말 -> AvrEdit 도움말 항목을 선택하면 아래의 그림처럼 도움말 항목 박스가 나타나며, SIGNAL()를 선택하면 인터럽트 서비스 루틴에 대한 설명 및 함수명에 대한 설명이 나온다.

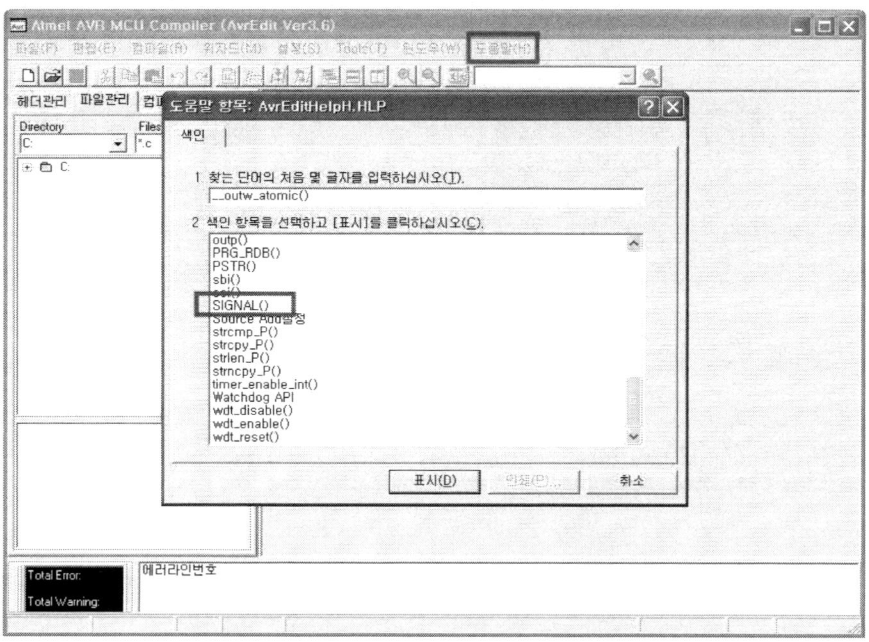

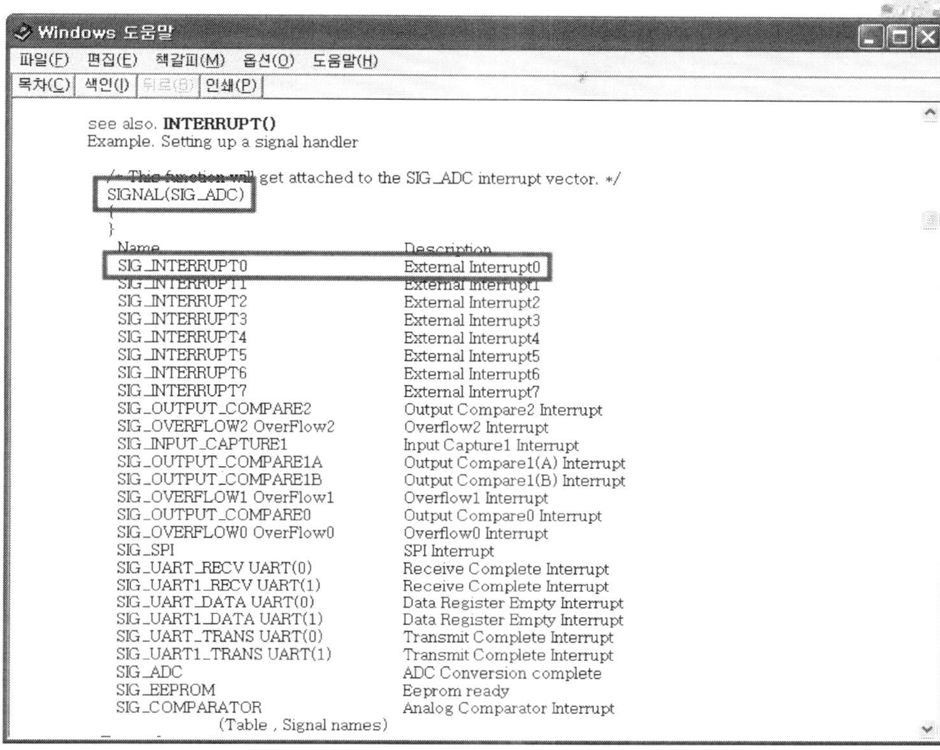

Windows 도움말

파일(F) 편집(E) 책갈피(M) 옵션(O) 도움말(H)

목차(C) 색인(I) 뒤로(B) 인쇄(P)

see also. **INTERRUPT()**
Example. Setting up a signal handler

```
/* This function will get attached to the SIG_ADC interrupt vector. */
SIGNAL(SIG_ADC)
{
}
```

Name	Description
SIG_INTERRUPT0	External Interrupt0
SIG_INTERRUPT1	External Interrupt1
SIG_INTERRUPT2	External Interrupt2
SIG_INTERRUPT3	External Interrupt3
SIG_INTERRUPT4	External Interrupt4
SIG_INTERRUPT5	External Interrupt5
SIG_INTERRUPT6	External Interrupt6
SIG_INTERRUPT7	External Interrupt7
SIG_OUTPUT_COMPARE2	Output Compare2 Interrupt
SIG_OVERFLOW2 OverFlow2	Overflow2 Interrupt
SIG_INPUT_CAPTURE1	Input Capture1 Interrupt
SIG_OUTPUT_COMPARE1A	Output Compare1(A) Interrupt
SIG_OUTPUT_COMPARE1B	Output Compare1(B) Interrupt
SIG_OVERFLOW1 OverFlow1	Overflow1 Interrupt
SIG_OUTPUT_COMPARE0	Output Compare0 Interrupt
SIG_OVERFLOW0 OverFlow0	Overflow0 Interrupt
SIG_SPI	SPI Interrupt
SIG_UART_RECV UART(0)	Receive Complete Interrupt
SIG_UART1_RECV UART(1)	Receive Complete Interrupt
SIG_UART_DATA UART(0)	Data Register Empty Interrupt
SIG_UART1_DATA UART(1)	Data Register Empty Interrupt
SIG_UART_TRANS UART(0)	Transmit Complete Interrupt
SIG_UART1_TRANS UART(1)	Transmit Complete Interrupt
SIG_ADC	ADC Conversion complete
SIG_EEPROM	Eeprom ready
SIG_COMPARATOR	Analog Comparator Interrupt

(Table , Signal names)

이 도움말 항목에는 인터럽트 서비스 루틴 외에 많은 부분들에 대한 설명이 나와 있으므로 다른 항목들 또한 읽어두기 바란다.

```
void initialize(void)
{
    EIMSK = 0x01;  //외부 인터럽트 0(INT0) 사용
    EICRA = 0x02;  //falling edge interrupt request
    sei();         //SREG의 최상의 비트 I를 1로 설정 - enable all interrupt
}
```

외부 인터럽트 0를 사용하기 위해 인터럽트를 설정하는 부분이다. 인터럽트가 발생되기 위해선 [그림 6.1]처럼 설정되어 있어야 한다. SREG의 최하위 비트인 I 비트를 1로 설정해야 하고, EIMSK의 최하위 비트인 INT0를 1로 설정하면 인터럽트 0가 발생되기 위한 필수 조건이 충족된다. 마지막으로 인터럽트 요청 레벨 및 에지 결정을 하기 위해 EICRA와 EICRB 레지스터를 설정해야 한다. 앞에서 설명했듯이 EICRA 레지스터는 INT3~INT0를, EICRB 레지스터는 INT7~INT4의 인터럽트 요청 레벨 및 에지를 결정한다. EICRA에 00000010를 저장하여 falling edge때 인터럽트 0가 요청된다.

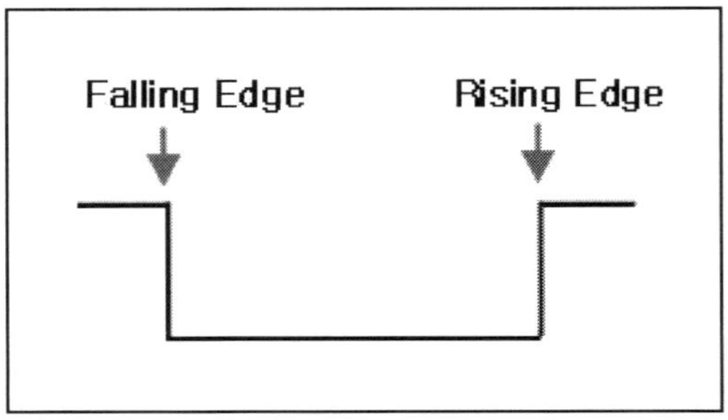


```
do{
    PORTD = (interrupt_count<<4);
}while(1);
```

메인 함수에서는 포트D에 interrupt_count의 값을 4비트 왼쪽으로 자리이동 후 출력하는 것을 무한으로 반복한다. 메인 함수에서는 interrupt_count의 값이 변하지 않는다. 이 변수 값은 인터럽트 서비스 루틴인 SIGNAL(SIG_INTERRUPT0)에서만 변하며, INT0 스위치가 눌리면 EIFR의 최하위 비트인 INTF0가 1로 설정되어 인터럽트 서비스 루틴을 호출하게 되고 interrupt_count의 값이 변하게 된 후, 메인 함수로 복귀 후 출력되게 된다.

6.5 실험2 - 바운스 현상 방지 회로 없는 INT0

※ 프로그램 실행

INTERRUPT1.hex 파일을 PonyProg2000을 사용하여 다운로드하면 실험1과 같이 작동한다.

```
/*=====================================================================
    File Name :  INTERRUPT1.c
    Explanation
    1. INT0 KEY 를 누르면 7-Segment-1 의 수가 증가 한다.
    2. 바운스 현상 방지 회로가 내장 되지 않을 때 소프트웨어로 커버 할 수 도 있음.
=====================================================================*/
```

```
#include <avr/io.h>
#include <avr/signal.h>
#include <avr/interrupt.h>

volatile unsigned char interrupt_count=0;

void initialize(void);
void delay(int d1,int d2);

SIGNAL(SIG_INTERRUPT0)  //External Interrupt0
{                               //SREG 의 I비트가 자동으로 클리어 되고, 복귀할 때 셋 된다.
    interrupt_count++;
    if(interrupt_count>9)
        interrupt_count=0;
    PORTD = (interrupt_count<<4);
    delay(1000,1000); //바운스 현상 제거
    EIFR |= 0x01;      //INT0의 flag를 강제 클리어 한다.1일 때  클리어 된다.
}

int main(void)
{
    initialize();
    DDRD = 0xf0;
    while(1);
}

void initialize(void)
{
    EIMSK = 0x01; //외부 인터럽트 0(INT0) 사용
    EICRA = 0x03; //rising edge interrupt request
    sei();              //SREG의 최상위 비트 I를 1로 설정 - enable all interrupt
}

void delay(int d1,int d2)
{
    int i,j;
    for(i=0;i<d1;i++){
        for(j=0;j<d2;j++);
    }
}
```

※ 프로그램 설명

실험2는 바운스 현상을 방지하는 회로가 없을 경우 프로그램에서 커버하는 방법이다.

실험1과 다른 점은 메인 함수에서 interrupt_count의 값을 출력하지 않는다는 점과 인터럽트 설정 방법 중 EICRA에 00000011을 저장하여 Rising edge 때 인터럽트를 요청한다는 점이다.

```
SIGNAL(SIG_INTERRUPT0)//External Interrupt0
{                              //SREG 의 I비트가 자동으로 클리어 되고, 복귀할 때 셋 된다.
    interrupt_count++;
    if(interrupt_count>9)
        interrupt_count=0;
    PORTD = (interrupt_count<<4);
    delay(1000,1000);  //바운스 현상 제거
    EIFR |= 0x01;      //INT0의 flag를 강제 클리어 한다.1일 때 클리어 된다.
}
```

이 인터럽트 서비스 루틴과 실험1의 루틴의 가장 큰 차이점은 메인 함수로 복귀하기 전 일정시간 지연을 하는 것과 EIFR의 최하위 비트를 강제로 클리어 하는 것이다.

바운스 현상이란 [그림 6.3]처럼 접점이 붙거나 떨어질 때 여러 개의 펄스가 생기는 현상으로 여러 개의 펄스가 생기는 시간동안 입력을 받아들이지 않으면 바운스 현상을 방지 할 수 있다. 그렇기 때문에 메인함수로 복귀하기 전 일정시간을 지연하는 것이다. 그렇다면 EIFR의 최하위 비트는 왜 강제로 클리어 시키는 것일까? 그 이유는 여러 개의 펄스 때문에 EIFR의 최하위 비트가 셋 되어 있기 때문이다. 이 비트를 강제로 클리어 시키지 않으면 INT0 스위치를 한번 누를 때 두 번씩 누른 결과가 나온다.

'EIFR |= 0x01' 이 코드는 EIFR 레지스터의 값 중 최하위 비트만을 1로 만든다는 것이다. EIRF에 0x10이 저장 되어 있고 위와 같이 논리적 OR를 했다면 EIFR의 값은 0x11이 된다. 그렇기 때문에 EIRF의 최하위 비트를 뺀 나머지 값은 그대로 유지된다.

6.6 실험3 - 인터럽트 플래그 사용

※ 프로그램 실행

INTERRUPT2.hex 파일을 PonyProg2000을 사용하여 다운로드하면 실험1과 같이 작동한다.

```
/*=====================================================================
    File Name :  INTERRUPT2.c
    Explanation
    1. INT0 KEY를 누르면 7-Segment-1 의 수 가 증가 한다.
    2. 인터럽트 벡터에 의하지 않고 인터럽트 플래그를 이용한다.
=====================================================================*/
#include <avr/io.h>
#include <avr/signal.h>
#include <avr/interrupt.h>

void initialize(void);
void delay(int d1,int d2);

int main(void)
{
    unsigned char interrupt_count=0,flag;

    initialize();
    DDRD = 0xf0;
    do{
        flag = EIFR & 0x01;
        if(flag){
            interrupt_count++;
            if(interrupt_count>9)
                interrupt_count=0;
            PORTD = (interrupt_count<<4);
            EIFR |= 0x01;   //INT0의 flag를 강제 클리어 한다.1일 때 클리어 된다.
        }
    }while(1);
}

void initialize(void)
{
    EIMSK = 0x01;  //외부 인터럽트 0(INT0) 사용
    EICRA = 0x02;  //falling edge interrupt request
    cli();         //SREG의 최상위 비트 I를 0로 설정 - stop all interrupt
}

void delay(int d1,int d2)
{
    int i,j;
    for(i=0;i<d1;i++){
        for(j=0;j<d2;j++);
    }
}
```

※ 프로그램 설명

실험3은 인터럽트 벡터를 사용하지 않고 인터럽트 플래그를 사용하여 코딩하는 방법이다.

```
cli();          //SREG의 최상위 비트 1를 0으로 설정 – stop all interrupt
```

이 부분은 모든 인터럽트를 허용하지 않는 것이다. 이처럼 코딩하게 되면 인터럽트 0만 불허가 되는 것이 아니라 모든 인터럽트가 허용되지 않는다.

```
flag = EIFR & 0x01;
if(flag){
```

EIFR과 00000001을 논리적 AND를 하여 Flag에 저장하는 것이다. 그렇다면 EIFR의 값이 변하면 Flag의 값이 어떻게 될까?

EIFR의 값	flag의 값
00000000	00000000
00000001	00000001
00000010	00000000
00000011	00000001
11111111	00000001

위의 표와 같이 Flag의 7비트~1비트의 값은 EIFR의 값과 상관없이 항상 '0'의 값이 되며, Flag의 0비트 값만이 EIFR의 수치가 그대로 저장되게 된다. 따라서 논리적 AND는 원하는 부분을 항상 '0'으로 만들 때 주로 사용된다.

if문은 항상 '0' 아닌지를 체크한 후 분기 하는 명령어이다. 따라서 if(flag)는 if(flag != 0)와 같은 뜻이 된다.

ATmega128

CHAPTER 7

제 7 장 TIMER/COUNTER

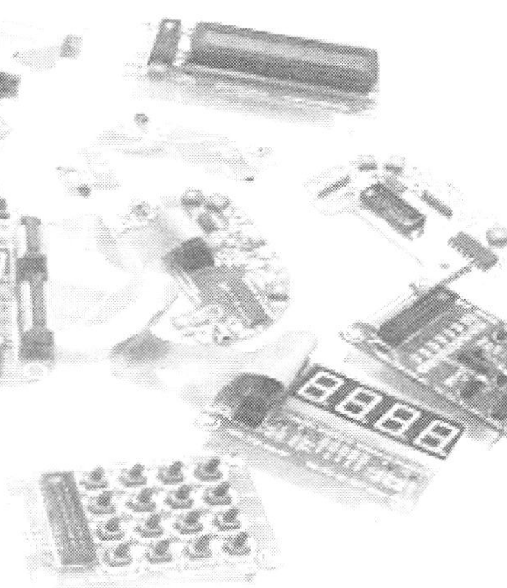

7.1 Timer/Counter의 개요

ATmega128에는 모두 4개의 Timer/Counter 모듈이 있으며, 두 개의 8-bit(Timer/Counter0, 2)와 두 개의 16-bit(Timer/Counter1, 3)로 구성된다. 이들은 모두 Pulse Width Modulator(PWM) 모듈과 Auto reload 기능 및 Output Compare(OC) 기능을 가지고 있다. 타이머/카운터는 내부 클록을 카운트하는 타이머나 외부 핀을 통하여 들어오는 펄스를 카운트 하는 카운터로 사용할 수 있다. 이들 타이머/카운터 앞에는 10비트 프리스케일러가 놓여 있는데 이것은 내부클록을 최대 1/1024까지 분주하는데 사용한다. 이것은 타이머/카운터에 들어오는 클록을 분주함으로써 전체적으로 카운트 값을 증가시키는 역할을 한다.

이들 타이머/카운터는 타이머나 카운터 중의 하나로 사용이 가능하나 타이머/카운터 0만은 타이머로만 사용이 가능하고 카운터로는 사용할 수 없다. 이들은 오버플로 발생 시 오버플로 인터럽트를 발생하고, 비교일치 시 비교일치 인터럽트를 발생할 수 있으며, 타이머/카운터1과 타이머/카운터3은 캡처 인터럽트도 발생할 수 있다.

■ ATmega128의 타이머/카운터 종류 및 기능

기능 / 종류	TCNT 레지스터의 비트수	타이머 기능	카운터 기능	Compare 기능	Capture 기능	파형발생 기능
타이머/카운터0	8	○	×	○	×	○
타이머/카운터1	16	○	○	○	○	○
타이머/카운터2	8	○	○	○	×	○
타이머/카운터3	16	○	○	○	○	○

7.2 Timer/Counter0 (8-bit Timer/Counter)

Timer/Counter0은 TOSC1, TOSC2에 의해 공급되는 클록, I/O 클록 및 외부 비동기 클록을 입력으로 받아 동작하며, Overflow 및 Compare match에서 인터럽트를 발생 시킬 수 있다. Timer/Counter0은 "Timer/Counter Control Register - TCCR", "Timer/CouNTer Register - TCNT0", "Output Compare Register - OCR0", "Timer Interrupt Flag Register - TIFR" 과 "Timer Interrupt Mask Register - TIMSK" 레지스터에 의해 제어된다.

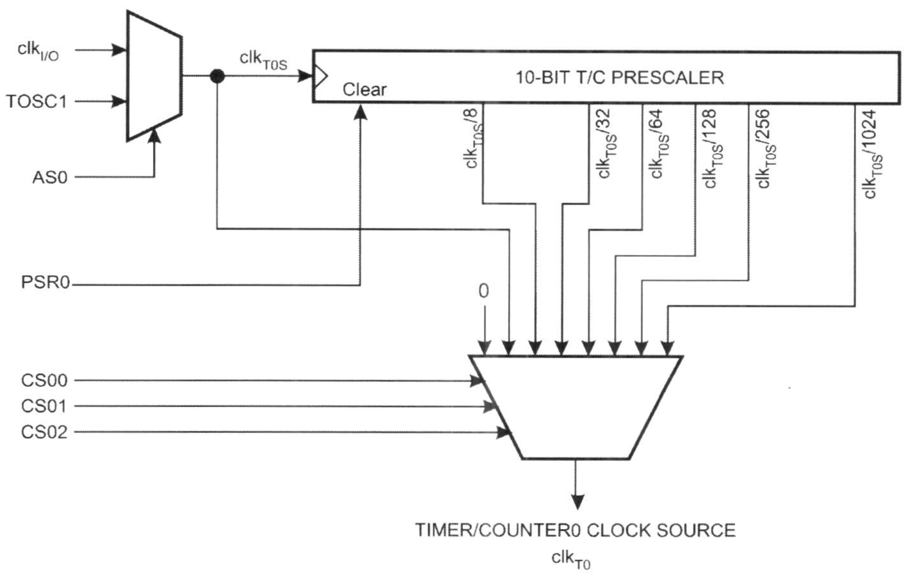

[그림 7.1] Timer/Counter0의 Prescaler 및 클록 발생 구조

[그림 7.1]에서 보듯이 Timer/Counter0에 공급되는 클록은 MCU 클록과 동일한 clkI/O 또는 외부 비동기 클록을 공급 받을 수 있으며 이는 "ASynchronous StatusRegister - ASSR"의 AS0 비트에 의해 선택될 수 있다. AS0의 값이 '0'이면 MCU 클록이, '1'이면 TOSC1과 TOSC2에 연결된 클록을 공급 받는다.

10-bit으로 구성된 Prescaler는 "Special Function IO Register - SFIOR" 레지스터의 PSR0 비트의 값이 '1'로 설정되면 모든 값이 초기화(0으로 설정)되며, '0'일 경우 정상적인 Prescaler의 동작을 수행한다.

Prescaler에서 분주된 클록은 "Timer/Counter Control Register - TCCR0"의 CS02, CS01,

CS00 비트의 값에 따라 Timer/Counter0에 공급되는 클록이 선택된다.

그리고 타이머/카운터0 오버플로 인터럽트는 sleep 상태에 있는 프로세서를 깨울 수 없다. 타이머/카운터0는 sleep기간 동안 동작하지 않기 때문이다.

CS02	CS01	CS00	Description
0	0	0	No Clock Source(Timer/Counter stopped)
0	0	1	clkT0S/1 (No prescaling)
0	1	0	clkT0S/8 (From prescaler)
0	1	1	clkT0S/32 (From prescaler)
1	0	0	clkT0S/64 (From prescaler)
1	0	1	clkT0S/128 (From prescaler)
1	1	0	clkT0S/256 (From prescaler)
1	1	1	clkT0S/1024 (From prescaler)

[그림 7.2]는 counter와 그 주변 회로에 대한 블록도이다. Counter는 동작 모드에 따라 매 timer clock(clkT0)마다 초기화, 증가 또는 감소 되도록 동작한다. Timer clock(clkT0)은 앞의 [그림 7.1]에서와 같이 prescaler를 거쳐 출력된다.

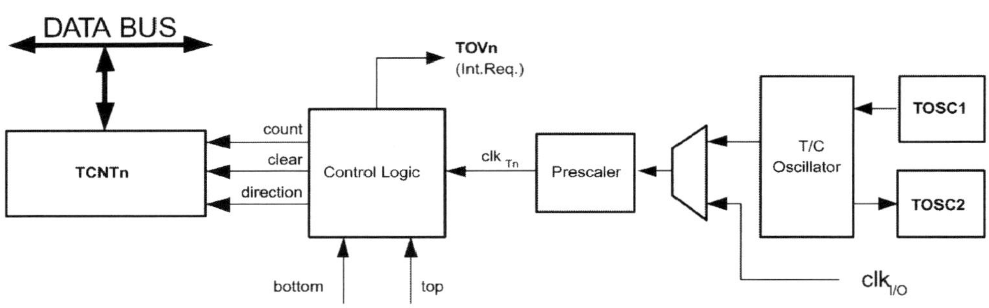

[그림 7.2] Counter Unit Block Diagram

[그림 7.3]의 Output compare unit의 블록도와 같이 8-bit "Timer/Counter Register0 – TCNT0" 레지스터와 "Output Compare Register – OCR0"를 계속 비교하여 TCNT0 레지스터의 값과 OCR0 레지스터의 값이 일치할 때마다 compare match 신호를 발생시킨다. 이 신호는 "output compare flag – OCF0"를 '1'로 설정하며 "output compare interrupt enable0 – OCIE0"가 '1'로 설정되어 있으면 인터럽트 신호를 발생 시킨다. 인터럽트가 실행되면 OCF0는 자동으로 '0'으로 변경된다.

Compare match 신호는 Waveform Generator에 입력으로 인가되며, Waveform Generator

는 "waveform generation mode for timer/counter0 - WGM01:0"과 "compare output mode for timer/counter0 - COM01:0" 및 "force output compare0 - FOC0"에 의해 제어되며 이 값이 OCn으로 출력 된다.

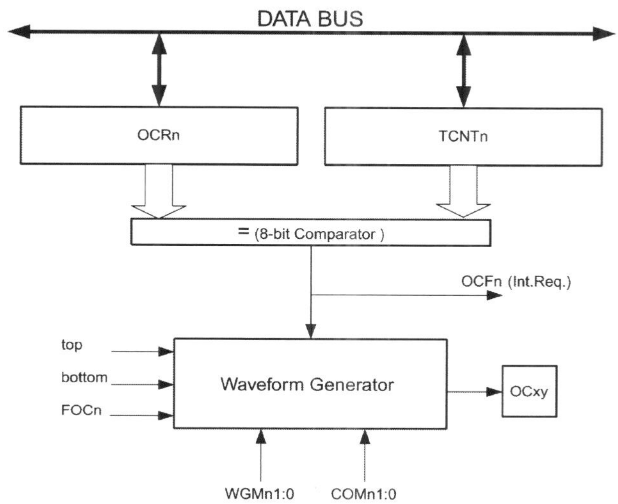

[그림 7.3] Output Compare Unit

"Output Compare n - OCn" 핀은 PORT 레지스터와 DDR 레지스터 및 [그림 7.3]과 같이 "Waveform Generator"에 입력되는 "Compare Output Mode n - COMn1:0"에 영향을 받는다.

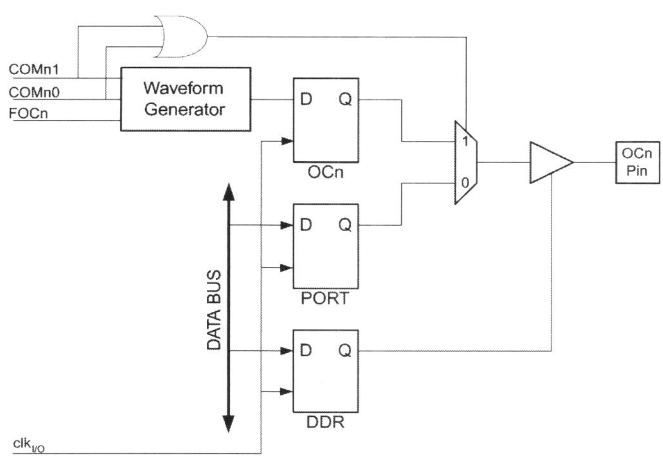

[그림 7.4] Compare Match Output Unit Schematic

[그림 7.4]에는 Compare match output unit의 블록도를 보이고 있으며, COMn1:0의 값이 "00"일 경우 PORT 레지스터에 설정된 값이 출력되며 그 이외의 값을 가질 경우에는 "Waveform Generator"에서 출력되는 OCn의 값이 출력으로 연결된다. 최종 OCn의 핀에 출력되는 결과는 DDR 레지스터에 제어를 받는다. 이 모든 출력은 MCU 클록인 clkI/O에 의해 동기화 된다.

Compare output mode와 Waveform generation mode는 제어 레지스터인 "Timer/ Counter Control Register - TCCR0"에 의해 결정된다.

TCCR0(Timer/counter Control Register0) 및 TCCR2는 판독과 기록이 가능한 레지스터로, 주로 타이머/카운터0 및 타이머/카운터2의 클록소스의 분주비 설정, 타이머/카운터0 및 타이머/카운터2의 비교일치 모드 및 파형발생 모드를 설정하는 데에도 사용된다.

▸ TCCR0 및 TCCR2 레지스터의 보다 구체적인 용도는 다음과 같다.

- 타이머 프리스케일러의 분주 비 결정
- 타이머/카운터2를 카운터로 사용할 경우 하강에지 또는 상승에지 에서 카운트할 것인지 결정
- 비교일치시 OC0를 토글(toggle), 클리어 또는 세트 중 하나로 결정
- 파형 생성을 PWM, CTC 또는 고속 PWM 중 하나로 결정
- 비교 일치시 파형 발생장치를 On할 것인지 결정

▸ Timer/Counter Control Register - TCCR0

Bit	7	6	5	4	3	2	1	0
	FOC0	WGM00	COM01	COM00	WGM01	CS02	CS01	CS00
Read/Write	W	R/W	R/W	R/W	R/W	R/W	R/W	R/W
Initial Value	0	0	0	0	0	0	0	0

- Bit 7 - FOC0 : Force Output Compare

  WGM 비트가 non-PWM 모드일 때만 활성화 된다. PWM 모드에서 TCCR0 레지스터에 기록될 때는 반드시 '0'으로 기록되어야 한다. FOC0가 '1'로 지정되면 waveform generation unit에 compare match가 강제로 지정된다. FOC0 비트는 쓰기 전용이며, 이 값을 읽으면 항상 '0'으로 읽힌다.

- Bit 6,3 : WGM01..00 : Waveform Generation Mode
  WGM01, WGM00 비트의 값에 따라 Normal("00"), PWM - phase correct("01"), CTC("10"), Fast PWM("11")로 Waveform generation mode가 설정된다.

- Bit 5,4 : COM01..00 : Compare Match Output Mode
  Compare match output mode 비트는 WGM 비트에 의해 non-PWM, Fast PWM, PWM - phase correct 모드에 따라 각각 다르게 동작한다.

i) non-PWM Mode

COM01	COM00	Description
0	0	Normal port operation, OC0 disconnected
0	1	Toggle OC0 on compare match
1	0	Clear OC0 on compare match
1	1	Set OC0 on compare match

ii) Fast-PWM Mode

COM01	COM00	Description
0	0	Normal port operation, OC0 disconnected
0	1	Reserved
1	0	Clear OC0 on compare match, set OC0 at TOP
1	1	Set OC0 on compare match, clear OC0 at TOP

iii) PWM-Phase Correct Mode

COM01	COM00	Description
0	0	Normal port operation, OC0 disconnected
0	1	Toggle OC0 on compare match
1	0	Clear OC0 on compare match when upcounting. Set OC0 on compare match when downcounting.
1	1	Set OC0 on compare match when upcounting. Clear OC0 on compare match when downcounting.

※ PWM 모드에서 OCR0 레지스터의 값이 TOP과 같고 COM01이 '1'의 값을 가질 경우 compare match는 무시되고 OC0의 값은 COM00의 값에 따라 TOP에서 set 또는 clear 된다.

- Bit 2,1,0 – CS02..00 : Clock Select
  Timer/Counter0에 공급되는 클록을 설정하는 비트로써 [그림 6.1]의 Prescaler 부분에서 설명한 것을 참고하기 바란다.

Timer/Counter0의 "Timer/Counter Register – TCNT0", "Output Compare Register-OCR0"는 8-bit의 크기를 가진다. TCNT0 레지스터는 읽기/쓰기 모두 가능하나 타이머의 동작 중 TCNT0 레지스터에 값을 써 넣으면 TCNT0와 OCR0 레지스터사이의 비교 동작이 정상적으로 수행되지 않을 수 있다.

[그림 7.5]는 8-bit Timer/Counter0의 블록도를 나타내고 있으며, 지금까지 설명되었던 Timer/Counter0의 공급 클록에 대한 부분과 제어 로직, 비교, 파형 발생기와 비동기 클록에 의한 동작 모드의 상태 레지스터들의 구성을 간략히 보이고 있다.

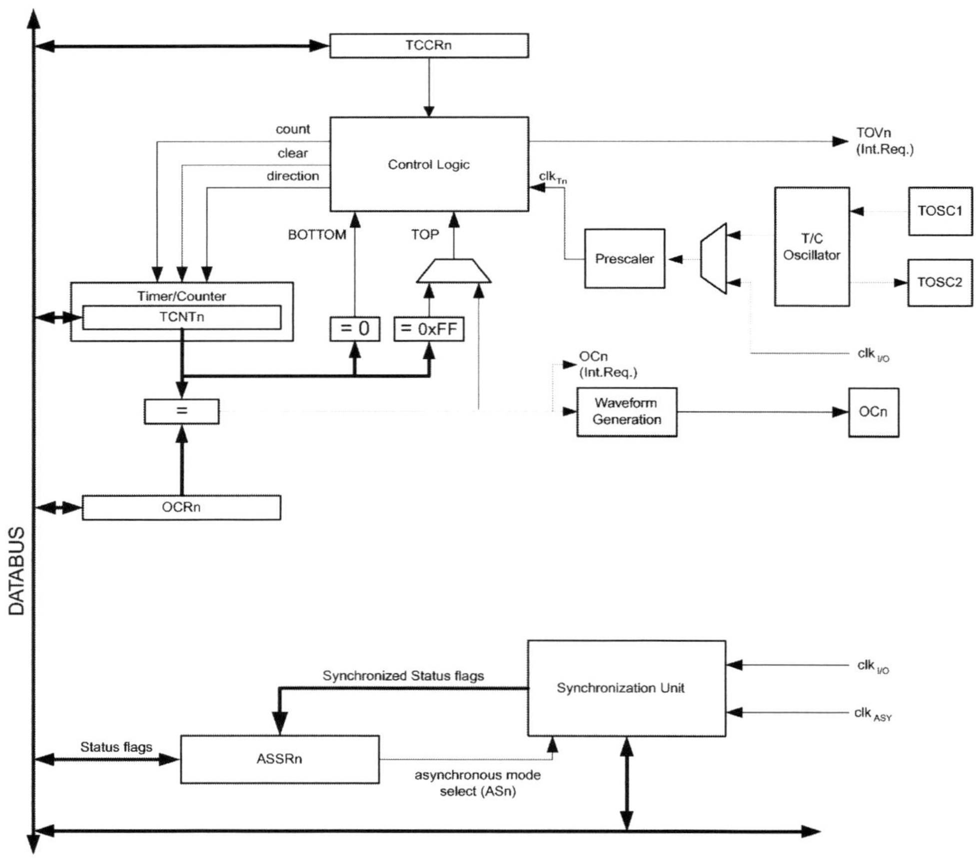

[그림 7.5] Block Diagram of 8-Bit Timer/Counter0

Timer/Counter의 비동기 클록에 의한 동작 방식은 "Asynchronous Status Register - ASSR"의 AS0 비트에 의해 지정할 수 있으며, ASSR 레지스터의 하위 3비트에 의해 Timer/Counter0의 비동기 클록에 의한 동작 상태를 확인할 수 있다.

Timer/Counter0에 의해 인터럽트를 발생시키거나 발생된 인터럽트를 확인하기 위해서 "Timer/Counter Interrupt Mask Register - TIMSK" 레지스터와 "Timer/Counter Interrupt Flag Register - TIFR"을 사용한다. TIMSK, TIFR 레지스터의 하위 2비트만이 Timer/Counter0에 해당된다.

TIMSK(Timer/counter Interrupt Mask Register)는 타이머/카운터0, 타이머/카운터1 및 타이머/카운터2에 관련된 인터럽트를 개별적으로 허용 또는 금지하는 레지스터이다. SREG의 I 비트를 1로 세트하여 인터럽트가 전제적으로 허용되고 이 레지스터의 해당 비트가 1로 세트되어 특정의 인터럽트를 개별적으로 허용한 경우에만 해당 인터럽트가 요청되면 인터럽트가 발생한다.

▶ Timer/Counter Interrupt Mask Register - TIMSK

Bit	7	6	5	4	3	2	1	0
	OCIE2	TOIE2	TICIE1	OCIE1A	OCIE1B	TOIE1	OCIE0	TOIE0
Read/Write	W	R/W	R/W	R/W	R/W	R/W	R/W	R/W
Initial Value	0	0	0	0	0	0	0	0

- Bit 7 - OCIE2 : Timer/Counter2 Output Compare Match Interrupt Enable

  이 비트는 타이머/카운터2 출력 비교일치 인터럽트를 개별적으로 허용 또는 금지한다.

- Bit 6 - TOIE2 : Timer/counter2 Overflow interrupt Enable

  이 비트는 타이머/카운터2 오버플로 인터럽트를 개별적으로 허용 또는 금지하는데 사용된다. 그러므로 SREG의 I 비트와 TIMSK의 이 비트가 세트되어 있는 가운데 TIFR의 TOV2 플래그가 세트되면 타이머/카운터2 오버플로 인터럽트가 발생한다.

- Bit 5 - TICIE1 : Timer/counter1 Input Capture Interrupt Enable

  이 비트는 타이머/카운터1 입력 캡처 인터럽트를 개별적으로 허용 또는 금지한다.

- Bit 4 – OCIE1A : Timer/counter1 Output Compare A Interrupt Enable
  이 비트는 타이머/카운터1 출력 비교일치A 인터럽트를 개별적으로 허용 또는 금지한다.

- Bit 3 – OCIE1B : Timer/counter1 Output Compare B Interrupt Enable
  이 비트는 타이머/카운터1 출력 비교일치B 인터럽트를 개별적으로 허용 또는 금지한다.

- Bit 2 – TOIE1 : Timer/counter1 Overflow Interrupt Enable
  이 비트는 타이머/카운터1 오버플로 인터럽트를 개별적으로 허용 또는 금지한다.

- Bit 1 – OCIE0 : Timer/Counter0 Output Compare Match Interrupt Enable
  OCIE0 비트가 '1'로 설정되고 SREG의 I 비트가 '1'로 설정되면 Timer/Coutner0의 Compare match 인터럽트가 허용된다. 인터럽트가 발생하면 TIFR 레지스터의 OCF0 비트를 '1'로 설정한다.

- Bit 0 – TOIE0 : Timer/Counter0 Overflow Interrupt Enable
  TOIE0 비트가 '1'로 설정되고 SREG의 I 비트가 '1'로 설정되면 Timer/Coutner0의 Overflow 인터럽트가 허용된다. 인터럽트가 발생하면 TIFR 레지스터의 TOV0 비트를 '1'로 설정한다.

TIFR(Timer/counter Interrupt Flag Register)는 타이머/카운터0, 타이머/카운터1 및 타이머/카운터2의 오버플로 플래그와 출력비교 플래그 및 입력캡처 플래그를 포함한다.
각 플래그는 해당 인터럽트 벡터를 처리할 때 하드웨어적으로 클리어 되며, 소프트웨어에 의해서는 해당 비트에 1을 기록하면 클리어 된다.

▸ Timer/Counter Interrupt Flag Register – TIFR

Bit	7	6	5	4	3	2	1	0
	OCF2	TOV2	ICF1	OCF1A	OCF1B	TOV1	OCF0	TOV0
Read/Write	W	R/W	R/W	R/W	R/W	R/W	R/W	R/W
Initial Value	0	0	0	0	0	0	0	0

• Bit 7 - OCF2 : Timer/Counter2 Output Compare Flag

이 비트는 타이머/카운터2와 OCR2(Output Compare Register2)를 비교하여 일치 될 때 세트되며, 해당 인터럽트 벡터를 처리할 때 하드웨어적으로 자동으로 클리어 된다. 또한 소프트웨어적으로도 이 비트에 1을 기록하면 이 비트는 강제적으로 클리어 되는데, AVR은 이와 같이 1을 기록해주어야 클리어 된다는 점이 다른 마이크로컨트롤러와 다른 점이다. SREG의 I 비트와 TIMSK의 OCIE2 비트가 세트되어 있을 때 이 비트가 세트되면 타이머/카운터2 비교일치 인터럽트(벡터번호 10 : 벡터주소 $0012)가 발생한다.

• Bit 6 - TOV2 : Timer/Counter2 Overflow Flag

이 비트는 타이머/카운터2에서 오버플로가 발생할 때 세트된다. SREG의 I 비트와 TIMSK의 TOIE2 비트가 세트되어 있을 때 이 비트가 세트되면 타이머/카운터2 오버플로(TIMER2 OVF,벡터번호 11 : 벡터주소 $0014) 인터럽트가 발생한다. PWM 모드에서는 $0000에서 타이머/카운터1이 카운트 방향을 바꾸면 세트된다.

• Bit 5 - ICF1 : Input Capture Flag 1

이 비트는 타이머/카운터1에서 입력 캡처가 이루어지면 세트된다. 입력 캡처는 TCNT1 값이 ICR1(Input Capture Register 1)으로 옮겨갔음을 의미하며, 해당 인터럽트 벡터를 처리할 때 하드웨어에 의해서 자동적으로 클리어 된다. SREG의 I 비트와 TIMSK의 TICIE1 비트가 세트되어 있을 때 이 비트가 세트되면 타이머/카운터1 캡처(TIMER1 CAPT, 벡터번호 12 : 벡터주소 $0016)의 인터럽트가 발생한다.

• Bit 4 - OCF1A : Output Compare Flag 1A

이 비트는 타이머/카운터1과 OCR1A(Output Compare Register1 A) 간에 비교일치가 발생할 때 세트된다.

• Bit 3 - OCF1B : Output Compare Flag 1B

이 비트는 타이머/카운터1과 OCR1B(Output Compare Register B)간에 비교일치가 발생할 때 세트된다. SREG의 I 비트와 TIMSK의 OCIE1B 비트가 세트되어 있을 때 이 비트가 세트되면 타이머/카운터1 비교일치 B(TIMER1 COMP B, 벡터번호 14 : 벡터주소 $001A)의 인터럽트가 발생한다.

- Bit 2 – TOV1 : Timer/counter1 Overflow Flag

  이 비트는 타이머/카운터1에서 오버플로가 발생할 때 세트된다. SREG의 I 비트와 TIMSK의 TOIE1 비트가 세트되어 있을 때 이 비트가 세트되면 타이머/카운터1 오버플로(TIMER1 OVF, 벡터번호 15 : 벡터주소 $001C)의 인터럽트가 발생한다. PWM모드에서는 $0000에서 타이머/카운터1이 카운트 방향을 바꾸면 세트된다.

- Bit 1 – OCF0 : Output Compare Flag 0

  이 비트는 Timer/Counter0와 OCR0의 값이 일치할 경우 세트된다. 해당 인터럽트 벡터를 처리할 때 하드웨어에 의해서 자동적으로 클리어 된다.

- Bit 0 – TOV0 : Timer/Counter0 Overflow Flag

  이 비트는 Timer/Counter0에 오버플로가 발생하면 세트된다. 해당 인터럽트 벡터를 처리할 때 하드웨어에 의해서 자동적으로 클리어 된다.

다음은 8비트 타이머/카운터(타이머/카운터0, 타이머/카운터2)에 대한 요약이며, 그림은 타이머/카운터0 오버플로 인터럽트의 구조를 나타낸다.

- 8비트 타이머
- 주파수 발생기
- Auto Reload
- 프로그램이 가능한 10비트 클록 프리스케일러
- Glitch가 없는 위상변경이 가능 한 PWM
- 비교 일치 시 비교일치 인터럽트 요청(OCF0, OCF2)
- 오버플로 인터럽트 요청(TOV0, TOV2)
- I/O 클록과는 별도로 타이머/카운트0는 외부 32MHz 크리스털로부터 클록 가능

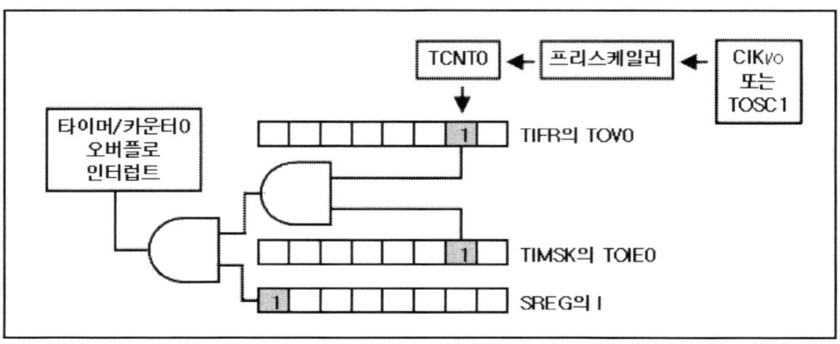

[그림 7.6] 타이머/카운터0 오버플로 인터럽트 구조

7.3 Timer/Counter1,3 (16-bit Timer/Counter)

ATmega128은 16-bit의 Timer/Counter1과 Timer/Counter3이 있으며, 16-bit의 PWM과 각 세 개의 독립적인 output compare unit가 하나의 input capture unit을 가지고 있다. 또한 16-bit의 Timer/Counter 모듈은 10개의 독립적인 인터럽트를 발생시킬 수 있으며 PWM의 주기를 가변시킬 수 있고 외부 이벤트를 카운트 할 수 있다.
[그림 7.7]은 16-bit Timer/Counter의 블록도이다.

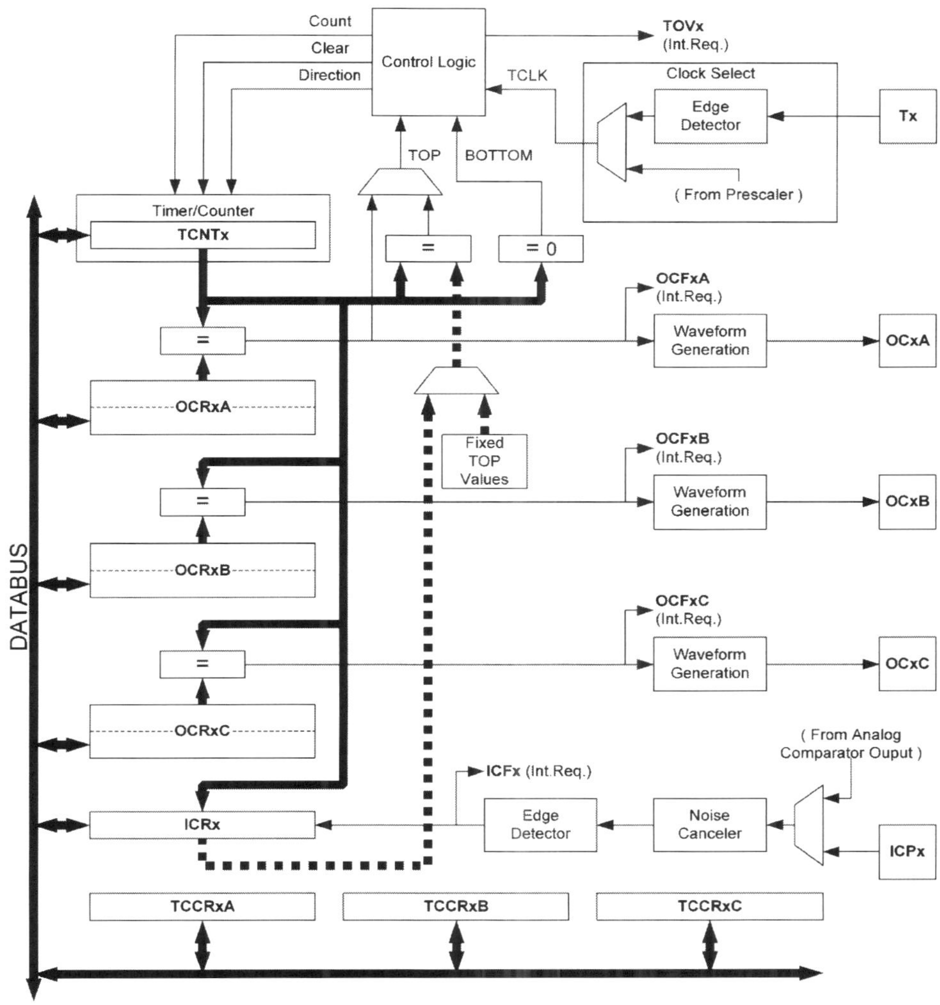

[그림 7.7] 16-bit Timer/Counter Block Diagram

Timer/Counter1,2,3은 분주기를 거친 내부 클록이나 Tx 핀에 의한 외부 클록을 입력으로 받아 Timer/Counter 클록인 TCLK로 사용할 수 있다. [그림 7.8]에는 Tx 핀의 입력을 샘플링하는 회로와(그림에서는 Tx를 Tn으로 표시) [그림 7.9]에서는 내부 클록의 Prescaler의 블록도를 보이고 있다.

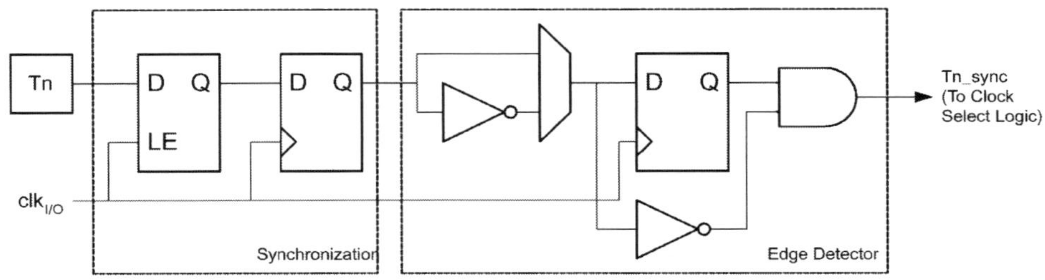

[그림 7.8] 입력 Tx 핀의 sampling

Tx핀으로 들어오는 입력 신호는 MCU 사이클마다 샘플링 되고, 이러한 동기 회로를 거친 신호는 Edge detector로 넘어간다. Edge detector는 "Timer/Counter x Control Register B – TCCRxB" 레지스터의 CSn2..0의 값이 "111"이면 positive edge에서, "110"이면 negative edge에서 검출한다.

CSn2..0의 값이 "000"이면 No clock이 선택되고 "001"이면 clkI/O/1, "010"이면 clkI/O/8, "011"이면 clkI/O/64, "100"이면 clkI/O/256, "101"이면 clkI/O/1024의 값이 선택된다.

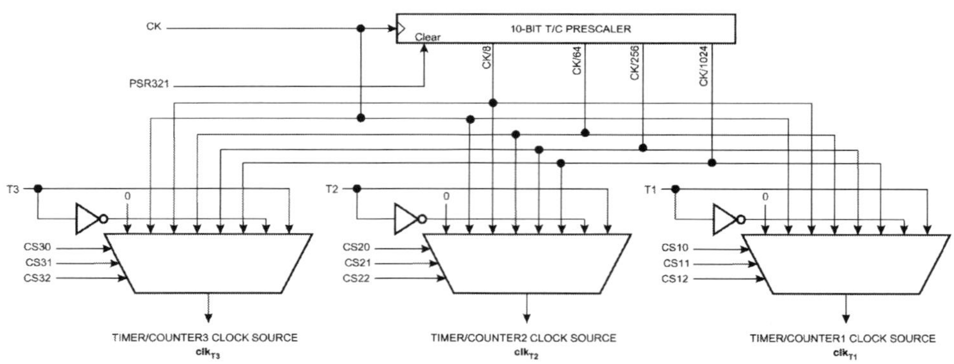

[그림 7.9]. Prescaler for Timer/Counter1, Timer/Counter2 and Timer/Counter3

[그림 7.9]와 같은 분주회로를 거쳐 입력으로 선택된 클록은 [그림 7.10]의 Counter Unit으로 입력된다. 16-bit counter인 TCNTn은 상위 8-bit의 TCNTnH와 하위 8-bit의 TCNTnL로 나뉜다.

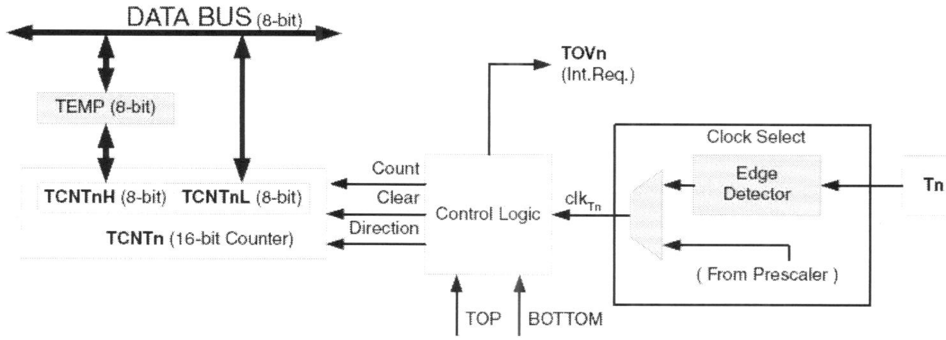

[그림 7.10]. Counter Unit Block Diagram

16-bit Timer/Counter에는 Input Capture unit이 존재하며 이는 외부에서 발생한 이벤트에 발생한 시간을 함께 기록하는 것으로 ICPn 핀에 이벤트가 발생하면 이때의 TCNTn의 값을 읽어 ICRn 레지스터에 기록한다. [그림 7.11]은 Input Capture Unit의 블록도이다.

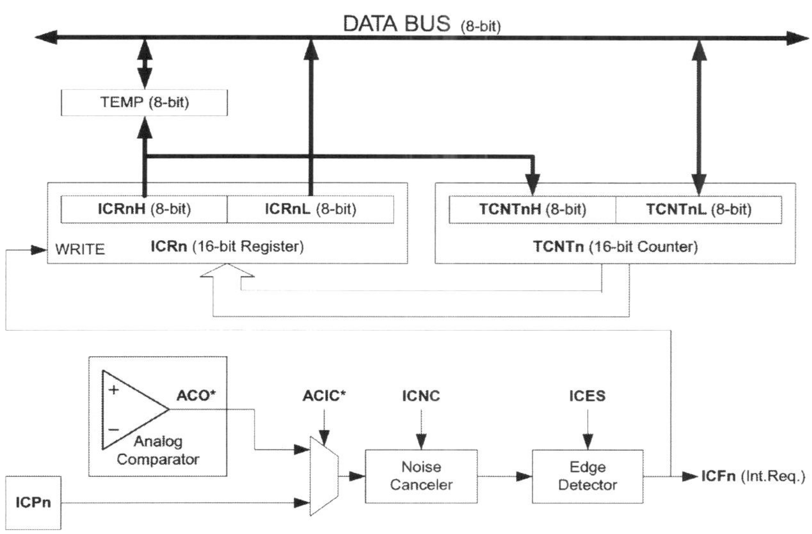

[그림 7.11] Input Capture Unit Block Diagram

Timer/Counter1의 경우 Analog comparator의 출력을 외부 이벤트로 감지할 수 있으며, 이 기능은 Timer/Counter3에는 적용되지 않는다. Input capture는 "Input Capture Pin - ICPn"을 주 신호원으로 하고 Timer/Counter1의 경우 Analog comparator의 출력("Analog Comparator Output - ACO")을 사용하기 위해 "Analog Comparator Control and Status Register - ACSR" 레지스터의 "Analog Comparator Input Capture - ACIC"를 설정하면 된다.

ICPn과 ACO는 ACIC에 의해 선택되며, 이 신호는 "Timer/Counter Control Register B - TCCRnB"의 "Input Capture Noise Canceler - ICNCn"에 의해 잡음제거기의 사용 유무를 결정하고, TCCRnB 레지스터의 "Input Capture Edge Select - ICESn"의 설정에 따라 상승/하강 edge가 선택되어 ICRn에 TCNTn의 값이 기록된다.

[그림 7.12]은 Output compare unit의 블록도를 나타내고 있으며, TCNTn의 값이 OCRnx의 값과 비교되어 waveform generator를 거쳐 OCnx로 출력된다. 16-bit Timer/Counter1,3에는 각각 A, B, C 세 개의 output compare unit이 있으며 OCnx의 'x'는 A, B, C 중 하나를 의미한다.

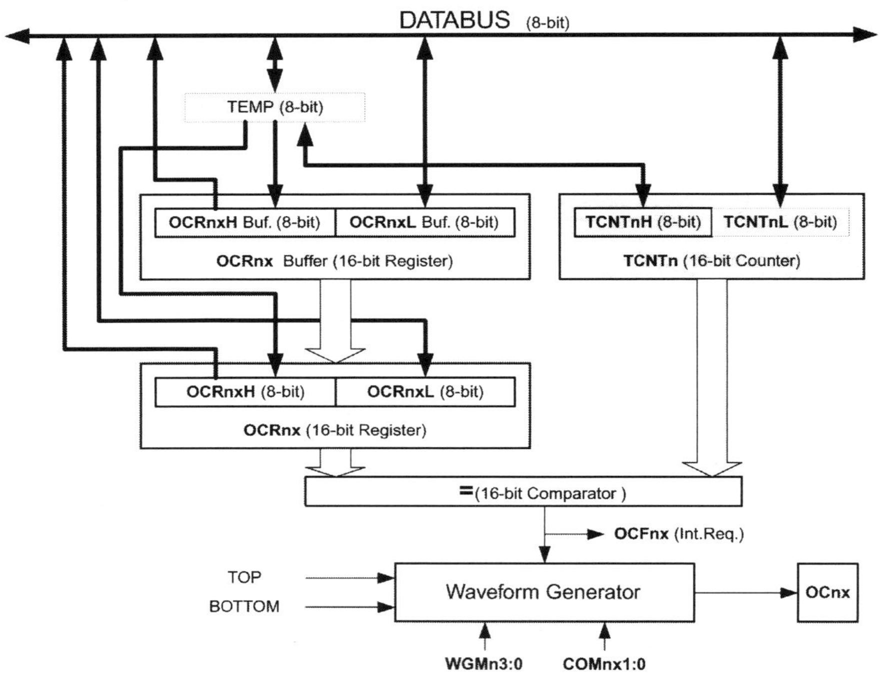

[그림 7.12] Block Diagram of Output Compare Unit

16-bit Timer/Counter control register는 A, B 두 개의 레지스터로 구성되며 A 레지스터는 compare output mode와 waveform generation mode를 선택할 수 있다.

Compare output mode는 waveform generation mode에 따라 non-PWM, Fast PWM, Phase correct and Phase and Frequency correct PWM mode에 따라 각각 다른 동작을 한다. OCnA, OCnB, OCnC의 output compare 출력 핀은 각 해당되는 포트의 "Data Direction Register x - DDRx"의 값을 출력으로 설정해야 한다.

▸ Timer/Counter1 Control Register A - TCCR1A

Bit	7	6	5	4	3	2	1	0
	COM1A1	COM1A0	COM1B1	COM1B0	COM1C1	COM1C0	WGM11	WGM10
Read/Write	R/W	R/W	R/W	R/W	R/W	R/W	R/W	R/W
Initial Value	0	0	0	0	0	0	0	0

▸ Timer/Counter3 Control Register A - TCCR3A

Bit	7	6	5	4	3	2	1	0
	COM3A1	COM3A0	COM3B1	COM3B0	COM3C1	COM3C0	WGM31	WGM30
Read/Write	R/W	R/W	R/W	R/W	R/W	R/W	R/W	R/W
Initial Value	0	0	0	0	0	0	0	0

- Bit 7..6 - COMnA1..0 : Compare Output Mode for Channel A
- Bit 5..4 - COMnB1..0 : Compare Output Mode for Channel B
- Bit 3..2 - COMnC1..0 : Compare Output Mode for Channel C

▸ Non-PWM mode

COMnA1 COMnB1 COMnC1	COMnA0 COMnB0 COMnC0	Description
0	0	Normal port operation, OCnA/OCnB/OCnC disconnected.
0	1	Toggle OCnA/OCnB/OCnC on compare match
1	0	Clear OCnA/OCnB/OCnC on compare match (Set output to low level)
1	1	Set OCnA/OCnB/OCnC on compare match (Set output to hogh level)

▸ Fast PWM mode

COMnA1 COMnB1 COMnC1	COMnA0 COMnB0 COMnC0	Description
0	0	Normal port operation, OCnA/OCnB/OCnC disconnected.
0	1	WGMn3=0 : Normal port operation, OCnA/OCnB/OCnC disconnected. WGMn3=1 : Toggle OCnA on compare match, OCnB/ OCnC reserved.
1	0	Clear OCnA/OCnB/OCnC on compare match set OCnA/OCnB/OCnC at TOP
1	1	Set OCnA/OCnB/OCnC on compare match clear OCnA/OCnB/OCnC at TOP

▸ Phase correct and Phase and Frequency correct PWM mode

COMnA1 COMnB1 COMnC1	COMnA0 COMnB0 COMnC0	Description
0	0	Normal port operation, OCnA/OCnB/OCnC disconnected.
0	1	WGMn3=0 : Normal port operation, OCnA/OCnB/OCnC disconnected. WGMn3=1 : Toggle OCnA on compare match, OCnB/ OCnC reserved.
1	0	Clear OCnA/OCnB/OCnC on compare match when up-counting. Set OCnA/OCnB/OCnC on compare match when down-counting.
1	1	Set OCnA/OCnB/OCnC on compare match when up-counting. Clear OCnA/OCnB/OCnC on compare match when down-counting.

- Bit 1..0 – WGM1..0 : Waveform Generation Mode
  TCCTnB 레지스터의 WGM3..2 비트와 함께 8가지의 waveform 발생 모드로 동작한다. Normal, PWM, CTC, Fast PWM, Phase and Frequency correct PWM, Phase correct PWM 모드를 선택할 수 있다. 단, WGM3..0이 "1101"은 사용할 수 없다.

▸ Timer/Counter1 Control Register B – TCCR1B

Bit	7	6	5	4	3	2	1	0
	ICNC1	ICES1	-	WGM13	WGM12	CS12	CS11	CS10
Read/Write	R/W	R/W	R	R/W	R/W	R/W	R/W	R/W
Initial Value	0	0	0	0	0	0	0	0

▸ Timer/Counter3 Control Register B – TCCR3B

Bit	7	6	5	4	3	2	1	0
	ICNC3	ICES3	-	WGM33	WGM32	CS32	CS31	CS30
Read/Write	R/W	R/W	R	R/W	R/W	R/W	R/W	R/W
Initial Value	0	0	0	0	0	0	0	0

- Bit 7 – ICNCn : Input Capture Noise Canceler
  '1'로 설정되면 ICPn 핀의 입력이 필터를 통과하게 되며 4개의 MCU 클록 주기의 지연이 발생한다.

- Bit 6 – ICESn : Input Capture Edge Select
  '0'일 경우 falling edge, '1'로 설정된 경우 rising edge에서 동작한다.

- Bit 5 – Reserved Bit

- Bit 4,3 – WGMn3..2 : Waveform generation mode
  TCCRnA 레지스터의 WGMn1..0 비트와 함께 사용되어 waveform generation mode를 설정한다.

- Bit 2..0 – CSn2..0 : Clock Select

CSn2	CSn1	CSn0	Description
0	0	0	No clock source(Timer/Counter stopped)
0	0	1	clkI/O/1(No prescaling)
0	1	0	clkI/O/8(From prescaling)
0	1	1	clkI/O/64(From prescaling)
1	0	0	clkI/O/256(From prescaling)
1	0	1	clkI/O/1024(From prescaling)
1	1	0	External clock source on Tn pin. Clock on falling edge
1	1	1	External clock source on Tn pin. Clock on rising edge

▸ Timer/Counter1 Control Register C – TCCR1C

Bit	7	6	5	4	3	2	1	0
	FOC1A	FOC1B	FOC1C	-	-	-	-	-
Read/Write	W	W	W	R	R	R	R	R
Initial Value	0	0	0	0	0	0	0	0

▸ Timer/Counter3 Control Register C – TCCR3C

Bit	7	6	5	4	3	2	1	0
	FOC3A	FOC3B	FOC3C	-	-	-	-	-
Read/Write	W	W	W	R	R	R	R	R
Initial Value	0	0	0	0	0	0	0	0

- Bit 7 – FOCnA : Force Output Compare for Channel A
- Bit 6 – FOCnB : Force Output Compare for Channel B
- Bit 5 – FOCnC : Force Output Compare for Channel C

16-bit Timer/Counter1,3 레지스터인 TCNT1, TCNT3은 각각 8-bit의 High, Low로 나뉘어 8-bit 단위로는 TCNT1H, TCNT1L과 TCNT3H, TCNT3L로 접근할 수 있으며, output compare register도 마찬가지로 16-bit 크기의 레지스터인 OCRnA, OCRnB, OCRnC는 8-bit 단위로 OCR1AH, OCR1AL, OCR1BH, OCR1BL, OCR1CH, OCR1CL 과 OCR3AH, OCR3AL, OCR3BH, OCR3BL, OCR3CH, OCR3CL로 접근할 수 있다. 또한 Input capture register도 16-bit로는 ICR1, ICR3으로, 8-bit으로는 ICR1H, ICR1L 과 ICR3H, ICR3L로 접근할 수 있다.

"Timer/Counter Interrupt Mask Register - TIMSK"는 Timer/Counter0, Timer/Counter1, Timer/Counter2는 TIMSK에서 제어할 수 있으며, Timer/Counter은 "Extended Timer/Counter Interrupt Mask Register - ETIMSK"에서 제어할 수 있다. 발생한 인터럽트는 Flag 레지스터를 통하여 확인할 수 있다.

▸ Timer/Counter Interrupt Mask Register - TIMSK

Bit	7	6	5	4	3	2	1	0
	OCIE2	TOIE2	TICIE1	OCIE1A	OCIE1B	TOIE1	OCIE0	TOIE0
Read/Write	R/W	R/W	R/W	R/W	R/W	R/W	R/W	R/W
Initial Value	0	0	0	0	0	0	0	0

- Bit 5 - TICIE1 : Timer/Counter1, Input Capture Interrupt Enable
- Bit 4 - OCIE1A : Timer/Counter1, Output Compare A Match Interrupt Enable
- Bit 3 - OCIE1B : Timer/Counter1, Output Compare B Match Interrupt Enable
- Bit 2 - TOIE1 : Timer/Counter1, Overflow Interrupt Enable

▸ Extended Timer/Counter Interrupt Mask Register - ETIMSK

Bit	7	6	5	4	3	2	1	0
	-	-	TICIE3	OCIE3A	OCIE3B	TOIE3	OCIE3C	OCIE1C
Read/Write	R	R	R/W	R/W	R/W	R/W	R/W	R/W
Initial Value	0	0	0	0	0	0	0	0

- Bit 7..6 : Reserved
- Bit 5 - TICIE3 : Timer/Counter3, Input Capture Interrupt Enable.
- Bit 4 - OCIE3A : Timer/Counter3, Output Compare A Match Interrupt Enable
- Bit 3 - OCIE3B : Timer/Counter3, Output Compare B Match Interrupt Enable
- Bit 2 - TOIE3 : Timer/Counter3, Overflow Interrupt Enable
- Bit 1 - OCIE3C : Timer/Counter3, Output Compare C Match Interrupt Enable
- Bit 0 - OCIE1C : Timer/Counter1, Output Compare C Match Interrupt Enable

▸ Timer/Counter Interrupt Flag Register - TIFR

Bit	7	6	5	4	3	2	1	0
	OCF3	TOV2	ICF1	OCF1A	OCF1B	TOV1	OCF0	TOV0
Read/Write	R/W	R/W	R/W	R/W	R/W	R/W	R/W	R/W
Initial Value	0	0	0	0	0	0	0	0

▸ Extended Timer/Counter Interrupt Flag Register - ETIMSK

Bit	7	6	5	4	3	2	1	0
	-	-	ICF3	OCF1A	OCF3B	TOV3	OCF3C	OCF1C
Read/Write	R/W	R/W	R/W	R/W	R/W	R/W	R/W	R/W
Initial Value	0	0	0	0	0	0	0	0

다음은 타이머/카운터1과 타이머/카운터3에 대한 요약이며, 그림은 타이머/카운터1,3의 오버플로 인터럽트의 구조를 나타낸다.

- 하나의 16비트 카운트 레지스터(TCNTn, 단 n=1 또는 3), 3개의 16비트 출력비교 레지스터(OCRn/A/B/C), 하나의 16비트 입력캡처 레지스터(ICRn) 등 여러 레지스터로 구성된 16비트 타이머/카운터
- TCNTn 레지스터는 판독 및 기록이 가능함
- 클록 소스는 타이머는 내부클록을 카운터는 외부클록을 사용
- 프리스케일러는 타이머/카운터1, 2, 3이 공유하며, 내부클록을 1, 8, 64, 256 또는 1024로 분주하여 사용함
- 캡처 기능(하나의 입력캡처장치 및 입력캡처 잡음 제거기)
- 비교 기능(3개의 독립된 출력비교장치 및 2중 버퍼의 출력비교 레지스터)
- 파형발생 기능(Glitch 없는 위상변경의 PWM 및 가변 PWM 기간)
- 주파수 발생 기능

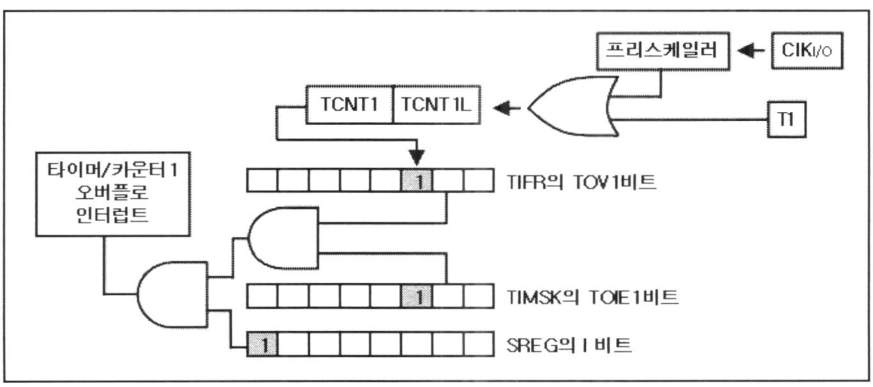

[그림 7.13] 타이머/카운터1,3 오버플로 인터럽트 구조

7.4 Timer/Counter2 (8-bit Timer/Counter)

Timer/Counter2는 8-bit Timer/Counter로 [그림 7.14]와 같다. Timer/Counter0에 비하여 비동기 클록에 의한 입력에 관련된 부분이 다르며 외부 Tn 핀으로부터 입력되는 신호와 내부 MCU 클록을 분주한 신호를 선택하는 부분은 Timer/Counter1,3과 같이 구성되어 있다. [그림 7.15]는 Counter Unit Block Diagram을 나타낸다.

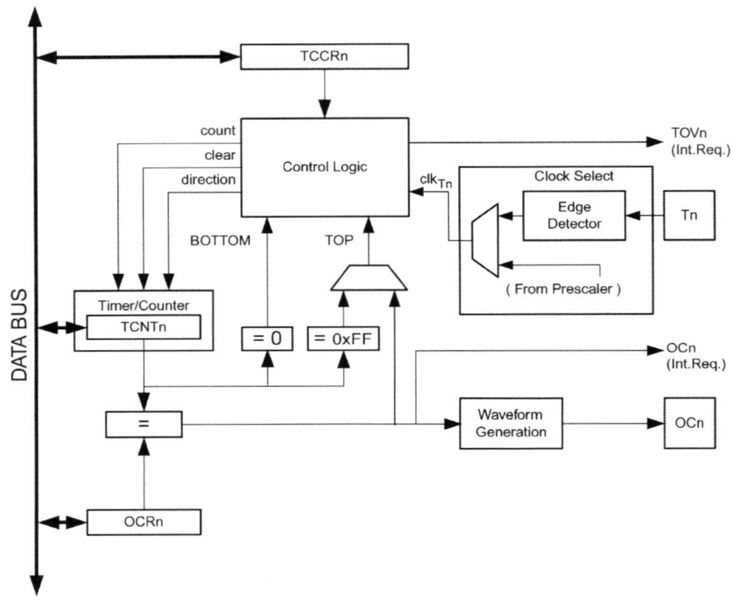

[그림 7.14] Timer/Counter1 Block Diagram

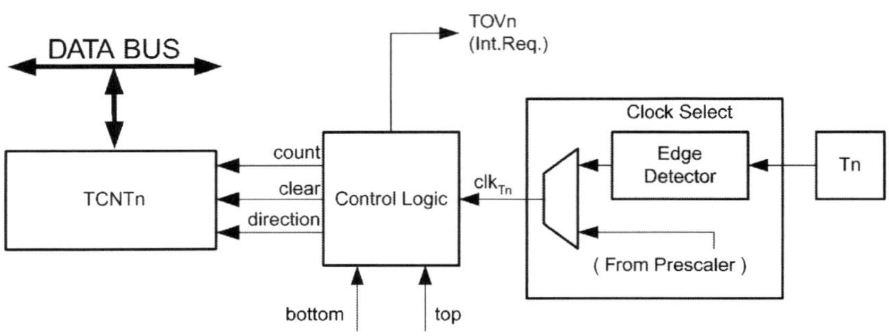

[그림 7.15] Counter Unit Block Diagram

Output compare unit은 [그림 7.16]과 같이 구성되어 있으며 TCNTn 레지스터의 값이

OCRn 레지스터의 값과 일치하면 OCFn 인터럽트 요청 신호를 발생하며 waveform generation unit에서 WGMn1..0과 COMn1..0 신호에 의해 OCn 핀에 출력된다. 모든 동작은 Timer/Counter0와 동일하다.

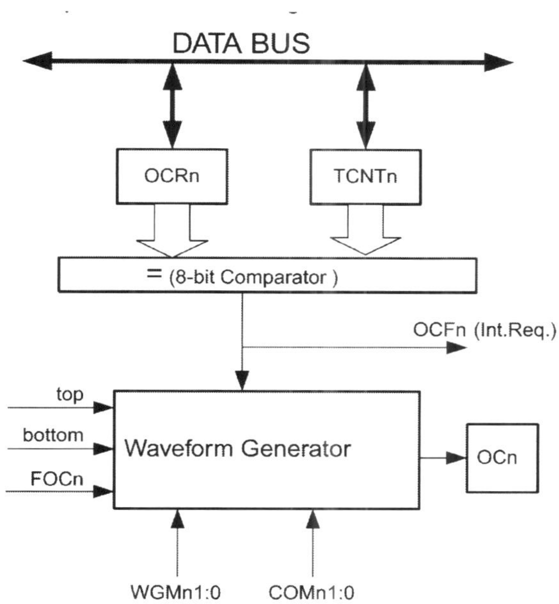

[그림 7.16] Output Compare Unit.

Timer/Counter2에는 "Timer/Counter Control Register - TCCR2" 레지스터와 "Timer/Counter Register - TCNT2", "Output Compare Register - OCR2" 레지스터 및 "Timer/Counter Interrupt Mask Register - TIMSK", "Timer/Counter Interrupt Flag Register - TIFR" 레지스터가 사용되며 이들에 대한 설명은 앞에서 Timer/Counter0, 1, 3에 대한 설명을 참고하기 바란다.

7.5 Output Compare Modulator(OCM1C2)

Output Compare Modulator(OCM)은 [그림 7.17]와 같이 OC1C와 OC2, 두 개의 output compare 출력을 함께 변조하여 출력한다.

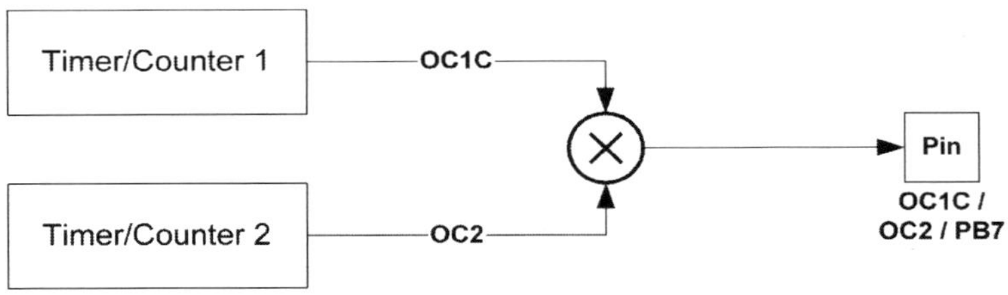

[그림 7.17] Output Compare Modulator, Block Diagram

Output compare modulator는 COM21, COM20과 COM1C1, COM1C0 제어 비트와 PORTB7, DDRB7 비트에 의해 OC1C와 OC2의 output compare 출력을 변조하게 된다.

[그림 7.18]은 output compare modulator의 schematic diagram이다.

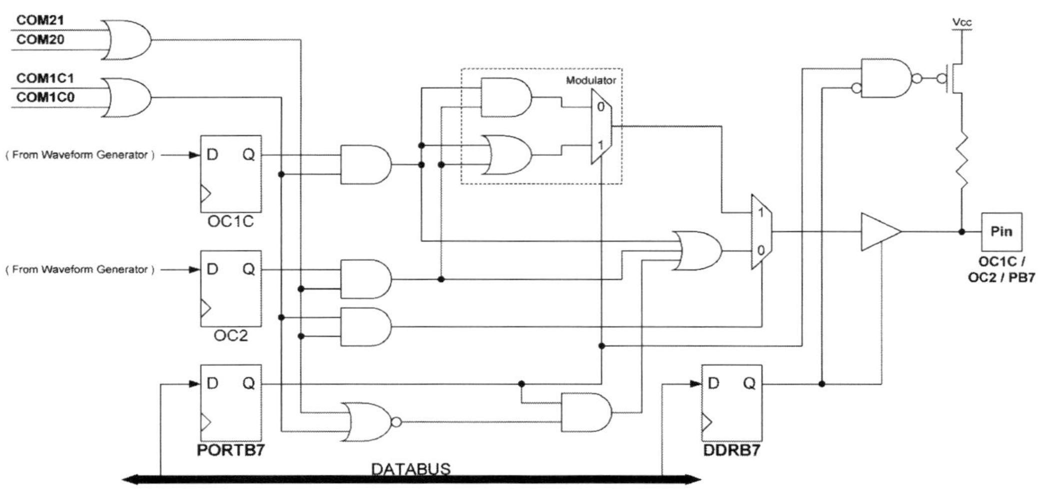

[그림 7.18] Schematic Diagram of Output Compare Modulator

[그림 7.19]는 Timer/Counter1이 fast PWM mode로 동작하고 Timer/Counter2는 CTC mode에서 toggle compare output mode로 출력되고 있을 때 OC1C/OC2/PB7 핀에 출력되는 파형이다.

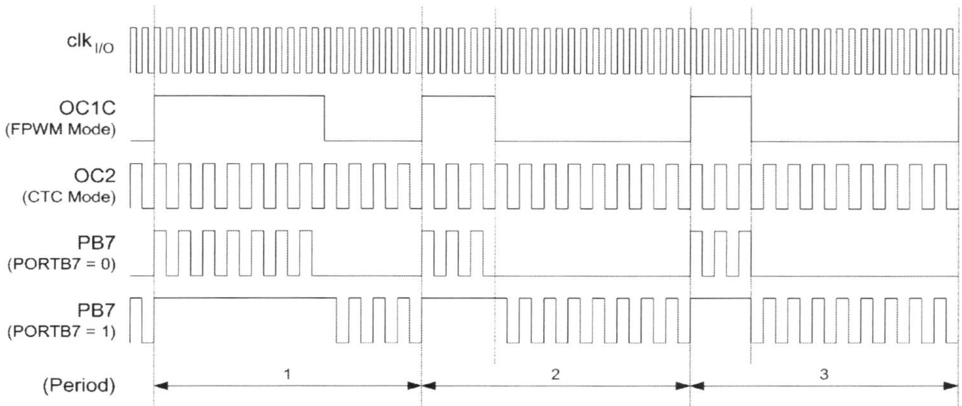

[그림 7.19] Timing Diagram of Output Compare Modulator

7.6 하드웨어 설명

하드웨어 연결은 6장 외부 인터럽트와 같다. 여기서 주의 할 점은 [그림 7.20]의 빨간 색으로 체크된 Select Switch를 T3쪽으로 선택 해야만 한다. LEFT_CNT_4의 선택은 DC모터를 다룰 때 사용한다.

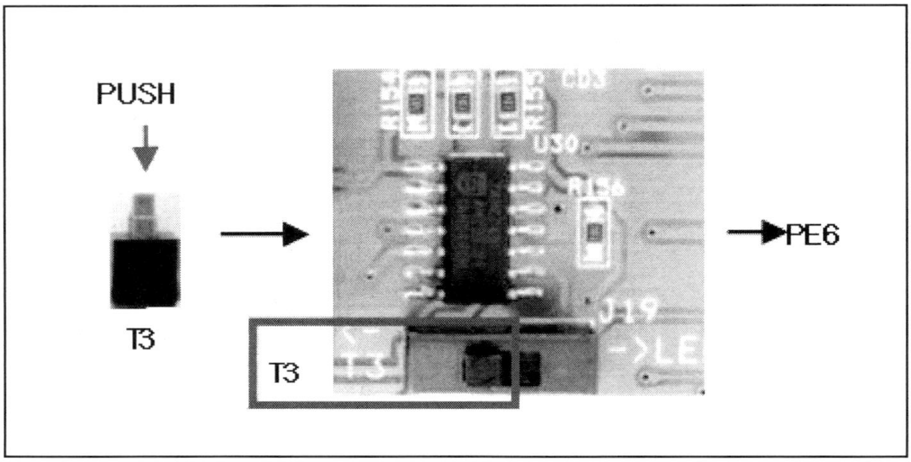

[그림 7.20] 타이머/카운터스위치의 연결 및 선택

7.7 실험1 - Counter (Overflow interrupt)

※ 프로그램 실행

Counter.hex 파일을 PonyProg2000을 사용하여 다운로드하면 아래와 같이 동작한다.

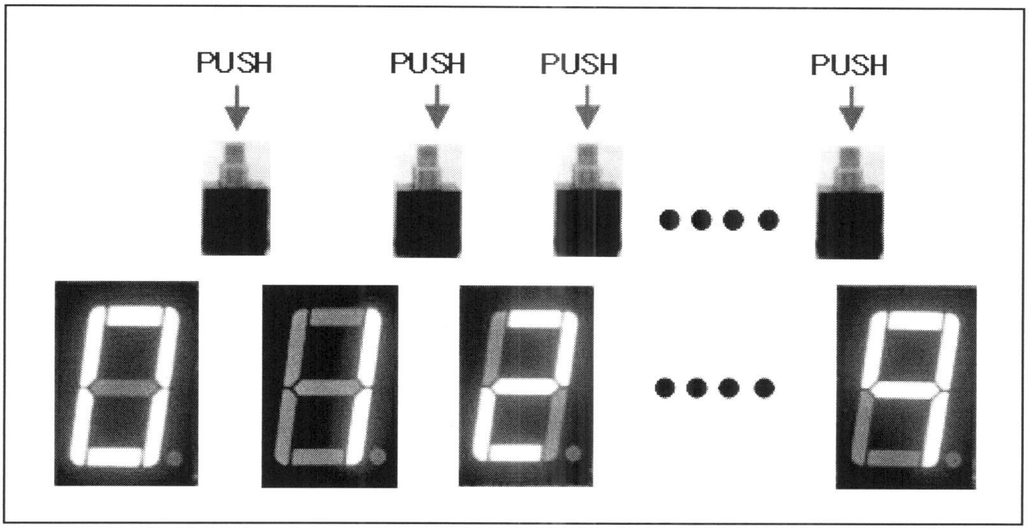


```
/*===================================================================
    File Name :  Counter.c
    Explanation
    1. T3 KEY 를 누르면 LED 및 7-Segment-1가 카운트 한다.
    2. T3 KEY 를 누를 때마다 Overflow interrupt를 발생.
    3. T3 KEY 는 AVR128의 PE6(T3/INT6) 8번 핀에 연결되어 있다.
       (Timer/Count3 Overflow interrupt 사용)
===================================================================*/
#include <avr/io.h>
#include <avr/interrupt.h>
#include <avr/signal.h>

volatile unsigned char count=0;

void initialize_timer(void);
```

```
SIGNAL(SIG_OVERFLOW3)   //timer/count3 Overflow interrupt
{
    TCNT3H = 0xff;
    TCNT3L = 0xff;
    count++;
    if(count>9)
        count = 0;
    PORTD = (count << 4);
}

int main(void)
{
    initialize_timer();
    DDRD = 0xf0;
    while(1);
}

void initialize_timer(void)
{
    TCNT3H = 0xff;
    TCNT3L = 0xff;
    TCCR3B = 0x06;  //counter mode; falling edge counter request
    ETIMSK = 0x04;  //TOIE3=1; timer/counter3 overflow interrupt
    sei();          //enable all interrupts
}
```

※ 프로그램 설명

변수 count는 인터럽트 서비스 루틴에서 사용하기 때문에 volatile로 선언한다. 메인 루프에서는 카운터3을 사용하기 위한 설정과 포트D의 입출력 설정을 한 후 아무런 동작 없이 무한 루프에 빠진다. 그래서 실제 7-Segment의 수를 증가하는 부분은 인터럽트 서비스 루틴인 SIGNAL(SIG_OVERFLOW3){} 함수에서 이루어진다.

```
void initialize_timer(void)
{
    TCNT3H = 0xff;
    TCNT3L = 0xff;
    TCCR3B = 0x06;  //counter mode; falling edge counter request
    ETIMSK = 0x04;  //TOIE3=1; timer/counter3 overflow interrupt
    sei();          //enable all interrupts
}
```

sei()의 코딩으로 모든 인터럽트를 요청 가능하게 만들고, ETIMSK에 00000100를 저장하여 3번째 비트인 TOIE3비트가 '1'로 설정되어 카운터 3을 요청 가능하게 하였다. TCCR3B에 00000110을 저장하여 falling edge에 카운터가 요청되게 하였다. 카운터가 아닌 타이머로 설정 되어 있으면, TCCR3B 레지스터의 2비트~0비트는 프리스케일러를 설정한다. 아래의 표는 TCCRB3의 하위 3비트에 대한 설명이다.

7bit	6bit	5bit	4bit	3bit	2bit	1bit	0bit
					CS32	CS31	CS30
0	0	0	0	0	1	1	0

카운터로 설정되면 에지 상태를
타이머로 설정되면 프리스케일러를
설정한다.

TCNT3H와 TCNT3L에 0xFF를 저장한다. 이 이유는 T3스위치의 한 번의 눌림으로 인터럽트를 발생시키기 위함이다. T3스위치가 눌리면 TCNT3L 이 하나 증가하고, TCNT3L에 0xFF가 저장되어 있기 때문에 TCNT3L은 0x00이 되고 TCNT3H가 하나 증가하게 된다. 위와 같은 이유로 TCNT3H에 0x00이 저장되고 인터럽트가 발생되게 된다. 아래의 그림은 위의 설명을 그림으로 표현한 모습이다.

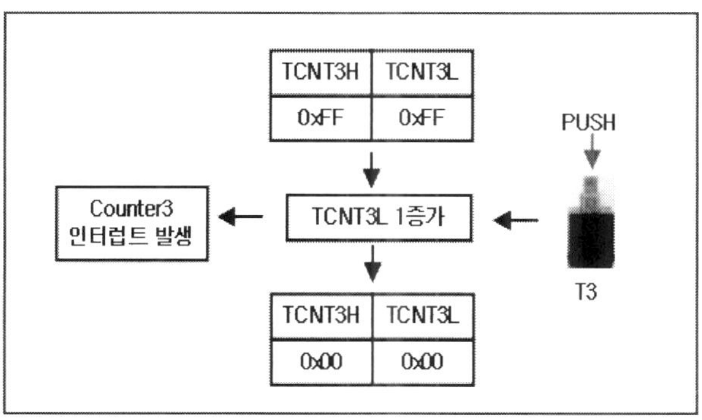


```
SIGNAL(SIG_OVERFLOW3)   //timer/count3 Overflow interrupt
{
    TCNT3H = 0xff;
    TCNT3L = 0xff;
```

카운터3의 인터럽트가 발생하게 되면 SIGNAL(SIG_OVERFLOW3){} 함수로 분기하게 된다. 이 함수는 처음에 TCNT3H와 TCNT3L에 0xFF를 다시 저장한다. 만약 0xFF를 저장하지 않는다면 어떻게 될까? 앞 그림에서 보듯이 TCNT3H와 TCNT3L에 0x00이 저장되어 있기 때문에 T3스위치를 65535번 만큼 눌러야 인터럽트가 발생하게 된다. 이 프로그램은 T3스위치가 눌릴 때 마다 출력을 내보내야 하기 때문에 TCNT3H와 TCNT3L에 다시 0xFF를 저장하는 것이다.

7.8 실험2 - Counter (Overflow flag)

※ 프로그램 실행

Counte1r.hex 파일을 PonyProg2000을 사용하여 다운로드하면 실험1과 같이 작동한다.

```
/*==========================================================================
    File Name :  Counter1.c
    Explanation
    1. T3 KEY를 누르면 LED 및 7-Segment-1이 카운트 한다.
    2. Timer/Counter 벡터에 의하지 않고 Timer/Counter flag를 이용한다.
==========================================================================*/
#include <avr/io.h>
#include <avr/interrupt.h>
#include <avr/signal.h>

volatile unsigned char count=0;

void initialize_timer(void);

int main(void)
{
    unsigned char interrupt_count=0,flag;

    initialize_timer();
    DDRD = 0xf0;
    do{
        flag = ETIFR & 0x04;  //TOV3 Flag가 셋 됐는지를 확인
        if(flag){
            interrupt_count++;
            if(interrupt_count>9)
```

```
            interrupt_count=0;
        PORTD = (interrupt_count<<4);
        ETIFR |= 0x04;     //TOV3 Flag를 강제 클리어 한다.1일 때 클리어 된다.
        TCNT3H = 0xff;
        TCNT3L = 0xff;
      }
  }while(1);
}

void initialize_timer(void)
{
  TCNT3H = 0xff;
  TCNT3L = 0xff;
  TCCR3B = 0x06;  //counter mode; falling edge counter request
  ETIMSK = 0x04;  //TOIE3=1; timer/counter3 overflow interrupt
  cli();          //stop all interrupt
}
```

※ 프로그램 설명

실험2는 실험1과 동일한 결과를 가지는 프로그램이다. 단 인터럽트 벡터를 사용하지 않고 인터럽트 플래그를 사용한다는 것이 다른 점이다. 인터럽트 플래그를 사용하기 위하여 인터럽트 설정 함수에서 cli()를 코딩하여 전체 인터럽트를 금지 시킨다.

```
flag = ETIFR & 0x04;  //TOV3 Flag가 세트 됐는지를 확인
```

이 부분은 6장에서 설명했듯이 원하지 않는 비트를 '0'으로 만들고 원하는 비트만을 '0' 혹은 '1'로 만든다. flag에 저장 되는 값은 아래와 같다.

7bit	6bit	5bit	4bit	3bit	2bit	1bit	0bit
0	0	0	0	0	0,1	0	0

↓

ETIFR 의 2bit에 의해
1 또는 0 이 된다.

```
ETIFR |= 0x04;        //TOV3 Flag를 강제 클리어 한다. 1일 때 클리어 된다.
TCNT3H = 0xff;
TCNT3L = 0xff;
```

ETIFR에 00000100을 논리적 OR을 하면 ETIFR의 2bit만을 뺀 나머지 비트들은 원래의 값을 유지한다. 실험1과 마찬 가지로 T3 스위치의 한 번의 눌림으로 인터럽트를 발생하게 하기위해 TCNT3H와 TCNT3L에 0xFF를 다시 저장한다.

7.9 실험3 - Timer (Overflow interrupt)

※ 프로그램 실행

timer.hex 파일을 PonyProg2000을 사용하여 다운로드하면 아래와 같이 동작한다.

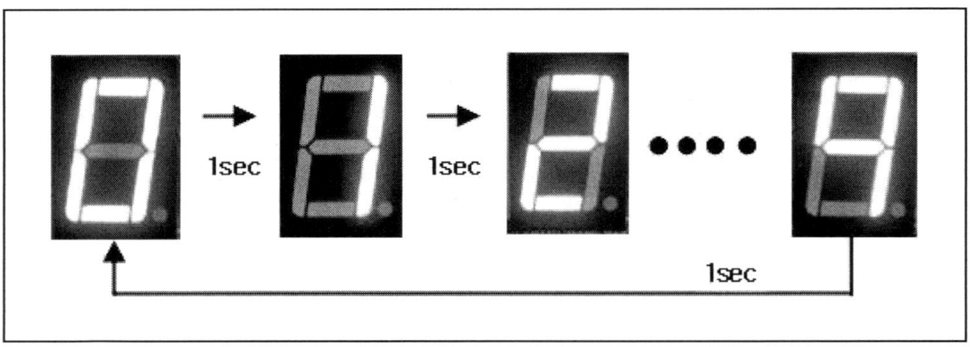


```
/*==================================================================
    File Name :  Timer.c
    Explanation
    1. Timer/Count0가 10ms 마다 Overflow interrupt 를 발생.
    2. 1초 마다 LED 및 7-Segment-1가 카운트 한다.
==================================================================*/
#include <avr/io.h>
#include <avr/interrupt.h>
#include <avr/signal.h>

volatile unsigned char count=0,interrupt_count=0;
```

```
void initialize_timer(void);

SIGNAL(SIG_OVERFLOW0) //timer0 Overflow interrupt
{
    interrupt_count--;
    if(!interrupt_count){       //10ms * 100 = 1000ms delay = 1s
        interrupt_count = 100;
        count++;
        if(count>9)
            count = 0;
        PORTD = (count << 4);
    }
    TCNT0 = 0x70;
}

int main(void)
{
    initialize_timer();
    interrupt_count = 100;
    DDRD = 0xf0;
    while(1);
}

void initialize_timer(void)
{
    TCNT0 = 0x70;          //{(0xff-0x70)+1} * 1024 * (1/14.7456Mhz) = 10ms
    TCCR0 = 0x07;          //timer0 prescaler=1024
    TIMSK = 0x01;          //TOIE0=1; timer0 overflow interrupt
    sei();                 //enable all interrupts
}
```

※ 프로그램 설명

이 프로그램은 10ms 마다 타이머 인터럽트를 발생시킨다. 10ms마다 인터럽트를 발생시키기 위해선 인터럽트 설정을 어떻게 해야 하며 1초마다 어떻게 7-Segment의 수를 1씩 증가 시키는지를 알아본다.

```
void initialize_timer(void)
{
    TCNT0 = 0x70;          //{(0xff-0x70)+1} * 1024 * (1/14.7456Mhz) = 10ms
    TCCR0 = 0x07;          //timer0 prescaler=1024
    TIMSK = 0x01;          //TOIE0=1; timer0 overflow interrupt
    sei();                 //enable all interrupts
}
```

우선 sei()로 모든 인터럽트를 발생 가능하게 만들고 TIMSK 의 0비트를 '1'로 만들어 타이머0 인터럽트를 활성 시킨다. 타이머0는 카운터 모드가 없기 때문에 TCCR0의 하위3비트는 프리스케일러를 설정한다. TCCR0에 00000111를 저장하여 1024 프리스케일러가 된다.

7bit	6bit	5bit	4bit	3bit	2bit	1bit	0bit
0	0	0	0	0	1	1	1

0	0	0	stop
0	0	1	1
0	1	0	8
0	1	1	32
1	0	0	64
1	0	1	128
1	1	0	256
1	1	1	1024

마지막으로 TCNT0에 시정수를 저장하면 원하는 시간에 인터럽트가 발생하게 된다. 그러면 시정수 계산하는 방법을 알아보자. 타이머0는 내부 클록을 세는 것으로 프리스케일러가 1이라 가정하면, 한 클록이 들어올 때마다 TCNT0을 1씩 증가 시킨 후 TCNT0가 0xFF에서 1이 증가하여 TCNT0가 0x00이 되면 인터럽트를 발생한다. TCNT0에 시정수 0x00을 저장하면, 타이머0는 업카운터 이기 때문에 (0xFF +1)만큼의 클록이 들어오면 인터럽트가 발생하게 되는 것이다. 위의 설명은 프리스케일러를 1로 가정한 것인데 만약 프리스케일러를 1024로 하면 내부 클록이 1024번 들어와야 TCNT0의 값을 1 증가시키는 것이다.

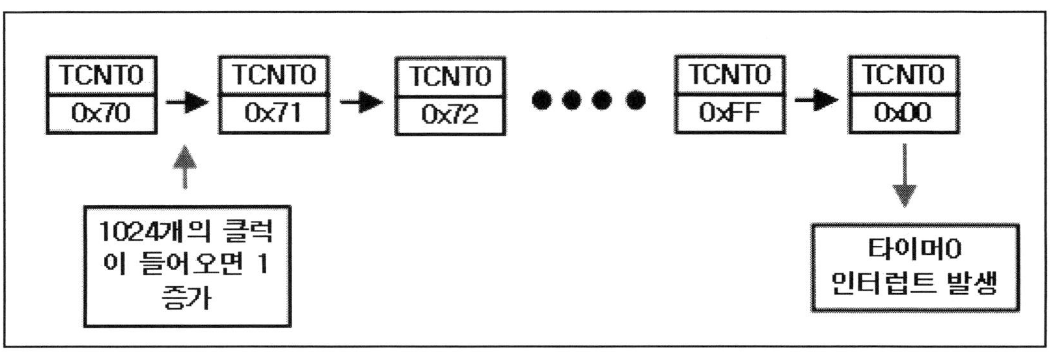

Dr. Kim ATmega128 Training Kit에서 사용되어진 발진 주파수는 14.7456MHz 이므로 하나의 클록에 걸리는 시간은 1/14.7456MHz 이다. 그러므로 아래와 같은 시간이 계산되어져 10ms 마다 타이머0 인터럽트가 발생하게 된다.

[(0xFF−0x70) +1] × 1024 × (1/14.7456Mhz) = 10ms

```
SIGNAL(SIG_OVERFLOW0)  //timer0 Overflow interrupt
{
    interrupt_count--;
    if(!interrupt_count){        //10ms * 100 = 1000ms delay = 1s
        interrupt_count = 100;
        count++;
        if(count>9)
            count = 0;
        PORTD = (count << 4);
    }
    TCNT0 = 0x70;
}
```

10ms마다 이 함수로 분기되며 interrupt_count의 초기 값이 100이므로 10ms × 100 = 1s가 되어 1초마다 포트D에 count값을 출력하게 된다. 인터럽트가 발생된 후 TCNT0의 값은 0x00이 되므로 TCNT0에 시정수 값인 0x70을 다시 저장해야 한다.

7.10 실험4 - Timer (Overflow flag)

※ 프로그램 실행

Timer1.hex 파일을 PonyProg2000을 사용하여 다운로드하면 실험3과 같이 작동한다.

```
/*=================================================================
    File Name :  Timer1.c
    Explanation
    1. Overflow flag 를 체크한다.
    2. 1초 마다 LED 및 7-Segment-1이 카운트 한다.
=================================================================*/
#include <avr/io.h>
#include <avr/interrupt.h>
```

```
#include <avr/signal.h>

void initialize_timer(void);

int main(void)
{
    unsigned char count=0,interrupt_count=0,flag;

    initialize_timer();
    interrupt_count = 100;
    DDRD = 0xf0;
    do{
        flag = TIFR & 0x01;          //Overflow flag 를 체크?
        if(flag){
            TIFR |= 0x01;            //TOV0를 강제 클리어 한다.1일 때 클리어 된다.
            TCNT0 = 0x70;            //{(0xff-0x70)+1} * 1024 * (1/14.7456) = 10ms
            interrupt_count--;
            if(!interrupt_count){    //10ms * 100 = 1000ms delay = 1s
                interrupt_count = 100;
                count++;
                if(count>9)
                    count = 0;
                PORTD = (count<<4);
            }
        }
    }while(1);
}

void initialize_timer(void)
{
    TCNT0 = 0x70;        //{(0xff-0x70)+1} * 1024 * (1/14.7456Mhz) = 10ms
    TCCR0 = 0x07;        //timer0 prescaler=1024
    TIMSK = 0x01;        //TOIE0=1; timer0 overflow interrupt
    cli();               //stop all interrupts
}
```

※ 프로그램 설명

이 프로그램은 실험3과 거의 모든 것이 동일하다. 다만 인터럽트 벡터를 사용하지 않고 인터럽트 플래그를 사용하여 출력하는 것이 다르다.

```
flag = TIFR & 0x01;      //Overflow flag 를 체크?
if(flag){
    TIFR |= 0x01;        //TOV0를 강제 클리어 한다.1일 때 클리어 된다.
    TCNT0 = 0x70;        //{(0xff-0x70)+1} * 1024 * (1/14.7456) = 10ms
```

flag에 TIFR 과 00000001을 논리적 AND를 하여 저장하면, flag의 최하위 비트는 TIER의 최하위 비트 값을 가지게 되고 다른 비트들은 0의 값을 가지게 된다.
flag의 최하위 비트 값이 1이 되면, 타이머0의 인터럽트 플래그인 TIFR의 최하위 비트인 TOV0를 소프트 적으로 강제 클리어 한 다음, TCNT0에 다시 시정수를 저장한다.

7.11 실험5 - Timer (Compare A match)

※ 프로그램 실행

Timer2.hex 파일을 PonyProg2000을 사용하여 다운로드하면 실험3과 같이 작동한다.

```
/*===================================================================
    File Name : Timer2.c
    Explanation
    1. 16비트 Timer1 output compare A match interrupt을 사용하다.
    2. 1초 마다 LED 및 7-Segment-1의 수가 증가 한다.
===================================================================*/
#include <avr/io.h>
#include <avr/interrupt.h>
#include <avr/signal.h>

volatile unsigned char count=0;

void initialize_timer(void);

SIGNAL(SIG_OUTPUT_COMPARE1A)  //Output Compare1(A) Interrupt
{
    count++;
    if(count>9)
        count=0;
    PORTD = (count << 4);
}

int main(void)
{
    initialize_timer();
    DDRD = 0xf0;
    while(1);
}
```

```
void initialize_timer(void)
{
    TCCR1A = 0x00;//bit7,6-COM1A1,COM1A0    : 00(normal port operation)
                  //bit1,0-WGM11,WGM10      : 00(CTC-Clear Timer on Compare Match)
    TCCR1B = 0x0D;//bit4,3-WGM13,WGM12      : 01(CTC mode)
                  //bit2,1,0-CS12,CS11,CS10 : 101(1024 prescaler)
    TCCR1C = 0x00;//bit7-FOC1A : 0
    TIMSK  = 0x10;//bit4-OCIE1A : timer1 output compare A match interrupt enable
    OCR1A = 14400;//(1024 * OCR1A) / 14.7456Mhz = time
                  //OCR1A = (time * 14.7456Mhz)/1024, 1s일 때 OCR1A = 14400
    sei();        //enable all interrupts
}
```

※ 프로그램 설명

메인 함수에선 타이머1의 설정과 포트D의 입출력 설정을 한다. 타이머1의 설정이 끝나면 1s 마다 SIGNAL(SIG_OUTPUT_COMPARE1A){} 함수로 분기하여 포트D에 count값을 출력하게 된다.

```
void initialize_timer(void)
{
    TCCR1A = 0x00;
    TCCR1B = 0x0D;
    TCCR1C = 0x00;
    TIMSK = 0x10;
    OCR1A = 14400;
    sei();
}
```

타이머1을 compare A match로 설정하는 부분이다. 실험3의 타이머0를 타이머로 설정한 후 시정수를 정하면 일정한 시간마다 인터럽트 서비스 루틴으로 분기하는 것처럼 compare A match또한 프리스케일러를 정한 후 OCR1A 시정수를 저장하면 일정한 시간마다 인터럽트 서비스 루틴으로 분기한다. 프리스케일러가 1이라면 16비트 레지스터인 TCNT1(H,L)는 내부 한 클록이 들어오면 1씩 증가한다. 1씩 증가 하면서 OCR1A의 값과 비교하여 두 값이 같으면 (TCNT1 = OCR1A) 인터럽트 서비스 루틴으로 분기하게 된다. 실험3과의 다른 점은 인터럽트 함수에서 시정수를 따로 저장하지 않아도 된다는 점과 시정수 계산하는 방법이다.

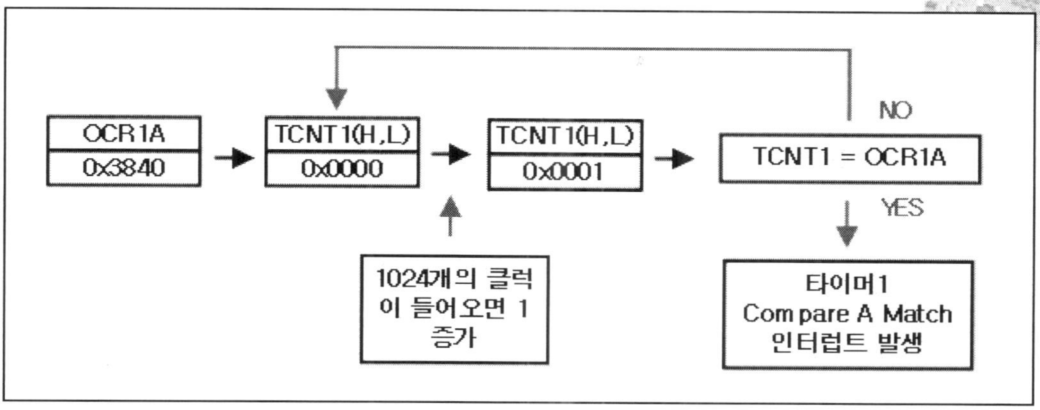

(1024 × OCR1A) / 14.7456Mhz = time

TIMSK의 4비트인 OCIE1A 비트를 1로 설정하여 타이머1를 Output Compare A Match로 설정한다. (TIMSK = 00010000) TCCR1B에 00001101를 저장하여 1024 프리스케일러와 CTC 모드를 선택한다.

7bit	6bit	5bit	WGM13	WGM12	CS12	CS11	CS10
0	0	0	0	1	1	0	1

↓

0	0	0	stop
0	0	1	1
0	1	0	8
0	1	1	64
1	0	0	256
1	0	1	1204

TCCR1B의 4, 3bit인 WGM13, WGM12는 TCCR1A의 1, 0bit인 WGM11, WGM10과 같이 모드를 결정한다.

TCCR1B	4bit	3bit	1bit	0bit	TCCR1A
	WGM13	WGM12	WGM11	WGM10	
	0	1	0	0	

↓

WGM13	WGM12	WGM11	WGM10	동작 타이머/카운터 모드
0	0	0	0	정상
0	0	0	1	위상변경 PWM, 8비트
0	0	1	0	위상변경 PWM, 9비트
0	0	1	1	위상변경 PWM, 10비트
0	1	0	0	CTC
0	1	0	1	고속 PWM, 8비트
0	1	1	0	고속 PWM, 9비트
0	1	1	1	고속 PWM, 10비트
1	0	0	0	위상 및 주파수 변경 PWM
1	0	0	1	위상 및 주파수 변경 PWM
1	0	1	0	위상 변경 PWM
1	0	1	1	위상 변경 PWM
1	1	0	0	CTC
1	1	0	1	(예약)
1	1	1	0	고속 PWM
1	1	1	1	고속 PWM

TCCR1A의 7,6bit인 OCM1A1,OCM1A0를 00으로 만들어 정상 포트 동작을 설정한다.

TCCR1C의 7bit인 FOC1A 비트를 1로 만들어 채널을 선택한다.

FOC1A	FOS1B	FOS1C	4bit	3bit	2bit	1bit	0bit
1	0	0	0	0	0	0	0

↓

0	0	1	C Channel
0	1	0	B Channel
1	0	0	A Channel

ATmega128

CHAPTER 8

제 8 장 7-Segment & Key

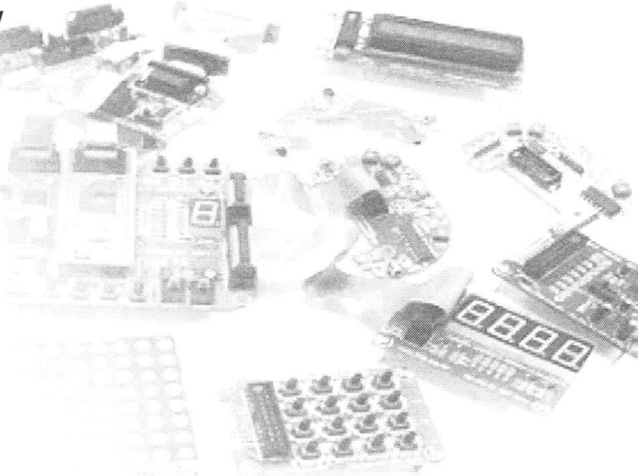

8.1 7-Segment & 82C55

8.2 하드웨어 설명

8.3 실험1 - 7-Segment

8.4 실험2 - Key (7-Segment-1)

8.5 실험3 - Key (7-Segment-2)

8.6 실험4 - Key (7-Segment-1,2)

8.1 7-Segment & 82C55

제5장의 7-Segment는 PORTD의 상위 4-bit에 7-segment 구동 TTL인 74HC47에 연결되어 LED에 출력되는 4-bit 2진수에 해당하는 값이 표시됐지만, 이장에서는 7-Segment가 외부 확장 I/O 포트인 82C55에 직접 연결되어 아래의 표와 같이 7-Segment의 각 숫자에 대응되는 값을 출력한다.

[표 8.1] 7-Segment 대응 출력 값

	DP	G	F	E	D	C	B	A	HEX
0	1	1	0	0	0	0	0	0	0xC0
1	1	1	1	1	1	0	0	1	0xF9
2	1	0	1	0	0	1	0	0	0xA4
3	1	0	1	1	0	0	0	0	0xB0
4	1	0	0	1	1	0	0	1	0x99
5	1	0	0	1	0	0	1	0	0x92
6	1	0	0	0	0	0	1	0	0x82
7	1	1	0	1	1	0	0	0	0xD8
8	1	0	0	0	0	0	0	0	0x80
9	1	0	0	1	0	0	0	0	0x90

외부 확장 I/O인 82C55에 연결된 7-segment를 구동하기 위해서는 먼저 82C55를 초기화하고 연결된 포트에 직접 값을 출력하여 구동한다.

82C55는 Intel 계열의 Microprocessor의 data bus에 연결되어 I/O 포트의 확장에 사용되는 병렬 입출력 제어용 주변 칩셋의 하나로 8-bit로 구성되며 세 개의 I/O포트를 가진다. [그림 8.1]은 82C55의 실제 사진이며, [그림 8.2]은 82C55의 핀 배치도이다.

[그림 8.1] 82C55의 실제 사진

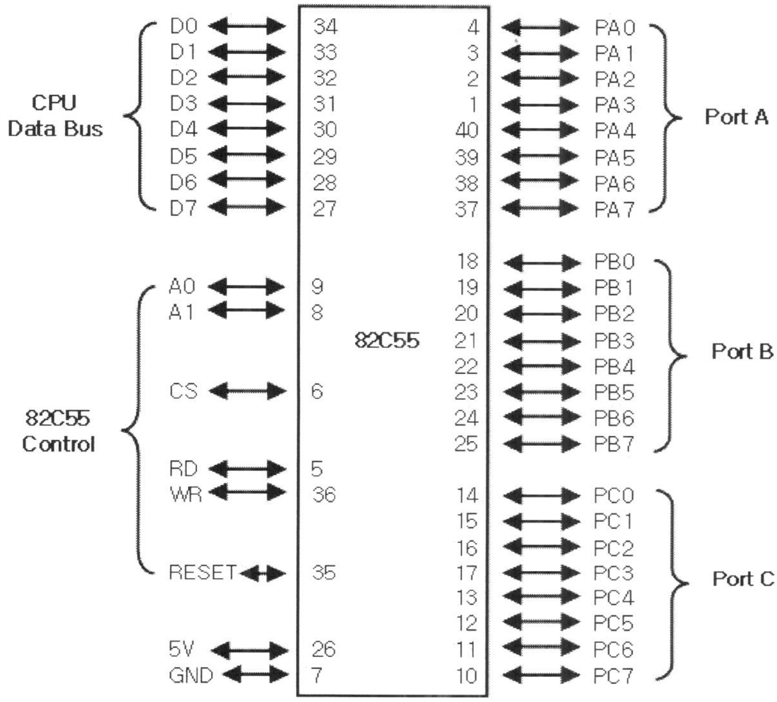

[그림 8.2] 82C55의 핀 배치도

82C55는 (PA0~PA7), (PB0~PB7), (PC0~PC7)의 8-bit I/O 포트가 세 개 존재하며, 82C55를 제어하는데 사용되는 /CS, /RD, /WR, RESET, A0, A1, D0~D7의 핀이 있다. 이들의 기능은 각각 다음과 같다.

(1) PA0 ~ PA7, PB0 ~ PB7, PC0 ~ PC7 : 입출력 포트
　◎ 그룹 A : A포트 & C포트의 상위 4Bit (C7~C4)
　◎ 그룹 B : B포트 & C포트의 하위 4Bit (C3~C0)

(2) A0, A1 : 포트들과 프로그래밍을 위한 번지 지정

(3) D0 ~ D7 : CPU와 데이터 및 명령을 주고받는 데이터 버스

(4) RESET : 내부 기능들을 초기 상태로 돌림
　◎ 컨트롤 레지스터 클리어
　◎ 포트는 입력 모드로 설정'
　◎ 리셋 상태 유지

(5) RD : 8255A에서 데이터를 읽기 위한 제어 신호

(6) WR : 8255A로 데이터 및 명령을 쓰기 위한 제어 신호
(7) CS : Chip을 Enable시키기 위한 신호

[표 8.2] 82C55 의 A0~A1에 의한 내부 어드레싱

/CS	/RD	/WR	A1	A0	동 작
0	0	1	0	0	Read Port A
0	0	1	0	1	Read Port B
0	0	1	1	0	Read Port C or status
0	0	1	1	1	사용하지 않음
0	1	0	0	0	Write Port A
0	1	0	0	1	Write Port B
0	1	0	1	0	Write Port C
0	1	0	1	1	Write Control Word

82C55의 내부 구조는 [그림 8.3]과 같이 그룹 A(포트 A의 8비트와 포트 C의 상위4비트)와 그룹 B(포트 B의 8비트와 포트 C의 상위 4비트)로 구성된다. 모드 0에서는 포트 C의 모든 단자들이 데이터 입출력 신호로 사용되지만 모드 1, 2에서는 제어신호로 사용된다.

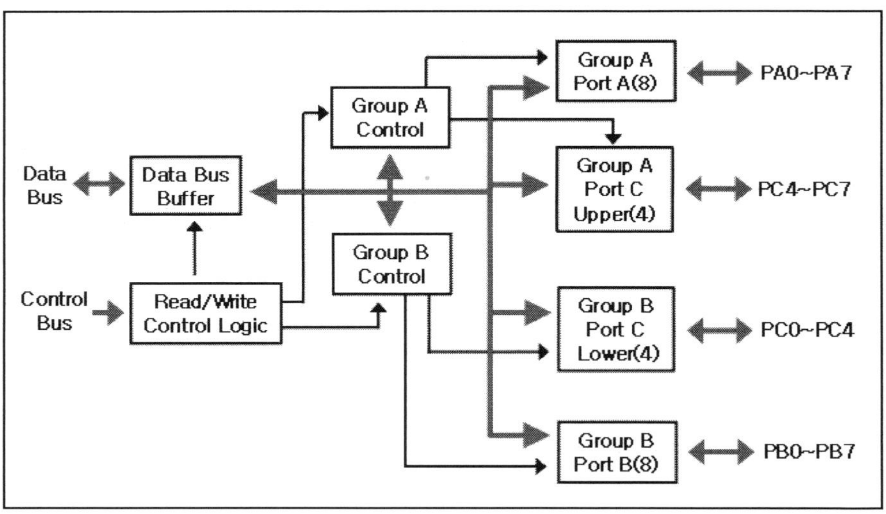

[그림 8.3] 82C55의 내부 구조

[그림 8.4]에서와 같이 그룹 A, B의 동작 모드를 결정하고, 각 핀의 입출력을 지정하기 위해서는 모드 제어 워드를 사용하며, 동작 모드는 그룹A, 그룹B 단위로 지정한다.

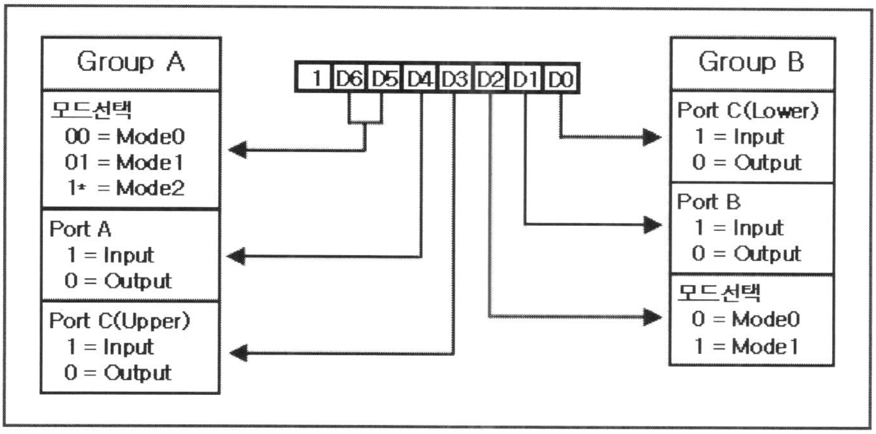

[그림 8.4] 모드 제어 워드

(1) 모드 0

모드0는 다음과 같은 기능을 가지며 82C55에서 가장 많이 사용되는 동작 모드이다.

1) 각 포트가 입력 또는 출력 동작을 수행하는데 사용된다.
2) 포트 A, B 등 2개의 8비트 포트와 포트 C의 upper, lower 등 2개의 4비트 포트를 합하여 모두 4개의 입력 또는 출력 포트가 있으므로, 모드 제어 워드를 사용하여 총 16가지의 I/O 동작 지정이 가능하다.
3) 출력으로 지정된 포트는 래치 기능이 있고, 입력으로 지정된 포트는 래치 기능이 없다.

(2) 모드 1

모드1 동작은 다음과 같다.

1) 포트 A, B는 핸드셰이킹 제어 기능을 사용하여 입력 또는 출력을 수행한다.
2) 포트 A는 데이터 입력 또는 출력 포트로 사용되고, 포트 C의 upper, lower는 각각 그룹의 핸드셰이킹 제어 신호로 사용된다.
3) 포트 A, B는 입력 또는 출력으로 지정된 경우 모두 데이터 래치 기능이 있다.

(3) 모드 2

모드2 동작은 다음과 같다.

1) 그룹 A에서만 핸드셰이킹 제어를 사용하여 입력 또는 출력 기능을 모두 수행할 수 있다.

2) 포트 A가 데이터 입출력 포트로 사용되고, 포트 C의 upper, lower는 핸드셰이킹 제어신호로 사용된다. 이때 포트 B는 모드0 또는 모드1에서만 사용할 수 있고 모드2에서는 그룹 A만 사용할 수 있다.
3) 포트 A는 입력 또는 출력 모두 래치 기능이 있다.

Dr. Kim ATmega128 Training Kit에는 두 개의 82C55가 있으며 하나는 7-Segment와 Audio 출력 및 Key matrix 입력에 사용되며 다른 하나는 LED Dot Matrix의 구동에 사용된다.

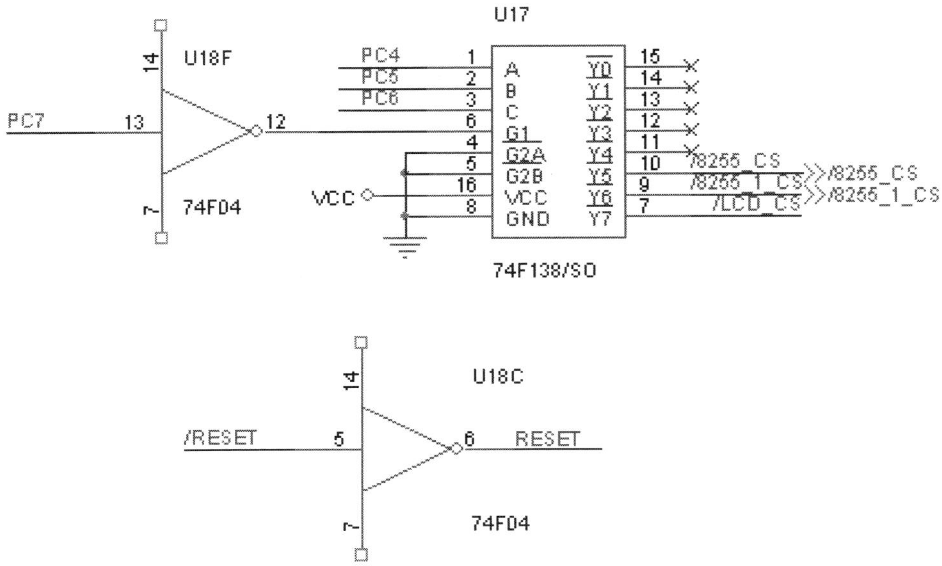

[그림 8.5] 외부 장치 address mapping

[그림 8.5]은 Dr. Kim ATmega128 Training Kit에서 외부 장치를 사용할 수 있도록 구성한 회로로써 reset 신호를 반전시키는 inverter 로직과 address를 mapping 하기 위해 사용한 로직이다.

82C55의 reset은 '1'의 값에서 reset 동작이 발생하나 AVR에서는 '0'의 값에서 reset 동작이 이루어지므로 AVR의 /reset 신호를 82C55에서 reset 동작을 하도록 하기 위해서는 inverting해주어야 한다.

Dr. Kim ATmega128 Training Kit의 외부 장치는 0x8000 ~ 0xFFFF까지는 외부 SRAM, 0x7000 ~ 0x7001은 Text LCD, 0x6000 ~ 0x6003은 82C55_1이 할당되어 있으며

0x5000 ~ 0x5003은 82C55_0이 할당되어 있다. Kit에서 82C55_0은 LED Dot Matrix의 구동에 사용되며, 82C55_1은 7-Segment와 Audio 출력 및 Key Matrix에 사용된다.

[표 8.3] 외부 확장 I/O장치 어드레스 주소

외부 어드레스	연결되는 외부 장치
0x8000~0xFFFF	외부 SRAM
0x7000~0x7001	Text LCD
0x6000~0x6003	82C55_1(7-Segment, Audio 출력, Key Matrix)
0x5000~0x5003	82C55(Dot Matrix)

82C55를 사용하기 위해서는 해당되는 82C55에 맞는 주소를 지정해서 [그림 8.5]의 회로에 의해 /CS가 '1'에서 '0'이 되도록 하고, 제어레지스터를 선택하여 동작 모드와 각 포트의 입/출력을 지정해주고 원하는 포트를 선택하여 값을 읽거나 쓴다.

8.2 하드웨어 설명

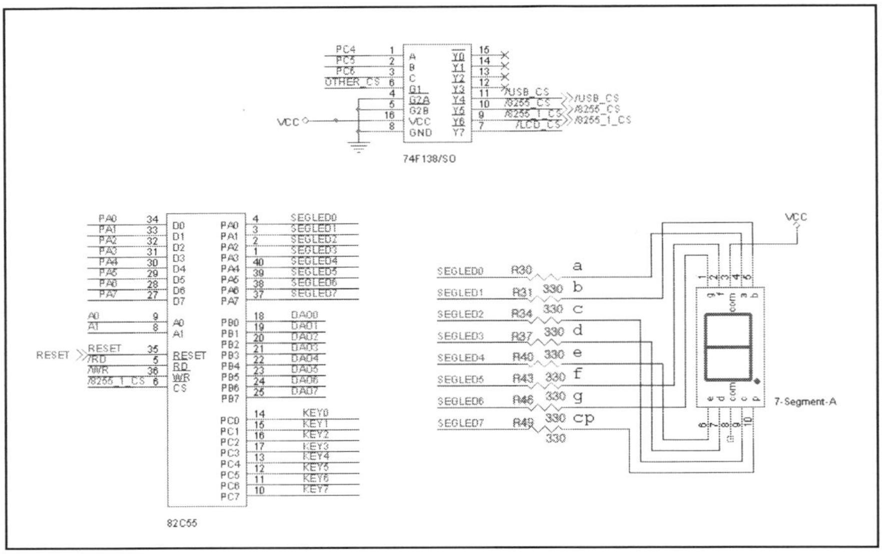

[그림 8.6] 82C55_1에 연결된 7-Segment-2의 회로도

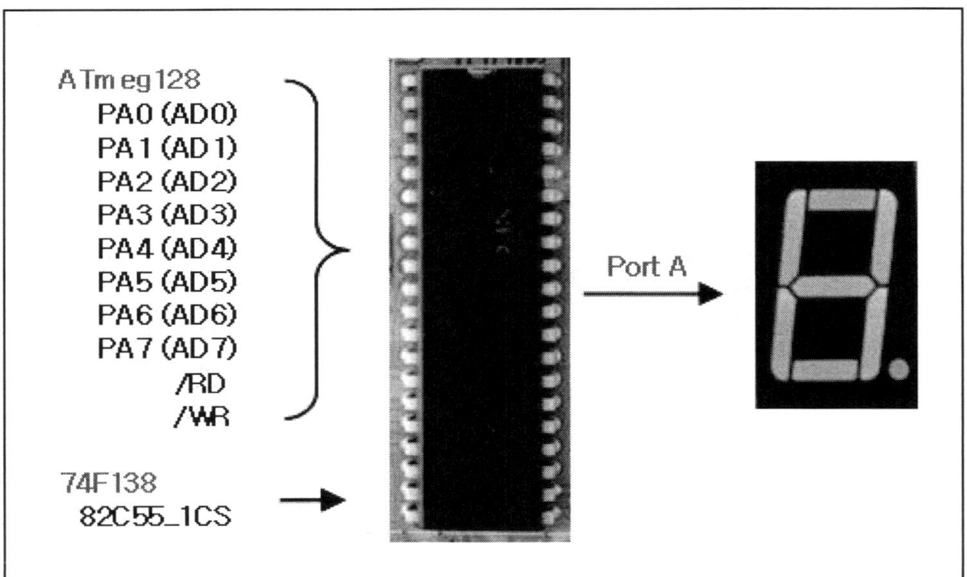

[그림 8.7] 82C55_1에 연결된 7-Segment-2의 연결선도

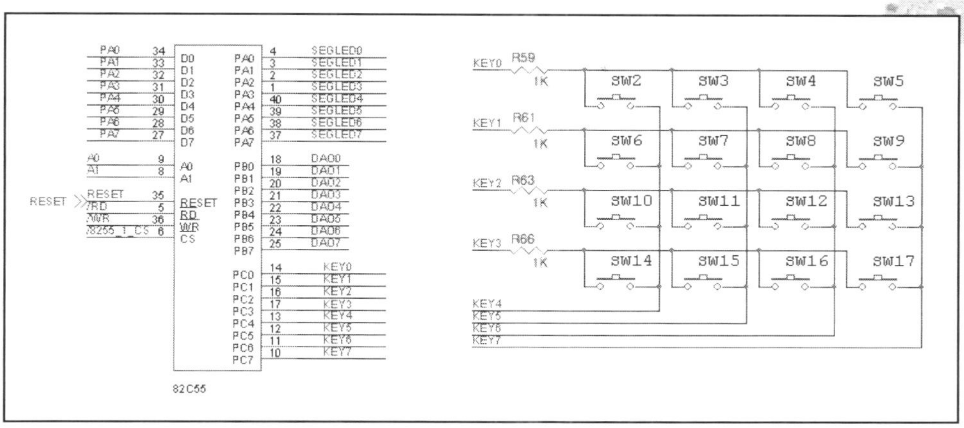

[그림 8.8] 82C55_1에 연결된 스위치 회로도

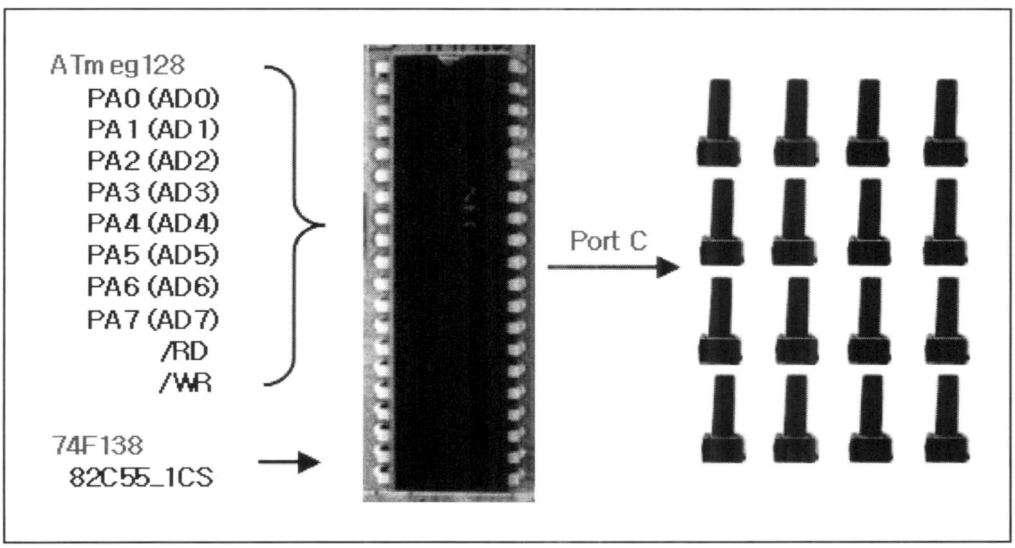

[그림 8.9] 82C55_1에 연결된 스위치의 연결선도

8.3 실험1 - 7-Segment

※ 프로그램 실행

7_Segment.hex 파일을 PonyProg2000을 사용하여 다운로드하면 다음과 같이 작동한다.

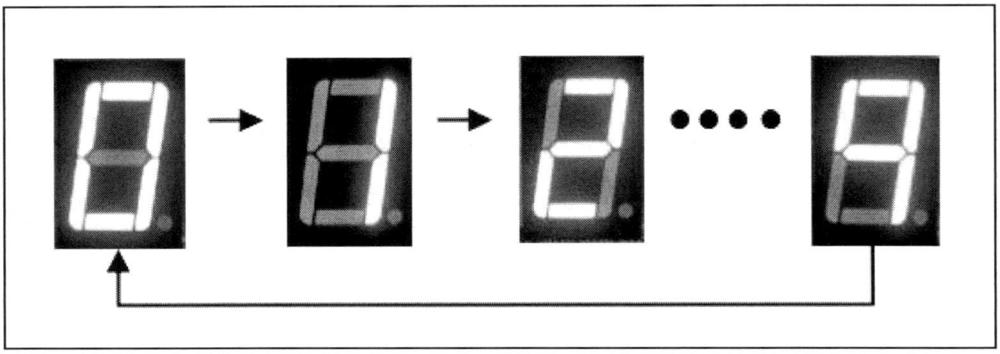

```
/*=============================================================
    File Name :  7_Segment.c
    Explanation
    1. 7-Segment-2의 수가 증가한다.
=============================================================*/
#include <avr/io.h>
/*외부 확장 I/O 장치의 주소에 대한 정의*/
#define PPI_1_CT  (unsigned char *)0x6003//82C55의 컨트롤 단자 외부 메모리 주소
#define PPI_1_PA  (unsigned char *)0x6000//7-Segment-2의 외부 메모리 주소

unsigned char fnd[] = {0xc0,0xf9,0xa4,0xb0,0x99,0x92,0x82,0xf8,0x80,0x98};
                        /*0,1,2,3,4,5,6,7,8,9*/
void delay(int d1,int d2);
void initialize_ppi(void);

int main(void)
{
    unsigned char *seg,bin=0;

    seg = PPI_1_PA;           //7-Segment의 물리적 주소 할당
    MCUCR |= (1<<SRE);        //SRE=1 외부 메모리 액세스 가능
    initialize_ppi();
    do{
        *seg = fnd[bin];      //7-Segment 점등
```

```
        delay(1000,3000);  //7-Segment 점등 시간
        bin++;
        if(bin==10)
            bin = 0;
    }while(1);
    return 0;
}

void delay(int d1,int d2)
{
    int i,j;
    for(i=0;i<d1;i++){
        for(j=0;j<d2;j++);
    }
}

void initialize_ppi(void)
{
    unsigned char *ppi_ctrl;
    ppi_ctrl = PPI_1_CT;
    *ppi_ctrl = 0x80;
    //82C55 Control (Mode Set flag=1, Group A, B=Mode 0, Port A=Output)
}
```

※ 프로그램 설명

```
#define PPI_1_CT  (unsigned char *)0x6003
#define PPI_1_PA  (unsigned char *)0x6000
```

외부 어드레스를 선언하기 위해선 '(unsigned char*)0x~~'라고 선언해야 한다. 위와 같이 선언하면 PPI_1_CT는 0x6003이, PPI_1_PA는 0x6000이 저장된다. 이 값들은 포인터로 선언된 변수의 주소로 저장된다. 따라서 이 부분은 외부 확장 I/O 주소를 저장하는 것과 같다. 외부 확장 I/O 주소에 대해선 [표 8.3]을 참고하기 바란다.

0x6003과 0x6000이 외부 어드레스로 출력되면 어떤 현상이 일어날까? ATmega128 에서 외부어드레스 부분은 PC0~PC7(상위 8비트 어드레스 A8~A15)와 PA0~PA7(하위 8비트 어드레스 AD0~AD7)이다. 따라서 0x6003 어드레스가 출력이 되면 포트C = 0x60, 포트A = 0x03이 출력되는 것이다. 포트C에 01100000가 출력이 되면 [그림 8.5]처럼 138 IC에 상위 4비트가 입력이 되며, 138의 9핀인 /Y6=0이 되고, /Y6과 연결되어 있는 82C55_1의 /CS핀 =0이 되어 82C55_1이 활성화 된다.

PC4	PC5	PC6	외부 확장 I/O(138 출력)							
A	B	C	/Y0	/Y1	/Y2	/Y3	/Y4	/Y5	/Y6	/Y7
0	0	0	0	1	1	1	1	1	1	1
1	0	0	1	0	1	1	1	1	1	1
0	1	0	1	1	0	1	1	1	1	1
1	1	0	1	1	1	0	1	1	1	1
0	0	1	1	1	1	1	0	1	1	1
1	0	1	1	1	1	1	1	0	1	1
0	1	1	1	1	1	1	1	1	0	1
1	1	1	1	1	1	1	1	1	1	0

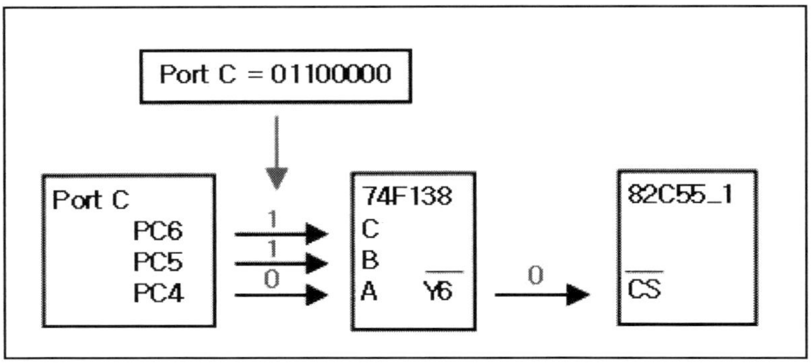

포트A에 00000011가 출력이 되면 [표 8.2]처럼 82C55의 동작은 Write Control Word가 된다.

/CS	/RD	/WR	A1	A0	동 작
0	1	0	1	1	Write Control Word

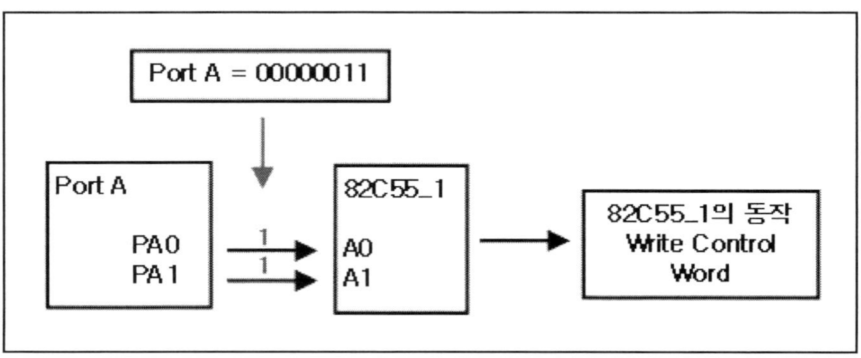

실제로 위에서 설명한 것처럼 포트C와 포트A에 외부 어드레스를 출력하는 것은 아니다. 위의 설명은 이해를 돕기 위한 설명이다. 외부어드레스는 자동적으로 출력되며 그 어드레스에 저장할 데이터는 임의로 출력해야 한다. 아래의 코딩을 보면서 설명을 진행하자.

```
void initialize_ppi(void)
{
    unsigned char *ppi_ctrl;
    ppi_ctrl = PPI_1_CT;
    *ppi_ctrl = 0x80;
    //82C55 Control (Mode Set flag=1, Group A,B=Mode 0, Port A=Output)
}
```

포인터로 선언된 ppi_ctrl의 주소를 PPI_1_CT의 값과 같게 만들고 *ppi_ctrl에 0x80을 출력한다, 먼저 외부 주소가 출력되어(0x6003) 82C55_1이 활성화되고 82C55의 동작은 컨트롤 워드를 쓰는 동작이며 후에 0x80 값이 출력되어 컨트롤 워드에 0x80 값이 쓰이게 된다.
[그림 8.4]처럼 컨트롤 워드에 10000000 값을 쓰면 82C55의 상태는 모드0 선택, 그룹 A, B 출력(포트 A, B, C 모두 출력)이 된다.

	Group A				Group B		
1	0	0	0	0	0	0	0
	Mode 0 선택		Port A 출력	Port C (Upper) 출력	Mode 0 선택	Port B 출력	Port C (Lower) 출력

```
seg = PPI_1_PA;          //7-Segment의 물리적 주소 할당
```

포인터로 선언된 seg의 주소를 PPI_1_PA의 값과 같게 만들어 *seg에 임의 값을 출력하면 82C55의 포트A에 그 값이 출력하게 된다. 포인터 seg의 주소는 0x6000으로 상위 2바이트(0x60)로 82C55_1을 활성화하고, 하위 2바이트(0x00)로 82C_55의 포트A에 *seg 값을 출력하게 된다. [표 8.2] 참조

/CS	/RD	/WR	A1	A0	동 작
0	1	0	0	0	Write Port A

```
MCUCR |= (1<<SRE);  //SRE=1 외부 메모리 액세스 가능
```

avredit가 설치된 곳에(\AvrEdit\WinAvr\avr\include\avr)보면 iom128.h 파일이 있다. 이 파일은 #include<avr/io.h> 구문에 의해 include 된다. 이 파일을 보면 MCUCR 레지스터의 각 비트에 대해서 다음과 같이 정의되어 있다.

```
/* MCU general Control Register - MCUCR */
#define    SRE      7
#define    SRW      6
#define    SRW10    6
#define    SE       5
#define    SM1      4
#define    SM0      3
#define    SM2      2
#define    IVSEL    1
#define    IVCE     0
```

따라서 1<<SRE는 '1'이라는 비트를 SRE에 정의된 비트 수 만큼 자리이동 시키라는 뜻입니다. 즉, 1을 7비트 shift 시키고 원래의 MCUCR값과 OR하여 다시 MCUCR에 저장하라는 뜻이다. 결국 최상위 비트인 SRE 비트가 1로 세팅되어 외부 메모리가 액세스 가능한 상태가 된다.

```
*seg = fnd[bin];        //7-Segment 점등
delay(1000,3000);       //7-Segment 점등 시간
bin++;
if(bin==10)
    bin = 0;
```

이 구문은 포인터로 정의된 seg 변수에 배열 fnd[bin]를 출력한 후(이때 7-Segment-2가 점등된다.) 일정시간을 딜레이 한 후 변수 bin을 증가합니다. bin의 값이 10일 때 다시 bin에 0을 저장하므로 bin는 0~9의 값을 갖게 된다. bin의 초기 값은 0 이므로 *seg = 0xC0가 출력되어 7-Segment-2에 0이 표시되고 ([표 8.1참조]) bin의 값이 9가 되면 *seg = 0x98가 출력되어 7-Segment-2에 9가 표시된다. 아래의 그림을 보면서 *seg = 0xC0가 출력이 되면 어떻게 7-Segment-2에 0이 표시 되는지 이해하기 바란다.

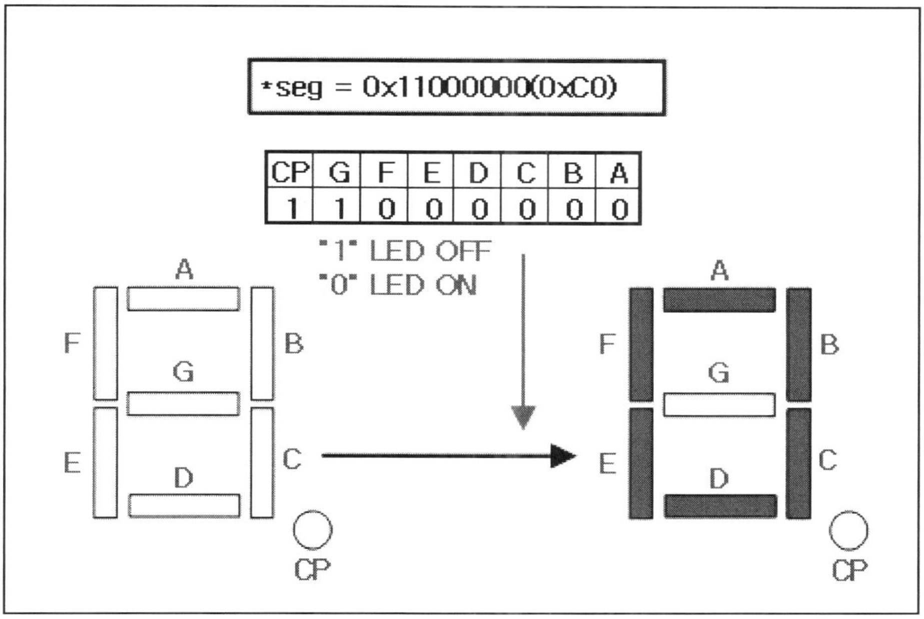
*seg = 0x11000000(0xC0)
CP G F E D C B A
1 1 0 0 0 0 0 0
"1" LED OFF
"0" LED ON
A
F
B
G
E
C
D
CP
A
F
B
G
E
C
D
CP

8.4 실험2 - Key (7-Segment-1)

※ 프로그램 실행

KEY.hex 파일을 PonyProg2000을 사용하여 다운로드하면 다음과 같이 동작한다.

(스위치를 누르면 그에 해당하는 값이 7-Segment-1에 표시된다.)

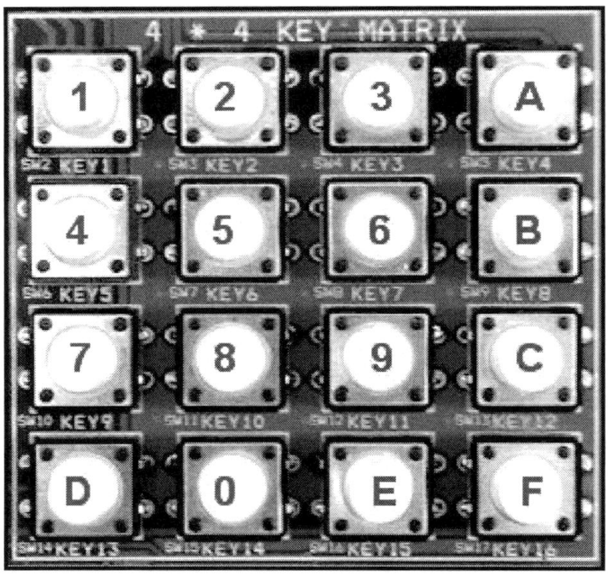


```
/*=====================================================
    File Name :  KEY.c
    Explanation
    1. key를 누르면 7-Segment-1 에 해당하는 수가 표시 된다.
=====================================================*/
#include <avr/io.h>

#define PPI_1_PC  (unsigned char *)0x6002//82C55의 컨트롤 외부 메모리 주소
#define PPI_1_CT  (unsigned char *)0x6003//switch의 외부 메모리 주소

unsigned char *ppi_ctrl,*key;

unsigned char key_convert(unsigned char in);
void delay(int d1, int d2);
```

```
void initialize_ppi(void);
unsigned char key_scan(unsigned char a);


int main(void)
{
    unsigned char in,in0,in1,in2,in3;

    MCUCR |= (1<<SRE);
    initialize_ppi();
    DDRD = 0xF0;          //포트 D 입출력 설정
    PORTD = 0x00;         //7-Segment-1 "0" display
    do{
        delay(100,100);
        in0 = key_scan(0x01);
        in1 = key_scan(0x02);
        in2 = key_scan(0x04);
        in3 = key_scan(0x08);
        in = (in1 | in2 | in3 | in0);
        in = key_convert(in);
        if(in != 0xff)
            PORTD = (in<<4);          //switch 값 출력
    }while(1);
        return 0;
}

unsigned char key_convert(unsigned char in)
{
    unsigned char a=0;
    switch(in){
        case 0x11 : a = 0x01;   //0001 0001
            break;
        case 0x21 : a = 0x02;   //0010 0001
            break;
        case 0x41 : a = 0x03;   //0100 0001
            break;
        case 0x81 : a = 0x0a;   //1000 0001
            break;
        case 0x12 : a = 0x04;   //0001 0010
            break;
        case 0x22 : a = 0x05;   //0010 0010
            break;
        case 0x42 : a = 0x06;   //0100 0010
            break;
        case 0x82 : a = 0x0b;   //1000 0010
            break;
        case 0x14 : a = 0x07;   //0001 0100
```

```
            break;
        case 0x24 : a = 0x08;   //0010 0100
            break;
        case 0x44 : a = 0x09;   //0100 0100
            break;
        case 0x84 : a = 0x0c;   //1000 0100
            break;
        case 0x18 : a = 0x0d;   //0001 1000
            break;
        case 0x28 : a = 0x00;   //0010 1000
            break;
        case 0x48 : a = 0x0e;   //0100 1000
            break;
        case 0x88 : a = 0x0f;   //1000 1000
            break;
        default   : a = 0xff;  //Off
            break;
    }
    return a;
}

unsigned char key_scan(unsigned char a)
{
    unsigned char in;

    *ppi_ctrl = 0x98;   //Port A = input(7segment-2)
                        //Port C (Upper=Input)(Lower=Output)
    *key = a;           //switch 값 출력
    delay(10,10);
    in = *key & 0xf0;
    if(in != 0x00){
        in |= a;
        *ppi_ctrl = 0x90;
        *key = 0x00;
        return in;
    }
    *ppi_ctrl = 0x90;
    *key = 0x00;
    return 0;
}

void delay(int d1, int d2)
{
    int i, j;

    for(i=0;i<d1;i++){
        for(j=0;j<d2;j++);
```

```
    }
}

void initialize_ppi(void)
{
    ppi_ctrl = PPI_1_CT;
    key = PPI_1_PC;
    *ppi_ctrl = 0x80;
    //82C55 Control(Mode Set flag=1, Group A,B = Mode 0)
    *key = 0x00;     //Port C output
}
```

※ 프로그램 설명

```
#define PPI_1_PC (unsigned char *)0x6002//82C55의 컨트롤 단자 외부 메모리 주소
```

실험1에서 설명한 것처럼 외부 장치 I/O를 설정하는 부분이다. 외부어드레스 상위 2바이트인 0x60이 포트C에 출력되어 82C55_2을 활성화 하고, 하위2바이트인 00000010이 포트A에 출력되어 82C55의 포트C의 입출력이 설정된다. /RD, /WR의 신호는 ATmega128에서 자동으로 출력된다.

/CS	/RD	/WR	A1	A0	동 작
0	0	1	1	0	Read Port C or status
0	1	0	1	0	Write Port C

```
void initialize_ppi(void)
{
    ppi_ctrl = PPI_1_CT;
    key = PPI_1_PC;
    *ppi_ctrl = 0x90;          //switch 8비트 출력
    *key = 0x00;
    }
```

포인터로 선언된 key, ppi_ctrl의 주소를 0x6003, 0x6002로 선언하여 외부 장치를 컨트롤 할 수 있게 만든다. 이렇게 어드레스를 일치시킨 다음에 *key의 값을 읽어드리면 82C55_2의 포트C의 입력 값이 읽히며, 원하는 값을 출력하면 82C55_2의 포트C에 출력된다. *ppi_ctrl에 원하는 값을 쓰게 되면 82C55_2의 모드 및 그룹 A, B의 입출력이 선택되게 된다.

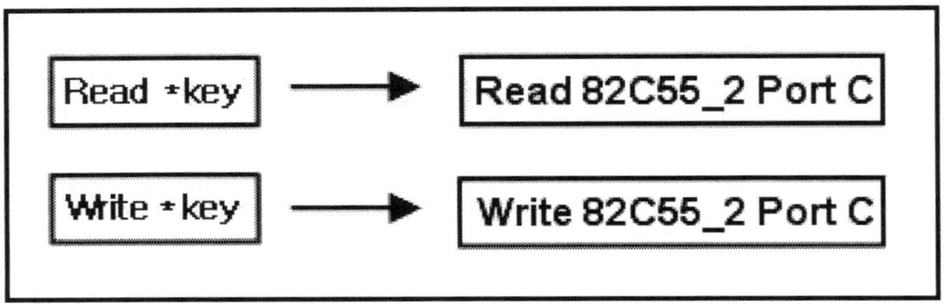

	Group A				Group B		
1	0	0	1	0	0	0	0
	Mode 0 선택		Port A 입력	Port C (Upper) 출력	Mode 0 선택	Port B 출력	Port C (Lower) 출력

이 프로그램은 4×4스위치(16개의 스위치)의 입력 값을 읽어 7-Segment-1에 출력하는 프로그램이다. 그렇기 때문에 이 프로그램의 핵심 함수는 unsigned char key_scan(void)이다. 이 함수는 스위치의 입력 값을 읽어 어떤 스위치가 눌렸는지를 판별하고 눌린 스위치에 해당하는 값을 되돌리는 함수이다. 그렇다면 우선 4×4스위치의 입력 값을 어떤 방식으로 판별하는지를 보겠다. 아래의 그림은 스위치의 실제 연결선도 이다.

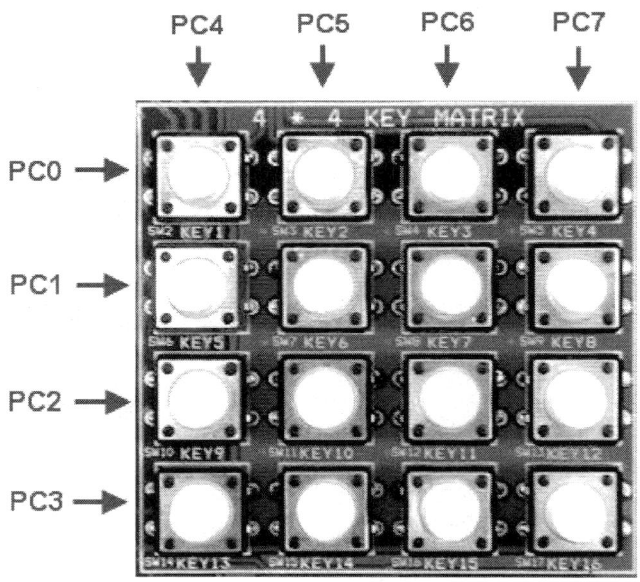

위 그림처럼 4×4스위치의 가로는 82C55_2의 포트C 하위 4비트에 연결되고 세로는 포트C의 상위 4비트에 연결되어 있다. 82C55_2의 포트C의 상위 4비트를 입력으로 하위 4비트를 출력으로 설정한 후 포트C 에 00000001 출력하면 다음 그림과 같다.

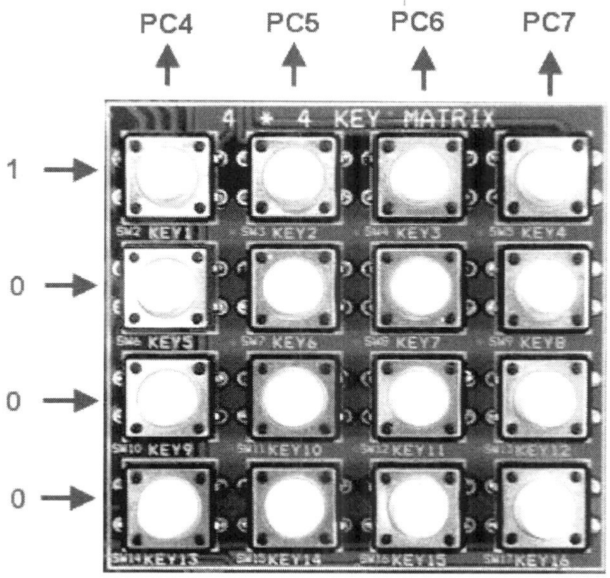

이때 스위치가 눌리지 않을 경우 PC7~PC4는 모두 "0"의 값을 가지게 되고, KEY1이 눌릴 경우 PC7~PC4의 값은 1000의 값을 다음의 그림처럼 갖게 된다.

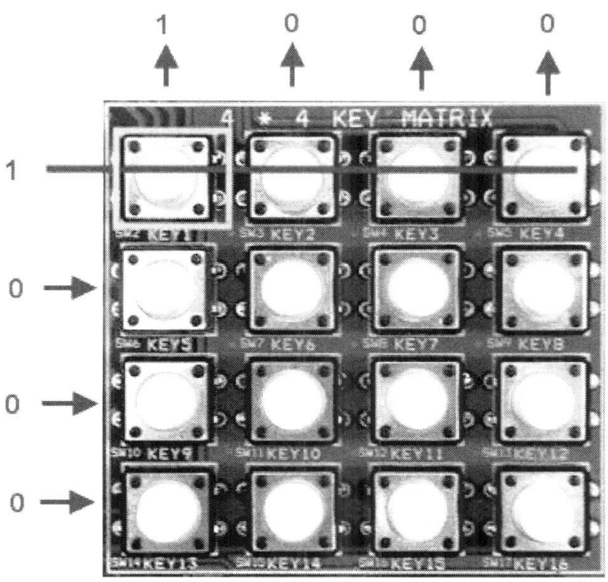

위의 그림과 같이 KEY1이 눌렸을 경우 Port C의 값은 00010001의 값을 가지게 되며, KEY1~KEY4가 눌리지 않을 경우 00000001의 갑을 가지게 된다. 위와 같은 방법으로 Port C의 하위 4비트를 하나씩 1로 만들어 4번을 번갈아 하면 16개의 스위치 값을 모두 체크할 수 있다. 다음 그림은 PC1의 값이 "1"이 되고, KEY6이 눌렸을 때, Port C의 값을 표시한 모습이다. (이때 Port C의 값은 00100010 이 된다.)

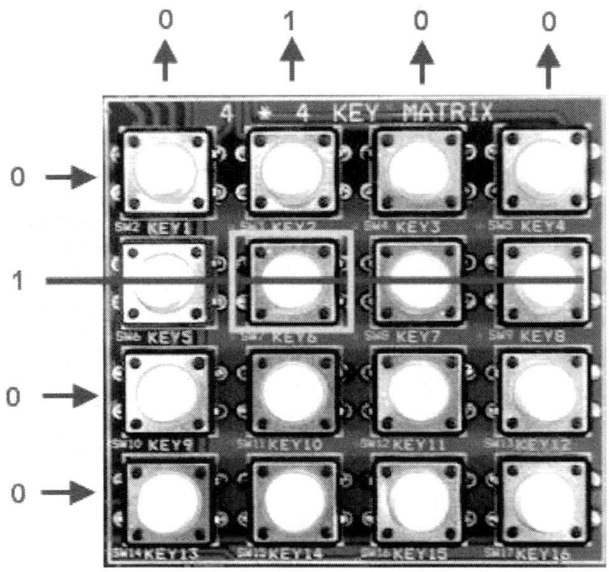

실제 스위치가 눌리면 위와 같은 제어는 순간적으로 동작하며, 같은 방식을 4번 연속하면 4×4의 16개 스위치 중 어떤 스위치가 눌렸는지 판별할 수 있다. KEY1, KEY6 외의 다른 키들이 눌렸을 경우 어떤 값이 나오는지 한번 해보기 바란다. 위와 같은 동작을 어떻게 프로그램 하는지 알아보자.

```
*ppi_ctrl = 0x98;    //Port A = input(7segment-2)
                     //Port C (Upper=Input)(Lower=Output)
*key = a;            //switch 값 출력
delay(10,10);
in = *key & 0xf0;
if(in != 0x00){
    in |= a;
    *ppi_ctrl = 0x90;
    *key = 0x00;
    return in;
}
```

82C55_2를 포트C 상위 4비트 입력, 하위 4비트 출력으로 설정 한 후 *key에 00000001을 출력한다.(*key를 읽거나 쓰면 82C55_2의 포트C에 입출력이 된다) 이 값을 출력한 후 약간의 시간지연을 해야 입력을 받을 수 있다. 스위치가 눌렀다면 그에 해당하는 비트의 값이 1 이 되고, 눌리지 않으면 0 이 되어 변수 in에 저장된다. 이때 PC에 출력한 값(변수 a, 4×4 스위치의 가로)과 PC에 입력된 값 (변수 in, 4×4 스위치의 세로)을 논리 OR하면 눌린 스위치의 값을 알 수가 있다. 스위치의 값을 저장한 후에는 82C55_2의 Port C에 0x00을 출력하여 Port C를 초기화 한다.

```
unsigned char key_convert(unsigned char in)
{
    unsigned char a=0;
    switch(in){
        case 0x11 : a = 0x01;   //0001 0001
            break;
        case 0x21 : a = 0x02;   //0010 0001
            break;
                    .
                    .
                    .
        case 0x88 : a = 0x0f;   //1000 1000
            break;
        default   : a = 0xff;   //Off
            break;
    }
    return a;
}
```

눌린 스위치의 값을 받아 정수로 바꾸어 주는 함수이며, 16개의 스위치의 값이 아닌 다른 값을 받았을 경우 0xff을 되돌려 준다. 이 되돌려 준 값을 메인 함수에서 7-Segment-1에 출력한다.

8.5 실험3 - Key (7-Segment-2)

※ 프로그램 실행

KEY1.hex 파일을 PonyProg2000을 사용하여 다운로드하면 실험2와 같이 동작한다. (스위치를 누르면 82C55_1에 연결된 7-Segment-2에 표시된다.)

```
/*=========================================================
    File Name :  KEY1.c
    Explanation
    1. key를 누르면 7-Segment-2 에 해당하는 수가 표시 된다.
=========================================================*/
#include <avr/io.h>

#define PPI_1_PA (unsigned char *)0x6000//7-Segment-2 외부 메모리 주소
#define PPI_1_PC  (unsigned char *)0x6002//82C55의 컨트롤 외부 메모리 주소
#define PPI_1_CT  (unsigned char *)0x6003//switch의 외부 메모리 주소

unsigned char fnd[] = {0xc0,0xf9,0xa4,0xb0,0x99,0x92,0x82,0xf8,0x80,0x98,
                                   0xa7,0xb3,0x9d,0x96,0x87,0xff};
                  /*0,1,2,3,4,5,6,7,8,9,a,b,c,d,e,f*/
unsigned char *ppi_ctrl,*key,*seg,bin=0;

unsigned char key_convert(unsigned char in);
void delay(int d1, int d2);
void initialize_ppi(void);
unsigned char key_scan(unsigned char a);


int main(void)
{
    unsigned char in,in0,in1,in2,in3;

    MCUCR |= (1<<SRE);
    initialize_ppi();
    *seg = fnd[bin];
    do{
        delay(100,100);
        in0 = key_scan(0x01);
        in1 = key_scan(0x02);
        in2 = key_scan(0x04);
```

```
        in3 = key_scan(0x08);
        in = (in1 | in2 | in3 | in0);
        in = key_convert(in);
        if(in != 0xff){
            bin = in;
            *seg = fnd[bin];            //switch 값 출력
        }
    }while(1);
        return 0;
}

unsigned char key_convert(unsigned char in)
{
    unsigned char a=0;
    switch(in){
        case 0x11 : a = 0x01;   //0001 0001
            break;
        case 0x21 : a = 0x02;   //0010 0001
            break;
        case 0x41 : a = 0x03;   //0100 0001
            break;
        case 0x81 : a = 0x0a;   //1000 0001
            break;
        case 0x12 : a = 0x04;   //0001 0010
            break;
        case 0x22 : a = 0x05;   //0010 0010
            break;
        case 0x42 : a = 0x06;   //0100 0010
            break;
        case 0x82 : a = 0x0b;   //1000 0010
            break;
        case 0x14 : a = 0x07;   //0001 0100
            break;
        case 0x24 : a = 0x08;   //0010 0100
            break;
        case 0x44 : a = 0x09;   //0100 0100
            break;
        case 0x84 : a = 0x0c;   //1000 0100
            break;
        case 0x18 : a = 0x0d;   //0001 1000
            break;
        case 0x28 : a = 0x00;   //0010 1000
            break;
        case 0x48 : a = 0x0e;   //0100 1000
            break;
        case 0x88 : a = 0x0f;   //1000 1000
            break;
```

```
        default   : a = 0xff;   //Off
            break;
    }
    return a;
}

unsigned char key_scan(unsigned char a)
{
    unsigned char in;

    *ppi_ctrl = 0x88;    //Port A = output(7segment-2)
                        //Port C (Upper=Input)(Lower=Output)
    *seg = fnd[bin];
    *key = a;            //switch 값 출력
    delay(10,10);
    in = *key & 0xf0;
    if(in != 0x00){
        in |= a;
        *ppi_ctrl = 0x80;
        *seg = fnd[bin];
        *key = 0x00;
        return in;
    }
    *ppi_ctrl = 0x80;
    *seg = fnd[bin];
    *key = 0x00;
    return 0;
}

void delay(int d1, int d2)
{
    int i, j;

    for(i=0;i<d1;i++){
        for(j=0;j<d2;j++);
    }
}

void initialize_ppi(void)
{
    ppi_ctrl = PPI_1_CT;
    seg = PPI_1_PA;
    key = PPI_1_PC;
    *ppi_ctrl = 0x80;
    //82C55 Control(Mode Set flag=1, Group A,B = Mode 0)
    *key = 0x00;    //Port C output
}
```

※ 프로그램 설명

실험2와 거의 유사하다. 7-Segment-2가 82C55에 연결되어 있기 때문에 이 부분을 제어하는 것만이 다르다. unsigned char key_scan(void)의 함수를 보자.

```
*ppi_ctrl = 0x88;          //switch 상위 4비트 출력, 하위 4비트 입력
*seg = fnd[bin];           //switch 값 출력
```

*ppi_ctrl에 0x88을 저장하면 7-Segment-2가 꺼지게 된다. 7-Segment-2는 82C55_1의 포트A에 연결되어 있기 때문에 82C55의 컨트롤 레지스터에 새로운 값을 쓰거나 포트A에 새로운 값을 쓸 때 값이 바뀌어 7-Segment-2가 꺼지게 된다. 그렇기 때문에 컨트롤 레지스터에 새로운 값을 쓰고 난 후 포트A에 다시 7-Segment-2에 출력할 값을 출력한다.

8.6 실험4 - Key (7-Segment-1,2)

※ 프로그램 실행

KEY2.hex 파일을 PonyProg2000을 사용하여 다운로드하면 실험2와 같이 동작한다.(스위치를 누르면 7-Segment-1과 82C55_1에 연결된 7-Segment-2에 표시된다.)

```
/*=====================================================
    File Name :  KEY2.c
    Explanation
    1. key를 누르면 7-segment-1,7-Segment-2 에 해당하는 수가 표시 된다.
=====================================================*/
#include <avr/io.h>

#define PPI_1_PA (unsigned char *)0x6000//7-Segment-2 외부 메모리 주소
#define PPI_1_PC  (unsigned char *)0x6002//82C55의 컨트롤 외부 메모리 주소
#define PPI_1_CT  (unsigned char *)0x6003//switch의 외부 메모리 주소

unsigned char fnd[] = {0xc0,0xf9,0xa4,0xb0,0x99,0x92,0x82,0xf8,0x80,0x98,
                              0xa7,0xb3,0x9d,0x96,0x87,0xff};
```

```
                    /*0,1,2,3,4,5,6,7,8,9,a,b,c,d,e,f*/
unsigned char *ppi_ctrl,*key,*seg,bin=0;

unsigned char key_convert(unsigned char in);
void delay(int d1, int d2);
void initialize_ppi(void);
unsigned char key_scan(unsigned char a);


int main(void)
{
    unsigned char in,in0,in1,in2,in3;

    MCUCR |= (1<<SRE);
    initialize_ppi();
    DDRD = 0xF0;        //포트 D 입출력 설정
    PORTD = 0x00;       //7-Segment-1 "0" display
    *seg = fnd[bin];
    do{
        delay(100,100);
        in0 = key_scan(0x01);
        in1 = key_scan(0x02);
        in2 = key_scan(0x04);
        in3 = key_scan(0x08);
        in = (in1 | in2 | in3 | in0);
        in = key_convert(in);
        if(in != 0xff){
            PORTD = (in<<4);
            bin = in;
            *seg = fnd[bin];          //switch 값 출력
        }
    }while(1);
    return 0;
}

unsigned char key_convert(unsigned char in)
{
    unsigned char a=0;
    switch(in){
        case 0x11 : a = 0x01;   //0001 0001
            break;
        case 0x21 : a = 0x02;   //0010 0001
            break;
        case 0x41 : a = 0x03;   //0100 0001
            break;
        case 0x81 : a = 0x0a;   //1000 0001
            break;
```

```
        case 0x12 : a = 0x04;   //0001 0010
            break;
        case 0x22 : a = 0x05;   //0010 0010
            break;
        case 0x42 : a = 0x06;   //0100 0010
            break;
        case 0x82 : a = 0x0b;   //1000 0010
            break;
        case 0x14 : a = 0x07;   //0001 0100
            break;
        case 0x24 : a = 0x08;   //0010 0100
            break;
        case 0x44 : a = 0x09;   //0100 0100
            break;
        case 0x84 : a = 0x0c;   //1000 0100
            break;
        case 0x18 : a = 0x0d;   //0001 1000
            break;
        case 0x28 : a = 0x00;   //0010 1000
            break;
        case 0x48 : a = 0x0e;   //0100 1000
            break;
        case 0x88 : a = 0x0f;   //1000 1000
            break;
        default   : a = 0xff;   //Off
            break;
    }
    return a;
}

unsigned char key_scan(unsigned char a)
{
    unsigned char in;

    *ppi_ctrl = 0x88;     //Port A = output(7segment-2)
                          //Port C (Upper=Input)(Lower=Output)
    *seg = fnd[bin];
    *key = a;             //switch 값 출력
    delay(10,10);
    in = *key & 0xf0;
    if(in != 0x00){
        in |= a;
        *ppi_ctrl = 0x80;
        *seg = fnd[bin];
        *key = 0x00;
        return in;
    }
```

```
    *ppi_ctrl = 0x80;
    *seg = fnd[bin];
    *key = 0x00;
    return 0;
}

void delay(int d1, int d2)
{
    int i, j;

    for(i=0;i<d1;i++){
        for(j=0;j<d2;j++);
    }
}

void initialize_ppi(void)
{
    ppi_ctrl = PPI_1_CT;
    seg = PPI_1_PA;
    key = PPI_1_PC;
    *ppi_ctrl = 0x80;
    //82C55 Control(Mode Set flag=1, Group A,B = Mode 0)
    *key = 0x00;    //Port C output
}
```

ATmega128

CHAPTER 9

제 9 장 LED DOT MATRIX

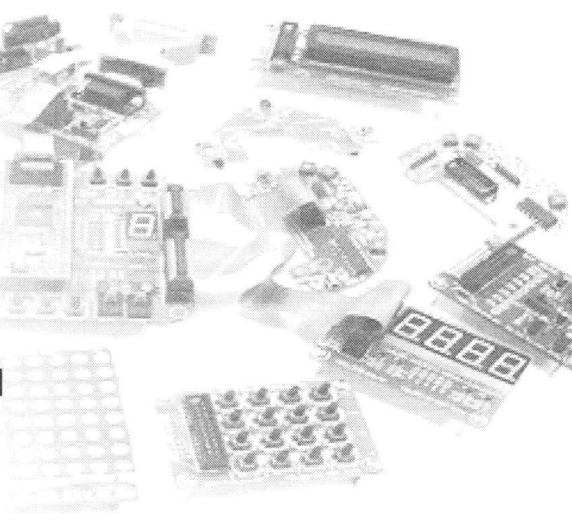

9.1 LED DOT MATRIX 란?

9.2 LED 전광판

9.3 하드웨어 설명

9.4 실험1 - Green, Red, Orange 표시

9.5 실험2 - 문자 표시

9.6 실험3 - 문자 움직이기

9.1 LED DOT MATRIX 란?

LED Dot Matrix는 LED를 5×7, 8×8, 16×16 등의 Matrix 형식으로 배열한 디스플레이 장치로써 기존 LED로는 단색 혹은 2색, 7-Segment로는 하나의 숫자 정도만을 표시할 수 있었던 것이 비하여 다양한 문자, 기호 등을 표시할 수 있는 디스플레이 장치이다.

LED Dot Matrix도 LED를 기본 소자로 하여 배열한 것이므로 기본적인 동작 원리는 LED와 동일하다. 다만 LED를 Matrix 형태로 배열한 것으로 숫자나 문자, 기호 등을 표시하기 위해서는 TV나 컴퓨터 모니터 등의 화면 출력 방식과 같이 출력하고자 하는 내용을 화소로 구성하여 표시해야 한다.

요즘 LED Dot Matrix는 광고용 디스플레이 장치나 대형 전광판 등으로 많이 쓰인다.

9.2 LED 전광판

LED램프는 RED, GREEN, BLUE로 빛의 3원색과 같은 LED 소자를 사용한 것으로 LED 전광판은 LED램프를 이용하여 지정된 픽셀 크기마다 빛의 3원색인 적색, 녹색, 청색(Red, Green, Blue) LED램프를 조합하여 모든 램프를 다 켜면 백색, 다 끌 경우 흑색으로 표현되어 산술적으로 자연색과 거의 흡사한 256만 컬러의 표현이 가능하다. LED 전광판은 명도(휘도), 채도, 색상(색조)이 어우러져 모니터 등과 같이 영상을 재생할 수 있다.

1. CIE 색좌표

가색 합성에 의해 색을 표시할 때는 적어도 3가지 색의 기본색을 합성해야 Full Color의 색 재현이 가능하다. 색 영역은 3각형의 크기가 클수록 커지며 이를 위해서는 기본색의 순도. 즉 색도표 상에서 기준 백색에 해당하는 중심으로 부터의 거리가 증가할수록 3각형의 크기는 커진다. 기본색은 순도가 높아야 할 뿐만 아니라, 밝은 휘도를 가질수록 우수한 색 재현 성능을 보여준다.

2. 컬러(Color)

세 가지 기본 색깔의 빛의 강도를 나타낸다. 밝기 수치가 높아질수록 보다 사실에 가까운 컬러가 되고, 밝기 수치가 낮아질수록 화질이 떨어지게 된다.

3. 픽셀(PIXEL)

LED램프를 여러 개 모아 구성한 것으로서 크기별로 여러 가지 종류가 있으나 그 크기에 따라 LED램프의 수량도 달라진다. 픽셀로는 과거에는 원형으로 Ø25, Ø30, Ø40, Ø50 등을 사용하였으나 최근에는 사각형(□25mm ~ □60mm 까지)을 주로 사용하는데, 이는 원형으로 하는 것 보다 사각형으로 하는 것이 조립하였을 때 틈새를 줄일 수 있어 해상도를 높일 수 있기 때문이다. 이 픽셀의 크기에 따라 해상도가 달라지며 하나의 픽셀이 화면에 하나의 점을 형성하며 픽셀이 작을수록 해상도(Resolution)가 좋다.

4. RESOLUTION(해상도)

전광판에 나타난 전체 Pixel(width ×height)의 수를 가리키며 Pixel의 수치가 높을수록 세세한 부분까지 표현할 수 있다. 스크린 해상도는 Pixel간의 간격과 전광판 크기에 의해 결정된다.

5. 픽셀피치(Pixel Pitch)

픽셀피치는 인접하고 있는 픽셀의 중심간의 간격을 뜻하는 것으로 중심 대 중심간의 간격이라고도 한다. 일반적으로 10mm, 12.5mm, 15mm, 20mm, 25mm, 30mm, 40mm 등이 사용되고 있으나 어떤 크기로든 만들어질 수 있다.

6. 모듈(MODULE)

정사각형을 이루고 있으며 픽셀의 크기에 따라 달라지며 픽셀을 가로 16개, 세로 16개를 넣을 수 있도록 만들었으며 한 모듈 안에 자음, 모음이 결합된 한글 1자를 완벽하게 표현할 수 있다.

Dr. Kim ATmega128 Training Kit에는 RED와 GREEN을 발광할 수 있는 LED Dot Matrix가 부착되어 있으며 이들을 모두 ON했을 때는 ORANGE 컬러를 만들어 낼 수 있다. LED Dot Matrix를 사용하기 위해서는 82C55_0을 통하여 제어할 수 있다.

Kit에 사용된 LED Dot Matrix는 [그림 9.1]과 같이 GREEN 8x8, RED 8x8의 LED로 구성되어 있다. 따라서 각 열에 GREEN, RED 또는 이 둘을 동시에 ON하면 ORANGE 색을 나타낼 수 있다.

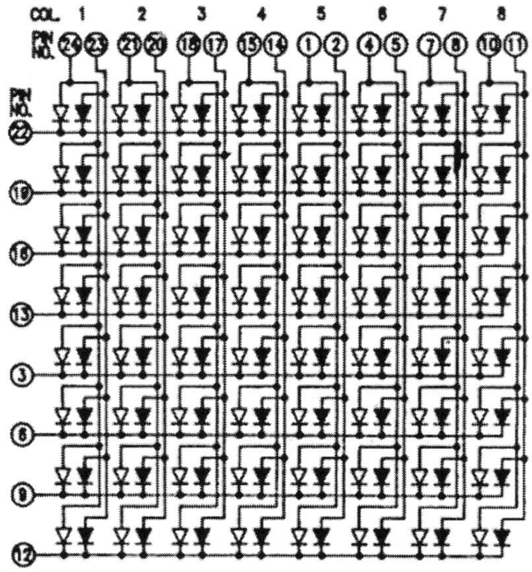

[그림 9.1] LED Dot Matrix의 내부 구조

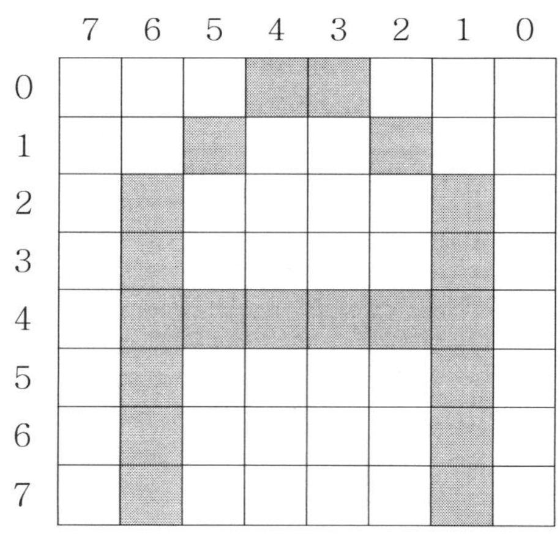

LED Dot Matrix에 위와 같이 알파벳 'A'를 출력하고자 한다면, 0라인만 ON 시키고 나머지 1~7라인은 OFF를 한 상태로 첫 번째 줄에 해당하는( ) 모양을 만들기 위해 7~0에 해당하는 열에 "00011000"을 출력한다. 다음에는1 라인만 ON을 하고 나머지 라인은 모두 OFF를 한 상태로 두 번째 줄에 해당하는 (= "00100100")을 출력한다. 이런 방식으로 빠르게 반복하여 라인의 ON, OFF를 반복해주면 사람 눈의 잔상 효과에 의하여 출력하고자 하는 문자 또는 그림의 전체가 보이게 된다.

9.3 하드웨어 설명

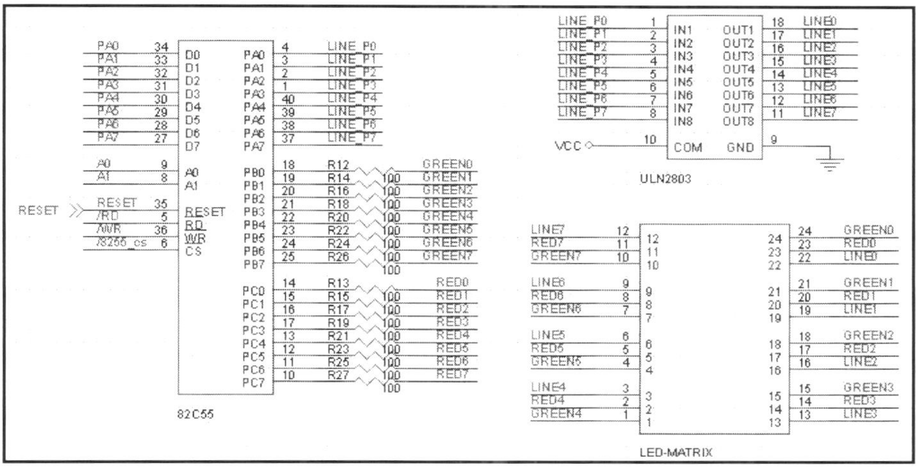

[그림 9.2] 82C55에 연결된 LED Dot Matrix

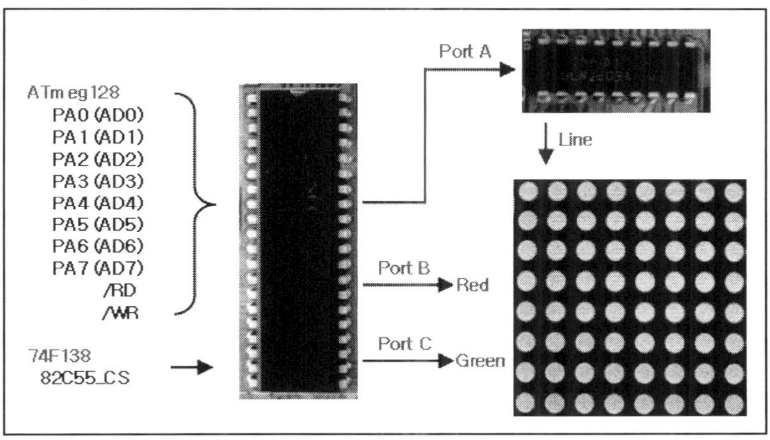

[그림 9.3] 82C55에 연결된 LED Dot Matrix의 연결선도

82C55의 포트A에 연결되어 있는 ULM2803은 달링턴 트랜지스터가 내장되어 있는 IC이다. LED Dot Matrix는 상당한 전류를 소모한다. Red, Green의 색을 킬 경우 약 250mA 정도를 Orange의 색을 킬 경우 약 500mA 정도를 소비하기 때문에 82C55의 포트A에 바로 연결할 경우 LED Dot Matrix의 소비 전류가 적게 흘러서 흐리게 켜지거나, 켜지지 않는다. 그렇기 때문에 ULM2803을 통하여 연결한다. ULM2803은 입력 신호를 반전하여 출력한다는 것에 유의하자.

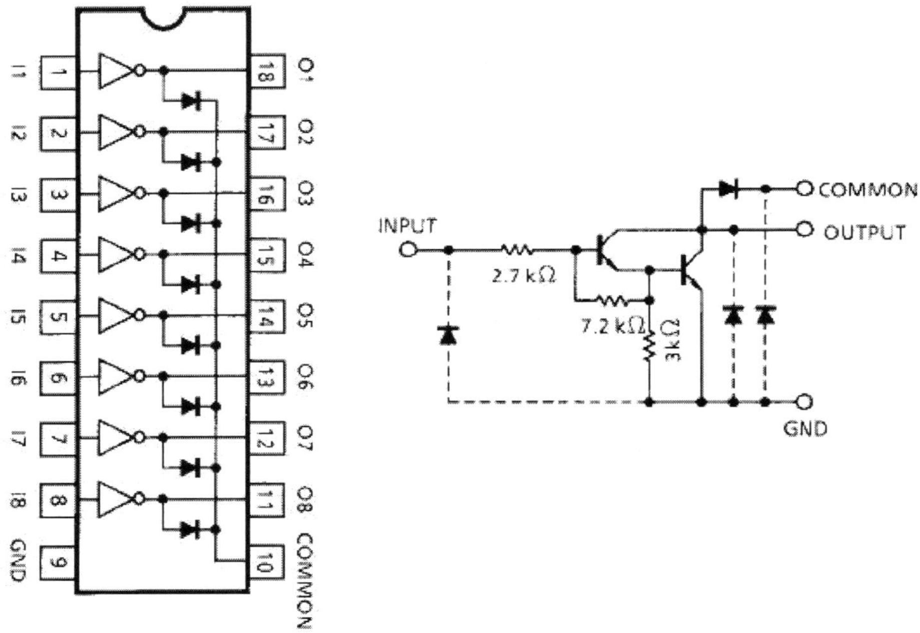

[그림 9.4] ULM2803 내부 로직

9.4 실험1 - Green, Red, Orange 표시

※ 프로그램 실행

LED_MATRIX.hex 파일을 PonyProg2000을 사용하여 다운로드하면 다음과 같이 작동한다.

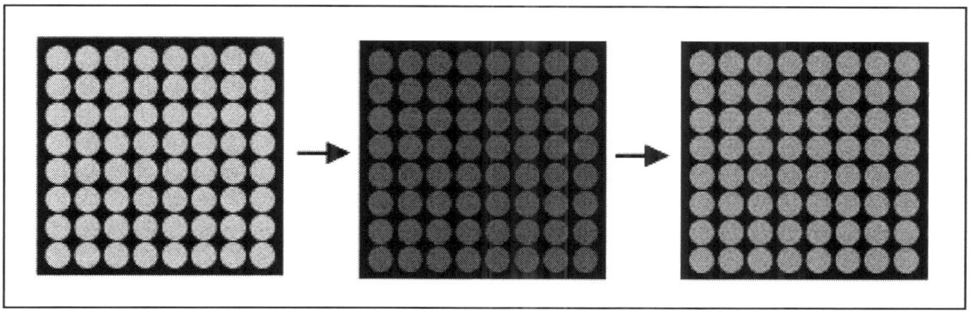

```
/*=====================================================================
    File Name :  LED_MATRIX.c
    Explanation
    1.LED_MATRIX가 green, red, orange색이 차래대로 on
=====================================================================*/
#include <avr/io.h>

#define PPI_0_PA  (unsigned char *)0x5000//line의 외부 메모리 주소
#define PPI_0_PB  (unsigned char *)0x5001//green의 외부 메모리 주소
#define PPI_0_PC  (unsigned char *)0x5002//red의 외부 메모리 주소
#define PPI_0_CT  (unsigned char *)0x5003//82C55의 컨트롤단자 외부 메모리 주소

unsigned char *line,*green,*red,*ppi_ctrl;

void initialize_ppi(void);
void delay(int d1, int d2);
void martix_out(char green1,char red1);

int main(void)
{
    MCUCR |= (1<<SRE);
    initialize_ppi();
    do{
        martix_out(0xff,0x00);  //green on
        martix_out(0x00,0xff);  //red on
```

```
        martix_out(0xff,0xff);    //green, red on = orange
    }while(1);
}

void martix_out(char green1,char red1)
{
    unsigned char i=0,j=0;

    for(j=0;j<200;j++){
        *green = green1;
        *red = red1;
        for(i=0;i<8;i++){
            *line = (0x01<<i);
            delay(50,50);
        }
    }
}

void delay(int d1, int d2)
{
    int i, j;

    for(i=0;i<d1;i++){
        for(j=0;j<d2;j++);
    }
}

void initialize_ppi(void)
{
    line = PPI_0_PA;        //LED-MATRIX line의 물리적 주소 할당
    green = PPI_0_PB;       //LED-MATRIX green의 물리적 주소 할당
    red = PPI_0_PC;         //LED-MATRIX red의 물리적 주소 할당
    ppi_ctrl = PPI_0_CT; //82C55의 컨트롤 단자의 물리적 주소 할당
    *ppi_ctrl = 0x80;      //8255 A,B 그룹 모두 출력
}
```

※ 프로그램 설명

```
#define PPI_0_PA  (unsigned char *)0x5000//line의 외부 메모리 주소
#define PPI_0_PB  (unsigned char *)0x5001//green의 외부 메모리 주소
#define PPI_0_PC  (unsigned char *)0x5002//red의 외부 메모리 주소
#define PPI_0_CT  (unsigned char *)0x5003//82C55의 컨트롤단자 외부 메모리 주소
```

Dr. Kim ATmega128 Training Kit에는 82C55가 2개 내장 되어있다. 7-Segment, Key,

Audio 출력은 82C55_1에 연결되어 있어 외부 번지가 0x60**가 되고 도트 매트리스는 82C55에 연결되어 있어 0x50**번지가 된다. 외부 확장 I/O를 설정하는 부분은 8장 실험1에 자세한 설명이 되어 있으니 참고하기 바란다.

```
MCUCR |= (1<<SRE);
```

MCUCR 의 최상의 비트인 SRE 비트를 1로 설정하여 외부 메모리를 읽거나 쓸 수 있는 상태로 만든다. 자세한 설명은 8장 실험1에 자세한 설명이 되어 있으니 참고하기 바란다.

```
void martix_out(char green1,char red1)
{
    unsigned char i=0,j=0;

    for(j=0;j<200;j++){
        *green = green1;
        *red = red1;
        for(i=0;i<8;i++){
            *line = (0x01<<i);
            delay(50,50);
        }
    }
}
```

이 프로그램에서 핵심인 부분으로 도트 매트리스에 입력과 출력이 일어난다. 도트 매트리스의 녹색을 키기 위해선 *green과 *Line에 일정한 값을 출력해야 한다. (*green에 일정한 값을 저장하면 82C55의 포트C에 그 값이 출력되며, *line에 일정한 값을 내보내면 82C55의 포트A에 출력되고, 이 값이 ULM2803에 입력으로 들어와 반전되어 출력된다.)

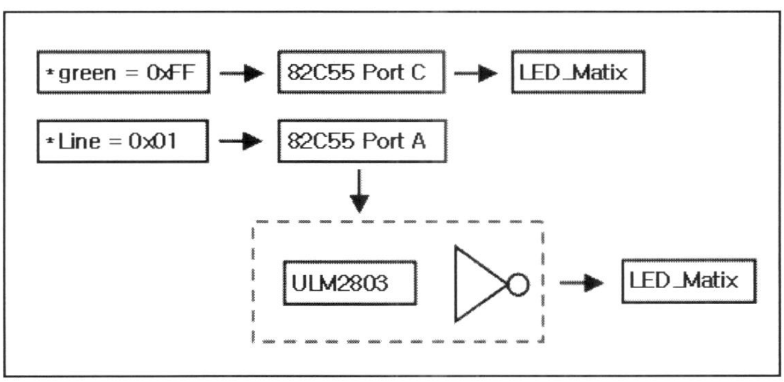

이 함수를 한번 실행하면 *green = 11111111, *line = 000000001이 출력되어 도트 매트리스에 green 애노드 핀에 11111111, green의 캐소드 핀에 11111110이 출력되어 한 줄이 켜지게 된다.

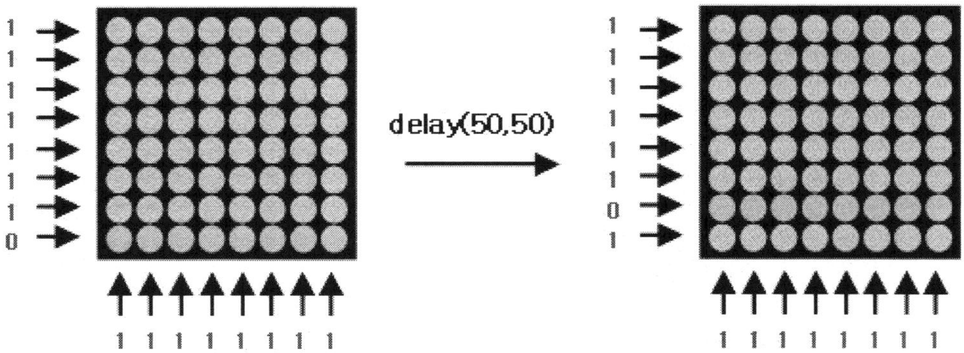

일정한 시간을 지연한 후 i++ 하고 *line = (0x01<<i)를 하면 (이때 i=2이다) *line에 0x02가 출력되어 2번째 라인이 켜진다. 이렇게 반복적으로 실행하면 모든 라인이 일정한 간격으로 한 라인씩 켜지게 되어 모두 켜져 있는 것처럼 보인다.

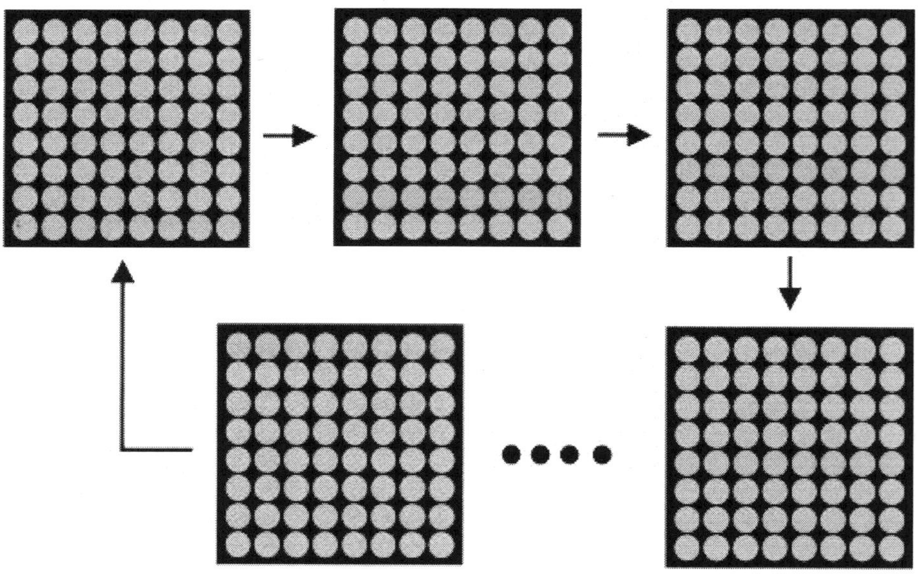

빨간색을 표시할 경우 *green = 0x00을 출력하여 녹색을 끄고, *red = 0xFF을 출력하여 녹색을 키면 되며, 오렌지색을 킬 경우 빨간색과 녹색을 동시에 키면 된다.

9.5 실험2 - 문자 표시

※ 프로그램 실행

LED_MATRIX1.hex 파일을 PonyProg2000을 사용하여 다운로드하면 다음과 같이 작동한다.

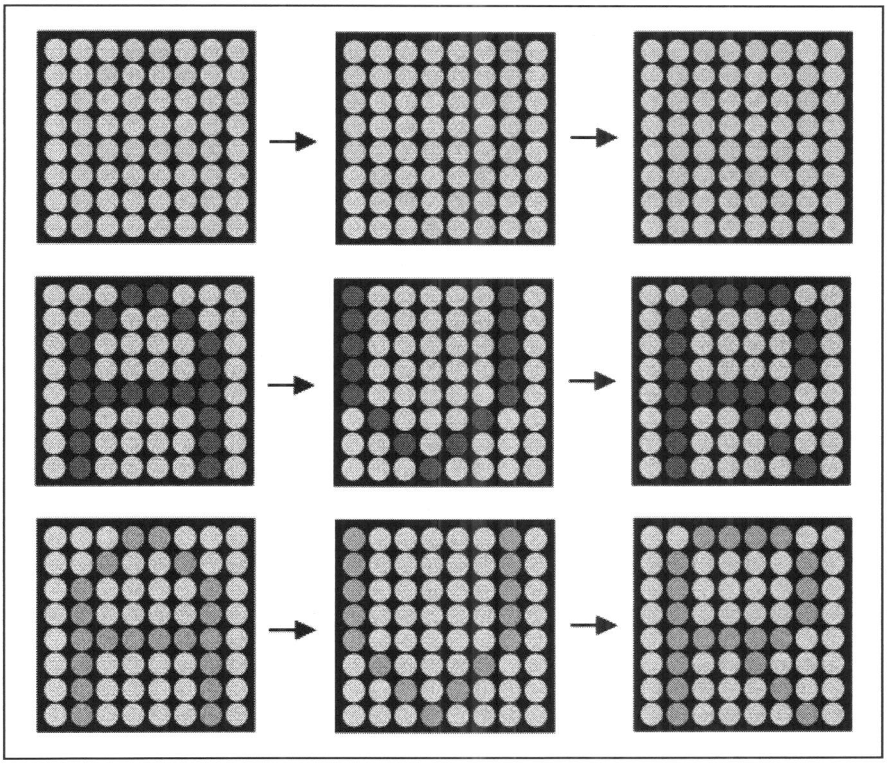

```
/*=============================================================
    File Name :  LED_MATRIX1.c
    Explanation
    1.A, V, R이 차례대로 표시 되면서 색이 바뀜
=============================================================*/
#include <avr/io.h>

#define PPI_0_PA  (unsigned char *)0x5000//line의 외부 메모리 주소
#define PPI_0_PB  (unsigned char *)0x5001//green의 외부 메모리 주소
#define PPI_0_PC  (unsigned char *)0x5002//red의 외부 메모리 주소
```

```
#define PPI_0_CT  (unsigned char *)0x5003//82C55의 컨트롤 단자 외부메모리 주소

unsigned char font_A[] = {0x18,0x24,0x42,0x42,0x7e,0x42,0x42,0x42};
unsigned char font_V[] = {0x41,0x41,0x41,0x41,0x41,0x22,0x14,0x08};
unsigned char font_R[] = {0x3c,0x42,0x42,0x42,0x3e,0x12,0x22,0x42};
unsigned char blank[] = {0x00,0x00,0x00,0x00,0x00,0x00,0x00,0x00};

unsigned char    *line,*green,*red,*ppi_ctrl;

void initialize_ppi(void);
void delay(int d1, int d2);
void display(unsigned char *green1,unsigned char *red1);

int main(void)
{
    MCUCR |= (1<<SRE);
    initialize_ppi();
    do{
        display(font_A,blank);  //'A'-green
        display(font_V,blank);  //'V'-green
        display(font_R,blank);  //'R'-green

        display(blank,font_A);  //'A'-red
        display(blank,font_V);  //'V'-red
        display(blank,font_R);  //'R'-red

        display(font_A,font_A); //'A'-orange
        display(font_V,font_V); //'V'-orange
        display(font_R,font_R); //'R'-orange
    }while(1);
}

void display(unsigned char *green1, unsigned char *red1)
{
    unsigned char i=0,j=0;

    for(j=0;j<100;j++){                  //한 색이 on 되는 시간
        for(i=0;i<8;i++){                //한 면이 on 되는 시간
            *green = green1[i];
            *red = red1[i];
            *line = (0x01<<(i);
            delay(100,70);               //1 line on time
        }
    }
}

void delay(int d1, int d2)
```

```
{
    int i, j;

    for(i=0;i<d1;i++){
        for(j=0;j<d2;j++);
    }
}

void initialize_ppi(void)
{
    line = PPI_0_PA;
    green = PPI_0_PB;
    red = PPI_0_PC;
    ppi_ctrl = PPI_0_CT;
    *ppi_ctrl = 0x80;              //8255 A,B 그룹 모두 출력
}
```

※ 프로그램 설명

실험1과 같다. 다른 부분은 도트 매트릭스에 뿌려줄 값들을 배열로 사용하는 것이다.

```
unsigned char font_A[] = {0x18,0x24,0x42,0x42,0x7e,0x42,0x42,0x42};
```

font_A[ ]의 값을 도트 매트릭스에 뿌리면 "A"의 값이 표시된다.

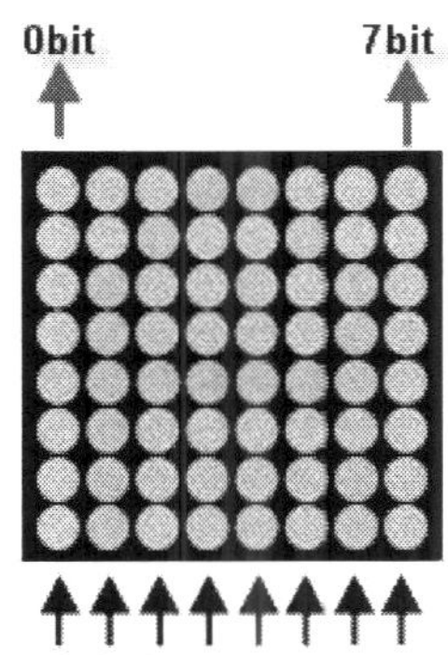


```
0x18 =  0 0 0 1 1 0 0 0
0x24 =  0 0 1 0 0 1 0 0
0x42 =  0 1 0 0 0 0 1 0
0x42 =  0 1 0 0 0 0 1 0
0x7E =  0 1 1 1 1 1 1 0
0x42 =  0 1 0 0 0 0 1 0
0x42 =  0 1 0 0 0 0 1 0
0x42 =  0 1 0 0 0 0 1 0
```

문자 "V, R" 표시 또한 위와 같다.

9.6 실험3 - 문자 움직이기

※ 프로그램 실행

LED_MATRIX2.hex 파일을 PonyProg2000을 사용하여 다운로드하면 다음과 같이 작동한다. 문자 “A, V, R”이 아래에서 위로 움직인다.

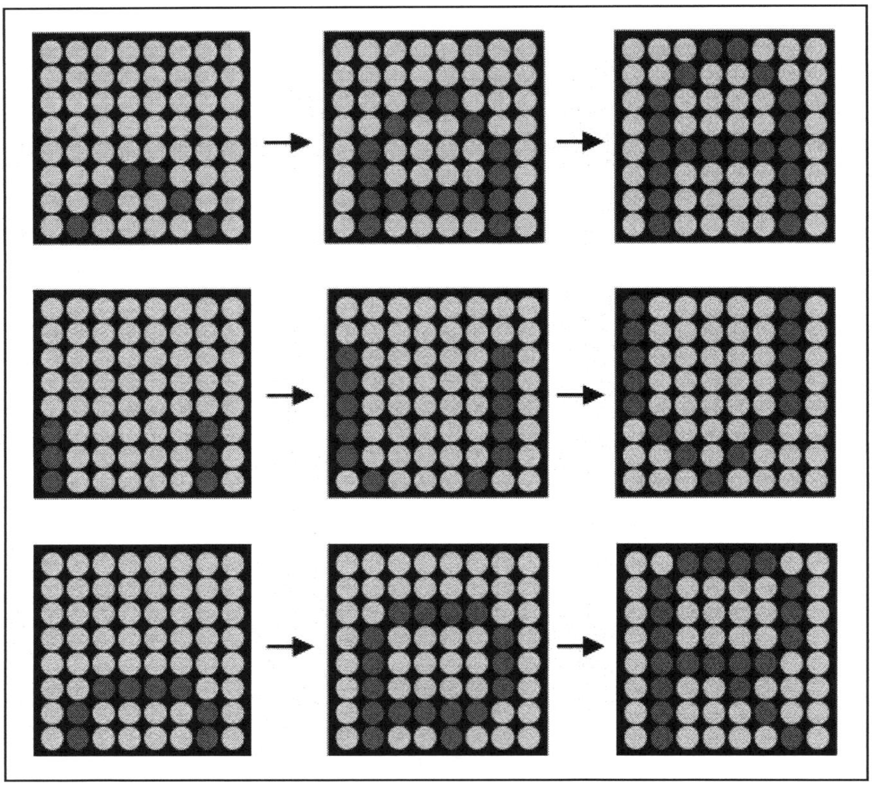

```
/*==========================================================================
    File Name :  LED_MATRIX2.c
    Explanation
    1.AVR의 문자가 아래에서 위로 움직이면서 색이 변함.
==========================================================================*/
#include <avr/io.h>

#define PPI_0_PA  (unsigned char *)0x5000//line의 외부 메모리 주소
```

```
#define PPI_0_PB  (unsigned char *)0x5001//green의 외부 메모리 주소
#define PPI_0_PC  (unsigned char *)0x5002//red의 외부 메모리 주소
#define PPI_0_CT  (unsigned char *)0x5003//82C55의 컨트롤 단자 외부 메모리 주소

unsigned char font_A[] = {0x18,0x24,0x42,0x42,0x7e,0x42,0x42,0x42};
unsigned char font_V[] = {0x41,0x41,0x41,0x41,0x41,0x22,0x14,0x08};
unsigned char font_R[] = {0x3c,0x42,0x42,0x42,0x3e,0x12,0x22,0x42};
unsigned char blank[] = {0x00,0x00,0x00,0x00,0x00,0x00,0x00,0x00};
unsigned char font[8];

unsigned char   *line,*green,*red,*ppi_ctrl;

void initialize_ppi(void);
void delay(int d1, int d2);
void display(unsigned char*green1,unsigned char*red1);
void move(unsigned char*shift1, unsigned char i);
void matrix(unsigned char *matrix1);

int main(void)
{
    MCUCR |= (1<<SRE);
    initialize_ppi();
    do{
        matrix(font_A);
        matrix(font_V);
        matrix(font_R);
    }while(1);
}

void matrix(unsigned char *matrix1)
{
    unsigned char i=0;

    for(i=0;i<8;i++){
        move(matrix1,i);
        display(blank,font);        //red on move
    }
    for(i=0;i<4;i++)
        display(font,font);         //orange on
    for(i=0;i<4;i++)
        display(font,blank);        //green on
    for(i=0;i<8;i++)
        font[i]=0;                  //배열 초기화
}

void move(unsigned char*move1, unsigned char i)
{
```

```
    unsigned char k,j;
    k = 0;
    j = 7 - i;
    do{
        font[j] = move1[k];  //move1의 최상위 바이트를 font의 최하위 바이트로 이동
        j++;
        k++;
    }while(i--);
}

void display(unsigned char*green1,unsigned char*red1)
{
    unsigned char i=0,j=0;

    for(j=0;j<20;j++){                          //한 색이 on 되는 시간
        for(i=0;i<8;i++){                       //한 면이 on 되는 시간
            *green = green1[i];
            *red = red1[i];
            *line = (0x01<<(i);
            delay(100,70);                  //1 line on time
        }
    }
}

void delay(int d1, int d2)
{
    int i, j;

    for(i=0;i<d1;i++){
        for(j=0;j<d2;j++);
    }
}

void initialize_ppi(void)
{
    line = PPI_0_PA;
    green = PPI_0_PB;
    red = PPI_0_PC;
    ppi_ctrl = PPI_0_CT;
    *ppi_ctrl = 0x80;                           //8255 A,B 그룹 모두 출력
}
```

※ 프로그램 실행

문자를 아래에서 위로 움직이는 프로그램이다. 실험2와 거의 유사하다. 우선 matrix 함수를 보자

```
for(i=0;i<8;i++){
    move(matrix1,i);
    display(blank,font);        //red on move
}
```

move(matrix1,i)를 하고 나면 font[ ]의 값이 바뀌게 되고 바뀐 값을 도트 매트리스에 출력한다. 자 그렇다면 move 함수에서 어떤 일이 일어나는지를 보자.

```
void move(unsigned char*move1, unsigned char i)
{
    unsigned char k,j;
    k = 0;
    j = 7 - i;
    do{
        font[j] = move1[k];  //move1의 최상위 바이트를 font의 최하위 바이트로 이동
        j++;
        k++;
    }while(i--);
}
```

이 함수는 move1[]의 최상위 바이트를 font[ ]의 최하위 바이트로 이동시켜 저장하며 그 실행을 변수i 번만큼 하는 것이다. 실제 mov1[ ]에 어떻게 저장 되며 도트 매트리스에 출력되는지 보자.

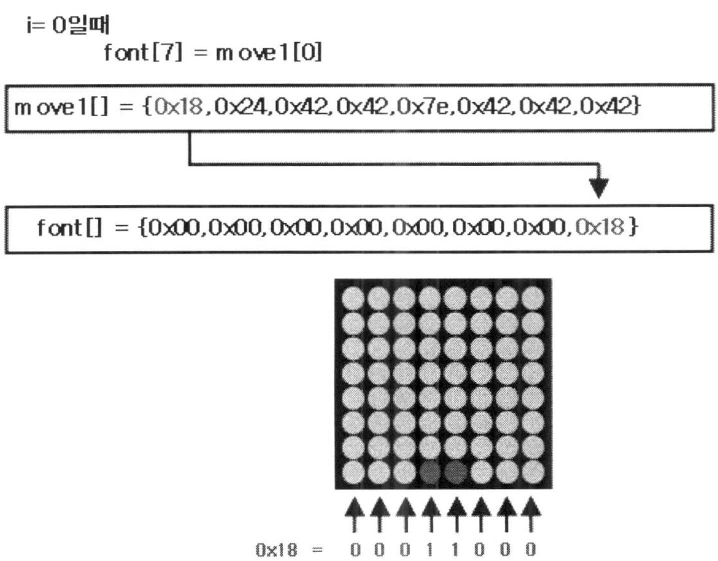

```
i=1일때
        font[6] = move1[0]
        font[7] = move1[1]
```

```
move1[] = {0x18,0x24,0x42,0x42,0x7e,0x42,0x42,0x42}
```

```
font[] = {0x00,0x00,0x00,0x00,0x00,0x00,0x18,0x24}
```

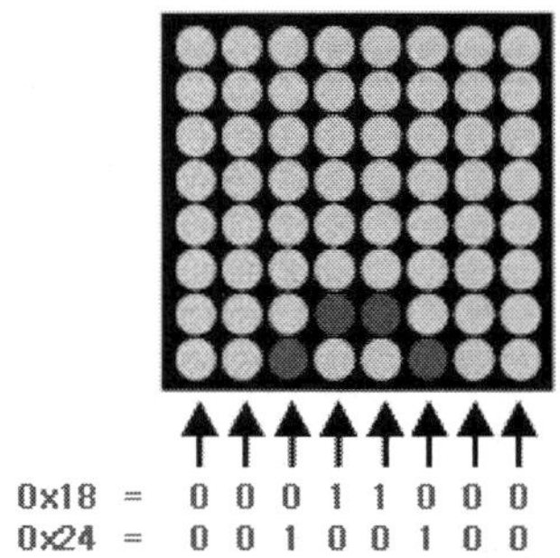

ATmega128

CHAPTER 10

제 10 장 Text LCD

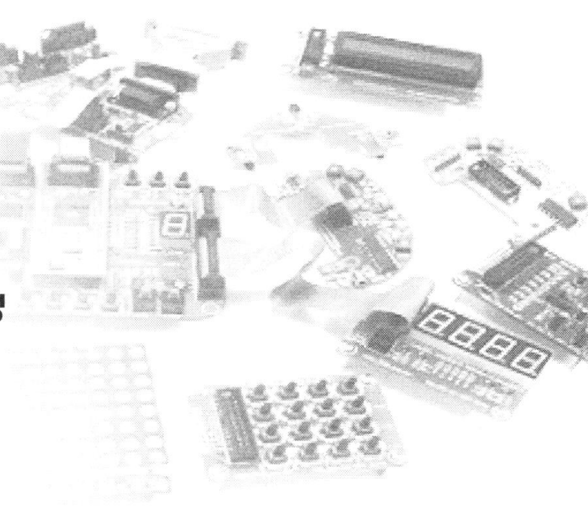

10.1 Text LCD 란?

LCD(Liquid Crystal Display)란 액체와 고체의 중간상인 액정의 전기-광학적 성질을 표시장치에 응용한 것으로 LCD는 구동방식에 따라 단순 Matrix방식과 Active Matrix 방식으로 나뉜다. LCD는 전자계산기나 휴대폰 등에 많이 사용되고 있는 디스플레이 부품으로 액정은 전압이 걸리면 일정한 방향으로 늘어서는 성질이 있다. 이러한 성질과 편광 성질을 이용하여 전압이 걸린 곳이 검게 표시되는 것이다. LCD는 사용하기에 편리하며 전력 소모가 매우 적은 장점이 있어 소규모 휴대용 마이크로 컴퓨터 시스템에서 가장 간편하며 강력한 기능을 갖는 표시 장치로 사용되고 있다.

LCD에 사용되는 소자는 액체와 같은 유동성을 갖는 유기 분자인 액정이 결정과 같이 규칙적으로 배열된 상태의 것이다. 이 분자배열이 외부 전계에 의해 변화하는 성질을 이용하여 표시소자로 만든 것이 액정 디스플레이(LCD)다.

LCD는 LCD 패널과 제어기가 하나로 되어 있는 모듈 형태로 되어 있어 제어기에서 데이터 버스를 통하여 데이터를 전송하기만 하면 원하는 표시를 얻을 수 있다.

[그림 10.1] 텍스트 LCD

[그림 10.1]는 일반적으로 쉽게 구할 수 있는 LCD 모듈(Liquid Crystal Display Module)로 LCD 패널과 제어기가 하나로 되어 있는 형태이다.

10.2 Text LCD의 종류

LCD는 구동방식에 따라 단순 Matrix 방식과 Active Matrix 방식으로 나뉜다.

1. 단순 매트릭스 방식(TN, STN)

주사 전극과 신호 전극을 XY형태로 배치하고 그 교차 부분을 표시 화소로 이용하기 때문에 소자구성이 단순하다. TN, STN LCD가 여기에 속하며, 표시 밀도가 높은 용도에 STN, 밀도가 낮은 용도에 TN이 사용된다.

2. 액티브 매트릭스 방식 (TFT)

각 표시 화소마다 박막 트랜지스터(TFT)를 설치한 3단자 소자와 전류·전압에 비선형(다이오드) 특성을 가진 소자를 설정하는 2단자 소자로 크게 분리된다. 각각의 화소를 직접 구동하기 때문에 고품질의 화면이 가능하고 컬러표시에 사용되고 있다.

10.3 LCD의 구조와 원리

액정 디스플레이는 표면에 투명 전극을 형성한 2장의 유리 기판 사이에 액정을 주입한 것으로 외부로부터 전계를 가해 액정을 회전시켜 빛을 통과하게 하거나 통하지 않게 하는 이른바 셔터 기능을 이용한다.

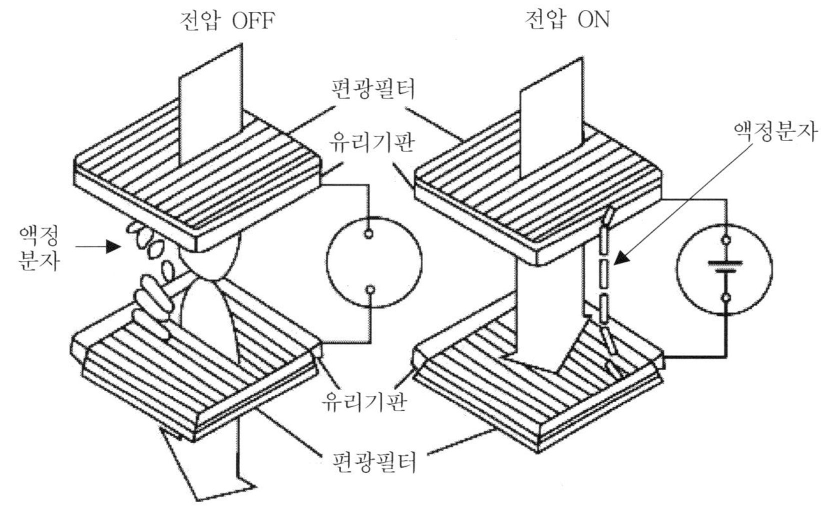

[그림 10.2] LCD 구조와 원리

TN LCD의 동작 원리는 액정 분자가 면에 따라서 일축(네마틱) 배향하도록 처리한 유리판을 직각으로 교차시켜 대향시키고 그 사이에 액정을 넣으면 액정 분자의 배열이 꼬이고(트위스트), 여기에 전압을 가하면 액정 분자가 전계 방향으로 배열을 바꾸는 현상을 이용한 것이다.

이 액정 셀의 편향 축을 직행시킨 편향판으로 끼우면 전압 OFF시에는 입사광이 통과하고, 전압 ON시에는 입사광을 차단하여 명암의 콘트라스트를 얻을 수 있는데, 이 효과를 표시장치에 응용하는 것이다.

STN-LCD의 동작 원리는 TN과 같고 다만 비틀림 각을 더 주었다는 것이 다르다(90도→240도 정도). TN이 가지는 단점인 정보 표시 량의 한계에 의해 대화면에의 응용이 불가능하기 때문에 비틀림 각을 크게 하여 전기 광학적 특성의 경사도를 향상시킨 것이다. 위상차 판을 이용하여 바탕색을 보상함으로써 B/W가 가능하며, 컬러필터를 사용하여 컬러화도 가능하다.

TN의 표시 정보량의 한계를 극복하는 다른 방법으로 기존 TN모드를 그대로 사용하면서 수동구동 대신 능동구동 방법을 사용한 방식이 TFT-LCD다. 주어진 신호가 ITO를 통해 각 DOT에 그대로 가해지는 수동구동(TN, STN)과는 달리 능동구동 기법은 각 DOT마다 전기적 소자를 제조하여 각각의 각 화소를 직접 구동하기 때문에 콘트라스트. 해상도, 시야각, 응답속도 등에서 훨씬 우수한 특성을 나타낸다.

1. 액정

액정은 긴 사슬 모양의 고분자 물질로, 굴절 율 및 유전율 등에 의해 물리적 성질이 변하는 특성을 가지고 있다. 이러한 특성을 이용하여 액정을 디스플레이장치로의 사용이 가능하다.

액정을 크게 분류하면 온도 변화에 따라 액정상이 형성되는 Thermotropic 액정과 용액의 농도에 의해 액정상이 형성되는 Lyotropic 액정으로 나눌 수 있다.

※ 표시 장치에 이용되는 Thermotropic 액정의 종류와 특징은 다음과 같다.

- 네마틱(Nematic) 액정

  일정한 방향의 분자 배열은 하고 있으나, 측면 간에는 어떠한 규칙성도 갖고 있지 않다(TN, STN, TFT).

- 콜레스테릭(Cholesteric) 액정

  네마틱 액정의 분자 배열에 뒤틀림 구조가 추가된 것

- 스메틱(Smectic) 액정

  일정한 분자 배열을 가지고 측면 간에도 일정한 규칙성을 가지고 있다.

2. 유리기판

STN은 소다라임계, TFT는 호우게이산계 유리가 주로 이용된다. STN용은 유리창에도 이용되는 소재인데 TFT용은 고도의 표면 평활성과 알카리 이온을 전혀 포함하지 않아야 하는 특수 유리를 사용해야 한다.

3. 백라이트

자기발광형의 CRT에 비해 LCD는 수광형이기 때문에 외부 광 환경 조건에 따라 표시 품질이 좌우된다는 약점이 있다. 따라서 외부 환경 조건에 의존하지 않는 적절한 밝기를 가지는 컴팩트한 백라이트가 필요하다.

4. 광학필름

광학 기능 필름은 빛이 가로파인지 세로파인지를 선택해서 문자나 그림의 표시를 가능하게 하는 편광 필름 , STN방식의 흑백에 필요한 위상차보상 필름이 있다.

5. 컬러필터

컬러 필터는 유리 기판에 R·G·B 3원색을 격자 상으로 배열한 것으로 염색법, 안료분산법, 인쇄법에 의해 만들어진다.

10.4 Text LCD (16×2) 모듈의 구성

16×2의 Text LCD 모듈은 HD44780이라는 LCD 컨트롤러와 LCD를 실제 구동하는 드라이버인 HD44100(또는 KS0065)로 구성되어 있다. LCD 컨트롤러는 내부에 입/출력 버퍼와 Instruction Register와 Data Register를 가지고 있으며, Data Register는 DDRAM과 CGRAM에 연결되어 있다. [그림 10.3]는 LCD모듈의 간략한 구성도이다.

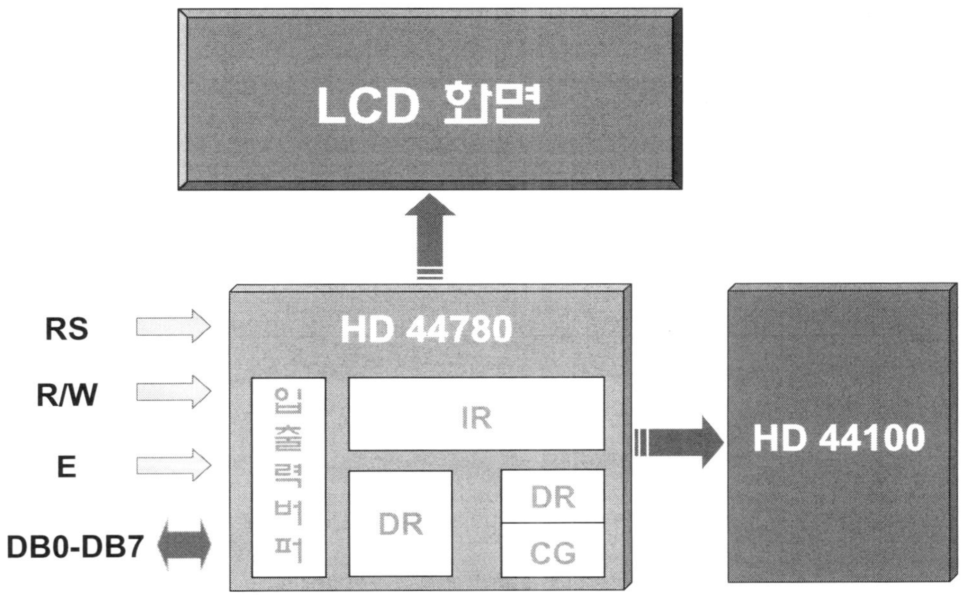

[그림 10.3] LCD 모듈

아래의 표는 LCD 모듈(16×2, Text 방식)의 핀 번호와 기능을 보이고 있다. 여기에 Back-light 기능을 갖는 경우에는 2개의 핀이 추가되며 15번에 약 10Ω의 저항을 거친 Vcc와 16번에 GND를 할당한다.

핀 번호	기 호	레 벨	기 능
1	VSS		접지
2	VDD		전원
3	VO		LCD 밝기 조절
4	RS	H/L	L : 명령 레지스터가 선택 H : 데이터 레지스터가 선택
5	R/W	H/L	L : 쓰기, H : 읽기
6	EN	H	Enable 신호, LCM 동작신호
7	D0	H/L	데이터 버스
8	D1	H/L	
9	D2	H/L	
10	D3	H/L	
11	D4	H/L	
12	D5	H/L	
13	D6	H/L	
14	D7	H/L	

LCD제어기는 DB0~DB7의 8비트 데이터 버스를 통해 데이터를 주고받으며 E(Enable), R/W (Read/Write), RS(Register Selection)의 제어선을 통해 제어된다. Vdd와 Vss에 5V 전원을 넣으면 모듈이 동작하며 Vo에 가해지는 전압으로 LCD의 밝기를 조정한다.

1. LCD 내부 레지스터

- 인스트럭션 레지스터(IR: INSTRUCTION RESISTER)

  커서를 나타내고 문자가 나타낼 위치를 정하며 어느 쪽으로 쉬프트를 해야 할 것인가에 대한 우리의 요구사항을 LCD에 알리기 위해 사용된다.

2. 데이터 레지스터(DR: DATA RESISTER)

- 어떤 문자를 나타낼 것인가에 대해 그 문자의 코드를 써넣을 때 사용된다.
  ① 디스플레이 데이터 램(DD RAM: Display Data RAM)
  ② 문자 생성 램(CG RAM: Character Generation RAM)
  ⇒ 데이터 레지스터에 써넣은 문자가 내부 동작에 의해 자동적으로 DD 또는 CG RAM에 기록되고 이것이 바로 LCD 화면에 나타나는 것이다. CG RAM의 경우는 사용자가 임의의 문자를 만들어 쓰기 위한 것이다.

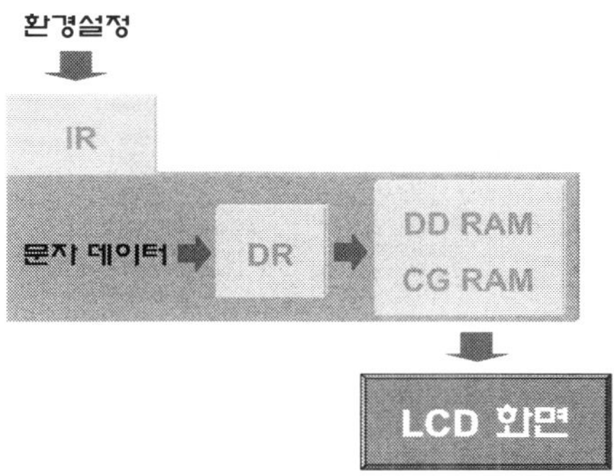

[그림 10.4] LCD 내부 레지스터

3. DD RAM의 어드레스와 액정 화면상의 표시

▶ 화면상의 표시 행에 대응되는 DD RAM의 어드레스

열번호	1	2	3	4	5	6	7	8	9	10	11	12	13	14	15	16
첫째행 1	00	01	02	03	04	05	06	07	08	09	0A	0B	0C	0D	0E	0F
둘째행 2	40	41	42	43	44	45	46	47	48	49	4A	5B	5C	5D	5E	5F

DD RAM은 80×8비트의 용량을 가지므로 8비트 문자로 표시할 수 있는 표시 데이터는 80문자 분을 기억할 수 있다. 표시행의 1행과 2행의 어드레스(RAM내의 어드레스지만 개념상 화면상의 단위 블록의 어드레스라고 생각해도 좋음)는 각각 0x00~0x0F, 0x40~0x4F이며 1행의 마지막 어드레스와 그 행의 시작 어드레스는 연속되지 않음을 알 수 있다. 이것은 표시 쉬프트와 관계가 있다.

CG RAM과 DD RAM을 구별하여 데이터를 보내는 방법을 살펴보자. 이것도 환경을 설정하는 인스트럭션이다.

▶ DD RAM과 CG RAM의 설정

인스트럭션	DB7	DB6	DB5	DB4	DB3	DB2	DB1	DB0
DD RAM 어드레스 세트	1		A DD					
CG RAM 어드레스 세트	0	1	A CG					

DD RAM의 어드레스를 선택할 때는 DB7 비트가 1로 세트되어 있으므로 인스트럭션 함수에 보내주어야 할 데이터는 0x80+ADD(실제 DD의 어드레스)가 되는 것이다. 그리고 CG RAM을 선택할 경우에는 0x40 +A CG이다.

4. 인스트럭션의 종류

각 인스트럭션에 필요한 데이터를 살펴보고 그 기능에 대해 설명한다. 다시 말해서 인스트럭션 함수에 주는 인수에 해당하는 것이다.

– 표시 클리어

DB7	DB6	DB5	DB4	DB3	DB2	DB1	DB0
0	0	0	0	0	0	0	1

화면 클리어 후 커서는 홈 위치(00번지)로 돌아간다. (x, y)=(0, 0) 그리고 DD RAM의 모든 어드레스에 스페이스 코드인 0x20이 들어가고 AC(Address Counter)에 DD RAM 어드레스의 0번지가 세트된다.

AC는 DD/CG RAM으로 데이터를 쓰거나 기억된 데이터를 읽을 때 목적지가 되는 RAM의 어드레스를 지정한다. IR에 어드레스 세트 인스트럭션을 써넣으면 IR에서 AC로 어드레스 정보가 전송된다.

DD/CG RAM에 문자 데이터를 써넣으면 엔트리 모드 설정에 따라서 AC는 자동적으로 +1 혹은 -1만큼 증감한다. 그리고 AC의 내용은 RS가 0, R/W가 1일 때 DB0~DB7을 통해서 읽는다.

– 엔트리 모드 세트

DB7	DB6	DB5	DB4	DB3	DB2	DB1	DB0
0	0	0	0	0	1	I/D	S

커서의 진행 방향(AC의 증감 방향과 같다) 및 표시를 쉬프트 시킬 것인지를 지정한다.

◎ Increment/Decrement

I/D = 1 : 어드레스를 +1

I/D = 0 : 어드레스를 -1

◎ Shift

- S가 1일 때 표시된 문자 전체를 좌/우로 이동시킨다. 단 이때 커서의 위치는 변하지 않는다.

  I/D = 1, S = 1 : 좌로 쉬프트
  I/D = 0, S = 1 : 우로 쉬프트
  S = 0 : 표시는 쉬프트 되지 않는다.

- 커서 홈

DB7	DB6	DB5	DB4	DB3	DB2	DB1	DB0
0	0	0	0	0	0	1	X

◎ X : 무효 비트, 1이든 0이든 상관없다.

커서를 0으로 돌아가게 한다. AC의 DD RAM 어드레스를 0으로 설정함

- 표시 ON/OFF 컨트롤

DB7	DB6	DB5	DB4	DB3	DB2	DB1	DB0
0	0	0	0	1	D	C	B

표시 ON/OFF, 커서 ON/OFF, 커서 위치에 있는 문자의 점멸을 설정한다. 커서의 ON/OFF 및 점멸은 AC로 지정되어 있는 DD RAM 어드레스에 해당하는 문자가 된다.

비트	1	0
D	표시 ON	표시 OFF
C	커서 ON	커서 OFF
B	점멸 ON	점멸 OFF

- 커서/표시 쉬프트

DB7	DB6	DB5	DB4	DB3	DB2	DB1	DB0
0	0	0	1	S/C	R/L	X	X

DD RAM의 내용은 변경하지 않고 커서 이동과 표시 쉬프트를 한다. 커서의 이동은 1행의 40번째에서 2행의 처음으로 온다. 그러나 표시 쉬프트는 두 행이 동시에 된다.

S/C	R/L	동 작
0	0	커서 위치를 좌로 이동(AC- = 1)
0	1	커서 위치를 우로 이동(AC+ = 1)
1	0	표시 전체를 좌로 이동, 표시는 커서에 따라 움직인다.
1	1	표시 전체를 우로 이동, 커서는 움직이지 않는다.

- 펑션세트

DB7	DB6	DB5	DB4	DB3	DB2	DB1	DB0
0	0	1	DL	N	FL	X	X

◎ DL = 1 : 8비트(DB7~DB0) 인터페이스 세트

◎ DL = 0 : 4비트(DB7~DB4) 인터페이스 세트
상위 4비트 전송 후 하위 4비트 전송

◎ N : 표시 행수를 설정

◎ F : 문자 폰트를 설정

N	F	표시행수	문자폰트	듀티 비
0	0	1	5×7 도트	1/8
0	1	1	5×10 도트	1/11
1	x	2	5×7 도트	1/16

다른 인스트럭션을 실행한 후에는 인터페이스 길이를 변경하는 것만 가능

- DD RAM 어드레스 세트

DB7	DB6	DB5	DB4	DB3	DB2	DB1	DB0
1	A6	A5	A4	A3	A2	A1	A0

A6~A0로 표시되는 DD RAM의 어드레스가 AC에 설정되고 이후 읽기/쓰기 데이터는 DD RAM에 쓰이고 읽혀지게 된다.

- CG RAM 어드레스 세트

DB7	DB6	DB5	DB4	DB3	DB2	DB1	DB0
0	1	A5	A4	A3	A2	A1	A0

A5~A0로 표시되는 CG RAM의 어드레스가 AC에 설정되고 이후 읽기/쓰기 데이터는 CG RAM에 쓰이고 읽혀지게 된다.

5. 문자의 쉬프트

인스트럭션에서 표시 쉬프트 데이터의 하위 세 번째, 네 번째 비트에 따라 표시의 좌우 이동이 실행된다.

다음은 좌, 우 쉬프트 시 화면상, 위치의 DD RAM 어드레스이다.

- 쉬프트 시 DD RAM 어드레스 변화

01	02	…	…	0F	10
41	42	…	…	4F	50

좌 쉬프트의 경우

27	01	…	…	0D	0E
67	41	…	…	4D	4E

우 쉬프트의 경우

- 좌 쉬프트 데이터는 0x18, 우 쉬프트 데이터는 0x1C이다.

6. 원하는 문자 패턴 LCD에 표시하기

지금까지는 CG ROM(Character Generation ROM)에 저장되어 있는 8비트 문자 코드로서 192 종류의 5×7 도트 매트릭스 문자 패턴을 LCD에 출력했다. 예를 들어 A라는 문자는 아스키코드 0x41에 해당한다.

미리 지정되어 있는 문자는 그 코드를 LCD에 출력을 하는 함수의 인수로 주면 이 코드가 DD RAM에 쓰여 지면서 지정된 문자가 화면에 나타나게 되는 것이다. 그러나 지정되지 않은 문자의 경우는 원하는 패턴을 자신이 만들어 주어야 하므로 다음 과정을 거쳐야 한다.

(1) CG RAM 어드레스 세트
(2) 각 어드레스 8byte에 문자 패턴 데이터 입력
(3) CG RAM 어드레스 8byte에 DD RAM 코드가 1개 대응 ⇒ 대응되는 DD RAM 코드 출력
(4) CG RAM 8byte에 입력된 문자 패턴 출력

▸ CG RAM 어드레스와 문자 코드, 문자 패턴의 관계

문자 코드 (DD RAM DATA)								CG RAM 어드레스						문자 패턴 (CG RAM에 써놓을 데이터)							
7	6	5	4	3	2	1	0	5	4	3	2	1	0	7	6	5	4	3	2	1	0
! 상위 4 비트							하위 4 비트 ∀							! 상위 4 비트							하위 4 비트 ∀
											0	0	0	x	x	x	1	1	1	1	1
											0	0	1	x	x	x	0	0	0	0	1
											0	1	0	x	x	x	1	1	1	1	1
0	0	0	0	x	0	0	0	0	0	0	0	1	1	x	x	x	1	0	0	0	0
											1	0	0	x	x	x	1	1	1	1	1
											1	0	1	x	x	x	0	0	0	0	1
											1	1	0	x	x	x	1	1	1	1	1
											1	1	1	x	x	x	0	0	0	0	0
											0	0	0	x	x	x	1	0	0	0	1
											0	0	1	x	x	x	0	1	0	1	0
											0	1	0	x	x	x	1	1	1	1	1
0	0	0	0	x	0	0	1	0	0	1	0	1	1	x	x	x	0	0	1	0	0
											1	0	0	x	x	x	1	1	1	1	1
											1	0	1	x	x	x	0	0	1	0	0
											1	1	0	x	x	x	1	1	1	1	1
											1	1	1	x	x	x	0	0	0	0	0

▸ LCD 레지스터 요약

Instruction	Code										Execution time
	RS	R/W	DB7	DB6	DB5	DB4	DB3	DB2	DB1	DB0	
Clear display	0	0	0	0	0	0	0	0	0	1	1.64mS
Cursor home	0	0	0	0	0	0	0	0	1	*	1.64mS
Entry mode set	0	0	0	0	0	0	0	1	I/D	S	40uS
Display On/Off control	0	0	0	0	0	0	1	D	C	B	40uS
Cursor/display shift	0	0	0	0	0	1	S/C	R/L	*	*	40uS
Function set	0	0	0	0	1	DL	N	F	*	*	40uS
Set CGRAM address	0	0	0	1	CGRAM address						40uS
Set DDRAM address	0	0	1	DDRAM address							40uS
Read busy-flag And address counter	0	1	BF	CGRAM / DDRAM address							0uS
Write to CGRAM or DDRAM	1	0	Write data								40uS
Read from CGRAM or DDRAM	1	1	Read data								40uS

10.5 하드웨어 설명

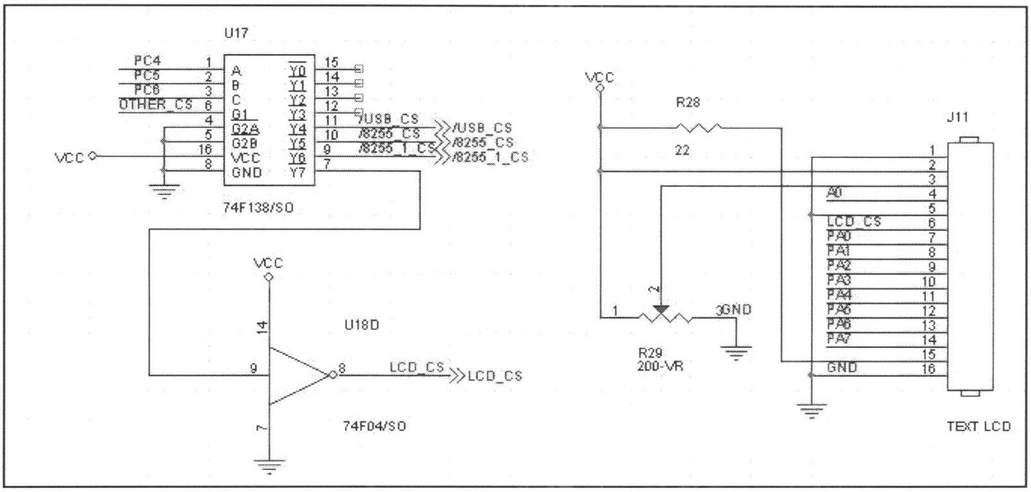

[그림 10.5] Text LCD 회로도

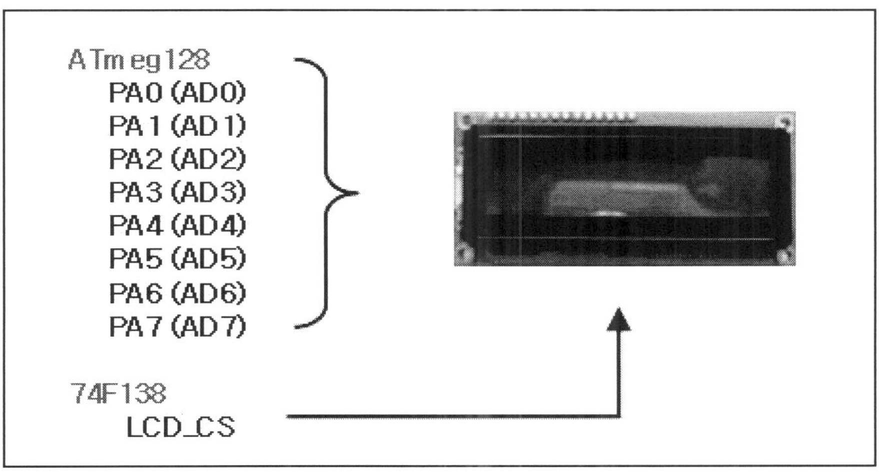

[그림 10.6] Text LCD 연결선도

10.6 실험1 - 한문자 씩 표시하기

※ 프로그램 실행

T_LCD.hex 파일을 PonyProg2000을 사용하여 다운로드하면 다음과 같이 작동한다.

```
/*==================================================================
    File Name :  T_LCD.c
    Explanation
    1."AVR" 문자를 LCD에 표시한다.
==================================================================*/
#include <avr/io.h>

#define TLCD_CTRL (unsigned char *)0x7000//LCD 컨트롤단자 외부메모리 주소
#define TLCD_DATA (unsigned char *)0x7001//LCD-DATA의 외부 메모리 주소

unsigned char *lcd_data,*lcd_control;

void delay(int d1, int d2);
void initialize_text_lcd(void);
void lcd_control_wait(void);
void lcd_data_wait(void);

int main(void)
{
    MCUCR |= (1<<SRE);
    initialize_text_lcd();
    *lcd_data = 'A';                //LCD에 'A' 표시
    lcd_data_wait();                //시간 지연
    *lcd_data = 'V';                //LCD에 'V' 표시
    lcd_data_wait();
    *lcd_data = 'R';                //LCD에 'R' 표시
    lcd_data_wait();
    while(1);
}
```

```
void delay(int d1, int d2)
{
    int i, j;

    for(i=0;i<d1;i++){
        for(j=0;j<d2;j++);
    }
}

void initialize_text_lcd(void)      //LCD를 구동하기 위한 초기화 함수
{
    lcd_control = TLCD_CTRL;  //LCD-CTRL의 물리적 주소 할당
    lcd_data = TLCD_DATA;     //LCD-DART의 물리적 주소 할당

    lcd_control_wait();             //시간 지연
    *lcd_control = 0x38;            //8-bit 인터페이스와 2줄에 걸쳐 출력하는 모드 설정
    lcd_control_wait();

    *lcd_control = 0x02;            //커서를 1행 1열로 이동
    lcd_control_wait();

    *lcd_control = 0x01;            //화면 클리어
    lcd_control_wait();

    *lcd_control = 0x06;            //커서의 어드레스가 증가 - 오른쪽으로 이동
    lcd_control_wait();

    *lcd_control = 0x0f;            //표시 on, 커서 on, 점멸 on
    lcd_control_wait();
}

void lcd_control_wait(void)
{
    delay(1000, 100);
}

void lcd_data_wait(void)
{
    delay(1000, 10);
}
```

※ 프로그램 설명

```
#define TLCD_CTRL (unsigned char *)0x7000//LCD 컨트롤단자 외부메모리 주소
#define TLCD_DATA (unsigned char *)0x7001//LCD-DATA의 외부 메모리 주소
```

외부 확장 I/O 장치의 어드레스를 설정하는 부분이다. 앞 장들에서 설명 했듯이 상위 1바이트는(01110000) 74F138 입력 핀인 A, B, C에 입력되어 외부 디바이스 중 Text LCD를 활성화 한다. 하위 1바이트는(00000000, 00000001) [그림 10.5]의 회로도 부분의 A0를 1 or 0으로 만들어 Text LCD에 명령어 혹은 데이터를 보낼 수 있도록 활성화 한다. (0일 때 명령어를 1일 때 데이터를 내보낸다.

LCD를 초기화 시키는 함수인 (void)initialize_text_lcd(void)를 보자.

```
*lcd_control = 0x38;         //8-bit 인터페이스와 2줄에 걸쳐 출력하는 모드 설정
lcd_control_wait();
```

Text LCD에 명령어 혹은 데이터를 출력을 하면 일정시간 시간 지연을 해야 한다. 명령어를 출력할 때에는 약1.64ms를 데이터를 출력할 경우 약40us의 시간을 지연해야 한다. 이 부분은 펑션세트를 설정하는 부분이다. DB7, DB6 = 0이며, DB5 = 1이 되면 펑션세트를 설정할 수 있다.

DB7	DB6	DB5	DB4	DB3	DB2	DB1	DB0
0	0	**1**	-	-	-	-	-

DB4 = 1이 되어 8비트 인터페이스를 설정하고, DB3 = 1이 되어 2줄 라인을 설정한다.

DB7	DB6	DB5	DB4	DB3	DB2	DB1	DB0
0	0	1	**1**	**1**	0	0	0

```
*lcd_control = 0x02;         //커서를 1행 1열로 이동
lcd_control_wait();
```

DB7~DB2 = 0이며, DB1 = 1이면 커서를 1행 1열로 이동 시킨다.

DB7	DB6	DB5	DB4	DB3	DB2	DB1	DB0
0	**0**	**0**	**0**	**0**	**0**	**1**	0

```
*lcd_control = 0x01;        //화면 클리어
lcd_control_wait();
```

DB7~DB1 = 0이며, DB0 = 1이면 화면을 클리어 한다.

DB7	DB6	DB5	DB4	DB3	DB2	DB1	DB0
0	0	0	0	0	0	0	1

```
*lcd_control = 0x06;        //커서의 어드레스가 증가 - 오른쪽으로 이동
lcd_control_wait();
```

DB7~DB3 = 0이고 DB2 = 1이면 엔트리 모드를 설정할 수 있다. DB1 = 1이 되어 어드레스를 증가 시키고, DB0 = 0이 되어 문자를 쉬프트 시키지 않는다.

DB7	DB6	DB5	DB4	DB3	DB2	DB1	DB0
0	0	0	0	0	1	1	0

```
*lcd_control = 0x0f;        //표시 on, 커서 on, 점멸 on
lcd_control_wait();
```

DB7~DB4 = 0이고 DB3 = 1이면 표시를 컨트롤 할 수 있다. DB2 = 1이 되어 표시를 ON 시키고, DB1 = 1이 되어 커서를 ON 시키고, DB0 = 1이 되어 커서 및 표시를 점멸 시킨다.

DB7	DB6	DB5	DB4	DB3	DB2	DB1	DB0
0	0	0	0	1	1	1	1

```
*lcd_data = 'A';            //LCD에 'A' 표시
lcd_data_wait();            //시간 지연
```

Text LCD에 문자를 출력하는 부분이다. *lcd_data에 문자 A를 출력하기 위해선 아스키코드를 출력하거나 (*lcd_data = 0x41) 위의 표시처럼 인용부호를 사용한다.

10.7 실험2 - 문자열 표시하기

※ 프로그램 실행

T_LCD1.hex 파일을 PonyProg2000을 사용하여 다운로드하면 다음과 같이 작동한다.

```
/*=====================================================================
    File Name :  T_LCD1.c
    Explanation
    1." AVR-ATmega128
        Training KIT "의 문장이 LCD에 표시 된다
=====================================================================*/
#include <avr/io.h>

#define TLCD_CTRL (unsigned char *)0x7000//LCD 컨트롤단자 외부메모리 주소
#define TLCD_DATA (unsigned char *)0x7001//LCD-DATA의 외부 메모리 주소

volatile const char string_data[] = " AVR-ATmega128 ₩r Training KIT ";
unsigned char *lcd_data,*lcd_control;

void delay(int d1, int d2);
void initialize_text_lcd(void);
void lcd_control_wait(void);
void lcd_data_wait(void);
void print_message(char *message);

int main(void)
{
    MCUCR |= (1<<SRE);
    initialize_text_lcd();
    print_message((char*)string_data);  //LCD에 문장 표시
    while(1);
}
```

```
void delay(int d1, int d2)
{
    int i, j;

    for(i=0;i<d1;i++){
        for(j=0;j<d2;j++);
    }
}

void initialize_text_lcd(void)        //LCD를 구동하기 위한 초기화 함수
{
    lcd_control = TLCD_CTRL;
    lcd_data = TLCD_DATA;

    lcd_control_wait();               //시간 지연
    *lcd_control = 0x38;              //8-bit 인터페이스와 2줄에 걸쳐 출력하는 모드 설정
    lcd_control_wait();

    *lcd_control = 0x02;              //커서를 1행 1열로 이동
    lcd_control_wait();

    *lcd_control = 0x01;              //화면 클리어
    lcd_control_wait();

    *lcd_control = 0x06;              //커서의 어드레스가 증가 - 오른쪽으로 이동
    lcd_control_wait();

    *lcd_control = 0x0c;              //표시 on, 커서 off
    lcd_control_wait();
}

void print_message(char *message)
{
    unsigned char i;

    for(i=0;;i++){
        if(message[i] == '\0')        //문장 끝
            break;
        else if(message[i] == '\r'){   //2 line move
            *lcd_control = 0xc0;       //2 line 1 page start address
            lcd_control_wait();
        }
        else{
            *lcd_data = message[i];   //LCD에 문자 출력
            lcd_data_wait();
        }
```

```
    }
}

void lcd_control_wait(void)
{
    delay(1000, 100);
}

void lcd_data_wait(void)
{
    delay(1000, 10);
}
```

※ 프로그램 설명

```
*lcd_control = 0x0c;          //표시 on, 커서 off
lcd_control_wait();
```

표시를 ON 시키고, 커서를 OFF 시켰다. 실험1과 어떤 차이점이 있는지 확인해 보자.

이 프로그램은 문자열을 배열로 설정한 다음 문자열을 출력하는 프로그램이다. 문자열을 출력하는 함수인 void print_message(char *message)를 보자.

```
void print_message(char *message)
{
    unsigned char i;

    for(i=0;;i++){
        if(message[i] == '₩0')            //문장 끝
            break;
        else if(message[i] == '₩r'){   //2 line move
            *lcd_control = 0xc0;       //2 line 1 page start address
            lcd_control_wait();
        }
        else{
            *lcd_data = message[i];    //LCD에 문자 출력
            lcd_data_wait();
        }
    }
}
```

message[i]의 값이 '\0'이면 함수를 종료하며, message[i]의 값이 '\r'이면 2번째 줄로 자리를 옮기며, message[i]가 위의 두 값이 아니면 Text LCD에 문자열을 출력하라는 함수이다.

그런데 2번째 줄 처음 시작하는 어드레스가 왜 0xC0일까? 그 이유는 DD RAMD의 어드레스를 선택할 때는 B7 비트가 1로 세트되어 있으므로 인스트럭션 함수에 보내 주어야 할 데이터는 0x80 + ADD(실제 DD RAM의 어드레스)가 되기 때문이다.

줄 번호	어드레스	실제 DD RAM 어드레스
1번째 줄	0x00	**0x80**
2번째 줄	0x40	**0xC0**

10.8 실험3 - 문자열 움직이기

※ 프로그램 실행

T_LCD2.hex 파일을 PonyProg2000을 사용하여 다운로드하면 다음과 같이 작동한다. (문자가 좌측으로 움직입니다.)

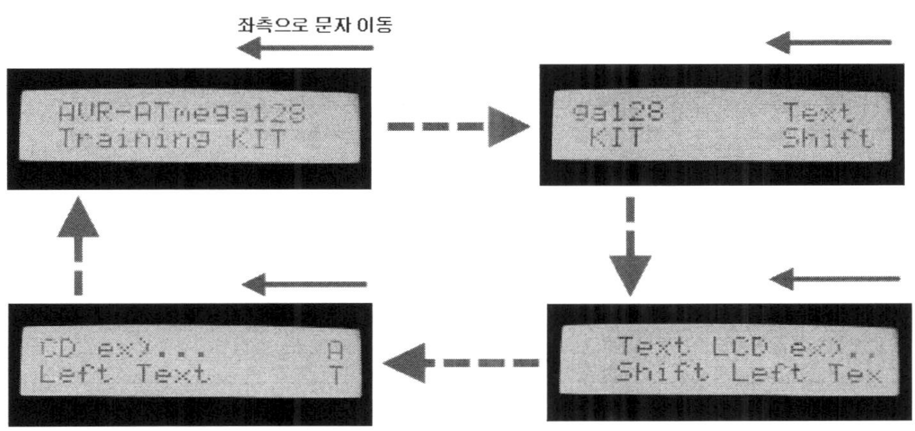

```
/*=================================================================
    File Name :  T_LCD2.c
    Explanation
    1. AVR-ATmega128      Text LCD ex)...
      Training KIT      Shift Left Text    문장이 좌측으로 움직인다.
=================================================================*/
#include <avr/io.h>

#define TLCD_CTRL (unsigned char *)0x7000//LCD 컨트롤단자 외부메모리 주소
#define TLCD_DATA (unsigned char *)0x7001//LCD-DATA의 외부 메모리 주소

volatile const char string_data[] = " AVR-ATmega128 ₩r Training KIT ";
volatile const char string_data1[] = "     Text LCD ex)... ₩r     Shift Left Text ";
unsigned char *lcd_data,*lcd_control;

void delay(int d1, int d2);
void initialize_text_lcd(void);
void lcd_control_wait(void);
void lcd_data_wait(void);
void print_message(char *message, char line);

int main(void)
{
    unsigned char line=0;
    MCUCR |= (1<<SRE);
    initialize_text_lcd();
    print_message((char*)string_data,line=0); //LCD 1page 에 문장 표시
    print_message((char*)string_data1,line=2);//LCD 2page 에 문장 표시
    do{
        *lcd_control = 0x18; //좌측으로 시프트
        lcd_control_wait();
        delay(1000,2000);    //문자가 정지해 있는 시간
    }while(1);
}

void delay(int d1, int d2)
{
    int i, j;

    for(i=0;i<d1;i++){
        for(j=0;j<d2;j++);
    }
}

void initialize_text_lcd(void)//LCD를 구동하기 위한 초기화 함수
{
    lcd_control = TLCD_CTRL;
```

```
    lcd_data = TLCD_DATA;

    lcd_control_wait(); //시간 지연
    *lcd_control = 0x38;//8-bit 인터페이스와 2줄에 걸쳐 출력하는 모드 설정
    lcd_control_wait();

    *lcd_control = 0x02;//커서를 1행 1열로 이동
    lcd_control_wait();

    *lcd_control = 0x01;//화면 클리어
    lcd_control_wait();

    *lcd_control = 0x06;//커서의 어드레스가 증가 - 오른쪽으로 이동
    lcd_control_wait();

    *lcd_control = 0x0c;//표시 on, 커서 off
    lcd_control_wait();
}

void print_message(char *message, char line)
{
    unsigned char i;

    for(i=0;;i++){
        if(message[i] == '\0'){        //문장 끝
            if(line == 1)
                *lcd_control = 0x90;//1 line 2 page start address
            else
                *lcd_control = 0x80;//1 line 1 page start address
            lcd_control_wait();
            break;
        }
        else if(message[i] == '\r'){//2 line move
            line++;
            if(line == 1)
                *lcd_control = 0xc0;//2 line 1 page start address
            else
                *lcd_control = 0xd0;//2 line 2 page start address
            lcd_control_wait();
        }
        else{
            *lcd_data = message[i]; //LCD에 문자 출력
            lcd_data_wait();
        }
    }
}
```

```
void lcd_control_wait(void)
{
    delay(1000, 100);
}

void lcd_data_wait(void)
{
    delay(1000, 10);
}
```

※ 프로그램 설명

```
do{
    *lcd_control = 0x18;//좌측으로 시프트
    lcd_control_wait();
    delay(1000,2000);    //문자가 정지해 있는 시간
}while(1);
```

PB7~PB5 = 0이고, PB4 = 1이면 커서/표시를 자리이동 할 수 있다. PB3 = 1, PB2 = 0으로 만들어 표시 전체를 좌로 이동 시키고 표시는 커서에 따라 움직인다. 시간을 지연 시킨 만큼 문자가 정지해 있고 계속 문자를 자리이동 하라는 명령을 하면 LCD에 표시된 문자가 계속 자리이동을 한다.

DB7	DB6	DB5	DB4	DB3	DB2	DB1	DB0
0	0	0	1	1	0	0	0

Text LCD의 표시판은 눈에 보이는 부분과 보이지 않는 부분이 있다. 정지되어 있을 때는 보이지 않는 부분이 계속 보이지 않기 때문에 문제가 없지만, 좌측으로 자리이동 시킬 때는 2페이지(눈에 안 보이는 부분)의 어드레스를 설정해야 한다.

줄 번호	DD RAM 시작 어드레스	DD RAM 마지막 어드레스
1줄 1페이지	**0x80**	0x8F
1줄 2페이지	**0x90**	0x9F
2줄 1페이지	**0xC0**	0xCF
2줄 2페이지	**0xD0**	0xDF

ATmega128

CHAPTER 11

제 11 장 Step Motor

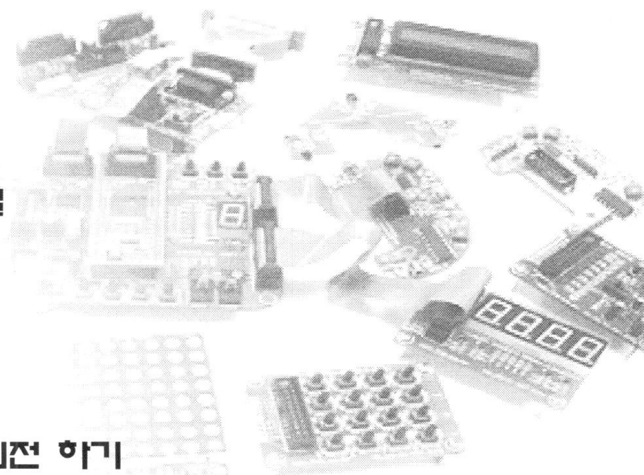

11.1 Step Motor의 개요

스텝모터는 AC 서보나 DC 서보 모터에 비해 저렴하면서 정확한 위치 제어 성능을 얻을 수 있기 때문에 공장 자동화, 사무자동화 기기에 많이 사용된다.

스텝모터는 개루프 제어(open loop control)로 위치 제어나 속도 제어를 할 수 있어 제어가 용이하며, 큰 정지 토크를 가지고 있다. 일반적인 DC 모터와는 달리 회전자는 영구자석으로 되어 있고, 고정자는 여러 개의 코일로 구성되며 구성 형태에 따라 VR형(Variable Reluctance type), PM형(Permanent Magnet type), HB형(Hybrid type)으로 분류된다.

11.2 Step Motor의 분류

1. VR형 스텝모터

모터 고정자의 권선이 여러 개의 위상으로 구성되어 있고 내부 회전자의 이(Teeth)의 수가 고정자 권선 위상의 수보다 하나 작은 구조를 가지고 있다. 고정자 권선에 전류를 흘리면 회전자의 위치는 고정자에서 발생한 자속이 가장 최대가 되도록, 즉 자기 저항(Reluctance)가 최소화되는 위치로 이동하게 되며 고정자 권선을 순번대로 돌아가면서 여자하게 되면 회전자는 계속해서 자기 저항이 최소화되도록 움직이게 된다.

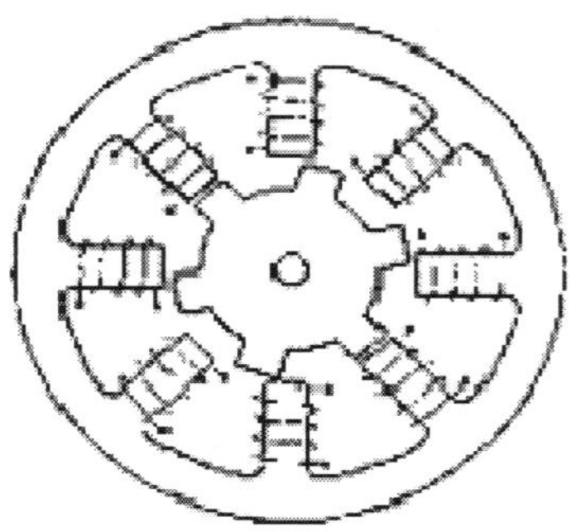

[그림 11.1] VR형 스텝모터

2. PM형 스텝모터

영구 자석형 스텝모터는 내부 회전자를 영구 자석으로 구성하여 고정자 권선에서 인가되는 전류에 의하여 발생하는 자속과 반응하도록 구성되어진 것으로 그림에서 흰 부분을 N극, 검은 부분을 S극이라고 하고 고정자의 권선이 두 개 위치하고 있다.

단점으로는 다른 구조의 스텝모터에 비하여 비교적 스텝각이 크다.

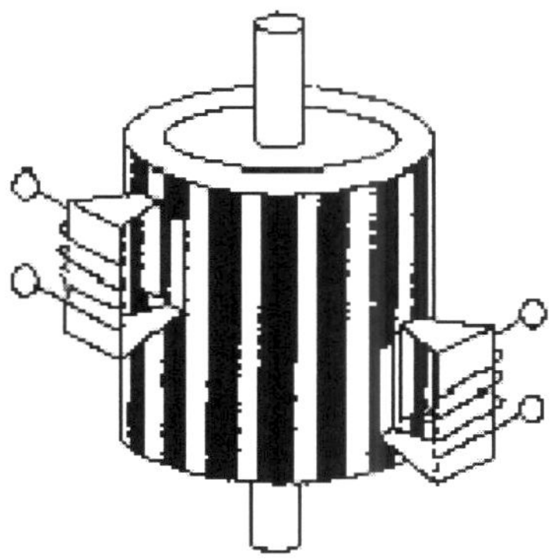

[그림 11.2] PM Type 스텝모터

3. HB형 스텝모터

Hybrid형의 스텝모터는 그림에서 보는 것과 같이 회전자와 고정자에 이(teeth)가 있고 그림 회전자 또한 자극을 가지고 있다. VR형의 장점과 PM형의 장점을 이용하여 구성하였기 때문에 분해각을 높이고 높은 자속의 발생으로 토크 또한 높일 수 있기 때문에 현재 가장 많이 적용하고 있다.

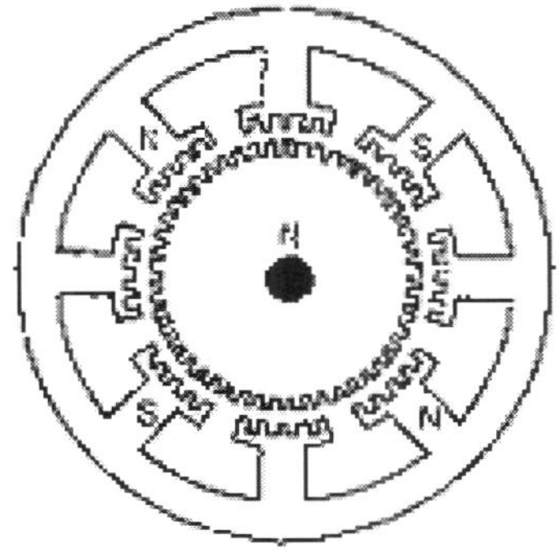

[그림 11.3] Hybrid Type 스텝모터

11.3 2상 Step Motor의 단순모델

■ 한 스텝은 90도, 반 스텝은 45도로 가정

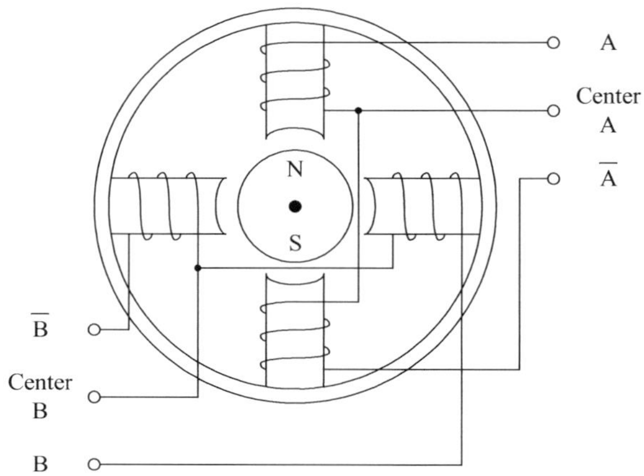

[그림 11.4] 스텝모터의 모델

[그림 11.4]는 스텝모터를 단순화하여 그린 모델로 이 모델은 한 스텝당 90도의 회전각을 가진다. A와 /A, Center A로 구성되는 한 상과 B와 /B, Center B로 구성되는 두 개의 상을 가지는 이상 스텝모터로 Center A와 Center B에 전원을 공급하고 A와 /A, B와 /B에 공급하는 상 신호 값에 따라 모터의 회전 방향, 스텝 각을 지정할 수 있다.

11.4 Step Motor 구동방식

1. 스텝모터의 스텝 각

스텝모터의 제어 해상도는 회전자의 극수(Nph)와 고정자의 위상 수(Ph)에 비례한다.

$$A_{STEP} = \frac{360}{N_{ph} \cdot Ph}$$

스텝모터를 구동하는 방식에 따라서 full step mode, half step mode가 있고, 그 외에 micro-stepping 구동 방식이 있다.

2. 구동방식의 분류

(1) 결선 형태에 따른 분류

1) 유니폴라 구동 : 각 코일의 센터 탭에 공급 전압을 연결하고, 코일의 끝 단자들을 0V로 스위칭

2)바이폴라 구동 : 각 코일의 센터 탭을 이용하지 않고, 끝 단자들에 H-bridge 회로를 연결하여 공급전압과 0V로 스위칭

(2) 자력 유도 방식에 따른 분류

1) 1상 여자 방식 : 한 순간에는 한 종류의 코일에만 전류를 흘려서 모터가 1 스텝씩 움직이도록 한다. (full step mode)

2) 2상 여자 방식 : 한 순간에 두 종류의 코일에 전류를 흘려서 모터가 1스텝씩 움직이도록 한다.(full step mode)

3) 1-2상 여자 방식 : 1상 여자 방식과 2상 여자 방식을 섞어서 사용하여 모터가 반 스텝씩 움직이도록 한다.(half step mode)

3. 구동방식의 동작 예.

(1) 유니폴라 1상 여자 방식

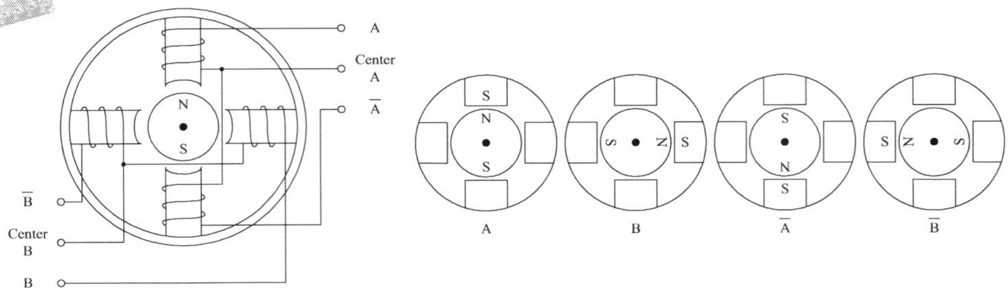

[그림 11.5] 유니폴라 1상 여자 방식의 동작 개념도

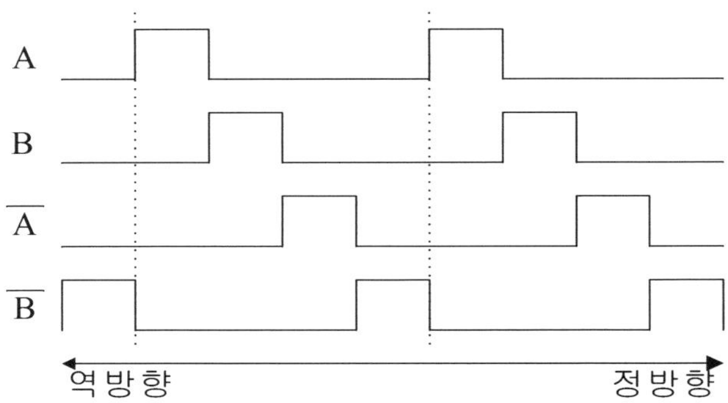

[그림 11.6] 유니폴라 1상 여자방식의 상 신호

[그림 11.5]은 스텝모터의 단순모델에 [그림 11.6]과 같은 상 신호를 공급하여 고정자를 자화시켜 회전자의 N-S 극에 맞물려 회전하는 모델이다. [그림 11.6]과 같이 상 신호를 공급하는 순서에 따라 모터가 정 회전을 하기도하고 역회전을 할 수도 있다. 1상 여자방식이므로 하나의 상 신호에 한 스텝씩 회전한다.

(2) 유니폴라 2상 여자 방식

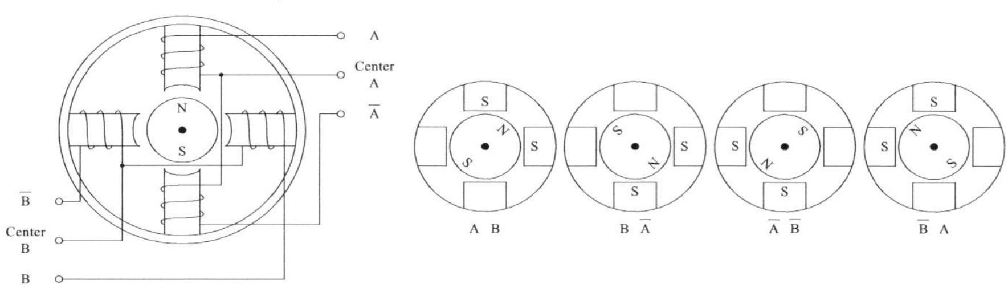

[그림 11.7] 유니폴라 2상 여자 방식의 동작 개념도

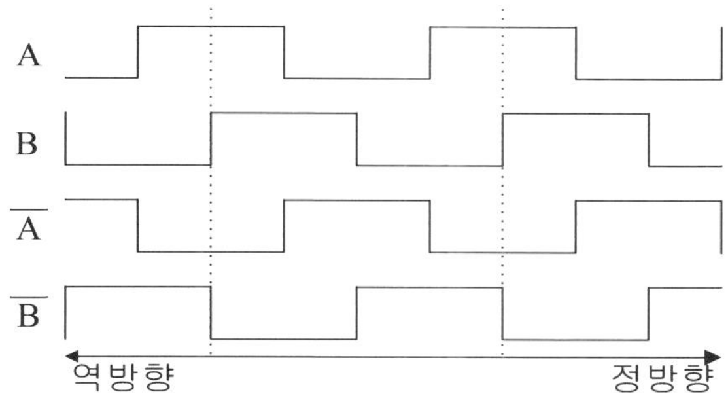

[그림 11.8] 유니폴라 2상 여자 방식의 상 신호

[그림 11.7]은 동시에 두 개의 상이 여자 되는 스텝 모터 구동 방식에 대한 개념도로 [그림 11.8]의 상 신호를 보면 한 순간에 두 개의 상이 high 상태를 유지한다. 반면 앞의 [그림 11.6]의 경우에는 한 순간에는 항상 하나의 상 신호만이 high가 된다. 동시에 두 개의 상이 자화되므로 1상 여자방식에 비해 보다 큰 토크를 얻을 수 있다.

(3) 유니폴라 1-2상 여자 방식

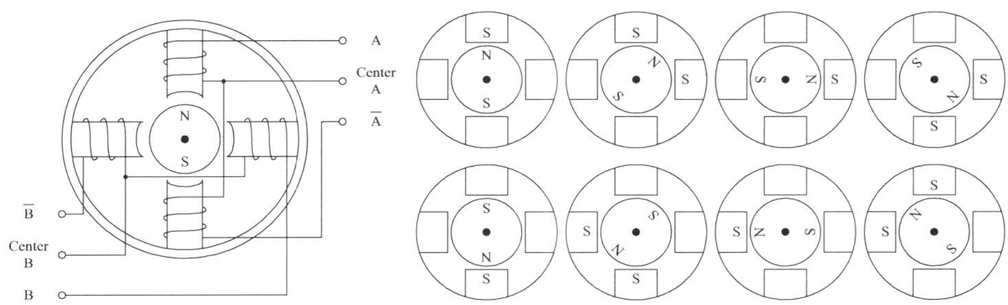

[그림 11.9] 유니폴라 1-2상 여자 방식의 동작 개념도

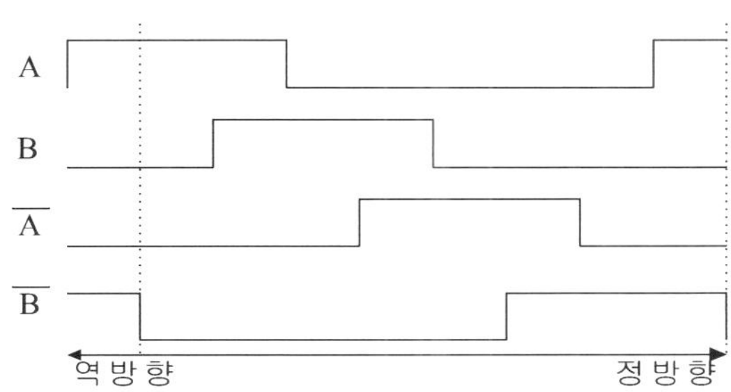

[그림11.10] 유니폴라 1-2상 여자 방식의 상 신호

[그림 11.9]은 1-2상 여자 방식에 대한 동작 개념도이며, 이때 모터에 공급되는 상 신호는 [그림 11.10]과 같이 공급한다. [그림 11.9]에서 보듯이 1-2상 여자 방식은 1상 여자 방식과 2상 여자 방식을 혼합한 형태로 1상 또는 2상 여자 방식으로 구동할 때의 절반의 스텝 각으로 구동이 가능하여 보다 정밀하게 모터의 위치를 제어할 수 있는 장점을 가진다. 단점은 하나의 상이 여자 되는 경우와 두 개의 상이 여자 될 때 모터의 토크에 변화가 생긴다.

(4) 바이폴라 1상 여자 방식

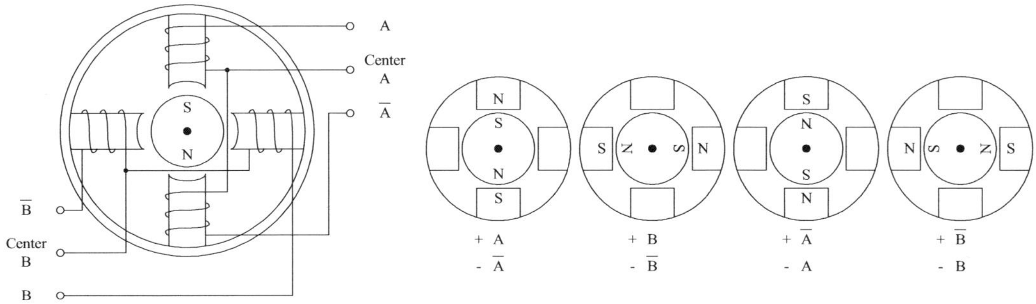

[그림 11.11] 바이폴라 1상 여자 방식의 동작 개념도

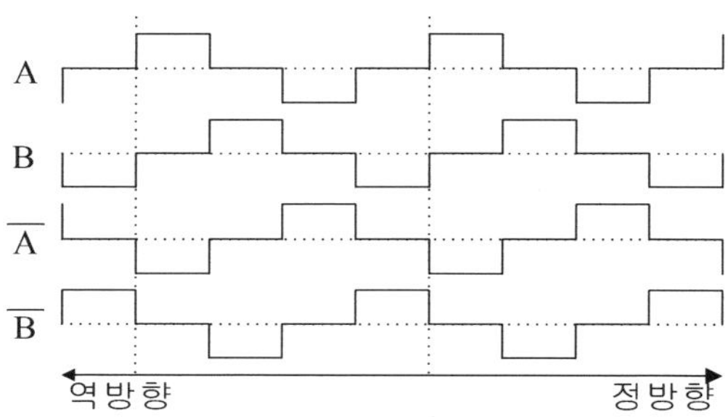

[그림 11.12] 바이폴라 1상 여자 방식의 상 신호

[그림 11.11]은 바이폴라 구동방식일 경우 1상 여자일 때의 동작 개념도이며 [그림 11.12]는 바이폴라 1상 여자 방식의 구동에 공급되는 A, B의 상 신호이다. [그림 11.5]의 유니폴라 1상 여자 방식과 비교하여 유니폴라 구동일 경우에는 한 순간에 A 또는 B상 하나만 여자 되나 바이폴라의 경우에는 A와 /A 또는 B와 /B가 동시에 여자 되어 [그림 11.11]과 같이 동시에 두 개의 고정자가 여자 되어 유니폴라 구동 방식에 비해 큰 토크를 가진다.

(5) 바이폴라 2상 여자 방식

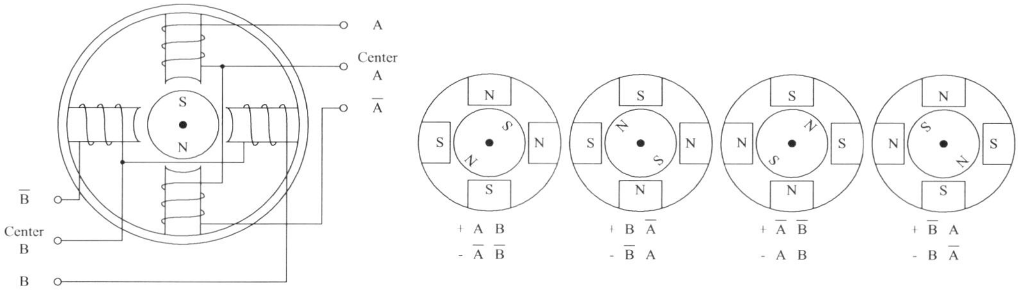

[그림 11.13] 바이폴라 2상 여자 방식의 동작 개념도

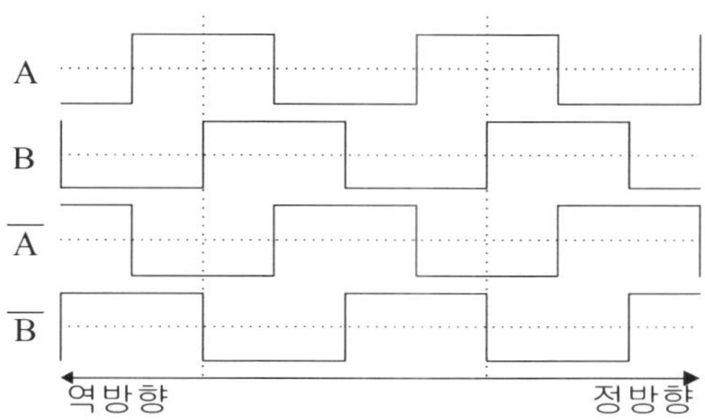

[그림 11.14] 바이폴라 2상 여자 방식의 상 신호

[그림 11.13]는 바이폴라 2상 여자 방식의 동작 개념도이며, 유니폴라 2상 여자 방식과 같이 동시에 두 개의 상이 모두 여자 되나 바이폴라 방식이므로 A와 /A, B와 /B 모두 여자 되는 방식을 취한다. 스텝모터의 동작 방식 중 가장 큰 토크를 얻을 수 있는 구동 방식이다.

(6) 바이폴라 1-2상 여자 방식

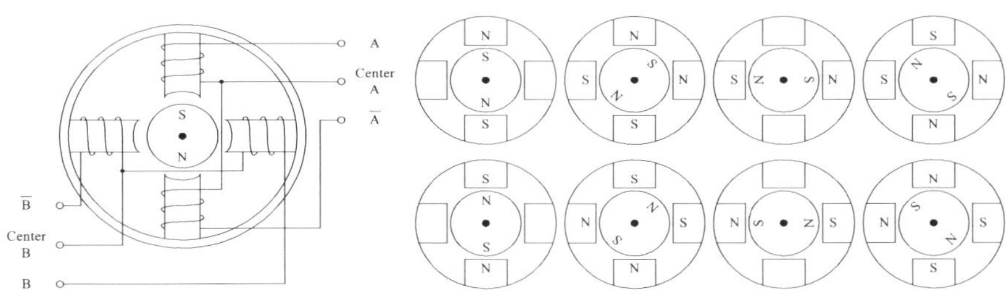

[그림 11.15] 바이폴라 1-2상 여자 방식의 동작 개념도

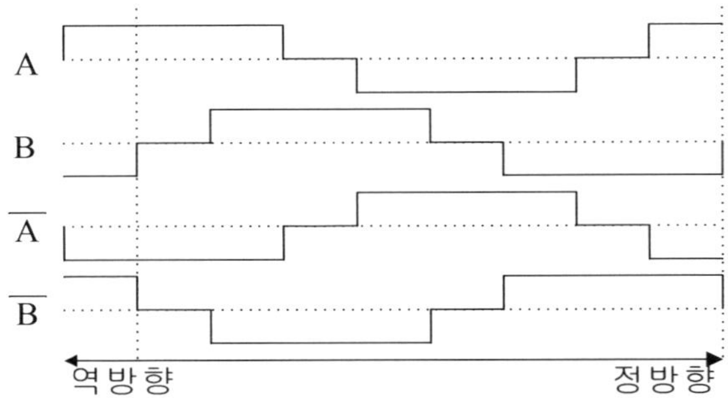

[그림 11.16] 바이폴라 1-2상 여자 방식의 상 신호

(7) 마이크로 스테핑 방식

스텝모터의 구동 방식 중 가장 정밀하고 균일하게 스텝 모터의 스텝각과 토크를 제어할 수 있는 방법으로 [그림 11.17]은 2상 스텝 모터의 토크 벡터도로써 좌측은 1상, 2상, 1-2상여자 방식의 스텝모터에 인가되는 상과 그때의 토크를 보여주며, 우측은 마이크로 스텝 방식의 경우이다. [그림 11.17]에서 볼 수 있듯이 마이크로 스텝 방식의 경우 균일한 토크와 미세한 스텝 각으로 제어가 가능하며, [그림 11.18]는 마이크로 스텝 구동시 각 상의 전류와 토크와의 관계를 보이고 있다.

※ 마이크로 스테핑 방식의 특징

1. 스텝 각을 세분화하여 미소각을 제어할 수 있으나 스텝모터의 기계적 구조상 큰 향상은 어렵다.
2. 토크 리플이 적기 때문에 특히 저속 구동 시 저소음, 저진동 구동이 가능하다.
3. 고분해능화 및 저 진동을 요구하는 XY 구동용 액츄에이터 등의 분야에 많이 사용되고 있다.

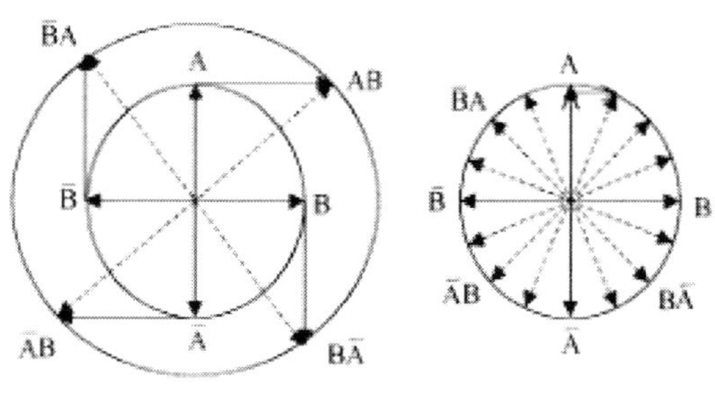

[그림 11.17] 2상 스텝 모터의 토크 벡터도(1상, 2상, 1-2 여자 방식과 마이크로 스테핑 방식)

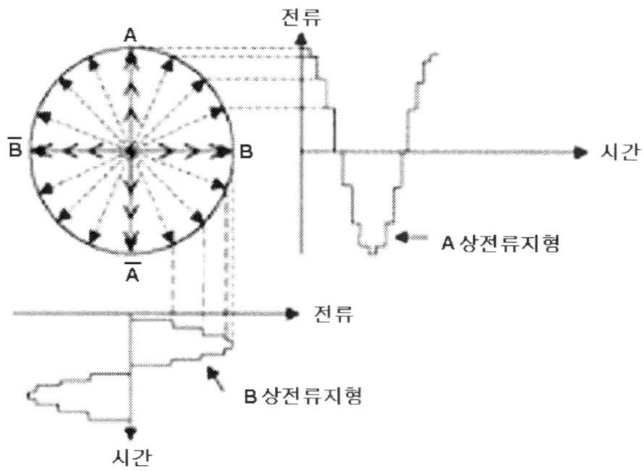

[그림 11.18] 각 상의 전류와 토크 벡터와의 관계

[그림 11.18]은 각 상의 전류와 토크 벡터와의 관계를 보이는 것으로, A, B 각 상에 흐르는 전류를 조절함으로 미세화된 스텝 각에 대해 동일한 출력 토크를 얻을 수 있다. [그림 11.19]는 3상 모터에 대한 마이크로 스테핑 방식의 제어 블록도이다.

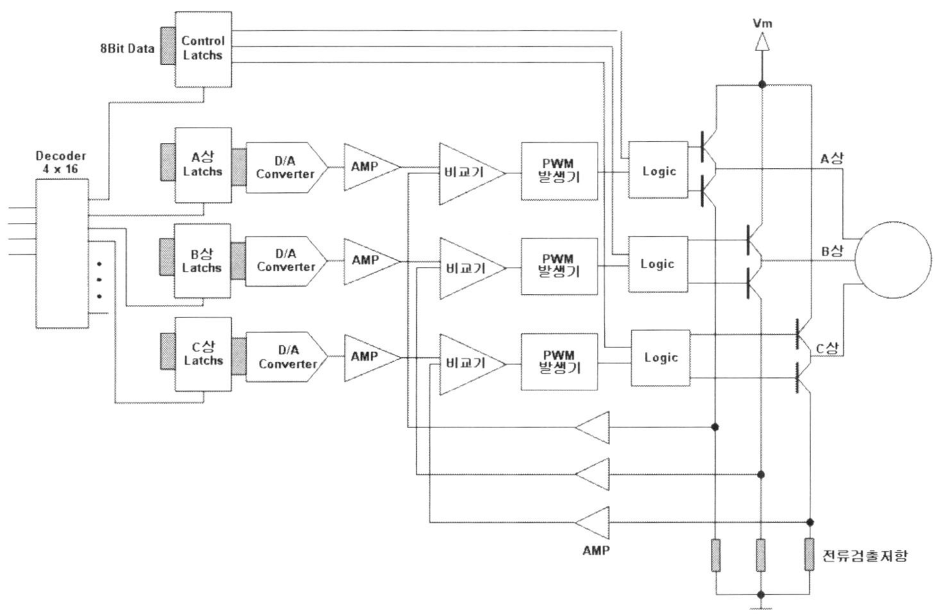

[그림 11.19] 마이크로 스테핑 방식의 제어 블록도

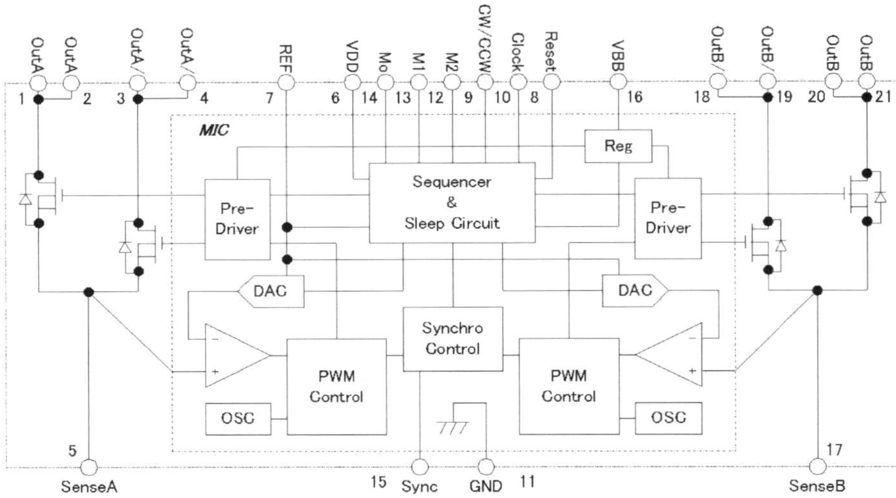

[그림 11. 20] Unipolar 2상 Microstepping 구동 소자(SLA7062)의 내부 블록도

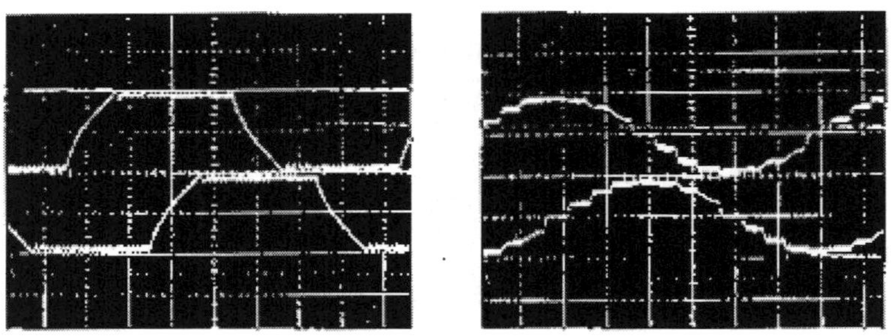

[그림 11.21] 2상 여자 방식과 마이크로 스테핑 방식의 전류

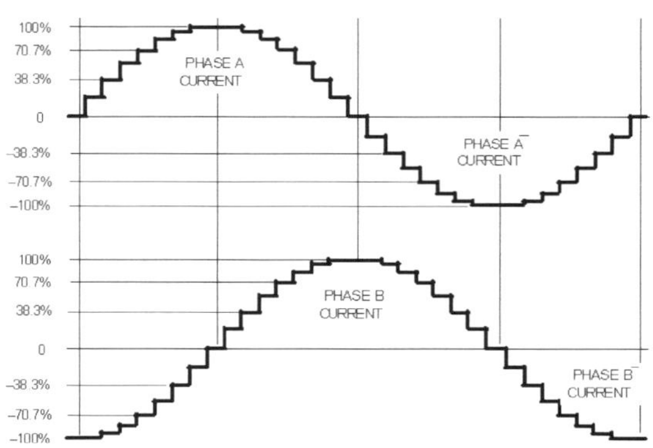

[그림 11. 22] Unipolar 2상 Microstepping 방식의 구동에서 스텝모터의 각 상에 흐르는 전류 파형

(8) 정전압 구동

스텝모터에 공급되는 전압을 일정하게 하여 제어하는 방법으로 전원으로부터 특별한 전력 변환 없이 상변환 스위치만을 가지고 제어하는 방식으로 소용량의 스텝 모터 혹은 낮은 주파수의 회전속도를 제어할 경우에 사용한다. 그러나 과전류의 문제가 있기 때문에 많이 사용되지 않는다.

(9) 정 전류 구동

스텝모터에 공급되는 전류를 일정하게 제어하는 방법으로 전원의 인가전압을 PWM Chopper를 이용하여 스텝모터에 공급하여 전류를 제어한다. 상변환을 하는 스위칭 소자 이외에 정 전류를 제어하는 소자가 필요하다.

(10) STEP Motor 구동 소자

1) L298(dual full-bridge driver)

※ 특 징

- 2개의 H-Bridge 내장
- 2상 스텝모터의 바이폴라 드라이버
- 2개의 DC모터 구동가능

※ 사 양

- operating supply voltage up to 46V
- total dc current up to 4A
- low saturation voltage
- over-temperature protection
- high-noise immunity(logical "0" up to 1.5V)

i) L298의 내부구조

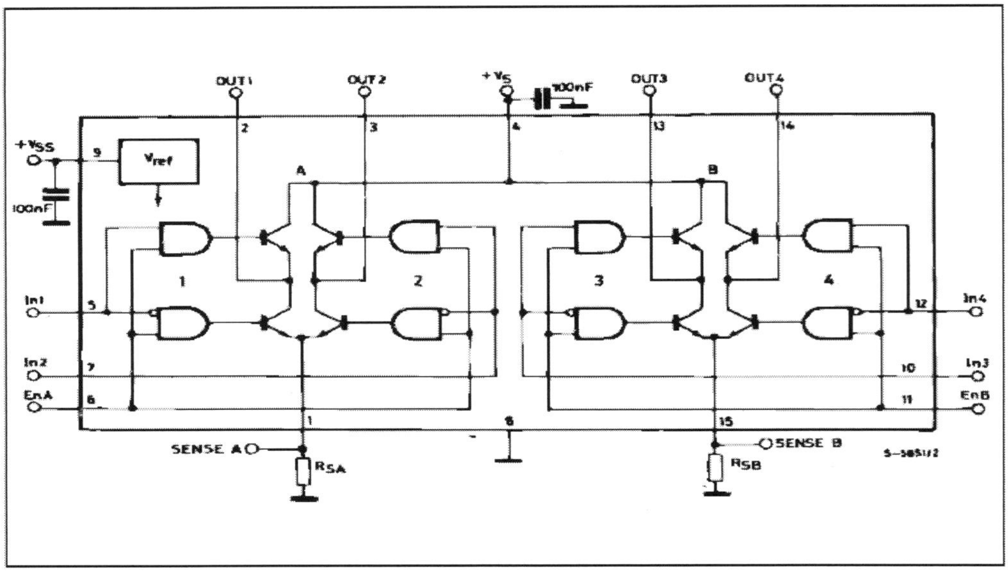

[그림 11.23] L298의 내부구조

ii) L298의 2상 스텝 모터 구동회로

This circuit drives bipolar stepper motors with winding currents up to 2 A. The diodes are fast 2 A types.

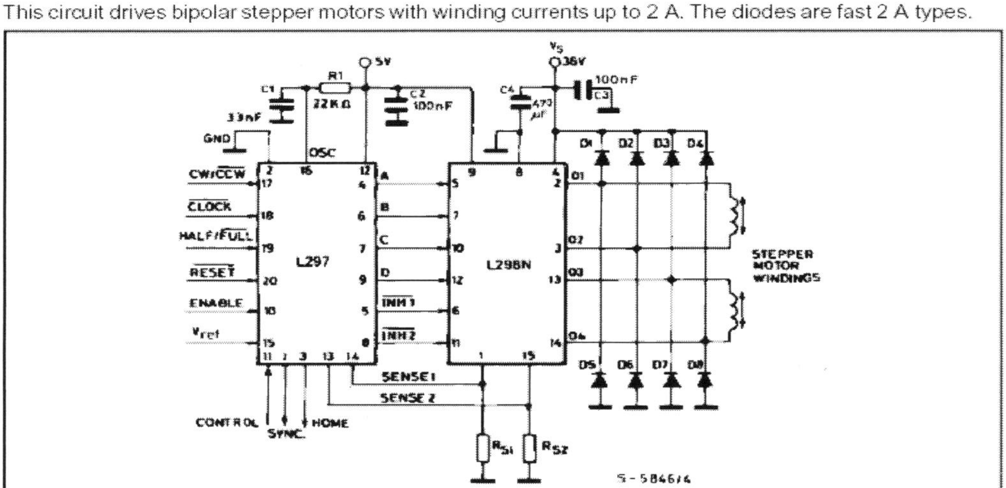

$R_{S1} = R_{S2} = 0.5\,\Omega$

D1 to D8 = 2 A Fast diodes $\left\{ \begin{array}{l} V_F \le 1.2\,V \;@\; I = 2\,A \\ t_{rr} \le 200\,ns \end{array} \right.$

[그림 11.24] L298의 2상 스텝 모터 구동회로

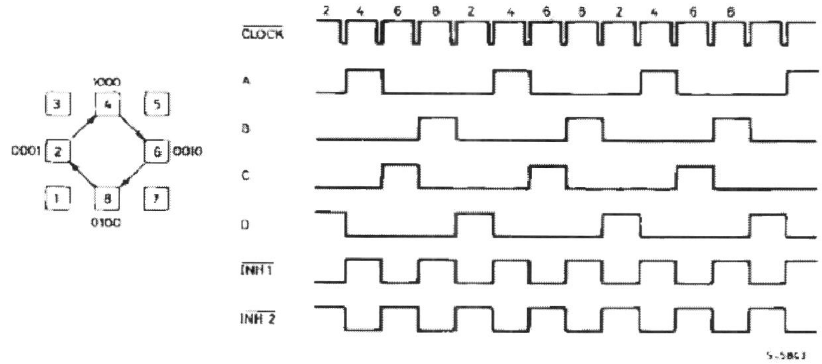

[그림 11.25] 1상 여자 방식의 상태도 및 상 출력 신호

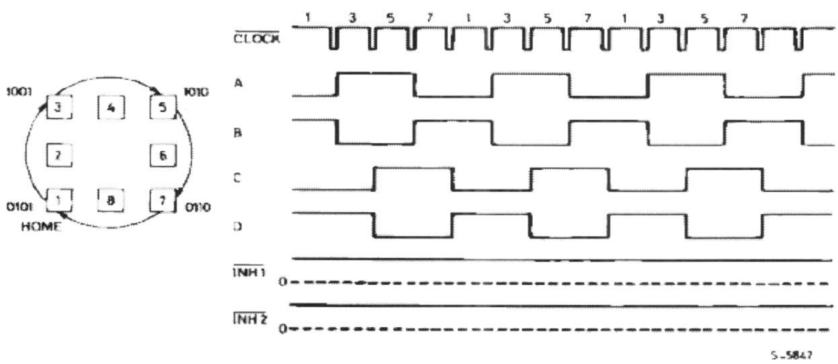

[그림 11.26] 2상 여자 방식의 상태도 및 상 출력 신호

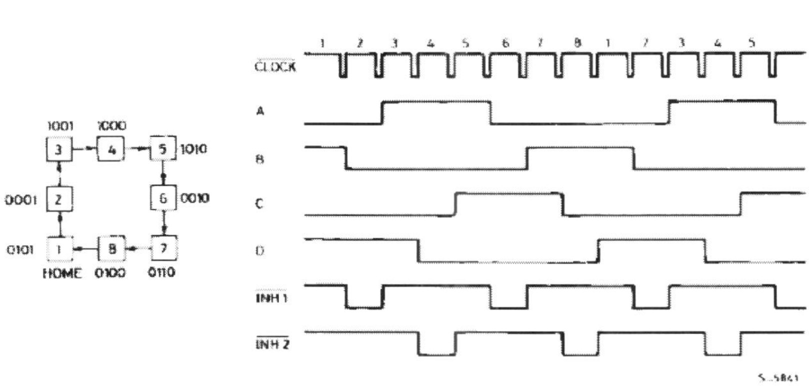

[그림 11.27] 1-2상 여자 방식의 상태도 및 상 출력 신호

2) SLA7026M(Unipolar Stepper Motor controller/driver)

※ 특 징

- Motor Operation to 3A(peak 5A) and 46 V
- 3rd Generation High-Voltage FETs
- Low r_DS(on) NMOS Outputs
- Advanced, Improved Body Diodes
- Half- or Full-Step Unipolar Drive
- High-Efficiency, High-Speed PWM
- Dual PWM Current Control (2-Phase)
- Programmable PWM Current Control

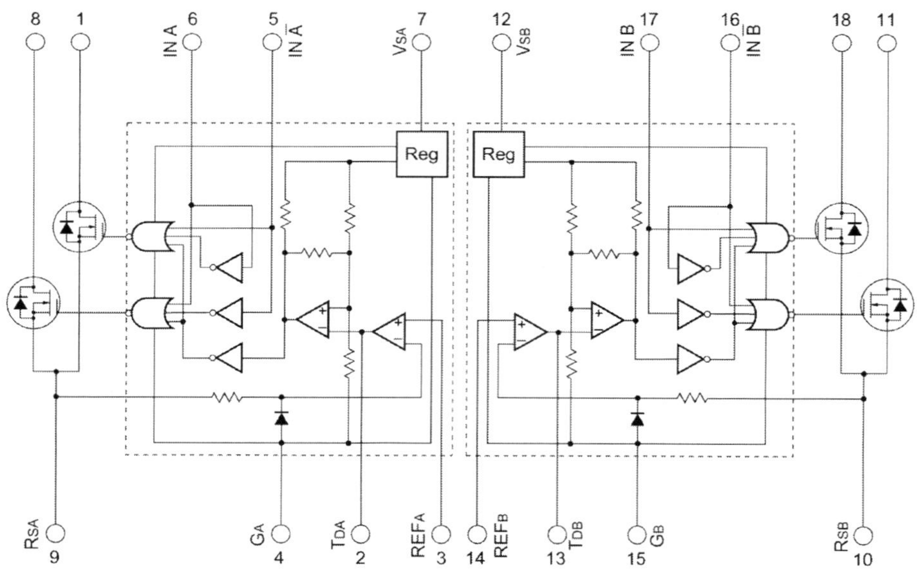

[그림 11.28] SLA7026의 내부 블럭도

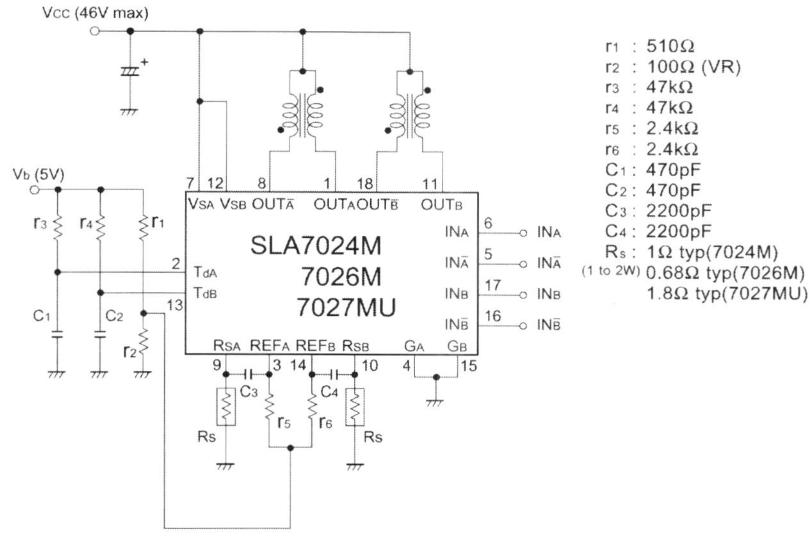

[그림 11.29] SLA7026의 응용 회로

[그림 11.28]은 SLA7026의 내부 블록도이며 [그림 11.29]는 SLA7026을 사용할 경우 외부 전형적으로 사용되는 응용회로 및 소자의 값을 표시한 것이다. 모터 드라이버인 SLA7026에 입력되는 상 신호인 IN A, IN /A, IN B, IN /B는 [그림 11.30]과 같다. 스텝 모터의 여자 방식에 따라 [그림 11.30]에 보이는 진리표의 sequence에 따른 상 신호를 입력해주면 0→1→2→3→0의 순서일 경우에는 정 회전을, 0→3→2→1→0의 순서일 경우에는 역 회전을 한다.

TRUTH TABLES
(Device Types as Designated)

WAVE DRIVE (FULL STEP)
for SLA7024M and SLA7026M

Sequence	0	1	2	3	0
Input A	H	L	L	L	H
Input $\overline{A}$	L	L	H	L	L
Input B	L	H	L	L	L
Input $\overline{B}$	L	L	L	H	L
Output ON	A	B	$\overline{A}$	$\overline{B}$	A

2-PHASE (FULL STEP) OPERATION
for SLA7024M and SLA7026M

Sequence	0	1	2	3	0
Input A	H	L	L	H	H
Input $\overline{A}$	L	H	H	L	L
Input B	H	H	L	L	H
Input $\overline{B}$	L	L	H	H	L
Outputs ON	AB	$\overline{A}$B	$\overline{AB}$	A$\overline{B}$	AB

HALF-STEP OPERATION (2-1-2 SEQUENCE)
for SLA7024M, SLA7026M, and SMA7029M

Sequence	0	1	2	3	4	5	6	7	0
Input A	H	H	L	L	L	L	L	H	H
Input $\overline{A}$ or t_{dA}*	L	L	L	H	H	H	L	L	L
Input B	L	H	H	H	L	L	L	L	L
Input $\overline{B}$ or t_{dB}*	L	L	L	L	L	H	H	H	L
Output(s) ON	A	AB	B	$\overline{A}$B	$\overline{A}$	$\overline{AB}$	$\overline{B}$	A$\overline{B}$	A

*Logic signals to external open-collector inverter connected to t_{dA} and t_{dB}

그림 [11.30] SLA7026의 여자 방식에 따른 입력 신호 진리표

(11) Normal Mode

SLA7026은 출력 전류에 따라 모터의 토크를 가변 할 수 있는데, 출력 전류 Iout은 다음과 같은 수식에 의해 결정할 수 있다.

$$I_{OUT} \approx \frac{V_{REF}}{R_S}$$

만약 Vref를 알지 못하는 경우에는 앞의 [그림 11.30]과 같이 SLA7026에 연결된 저항 소자들의 값에 의해 아래의 수식에 따라 출력 전류를 계산 할 수 있다.

$$I_{OUT} \approx \frac{R_2}{R_1 + R_2} \cdot \frac{V_b}{R_S}$$

Vb는 Reference로 공급되는 전압으로써 일반적으로는 5V이며, R1과 R2는 저항에 의한 분압회로를 구성하며 이때 R2에 걸리는 전압의 값이 Vref의 값이 된다. Rs는 전류 검출용 저항이다. [그림 11.29]의 소자 값에서 보듯이 R2는 가변 저항을 사용하며 이 저항 값의 변화에 따른 출력 전류를 가변 할 수 있고 이로써 모터의 출력 토크를 가변하게 된다.

(12) 스텝 모터 관련 용어

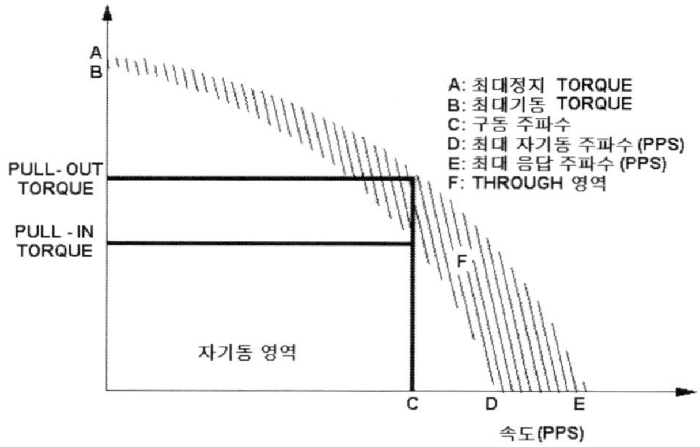

[그림 11.31] 스텝 모터의 동작 영역

1) pps(pluse per second)

일반 모터의 회전 속도는 1분당 회전수(rpm)를 나타내는데, 스텝모터의 경우는 회전수보다 입력 펄스 수를 주파수로 나타내는 일이 많고 이것을 pulse rate 혹은 스테핑 rate라고 한다.

2) 정지 최대 토크(holding torque)

각 상에 정격 전류를 흘리고, 모터 축에 외력에 의한 각도 변화를 주었을 때 발생하는 최대의 토크, 이 토크보다 작은 외력일 경우는, 외력을 떼면 모터 축은 원래의 정지 위치로 되돌아간다.

3) 자기동 영역

외부에서 주어진 신호로 동기에서 기동, 정지할 경우 스텝모터의 응답 가능한 영역

4) 최대 기동 토크(maximum running torque)

스텝모터가 움직일 수 있는 최대의 토크

일반적으로는 10pps의 주파수로 모터를 구동 시켰을 때의 값으로 정의

5) 최대 기동 주파수(maximum starting pulse rate)

무부하 상태에서 모터의 회전이 입력 펄스수와 완전히 1대 1로 대응해서 기동하는 최대 주파수

6) 스타팅 특성(starting characteristic)

모터의 회전이 입력 펄스와 완전히 1대 1로 대응해서 기동할 수 있는, 모터의 최대 발생 토크와 입력 펄스와의 관계

풀인 토크(pull in torque)라고 표현하는 경우도 있다.

7) slew 영역

자기동 영역을 넘어서 주파수를 서서히 올릴 경우, 또는 부하 토크를 서서히 가할 경우 모터가 동기를 이탈하지 않고 응답 가능한 영역

8) 스루잉 특성(slewing characteristic)

스타팅 특성의 범위 내에서 기동시킨 모터를, 입력 펄스의 주파수를 서서히 증가시켰을 경우 모터의 회전이 입력 펄스와 1대 1로 대응할 수 있는, 최대 발생 토

크 입력 펄스의 관계

풀 아우트 토크(pull out torque)라고 표현하는 경우도 있다.

9) 최대 연속 응답 주파수(maximum slewing pulse rate)

무부하 상태로 slewing 특성으로 들어간 모터를 입력 펄스와 1대 1로 대응해서 회전시킬 수 있는 최대의 입력 주파수

10) 탈조

스타팅 특성 또는 slewing 특성을 벗어난 주파수의 펄스를 주었을 경우, 모터의 회전이 불규칙하게 되거나 정지하게 되는 상태

11) 풀인 토크

동기 인출 토크, 자기동 영역에서 기동할 때 발생하는 토크

12) 풀아웃 토크

자기동 영역을 넘어서 주파수를 서서히 올릴 경우, 또는 부하 토크를 증가시킬 경우 모터가 동기를 이탈하지 않고 발생하는 토크

11.5 Step Motor의 제어

1. 스텝모터의 속도제어

회전속도는 각 여자 방식에 따른 상태 변화 시간에 반비례하며, 스텝모터를 너무 낮은 주파수 영역에서 구동하면 공진현상이 생길 수 있다. 또한 기계적으로 따라갈 수 없는 급한 속도 변화도 탈조현상을 일으킬 수 있다.

2. 스텝모터의 위치제어

가감속 형태를 취하여 T1시간 동안 가속, T2시간 동안 정속 운전, T3시간 동안 감속을 하여 정지하는 속도 궤적 곡선을 따라 스텝 모터을 제어하는 방식이다.

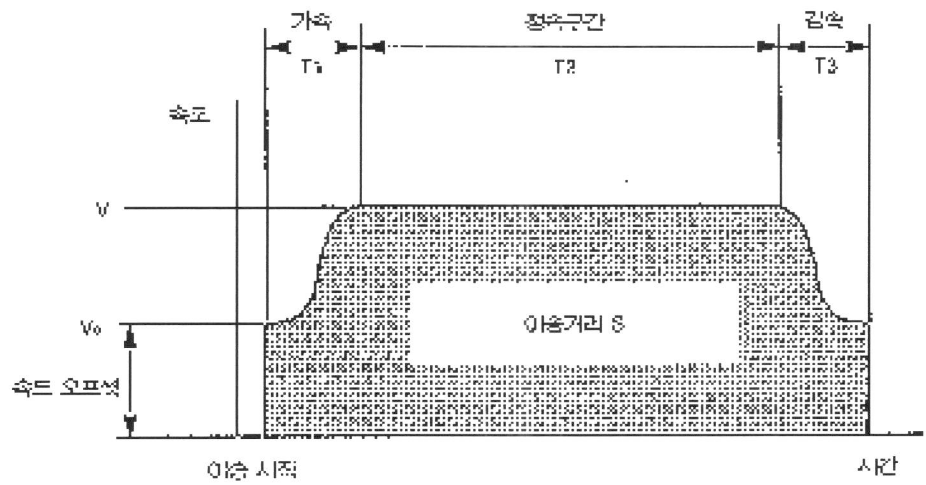

스텝모터가 탈조되지 않도록 하기 위하여 속도 오프셋이 공진 주파수보다 크도록 풀인 토크를 고려하여 속도 오프셋을 설정해야 하며, 최고 운전속도 및 가감속 조건은 스텝모터의 운전영역이 Slew 영역을 벗어나 풀아웃 토크를 넘지 않도록 설정해야 한다.

11.6 하드웨어 설명

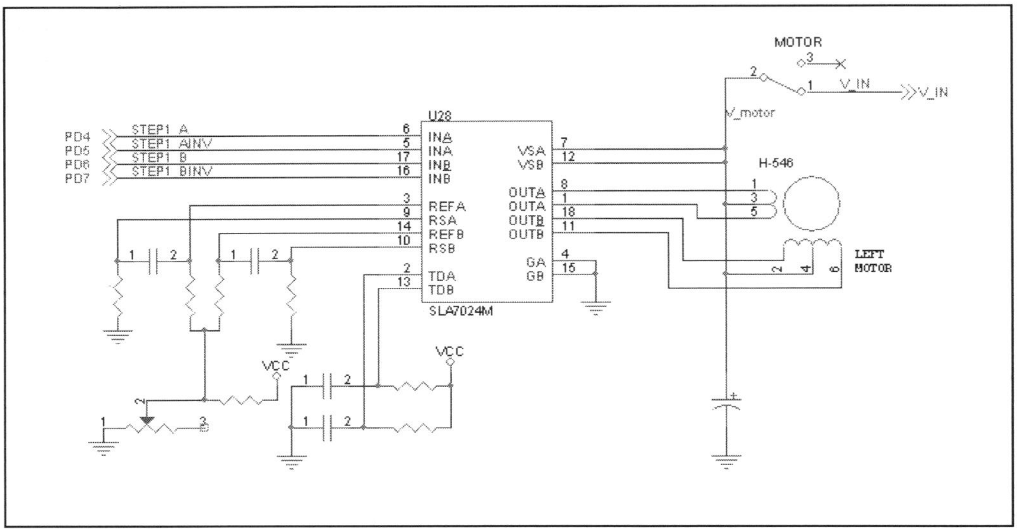

[그림 11.32] 스텝모터 연결 회로도

[그림 11.33] 스텝 모터의 연결선도

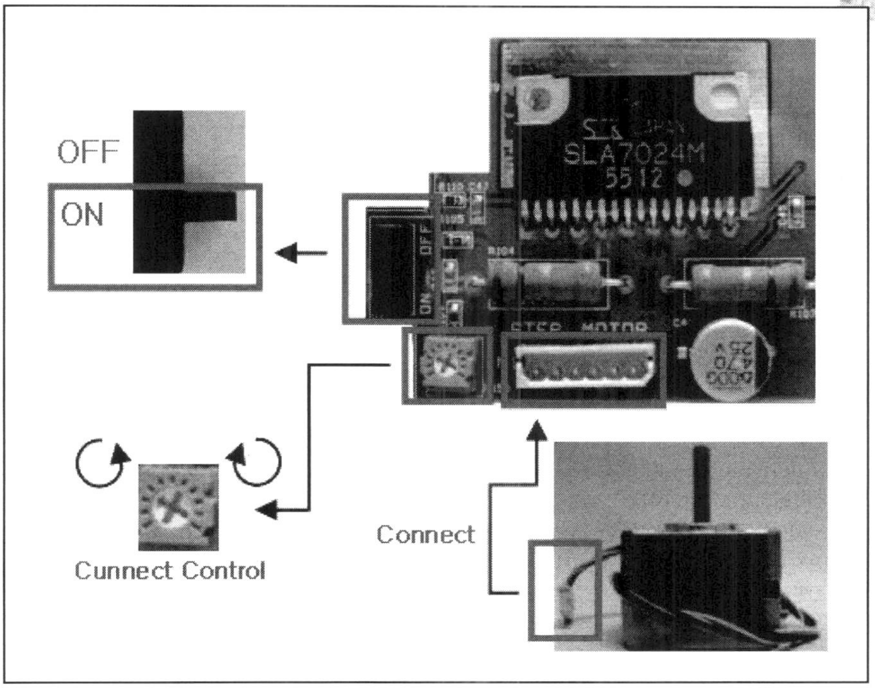

[그림 11.34] 스텝 모터의 선택 스위치 및 가변저항 모터 연결 모습

11.7 실험1 - Step Motor의 정회전하기

※ 프로그램 실행

Step_Motor.hex 파일을 PonyProg2000을 사용하여 다운로드하면 다음과 같이 동작한다. [그림 11.34]처럼 스텝 모터를 연결, 선택 스위치를 ON으로 한 후 가변 저항을 회전하여 전류를 조절한다.

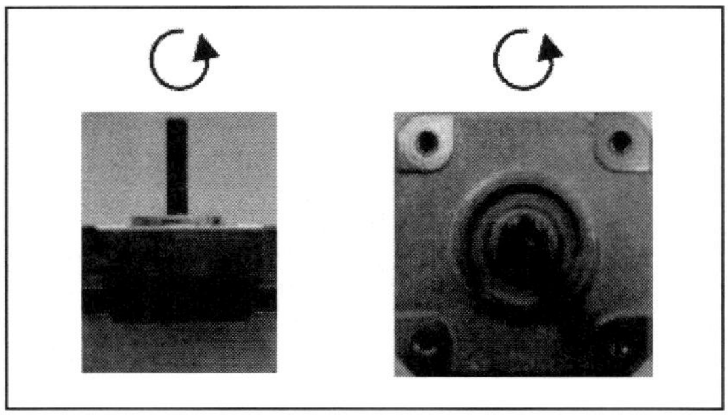

```
/*==========================================================================
    File Name :  Step_Motor.c
    Explanation
    1. 유니폴라 2상 여자 방식으로 스텝 모터를 정 회전 시킨다.
==========================================================================*/
#include <avr/io.h>

const unsigned char        two_phase[] = {0x05,0x06,0x0a,0x09};

volatile unsigned char     phase_pnt;

void delay(unsigned int d1, unsigned int d2);
void go_step_2phase(unsigned int time);

int main(void)
{
    DDRD = 0xf0;                    //포트 D 상위 4비트=출력, 하위 4비트=입력
    while(1){
        go_step_2phase(700);    //time = 700 =  1.5ms
    }                               //time 증가하면, 속도 감소; 감소하면 속도 증가
}

void delay(unsigned int d1, unsigned int d2)
{
```

```
    unsigned int    i, j;

    for(i=0;i<d1;i++){
        for(j=0;j<d2;j++);
    }
}

void go_step_2phase(unsigned int time)
{
    PORTD = two_phase[phase_pnt++] << 4;  //상위 4비트 값 출력
    phase_pnt &= 0x03;                    //if(phase_pnt==4)이면 phase_pnt=0
    delay(time, 100);
}
```

※ 프로그램 설명

이 프로그램은 유니폴라 2상 여자 방식으로 스텝 모터를 정 회전 시킨다. 2상 여자 방식의 출력 신호인 [그림 11.8]를 배열로 만들어 모터 제어 신호에 출력한다.

```
const unsigned char        two_phase[] = {0x05,0x06,0x0a,0x09};
```

tow_phase[]의 첫 번째 값은 0x05 = 00000101이며, 이 값을 4비트 좌측으로 자리이동 후 포트D에 출력하면 PD7 = /B, PD6 = B, PD5 = /A, PD4 = A가 연결되어 초기 값이 출력된다.([그림 11.33] 스텝 모터의 연결선도 참조)

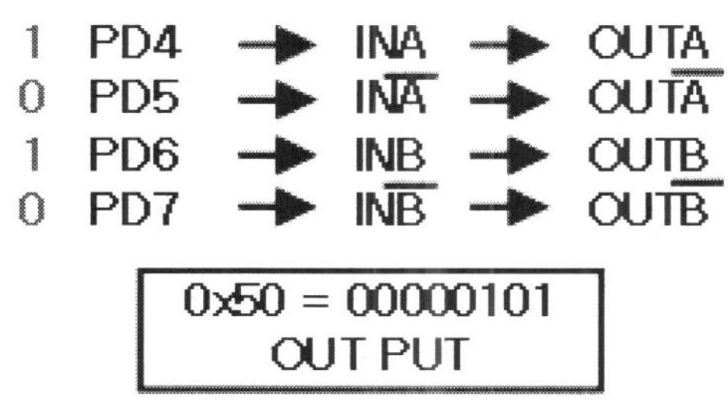

0x05를 출력한 후 일정한 시간을 지연한 후 tow_phase[ ]의 다음 값들을 위와 같은 방식

으로 출력을 하면 아래와 같은 출력이 일어나며, 이것은 [그림 11.8] 유니폴라 2상 여자 방식의 상 신호 와 같게 되어 회전하게 된다.

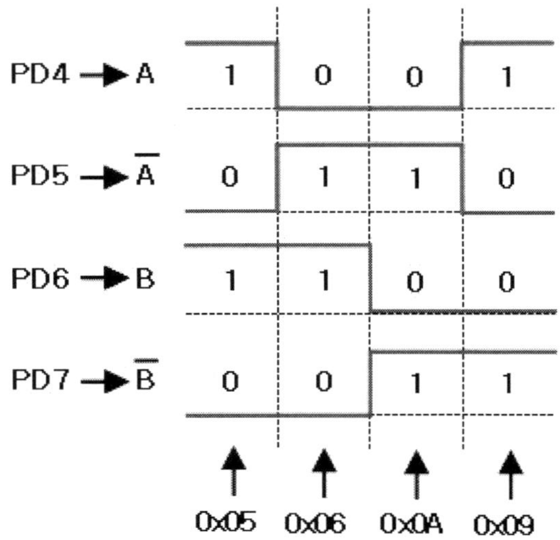


```
void go_step_2phase(unsigned int time)
{
    PORTD = two_phase[phase_pnt++] << 4;  //상위 4비트 값 출력
    phase_pnt &= 0x03;                    //if(phase_pnt==4)이면 phase_pnt=0
    delay(time, 100);
}
```

실제 스텝모터에 출력이 일어나는 부분이다. 위에서 설명했듯이 tow_phase[ ] 값을 4비트 좌측으로 자리이동 후 출력한다. 한 번의 출력 후 변수 phase_pnt 값을 1증가하여 0x03과 and를 하면 phase_pnt = 4일때 phase_pnt = 0으로 저장되고, phase_pnt 값이 4이하일때 그 값을 그대로 유지하게 된다.

11.8 실험2 - Step Motor & INT Key1

※ 프로그램 실행

Step_Motor1.hex 파일을 PonyProg2000을 사용하여 다운로드하면 다음과 같이 동작한다. [그림 11.34]처럼 스텝 모터를 연결, 선택 스위치를 ON으로 한 후 가변 저항을 회전하여 전류를 조절한다.

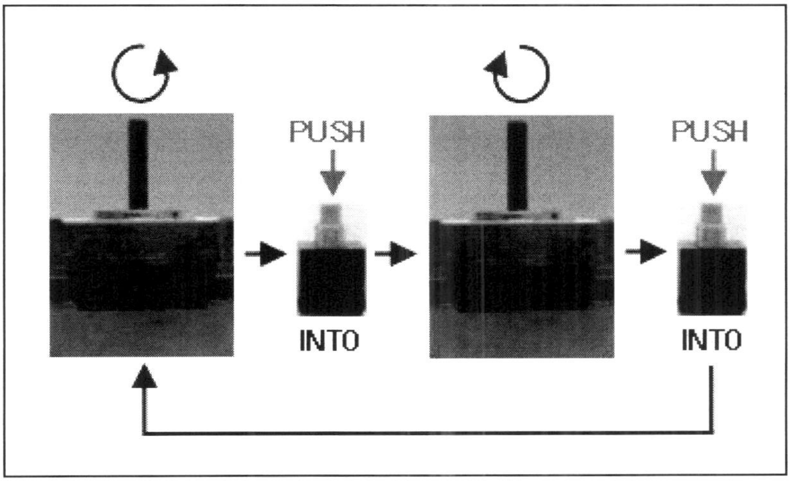


```
/*=====================================================================
    File Name :  Step_Motor1.c
    Explanation
    1. 유니폴라 1상 여자 방식으로 스텝 모터를 정 회전시킨다.
    2. interrupt 스위치를 누르면 정->역회전, 역->정 회전한다.
=====================================================================*/
#include <avr/io.h>
#include <avr/interrupt.h>
#include <avr/signal.h>

const unsigned char      one_phase[] = {0x01,0x04,0x02,0x08};

volatile unsigned char   phase_pnt,dir;

void delay(unsigned int d1, unsigned int d2);
void go_step_1phase(unsigned int time);
void initialize(void);
```

```
SIGNAL(SIG_INTERRUPT0)  //External Interrupt0
{
    dir = ~dir;
}

int main(void)
{
    DDRD = 0xf0;                //포트 D 상위 4비트=출력, 하위 4비트=입력
    initialize();
    while(1){
        go_step_1phase(700);
    }
}

void delay(unsigned int d1, unsigned int d2)
{
    unsigned int    i, j;

    for(i=0;i<d1;i++){
        for(j=0;j<d2;j++);
    }
}

void go_step_1phase(unsigned int time)
{
    if(!dir)  //정회전
        PORTD = (one_phase[phase_pnt++] << 4);
    else      //역회전
        PORTD = (one_phase[phase_pnt--] << 4);
    phase_pnt &= 0x03;          //phase_pnt = (4,0xff)이면 -> phase_pnt = (0,3)
    delay(time, 100);
}

void initialize(void)
{
    EIMSK = 0x01;//외부 인터럽트 0(INT0) 사용
    EICRA = 0x02;//falling edge interrupt request
    sei();              //enable all interrupt
}
```

※ 프로그램 설명

```
const unsigned char        one_phase[] = {0x01,0x04,0x02,0x08};
```

실험 1처럼 유니폴라 1상 여자 방식으로 스텝모터를 회전시키기 위해 one_phase[ ] 배열을 정의 하였다. one_phase[ ]의 값은 [그림 11.6]에 나타나 있는 값이다.

```
EIMSK = 0x01;//외부 인터럽트 0(INT0) 사용
EICRA = 0x02;//falling edge interrupt request
```

외부 인터럽트0를 사용하기 위해 인터럽트를 설정하는 부분이다. 제6장을 참조하기 바란다.

```
if(!dir)  //정회전
    PORTD = (one_phase[phase_pnt++] << 4);
else      //역회전
    PORTD = (one_phase[phase_pnt--] << 4);
phase_pnt &= 0x03;       //phase_pnt = (4,0xff)이면 -> phase_pnt = (0,3)
```

스텝모터를 정 회전시키는 것은 실험1과 동일하고, 역 회전 시키는 것은 one_phase[ ]의 값의 출력 순서를 역으로 출력하면 된다.(phase_pnt--) 실험1에서 phase_pnt의 값과 0x03의 값을 and하면, phase_pnt = 0x04일 때 phase_pnt = 0x00으로 저장 된다고 설명했다. 그렇다면 phase_pnt = 0xFF일 때는(phase_pnt--) phase_pnt에는 어떤 값이 저장될까? 0x04 값이 저장된다. 이 구문을 if문으로 코딩하면 아래와 같이 프로그램이 길어져 좋지 않다.

```
if(phase_pnt == 0x04)
    phase_pnt = 0x00;
else if(phase_pnt == 0xFF)
    phase_pnt = 0x04;
```

11.9 실험3 - Step Motor & INT Key2

※ 프로그램 실행

Step_Motor2.hex 파일을 PonyProg2000을 사용하여 다운로드하면 실험2와 같이 작동한다. [그림 11.34]처럼 스텝 모터를 연결, 선택 스위치를 ON으로 한 후 가변 저항을 회전하여 전류를 조절한다.

```
/*========================================================================
    File Name :  Step_Motor2.c
    Explanation
    1. 유니폴라 1-2상 여자 방식으로 스텝 모터를 정 회전시킨다.
    2. interrupt 스위치를 누르면 정->역 회전, 역->정 회전한다.
    3. delay 함수를 사용하지 않고 timer/counter을 사용한다.
========================================================================*/
#include <avr/io.h>
#include <avr/interrupt.h>
#include <avr/signal.h>

const unsigned char one_two_phase[] = {0x01,0x05,0x04,0x06,0x02,0x0A,0x08,0x09};

volatile unsigned char phase_pnt,dir;

void initialize(void);
void go_step_12phase(void);

SIGNAL(SIG_INTERRUPT0)  //External Interrupt0
{
    dir = ~dir;
}

SIGNAL(SIG_OVERFLOW0)  //timer0 Overflow interrupt
{
    go_step_12phase();
    TCNT0 = 0xea;
}

int main(void)
{
    DDRD = 0xf0;
    initialize();
    while(1);
```

```
}

void go_step_12phase(void)
{
    if(!dir)
        PORTD = one_two_phase[phase_pnt++] << 4;
    else
        PORTD = one_two_phase[phase_pnt--] << 4;
    phase_pnt &= 0x07;  //phase_pnt = (8,0xff)이면 -> phase_pnt = (0,7)
}

void initialize(void)
{
    EIMSK = 0x01;  //외부 인터럽트 0(INT0) 사용
    EICRA = 0x02;  //falling edge interrupt request
    TCNT0 = 0xea;  //{(0xff-0xea)+1} * 1024 * (1/14.7456Mhz) = 1.572ms
    TCCR0 = 0x07;  //timer0 prescaler=1024
    TIMSK = 0x01;  //OCIE0=1; timer0 overflow interrupt
    sei();          //enable all interrupt
}
```

※ 프로그램 설명

이 프로그램은 실험2와 거의 모든 것이 유사하며, delay() 함수를 사용하지 않고 타이머0를 사용하여 스텝 모터에 출력한다. 이런 방식으로 스텝 모터를 제어하면 메인 함수에서 모터 출력에 상관없이 항시 다른 일을 대기하거나 준비 할 수 있다는 장점이 있다. 그렇다면 인터럽트0 서비스 루틴에서 타이머0의 시정수인 TCNT0의 값을 바꿀 수 있도록 만들어 보고 어떤 현상이 일어나는지 알아보자. (타이머0의 설정 부분은 제7장을 참고하기 바란다.)

ATmega128

CHAPTER 12

제 12 장 RC SERVO MOTOR

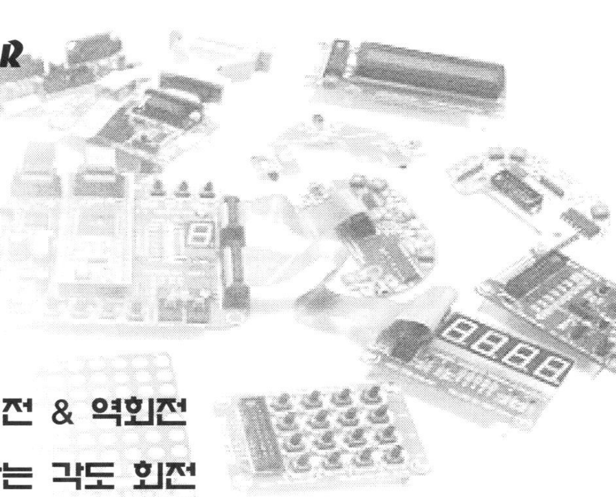

12.1 RC 서보모터의 개요

기계공학이나 제어공학적 관점에서 서보(Servo) 라는 단어의 의미는 추종한다, 따른다는 의미이다. 따라서 명령을 따르는 모터를 서보모터라 부른다. 다시 말하면 명령에 따라 정확한 위치와 속도를 추종할 수 있는 모터를 서보 모터라고 한다. 따라서 모터 자체만을 가지고 서보모터인지 아닌지를 구분하는 것은 의미가 없다. 서보모터라는 것은 모터와 그 모터의 구동 시스템까지 포함하는 것으로써 일반적으로는 크게 사용되는 모터에 따라 AC 서보모터와 DC 서보모터로 구분한다. 그리고 서보모터에는 위치 및 속도를 제어해주는 서보제어 회로가 있으며 당연히 사용되는 모터에 따라 각각 다른 방식으로 구성된다. 또한 모터를 구동해주는 회로 또한 서보모터에 포함되며 역시 모터에 따라 달리 구성된다.

RC 서보모터는 DC 모터를 사용한 서보모터로써 위치(각도) 제어 명령을 입력으로 받고 그에 해당하는 위치로 모터를 움직이고 그 상태를 유지할 수 있도록 구성된 모터, 위치 제어 회로 및 모터 구동 회로를 포함한 것이다.

RC 서보모터는 Radio Control의 비행기, 자동차, 배등 무선모형에 사용되는 모터로서 오픈루프제어를 원칙으로 한다. 굉장히 큰 기어비로서 작은 크기에 불구하고 크기에 비해 큰 힘을 낼 수 있으므로 소형 로봇 분야에 많이 사용되고 있다.

서보의 동작 범위는 -60 ~ +60, -90 ~ +90 등이 있으며, 서보의 특성과 가격에 따라, 토크와 응답속도 등이 다르다. 신호 선은 VCC, GND, 제어신호의 3선이 있다

12.2 RC 서보모터의 내부 구성

[그림 12.1]는 RC 서보 모터의 외형과 내부 구성도를 보이고 있다. RC 서보 모터는 제어회로와 모터, 기어세트 및 케이스로 구성된다.

[그림 12.1] RC 서보 모터의 내부 구성

1. 제어회로 모터

포텐셜미터로 인해 제어회로가 서보모터의 현재각도를 분석하여 실시간으로 각도를 보정하도록 DC모터를 구동한다. 최근들어 디지털 RC 서보모터라는 것이 등장했는데, 기존의 RC 서보모터는 이에 반하여 아날로그 RC 서보모터로 구분된다. 아날로그 RC 서보모터는 설명과 같이 RC 서보모터의 최종 구동축에 포텐셜미터가 부착되어 있고 아날로그 비교기를 통해 변화된 저항 값과 제어 신호의 값을 비교하여 RC 서보모터가 제어신호에 따른 지정된 각도에 위치할 수 있도록 하고 있으나 아날로그 비교 방식을 사용하고 있기 때문에 미세한 각도 제어가 어려운 단점을 가지고 있다. 디지털 RC 서보모터는 내부의 제어 회로에 포텐셜미터를 사용하는 대신 ADC(Analog to Digital Converter)를 부착한 디지털 제어 회로를 사용함으로 보다 정확하고 미세한 제어가 가능하도록 설계된 것으로 미세 동작 제어가 용이한 장점은 있으나 가격이 비싸다.

2. 기어세트

서보는 크기가 작고, 고 토크를 요하므로 기어비를 대폭 늘린 감속 기어가 사용된다.

3. 케이스

일반적으로 모든 회로와 구동부를 내장한 검은색 플라스틱 케이스를 가지고 있다.

4. RC 서보모터 선택 시 고려사항

(1) 서보의 무게와 크기
(2) 서보의 동작범위 : -60 ~ +60, -90 ~ +90
(3) 서보의 반응속도
(4) 서보의 토크
(5) 기어의 재질 : 플라스틱, 금속
(6) 볼베어링 사용 여부
(7) 코아리스 모터 사용여부
(8) 디지털 제어 적용 여부

5. RC 서보모터의 제어 원리

(1) 제어선을 통해 목표 각도를 전달하고, 제어선에 전달되는 펄스의 존속 시간으로 정해진다. 이것을 PCM(Pulse Code Modulation)이라고 한다.

(2) 펄스의 주기는 일반적으로 20ms로 한다. 모터의 제조사에 따라 18ms~20ms 사이의 값을 가지나 일반적으로 20ms의 구동 펄스를 사용해도 동작에는 지장이 없다. 보다 정밀한 제어를 원할 경우에는 구입한 RC 서보모터의 스펙 사항을 확인할 필요가 있다.

(3) 일반적으로 1.5ms이면 중립점에 위치하고, 1.5ms보다 짧으면 모터는 0도 쪽에 가깝게 되고, 1.5ms보다 길면 180도 쪽에 가깝게 된다.

(4) RC서보모터에 따라 0.7ms~2.3ms 혹은 0.9ms~2.1ms 또는 1ms~2.0ms의 제어 펄스의 폭에 따라 RC서보모터 축이 0° ~ 180° 또는 30° ~ 150°의 범위를 이동하게 된다. RC서보모터의 스펙에 따라 이동 범위가 다르므로 사용하려는 모터의 스펙을 확인할 필요가 있다.

12.3 RC 서보모터의 제어

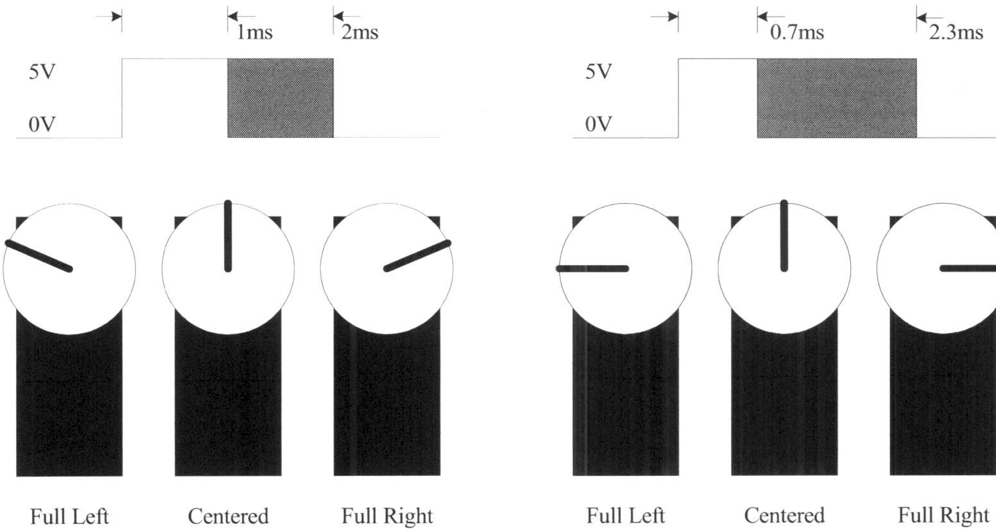

[그림 12.2] RC 서보모터의 제어 동작 개념도

RC 서보모터의 제어 방법은 RC 서보모터에 연결되는 제어신호를 20ms의 주기로 공급하되 이 20ms의 구간동안에 신호선이 "high"를 유지하는 구간의 펄스폭이 1.5ms이면 서보모터는 90°에 위치하게 되고 1.5ms 보다 짧은 시간동안 "high" 상태일 경우에는 0°쪽으로 이동하게 되고, 1.5ms 보다 긴 시간동안 "high"를 유지하면 180°쪽으로 이동한다.

[그림 12.2]는 두 가지의 RC 서보모터를 보이고 있는데 왼쪽은 좌, 우 60°의 각도로 이동하는 것이고, 오른쪽은 좌, 우 90°의 각도로 움직이는 것이다. 왼쪽 모터의 경우 "high"를 유지하는 펄스폭은 1ms ~ 2ms 이내로 유지하되 1.5ms일 경우 center에 위치하며 1ms일 경우와 2ms일 때는 좌, 우로 최대 60°씩 이동한다. 오른쪽 모터의 경우에는 0.7ms ~ 2.3ms의 시간동안 "high" 구간이 허용되며 마찬가지로 1.5ms일 때 가운데에 위치하며 0.7ms와 2.3ms에서 좌, 우로 최대 90°씩 이동한다.

12.4 하드웨어 설명

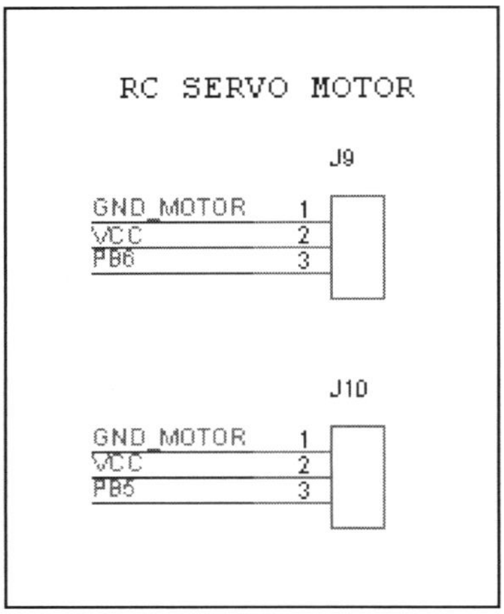

[그림 12.3] 서보모터 회로도

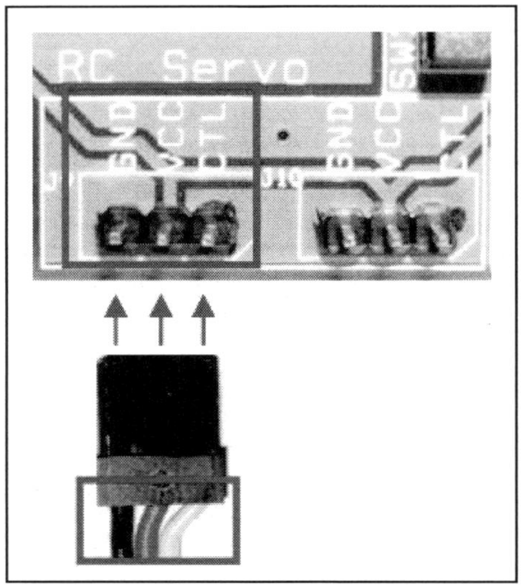

[그림 12.4] 서보모터 연결 모습

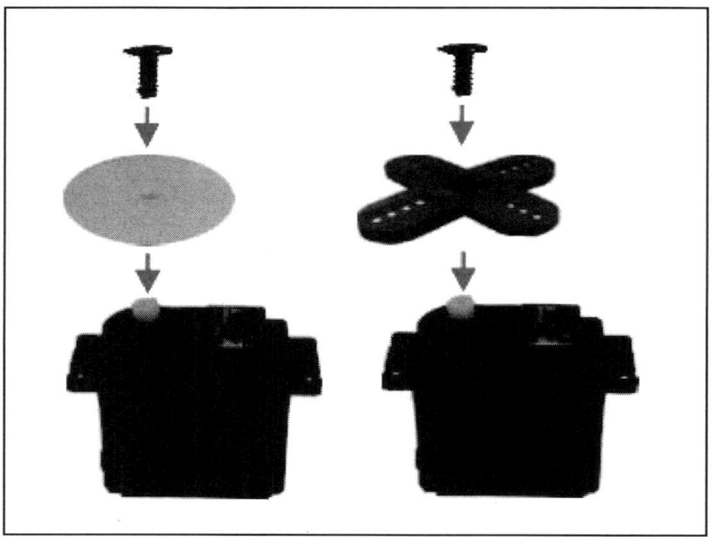

[그림 12.5] 서보모터 기어날 교체 모습

[그림 12.5]처럼 원형 날이 아닌 십자나 일자 날로 교체를 하면 회전 모습과 원하는 각도로 움직이는 모습이 더 잘 보인다.

12.5 실험1 - RC 서보모터 정 회전 & 역 회전

※ 프로그램 실행

RC_Servo_Motor.hex 파일을 PonyProg2000을 사용하여 다운로드하면 다음과 같이 작동한다.([그림 12.4]처럼 서보모터를 연결한다. GND-검정색, VCC-빨간색, CTL-노란색)

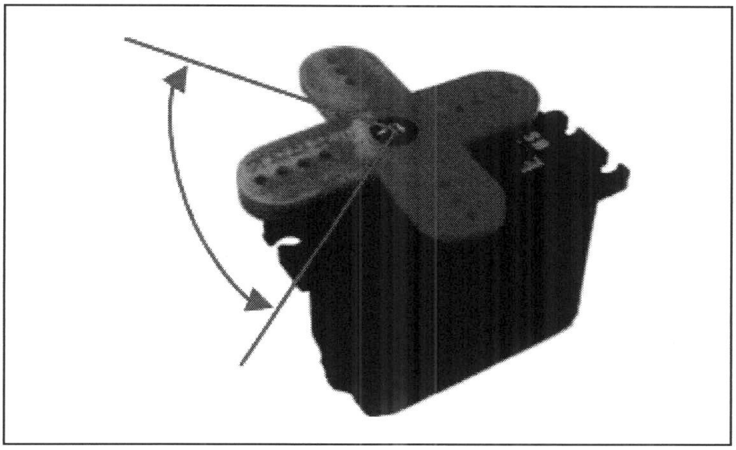

```
/*=================================================================
    File Name :  RC_Servo_Motor.c
    Explanation
    1. RC Servo Motor를 PCM방식을 이용하여 원하는 각도만큼 회전 시킨다.
    2. RC_Seov의 J9,J10 커넥터 모두 사용가능.
=================================================================*/
#include <avr/io.h>

void delay(int d1, int d2);
void RC_servo(int duty, int interval);

int main(void)
{
    int i;

    DDRB = 0x60;//motor와 연결된 PB5, PB6핀 만을 출력으로 만든다.
    delay(0, 0);
    do{
        for(i=100;i<200;i++)  //정 회전
```

```
            RC_servo(i, 1000);
        for(i=200;i>100;i--)    //역 회전
            RC_servo(i, 1000);
    }while(1);
}

void delay(int d1, int d2)
{
    int i, j;

    for(i=0;i<d1;i++){
        for(j=0;j<d2;j++);
    }
}

void RC_servo(int duty, int interval)
{
    PORTB = 0x60;                   //PB5, PB6핀 만을 high 로 출력
    delay(duty, 26);                //duty
    PORTB = ~0x60;                  //PB5, PB6핀 만을 Low 로 출력
    delay(interval - duty, 26);     //interval - duty
}
```

※ 프로그램 설명

```
        for(i=100;i<200;i++)  //정회전
            RC_servo(i, 1000);
```

RC_servo( ) 함수는 실제 서보모터에 출력이 일어나는 부분이면 변수i 값이 클수록 high로 출력되는 시간이 길어지고 변수i 값이 작을수록 high로 출력되는 시간이 짧아진다.

```
void RC_servo(int duty, int interval)
{
    PORTB = 0x60;                   //PB5,PB6핀 만을 high 로 출력
    delay(duty, 26);                //duty
    PORTB = ~0x60;                  //PB5,PB6핀 만을 Low 로 출력
    delay(interval - duty, 26);     //interval - duty
}
```

이 함수는 포트B의 PB6, PB5 = 1로 만든 후 시간지연하고, 포트B의 PB6, PB5 = 0으로 만든 후 시간지연을 하는 함수이다. 이 함수가 처음으로 호출되면 duty = 100이고 interval

= 1000이 되며 시간지연 함수를 보면 delay(100,26), delay(900,26)이 되어 총 지연되는 시간은 delay(1000,26)가 되며 이 지연되는 시간이 전체 주기가 된다.

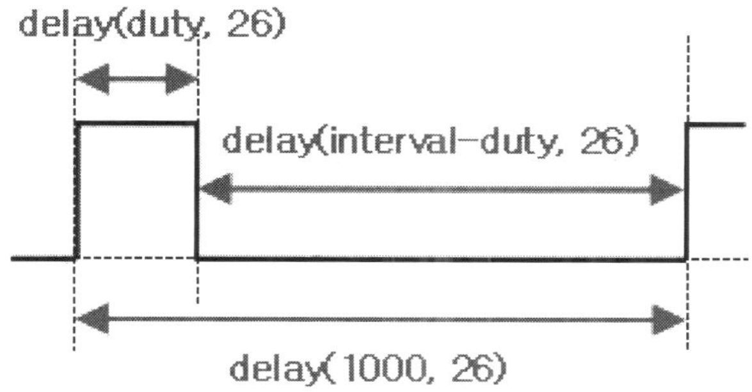

duty 값이 증가 할수록 high가 유지되는 시간이 증가하여 정 회전을 하고, duty 값이 감소 할수록 low가 유지되는 시간이 증가하여 역 회전을 한다.

12.6 실험2 - RC 서보모터 원하는 각도 회전

※ 프로그램 실행

RC_Servo_Motor1.hex 파일을 PonyProg2000을 사용하여 다운로드하면 다음과 같이 작동한다.([그림 12.4]처럼 서보모터를 연결한다. GND-검정색, VCC-빨간색, CTL-노란색)

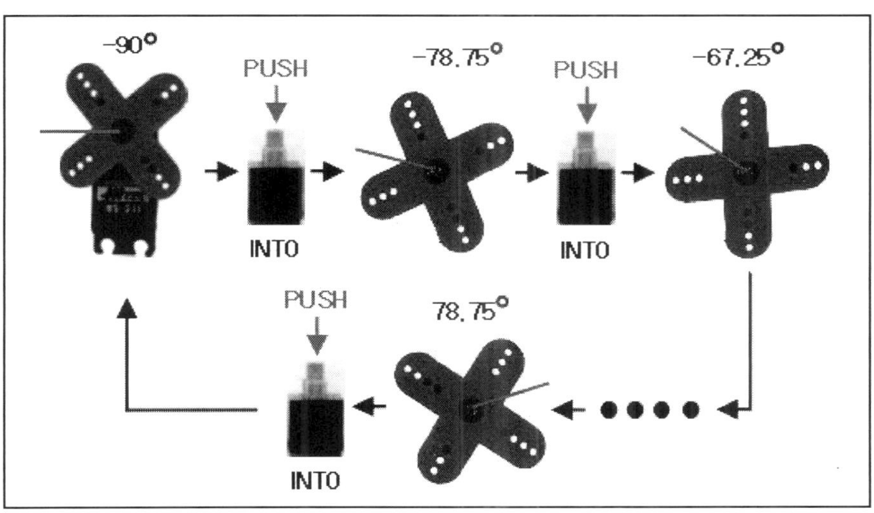

```
/*=================================================================
    File Name :  RC_Servo_Motor1.c
    Explanation
    1. RC Servo Motor의 각도를 제어한다.
    2. 처음 실행 파일을 다운로드 하면, RC Servo Motor는 -90도가 된다.
    3. INT0 KEY를 누르면 11.25도 만큼 증가한다.
=================================================================*/
#include <avr/io.h>
#include <avr/interrupt.h>
#include <avr/signal.h>

volatile unsigned char flag,angle,count_value;

void initialize_timer(void);
void go_servo(void);

SIGNAL(SIG_INTERRUPT0)/  /high의 구간을 0.7ms ~ 2.3ms로 변경한다.
{
    angle++;
    if(angle > 23)   //+90도, 2.3ms
        angle = 7;  //-90도, 0.7ms
}

SIGNAL(SIG_OVERFLOW1)  //20ms 마다 2번씩 interrupt가 걸린다.
{
    go_servo();
    TCNT1 = 0xffff-(185*count_value)+1;  //185일 때 약 0.1ms이다.
}

int main(void)
{
    DDRB = 0x60;         //motor와 연결된 PB5, PB6핀을 출력으로 만든다.
    angle = 7;           //-90도
    initialize_timer();
    while(1);
}

void initialize_timer(void)
{
    EIMSK = 0x01;   //외부 인터럽트 0(INT0) 사용
    EICRA = 0x02;   //falling edge interrupt request
    TCCR1B = 0x02; //bit2,1,0-CS12,CS11,CS10  : 010(8 prescaler)
    TCNT1 = 0xffff;   //{(0xffff-TCNT1)+1}*prescaler/14.7456MHz = Time
    TIMSK = 0x04;   //TOIE1=1; timer/counter1 overflow interrupt
    sei();          //enable all interrupts
}
```

```
void go_servo(void)
{
    if(flag){
        PORTB = 0x60;                 //PB5, PB6를 high로 만든다.
        count_value = angle;          //high가 되는 시간 세팅
        flag = 0;
    }
    else{
        PORTB = ~0x60;                //PB5, PB6를 low로 만든다.
        count_value = 200 - angle;    //low가 되는 시간 세팅
        flag = 1;
    }
}
```

※ 프로그램 설명

실험1은 시간지연을 delay() 함수를 사용하여 일정한 시간을 지연 시켰으나, 이렇게 지연을 시키면 실제 지연되는 시간을 계산하기 어렵고, delay() 함수를 실행하는 동안 다른 일을 할 수 없다는 단점이 있다. 실험2는 외부 인터럽트0와 타이머1를 사용하여 서보모터 각도 제어와 일정한 시간지연을 한다. 우선 실제 서보모터에 입출력이 일어나는 go_servo() 함수를 보자.

```
    if(flag){
        PORTB = 0x60;                 //PB5, PB6를 high로 만든다.
        count_value = angle;          //high가 되는 시간 세팅
        flag = 0;
    }
    else{
        PORTB = ~0x60;                //PB5, PB6를 low로 만든다.
        count_value = 200 - angle;    //low가 되는 시간 세팅
        flag = 1;
    }
```

이 함수는 변수 flag에 의해 출력을 high 또는 low로 내보낸다. 한번 출력을 high로 내보내면 flag=0이 되어 다음에는 출력이 low가 된다. 이 함수는 타이머1에서 호출되며, 변수 angle의 값은 외부 인터럽트0 함수에서 그 값이 바뀌게 된다.

```
SIGNAL(SIG_INTERRUPT0)/  /high의 구간을 0.7ms ~ 2.3ms로 변경한다.
{
    angle++;
    if(angle > 23)    //+90도, 2.3ms
        angle = 7;    //-90도, 0.7ms
}
```

변수 angle은 7~22의 값을 가지게 되며, INT0 스위치가 눌릴 때마다 그 값이 1씩 증가하게 된다.

```
SIGNAL(SIG_OVERFLOW1)  //20ms 마다 2번씩 interrupt가 걸린다.
{
    go_servo();
    TCNT1 = 0xffff-(185*count_value)+1;  //185일 때 약 0.1ms이다.
}
```

타이머1의 시정수인 TCNT1의 값은 count_value의 값에 따라 그 값이 변하게 된다. 타이머1이 2번의 호출이 일어나면 한주기(20ms)의 클록이 아래와 같이 출력된다.

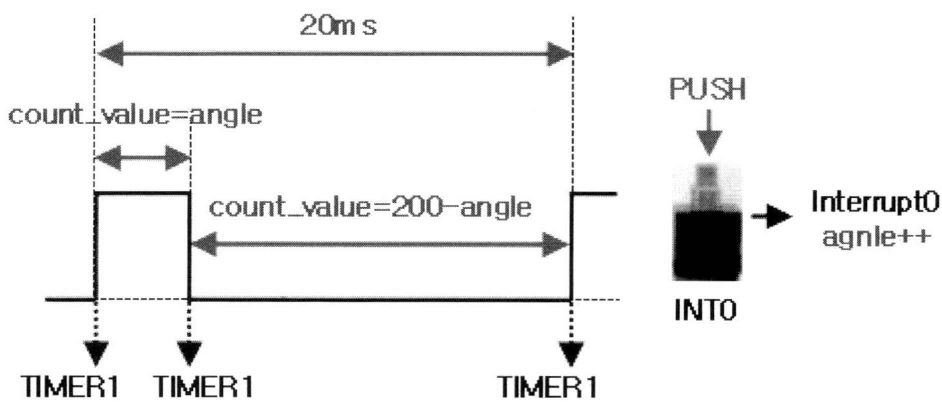

12.7 실험3 - RC 서보모터의 속도 제어

※ 프로그램 실행

RC_Servo_Motor2.hex 파일을 PonyProg2000을 사용하여 다운로드하면 다음과 같이 회전 속도가 감소한다.([그림 12.4]처럼 서보모터를 연결한다. GND-검정색, VCC-빨간색, CTL-노란색)

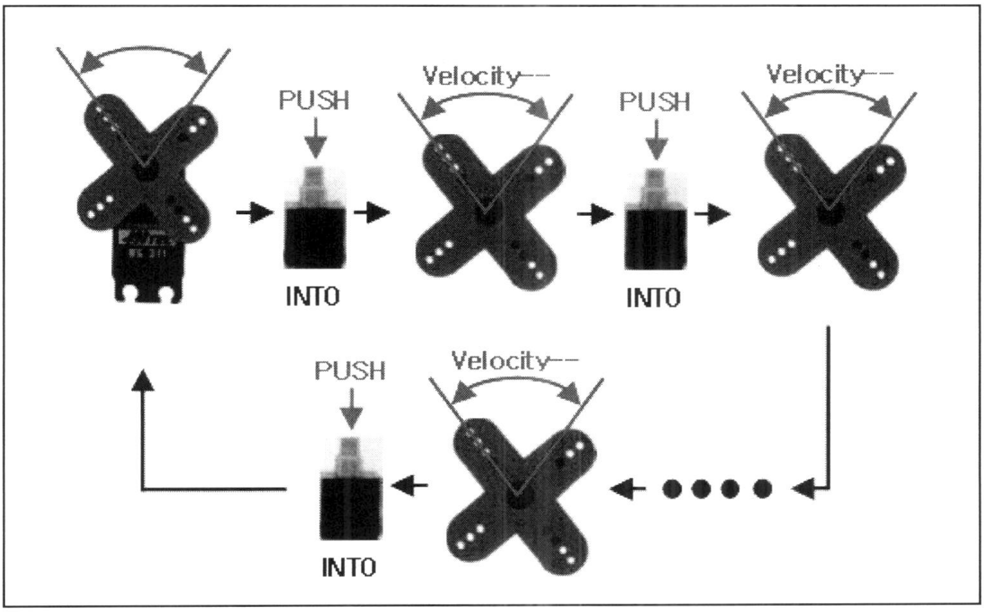


```
/*===================================================================
    File Name :  RC_Servo_Motor2.c
    Explanation
    1. RC Servo Motor의 속도를 제어한다.
    2. INT0 KEY를 누르면 회전 속도가 감소한다.
===================================================================*/
#include <avr/io.h>
#include <avr/interrupt.h>
#include <avr/signal.h>

volatile unsigned char flag,turn,velocity;
volatile unsigned int angle,count_value;

void initialize_timer(void);
```

```
void go_servo(void);
void go_servo_turn(void);

SIGNAL(SIG_INTERRUPT0)//0.7ms ~ 2.3ms로 변하는 시간을 감소한다.
{
    velocity --;
    if(velocity < 1)
        velocity = 5;
}

SIGNAL(SIG_OVERFLOW1)//20ms 마다 2번씩 interrupt가 걸린다.
{
    go_servo();
    TCNT1 = 0xffff - count_value + 1;
}

int main(void)
{
    DDRB = 0x60;            //motor와 연결된 PB5,PB6핀을 출력으로 만든다.
    velocity = 5;           //velocity가 클수록 속도가 높다.
    angle = 345;            //angle={(14.7456MHz*Time)/prescaler} : 345 = 1.5ms
    initialize_timer();
    while(1);
}

void initialize_timer(void)
{
    EIMSK = 0x01;   //외부 인터럽트 0(INT0) 사용
    EICRA = 0x02;   //falling edge interrupt request
    TCCR1B = 0x03; //bit2,1,0-CS12,CS11,CS10  : 011(64 prescaler)
    TCNT1 = 0xf700; //{(0xffff-TCNT1)+1}*prescaler/14.7456MHz = Time
    TIMSK = 0x04;   //TOIE1=1; timer/counter1 overflow interrupt
    sei();          //enable all interrupts
}

void go_servo(void)
{
    if(flag){
        PORTB = 0x60;               //PB5,PB6를 high로 만든다.
        count_value = angle;        //high가 되는 시간
        flag = 0;
    }
    else{
        PORTB = ~0x60;              //PB5,PB6를 low로 만든다.
        count_value = 4608 - angle; //low가 되는 시간 4608 = 20ms
        go_servo_turn();
        flag = 1;
```

```
    }
}

void go_servo_turn(void)
{
    if(turn){                   //정 회전
        angle += velocity ;
        if(angle > 530)         //530 = 2.3ms
            turn = 0;
    }
    else{                       //역 회전
        angle -= velocity;
        if(angle < 161)         //161 = 0.7ms
            turn = 1;
    }
}
```

※ 프로그램 설명

실험2와 거의 유사하고, 다른 점은 외부 인터럽트0 함수에서 속도의 증감을 표시해줄 변수 velocity가 1씩 감소하며, 타이머1 함수에서 시정수를 저장하는 방식과 실제 출력이 일어나는 go_servo() 함수가 조금 다르다. 그렇다면 회전하는 동안 속도를 줄이는 방식은 무엇일까? 우선 회전을 하기 위해선 20ms의 주기의 클록을 계속 내보내야 하며, high가 되는 시간이 0.7ms~2.3ms로 변해야 한다. 아래의 그림처럼 0.7ms~2.3ms까지 변환되는 시간(TIME)이 빠를수록 속도가 증가하고 늦을수록 속도는 감소한다.

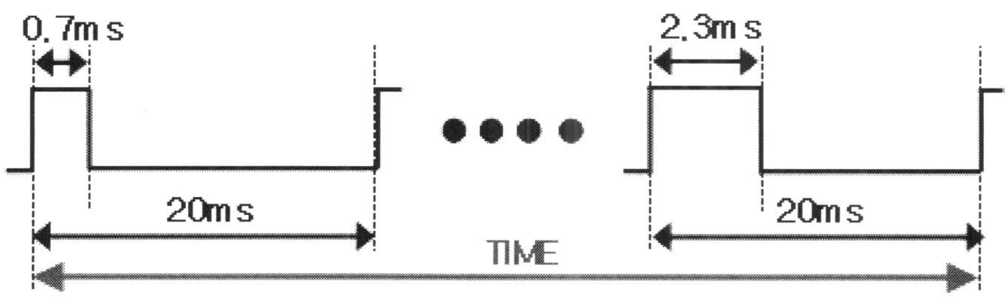

이 TIME의 시간을 변화하기 위하여 go_servo_turn()의 함수에서 변수 velocity를 더하거나 빼게 되며, 0.7ms->2.3ms로 high의 시간이 변하면 정 회전을 2.3ms->0.7ms로 high의 시간이 변하면 역 회전을 한다.

ATmega128

CHAPTER 13

제 13 장 DC Motor

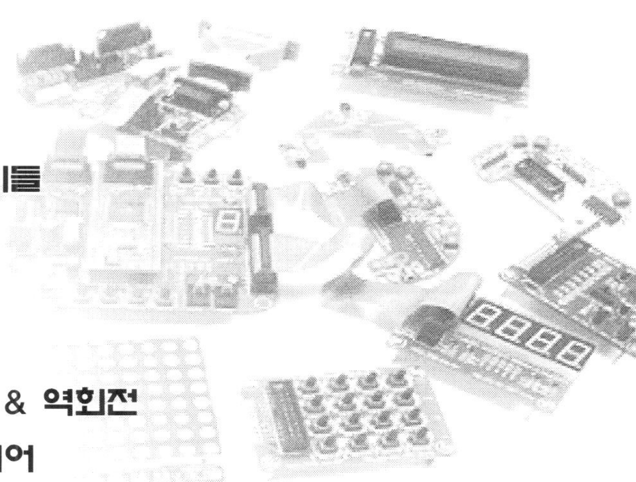

13.1 DC 모터의 개요

1. DC 모터

자계(자기장) 속의 도체에 전류를 흐르게 함으로써 발생하는 전자기력을 응용하여 전기 에너지를 기계적인 일로 바꾸어 주는 장치로써 회전자는 코일, 고정자는 영구자석으로 구성되어 있으며, 급격한 가속성, 큰 시동 토크, 선형적인 회전 특성을 가지고 있다.

2. DC 모터의 회전원리

DC 모터는 자기장속의 도체에 전류를 흐르게 함으로써 발생하는 전자기력의 응용(플레밍의 왼손법칙)한 것으로 이때 전류가 흐르는 자기장 속의 도체에 발생하는 전자기력은 아래의 수식과 같이 자기장의 세기와 도체의 길이, 전류의 곱으로 계산된다.

$$F = B \times i \times l$$

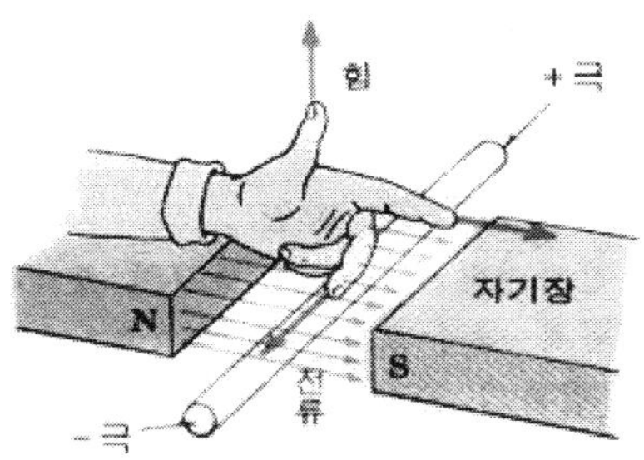

[그림 13.1] 플레밍의 왼손 법칙

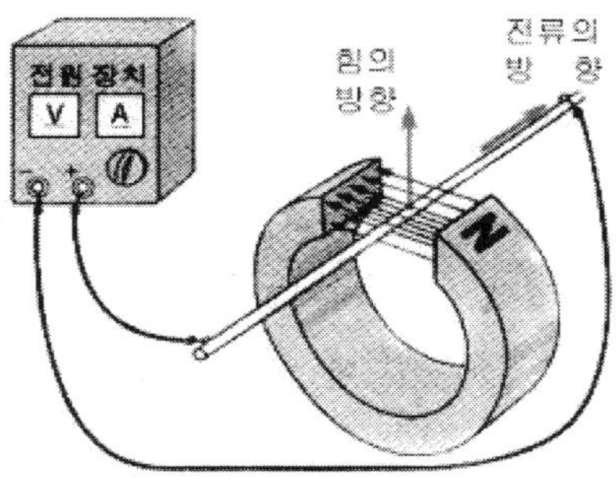

[그림 13.2] DC모터의 구동 원리

3. DC 모터의 회전동작

[그림 13.3]에서 전류 i가 G2를 통해 d→c→b→a로 흘러 G1으로 빠져나가는 경우에 전선 a-b는 F방향으로, 전선 c-d는 반대 방향으로 힘을 받는다.

도선에 가해지는 힘에 의해 도선이 회전되어 G1과 G2가 바뀌면 흐르는 전류의 방향이 바뀌고, 이에 따라 힘을 받는 방향이 바뀌게 된다. 이런 과정을 반복하여 DC 모터는 외부에서 공급한 전류의 방향에 따라 한 방향으로 계속 회전하게 된다. 공급전류 i의 방향이 반대라면 모터는 지금과 반대 방향의 힘을 받아 역회전을 하게 된다.

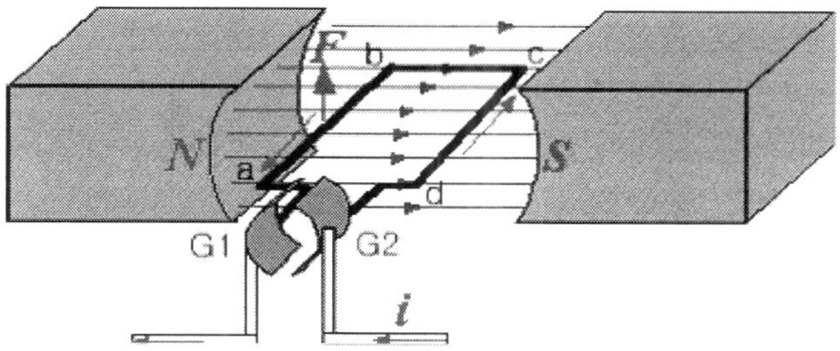

[그림 13.3] DC 모터의 동작 개념도

4. 모터의 회전력

회전축으로부터 권선의 중심까지의 거리를 r이라고 하면 토크는 다음과 같다. 즉 모터의 토크는 전류에 비례한다.(K_T는 토크상수)

$$T = 2 \times F \times r = 2 \times B \times i \times l \quad \text{or} \quad T = K_T \times i$$

5. DC 모터의 구조

DC 모터의 가장 간단한 구조는 초등학교 교과서에 나오는 다음 실험을 통해서 살펴볼 수 있다. 실험 과정은 다음과 같다.

(1) 에나멜선을 7-8회 정도 둥글게 감고 양 끝을 평행하게 빼 놓는다.

(2) 에나멜선의 한 쪽을 칼이나 사포 등을 이용하여 완전히 벗겨낸다.

(3) 에나멜선의 다른 한 쪽은 방향에 주의하여 1/2만 벗겨준다.

(4) 전지 소켓 양쪽에 구리판을 꽂은 후 건전지를 끼운다.

(5) 전지 중앙에 네오디뮴 자석을 붙이고 에나멜선을 구리판 위에 건다.

(6) 에나멜선을 조금 건드려 회전시킨다.

이 경우 네오디뮴 자석은 모터의 고정자 역할을 하고 에나멜선이 회전자 역할을 한다. 또한 1/2만 벗겨진 에나멜선이 모터의 브러시와 같은 역할을 하게 된다.

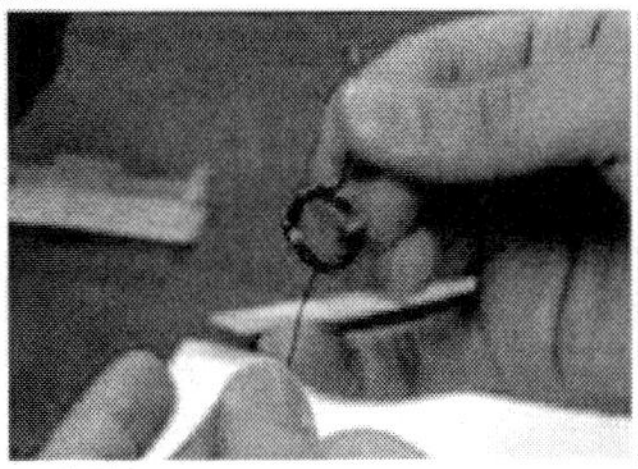
<과정 1>

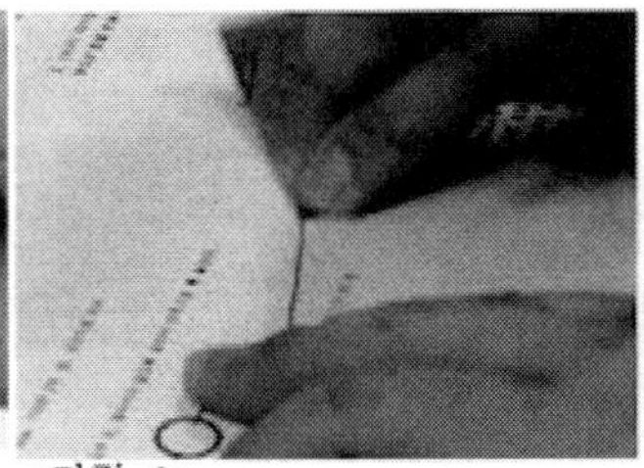
<과정 2>

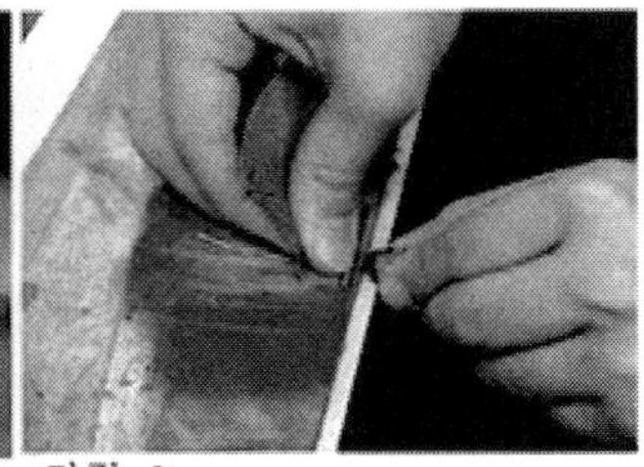
<과정 3>

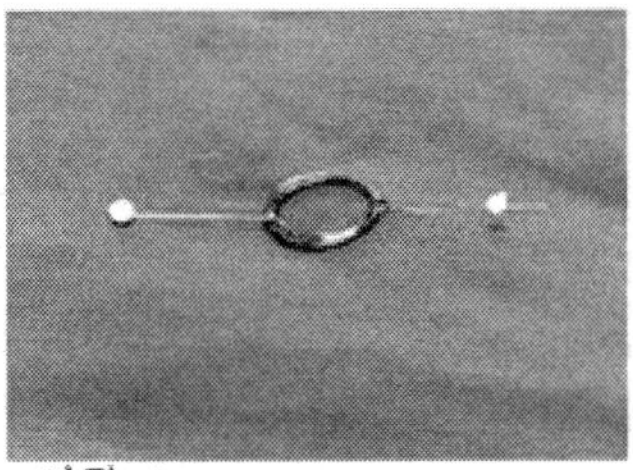
<과정 4>

<과정 5>

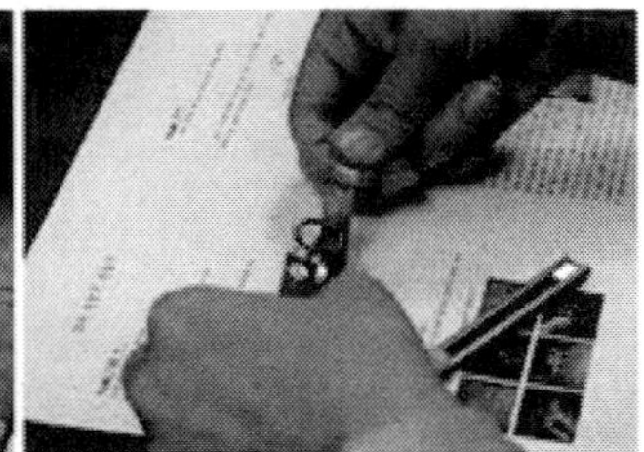
<과정 6>

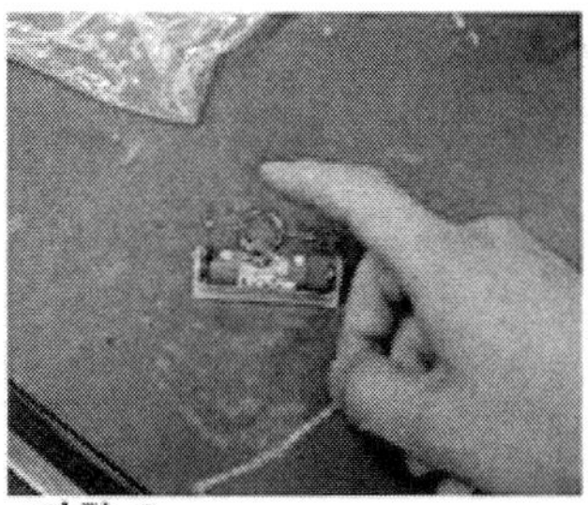
<과정 7>

<과정 8>

일반적인 DC 모터는 크게 회전자와 고정자 브러시의 세 가지 요소로 구성된다.

아래의 그림은 DC모터의 회전자로써 금속에 코일이 감겨진 형태로 코일에 전류가 흐르면 금속에 자기력선이 지나가고 이로 인하여 자석이 되는 원리를 이용하여 영구 자석이 부착된 고정자 부분과의 반발력에 의해 회전하게 된다.

그림의 오른쪽 부분이 모터의 회전축이며 왼쪽 부분에서 축을 감싸고 코일의 끝에 연

결된 금속 부분은 브러시와 접촉하는 부분으로 매번 회전때 마다 브러시에 접촉되어 코일에 전류를 공급한다.

아래의 그림은 minimotor사의 coreless DC 모터의 내부 구조를 간략히 그린 것이다. A파트는 "Precious Metal Commutation"을 사용하는 방식으로 7번의 코일과 10번의 자석으로 구성되는 부분에서 실제 회전력이 발생하고, B파트는 "Graphite Commutation"을 사용하는 방식으로 8번의 코일과 10번의 자석으로 구성되는 부분에서 회전력이 발생한다.

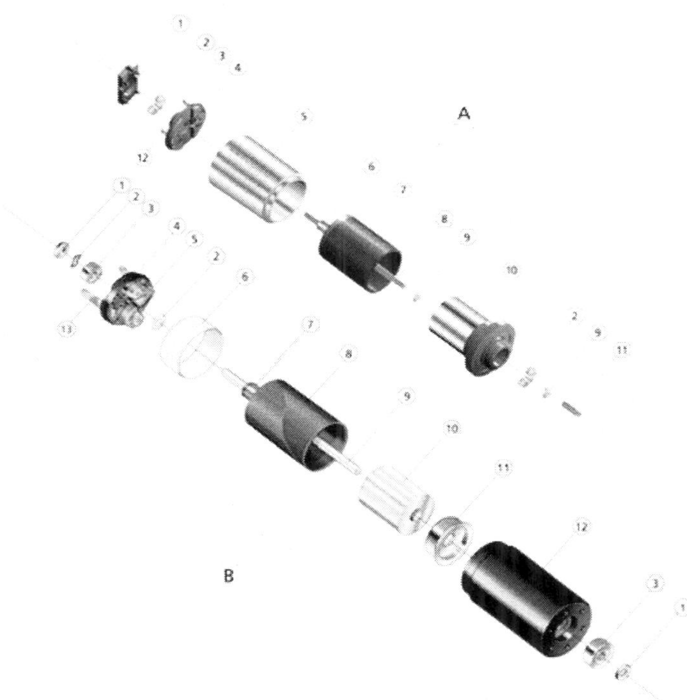

그림에서 각 부분의 명칭은 A파트의 경우 1) End cap, 2) Ball bearing, 3) Brush cover, 4) Brushes, 5) Housing, 6) Commutator, 7) Coil, 8) Shaft, 9) Washer, 10) Magnet, 11) Bushing, 12) Terminals이며 B파트의 경우 1) Retaining ring, 2) Spring washer, 3) Ball bearing, 4) Brush cover, 5) Graphite brushes, 6) Isolation ring, 7) Commutator, 8) Coil, 9) Shaft, 10) Magnet, 11) Magnet support, 12) Housing, 13)

Terminals로 구성된다.

Coreless DC 모터의 경우 그림에서 보듯이 회전자 코일에(파트 A에서 7번, 파트 B에서 8번) 금속이 없기 때문에 모터의 관성모멘트가 낮아져 보다 적은 전류로 기동할 수 있고 정지 시킬 때에도 관성이 적기 때문에 보다 쉽게 멈출 수 있는 장점을 가지고 있다.

6. DC 모터의 수학적 모델

$$Li_a(t) + Ri_a(t) + K_b\theta(t) = V_a(t), \qquad J\theta(t) + B\theta(t) + T_l(t) = K_T i_a(t) = T_a(t)$$

v_a	: 입력전압	i_a	: 전기자전류
θ	: 회전각	T_a	: 출력토크
T_l	: 부하토크	L	: 전기자 인덕턴스
R	: 전기자저항	K_T	: 토크상수
K_b	: 역기전력상수	B	: 마찰계수
J	: 모터관성		

7. DC 모터의 특성

DC 모터의 특성은 속도-토크, 전류, 출력으로 나타내며 일반적으로는 하나의 그림에 이들 특성을 표시해주고 모터를 선정할 때 중요한 요소로 작용한다.

(1) speed-torque line

일정한 전압(U)에서 속도와 토크의 관계를 표시한다. 일반적으로는 반비례하는 직선이 된다.

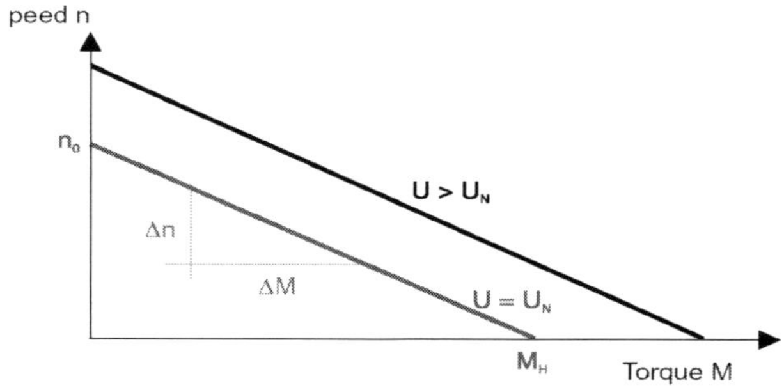

(2) current curve

무부하 전류(I0)와 무부하 토크(MR), 실속토크(stall torque(MH), 기동전류(IA)와의 관계를 그린 곡선이다.

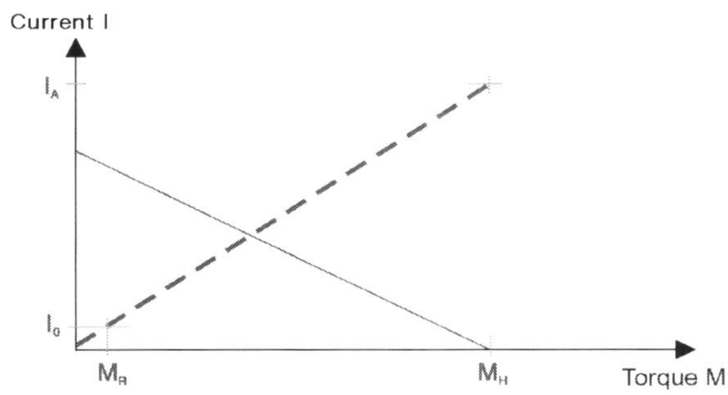

(3) output power & efficiency curve

모터의 출력, 효율, 토크와의 관계를 그린 곡선이다.

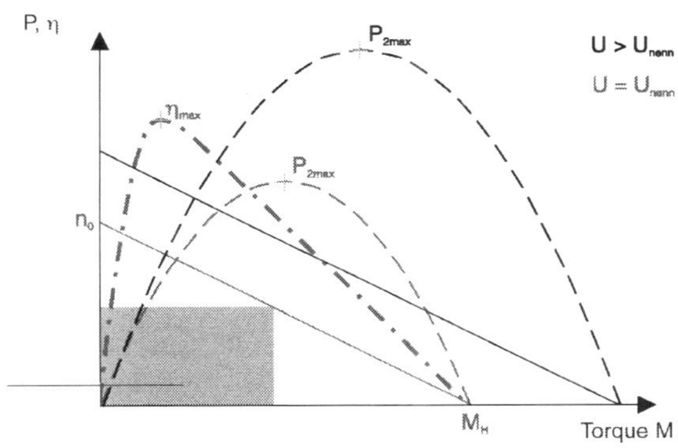

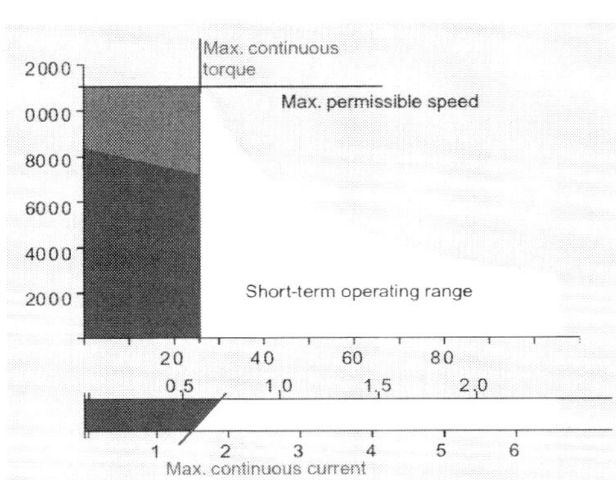

일반적으로 DC 모터의 특성은 아래와 같이 하나의 그래프에 X축은 토크, Y축 왼쪽은 전류(Amp)와 속도(RPM)를 표시하며 Y축 오른쪽은 출력(W)와 효율(%)를 표시하여 해당하는 모터의 성능을 나타낸다.

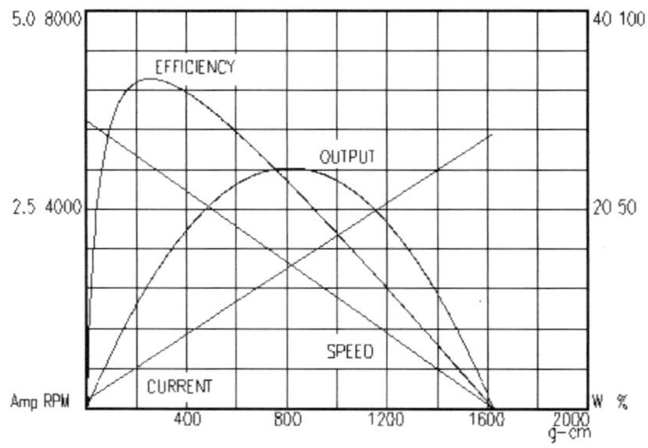

13.2 DC 모터의 구동방식

1. H-bridge 회로

DC 모터는 모터 단자의 양 끝에 각각 +, - 를 연결하면 일정 방향으로 회전한다. 모터의 회전 방향을 바꾸기 위해서는 모터 단자에 연결된 +, - 극을 바꾸어 결선해야 한다. 전기적으로 이러한 스위칭 동작을 가능하게 해주는 것이 H-Bridge 회로이며 생긴 모습이 영문 알파벳 H와 비슷하다하여 H-Bridge 회로라는 이름이 붙었다.

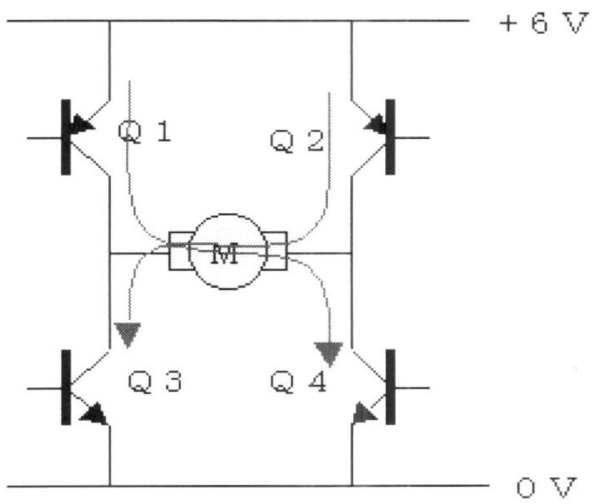

H-Bridge 회로는 4개의 트랜지스터로 구성되어 이들 각각은 스위치로 동작하며, 그림에서 보듯이 Q1과 Q4가 on되고 나머지 Q2와 Q3가 off 되면 전류는 공급 전압에서 Q1을 거쳐 모터 왼쪽의 단자에 +전압이 공급되고 모터의 오른쪽 단자는 Q4를 통해 GND에 연결된다. 이 경우 모터가 시계 방향으로 회전한다고 하면, Q1과 Q4가 off되고 Q2와 Q3가 on 되는 경우 모터에는 Q2를 통해 +전압이 모터의 오른쪽 단자에 공급되고 Q3를 통해 GND가 모터의 왼쪽 단자에 연결되어 반시계 방향으로 회전한다. 이와 같이 H-Bridge 회로는 공급 전원의 극성을 변경하지 않고 회로에서 전자 제어 방식으로 모터에 공급되는 전원의 극성을 변경하는 효과를 나타내어 정/역 회전이 가능하다.

H-Bridge 회로의 특징을 요약하면 아래와 같다.

- 음의 공급전압이 없이 모터의 정/역회전이 가능한 회로
- Q2 & Q3 OFF, Q1 & Q4 ON : 정회전
- Q1 & Q4 OFF, Q2 & Q3 ON : 역회전

또한 H-Bridge 회로는 모터 단자에 연결되는 전원의 on, off를 쉽게 제어할 수 있어 짧은 시간 주기로 모터를 on, off 하는 시간 간격을 조절함으로써 회전 속도를 제어할 수 있는 장점을 가진다.

2. 선형 증폭기(linear power amplifier)

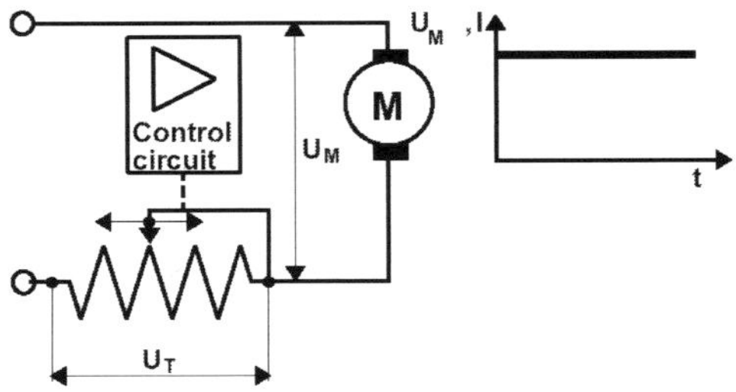

선형 증폭기는 모터의 토크를 제어하는 방법으로 아래와 같은 특성을 가진다.

- 모터에 인가되는 전압을 바꾸어 모터의 토크를 제어(전압 UT를 조절하여 모터 전압 UM를 조절)
- 단순한 저가의 구동방식
- 모터의 토크와 관계없이 큰 전류를 소비하므로 효율이 낮다.
- 열이 많이 발생한다.

3. PWM을 이용한 구동

PWM 구동은 모터의 속도를 제어하기 위한 방법으로 많이 사용되며 일반적으로 H-Bridge 회로와 함께 사용하여 정/역 회전 및 속도 제어를 동시에 구현한다. PWM에는 바이폴라 PWM과 유니폴라 PWM의 두 가지 방식이 있다.

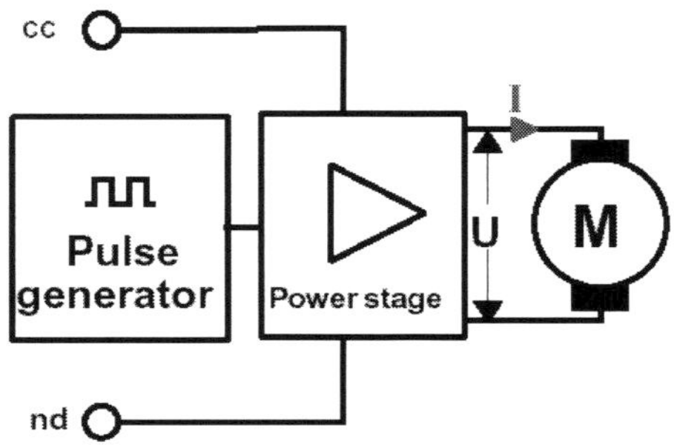

(1) 바이폴라 PWM

회전 방향에 대한 별도의 설정 없이 PWM 펄스의 간격으로 제어하며 on 구간과 off 구간이 50:50일 경우 모터가 정지하며 on>off일 경우 정회전을 on<off의 경우 역회전한다. 동일한 조건에서 유니폴라 PWM에 비해 회전 속도 제어의 정밀도가 1/2가 된다.

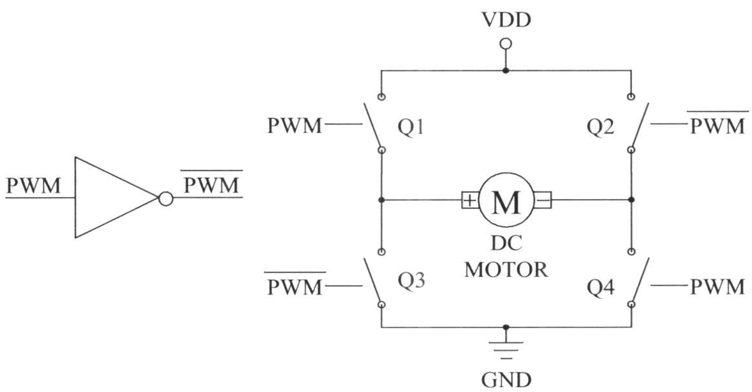

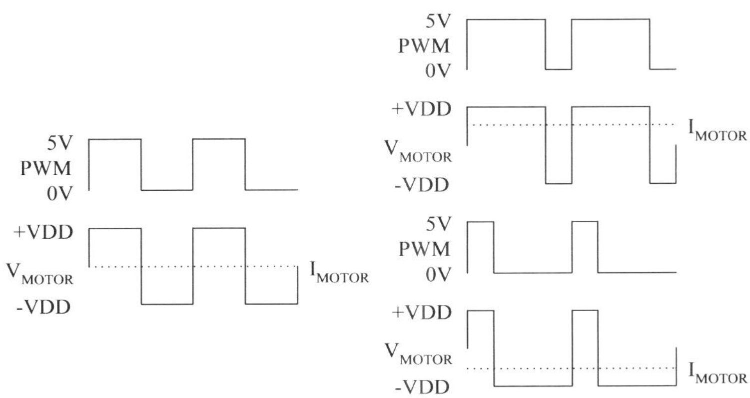

(2) 유니폴라 PWM

유니폴라 PWM은 모터 회전 방향에 대한 별도의 제어 신호가 존재하며 바이폴라 PWM에 비해 2배의 제어 정밀도를 가진다.

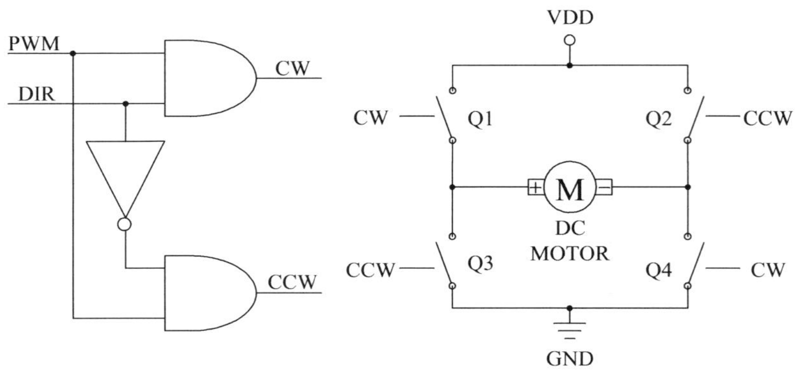

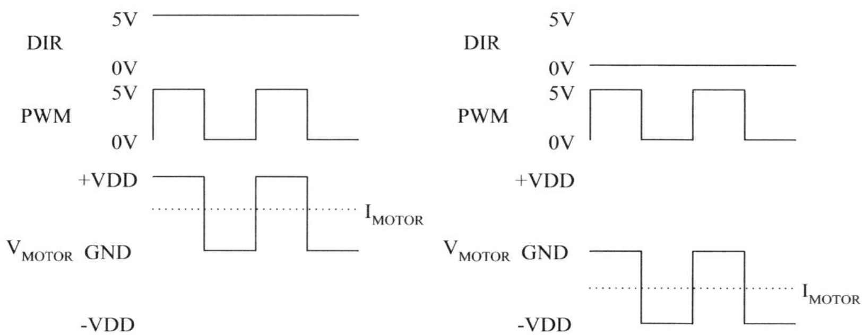

(3) 유니폴라 PWM vs 바이폴라 PWM

- 제어해상도는 유니폴라 방식이 2배 높다
- Q1과 Q4, Q2와 Q3 사이에 순간 단락 전류가 생길 경우 바이폴라 방식의 전류 소모가 커진다.
- 바이폴라 방식의 회로가 간단하다

(4) 제어 소자

■ LMD18200 - National Semiconductor사의 H-Bridge 모터 드라이버로 한 개의 H-Bridge 회로를 가지고 있으며, 유니폴라 방식의 PWM 제어가 가능하며 brake 기능을 가지고 있다.

1) 사 양

- Delivers up to 3A continuous output
- Operates at supply voltages up to 55V
- Low RDS (ON) typically 0.3W per switch

- TTL and CMOS compatible inputs
- No "shoot-through" current
- Thermal warning flag output at 145°C
- Thermal shutdown (outputs off) at 170°C
- Internal clamp diodes
- Shorted load protection
- Internal charge pump with external bootstrap capability

2) LDM18200 내부 블록도

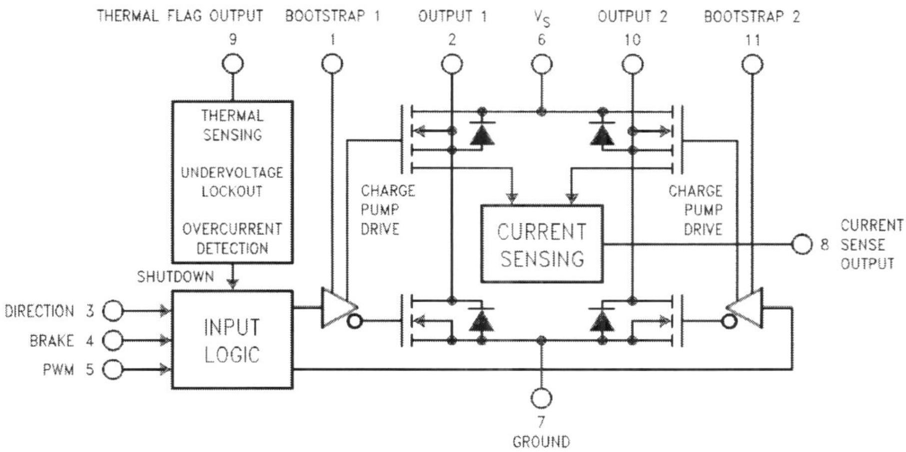

PWM	Dir	Brake	Active Output Drivers
H	H	L	Source 1, Sink 2
H	L	L	Sink 1, Source 2
L	X	L	Source 1, Source 2
H	H	H	Source 1, Source 2
H	L	H	Sink 1, Sink 2
L	X	H	NONE

3) locked anti-phase PWM control

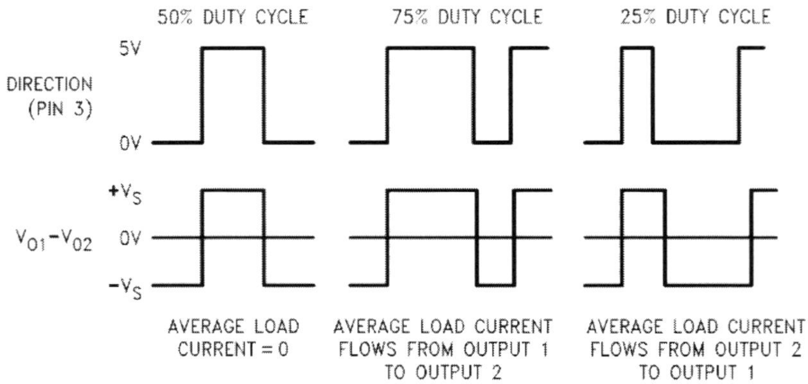

4) sign/magnitude PWM control

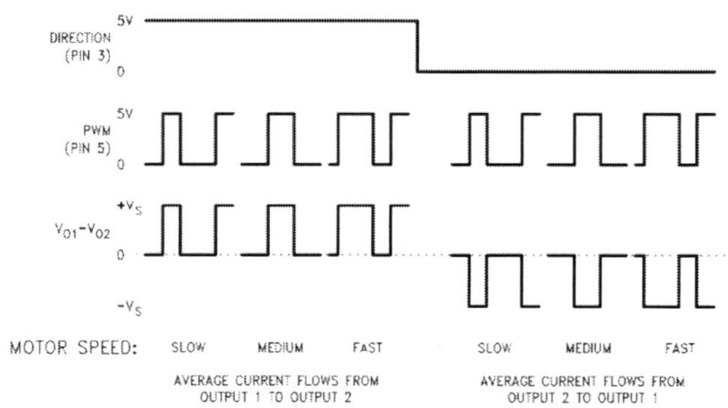

■ L298 - STMicroelectronics사의 H-Bridge 모터 드라이버로 두 개의 H-Bridge를 가지고 있어 동시에 두 개의 DC 모터를 구동할 수 있을 뿐만 아니라 두 개의 H-Bridge를 사용하여 스텝 모터도 구동할 수 있다.

1) 사 양

- 공급전압 최대 46V
- 최대 4A 까지 DC 모터 구동 전류 공급 가능
- 과열방지 보호회로 내장
- 논리 "0" 입력을 1.5V까지 인식하여 잡음이 심한 환경에서 사용이 쉬움

2) 내부 회로 구성

L298은 아래 그림과 같이 내부에 2개의 H-Bridge 회로가 내장되어 있다.

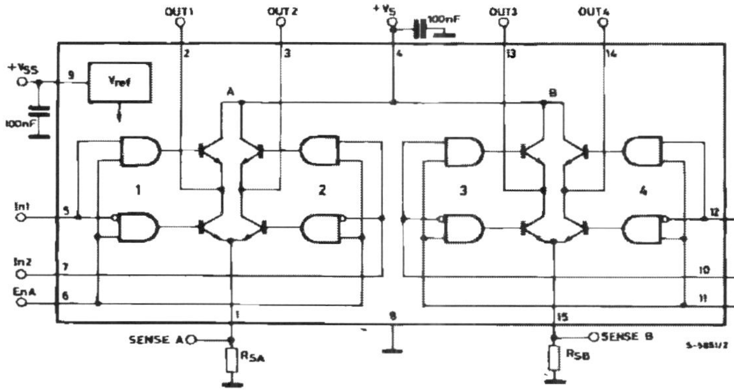

3) DC 모터 구동 회로

아래의 그림은 L298을 사용한 DC 모터의 구동 회로로써 Ven 및 C, D 단자의 논리 값에 따른 모터 구동을 보이고 있다.

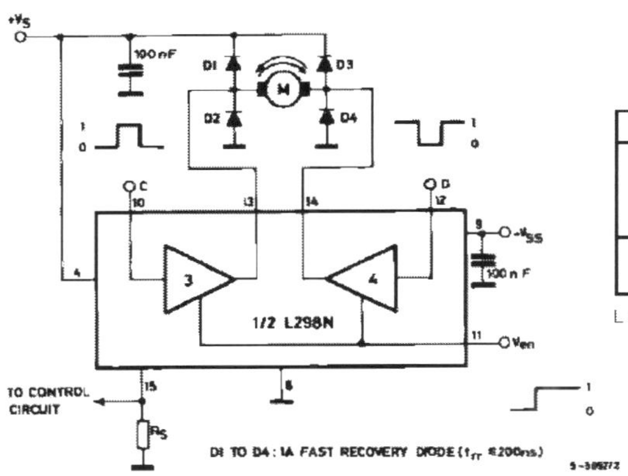

Inputs		Function
V_{en} = H	C = H ; D = L	Forward
	C = L ; D = H	Reverse
	C = D	Fast Motor Stop
V_{en} = L	C = X ; D = X	Free Running Motor Stop

L = Low　　H = High　　X = Don't care

4) Step Motor 구동 회로

L298은 2개의 H-Bridge가 내장되어 있어 Step Motor를 구동할 수 있다. 아래 그림에서의 예제 회로는 Step Motor를 구동하기 위한 상 발생 회로는 STM사의 L297을 사용해서 구현하였다.

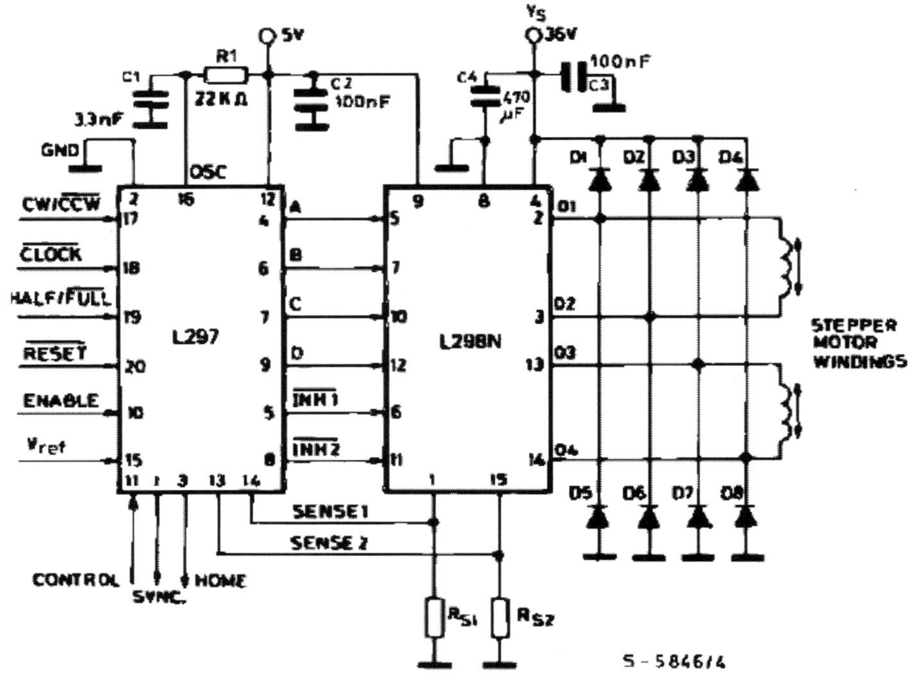
5V
R1
22KΩ
C1
3.3nF
C2
100nF
GND
OSC
CW/$\overline{CCW}$
$\overline{CLOCK}$
HALF/$\overline{FULL}$
$\overline{RESET}$
ENABLE
V_{ref}
L297
A
B
C
D
$\overline{INH1}$
$\overline{INH2}$
SENSE1
SENSE 2
CONTROL
SYNC.
HOME
V_S
36V
C4
470 μF
100nF
C3
L298N
D1
D2
D3
D4
D5
D6
D7
D8
O1
O2
O3
O4
STEPPER MOTOR WINDINGS
R_{S1}
R_{S2}
S-5846/4

13.3 모터의 회전을 감지하는 장치들

1. 엔코더

엔코더(Encoder)는 모터의 현재 위치와 회전 속도 및 회전 방향을 검출하는 장치로써 광학식 엔코더와 자기식 엔코더가 있다.

가. 광학식 엔코더의 구조

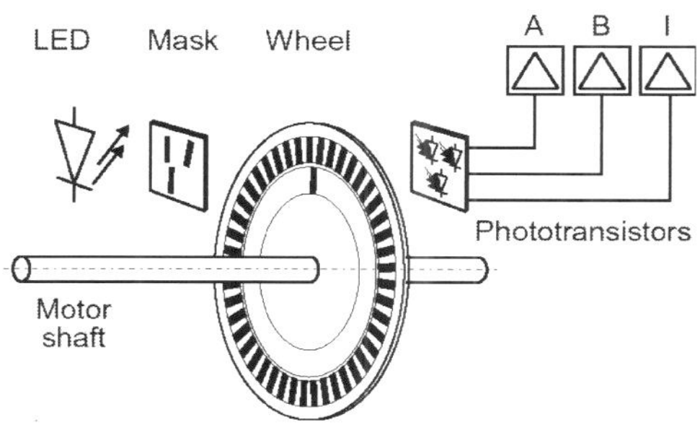

광학식 엔코더는 모터의 회전축에 슬릿을 연결하고 슬릿의 한쪽 면에서 LED의 빛을 보내고 Mask라고 불리는 장치를 통해 빛을 일정하게 하나의 슬릿에 비추도록 조절하고 반대쪽에 수광센서(Phototransistor)를 연결하여 모터의 회전에 따라 A, B, I 펄스가 발생하도록 만들어져 있다. 자기식 엔코더에 비해 1회전당 발생하는 펄스의 수가 많다.

아래의 그림은 광학식 엔코더의 출력 펄스 파형이며 A와 B는 각각 90°의 위상 차이를 보이며 on 되도록 구성되어 있고 A와 B중 먼저 on 되는 신호가 무엇이가에 따라 회전 방향을 판단할 수 있도록 되어 있다. 또한 엔코더에 따라 I상 신호가 있으며 이는 모터가 1회전 할 때마다 A상의 한 주기에 해당하는 시간동안 low의 신호를 발생시킨다.

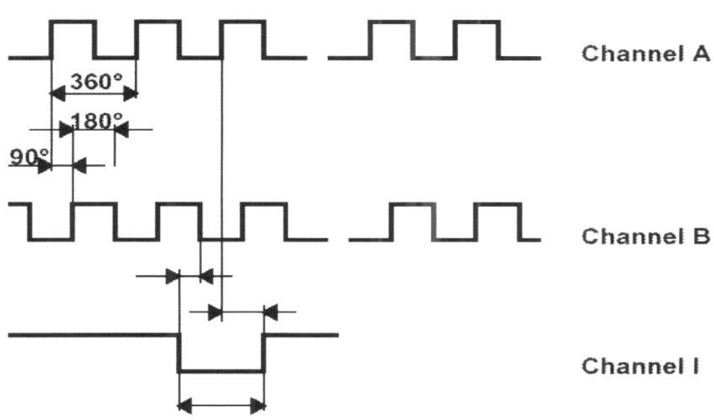

아래 그림은 minitotor사에서 만든 광학식 엔코더로써 1~8까지가 엔코더이며 9~11은 모터이다. 일반적으로 광학식 엔코더는 이와 같은 구조로 구성된다. 각각의 구성부는 다음과 같다. 1) Housing, 2) LED support, 3) Code wheel, 4) Photo diode support, 5) Connector, 6) Support, 7) Screw, 8) Cover, 9) Rear end shaft, 10)Motor, 11) Front shaft

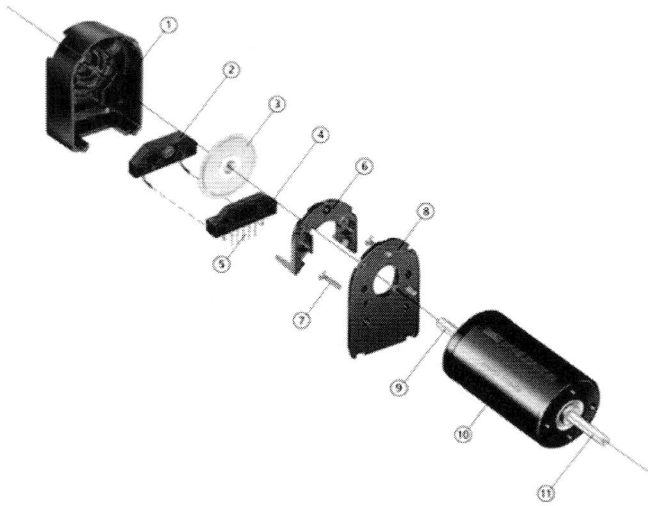

(1) 자기식 엔코더의 구조

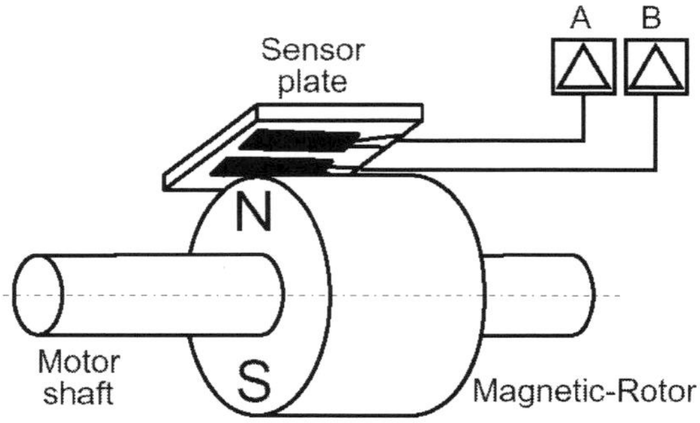

자기식 엔코더는 모터의 회전축에 영구자석을 부착하고 이 자석이 센서판(Hall Sensor)을 지나갈 때 A와 B펄스가 발생하도록 구성되어 있다.

발생하는 펄스의 파형은 앞의 광학식 엔코더와 같이 90°의 위상 차이를 가지도록 만들어져 있으나 1회전에 발생하는 펄스의 수는 약 4~16펄스 정도이다.

아래의 그림은 minimotor사에서 사용하는 자기식 엔코더의 개념도로써 각각의 부분은 다음과 같이 구성된다.

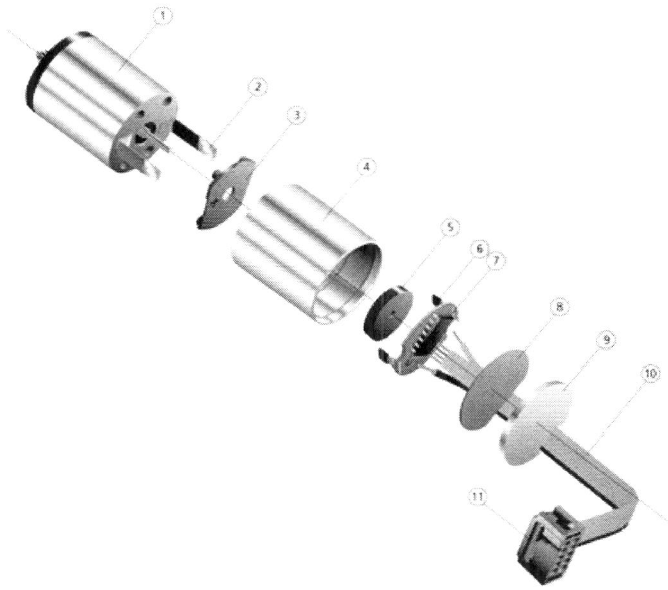

1)DC-Micromotor, 2)Terminals, 3)End cap, 4)Housing, 5)Magnet disk, 6)Hall sensor, 7)Printed circuit, 8)Isolation, 9)Cover, 10)Ribbon cable, 11)Connector

2. DC tachometer

Tachometer는 모터의 회전축에 일종의 발전기 역할을 하는 구조물을 연결하여 회전 속도에 따라 전압의 형태로 신호가 출력되며 이 출력 전압이 높을수록 모터의 회전이 빠른 것이며, 출력 전압의 +, -에 따라 회전 방향을 검출할 수 있다. 단점은 모터 회전축의 정확한 위치를 파악할 수 없다. 아래의 그림은 minimotor에서 사용하는 Tacho generator의 구조이다. 1~8까지는 Tacho generator이며 그 아래는 DC 모터이다.

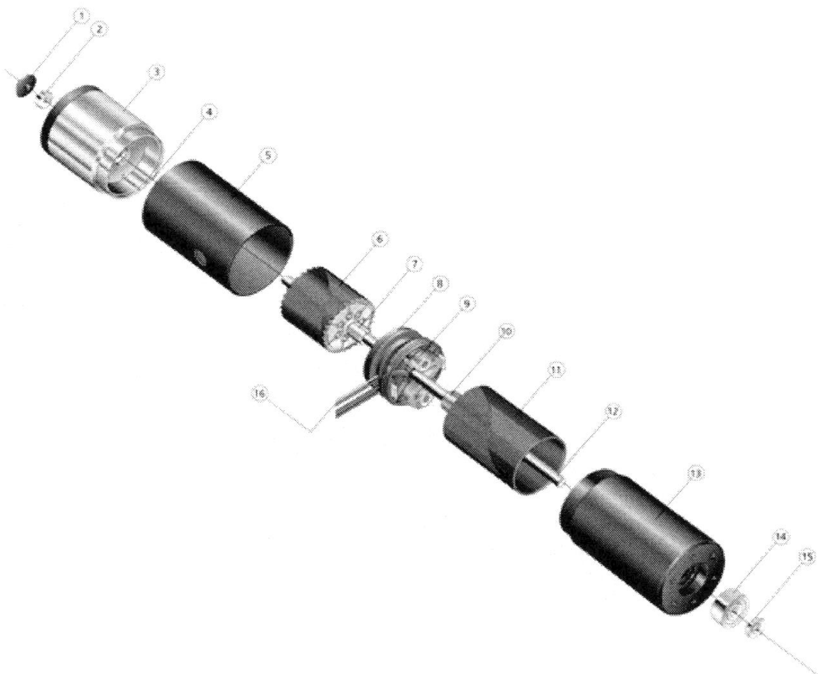

1) End cap, 2) Bearing, 3) Housing, 4) Magnet, 5) Assembly housing, 6) Coil, 7) Commutator, 8) Brush cover

3. Resolver

Tachometer가 회전 속도만 판단하고 회전축의 위치를 검출하지 못하는 단점을 보완하여 resolver는 출력되는 아날로그 전압 파형을 조합해서 모터의 회전속도와 회전축의 위치를 판단할 수 있는 장치이다.

(1) Schematic design of resolver

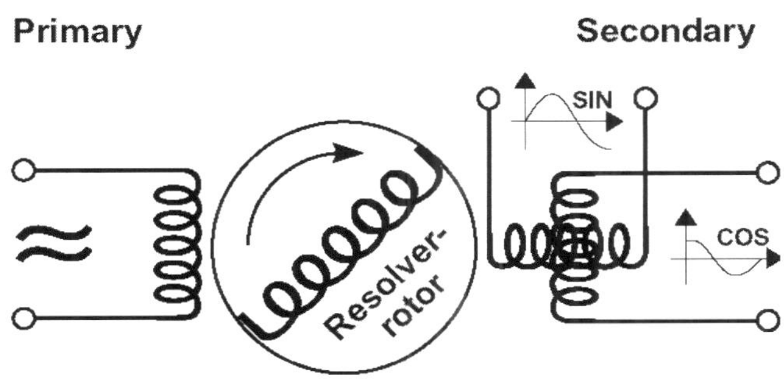

13.4 기어헤드

※ 기어헤드(gear head)의 종류

일반적으로 DC 모터는 회전 속도는 빠르나 torque가 적어 모터 회전축에 직접 부하를 연결하여 사용하지 못하며 감속 gear를 연결하여 속도를 떨어뜨리는 대신 torque를 증가시켜 사용한다. DC 모터에 연결하여 사용하는 gear는 크게 spur gear와 planetary gear로 나뉘며 힘의 분배와 편마모 등의 특성으로는 planetary gear가 spur gear 보다 우수한 특성을 가지나 가격과 복잡도가 높다.

1. Spur gearhead

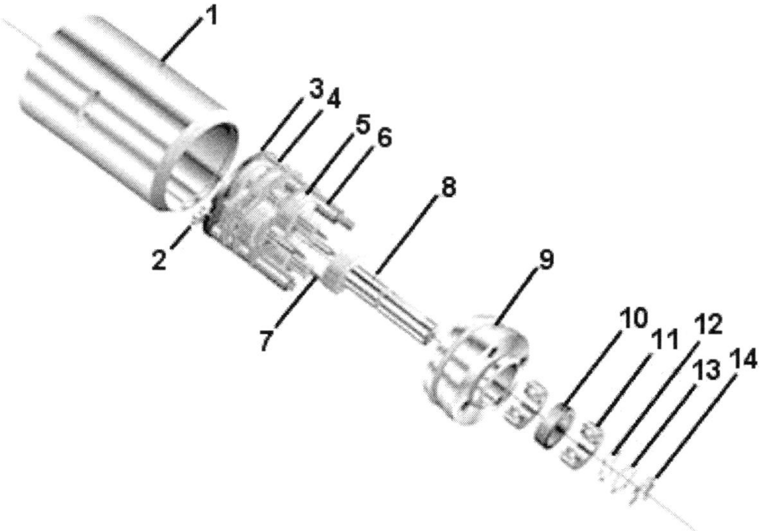

1) Housing, 2) Screw, 3) End plate, 4) Intermediate plate, 5) Gearwheel 6) Space sleeve, 7) Dowel pin, 8) Output shaft, 9) Front cover, 10) Spacer 11) Ball bearing, 12) Spring washer, 13) Washer, 14) Circlip

2. Planetary gearhead

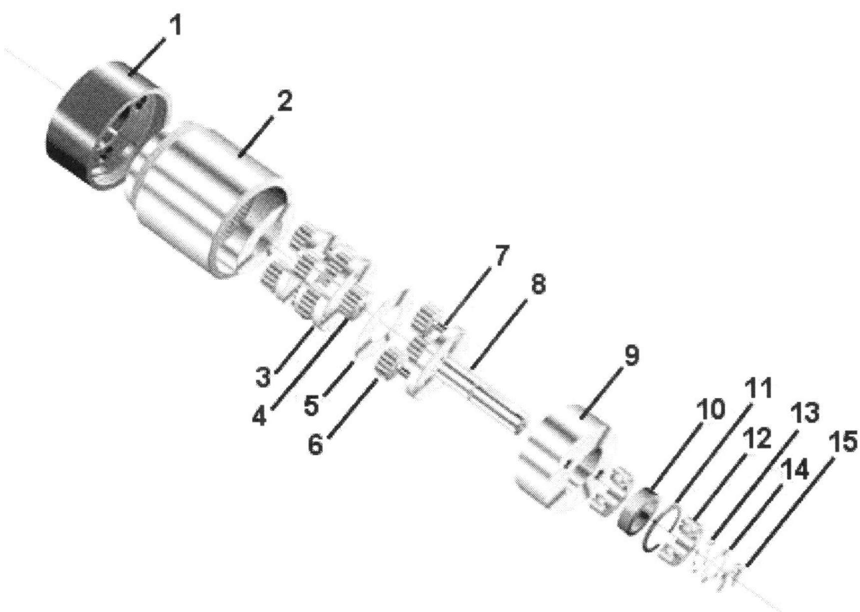

1) Motor flange, 2) Housing, 3) Satellite carrier, 4) Sun gear, 5) Washer 6) Satellite gear, 7) Pin, 8) Output shaft, 9) Front cover, 10) Spacer 11) Retaining ring, 12) Ball bearing, 13) Spring washer, 14) Washer, 15) Circlip

3. Hybrid gearhead

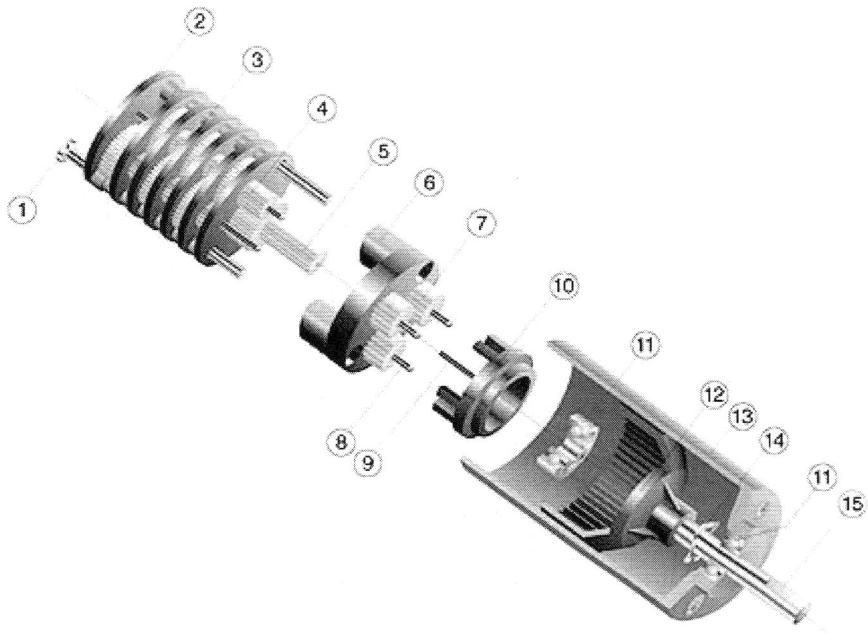

©1999 by Minimotor SA

1) Screw, 2) End plate, 3) Intermediate plate, 4) Gearwheel, 5) Sun gear 6) Satelite carrier, 7) Satelite gear, 8) Pin, 9) Dowel pin, 10) Support 11) Ball bearing, 12) Crown gear, 13) Housing, 14) Spring washer, 15) Output shaft

13.5 엔코더 카운터의 설계

엔코더의 출력 펄스는 일반적으로 A상과 B상의 두 개의 신호가 출력되며 이들은 각각 90°의 위상차를 가지고 출력된다. A상이 B상보다 먼저 on이 되면 모터는 정회전 상태에 있다고 판단하며, 반대로 B상이 A상보다 먼저 on이 되면 모터는 역회전 상태에 있다고 판단한다. 4개의 인터페이스 회로는 엔코더의 출력 펄스를 이용해서 모터의 회전 방향과 회전할 때 출력되는 펄스의 개수를 계수하도록 만드는 역할을 한다.

1. Normal encoder counter(1X)

엔코더의 출력을 사용하여 회전 방향과 회전에 따른 펄스 신호를 출력하는 회로이다.

(1) 회로도

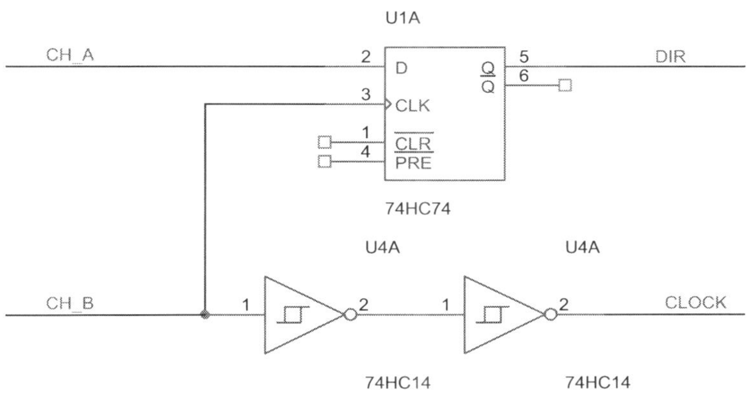

(2) Timing diagram

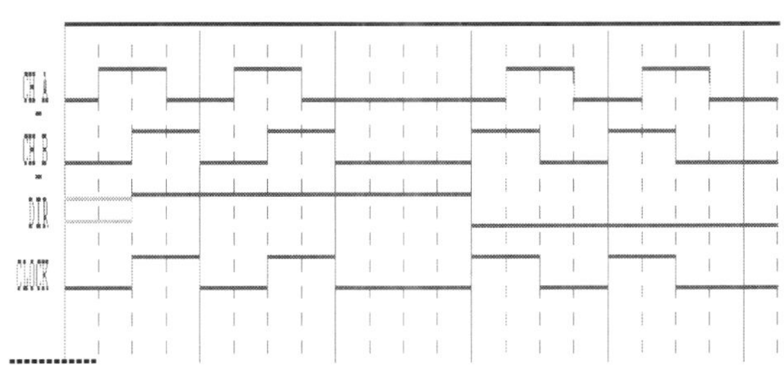

A상의 신호가 B상의 신호보다 90° 앞서 있는 구간에서는 DIR 신호의 출력은 '1'이 되며 B상이 A상보다 90° 앞서는 곳에서 DIR의 신호는 '0'이 된다.

2. Normal encoder counter(1X, GCLK)

엔코더의 출력 A, B상의 신호를 시스템 내부 클럭(GCLK)과 D-FF를 사용하여 디지털 필터의 효과를 얻어 엔코더 출력 신호에 존재할 수 있는 잡음을 제거하고 모터의 회전 방향(DIR)과 회전에 따른 펄스를 출력(CLOCK)으로 만든다. 인터페이스 회로는 GCLK가 엔코더 출력 펄스의 최대 주파수보다 약 20배 이상 빨라야 정상적으로 동작한다.

(1) 회로도

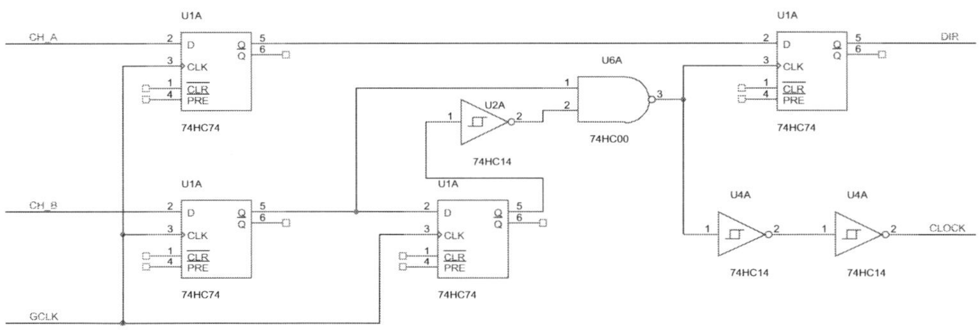

(2) Timing diagram

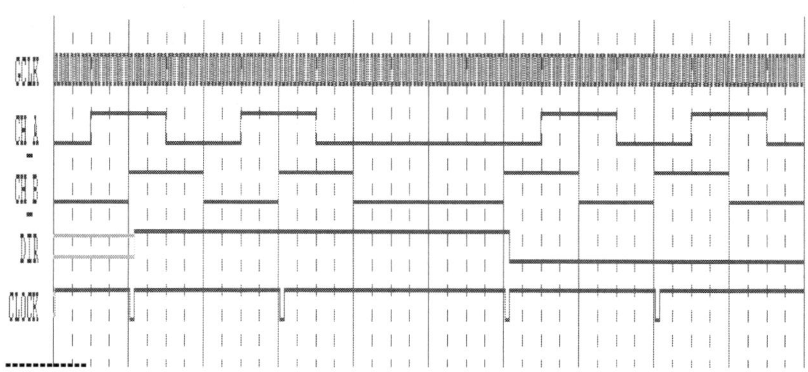

3. Double clocking encoder counter(2X, GCLK)

엔코더의 출력 A, B상의 신호를 시스템 내부 클럭(GCLK)과 D-FF를 사용하여 디지털 필터의 효과를 얻어 엔코더 출력 신호에 존재할 수 있는 잡음을 제거하고 모터의 회전 방향(DIR)을 출력하고 엔코더 A, B의 신호를 조합하여 A, B 신호 한 주기당 2개의 펄스를 발생하여 보다 정밀한 위치 제어를 할 수 있는 회로이다. 인터페이스 회로는 GCLK가 엔코더 출력 펄스의 최대 주파수보다 약 20배 이상 빨라야 정상적으로 동작한다.

(1) 회로도

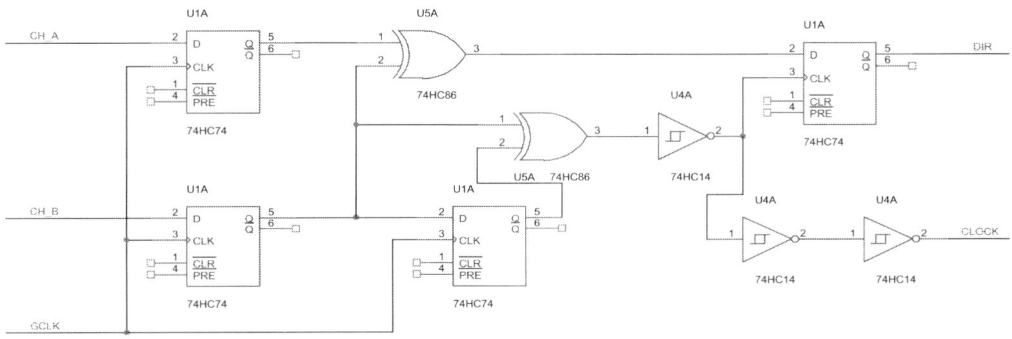

(2) Timing diagram

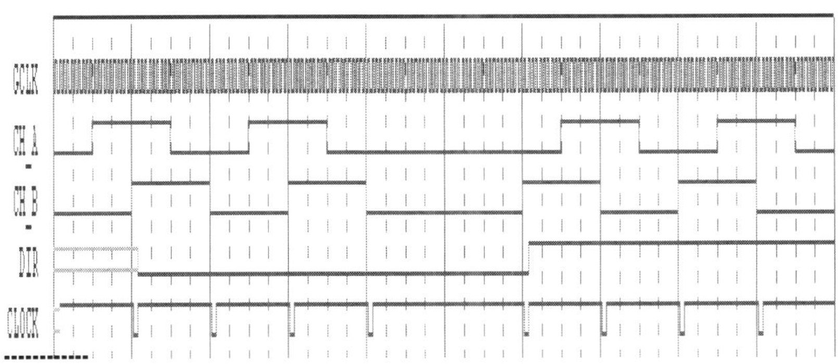

엔코더의 출력 A와 B의 각 1주기 동안에 2개의 펄스를 발생하여 모터 회전축의 위치를 2배 정밀하게 검출할 수 있다. 모터 1회전에 256펄스를 발생하는 엔코더를 이 회로와 함께 사용하는 경우 엔코더 출력의 2배인 1회전에 512펄스를 얻을 수 있다.

4. Quadrature clocking encoder counter(4X, GCLK)

엔코더 출력 신호를 4체배하여 매우 정밀하게 모터 회전축의 위치를 검출하는 인터페이스 회로이다. 회로도에서 엔코더 출력 신호에 바로 연결된 D-FF는 시스템 클럭(GCLK)에 동기화 되어 동작하며 엔코더 펄스에 존재할 수 있는 잡음을 제거하는 역할을 하고 이들 신호가 각각 두 번째의 D-FF를 거쳐 출력된 신호와 XOR되어 엔코더 신호의 edge를 검출하도록 설계되었다. 출력으로는 모터의 회전 방향(DIR)과 엔코더 출력의 4배가되는 펄스(CLOCK) 신호가 있다. 인터페이스 회로는 GCLK가 엔코더 출력 펄스의 최대 주파수보다 약 20배 이상 빨라야 정상적으로 동작한다.

(1) 회로도

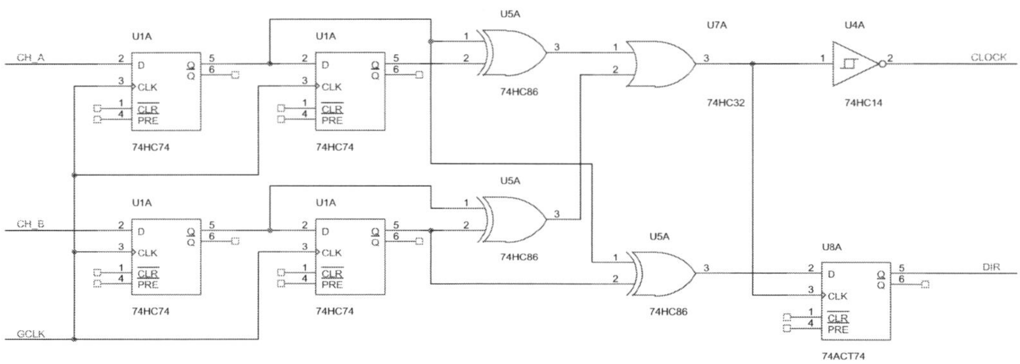

(2) Timing diagram

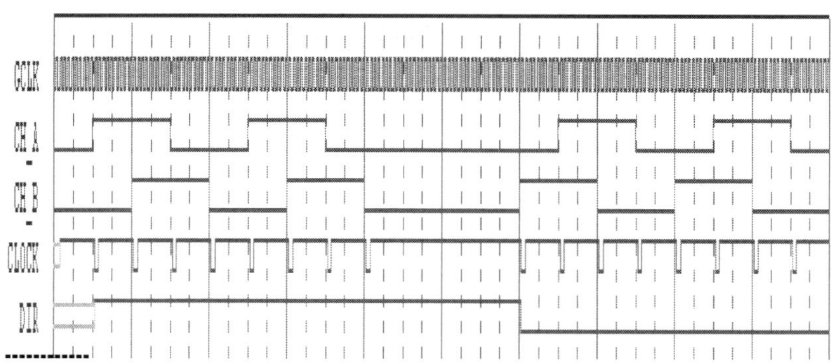

13.6 하드웨어 설명

아래의 그림은 바이폴라 방식의 H-Bridge 회로인 L298을 Unipolar 방식으로 사용하도록 AND gate와 Inverter를 사용하여 DIR과 PWM 신호를 입력 받아 DC 모터의 구동에 사용하도록 설계한 회로이다. 회로에서는 모터에 흐르는 전류를 검출하여 과전류가 흐르지 않도록 LM358을 사용하여 제어하고 있다. 전류는 가변저항을 사용하여 조절할 수 있다.

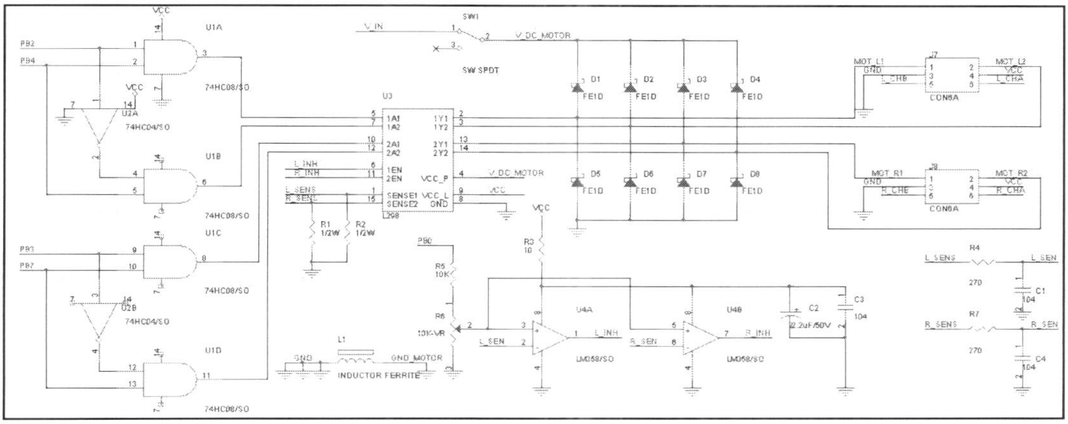

[그림 13.4] DC모터 회로도

두 개의 DC 모터의 엔코더로부터 입력되는 A상과 B상의 신호를 입력 받아 모터의 회전 방향을 검출하고 엔코더 신호를 4배하여 출력하는 인터페이스 회로이다. 모터의 회전 방향에 따라 해당하는 LED on/off 하여 쉽게 회전 방향을 확인할 수 있도록 구성되었다.

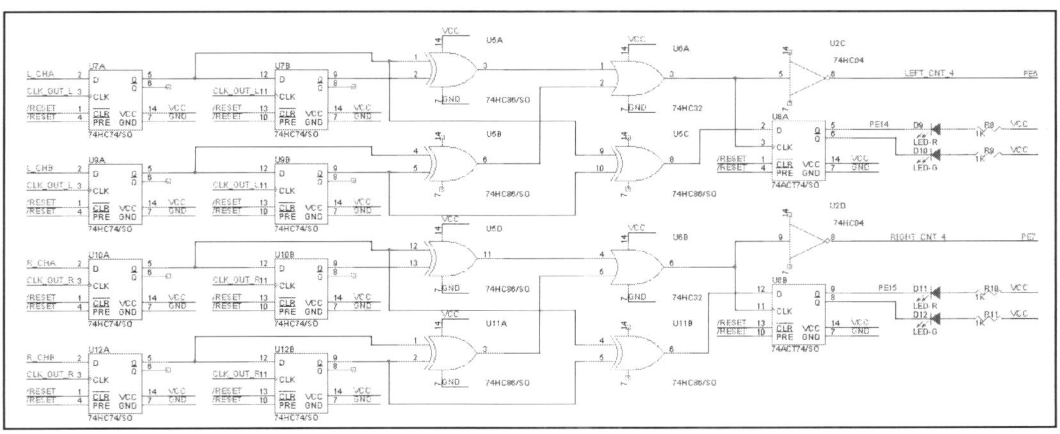

[그림 13.5] 엔코더 회로도

L298과 DC 모터, 전류 제어와 모터를 활성화 시키는데 사용하는 LM358의 사진이다.

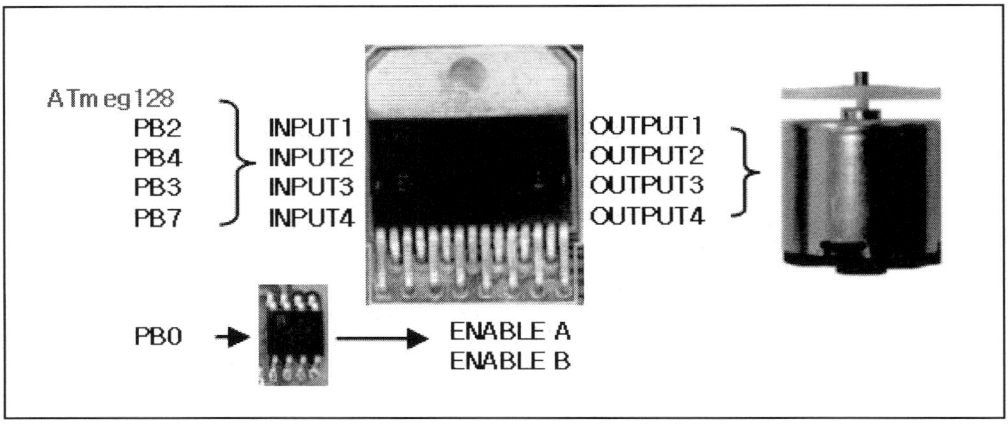

[그림 13.6] DC 모터의 연결선도

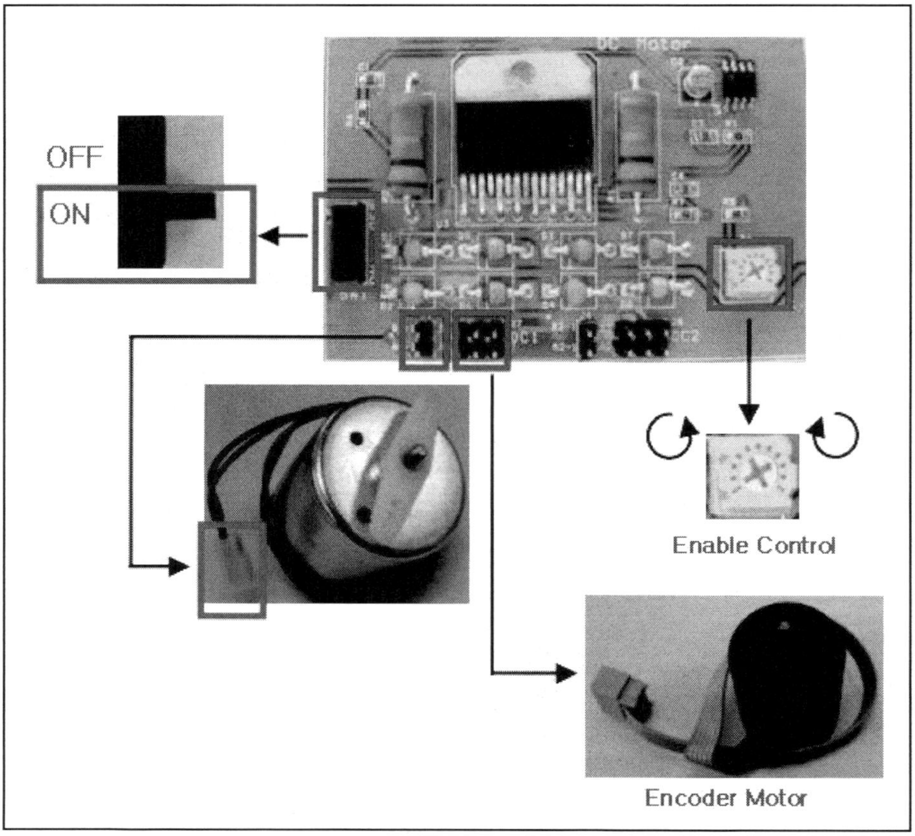

[그림 13.7] DC 모터의 선택 스위치 및 가변저항 모터 연결 모습

Encoder Motor는 키트에 포함되지 않는 모터로써 별도로 구매해야 한다. Minimotor사의 2224라는 모터에 맞도록 컨넥터가 설계되어 있다. Encoder 모터를 키트에 연결할 때는 주의해서 연결하지 않으면 VCC와 GND가 반대로 연결되어 모터에 부착된 엔코더가 망가질 수 있다. 아래와 같이 연결하자. 서보모터의 일자 날, 십자 날을 DC 모터에 아래처럼 연결하면 속도의 증감을 눈으로 확인하기가 원활하다.

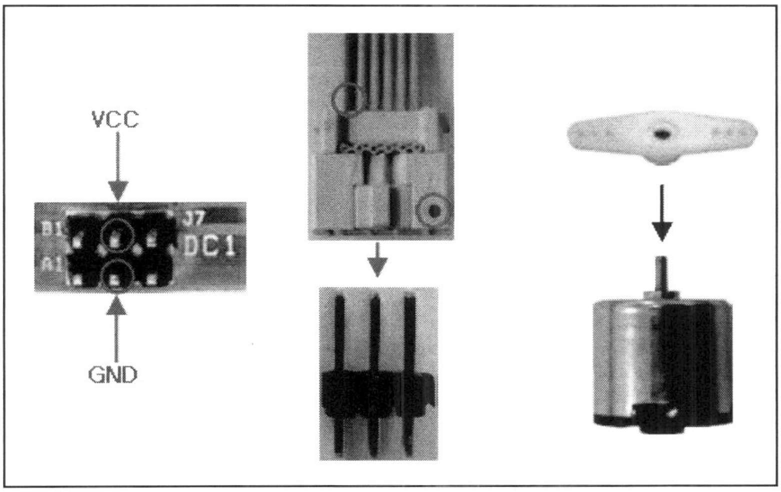

13.7 실험1 - DC 모터의 정회전 & 역회전

※ 프로그램 실행

DC_Motor.hex 파일을 PonyProg2000을 사용하여 다운로드하면 다음과 같이 동작한다.

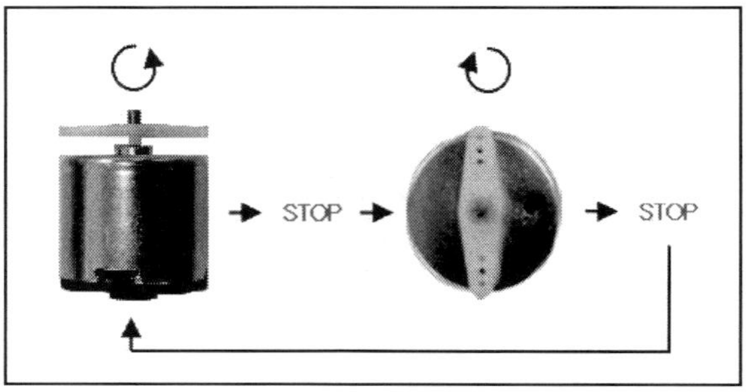


```
/*==================================================================
   File Name :  DC_Motor.c
   Explanation
   1. DC Motor를 (정회전 -> 정지 -> 역회전)을 반복 한다.
   2. PB0      - Motor enable(active high)
      PB2,PB3 - DC1,2 Motor Control(low-FORWARD : High-BACKWARD)
      PB4,PB7 - DC1,2 Motor output
==================================================================*/
#include <avr/io.h>

#define FORWARD   0x01  //PB0 - set   : PB2,PB3 - clear
#define BACKWARD 0x0d  //PB0,PB2,PB3 - set

void go_dc_motor(unsigned char turn);
void initialize_pwm(void);
void delay(int d1, int d2);

int main(void)
{
   DDRB = 0x9d;                    //PB0,PB2,PB3,PB4,PB7 bit output
   do{
      go_dc_motor(FORWARD);      //motor 정회전
      delay(3000,2000);          //motor stop
      go_dc_motor(BACKWARD);     //motor 역회전
      delay(3000,2000);          //motor stop
   }while(1);
}
```

```
void go_dc_motor(unsigned char turn)
{
    unsigned char i=0xff;
    while(i--){
        PORTB = turn |(1<<4)|(1<<7);  //PB4,PB7 bit set
        delay(200,100);
        PORTB = turn | 0x00;          //PB4,PB7 bit clear
        delay(200,100);
    }
}

void delay(int d1, int d2)
{
    int i, j;

    for(i=0;i<d1;i++){
        for(j=0;j<d2;j++);
    }
}
```

※ 프로그램 설명

```
#define FORWARD   0x01 //PB0 - set   : PB2,PB3 - clear
#define BACKWARD 0x0d  //PB0,PB2,PB3 - set
```

포트B의 PB0는 모터 드라이버인 L298을 활성화 시키는 핀으로 1일 때 활성화 되며 PB2, PB3 는 모터의 정 회전과 역 회전을 결정하는 핀으로 1일 때 역 회전을 0일 때 정 회전을 한다. 다음으로 실제 출력이 일어나는 함수를 보자.

```
void go_dc_motor(unsigned char turn)
{
    unsigned char i=0xff;
    while(i--){
        PORTB = turn |(1<<4)|(1<<7);//PB4,PB7 bit set
        delay(200,100);
        PORTB = turn | 0x00;            //PB4,PB7 bit clear
        delay(200,100);
    }
}
```

DC모터에 연결되어 있는 포트B의 PB4, PB5핀을 high 로 출력 후 일정한 시간을 지연하고나서 PB4, PB5 핀을 low로 출력하는 부분이며 이렇게 출력하면 모터가 회전하게 된다.

13.8 실험2 - DC 모터의 속도 제어

※ 프로그램 실행

DC_Motor1.hex 파일을 PonyProg2000을 사용하여 다운로드하면 다음과 같이 동작한다.

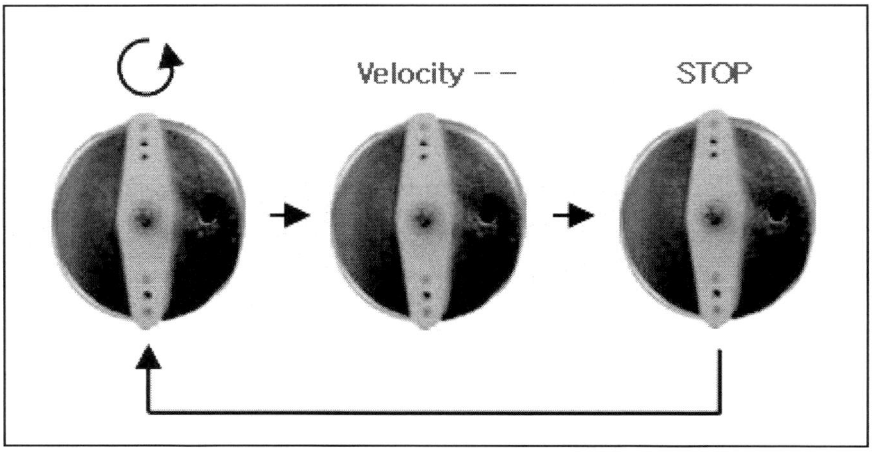


```
/*=====================================================================
    File Name :  DC_Motor1.c
    Explanation
    1. DC Motor를 (최고 속도 -> 속도 감소 -> 정지)을 반복한다.
    2. 16비트인 Timer1를 사용하여 주파수의 주기 및 BP4,PB7의 동작 상태를
       결정한다.
=====================================================================*/
#include <avr/io.h>
#include <avr/interrupt.h>
#include <avr/signal.h>

#define FORWARD  0x01     //PB0 - set   : PB2,PB3 - clear

void initialize_timer(void);
void go_dc_motor(void);

volatile unsigned char flag;
volatile unsigned int count_value,velocity=0;

SIGNAL(SIG_OVERFLOW1)   //약680us 마다 2번씩 interrupt가 걸린다.
{                       //10000 * 14.7456MHz = 680us
```

```
    go_dc_motor();
    TCNT1 = 0xffff - count_value + 1;
}

int main(void)
{
    DDRB = 0x9d;            //PB0,PB2,PB3,PB4,PB7 bit output
    velocity = 10000;       //motor속도 설정
    initialize_timer();
    while(1);
}

void initialize_timer(void)
{
    TCCR1B = 0x01;  //bit2,1,0-CS12,CS11,CS10  : 001(1 prescaler)
    TCNT1 = 0xffff;  //{(0xffff-TCNT1)+1}*prescaler/14.7456MHz = Time
    TIMSK = 0x04;   //TOIE1=1; timer/counter1 overflow interrupt
    sei();          //enable all interrupt
}

void go_dc_motor(void)
{
    if(flag){
        PORTB = FORWARD |(1<<4)|(1<<7);     //PB4,PB7 bit set
        count_value = velocity;             //high가 되는 시간 세팅
        flag = 0;
    }
    else{
        PORTB = FORWARD | 0x00;             //PB4,PB7 bit clear
        count_value = 10000 - velocity;     //low가 되는 시간 세팅
        flag = 1;
        velocity--;                         //DC motor 속도 감소
        if(!velocity)
            velocity = 10000;
    }
}
```

※ 프로그램 설명

12장의 서보모터를 회전하는 방식과 동일한 프로그램이다. 타이머1 함수가 2번의 호출이 되면 한 주기의 클록이 발생하며 high가 되는 시간은 변수 velocity의 값이 되며 low가 되는 시간은 10000 - velocity 값이 된다. velocity의 값이 클수록 high의 출력 시간이 길어져 속도가 증가하고, velocity의 값이 작을수록 low의 출력시간이 길어져 속도가 감소한다.

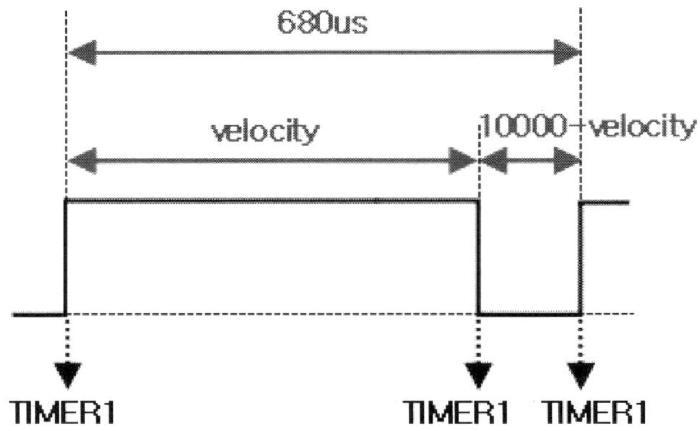

13.9 실험3 - PWM 제어

※ 프로그램 실행

DC_Motor2.hex 파일을 PonyProg2000을 사용하여 다운로드하면 다음과 같이 동작한다.

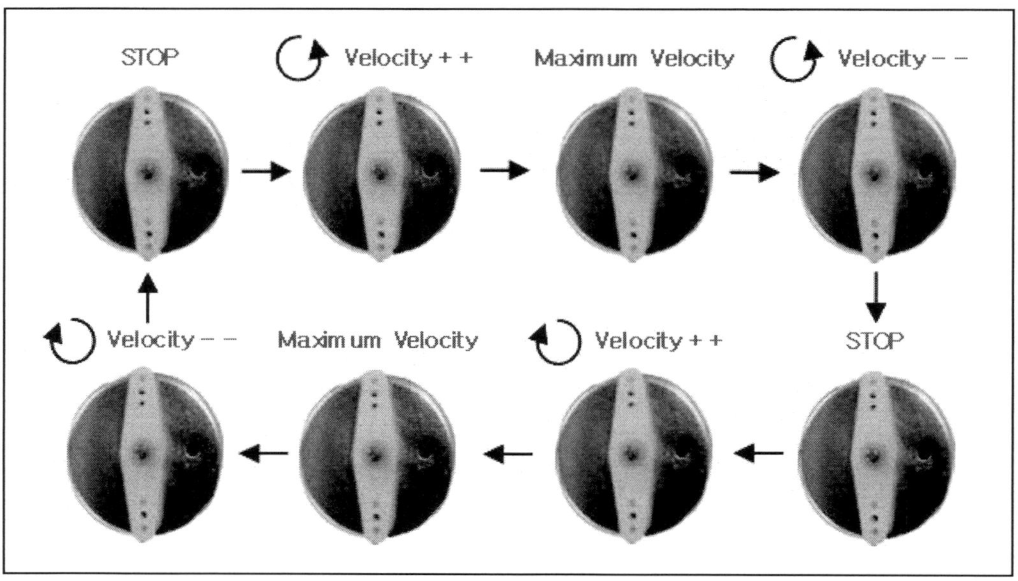

```
/*=========================================================================
    File Name :  DC_Motor2.c
    Explanation
    1. Motor를 속도가 증가하다가 감소하는 동작을 반복 하다가 회전 방향을 반전한다.
    2. 고속 PWM 모드를 사용하여 모터를 회전 시킨다.
    고속 PWM 모드 설명
    1. TCCN0는 0x00~0xff까지 up-counting 하며 0xff가 되면
       다시 0x00이 되어 up-counting 하는 것을 반복 한다.
    2. TCCN0=OCR0이면 PB4(OC0)핀을 "low" 하고 TCCN0=0xff 이면 "high" 한다.
       //bit5,4 COM01,00  : 10(clear OC0 on compare match, set OC0 at TOP)
    3. 1,2번의 결과로 TCCN0가 0x00~0xff까지 도달 되는 시간이 주기가 되며,
       OCR0의 값에 따라 high값의 시간이 변한다. - OCR0가 클수록 high값이 커진다.
=========================================================================*/
#include <avr/io.h>

#define FORWARD  0x01 //PB0 - set, PB2,PB3 - clear
#define BACKWARD 0x0d //PB0,PB2,PB3 - set

void initialize_pwm(void);
void delay(int d1, int d2);

int main(void)
{
    unsigned char   i,direction=0;

    DDRD = 0xf0;                    //상위 4비트 출력, 7-Segment 출력,
    DDRB = 0x9d;                    //PB0,PB2,PB3,PB4,PB7 bit output(PB4=OC0,PB7=OC2))
    initialize_pwm();
    PORTB = FORWARD;                //정회전
    do{
        for(i=0;i<255;i++){         //속도 증가
            OCR0 = OCR2 = i;
            PORTD = i & 0xf0;       //하위 4비트 low로 마스크
            delay(1000, 100);
        }
        for(i=255;i>0;i--){         //속도 감소
            OCR0 = OCR2 = i;
            PORTD = i & 0xf0;       //하위 4비트 low로 마스크
            delay(1000, 100);
        }
        if(!direction){             //역회전
            direction=1;
            PORTB = BACKWARD;       //PB0,PB2,PB3 - set
        }
        else{                       //정회전
            direction=0;
            PORTB = FORWARD;        //PB0 - set, PB2,PB3 - clear
```

```
        }
    }while(1);
}

void initialize_pwm(void)
{
    TCCR0 = 0x69;
    //bit7      FOC0          : 0(PWM mode)
    //bit6,3    WGM00,01      : 11(fast PWM mode)
    //bit5,4    COM01,00      : 10(clear OC0 on compare match, set OC0 at TOP)
    //bit2,1,0  CS02,01,00    : 001(1 prescaler)
    TCCR2 = 0x69;                   //위와 동일
    TCNT0 = TCNT2 = 0x00;           // clear timer0(for sync. with timer0,2)
    OCR0 = OCR2 = 0x00;             // PWM duty ratio 0
}

void delay(int d1, int d2)
{
    int i, j;

    for(i=0;i<d1;i++){
        for(j=0;j<d2;j++);
    }
}
```

※ 프로그램 설명

위의 프로그램은 파형발생 모드 중 고속 PWM 모드를 발생시켜 모터를 회전시킨다. 고속 PWM 모드를 설정하면 특별히 출력을 내보내지 않아도 실험2와 비슷한 출력이 일어난다. PWM 모드를 발생시키기 위해선 어떤 설정을 해야 하는지를 initialize_pwm()보면서 알아보자.

```
void initialize_pwm(void)
{
    TCCR0 = 0x69;
    //bit7      FOC0          : 0(PWM mode)
    //bit6,3    WGM00,01      : 11(fast PWM mode)
    //bit5,4    COM01,00      : 10(clear OC0 on compare match, set OC0 at TOP)
    //bit2,1,0  CS02,01,00    : 001(1 prescaler)
    TCCR2 = 0x69;               //위와 동일
    TCNT0 = TCNT2 = 0x00;  // clear timer0(for sync. with timer0,2)
    OCR0 = OCR2 = 0x00;      // PWM duty ratio 0
}
```

TCCR0 = 01101001을 넣는다. 하위 3비트는 프리스케일러를 결정하며 001를 저장하여 1프리스케일러를 설정한다. (7장 타이머 카운터 참조) 7비트를 0으로 설정하면 PWM 모드가 설정되며 6,3비트를 11로 설정하여 고속 PWM 모드로 설정하고, 5,4비트를 10으로 설정하여 비교 일치시 OC0를 클리어한다.(TOP에서 OC0를 세트)

FOC0	6bit	5bit	4bit	3bit	2bit	1bit	0bit
0	-	-	-	-	-	-	-

PWM 모드 설정

7bit	WGM00	5bit	4bit	WGM01	2bit	1bit	0bit
-	1	-	-	1	-	-	-

↓

WGM01	WGM00	타이머/카운터 동작 모드
0	0	정상 모드
0	1	위상변경 PWM 모드
1	0	CTC 모드
1	1	고속 PWM 모드

고속 PWM 모드 설정

7bit	6bit	COM01	COM00	3bit	2bit	1bit	0bit
-	-	1	0	-	-	-	-

↓

고속 PWM 모드의 경우

COM01	COM00	설 명
0	0	정상 포트 동작, OC0 연결되지 않음
0	1	예약
1	**0**	비교일치시 OCR0 클리어 (TOP에서 OC0 세트)
1	1	비교일치시 OCR0 세트(TOP에서 OC0 클리어)

정상 또는 CTC 모드의 경우

COM01	COM00	설 명
0	0	정상 포트 동작, OC0 연결되지 않음
0	1	비교 일치시 OC0 토글
1	0	비교일치시 OC0 클리어
1	1	비교 일치시 OC0 세트

위상변경 PWM 모드의 경우

COM01	COM00	설 명
0	0	정상 포트 동작, OC0 연결되지 않음
0	1	예약
1	0	up-count시 일치되면 OC0 클리어
1	1	down-count시 일치되면 OC0 세트

모드 동작 설명

고속 PWM 모드에 대한 설정을 하면 어떤 일이 일어날까? 이 설정이 다 끝나면 8비트 2진 카운터인 TCNT0가 카운터하기 시작한다. TCNT0의 값이 증가하다가 TCNT0 = OCR0가 되면 ATmega128의 외부핀인 OC0(PB4)가 low가 되며, TCNT0 = 0xFF가 되면 OC0(PB4)는 high가 된다. 다음과 같이 실제 출력이 나타나며 OCR0의 값을 조정하면 high가 출력되는 시간을 조정할 수 있으며 전체 주기는 프리스케일러를 조정하면 된다.

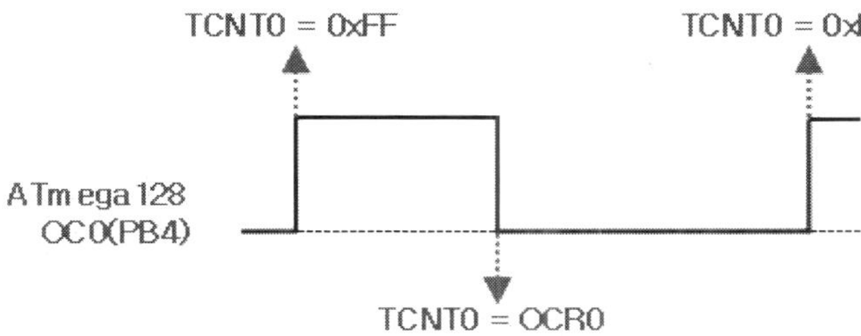


```
for(i=0;i<255;i++){                    //속도 증가
    OCR0 = OCR2 = i;
    PORTD = i & 0xf0;                  //하위 4비트 low로 마스크
    delay(1000, 100);
}
```

메인 함수 부분으로 OCR0와 OCR2의 값을 점점 증가시켜 OC0(PB4), OC2(PB7) 의 high로 출력되는 시간을 점점 증가시켜서 모토의 속도를 증가시킨다. 포트D는 7-Segment가 연결되어 있어 모터의 속도가 증가되는 것을 카운트하여 보여준다.

13.10 기초 제어이론

1. 개루프 제어(open-loop control)

- 단순하고 경제적이다
- 비교적 부정확하다
- 제어결과가 치명적이지 않은 응용에 적합하다

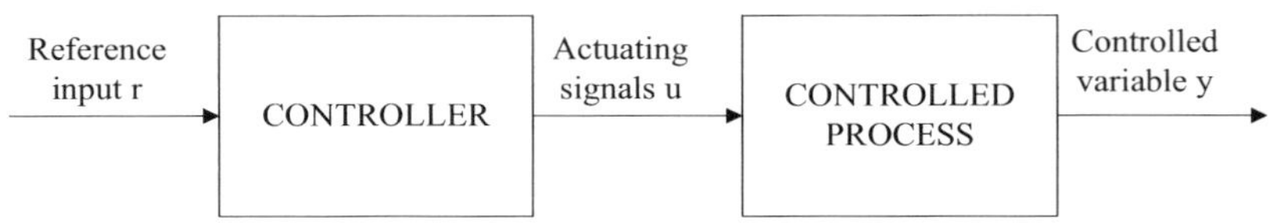

2. 폐루프 제어(closed-loop control)

제어결과를 관측하고 새로운 제어명령을 생성하므로, 시스템의 안정성, 주파수응답특성, 이득, 외란의 영향, 민감도를 향상시킬 수 있다

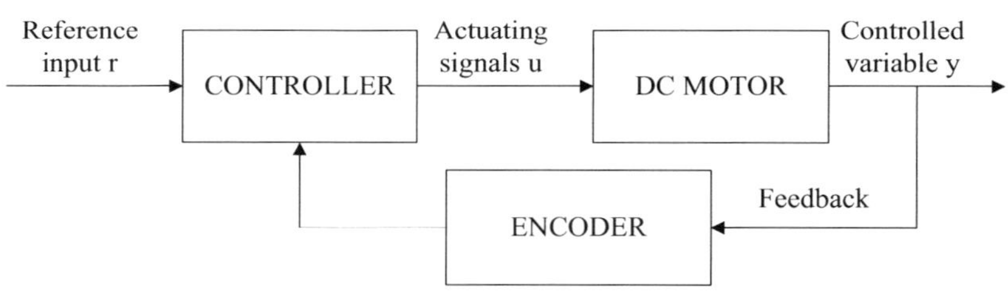

3. PID 제어기

(1) PID 제어기 구조

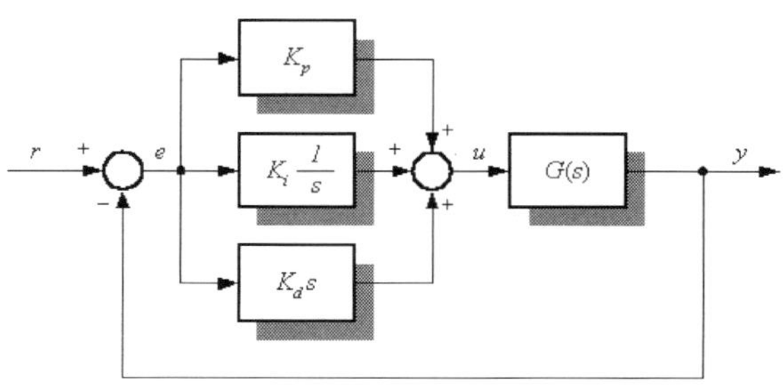

(2) PID 제어기 출력

$$u(t) = K_P e(t) + K_I \int e(t)dt + K_D \frac{de(t)}{dt}$$

K_P : 비례이득(proportional gain)

K_I : 적분이득(integral gain)

K_D : 미분이득(derivative gain)

(3) PID 제어기의 특징

- 구조적으로 간단하다
- 제어이득 조정이 쉽다
- 용도에 따라 3항 중 하나 이상을 선택해서 제어기 구성 가능

4. 비례 제어기(P controller)

- 현재의 오차를 보상하는 가장 기초적인 제어기
- 플랜트에 적분기가 없으면 정상상태 오차를 보상하지 못한다.

5. 비례-적분 제어기(PI controller)

- 누적 오차를 보상하는 제어기
- 정상상태 오차를 보상할 수 있다
- 잘못 설정되면 시스템응답이 느려질 수 있다

6. 비례-미분 제어기(PD controller)

- 미분 제어기는 응답속도를 향상시킬 수 있다
- 잘못 설정되면 외란이나 노이즈의 영향을 크게 받는다.

7. 각 이득의 일반적인 영향

폐루프 응답	상승시간	지나침	안정시간	정상상태 오차
K_P 증가	감소	증가	약간의 변동	감소
K_I 증가	감소	증가	증가	제거
K_D 증가	약간의 변동	감소	감소	약간의 변동

8. PID 제어기의 이득 설정법

(1) Ziegler–Nichols tuning rule (first technique)

- 모든 이득을 0으로 설정

- K_P를 진동이 있을 때까지 증가

$$K_{\max} = K_P \qquad T = oscillation \quad period$$

- P 제어기의 경우

$$K_P = 0.5K_{\max}$$

- PI 제어기

$$K_P = 0.45K_{\max} \qquad K_I \le 1.2K_P/T$$

- PD 제어기

$$K_P = 0.65K_{\max} \qquad K_D \ge 0.125K_P T$$

- PID 제어기

$$K_P = 0.6K_{\max} \qquad K_I \le 2K_P/T$$

$$K_D \ge 0.125K_P T$$

(2) 일반적인 튜닝 순서

- 개루프 응답을 구하고 개선해야 할 것을 결정한다.
- P제어를 적용하여 상승시간을 향상시킨다.
- D제어를 첨가하여 지나침을 향상시킨다.
- I제어를 첨가하여 정상상태오차를 0으로 만든다.
- 전체적으로 만족할 만한 응답을 얻을 때까지 각 이득 값을 조정

ATmega128

CHAPTER 14

제 14 장 AD Converter

14.1 Analog to Digital Converter 구조 및 기능

ATmega128에는 10-bit의 ADC가 있으며 8개의 입력을 MUX하여 받을 수 있다. [그림 14.1]은 ADC의 블록도이다.

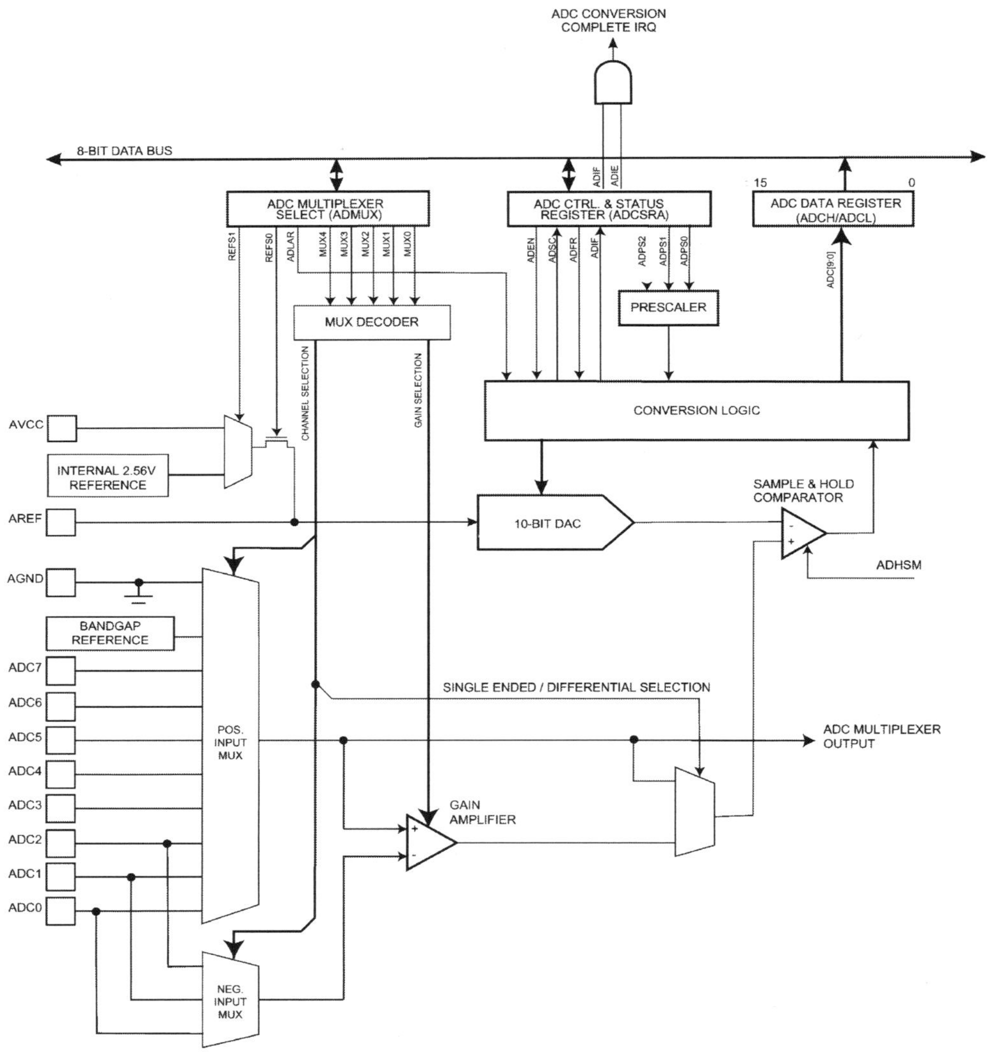

[그림 14.1] Analog to Digital Converter Clock Schematic

ATmega128의 ADC는 8개의 입력을 MUX하여 받을 수 있으며 기준 전압으로 아날로그 공급전압, 외부 AREF 핀 입력 또는 내부의 2.56V의 기준 전압을 선택할 수 있도록 구성되어 있다. [그림 14.1]과 같이 일부 입력은 이득 증폭기를 거쳐 디지털 데이터로 변환될 수 있다. ADC를 사용하기 위해서는 "ADC Multiplexer Select – ADMUX", "ADC Control and Status Register – ADCSRA" 레지스터를 설정하며 변환된 결과는 "ADC Data Register – ADCH/ADCL"에서 읽을 수 있다.

ADC에 사용되는 클럭은 ADC Prescaler를 통해 공급되며 [그림 14.2]과 같이 구성되어 있다. Prescaler에서 분주된 클럭은 "ADC Control and Status Register A – ADCSRA"의 ADPS2..0 비트의 값에 의해 설정된다.

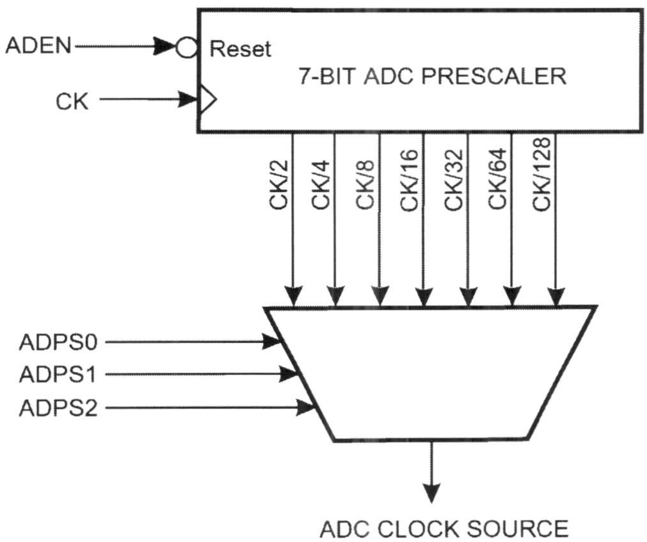

[그림 14.2] ADC Prescaler

ADC에 의해 변환된 데이터는 다음 수식과 같은 값으로 변환된다.

$$ADC = \frac{V_{IN} \times 1024}{V_{REF}}$$

14.2 AD Converter 관련 레지스터

▸ ADC Multiplexer Selection Register - ADMUX

Bit	7	6	5	4	3	2	1	0
	REFS1	REFS0	ADLAR	MUX4	MUX3	MUX2	MUX1	MUX0
Read/Write	R/W	R/W	R/W	R/W	R/W	R/W	R/W	R/W
Initial Value	0	0	0	0	0	0	0	0

- Bit 7..6 - REFS1..0 : Reference Selection Bits

  ADC의 변환 비교 값을 선택하는 비트이다. "00"으로 설정되면 외부 VREF 핀의 입력을 비교 기준으로 선택하고, "01"이면 capacitor가 연결된 VREF와 연결된 아날로그 공급전압 AVCC를 사용하고, "10"은 지정할 수 없으며, "11"은 capacitor가 연결된 VREF 핀과 내부 2.56V의 전압을 사용한다.

  ADC에서 reference로 설정된 값을 가장 큰 값으로 변환하기 때문에 reference 전압보다 높은 전압이 입력되면 변환 값은 최대 값으로 된다.

- Bit 5 - ADLAR : ADC Left Adjust Result

  ADC 데이터 레지스터의 데이터 정열 방식을 설정한다. '1'로 설정되면 왼쪽으로, '0'이면 오른쪽으로 배열된 결과를 얻는다.

- Bit 4..0 - MUX4..0 : Analog Channel and Gain Selection Bits

  "00000"에서 "00111"까지는 ADC0에서 ADC7의 입력을 선택하여 이득 조절 없이 AD 변환에 사용하며, "01000"에서 "01111"은 설정에 따라 10배, 200배의 이득이 주어진다. "11110"은 1.22V의 입력이 설정되며, "11111"은 0V(GND)로 지정된다. 보다 자세한 내용은 ATmega128의 매뉴얼을 참고하기 바란다.

▸ ADC Control and Status Register - ADCSR

Bit	7	6	5	4	3	2	1	0
	ADEN	ADSC	ADIFR	ADIF	ADIE	ADPS2	ADPS1	ADPS0
Read/Write	R/W	R/W	R/W	R/W	R/W	R/W	R/W	R/W
Initial Value	0	0	0	0	0	0	0	0

- Bit 7 – ADEN : ADC Enable
  ADC 동작을 활성화 시킨다. '1'이 기록되면 ADC가 동작한다.

- Bit 6 – ADSC : ADC Start Conversion
  각 변환마다 이 비트가 '1'로 설정되면 AD 변환을 시작한다. AD 변환이 완료되면 ADSC 비트는 '0'으로 설정된다.

- Bit 5 – ADIFR : ADC Free Running Select
  '1'로 설정되면 ADC가 free running mode로 동작하여 연속적으로 sampling하고 변환을 수행한다.

- Bit 4 – ADIF : ADC Interrupt Flag
  ADC 인터럽트가 활성화되어 있는 상태에서 AD 변환이 끝나면 '1'로 설정된다. ADC에 대한 인터럽트 루틴이 실행되면 '0'으로 설정된다.

- Bit 3 – ADIE : ADC Interrupt Enable
  ADC 인터럽트를 활성화 시킨다.

- Bit 2..0 – ADPS2..0 : ADC Prescaler Select Bit
  "000"일때는 XTAL 클럭의 1/2, "001"~"111"까지는 순서대로 1/2, 1/4, 1/8, 1/16, 1/32, 1/64, 1/128의 비율로 클럭이 분주되어 공급된다.

▸ Special Function IO Register – SFIOR

Bit	7	6	5	4	3	2	1	0
	TSM	-	-	ADHSM	ACME	PUD	PSR2	PSR10
Read/Write	R/W	R	R	R/W	R/W	R/W	R/W	R/W
Initial Value	0	0	0	0	0	0	0	0

SFIOR 레지스터의 ADHSM 비트는 "ADC High Speed Mode"를 의미하며 '1'로 설정되면 보다 많은 전력을 소모하지만 ADC를 high speed mode로 동작시킨다.

14.3 Analog Comparator

Analog comparator는 positive 입력 AIN0와 negative 입력 AIN1을 비교한다. 비교기의 출력은 Timer/Counter1의 Input capture에 입력으로 사용할 수 있다. negative 입력은 AIN1 외에 ADC MUX의 출력을 사용할 수 있다. [그림 14.3]는 analog comparator의 블록도로 AIN0과 AIN1의 입력을 비교기의 입력으로 사용하며 이 비교기의 출력은 Timer/Counter1의 Input Capture에 입력으로 사용된다. "Analog Comparator Control and Status Register - ACSR"의 ACIS1, ACIS0비트에 따라 인터럽트 모드를 선택할 수 있다.

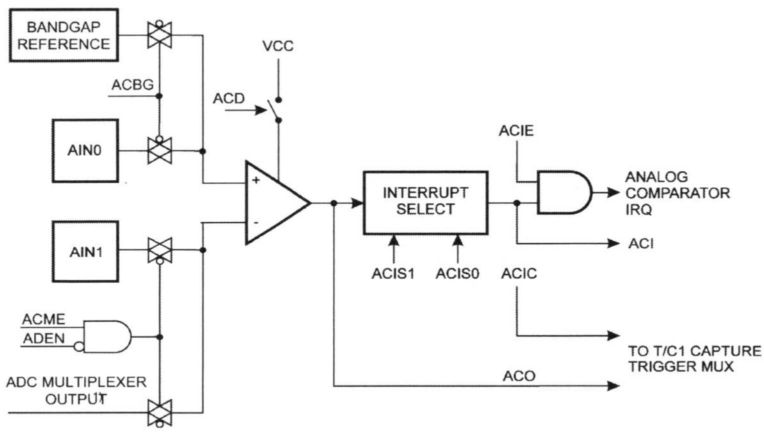

[그림 14.3] Analog Comparator Block Diagram

▸ Special Function IO Register - SFIOR

Bit	7	6	5	4	3	2	1	0
	TSM	-	-	ADHSM	ACME	PUD	PSR2	PSR10
Read/Write	R/W	R	R	R/W	R/W	R/W	R/W	R/W
Initial Value	0	0	0	0	0	0	0	0

- Bit 3 - ACME : Analog Comparator Multiplexer Enable

  ADCSRA 레지스터의 ADEN 비트가 '0'으로 설정되고 ACME 비트가 '1'로 설정되면 negative 입력 AIN1 대신 ADC mux의 출력을 사용한다.

▸ Analog Comparator Control and Status Register - ACSR

Bit	7	6	5	4	3	2	1	0
	ACD	ACBG	ACO	ACI	ACIE	ACIC	ACIS1	ACIS0
Read/Write	R/W	R/W	R	R/W	R/W	R/W	R/W	R/W
Initial Value	0	0	N/A	0	0	0	0	0

- Bit 7 – ACD : Analog Comparator Disable
  '1'로 설정되면 Analog comparator가 동작하지 않는다.

- Bit 6 – ACBG : Analog Comparator Bandgap Select
  '1'로 설정되면 고정된 bandgap 비교 전압이 AIN0 입력 대신 비교기의 입력으로 사용된다. '0'으로 설정되면 AIN0 입력이 비교기의 입력으로 사용된다.

- Bit 5 – ACO : Analog Comparator Output
  동기화된 아날로그 비교기의 출력으로, 동기화를 위해 1-2클럭 주기 동안 지연되어 나타난다.

- Bit 4 – ACI : Analog Comparator Interrupt Flag
  ACIS1, ACIS0에 지정한 인터럽트 모드에 해당하는 신호가 아날로그 비교기의 출력으로 발생하면 하드웨어에 의해 '1'로 설정되며, 해당되는 인터럽트 루틴이 실행되면 '0'으로 설정된다.

- Bit 3 – ACIE : Analog Comparator Interrupt Enable
  아날로그 비교기 인터럽트를 활성화 시킨다

- Bit 2 – ACIC : Analog Comparator Input Capture Enable
  아날로그 비교기 출력을 Timer/Counter1의 Input capture의 입력으로 사용가능 하도록 설정한다.

- Bit 1,0 – ACIS1, ACIS0 : Analog Comparator Interrupt Mode Select

ACIS1	ACIS0	Description
0	0	Comparator Interrupt on Output Toggle
0	1	Reserved
1	0	Comparator Interrupt on Falling Output Edge
1	1	Comparator Interrupt on Rising Output Edge

14.4 하드웨어 설명

Dr. Kim ATmega128 Training Kit의 ADC에는 아래의 회로와 같이 한 채널에는 가변저항과 마이크 입력 중 하나를 선택하여 입력되도록 연결되었으며 또 다른 채널에는 아날로그 입력 한 채널을 사용하여 여러개의 스위치 입력을 받을 수 있도록 구성된 회로가 연결되어 있다. 나머지 아날로그 입력 채널은 센서에 연결되어 있으며 뒤에서 다시 설명한다.

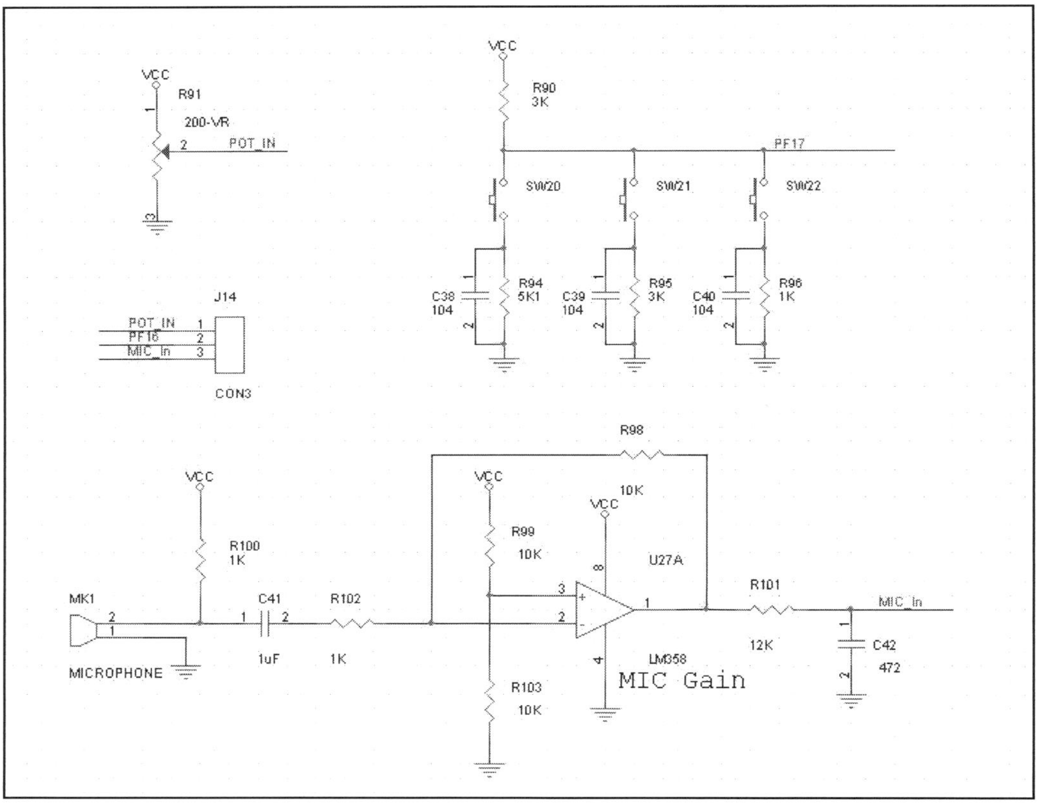

[그림 14.4] AD Converter의 회로도

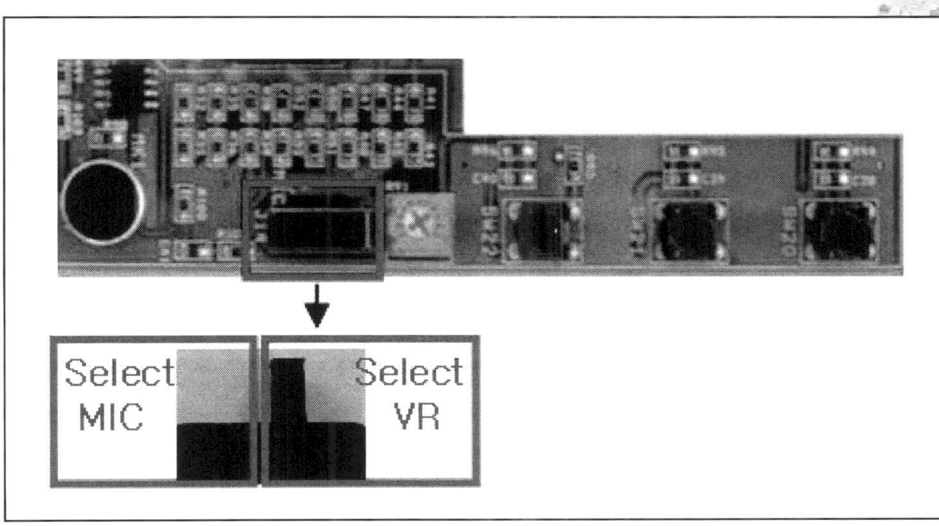

[그림 14.5] MIC & VR 선택 스위치 및 가변저항, 스위치 모습

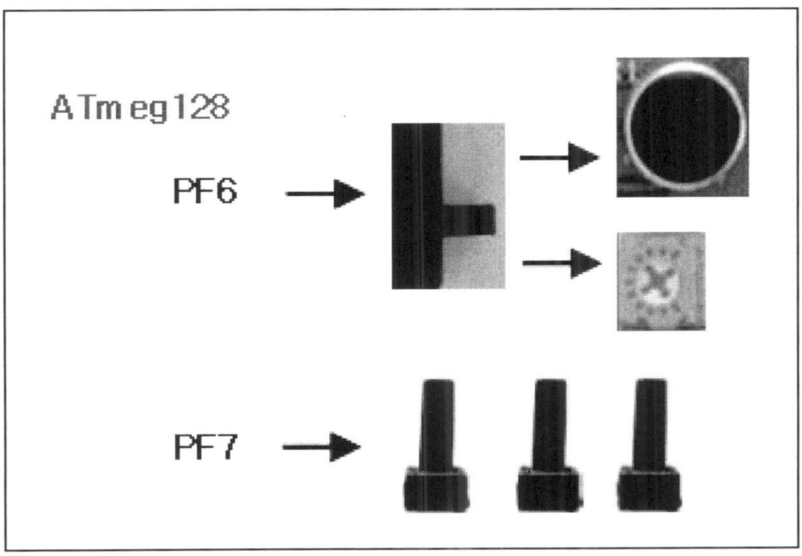

[그림 14.6] AD Converter의 연결선도

14.5 실험1 - 온도 값을 7-Segment에 표시하기

온도센서의 출력 신호는 전압 신호로 출력되며 센서의 사용 가능한 온도 범위 내에서는 선형적으로 값이 변해 출력된다. 일반적인 상태에서 실습용으로는 온도를 가변시키기 어렵기 때문에 동일한 출력을 얻을 수 있는 가변저항으로 대신하여 실험한다.

※ 프로그램 실행

AD Converter.hex 파일을 PonyProg2000을 사용하여 다운로드하면 다음과 같이 동작한다.

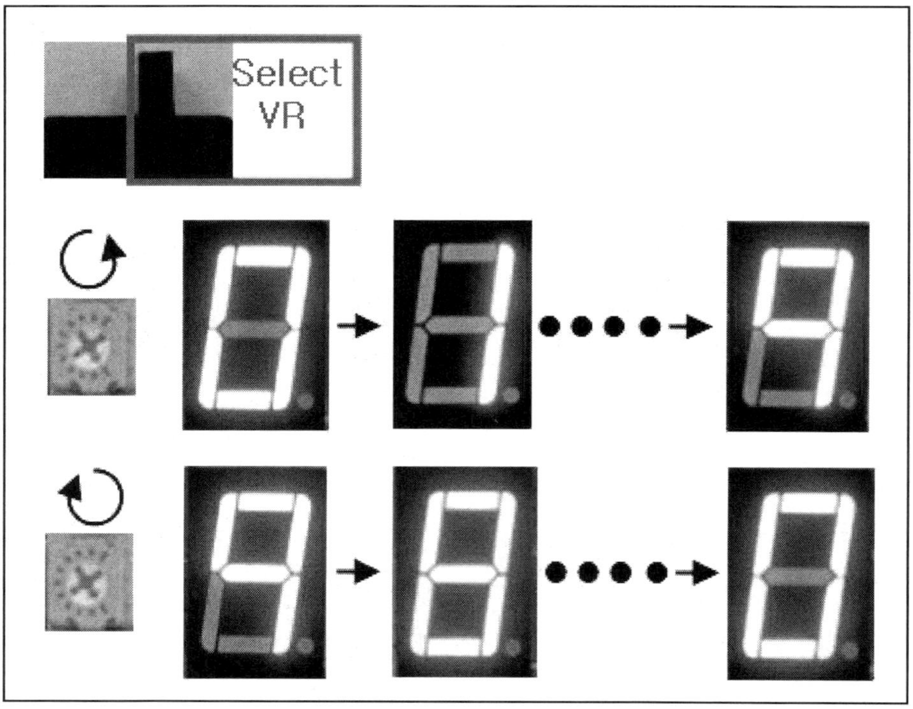

```
/*====================================================================
    File Name :  AD Converter.c
    Explanation
    1. ADC (Analog to Digital Converter)를 학습하다.
    2. MIC & ADC Select Switch를 ADC쪽으로 선택한다.
    3. 가변 저항을 조절하면 그에 해당하는 ADC값(0~9) 7-Segment에 표시된다.
====================================================================*/
#include <avr/io.h>
#include <avr/interrupt.h>
#include <avr/signal.h>

volatile unsigned char  adc_result=0, led;

void initialize_adc(void);

SIGNAL(SIG_ADC)
{
    adc_result = ADCH;           //ADC 변환값 save
}

int main(void)
{
    DDRD = 0xf0;                 //상위 4비트 출력, 7-Segment-1
    initialize_adc();
    sei();                       //enable all interrupts
    do{
        led = adc_result/26;     //255 >= adc_result >= 0
        PORTD = (led<<4);
    }while(1);
}

void initialize_adc(void)
{
    ADMUX = 0x66;   //0x66 = 01100110
            //bit 7,6  REFS1~REFS0   :  01(AVCC w/External cap.at AREF pin)
            //bit 5    ADLAR         :  1
            //bit4~0   MUX4~MUX0     :  00110(ADC ch# 6.)
    ADCSR = 0xEF;   //0xEF = 11101111
            //bit7      ADEN     :  1(ADC enable)
            //bit6      ADSC     :  1(start conversion)
            //bit5      ADFR     :  1(free running mode)
            //bit4      ADIF     :  0(interrupt flag)
            //bit3      ADIE     :  1(interrupt enable)
            //bit2,1,0 ADPS2~0 :  111(128prescaler)
            //ADC CLOCK = system clock / 128 = 115.2KHz
    SFIOR = 0x00;
}
```

※ 프로그램 설명

이 프로그램은 AD 컨버터와 관련된 레지스터 설정법과 AD 컨버터를 활용하여 7-Segment에 10진수로 표시하는 프로그램이다. 우선 레지스터를 설정하는 initialize_adc()를 보자.

```
void initialize_adc(void)
{
    ADMUX = 0x66;    //0x66 = 01100110
    ADCSR = 0xEF;     //0xEF = 11101111
    SFIOR = 0x00;
}
```

SFIOR의 4비트를 0으로 만들어 AD 컨버터를 선택하고, 3비트를 0으로 만들어 AD 컨버터 보통 모드를 선택한다.

7bit	6bit	5bit	ADHSM	ACME	2bit	1bit	0bit
-	-	-	0	0	-	-	-

↓

ADHSM	설 명	ACME	설 명
0	ADC 보통모드	0	ADC 허용
1	ADC 고속모드	1	ADC 차단

ADMUX의 7,6비트는 기준 전압을 선택하는 비트이다.

REFS1	REFS0	5bit	4bit	3bit	2bit	1bit	0bit
0	1	-	-	-	-	-	-

↓

REFS1	RWFS0	기준 전압
0	0	AREF 차단
0	1	AREF 핀에 외부 캐패시터가 있는 AVCC
1	0	예약
1	1	AREF 핀에 외부 캐패시터가 있는 내부 2.5V 기준 전압

ADMUX의 5비트는 AD 컨버터 결과 값을 어떻게 조정할지 결정하는 비트이다.

7bit	6bit	ADLAR	4bit	3bit	2bit	1bit	0bit
-	-	1	-	-	-	-	-

ADLAR	AD 컨버터 결과 조정
0	변환 결과가 우측으로 조정
1	변환 결과가 좌측으로 조정

ADMUX의 4~0비트는 아날로그 채널 및 이득에 관해 결정하는 비트로 00110으로 설정하였기 때문에 ADC6(ATmega128의 핀인 PF6의 입력이 컨버터 된다.)

7bit	6bit	5bit	MUX4	MUX3	MUX2	MUX1	MUX0
-	-	-	0	0	1	1	0

MUX4~MUX0	선택 채널
00000	ADC0
00001	ADC1
00010	ADC2
00011	ADC3
00100	ADC4
00101	ADC5
00110	ADC6
00111	ADC7

ADCSR = 11101111을 저장하여 AD 컨버터를 허용하고, 변환을 시작하며, free running 모드를 선택하고, AD 컨버터 인터럽트를 허용하고 프리스케일러의 분주 비를 선택한다.

7bit	6bit	5bit	4bit	3bit
ADEN	ADSC	ADFR	ADIF	ADIE
1	1	1	0	1
ADC허용	변환시작	free running	인터럽트 플래그	인터럽트 허용

7bit	6bit	5bit	4bit	3bit	ADPS2	ADPS1	ADPS0
-	-	-	-	-	1	1	1

↓

ADPS2~ADPS0	선택 채널
000	2
001	2
010	4
011	6
100	16
101	32
110	64
111	128

여기까지가 AD 컨버터 설정 부분이다. 이렇게 설정을 하면 설정한 분주비 마다 AD 컨버터의 인터럽트 함수인 SIGNAL(SIG_ADC)가 호출되며, 이때 atmega128의 핀인 PF6의 입력이 컨버터 되어서 ADCH에 저장이 된다. 인터럽트가 호출되는 시간은 system clock / 128 = 115.2KHz으로 약 8.6us 마다 호출된다.

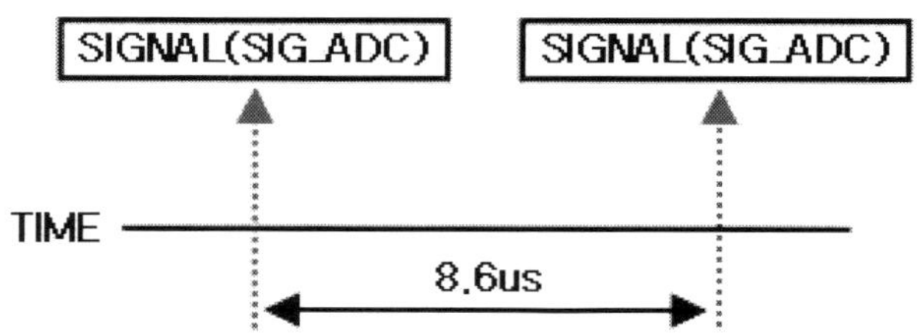


```
SIGNAL(SIG_ADC)
{
    adc_result = ADCH;          //ADC 변환값 save
}
```

위의 설명처럼 8.6us마다 이 함수가 호출되며 이때 ATmega128의 외부 핀인 PF6(ADC6)의 입력 전압을 8비트 레지스터인 ADCH 저장되게 된다. 0V~5V의 값을 0~225의 사이의 값으로 컨버터하여 ADCH에 그 값을 저장한다.

14.6 실험2 - 온도 & MIC 값을 LCD에 표시하기

※ 프로그램 실행

AD Converter1.hex 파일을 PonyProg2000을 사용하여 다운로드하면 다음과 같이 동작한다.

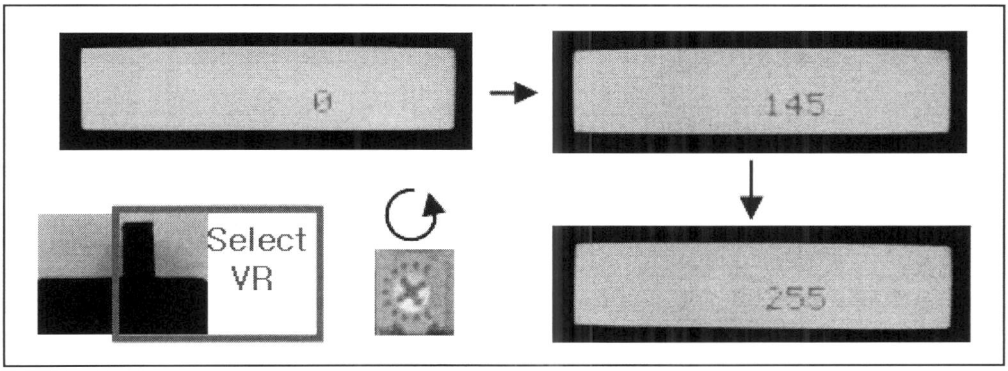

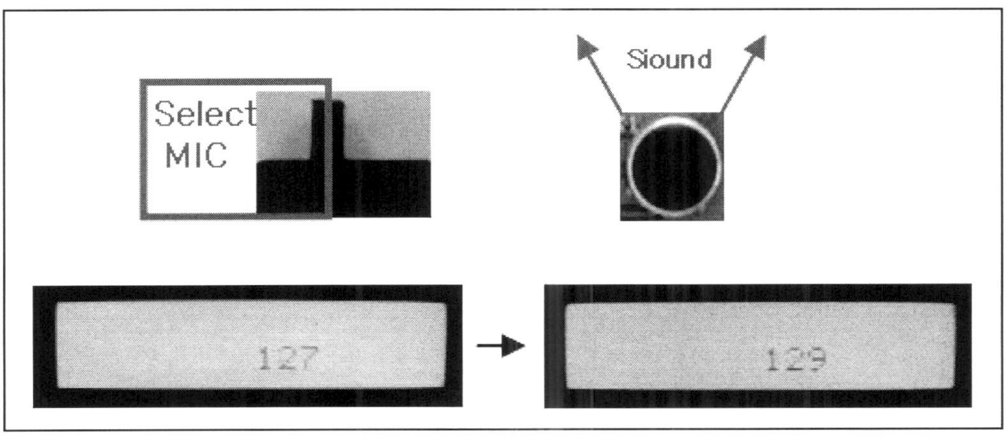

```
/*==================================================================
    File Name :  AD Converter1.c
    Explanation
    1. ADC (Analog to Digital Converter)를 학습한다.
    2. MIC & ADC Select Switch를 ADC쪽으로 선택한다.
    3. 가변 저항을 조절하면 그에 해당하는 ADC값이 LCD에 표시된다.
    4. MIC & ADC Select Switch를 MIC쪽으로 선택한다.
    5. MIC에 소리를 내면 그에 해당하는 ADC값이 LCD에 표시된다.
==================================================================*/
#include <avr/io.h>
#include <avr/interrupt.h>
#include <avr/signal.h>

#define TLCD_CTRL (unsigned char *)0x7000
#define TLCD_DATA (unsigned char *)0x7001
#define ADC_VREF_TYPE   0x40
#define SET_AD6         ADMUX = 6 | ADC_VREF_TYPE | (1<<ADLAR)
#define START_ADC       0xEF

volatile unsigned char  adc_result=0;
unsigned char *lcd_data,*lcd_control;

void initialize_adc(void);
void delay(int d1, int d2);
void initialize_text_lcd(void);
void lcd_control_wait(void);
void lcd_data_wait(void);
void adc_display(unsigned char data);

SIGNAL(SIG_ADC)
{
    adc_result = ADCH;                //ADC 변환값 save
}

int main(void)
{
    MCUCR |= (1<<SRE);                //SRE=1 외부 메모리 엑세스 가능
    initialize_adc();
    initialize_text_lcd();
    sei();                            //enable all interrupts
    while(1)
        adc_display(adc_result);
}

void initialize_adc(void)
{
    ADMUX = SET_AD6;                  // ADC ch# 6.
```

```
    ADCSR = START_ADC;
    SFIOR = 0x00;
}

void delay(int d1, int d2)
{
    int i, j;

    for(i=0;i<d1;i++){
        for(j=0;j<d2;j++);
    }
}

void initialize_text_lcd(void)
{
    lcd_control = TLCD_CTRL;  //LCD-CTRL의 물리적 주소 할당
    lcd_data = TLCD_DATA;     //LCD-DART의 물리적 주소 할당

    lcd_control_wait();         //시간 지연
    *lcd_control = 0x38;        //8-bit 인터페이스와 2줄에 걸쳐 출력 하는 모드 설정
    lcd_control_wait();

    *lcd_control = 0x02;        //커서를 1행 1열로 이동
    lcd_control_wait();

    *lcd_control = 0x01;        //화면 클리어
    lcd_control_wait();

    *lcd_control = 0x06;        //커서의 어드레스가 증가 - 오른쪽으로 이동
    lcd_control_wait();

    *lcd_control = 0x0c;        //표시 on, 커서 off
    lcd_control_wait();
}

void lcd_control_wait(void)
{
    delay(1000, 100);
}

void lcd_data_wait(void)
{
    delay(1000, 10);
}

void adc_display(unsigned char data)
{
```

```
unsigned char tmp1=0,tmp2=0,tmp3=0;

lcd_control = TLCD_CTRL;  //LCD-CTRL의 물리적 주소 할당
lcd_data = TLCD_DATA;     //LCD-DART의 물리적 주소 할당

*lcd_control = 0xC8;//LCD창의 어드레스 선택 0x80+ADD(실제 어드레스=0x48)
lcd_control_wait();

if(data>=100){
    tmp1=data/100;
    tmp2=(data%100)/10;
    tmp3=data%10;
    *lcd_data=  '0' + tmp1;//100의 자리 표시
    lcd_data_wait();
    *lcd_data=  '0' + tmp2;//10의 자리 표시
    lcd_data_wait();
    *lcd_data=  '0' + tmp3;//1의 자리 표시
    lcd_data_wait();
}
else if(data>=10){
    tmp1=data/10;
    tmp2=data%10;
    *lcd_data= ' ' ;          //100의 자리 표시-표시 없음
    lcd_data_wait();
    *lcd_data= '0' +tmp1;   //10의 자리 표시
    lcd_data_wait();
    *lcd_data= '0' +tmp2;   //1의 자리 표시
    lcd_data_wait();
}
else{
    *lcd_data= ' ' ;         //100의 자리 표시-표시 없음
    lcd_data_wait();
    *lcd_data= ' ' ;         //100의 자리 표시-표시 없음
    lcd_data_wait();
    *lcd_data= '0' +data;  //1의 자리 표시
    lcd_data_wait();
}
}
```

※ 프로그램 설명

실험2의 AD 컨버터를 설정하는 부분은 실험1과 같다. 다만 인터럽트 레지스터에 저장할 값들을 미리 선언하여 사용하고, PF6(ADC6) 핀에 들어오는 전압을 컨버터 한 후 출력을 Text LCD에 한다.

```
#define ADC_VREF_TYPE   0x40
#define SET_AD6         ADMUX = 6 | ADC_VREF_TYPE | (1<<ADLAR)
#define START_ADC       0xEF

void initialize_adc(void)
{
    ADMUX = SET_AD6;            // ADC ch# 6.
    ADCSR = START_ADC;
    SFIOR = 0x00;
}
```

ADMUX = 6(00000110) 이고, ADC_VREF_TYPE은 (01000000)이고, (1<<ADLAR)의 값은 00100000 이므로 이 값들을 OR하면 01100110이 되어 SET_AD6의 값이 되며 이 값이 ADMUX 레지스터에 저장되게 되어 실험1과 같은 값을 가지게 된다.

Text LCD를 설정하는 initialize_text_lcd( ) 함수와, 실제Text LCD에 출력하는 adc_display() 함수 부분은 10장을 참고하기 바란다.

14.7 실험3 - 10비트 분해능 테스트

※ 프로그램 실행

AD Converter2.hex 파일을 PonyProg2000을 사용하여 다운로드하면 실험2와 같이 동작한다. LCD에 표현되는 숫자가 0~1023까지 표시된다.

```
/*===================================================================
    File Name :  AD Converter2.c
    Explanation
    1. 10비트 분해능의 ADC를 학습한다.
    2. MIC & ADC Select Switch를 ADC쪽으로 선택한다.
    3. 가변 저항을 조절하면 그에 해당하는 ADC값이 LCD에 표시된다.
    4. MIC & ADC Select Switch를 MIC쪽으로 선택한다.
    5. MIC에 소리를 내면 그에 해당하는 ADC값이 LCD에 표시된다.
===================================================================*/
#include <avr/io.h>
#include <avr/interrupt.h>
#include <avr/signal.h>
```

```
#define TLCD_CTRL (unsigned char *)0x7000
#define TLCD_DATA (unsigned char *)0x7001
#define ADC_VREF_TYPE   0x40
#define SET_AD6          ADMUX = 6 | ADC_VREF_TYPE
#define START_ADC        0xEF

volatile unsigned int  adc_result=0;
unsigned char *lcd_data,*lcd_control;

void initialize_adc(void);
void delay(int d1, int d2);
void initialize_text_lcd(void);
void lcd_control_wait(void);
void lcd_data_wait(void);
void adc_display(unsigned int data);

SIGNAL(SIG_ADC)
{
    adc_result = ADCL;        //하위 8비트 save
    adc_result |= ADCH<<8; //상위 2비트 save
}

int main(void)
{
    MCUCR |= (1<<SRE);       //SRE=1 외부 메모리 액세스 가능
    initialize_adc();
    initialize_text_lcd();
    sei();                          //enable all interrupts
    while(1)
        adc_display(adc_result);
}

void initialize_adc(void)
{
    ADMUX = SET_AD6;          //ADC ch# 6.
    ADCSR = START_ADC;         //ADLAR = 0 변환 결과 우측으로 조정
    SFIOR = 0x00;
}

void delay(int d1, int d2)
{
    int i, j;

    for(i=0;i<d1;i++){
        for(j=0;j<d2;j++);
    }
}
```

```
void initialize_text_lcd(void)
{
    lcd_control = TLCD_CTRL;//LCD-CTRL의 물리적 주소 할당
    lcd_data = TLCD_DATA;    //LCD-DART의 물리적 주소 할당

    lcd_control_wait();         //시간 지연
    *lcd_control = 0x38;     //8-bit 인터페이스와 2줄에 걸쳐 출력하는 모드 설정
    lcd_control_wait();

    *lcd_control = 0x02;     //커서를 1행 1열로 이동
    lcd_control_wait();

    *lcd_control = 0x01;     //화면 클리어
    lcd_control_wait();

    *lcd_control = 0x06;     //커서의 어드레스가 증가 - 오른쪽으로 이동
    lcd_control_wait();

    *lcd_control = 0x0c;     //표시 on, 커서 off
    lcd_control_wait();
}

void lcd_control_wait(void)
{
    delay(1000, 100);
}

void lcd_data_wait(void)
{
    delay(1000, 10);
}

void adc_display(unsigned int data)
{
    unsigned char tmp1=0,tmp2=0,tmp3=0,tmp4=0;
    unsigned int remd;

    lcd_control = TLCD_CTRL;  //LCD-CTRL의 물리적 주소 할당
    lcd_data = TLCD_DATA;     //LCD-DART의 물리적 주소 할당

    *lcd_control = 0xC7;//LCD창의 어드레스 선택 0x80+ADD(실제 어드레스=0x47)
    lcd_control_wait();

    tmp4 = data / 1000;
    remd = data % 1000;
    tmp3 = remd / 100;
```

```
    remd = remd % 100;
    tmp2 = remd / 10;
    tmp1 = remd % 10;
    if(!tmp4)
        *lcd_data=  ' ' ;               //1000의 자리 표시-표시없음
    else
        *lcd_data=  '0' + tmp4;         //1000의 자리 표시
    lcd_data_wait();
    if(!tmp3 && !tmp4)
        *lcd_data=  ' ' ;               //100의 자리 표시-표시 없음
    else
        *lcd_data=  '0' + tmp3;         //100의 자리 표시
    lcd_data_wait();
    if(!tmp2 && !tmp3 && !tmp4)
        *lcd_data=  ' ' ;               //10의 자리 표시-표시 없음
    else
        *lcd_data=  '0' + tmp2;         //10의 자리 표시
    lcd_data_wait();
    *lcd_data=  '0' + tmp1;             //1의 자리 표시
    lcd_data_wait();
}
```

※ 프로그램 설명

ADCSR의 5번째 비트인 ADLAR 비트를 0으로 만들어 변환 결과를 우측으로 조정하게 만들면, ADCH의 하위2비트와 ADCL의 8비트를 모두 읽어 들여야 한다.

7bit	6bit	5bit	4bit	3bit	2bit	1bit	0bit	
-	-	-	-	-	-	ADC9	ADC8	ADCH
ADC7	ADC6	ADC5	ADC4	ADC3	ADC2	ADC1	ADC0	ADCL

ADLAR = 0

7bit	6bit	5bit	4bit	3bit	2bit	1bit	0bit	
ADC9	ADC8	ADC7	ADC6	ADC5	ADC4	ADC3	ADC2	ADCH
ADC1	ADC0	-	-	-	-	-	-	ADCL

ADLAR = 1

```
SIGNAL(SIG_ADC)
{
    adc_result = ADCL;        //하위 8비트 save
    adc_result |= ADCH<<8; //상위 2비트 save
}
```

10비트 컨버터일 경우 하위 레지스터인 ADCL를 먼저 읽고 다음에 상위 레지스터인 ADCH를 읽는다.

14.8 실험4 - ADC Switch 테스트

※ 프로그램 실행

AD Converter3.hex 파일을 PonyProg2000을 사용하여 다운로드하면 다음과 같이 동작한다. Switch 3개는 모두 PF7(ADC7)에 연결되어 있다.

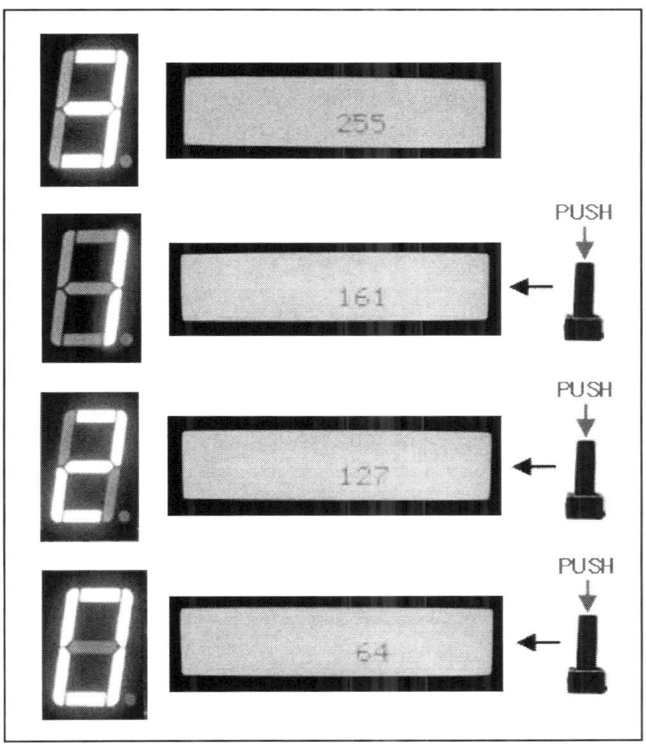

```
/*===========================================================================
    File Name :  AD Converter3.c
    Explanation
    1. ADC (Analog to Digital Converter)를 학습한다.
    2. ADC Switch를 누르면 그에 해당하는 수가 LCD 및 7-Segment에 표시된다.
===========================================================================*/
#include <avr/io.h>
#include <avr/interrupt.h>
#include <avr/signal.h>

#define TLCD_CTRL (unsigned char *)0x7000
#define TLCD_DATA (unsigned char *)0x7001
#define ADC_VREF_TYPE   0x40
#define SET_AD7         ADMUX = 7 | ADC_VREF_TYPE | (1<<ADLAR)
#define START_ADC        0xEF

volatile unsigned char  adc_result=0;
unsigned char *lcd_data,*lcd_control;

void initialize_adc(void);
void delay(int d1, int d2);
void initialize_text_lcd(void);
void lcd_control_wait(void);
void lcd_data_wait(void);
void adc_display(unsigned char data);

SIGNAL(SIG_ADC)
{
    adc_result = ADCH;                  //ADC 변환 값 save
}

int main(void)
{
    MCUCR |= (1<<SRE);                  //SRE=1 외부 메모리 액세스 가능
    DDRD = 0xf0;
    initialize_adc();
    initialize_text_lcd();
    sei();                              //enable all interrupts
    do{
        adc_display(adc_result);
        if(adc_result < 70)
            PORTD = 0x00;
        else if(adc_result < 140)
            PORTD = 0x10;
        else if(adc_result < 180)
            PORTD = 0x20;
        else
```

```
            PORTD = 0x30;
    }while(1);
}

void initialize_adc(void)
{
    ADMUX = SET_AD7;            //ADC ch# 7.
    ADCSR = START_ADC;
    SFIOR = 0x00;
}

void delay(int d1, int d2)
{
    int i, j;

    for(i=0;i<d1;i++){
        for(j=0;j<d2;j++);
    }
}

void initialize_text_lcd(void)
{
    lcd_control = TLCD_CTRL;//LCD-CTRL의 물리적 주소 할당
    lcd_data = TLCD_DATA;  //LCD-DART의 물리적 주소 할당

    lcd_control_wait();        //시간 지연
    *lcd_control = 0x38;      //8-bit 인터페이스와 2줄에 걸쳐 출력하는 모드 설정
    lcd_control_wait();

    *lcd_control = 0x02;      //커서를 1행 1열로 이동
    lcd_control_wait();

    *lcd_control = 0x01;      //화면 클리어
    lcd_control_wait();

    *lcd_control = 0x06;      //커서의 어드레스가 증가 - 오른쪽으로 이동
    lcd_control_wait();

    *lcd_control = 0x0c;      //표시 on, 커서 off
    lcd_control_wait();
}

void lcd_control_wait(void)
{
    delay(1000, 100);
}
```

```
void lcd_data_wait(void)
{
    delay(1000, 10);
}

void adc_display(unsigned char data)
{
    unsigned char tmp1=0,tmp2=0,tmp3=0;

    lcd_control = TLCD_CTRL;  //LCD-CTRL의 물리적 주소 할당
    lcd_data = TLCD_DATA;     //LCD-DART의 물리적 주소 할당

    *lcd_control = 0xC8;//LCD창의 어드레스 선택 0x80+ADD(실제 어드레스=0x48)
    lcd_control_wait();

    if(data>=100){
        tmp1=data/100;
        tmp2=(data%100)/10;
        tmp3=data%10;
        *lcd_data= '0' + tmp1;//100의 자리 표시
        lcd_data_wait();
        *lcd_data= '0' + tmp2;//10의 자리 표시
        lcd_data_wait();
        *lcd_data= '0' + tmp3;//1의 자리 표시
        lcd_data_wait();
    }
    else if(data>=10){
        tmp1=data/10;
        tmp2=data%10;
        *lcd_data= ' ' ;             //100의 자리 표시-표시 없음
        lcd_data_wait();
        *lcd_data= '0' +tmp1;        //10의 자리 표시
        lcd_data_wait();
        *lcd_data= '0' +tmp2;        //1의 자리 표시
        lcd_data_wait();
    }
    else{
        *lcd_data= ' ' ;             //100의 자리 표시-표시 없음
        lcd_data_wait();
        *lcd_data= ' ' ;             //100의 자리 표시-표시 없음
        lcd_data_wait();
        *lcd_data= '0' +data;        //1의 자리 표시
        lcd_data_wait();
    }
}
```

※ 프로그램 설명

스위치 3개가 PF7(ADC7)에 동시에 연결되어 있을 때 각각의 스위치의 입력 전압을 다르게 하여 스위치의 입력 값을 판별하는 프로그램이다. 아래의 그림을 보면 SW20, SW21, SW22의 스위치에 각각 5.1K, 3K, 1K의 저항이 연결되어 있어 스위치가 눌릴 때 PF7에 입력되는 전압의 값이 다르게 된다. 각각의 스위치에 캐패시터를 연결하는 이유는 스위치가 눌릴 때 바운스 현상이 생기기 때문에 그 현상을 없애기 위해서이다.

ADC7를 선택하기 위하여 ADMUX4~ADMUX0 비트를 00111로 만든다.(실험1 참조)

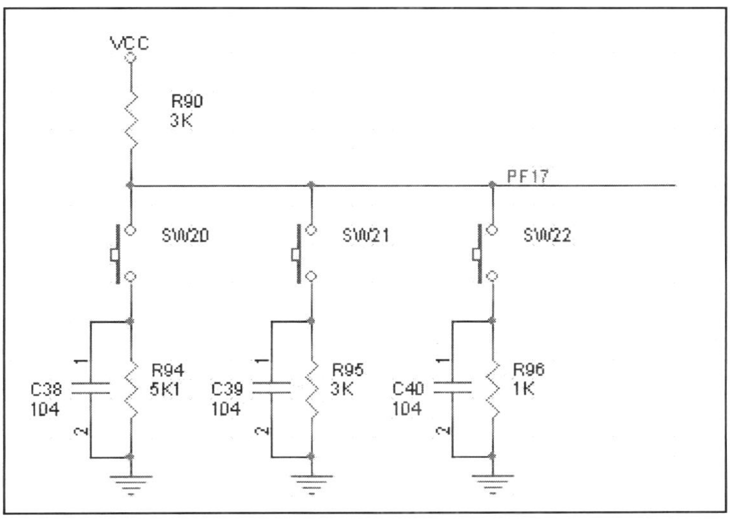

14.9 ADC & DAC의 이해

마이크로프로세서와 같은 디지털 신호를 처리하는 시스템에서 아날로그 신호를 디지털로 변환하기 위해 사용하는 소자가 ADC(Analog to Digital Converter)인데 ADC를 구현하는 방법에는 여러 가지가 있으나 이 책에서는 다음과 같은 회로들을 이용하여 아날로그 신호의 디지털 변환에 대한 개념을 설명하고자 한다.

1. DAC(Digital to Analog Converter)의 이해

아래의 회로는 4-bit Ladder 저항을 사용한 DAC(Digital to Analog Converter)로써 4비트 counter로 DAC에 입력을 주고 counter의 "0000", "0001", ~, "1110", "1111"의 16가지의 입력에 대한 출력을 보이고 있다.

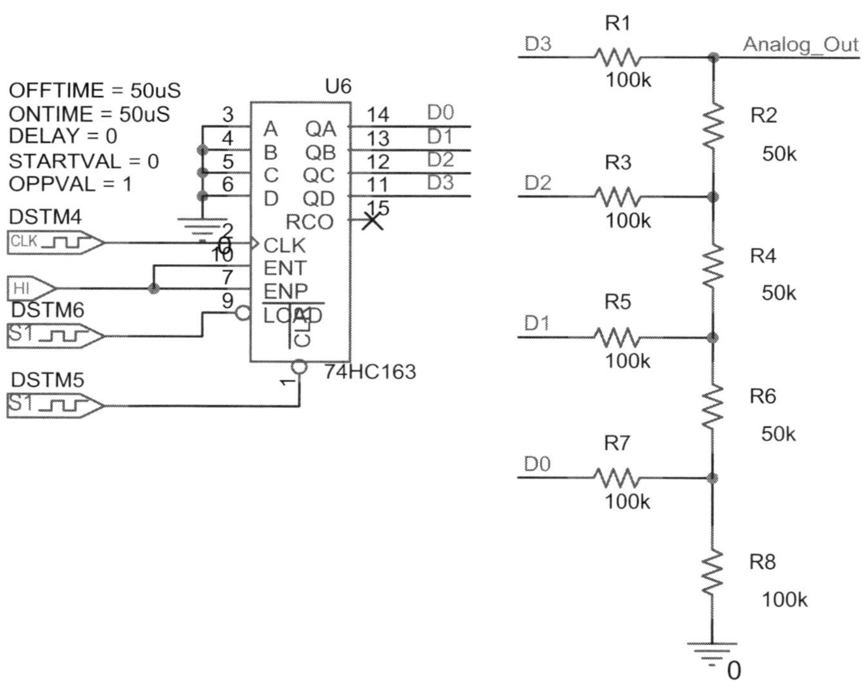

[그림 14.7] 4비트 Ladder 저항을 사용한 DAC 회로

[그림 14.7]은 4비트 counter의 디지털 출력에 따른 Ladder 저항을 사용한 4비트 DAC의 출력 전압 회로를 나타내고 있다. 회로의 입력 각 단에 +5V의 전압원과 0V의 GND를 각각 연결하고 저항에 의한 분압 저항으로 등가 회로를 구성하여 Analog_Out의 전압을 계산하면 다음 그림과 같은 출력을 얻을 수 있다.

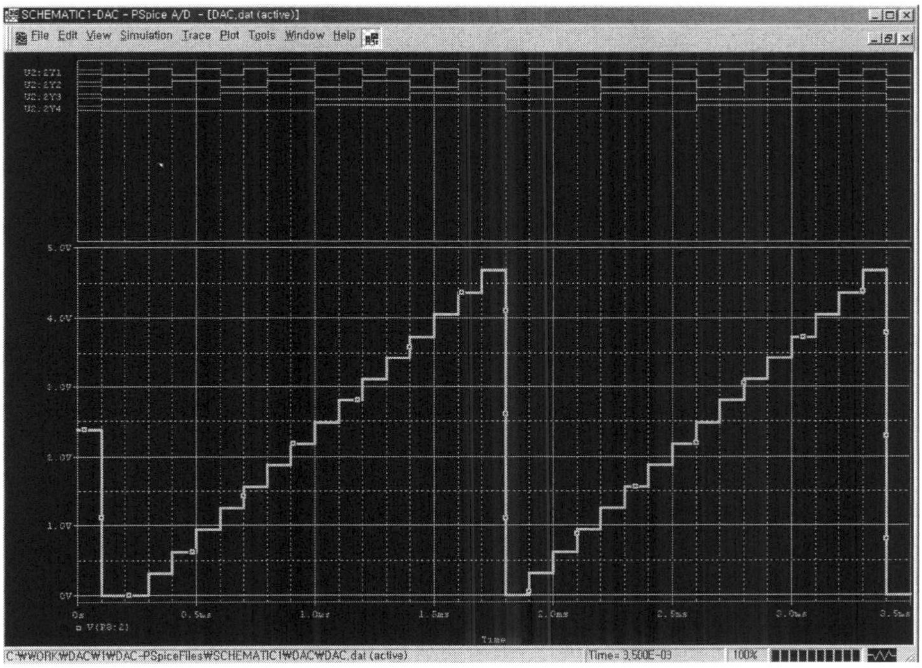

[그림 14.8] 4비트 counter 출력에 따른 DAC의 출력 전압

다음과 같이 "1000"의 값이 출력된다면 4비트 DAC는 아래의 회로와 같이 연결되며 이때의 회로를 해석하면 다음의 내용과 같이 된다.

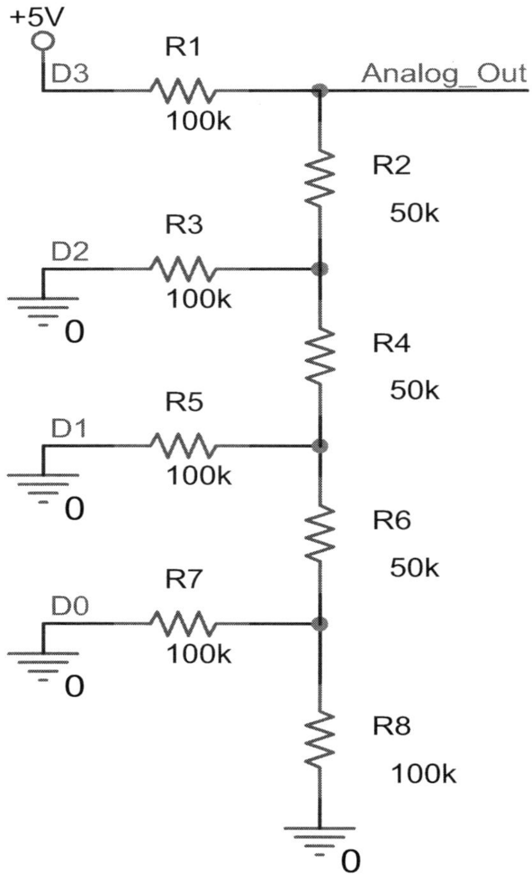

[그림 14.9] 4 비트 Ladder 저항을 사용한 DAC의 "1000"의 입력 등가 회로

$$\rightarrow \frac{R7 \times R8}{R7 + R8} = \frac{100k\Omega \times 100k\Omega}{100k\Omega + 100k\Omega} = \frac{10000k\Omega}{200k\Omega} = 50k\Omega$$

$$\rightarrow 50k\Omega + R6 = 100k\Omega$$

$$\rightarrow \frac{R5 \times 100k\Omega}{R5 + 100k\Omega} = 50k\Omega$$

$$\rightarrow 50k\Omega + R4 = 100k\Omega$$

$$\rightarrow \frac{R3 \times 100k\Omega}{R3 + 100k\Omega} = 50k\Omega$$

$$\rightarrow 50k\Omega + R2 = 100k\Omega$$

결과적으로 다음과 같은 회로가 만들어진다.

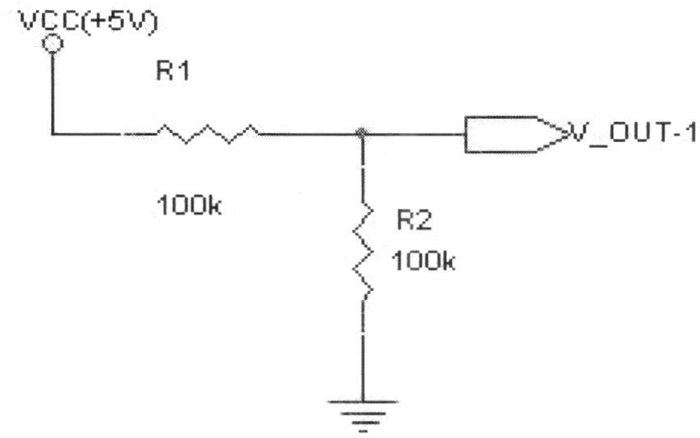

전압분배의 법칙에 의하여 R1에는 2.5V가 인가되며 R2에도 2.5V의 결과를 얻을 수 있다. 마찬가지로 다른 입력에 대해서도 Analog_Out의 출력 전압 값을 계산하면 앞 페이지의 출력 파형과 같은 결과를 얻게 된다. Ladder 저항의 입력 비트를 늘일 경우 보다 세밀한 구간의 아날로그 값의 표현이 가능해지고 따라서 DAC의 정밀도가 향상된다.

2. DAC를 사용한 ADC의 구현

아래의 [그림 14.10]는 앞에서 구현한 4비트 DAC의 출력 전압과 Analog_Input을 비교기(comparator)로 이용하여 DAC의 출력 전압과 Analog_Input의 값이 일치할 때 comparator의 출력이 high가 되도록 구성한 ADC 회로이다.

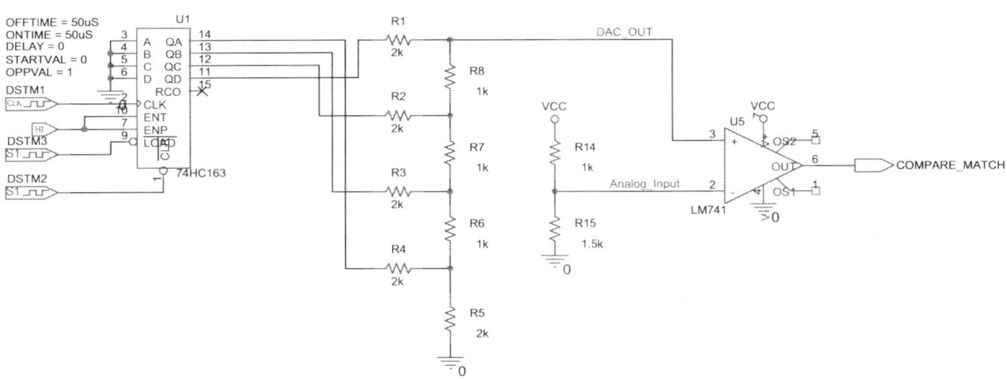

[그림 14.10] DAC를 사용한 ADC 기본 회로

[그림 14.10]의 회로에서 입력 클럭에 따라 4비트 counter의 값이 하나씩 증가하고 이에 해당하는 analog 신호가 전압으로 출력된다. 따라서 이 전압과 Analog_Input에 해당하는 전압을 비교하고 이 값이 일치하는 순간의 4비트 counter의 출력 값을 읽으면 이 값이 Analog_Input에 대한 디지털 변환 값이 된다.

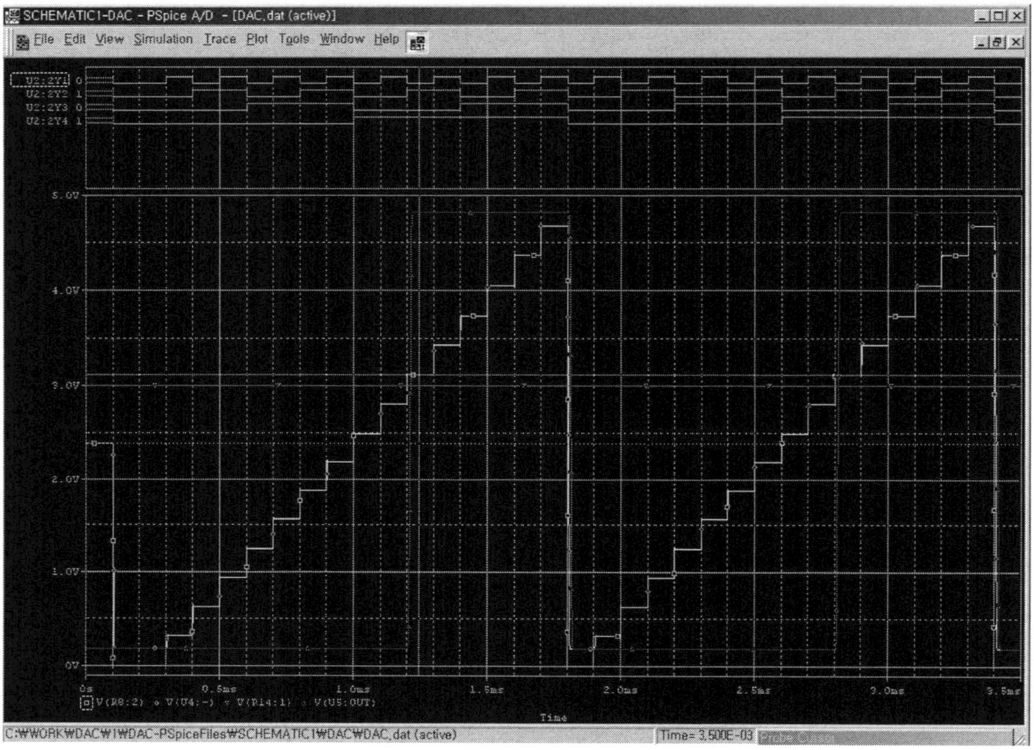

[그림 14.11] 4비트 DAC 회로의 출력

[그림 14.11]은 4비트 DAC 회로의 출력 파형으로 붉은 색으로 표시된 3.0V의 전압이 Analog_Input 전압이 되며 DAC의 출력이 이 전압보다 높아지는 순간에 파란색으로 표시된 신호가 출력되며 이때의 디지털 값을 읽으면 "1010"이 되며 이 값이 ADC 출력이 된다.

ADC의 구현에 사용되는 DAC의 비트수를 늘일 경우 입력 전압에 대해 보다 세밀한 구간으로 구분하여 변환된 디지털 값을 얻을 수 있으나 비트수가 늘어난 것에 대한 만큼의 변환 시간에 지연이 발생한다.

이와 같은 원리로 ADC를 구성하며 실제로는 지연 시간을 최소화하기 위해 카운터 출력을 0에서 시작하지 않고 1/2에 해당하는 값을 출력하고 입력이 이 값보다 크다면 남은 구간의 1/2을 더한 1/2 + 1/2 * 1/2 = 3/4에 해당하는 값을 출력하는 방식으로 입력에 해당하는 디지털 값을 찾는 방식으로 구현한다. 이렇게 구현된 ADC를 SAR(successive approximation register) type ADC라고 부른다. 또한 이러한 방식은 아날로그 입력 값을 비교하는 방식이기 때문에 디지털 값의 마지막 1비트의 오차가 발생한다.

[그림 14.12]은 ADC 변환 실습을 위한 회로로써 counter의 입력 클럭으로 스위치를 사용하고 이 스위치를 누름에 따라 counter의 값이 한 단계씩 증가하고 이 결과를 LED를 통해 확인할 수 있도록 구성하였으며, 아날로그 입력이 DAC의 출력을 넘어서는 순간에 결과를 확인하는 LED가 점등된다.

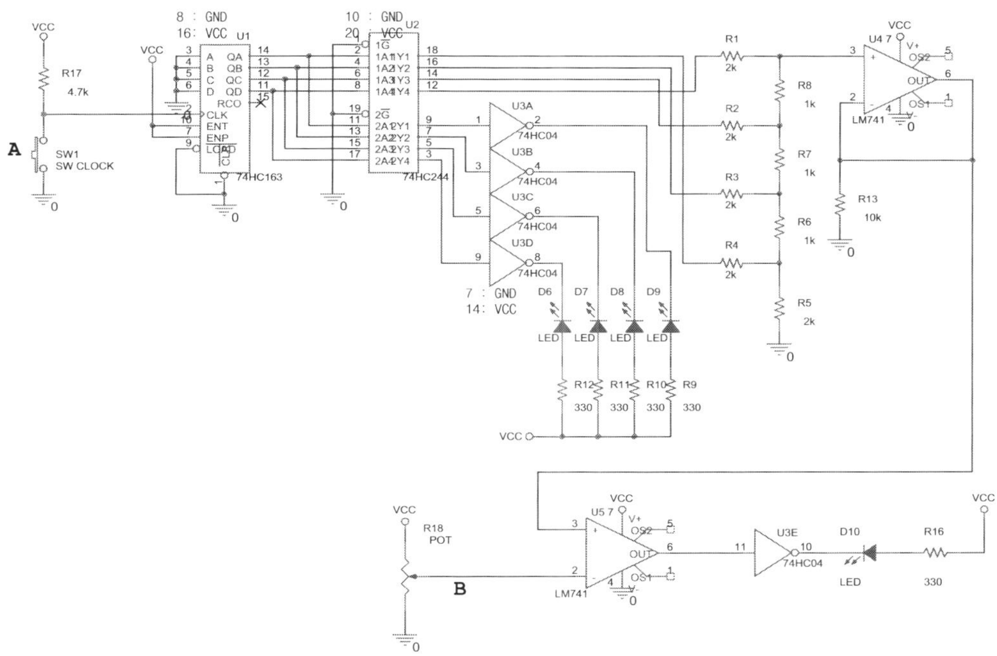

[그림 14.12] 4비트 ADC 실험을 위한 회로

ATmega128

CHAPTER 15

제 15 장 IR Sensor

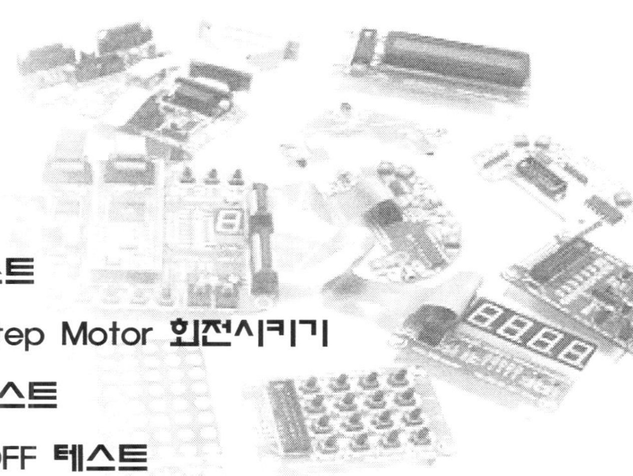

15.1 적외선 센서의 개요

1. 적외선 센서

적외선 센서는 사람의 눈으로는 보이지 않는 붉은색 스펙트럼의 바깥쪽에 위치한 약 900nm의 파장을 가지는 선으로 일반적으로 산업 분야에서 많이 사용되는 센서로써 특정 파장 대역의 적외선을 발산하는 발광 LED와 이에 해당하는 파장에만 반응하는 phototransistor로 구성된 수광 센서로 나뉜다. 발광 LED는 적외선 발산하는 LED이므로 일반적인 사람의 눈에 보이는 LED와 마찬가지로 구동할 수 있고, 외형 또한 동일하게 생겼다. 수광부 센서는 트랜지스터와 비슷한 구조를 가지며 베이스(B)단자가 없고, 빛을 받아 들인 양으로서 소자의 저항이 변한다. 그러므로 컬렉터와 에미터 사이에 흐르는 전류의 양이 변하게 된다.

2. 발광 센서와 수광 센서의 형태와 기호

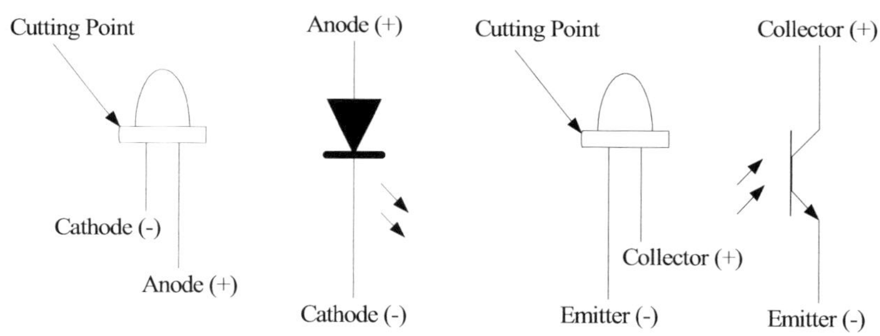

발광센서　　　　수광센서

3. 적외선 센서의 동작원리

적외선 센서는 발광부에서 적외선이 발산이 되고, 수광부 에서는 들어온 적외선의 양에 따라 저항 값이 틀려진다. 이는 곧 전류가 변한다는 의미로 회로에 연결된 저항에 의해 $V = i \times R$의 수식에 의해 전압으로 바뀐다. 출력되는 전압 값을 이용하여 센서 앞의 반사되는 물체의 유/무 또는 물체와의 거리를 판단할 수 있다.

4. 적외선 센서의 기본 회로도

발광 센서는 LED와 동일한 회로를 사용하여 on/off 제어할 수 있으며 수광부는 phototransistor로써 transistor의 base 단자 역할을 하는 입사광에 따라 변하는 transistor의 출력 전류가 저항을 거쳐 변환된 전압 값을 획득하여 사용한다.

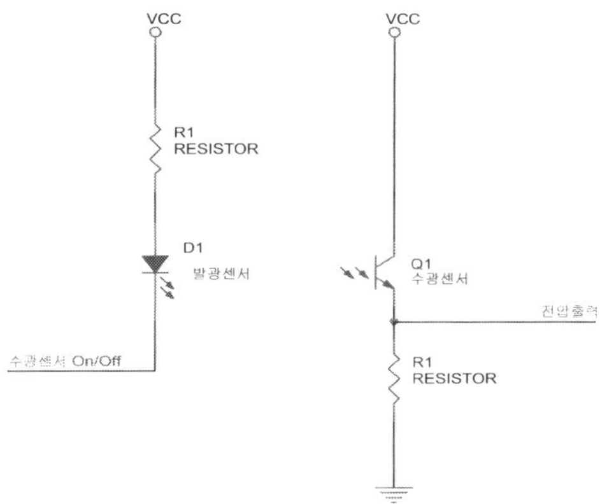

5. 적외선 센서의 배치에 따른 사용 예

(1) 반사식 배치

물체가 적외선을 반사한다는 점을 이용하여 적외선을 반사시켜 돌아오는 빛의 양으로 물체를 감지한다.

(2) 투과식 배치

물체가 적외선을 통과시키지 못하는 점을 이용하여 빛의 차단으로서 물체를 감지한다.

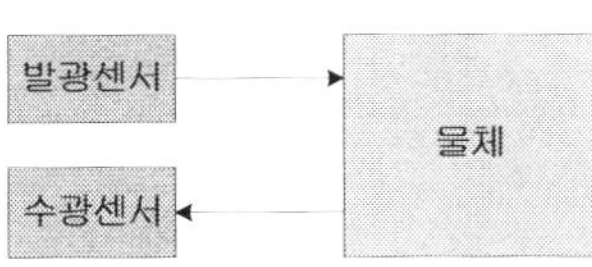

반사식 배치

투과식 배치

15.2 하드웨어 설명

[그림 15.1]과 같이 다량의 적외선 발광 센서를 사용하면 소비 전류가 많이 필요하다. 그렇기 때문에 ATmega128의 포트를 직접 사용하지 않고 ULN2803이라는 달링턴 TR을 사용하여 연결한다.

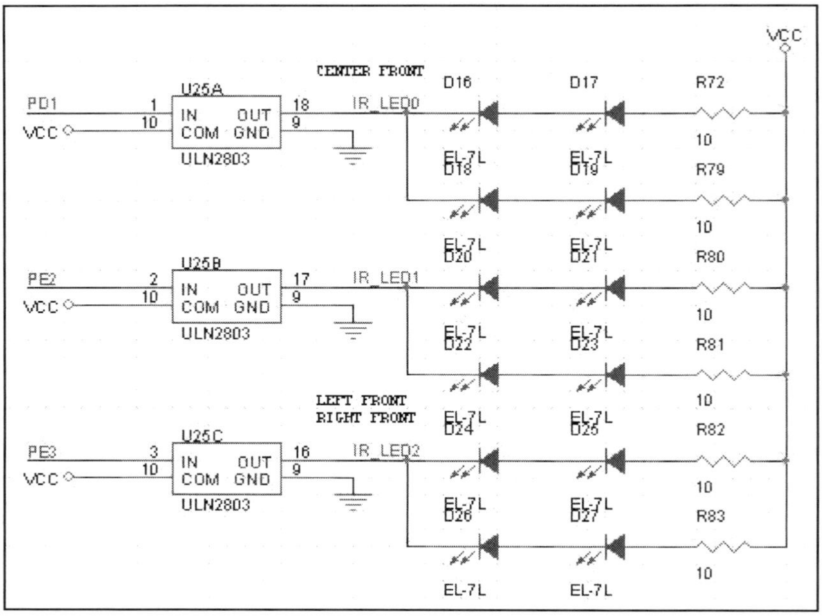

[그림 15.1]IR센서 발광부 회로도

적외선 센서에 입력되는 빛 중에서 DC 성분의 태양광이나 전원 전압의 주파수인 60Hz로 구동되는 백열등/형광등의 조명 빛을 차단하기 위해 C와 R로 구성된 high pass 필터를 사용하고 있다.

수광 센서는 3개씩 한 조로 나뉘며 ST-1KLA로 구성된 수광 센서들은 필터를 거친 후 ATmega128의 ADC 입력 채널에 연결되어 디지털 변환에 의해 입력된 광의 세기를 판단함으로써 물체와의 떨어진 거리를 판별한다. 마이크로 마우스와 같은 응용에서 전방/측면 센서로 사용하여 장애물과의 거리를 파악하고 속도 및 위치 제어에 사용할 수 있다. 이러한 센서는 디지털 값으로 변환된 후 이 값을 이용해서 단순한 물체의 존재 유/무를 판단하는 것에도 사용할 수 있다.

또 다른 한조는 ST-7L로 구성되며 필터를 거친 후 comparator를 통하여 '1'과 '0'의 디지털 신호로 출력된다. 가변저항을 조절함에 따라 물체와 떨어진 거리에 따라 일정 거리 이내에 물체가 존재할 경우 출력 값이 '1'이 되도록 하여 물체의 존재 유/무만을 판단하는 것에 사용한다.

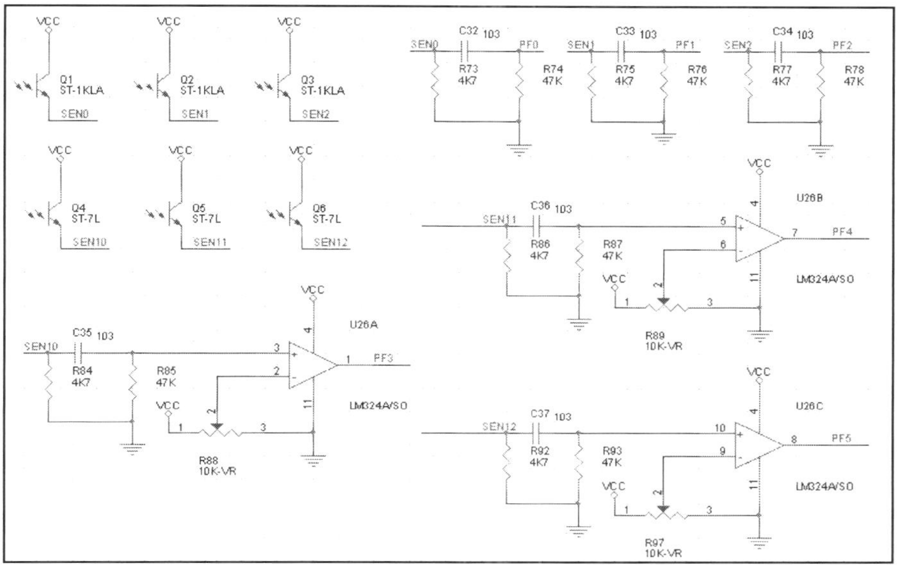

[그림 15.2] IR센서 수광부 회로도

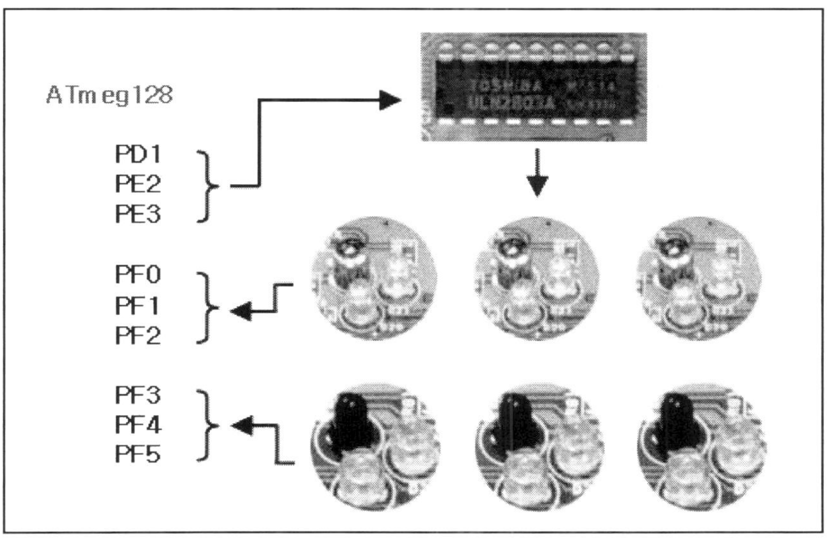

[그림 15.3] IR 센서의 단순한 연결선도

PD1, PE2, PE3은 ULN2803을 통하여 발광부 센서와 연결되어 있어 일정한 신호를 출력하면 발광하게 된다.(ULN2803은 제9장 LED DOT MATRIX 부분을 참조 바라며 입력 신호가 반전되어 출력된다.) PF2~PF0은 광량센서의 입력 핀이며, PF5~PF3은 근접센서의 입력 핀이다.

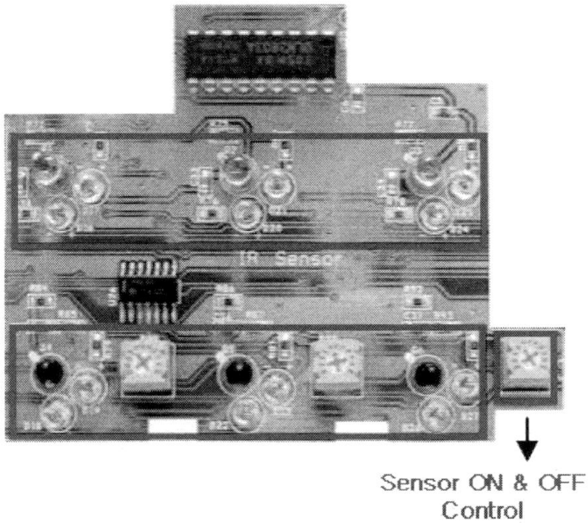

[그림 15.4] 6족의 센서와 가변저항의 모습

15.3 실험1 - 중앙 근접센서 테스트

※ 프로그램 실행

이번 실험은 6쪽의 센서 중 다음 그림에 빨간색으로 체크된 센서를 테스트한다.

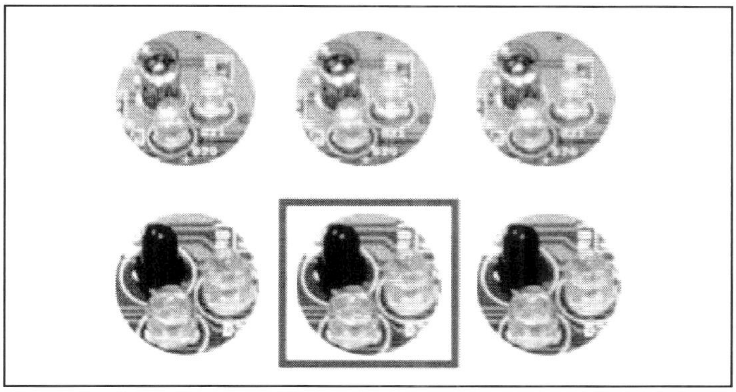

Sensor.hex 파일을 PonyProg2000을 사용하여 다운로드 한 후 센서를 테스트하기 전 다음 그림처럼 가변 저항을 왼쪽으로 돌려 7-Segment에 "1"이 표시되게 만든다.

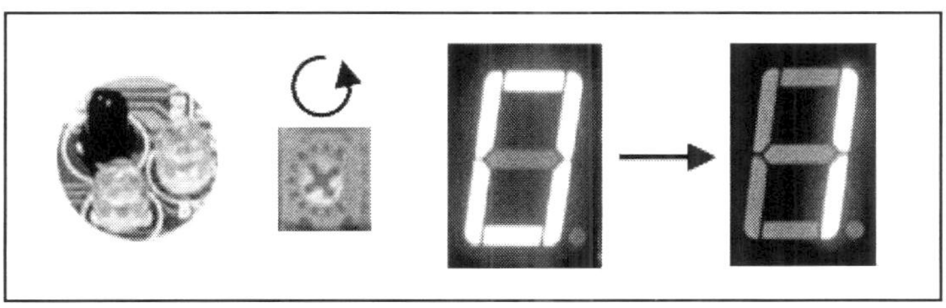

다음 그림처럼 가변저항을 오른쪽으로 미세조정 하여 7-Segment에 "0"이 다시 표시되게 만든다.(가변 저항의 조정으로 센서의 거리를 조정할 수 있다.)

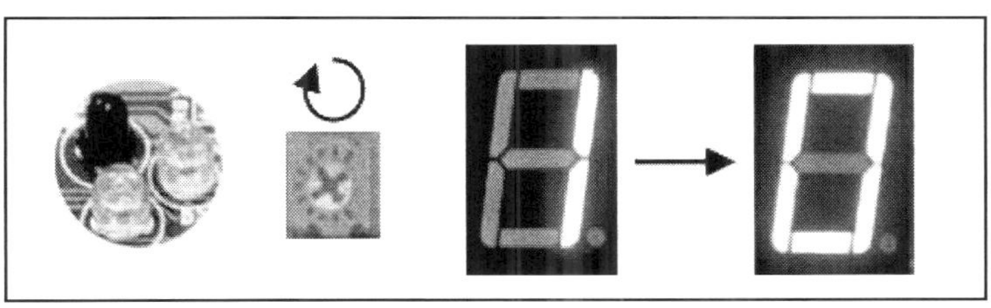

```
/*=================================================================
    File Name :  Sensor.c
    Explanation
    1. 6족의 센서 중 가운데에 있는 근접 센서를 사용하다.(Down)
    2. 가변 저항을 조절하여 7-segment에 '0' display 되도록 만들고
       센서 주변에 손을 갖다 대면 '1' display 된다.
    3. PE2 - 중앙 발광 센서    : PF4 - 중앙 수광 센서 (Down)
=================================================================*/
#include <avr/io.h>
#include <avr/interrupt.h>
#include <avr/signal.h>

volatile unsigned char  count, center_sensor;
unsigned char tmp;

void initialize_timer(void);

SIGNAL(SIG_OVERFLOW0)          //4000 Hz sensor interrupt routine
{
    TCNT0 = 141;               //250us
    count++;
    switch(count){
        case 1:
            tmp = PINE | 0x04;                 //center led on
            PORTE = tmp;
            break;
        case 2:
            center_sensor = PINF & 0x10;       //center led check
            tmp = PINE & ~0x04;                //center LED off
            PORTE = tmp;
            break;
        case 6:
            count = 0;
            break;
        default:
            break;
```

```
    }
}
int main(void)
{
    DDRD = 0xf0;            //상위 4비트 출력, 7-Segment-1
    DDRE = 0x04;            //PE2 발광 센서 출력
    DDRF = ~0x10;           //PF4 수광 센서 입력
    initialize_timer();
    while(1)
        PORTD = center_sensor;
}
void initialize_timer(void)
{
    TCNT0 = 141;            //{(0xff-TCNT0)+1} * prescaler * (1/14.7456Mhz) = time
    TCCR0 = 0x03;           //timer0 prescaler=32
    TIMSK = 0x01;           //TOIE0=1; timer0 overflow interrupt
    sei();                  //enable all interrupts
}
```

※ 프로그램 설명

타이머0를 사용하여 수광부, 발광부 센서의 입력과 출력을 결정하고, 그 값을 메인 함수에서 포트D에 출력하여 7-Segment에 표시하는 프로그램이다.

```
SIGNAL(SIG_OVERFLOW0)        //4000 Hz sensor interrupt routine
{
    TCNT0 = 141;             //250us
    count++;
    switch(count){
        case 1:
            tmp = PINE | 0x04;  //center led on
            PORTE = tmp;
            break;
        case 2:
            center_sensor = PINF & 0x10;  //center led check
            tmp = PINE & ~0x04;           //center LED off
            PORTE = tmp;
            break;
        case 6:
            count = 0;
            break;
        default:
            break;
    }
}
```

센서의 실제 입출력이 일어나는 함수이다. 발광부 센서가 연결되어 있는 PE2의 출력값과 수광부가 연결되어 있는 PF4의 입력을 받는 타이밍은 다음 같다.

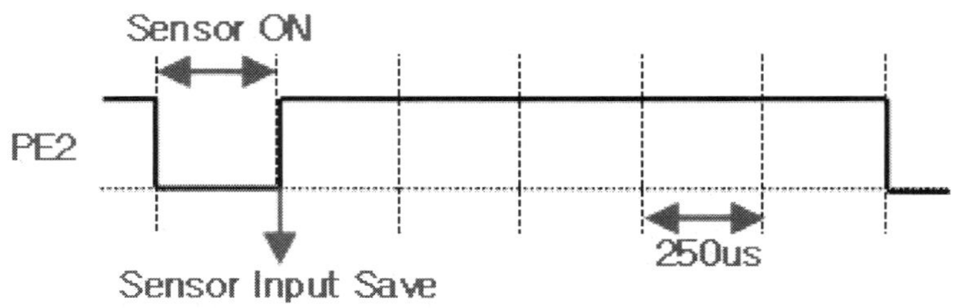

15.4 실험2 - 센서의 입력으로 Step Motor 회전시키기

※ 프로그램 실행

이번 실험은 6족의 센서 중 다음 그림에 빨간색으로 체크된 센서를 테스트한다.

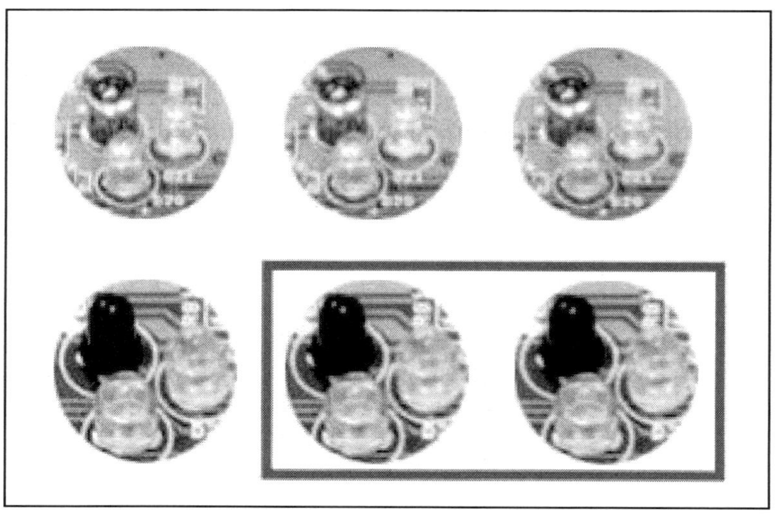

Sensor1.hex 파일을 PonyProg2000을 사용하여 다운로드하면 다음과 같이 동작한다. (실험1 처럼 가변 저항을 조절한다.)

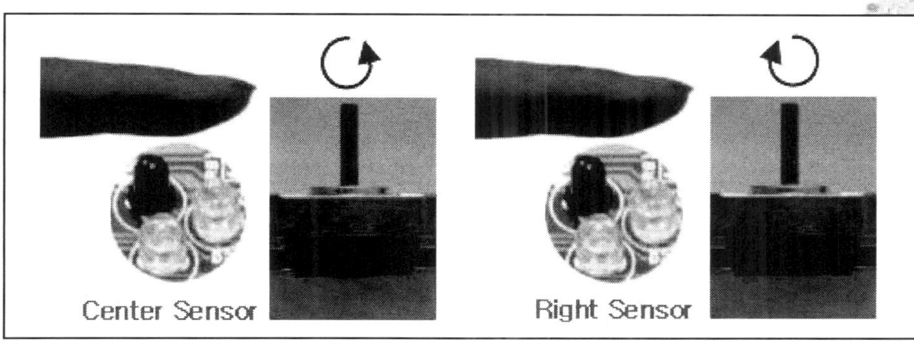


```
/*===========================================================================
    File Name :  Sensor1.c
    Explanation
    1. 근접 센서의 입력을 받아 Step Motor를 회전 시킨다.
    2. Step Motor를 KIT에 연결한 후 2개의 가변저항을 조절하여 Motor를 정지 시킨다.
    3. 중앙 센서의 입력이 있으면 정회전, 오른쪽 센서의 입력이
       있으면 역회전 한다.
    4. PE2 - 중앙 발광 센서    : PF4 - 중앙 수광 센서  (Down)
       PE3 - 오른쪽 발광 센서  : PF5 - 오른쪽 수광 센서(Down)
===========================================================================*/
#include <avr/io.h>
#include <avr/interrupt.h>
#include <avr/signal.h>

const unsigned char       two_phase[] = {0x05,0x06,0x0a,0x09};
volatile unsigned char  count, center_sensor, right_sensor, phase_pnt;
unsigned char dir, tmp;

void initialize_timer(void);
void delay(unsigned int d1, unsigned int d2);
void go_step_2phase(unsigned int time);

SIGNAL(SIG_OVERFLOW0)  //4000 Hz sensor interrupt routine
{
    TCNT0 = 141;              //250us
    count++;
    switch(count){
        case 1:
            tmp = PINE | 0x04;                //center led on (PE2)
            PORTE = tmp;
            break;
        case 2:
            center_sensor = PINF & 0x10; //center led check (PF4)
```

```
            tmp = PINE & ~0x0c;           //all led off (PE2 & PE3)
            PORTE = tmp;
            break;
        case 3:
            tmp = PINE | 0x08;            //right led on (PE3)
            PORTE = tmp;
            break;
        case 4:
            right_sensor = PINF & 0x20;   //right led check (PF5)
            tmp = PINE & ~0x0c;           //all led off (PE2 & PE3)
            PORTE = tmp;
            break;
        case 6:
            count = 0;
            break;
        default:
            break;
    }
}

int main(void)
{
    DDRD = 0xf0;                          //포트 D 상위 4비트=출력, 하위 4비트=입력
    DDRE = 0x0c;                          //PE2(center), PE3(right) 발광 센서 출력
    DDRF = ~((1<<4)|(1<<5));              //PF4(center), PF5(right) 수광 센서 입력
    initialize_timer();
    do{
        if(center_sensor){                //중앙 센서 입력이 있다.
            dir = 0;                      //정회전
            go_step_2phase(700);          //time = 700 =  1.5ms
        }
        else if(right_sensor){            //왼쪽 센서 입력이 있다.
            dir = 1;                      //역회전
            go_step_2phase(700);
        }
    }while(1);
}

void delay(unsigned int d1, unsigned int d2)
{
    unsigned int    i, j;

    for(i=0;i<d1;i++){
        for(j=0;j<d2;j++);
    }
}
```

```
void initialize_timer(void)
{
    TCNT0 = 141;     //{(0xff-TCNT0)+1}*prescaler*(1/14.7456Mhz)=time : 250us
    TCCR0 = 0x03; //timer0 prescaler=32
    TIMSK = 0x01;  //TOIE0=1; timer0 overflow interrupt
    sei();              //enable all interrupts
}

void go_step_2phase(unsigned int time)
{
    if(!dir)//정회전
        PORTD = (two_phase[phase_pnt++] << 4);
    else   //역회전
        PORTD = (two_phase[phase_pnt--] << 4);
    phase_pnt &= 0x03;    //phase_pnt = (4,0xff)이면 -> phase_pnt = (0,3)
    delay(time, 100);
}
```

※ 프로그램 설명

실험1과 모든 면이 유사하며 타이머0에서 센서의 발광부인 PE3의 출력과 그 센서의 입력에 연결되어 있는 PF5가 추가된 형태로 PE2, PE3의 출력 타이밍과 PF4, PF5의 입력받는 타이밍은 다음과 같다.(스텝모터의 회전은 11장 스텝모터 부분을 참고하기 바란다.)

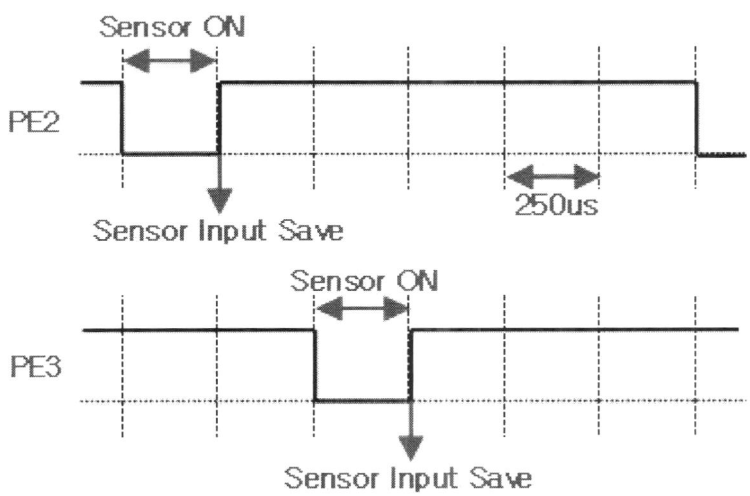

15.5 실험3 - 3족의 근접센서 테스트

※ 프로그램 실행

이번 실험은 6족의 센서 중 아래쪽 3개의 근접센서를 테스트 한다.
Sensor2.hex 파일을 PonyProg2000을 사용하여 다운로드하면 다음과 같이 동작한다. (실험1 처럼 가변저항을 조절한다.)

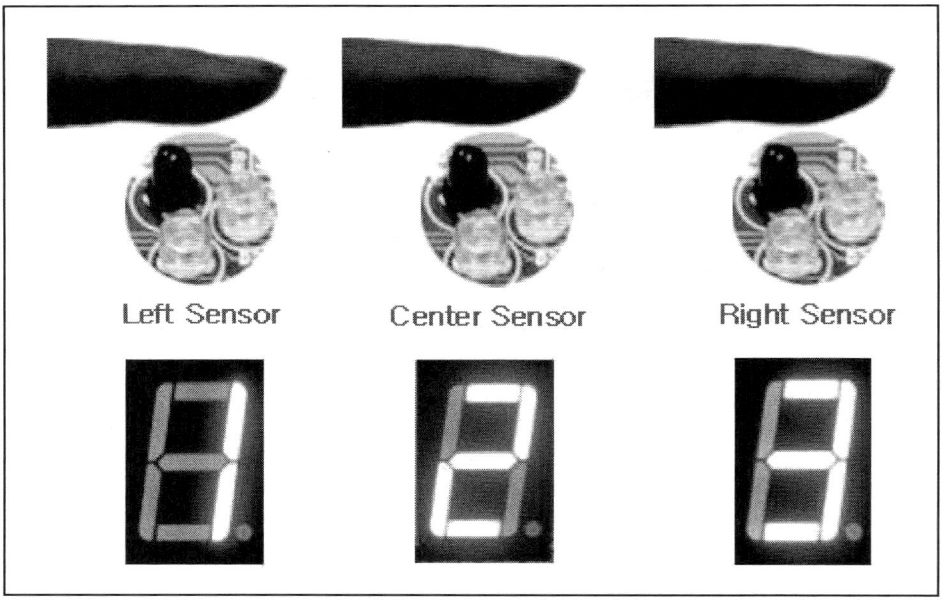


```
/*============================================================================
    File Name :  Sensor2.c
    Explanation
    1. 근접 센서의 입력을 받아 7-Segment에 수를 표시한다.
    2. 3개의 가변저항을 조절하여, 7-Segment에 '0'을 display 시킨다.
    3. left-sensor = '1', center-sensor = '2', right-sensor = '3' Display
    4. PE2 - 중앙 발광 센서    : PF4 - 중앙 수광 센서  (Down)
       PE3 - 오른쪽 발광 센서  : PF5 - 오른쪽 수광 센서(Down)
       PD1 - 왼쪽 발광 센서    : PF3 - 왼쪽 수광 센서  (Down)
============================================================================*/
#include <avr/io.h>
#include <avr/interrupt.h>
#include <avr/signal.h>
```

```
volatile unsigned char  count, center_sensor, right_sensor, left_sensor;
unsigned char save_sensor, sensor;

void initialize_timer(void);

SIGNAL(SIG_OVERFLOW0)  //4000 Hz sensor interrupt routine
{
    unsigned char tmp;

    TCNT0 = 141;        //250us
    count++;
    switch(count){
        case 1:
            tmp = PINE | 0x04;              //center led on (PE2)
            PORTE = tmp;
            break;
        case 2:
            center_sensor = PINF & 0x10;//center led check (PF4)
            tmp = PINE & ~0x0c;             //center, right led off (PE2,PE3)
            PORTE = tmp;
            break;
        case 3:
            tmp = PINE | 0x08;              //right led on (PE3)
            PORTE = tmp;
            break;
        case 4:
            right_sensor = PINF & 0x20; //right led check (PF5)
            tmp = PINE & ~0x0c;             //center, right led off (PE2,PE3)
            PORTE = tmp;
            break;
        case 5:
            tmp = PIND | 0x02;              //left led on (PD1)
            PORTD = tmp;
            break;
        case 6:
            left_sensor = PINF & 0x08;  //left led check (PF3)
            tmp = PIND & ~0x02;             //left led off (PD1)
            PORTD = tmp;
            count = 0;
            break;
        default:
            break;
    }
}

int main(void)
```

```
{
    unsigned char tmp;

    DDRD = 0xf2; //PD7,PD6,PD5,PD4 = 7-Segment & PD1(left) = Output
    DDRE = 0x0c; //PE2(center),PE3(right) = Output
    DDRF = ~((1<<3)|(1<<4)|(1<<5));//PF3(left)PF4(center),PF5(right) = Input
    initialize_timer();
    save_sensor = sensor;
    do{
        sensor = left_sensor | center_sensor | right_sensor ;
        if(save_sensor != sensor){     //저장된 값과 현재 값이 다르다.
            if(left_sensor != 0){
                tmp = PIND | 0x10;
                PORTD = tmp;
            }
            else if(center_sensor != 0){
                tmp = PIND | 0x20;
                PORTD = tmp;
            }
            else if(right_sensor != 0){
                tmp = PIND | 0x30;
                PORTD = tmp;
            }
            else{
                tmp = PIND & 0x02;
                PORTD = tmp;
            }
            save_sensor = sensor;
        }
    }while(1);
}

void initialize_timer(void)
{
    TCNT0 = 141;     //{(0xff-TCNT0)+1}*prescaler*(1/14.7456Mhz)=time : 250us
    TCCR0 = 0x03;  //timer0 prescaler=32
    TIMSK = 0x01;  //TOIE0=1; timer0 overflow interrupt
    sei();           //enable all interrupts
}
```

※ 프로그램 설명

```
sensor = left_sensor | center_sensor | right_sensor ;
if(save_sensor != sensor){     //저장된 값과 현재 값이 다르다.
    .......
    save_sensor = sensor;
```

왼쪽, 중앙, 오른쪽 수광 센서의 입력이 있으면 left_sensor, center_sensor, right_sensor 변수 각각의 3, 4, 5비트들이 1로 된다. 이 변수들을 OR하여 sensor에 저장하고 sensor 값을 미리 저장해둔 save_sensor 값과 비교를 하여 현재 센서의 입력이 있으면 출력을 하게 되고 없으면 계속 이 부분을 체크하여 센서 입력의 유무를 확인할 수 있다.

발광부 출력 타이밍과 수광부 입력 타이밍은 다음과 같다.

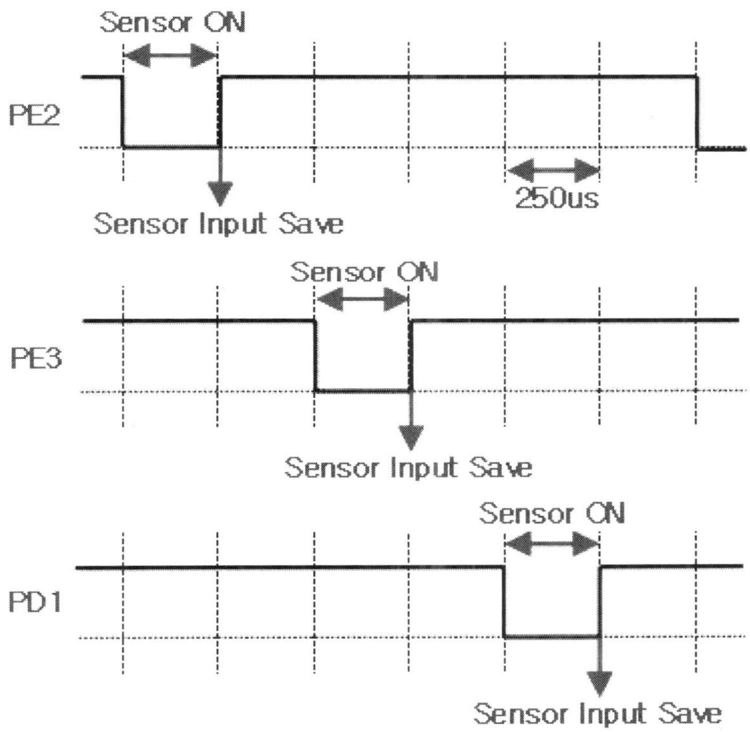

15.6 실험4 - 광량 센서의 ON-OFF 테스트

※ 프로그램 실행

이번 실험은 6족의 센서 중 위쪽 3개의 광량센서를 테스트 한다.
Sensor3.hex 파일을 PonyProg2000을 사용하여 다운로드하면 다음과 같이 작동한다.

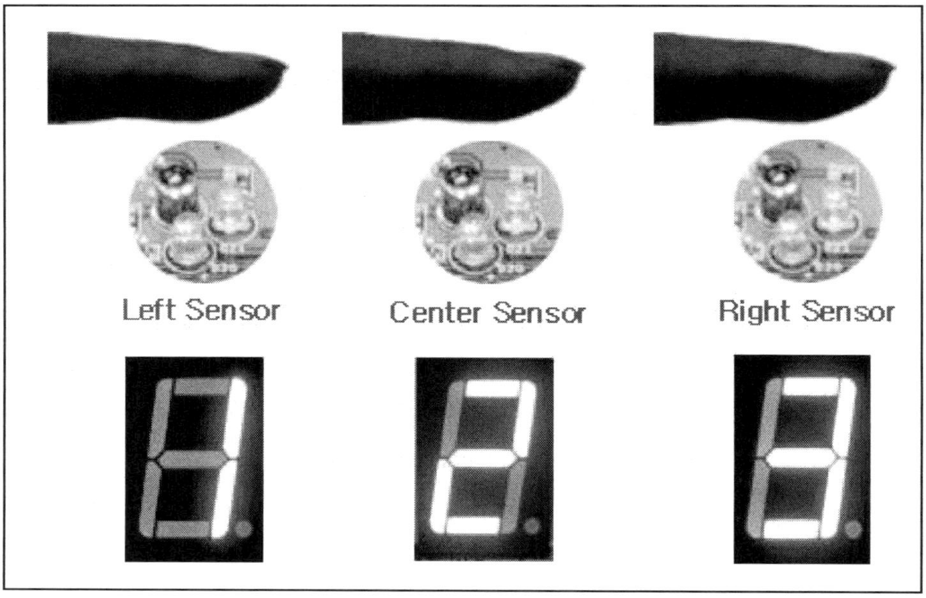


```
/*=====================================================================
    File Name :  Sensor3.c
    Explanation
    1. 광량센서의 ON-OFF를 테스트 한다.
    2. 센서의 입력을 받아 7-Segment에 수를 표시한다.
    3. left-sensor = '1', center-sensor = '2', right-sensor = '3' Display
    4. PE2 - 중앙 발광 센서     : PF1 - 중앙 수광 센서  (UP)
       PE3 - 오른쪽 발광 센서  : PF2 - 오른쪽 수광 센서(UP)
       PD1 - 왼쪽 발광 센서     : PF0 - 왼쪽 수광 센서  (UP)
=====================================================================*/
#include <avr/io.h>
#include <avr/interrupt.h>
#include <avr/signal.h>
```

```
volatile unsigned char  count, center_sensor, right_sensor, left_sensor;
unsigned char save_sensor, sensor;

void initialize_timer(void);

SIGNAL(SIG_OVERFLOW0)  //4000 Hz sensor interrupt routine
{
    unsigned char tmp;

    TCNT0 = 141;            //250us
    count++;
    switch(count){
        case 1:
            tmp = PINE | 0x04;              //center led on (PE2)
            PORTE = tmp;
            break;
        case 2:
            center_sensor = PINF & 0x02;    //center led check (PF1)
            tmp = PINE & ~0x0c;             //center, right led off (PE2,PE3)
            PORTE = tmp;
            break;
        case 3:
            tmp = PINE | 0x08;              //right led on (PE3)
            PORTE = tmp;
            break;
        case 4:
            right_sensor = PINF & 0x04;     //right led check (PF2)
            tmp = PINE & ~0x0c;             //center, right led off (PE2,PE3)
            PORTE = tmp;
            break;
        case 5:
            tmp = PIND | 0x02;              //left led on (PD1)
            PORTD = tmp;
            break;
        case 6:
            left_sensor = PINF & 0x01;      //left led check (PF0)
            tmp = PIND & ~0x02;             //left led off (PD1)
            PORTD = tmp;
            count = 0;
            break;
        default:
            break;
    }
}

int main(void)
{
```

```
    unsigned char tmp;

    DDRD = 0xf2; //PD7,PD6,PD5,PD4 = 7-Segment & PD1(left) = Output
    DDRE = 0x0c; //PE2(center),PE3(right) = Output
    DDRF = ~((1<<0)|(1<<1)|(1<<2));//PF0(left)PF1(center),PF2(right) = Input
    initialize_timer();
    save_sensor = sensor;
    do{
        sensor = left_sensor | center_sensor | right_sensor ;
        if(save_sensor != sensor){   //저장된 값과 현재 값이 다르다.
            if(left_sensor){
                tmp = PIND | 0x10;
                PORTD = tmp;
            }
            else if(center_sensor != 0){
                tmp = PIND | 0x20;
                PORTD = tmp;
            }
            else if(right_sensor != 0){
                tmp = PIND | 0x30;
                PORTD = tmp;
            }
            else{
                tmp = PIND & 0x02;
                PORTD = tmp;
            }
            save_sensor = sensor;
        }
    }while(1);
}

void initialize_timer(void)
{
    TCNT0 = 141;     //{(0xff-TCNT0)+1}*prescaler*(1/14.7456Mhz)=time : 250us
    TCCR0 = 0x03;  //timer0 prescaler=32
    TIMSK = 0x01;  //TOIE0=1; timer0 overflow interrupt
    sei();          //enable all interrupts
}
```

※ 프로그램 설명

실험3과 거의 모든 게 유사하다. 다만 수광부가 연결되어 있는 핀이 달라서 입력을 받는 부분이 다르다. 왼쪽 수광부는 PF0, 중앙 수광부는 PF1, 오른쪽 수광부는 PF2에 연결되어 있다.

15.7 실험5 - 광량 센서의 광량 테스트

※ 프로그램 실행

이번 실험은 6족의 센서 중 위쪽 중앙 광량센서를 테스트 한다.

Sensor4.hex 파일을 PonyProg2000을 사용하여 다운로드하면 다음과 같이 작동한다.

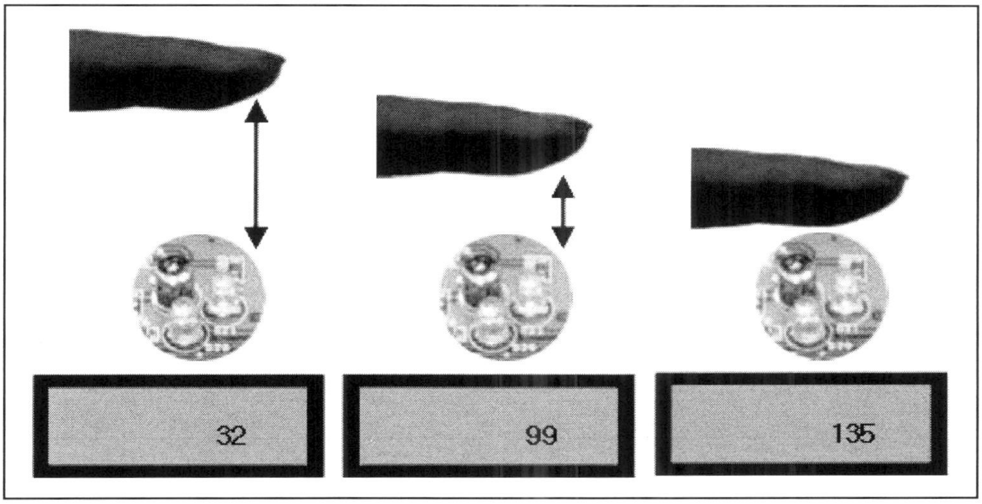


```
/*================================================================
    File Name :  Sensor4.c
    Explanation
    1. 중앙 광량센서의 광량을 테스트 한다.
    2. ADC (Analog to Digital Converter)를 학습하다.
    3. 중앙 센서의 거리를 체크하여 LCD에 표시한다.
    4. PE2 - 중앙 발광 센서    : PF1 - 중앙 수광 센서  (UP)
================================================================*/
#include <avr/io.h>
#include <avr/interrupt.h>
#include <avr/signal.h>

#define TLCD_CTRL (unsigned char *)0x7000
#define TLCD_DATA (unsigned char *)0x7001
#define AD_MUX    (1<<6)|(1<<5)
#define ADC_SR    (1<<7)|(1<<2)|(1<<1)

volatile unsigned char  center_sensor, count;
```

```
unsigned char *lcd_data, *lcd_control;

void initialize_timer(void);
void initialize_adc(void);
void delay(int d1, int d2);
void initialize_text_lcd(void);
void lcd_control_wait(void);
void lcd_data_wait(void);
void adc_display(unsigned char data);

SIGNAL(SIG_OUTPUT_COMPARE1A)            //4000 Hz sensor interrupt routine
{
    unsigned char tmp;

    count++;
    switch(count){
        case 1:
            tmp = PINE | 0x04;              //center led on (PE2)
            PORTE = tmp;
            break;
        case 2:
            ADMUX = AD_MUX | 1 ;            //center sensor signal conversion start
            ADCSR = ADC_SR |(1<<(ADSC);     //bit6 ADSC : 1(start conversion)
            tmp = PINE & ~0x04;             //center LED off
            PORTE = tmp;
            break;
        case 3:
            center_sensor = ADCH;            //ADC Save
            break;
        case 6:
            count=0;
            break;
        default:
            break;
    }
}

int main(void)
{
    unsigned char tmp;

    MCUCR |= (1<<(SRE);     //SRE=1 외부 메모리 액세스 가능
    DDRE = (1<<(2);         //(PE2) Input
    initialize_timer();
    initialize_adc();
    initialize_text_lcd();
    sei();                  //enable all interrupts
```

```
    do{
        tmp = center_sensor;
        adc_display(tmp);
    }while(1);
}

void initialize_timer(void)
{
    TCCR1A = 0x00;      //bit7,6-COM1A1,COM1A0  :  00(normal port operation)
                        //bit1,0-WGM11,WGM10 : 00(CTC-Clear Timer on Compare Match)
    TCCR1B = 0x0a;      //bit4,3-WGM13,WGM12  : 01(CTC mode)
                        //bit2,1,0-CS12,CS11,CS10 : 010(8 prescaler)
    TCCR1C = 0x00;      //bit7-FOC1A : 0
    TIMSK = 0x10;       //bit4-OCIE1A : timer1 output compare A match interrupt enable
    OCR1A = 461;        //(1024 * OCR1A) / 14.7456Mhz = time
                        //OCR1A=(time*14.7456Mhz)/prescaler, 250us일때 OCR1A=461
}

void initialize_adc(void)
{
    ADMUX = AD_MUX;   //bit7,6 REFS1,REFS0 : 01
                      //bit5    ADLAR        : 1
    ADCSR = ADC_SR;   //bit7      ADEN        : 1(ADC enable)
                      //bit2,1,0 ADPS2~0    : 110(64 prescaler)
                      //ADC CLOCK = system clock / 64 = 172.8kHz
    SFIOR = 0x00;
}

void delay(int d1, int d2)
{
    int i, j;

    for(i=0;i<d1;i++){
        for(j=0;j<d2;j++);
    }
}

void initialize_text_lcd(void)
{
    lcd_control = TLCD_CTRL; //LCD-CTRL의 물리적 주소 할당
    lcd_data = TLCD_DATA;    //LCD-DART의 물리적 주소 할당

    lcd_control_wait();          //시간 지연
    *lcd_control = 0x38;         //8-bit 인터페이스와 2줄에 걸쳐 출력하는 모드 설정
    lcd_control_wait();

    *lcd_control = 0x02;         //커서를 1행 1열로 이동
```

```
    lcd_control_wait();

    *lcd_control = 0x01;    //화면 클리어
    lcd_control_wait();

    *lcd_control = 0x06;    //커서의 어드레스가 증가 - 오른쪽으로 이동
    lcd_control_wait();

    *lcd_control = 0x0c;    //표시 on, 커서 off
    lcd_control_wait();
}

void lcd_control_wait(void)
{
    delay(1000, 100);
}

void lcd_data_wait(void)
{
    delay(1000, 10);
}

void adc_display(unsigned char data)
{
    unsigned char tmp1=0,tmp2=0,tmp3=0;

    lcd_control = TLCD_CTRL; //LCD-CTRL의 물리적 주소 할당
    lcd_data = TLCD_DATA;    //LCD-DART의 물리적 주소 할당

    *lcd_control = 0xC8;         //LCD창의 어드레스 선택 0x80+ADD(실제 어드레스=0x48)
    lcd_control_wait();

    if(data>=100){
        tmp1=data/100;
        tmp2=(data%100)/10;
        tmp3=data%10;
        *lcd_data= '0'+ tmp1;//100의 자리 표시
        lcd_data_wait();
        *lcd_data= '0'+ tmp2;//10의 자리 표시
        lcd_data_wait();
        *lcd_data= '0'+ tmp3;//1의 자리 표시
        lcd_data_wait();
    }
    else if(data>=10){
        tmp1=data/10;
        tmp2=data%10;
        *lcd_data=' ';          //100의 자리 표시-표시 없음
```

```
        lcd_data_wait();
        *lcd_data='0'+tmp1;  //10의 자리 표시
        lcd_data_wait();
        *lcd_data='0'+tmp2;  //1의 자리 표시
        lcd_data_wait();
    }
    else{
        *lcd_data=' ';          //100의 자리 표시-표시 없음
        lcd_data_wait();
        *lcd_data=' ';          //100의 자리 표시-표시 없음
        lcd_data_wait();
        *lcd_data='0'+data;  //1의 자리 표시
        lcd_data_wait();
    }
}
```

※ 프로그램 설명

광량 센서의 입력을 AD 컨버터를 사용하여 Text LCD에 표시하는 프로그램이다. AD 컨버터 설정 함수인 initialize_adc()와 Text LCD에 입력된 값을 표시하는 함수인 adc_display()는 14장 AD 컨버터를 참조하기 바란다.

타이머1을 250us마다 인터럽트가 걸리게 설정을 한 후 타이머1 함수에서 발광부의 출력을 하고 입력된 값을 AD 컨버터 한다.

```
case 1:
    tmp = PINE | 0x04;    //center led on (PE2)
    PORTE = tmp;
    break;
case 2:
    ADMUX = AD_MUX | 1 ;          //center sensor signal conversion start
    ADCSR = ADC_SR |(1<<(ADSC);//bit6 ADSC : 1(start conversion)
    tmp = PINE & ~0x04;           //center LED off
    PORTE = tmp;
    break;
case 3:
    center_sensor = ADCH;          //ADC Save
    break;
```

처음 인터럽트가 걸리면 중앙 발광부 센서의 출력을 내보내고, 두 번째 인터럽트가 걸리면 수광부로 입력되는 전압을 AD 컨버터 한다. 우선 ADMUX의 하위 5비트 MUX4~MUX0의 값을 00001로 만들어 ADC1(ATmega의 외부 핀 PF1)을 선택한 후 ADCSR의 6비트인 ADSC를 1로 만들어 변환을 시작한다. 변환이 완료되면 ADCH에 변환된 결과 값이 저장된다. 세 번째 인터럽트가 호출되면 ADCH의 값을 변수에 저장한다. 이 저장된 값을 메인 함수에서 Text LCD에 표시하게 된다.

ATmega128

CHAPTER 16

제 16 장 Audio 출력

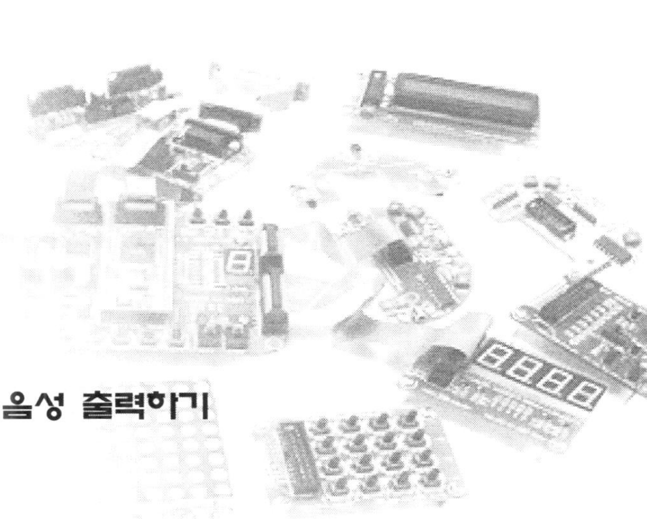

16.1 Audio 출력 이란?

이장의 내용은 PC의 wave파일이나 기타 음성 파일에서 디지털 부호화된 음성의 정보를 82C55의 포트를 통해 출력하고 이것을 아날로그 음성으로 변환하여 스피커를 통해 출력하는 내용이다.

사람의 귀로 들을 수 있는 소리는 아날로그 형태이며 이를 PC 등의 디지털 기기에 저장하는 등의 조작을 하기 위해서는 디지털로 변환을 해야 한다. 이렇게 저장된 음성을 재생하여 사람이 듣기 위해서는 디지털 데이터를 아날로그 형태로 변환하여 출력해서 사람의 귀로 들을 수 있는 형태로 변환해야 한다. [그림 16.1]와 같이 Analog Input을 Sampling Clock을 사용하여 특정 시점별로 샘플링하여 디지털로 변환하고, 이 데이터를 압축하거나 다른 포맷으로 변환을 하게 된다. 이렇게 변환된 데이터는 아날로그로 출력되기 위해 압축이 되었다면 압축 해제를, 포맷이 변환되었다면 원래의 포맷으로 재 변환을 수행하게 되고 아날로그 변환기를 거쳐 출력된다.

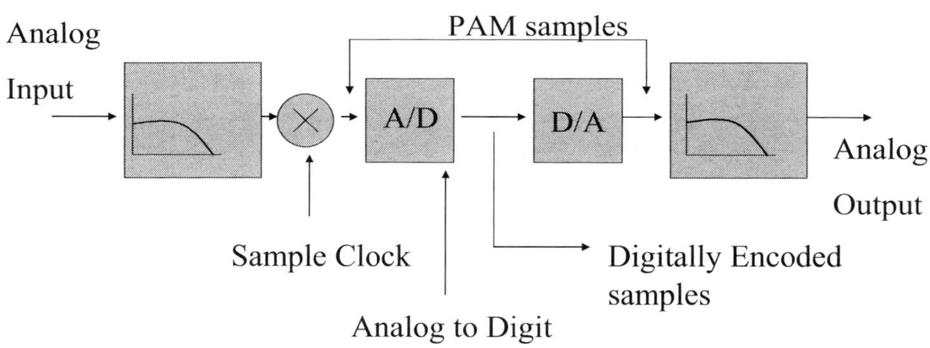

[그림 16.1] 디지털 시스템에서 아날로그 데이터를 변환하는 방법

아날로그 형태의 음성 데이터는 [그림 16.2]에서 보듯이 시간에 대하여 연속성을 가지고 있을 뿐만 아니라 크기에 대해서도 연속된 값을 가지고 있다. 이러한 아날로그 데이터는 디지털로 변환되기 위해 일정 시간 간격으로 그 값을 택하며 이 과정을 Sampling이라고 하며 신호의 Sampling 주기는 아날로그 신호가 변화하는 주기의 최소 2배 이상으로 해야 한다. Sampling된 값의 크기는 디지털 부호의 종류에 따라 결정되며 4비트 디지털 시스템에서는 -8~+7까지 모두 16가지의 부호 중에 하나로 결정된다.

[그림 16.2]은 일정한 시간 t를 주기로 t0에서 t12까지 연속된 신호를 샘플링하고 이를 4비트의 디지털로 양자화한 상황을 보이고 있다. t1의 경우 아날로그 값은 약 0.7이나 디지털로 양자화 되면서 1로 변환되며, t4의 경우에는 아날로그의 값은 약 6.6이지만 이 값이 디지털로 양자화 되면서 7이라는 값으로 변환된다. 디지털로 변환되면서 아날로그의 값이 실제 값과 달리 비트 크기에 따라 정해지는 일정한 디지털 부호로 변환되면서 특정한 값으로 정해지는 과정에서 발생하는 아날로그 값과의 차이를 양자화 오류라고 부른다.

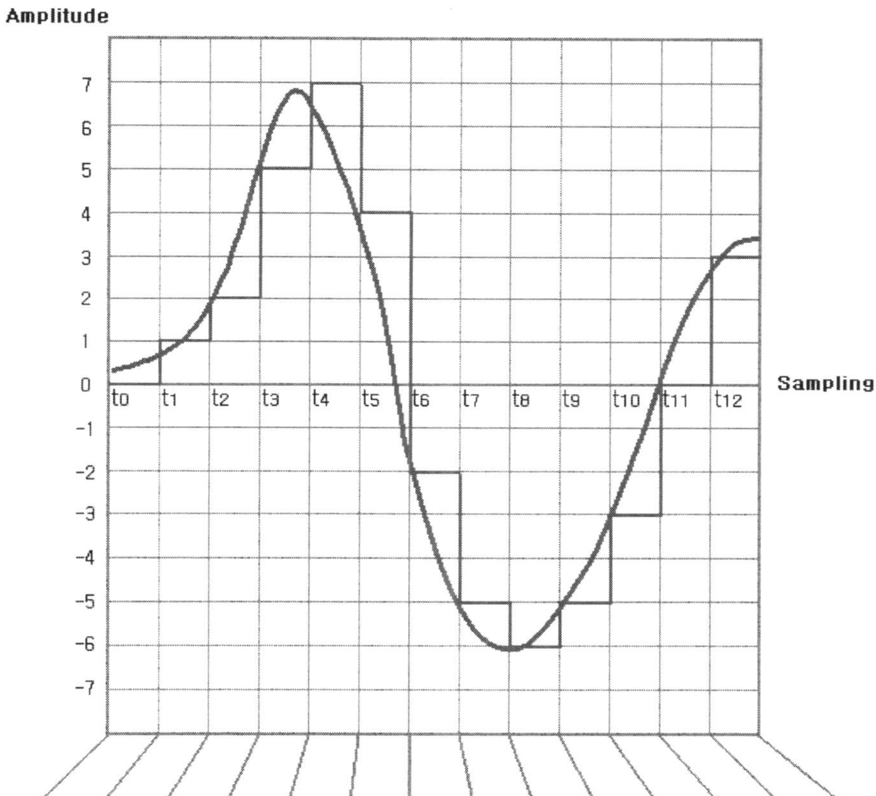

샘플값	t0	t1	t2	t3	t4	t5	t6	t7	t8	t9	t10	t11	t12
10진수	0	1	2	5	7	4	-2	-5	-6	-5	-3	0	3
4비트 코드	0000	0001	0010	0101	0111	0100	1010	1101	1110	1101	1011	0000	0011

[그림 16.2] 아날로그 신호를 디지털 신호로 변환하기

예제 프로그램에서는 이렇게 디지털로 변환된 음성 데이터를 Sampling된 시간 간격에 맞추어 아날로그로 다시 변환하여 출력한다. [그림 16.3]은 PC에 디지털로 저장된 음성 데이터의 전체 모습이다.

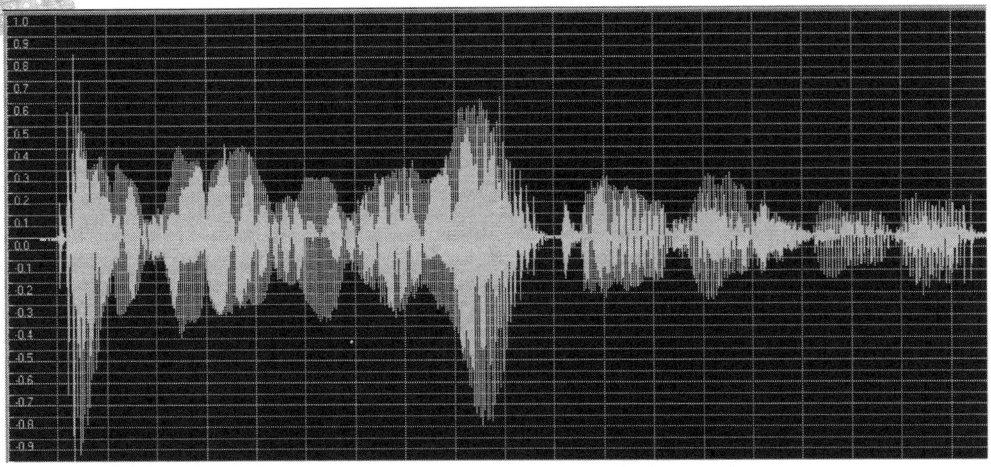

[그림 16.3] PC에 디지털로 저장된 음성 파일

[그림 16.4]는 [그림 16.3]의 일부분은 확대한 것으로 디지털로 변환 되면서 일정한 크기로 데이터가 양자화 된 모습을 볼 수 있다.

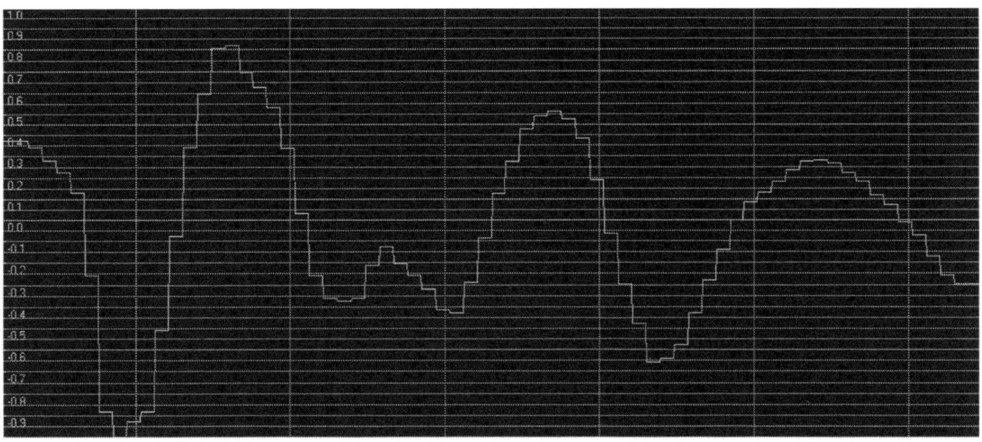

[그림 16.4] [그림 16.3]의 일부 확대 화면

Dr. Kim ATmega128 Training Kit는 [그림 16.5]와 같이 Ladder 저항을 사용하여 디지털 신호를 아날로그 신호로 변환 하도록 구성되어 있다. Ladder 저항을 사용한 D/A 변환에 사용되는 저항의 값은 R과 2R의 값을 1:2의 비율을 유지하면 되나 저항의 정밀도에 따라 D/A 변환 품질에 영향을 미치게 되므로 정밀한 변환에는 사용하기 힘들다. 그러나 이러한 구조는 간단한 D/A 변환에는 많이 사용된다. 최근에는 반도체 제조 기술의 향상에 따라 D/A 변환 전용 반도체에 Ladder 저항을 사용한 변환회로를 내장하고 이 저항을 레이저 등을 사용하여 미세가공 함으로써 정밀한 변환이 가능하게 되었다.

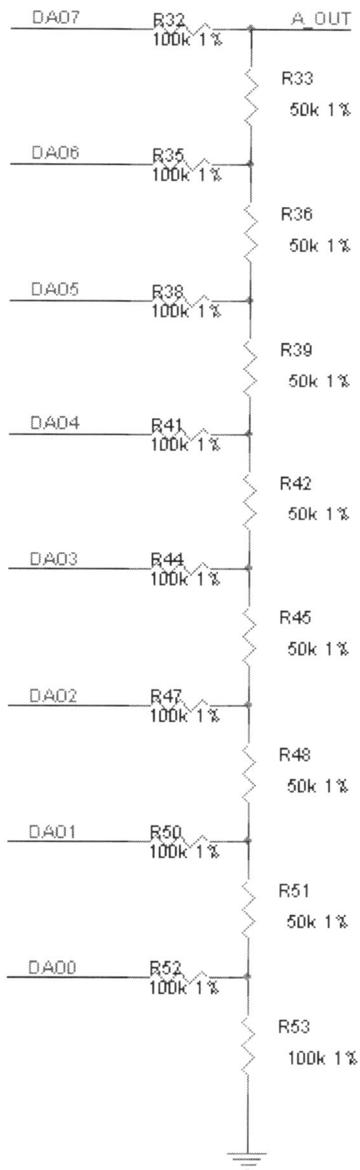

[그림 16.5] 디지털 신호를 아날로그 신호로 변환하는 회로

16.2 하드웨어 설명

[그림 16.6]은 디지털 값이 아날로그 값으로 변환되어 출력되는 회로로써 A_OUT 신호는 앞의 [그림 16.4]와 같이 부드럽지 않은 계단 형태의 파형이 출력된다.

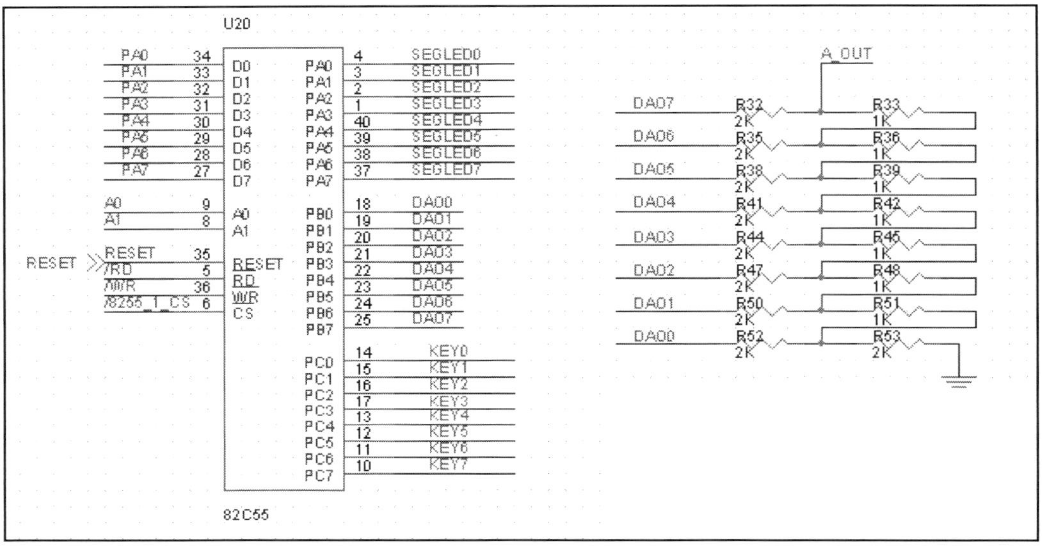

[그림 16.6] 82C55에 연결된 Audio 포트 회로도

[그림 16.7]은 Low-pass filter로써 A_OUT 신호를 받아서 계단 형태의 파형을 부드럽게 만드는 역할을 하고 이 때 출력되는 신호를 가변저항으로 크기를 조절하여 스피커를 구동하는 AMP 신호를 만들어 오디오 앰프에 전달한다.

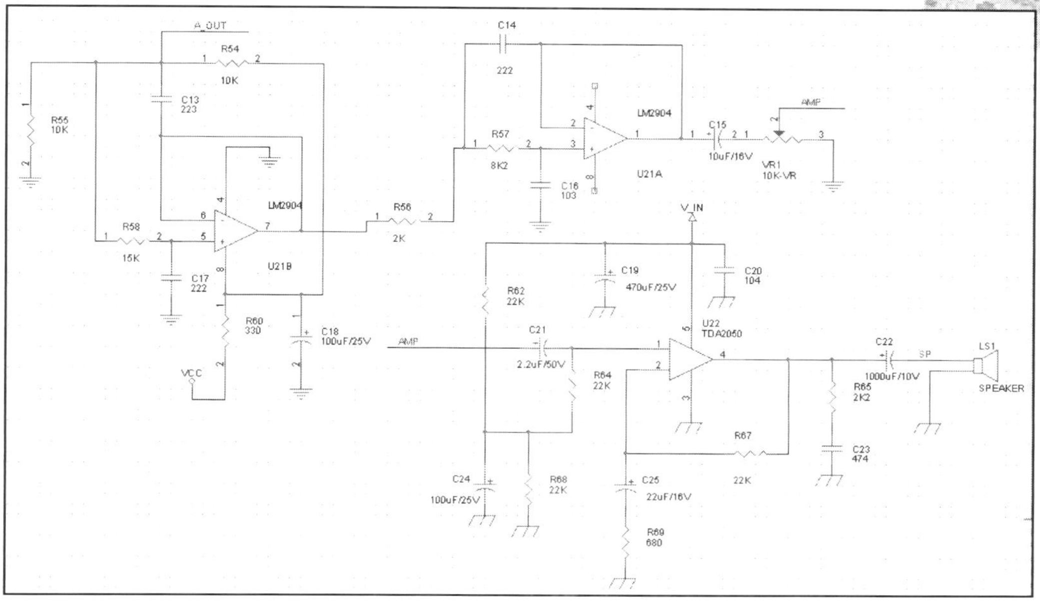

[그림 16.7] Audio 출력 부분 회로도

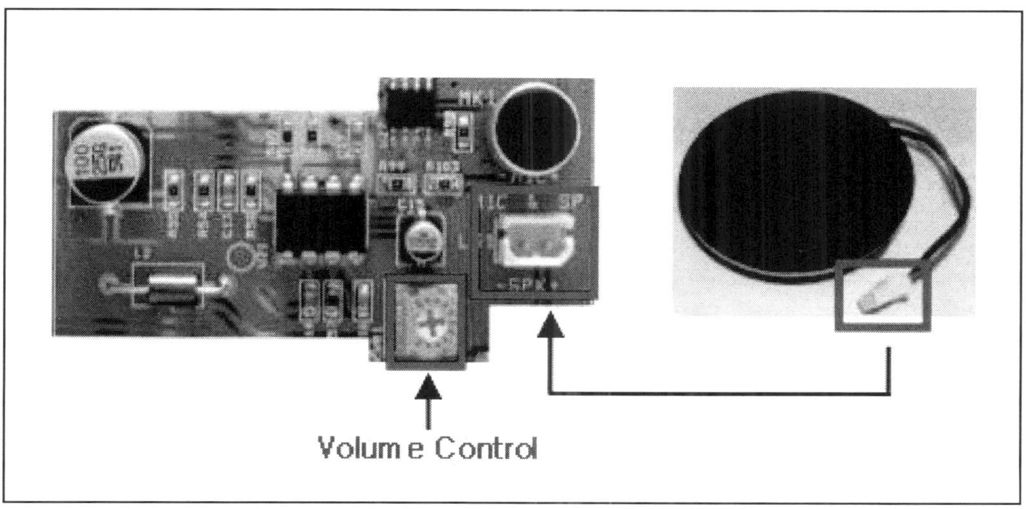

[그림 16.8] 스피커 연결 잭과 음량 조절 가변저항기

16.3 실험1 - 음성 출력하기

※ 프로그램 실행

Voice.hex 파일을 PonyProg2000을 사용하여 다운로드하고 스피커를 연결 하면 음성이 재생된다. 음량조절 가변저항을 조절하면 음성의 크기를 조절할 수 있다.

```
/*=======================================================================
    File Name :  Voice.c
    Explanation
    1. 음성 출력에 대한 학습한다. (스피커를 연결 하세요)
    2. 11.025Khz로 샘플링된 음성 데이터 사용
    3. "unsigned char _attribute_ ((progmem)) snd_data[]" 와 같이
       snd_data[] 배열 앞에 _attribute_ ((progmem))사용하여 내부 플래시
       메모리에 데이터를 저장한다.
    4. 플래시 메모리에 저장된 데이터를 읽기 위해서 PRG_RDB()라는 매크로
       함수를 사용하고, "pgmspace.h"를 프로그램에 포함한다.
=======================================================================*/
#include <avr/io.h>

#include <avr/pgmspace.h>
#include "english.h"

#define PPI_1_PB (unsigned char *)0x6001//voice의 외부 메모리 주소
#define PPI_1_CT (unsigned char *)0x6003//82C55의 컨트롤 단자 외부 메모리 주소

volatile unsigned int cnt=0;

void delay(int d1, int d2);

int main(void)
{
    unsigned char           *ppi_pb,*ppi_ctrl;

    MCUCR |= (1<<SRE);      //SRE=1 외부 메모리 액세스 가능
    ppi_ctrl=PPI_1_CT;      //82C55의 컨트롤 단자의 물리적 주소 할당
    ppi_pb=PPI_1_PB;        //voice의 물리적 주소 할당
    *ppi_ctrl=0x80;         //8255 A,B 그룹 모두 출력
    do{
        *ppi_pb = PRG_RDB(&snd_data[cnt]);//음성 데이터 출력
        cnt++;
        if (cnt>=32333)     //음성 테이터 사이즈
            cnt=0;
        delay(10,30);       //적절한 시간 지연
    }while(1);
}
```

```
void delay(int d1, int d2)
{
    int i, j;

    for(i=0;i<d1;i++){
        for(j=0;j<d2;j++);
    }
}
```

※ 프로그램 설명

단순히 시간지연 함수인 delay()를 사용하여 원본 음성의 변환 시점과 비슷한 시간 간격으로 음성을 재생한다. 원본 음성은 "english.h" 파일에 저장되어 있어 이를 포함하기 위해 #include "english.h"를 사용하며, 내부 플래시 메모리에 저장하기 위해 snd_data[] 배열 앞에 "_attribute_((progmem))"와 같은 지시어를 붙인다.(헤더 파일에 대한 자세한 사항은 다음 장인 16.5 장을 참고하기 바란다.) 이렇게 내부 플래시 메모리에 저장된 데이터를 읽어 내기 위해서는 PRG_RDB()라는 매크로 함수를 사용하여야 한다. 또한 내부 플래시 메모리에 변수를 저장하고 읽기 위해서는 "pgmspace.h" 파일을 프로그램에 포함 시켜야 한다.

아래의 그림은 Avredit에서 Voice.lst 파일을 오픈 한 모습으로 snd_data[]가 내부 플래시 메모리에 저장되어 있는 모습을 보여준다.

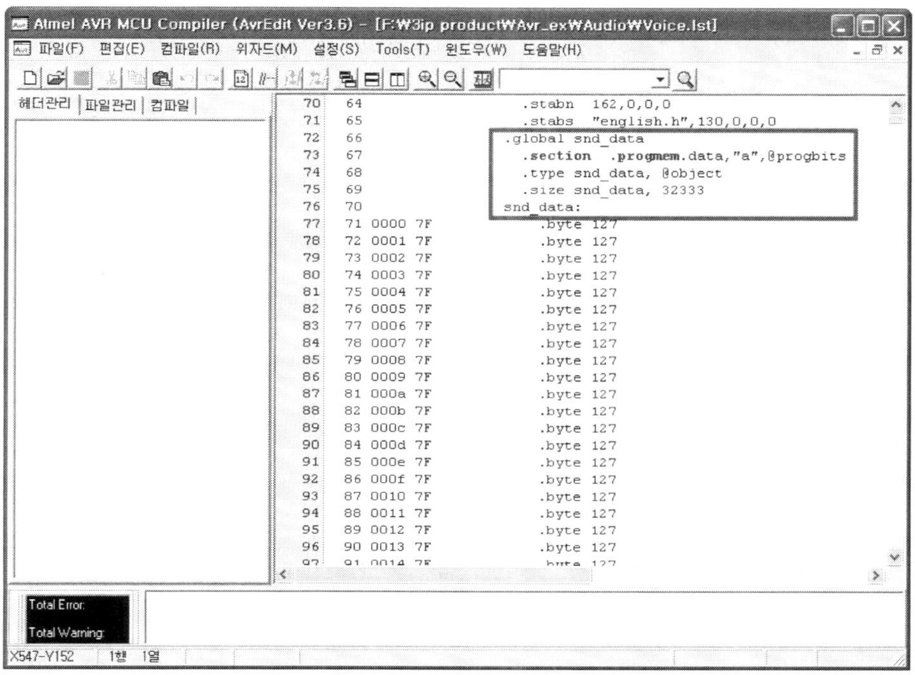

16.4 실험2 - Timer를 사용하여 음성 출력하기

※ 프로그램 실행

Voice1.hex 파일을 PonyProg2000을 사용하여 다운로드하고 스피커를 연결 하면 음성이 재생된다. 음량조절 가변저항을 조절하면 음성의 크기를 조절할 수 있다.

```
/*===========================================================================
    File Name :  Voice1.c
    Explanation
    1. 음성 출력에 대한 학습한다. (스피커를 연결 하세요)
    2. 11.025Khz로 샘플링 된 음성 데이터 사용
    3. 앞의 예제 프로그램은 delay()를 사용하여, 원본 음성의 변환 시점과
       비슷한 시간 간격으로 재생 하는 것이나 이번 예제는 Timer를 사용하여
       11.025KHz와 동일하게 출력한다.
===========================================================================*/
#include <avr/io.h>
#include <avr/interrupt.h>
#include <avr/signal.h>

#include <avr/pgmspace.h>
#include "korea.h"

#define SYSTEM_CLOCK    14745600L
#define PRESCALED_CLOCK_8  (unsigned long)(SYSTEM_CLOCK / 8)
#define SAMPLING_RATE        11025

#define PPI_1_PB (unsigned char *)0x6001//voice의 외부 메모리 주소
#define PPI_1_CT (unsigned char *)0x6003//82C55의 컨트롤 단자 외부 메모리 주소

volatile unsigned int cnt=0;

void initialize_timer(void);

SIGNAL(SIG_OUTPUT_COMPARE1A)//Output Compare1(A) Interrupt
{
    unsigned char    *ppi_pb;

    ppi_pb=PPI_1_PB;                        //voice의 물리적 주소 할당
    cnt++;
    if(cnt>=32348)                          //음성 데이터 사이즈
        cnt=0;
    *ppi_pb = PRG_RDB(&snd_data[cnt]);//음성 데이터 출력
```

```
}

int main(void)
{
    unsigned char   *ppi_ctrl;

    MCUCR |= (1<<(SRE);       //SRE=1 외부 메모리 액세스 가능
    initialize_timer();
    ppi_ctrl=PPI_1_CT;        //82C55의 컨트롤 단자의 물리적 주소 할당
    *ppi_ctrl=0x80;           //8255 A,B 그룹 모두 출력
    while(1);
}

void initialize_timer(void)
{
    TCCR1A = 0x00;
            //bit7,6-COM1A1,COM1A0 : 00(normal port operation)
          //bit1,0-WGM11,WGM10   : 00(CTC-Clear Timer on Compare Match)
    TCCR1B = 0x0A;//bit4,3-WGM13,WGM12   : 01(CTC mode)
                  //bit2,1,0-CS12,CS11,CS10  : 010(64 prescaler)
    TCCR1C = 0x00;//bit7-FOC1A   : 0
    TIMSK = 0x10;
            //bit4-OCIE1A  : timer1 output compare A match interrupt enable
    OCR1A =(unsigned int)(PRESCALED_CLOCK_8 / SAMPLING_RATE - 1 + 0.5);
    sei();        //enable all interrupts
}
```

※ 프로그램 설명

실험1은 단순히 시간지연 함수인 delay()를 사용하였으나 실험2는 타이머1을 사용하여 원본 음성이 디지털로 변환될 때 샘플링 된 시점과 동일하게 출력하며, 원본 음성이 11.025KHz로 샘플링 되었으므로 이 시간에 맞추어 타이머1을 설정한다.

16.5 Voice 헤더 파일 만들기

이번 장에서는 음성 파일을 헤더 파일로 변환하는 과정을 설명하고자 한다. 많은 소리 편집 프로그램 중에서 Shareware 프로그램인 GoldWave를 사용하여 설명을 할 것이기 때문에 이 프로그램을 다운로드하여 PC에 설치해야 한다.

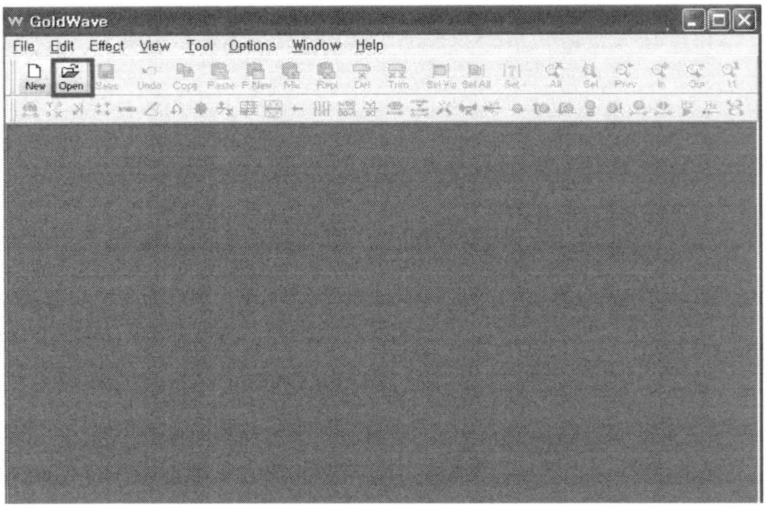

GoldWave 프로그램을 실행시킨 화면이며, 프로그램을 불러오기 위해서 화면과 같이 Open을 누른다.

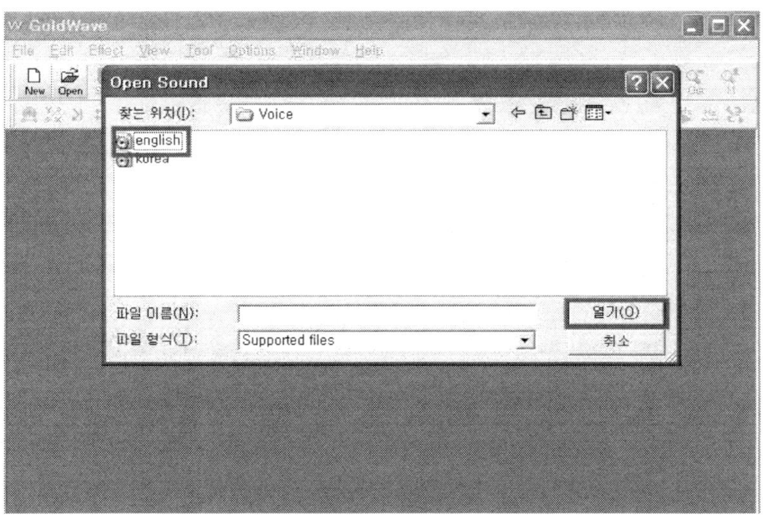

다운받은(www.bogdoo.co.kr 자료실) 파일 안의 Source\Audio\Voice 폴더 안의 english 파일을 Open한다.

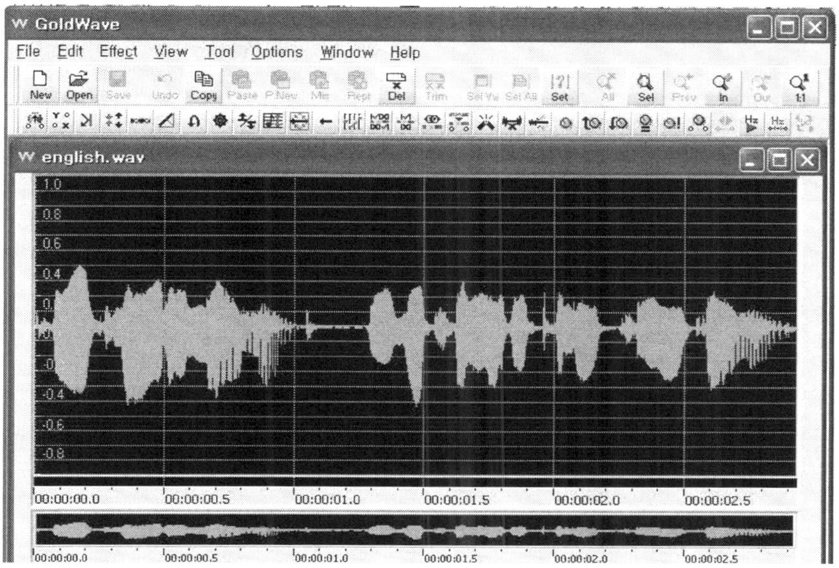

GoldWave에서 english 파일을 Open한 모습이다.

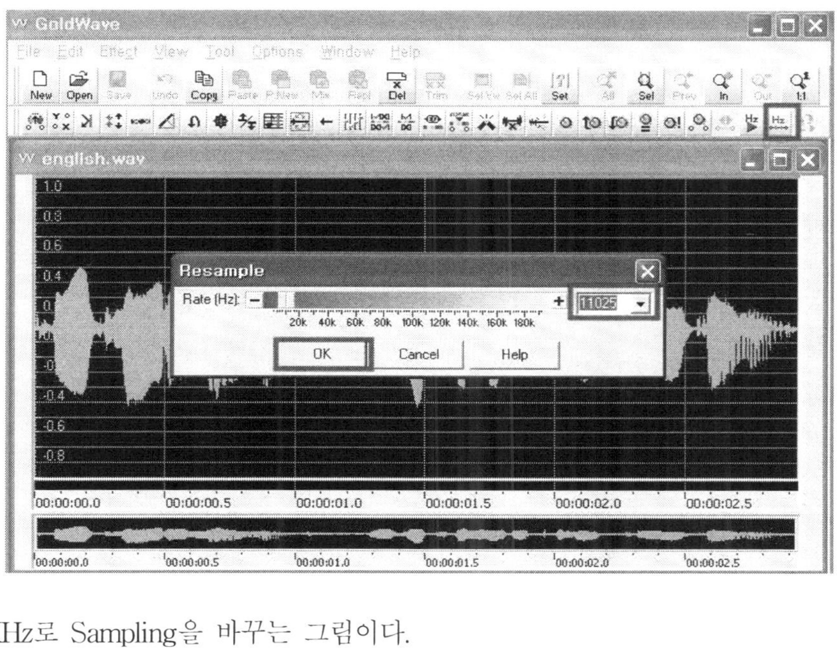

11.025KHz로 Sampling을 바꾸는 그림이다.

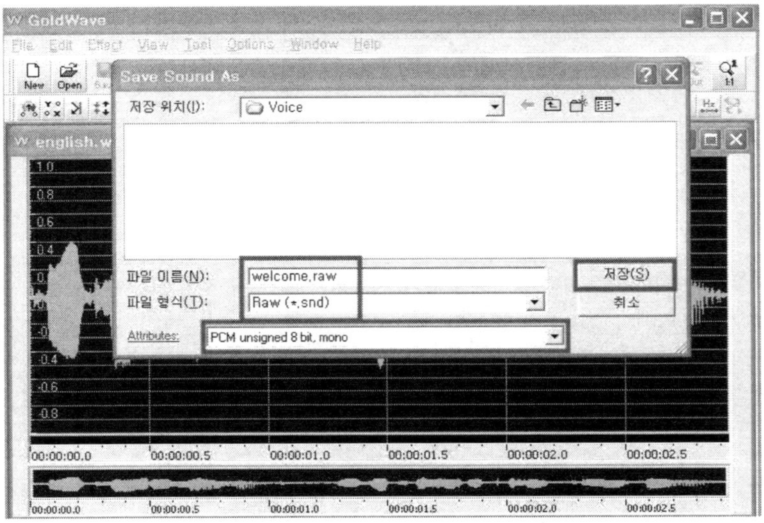

File -> Save As 위의 체크 박스가 표시되며, 파일이름 : welcome.raw, 파일형식 : Raw (*snd) Attributes : PCM unsigned, mono를 선택 후 저장한다.

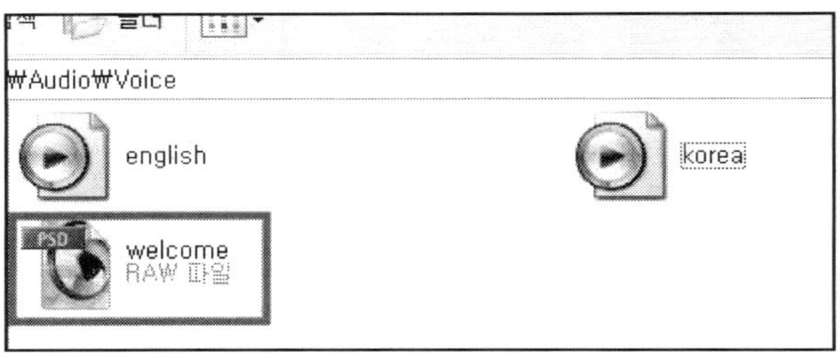

Source\Audio\Voice 폴더 안에 welcome 파일이 생성된 모습이다.

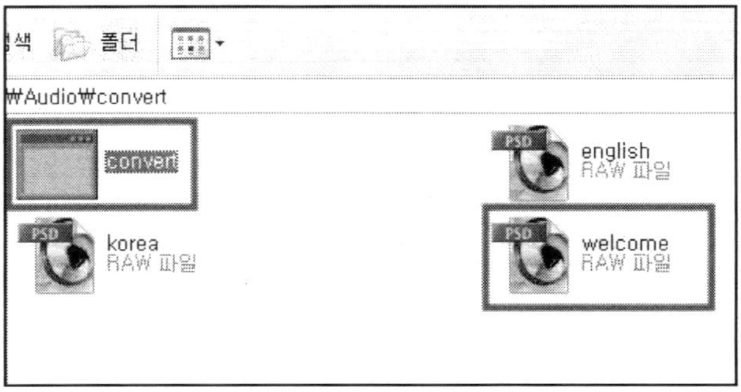

Source\Audio\convert 폴더 안에 welcome 파일을 복사하여 넣고 convert를 더블 클릭한다. 이때 파일명은 꼭 welcome이여야 한다.

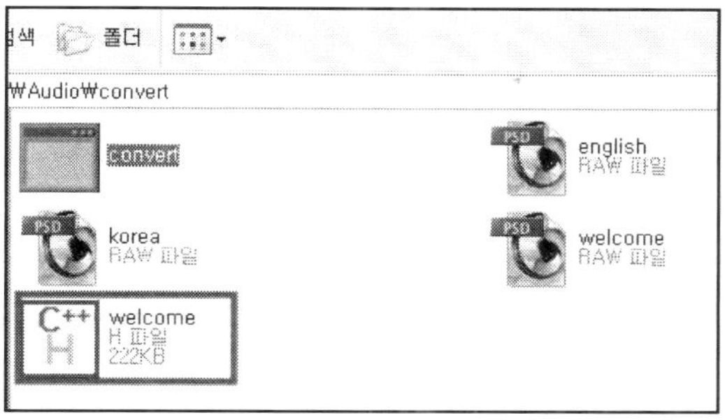

convert를 더블 클릭하면, 위의 그림과 같이 welcome.h 파일이 생성된다.

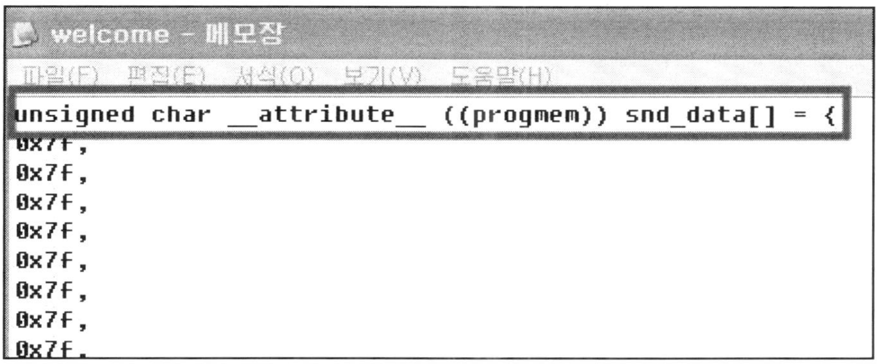

welcome.h 파일을 메모장으로 오픈한 다음 그림과 같이 " unsigned char _attribute_ ((Progmen)) snd_data[] = { " 을 써넣는다. 위의 실험에서 설명했듯이 내부 플래시 메모리에 음성 데이터를 저장하기 위함이다.

그림과 같이 스크롤 다운하여 마지막 데이터에 " }; "를 써넣는다.

16.6 헤더 파일 적용하는 방법

Source\Audio\ 폴더안의 Voice.c 파일을 AvrEdit 프로그램으로 Open한다.

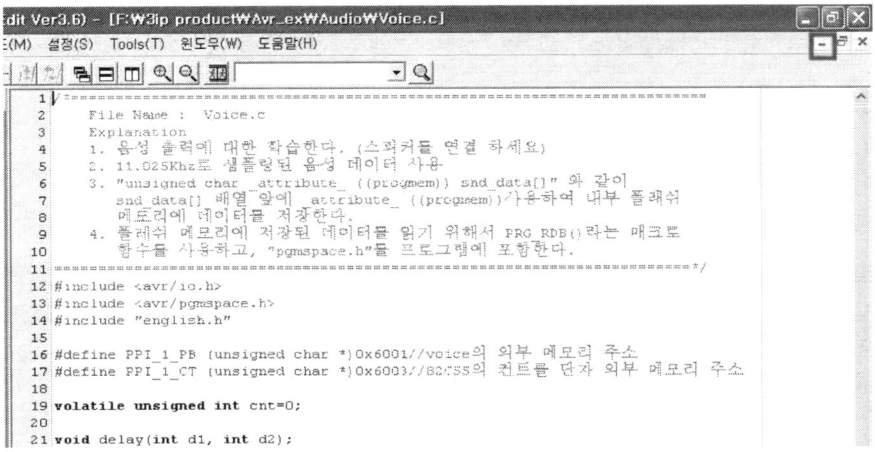

그림처럼 현재 화면을 내리면 welcome.h 파일이 보인다. 헤더 파일 안의 데이터 사이즈를 확인 할 수 있으며, 확인한 데이터 사이즈를 소스에 첨가한다.

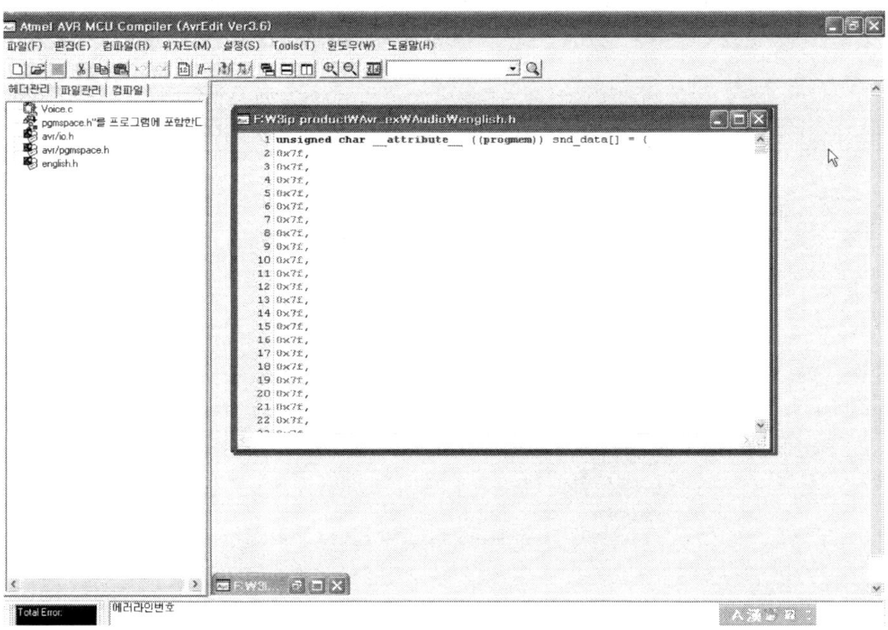

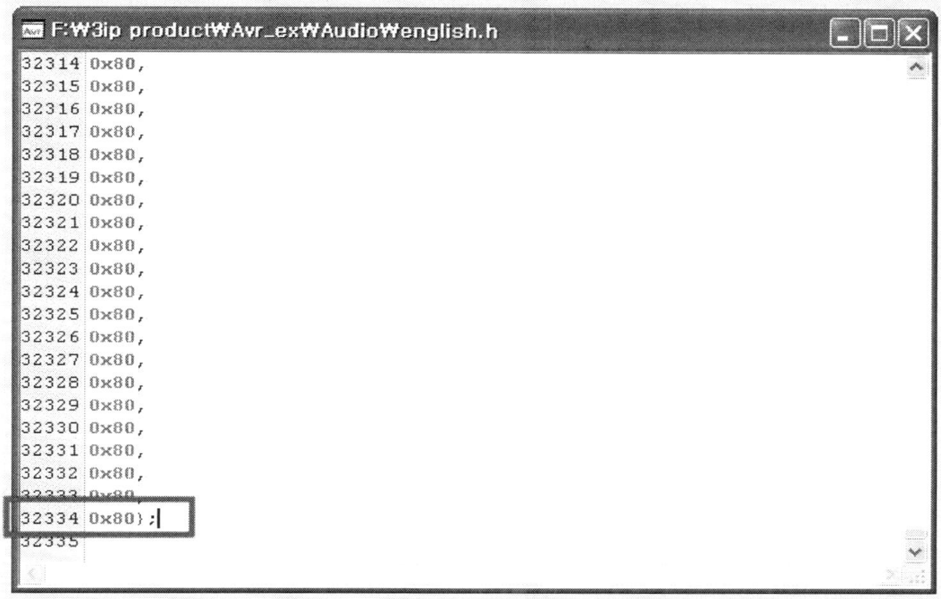

F:\3ip product\Avr_ex\Audio\english.h

```
32314 0x80,
32315 0x80,
32316 0x80,
32317 0x80,
32318 0x80,
32319 0x80,
32320 0x80,
32321 0x80,
32322 0x80,
32323 0x80,
32324 0x80,
32325 0x80,
32326 0x80,
32327 0x80,
32328 0x80,
32329 0x80,
32330 0x80,
32331 0x80,
32332 0x80,
32333 0x80,
32334 0x80};
32335
```

welcome.h 파일의 사이즈 확인 - (32333개)

```
int main(void)
{
    unsigned char *ppi_pb,*ppi_ctrl;

    MCUCR |= (1<<SRE);        //SRE=1 외부 메모리 액세스 가능
    ppi_ctrl=PPI_1_CT;        //82C55의 컨트롤 단자의 물리적 주소 할당
    ppi_pb=PPI_1_PB;          //voice의 물리적 주소 할당
    *ppi_ctrl=0x80;           //8255 A,B 그룹 모두 출력
    do{
        *ppi_pb = PRG_RDB(&snd_data[cnt]);//음성 데이터 출력
        cnt++;
        if (cnt>=32333)       //음성 데이터 사이즈
            cnt=0;
        delay(10,30);         //적절한 시간 지연
        }while(1);
    }
```

Voice.c 파일에 들어가는 코드이다.

ATmega128

CHAPTER 17

제 17 장 USART 직렬통신

17.1 USART의 구조 및 기능

ATmega128에는 동일한 기능을 수행하는 2개의 USART(Universal Synchronous and Asynchronous serial Receiver and Transmitter) 직렬통신 포트 USART0 및 USART1이 있으며 ATmega103 호환 모드에서는 USART1을 사용할 수 없다.
이 직렬통신 포트는 동기 및 비동기 전송 모드에서 모두 전이중 통신이 가능하고, 다중 프로세서 통신 모드로 동작하는 것도 가능하며, 높은 정밀도의 보레이트 발생기를 내장하고 있다.

동기식 전송 모드에서 마스터로 동작하는 경우에는 전송속도를 결정하는데 내부 클록을 사용하지만, 슬레이브로 동작할 때는 XCKn 단자로 입력되는 외부 클록 신호에 의하여 동작한다. 비동기식 전송모드에서는 항상 내부의 시스템 클록에 의하여 보레이트가 결정된다.

1. USART의 특징

- 전이중 방식(독립 직렬 수신과 송신 레지스터)
- 동기식 또는 비동기식으로 동작
- 마스터 또는 슬레이브 클록 동기 동작
- 높은 정밀도의 보레이트 발생기
- 5, 6, 7, 8 또는 9 데이터 비트와 1또는 2개의 stop 비트를 제공
- 홀수 혹은 짝수 패리티 발생과 패리티 체크 지원
- 잘못된 start 비트의 검출 및 디지털 로우 패스 필터가 내장된 노이즈 필터링 기능
- 다중 프로세서 통신 모드
- 2배속의 비동기 통신 모드
- 오버런 에러, 프레임 에러 검출
- 송신 완료(TX Complete), 송신 데이터 레지스터 준비 완료(TX Data Register Empty), 수신 완료(RX Complete) 등 3개의 독립된 인터럽트

2. USART의 구조

[그림 17.1]은 USART의 블록도이다. USART는 "Clock Generator", "Transmitter", "Receiver"로 나뉘며 "USART Control and Status Register A, B, C - UCSRA, UCSRB, UCSRC"의 세 개의 제어 레지스터로 구성되어 있다.

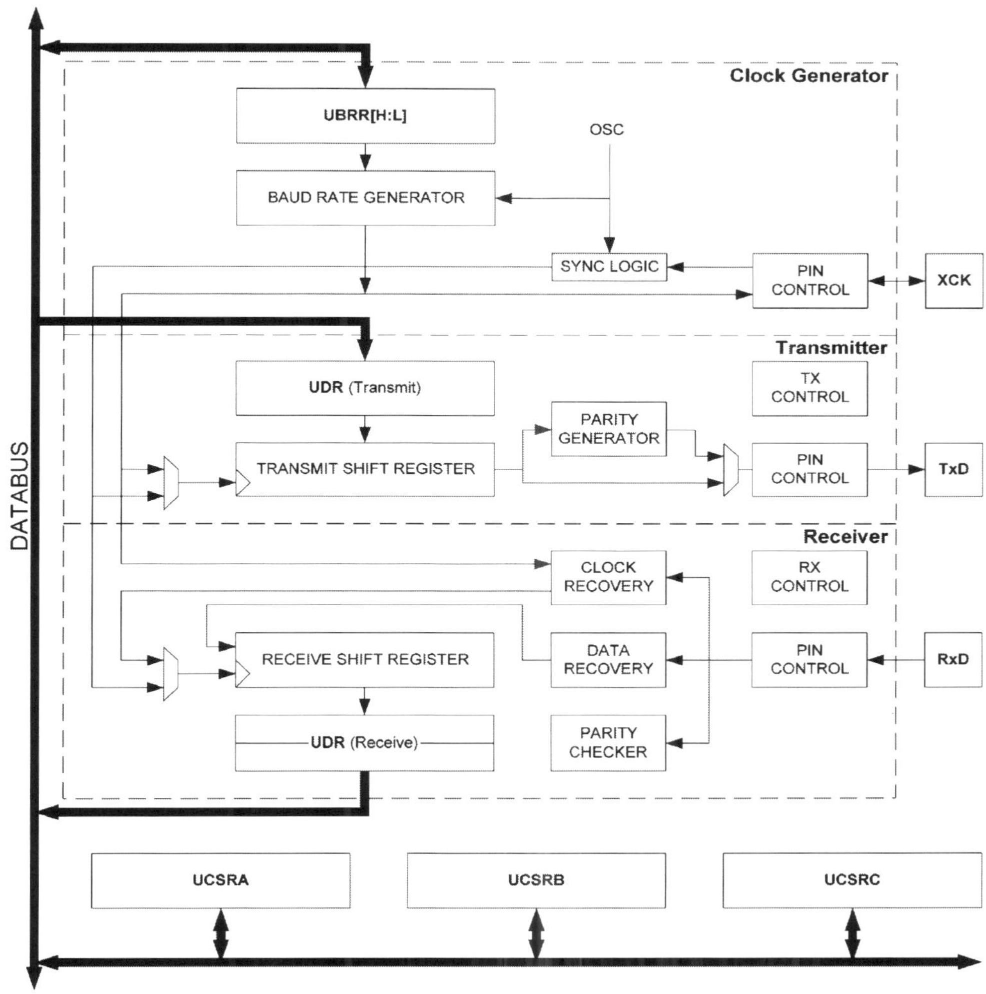

[그림 17.1] USART의 블록도

[그림 17.1]의 "Clock Generator"는 USART의 동작에 필요한 클록을 발생시키며 외부 입력 XCK(Transfer Clock) 핀은 USART를 동기 전송 모드로 사용할 경우에만 사용된다.

클록 발생기는 동기식 슬레이브 동작에서 사용되는 외부 클록 입력에 대한 동기 로직과 보레이트 발생기로 구성되어 있고, XCK핀은 동기식 전송 모드에서만 사용된다.

송신기는 송신용 버퍼(UDR)와 직렬 시프트레지스터와 패리티 발생기와 제어 로직으로 구성되어 있으며 수신기는 복구장치, 패리티 검사기, 제어로직, 시프트레지스터 그리고 2레벨 수신버퍼(UDR)로 구성되어 있다. 복구 장치는 클록 및 데이터를 복구하는 장치로서 비동기식 데이터 수신에 사용된다.

수신기는 송신기와 동일한 프레임 포맷을 쓰고, 프레임 에러, 데이터 오버런, 패리티 에러 등을 검출할 수 있다.

USART의 비동기식은 다음의 점에서 AVR USART와 완벽히 호환된다.

- USART 내의 모든 레지스터들의 비트 위치
- 보레이트 발생
- 송신 동작
- 송신 버퍼
- 수신 동작

그러나 수신 버퍼링에서 두 개의 개선점 있어서 어떤 특수한 경우에서는 호환성에 영향을 준다.

- 두 번째 버퍼 레지스터가 추가되었다. 두 개의 버퍼 레지스터는 원형 FIFO 버퍼로 동작한다. 그래서 매번 데이터가 들어올 때마다 UDR을 읽어야 한다. 에러 플래그(FE와 DOR) 및 9번째 데이터(RXB8)도 수신 버퍼내의 데이터와 함께 버퍼 된다. 그러므로 UDR 레지스터를 읽기 전에 상태 비트들부터 읽어야 한다. 그렇지 아니며 오류상태가 상실될 수도 있다.

- 수신 시프트레지스터가 제3의 버퍼로 된다. 이것은 버퍼 레지스터가 차 있는 한 새로운 start 비트가 검출될 때까지 직렬 시프트레지스터에 머무르게 함으로써 이루어진다.

3. 클록 발생기

클록 발생기는 송신 및 수신 기본 클록을 만들어 낸다. USART는 정상 비동기 모드, 2배속 비동기 모드, 마스터 동기 모드, 슬레이브 동기 모드 등 4가지 모드의 클록 동작을 지원하다. 동기 모드를 사용할 때는 XCK 핀만이 동작한다.

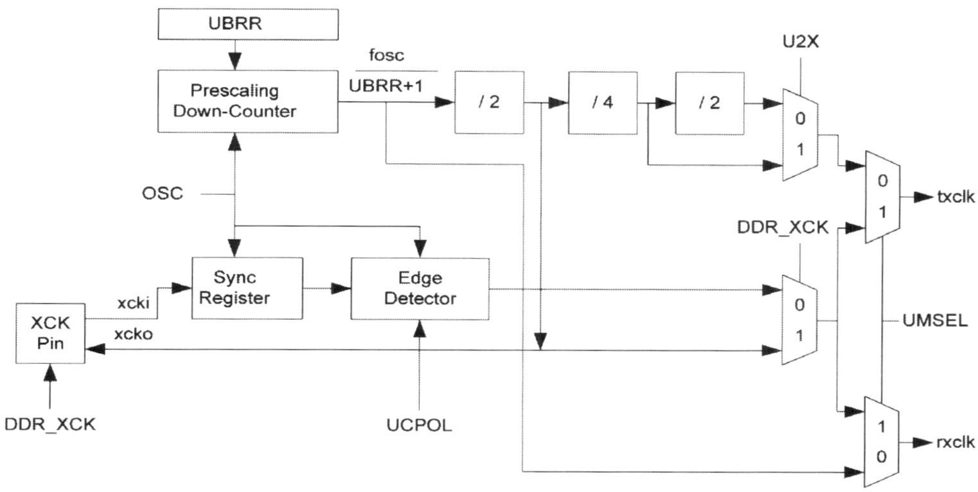

[그림 17.2] 클록 발생기의 블록도

※ 신호 설명

- txclk 송신 클록(내부 신호)
- rxclk 수신 기본 클록(내부 신호)
- xcki XCK 핀(내부 신호)로 부터의 입력. 동기식 슬레이브 모드에서만 사용됨
- xcko XCK 핀(내부 신호)로 부터의 출력. 동기식 마스터 모드에서 사용됨
- fosc XCK 핀 주파수(시스템 클록)

4. 동기 클록 동작

"USART Control and Status Register C – UCSRC" 레지스터의 UMSEL 비트에 의해 동기, 비동기 동작 모드를 선택할 수 있으며, UCSRA 레지스터의 U2X 비트의 값에 따라 Normal 및 Double Speed로 동작한다. 전송 속도는 "USART Baud Rate Register – UBRR" 레지스터에 의해 결정된다.

Operating Mode	Equation for Calculating Baud Rate	Equation for Calculating UBRR Value
Asynchronous Normal Mode UMSEL = 0 (U2X=0)	$BAUD = \frac{f_{OSC}}{16(\boldsymbol{UBRR}+1)}$	$\boldsymbol{UBRR} = \frac{f_{OSC}}{16BAUD} - 1$
Asynchronous Double Speed UMSEL = 0 (U2X=1)	$BAUD = \frac{f_{OSC}}{8(\boldsymbol{UBRR}+1)}$	$\boldsymbol{UBRR} = \frac{f_{OSC}}{8BAUD} - 1$
Synchronous Master Mode UMSEL = 1	$BAUD = \frac{f_{OSC}}{2(\boldsymbol{UBRR}+1)}$	$\boldsymbol{UBRR} = \frac{f_{OSC}}{2BAUD} - 1$

[표 17.1] 보레이트 계산식

USART의 동기 시리얼의 slave 모드를 사용할 경우 XCK에 입력되는 클록은 CPU 클록의 1/4보다 작은 값을 가져야 한다.

USART의 송/수신 데이터는 "USART I/O Data Register - UDR" 레지스터를 통하여 전송되며, 8-bit의 크기를 가지고 있고, 수신 RXB[7..0], 송신 TXB[7..0]으로 나뉘며, UDR 레지스터의 송신 버퍼인 TXB에는 UCSRA 레지스터의 UDRE 비트가 '1'로 설정되어야 기록이 가능하며, 만약 '0'인 경우 기록을 하면 이 값은 무시된다.

동기모드가 사용될 때(UMSEL = 1)에는 XCK 핀이 동기 클록 입력(슬레이브) 또는 동기 클록 출력(마스터)로 동작한다. 이 때 클록 엣지와 데이터 샘플링, 그리고 클록 엣지와 데이터 변화간의 상호의존 관계는 같다. RxD상의 데이터 입력은 TxD상의 데이터 출력이 바뀔 때의 에지와 반대 에지에서 샘플링 된다.

UCRSC 레지스터의 UCPOL 비트는 어떤 XCK 클록 엣지가 데이터 샘플링에 사용되고 어떤 것이 데이터 변화에 사용되는지를 지정한다. [그림 17.3]과 같이 UCPOL = 0이면 입력 데이터는 XCK의 상승 엣지에서 변화하고 하강 엣지에서 샘플링 된다. 만일 UCPOL = 1이면 입력 데이터는 XCK의 하강 엣지에서 변화하고 상승 엣지에서 샘플링 된다.

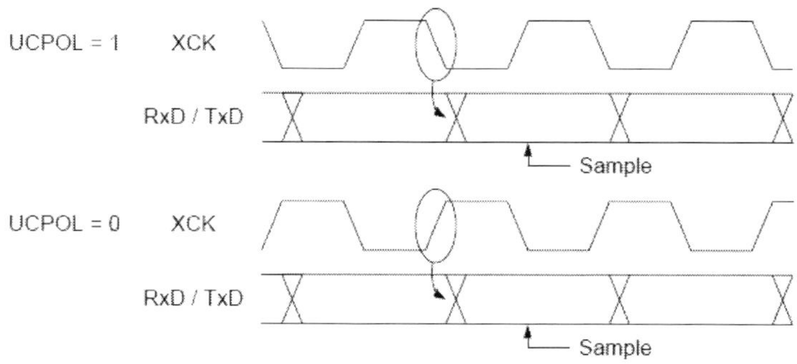

[그림 17.3] 동기 모드에서 XCK 클록의 동작 타이밍

17.2 USART 관련 레지스터

USART의 제어 레지스터는 UCSRA, UCSRB, UCSRC의 세 개의 레지스터로 구성 되며 세부적인 사항은 다음과 같다.

▸ USART Control and Status Register A – UCSRA

Bit	7	6	5	4	3	2	1	0
	RXC	TXC	UDRE	FE	DOR	UPE	U2X	MPCM
Read/Write	R	R/W	R	R	R	R	R/W	R/W
Initial Value	0	0	0	0	0	0	0	0

- Bit 7 – RXC : USART Receive Complete

  수신 데이터 버퍼에 읽지 않은 데이터가 존재하면 '1'로 설정되며, 수신 데이터 버퍼가 비워지면 '0'으로 설정된다.

- Bit 6 – TXC : USART Transmit Complete

  송신 버퍼의 데이터가 모두 전송되고 더 이상 송신 버퍼에 데이터가 존재하지 않으면 '1'로 설정된다. 전송 완료 인터럽트가 수행되면 '0'으로 설정된다.

- Bit 5 – UDRE : USART Data Register Empty

  송신 버퍼가 새로운 데이터를 입력 받을 준비가 되면 '1'로 설정된다. UDRE 비트는 Data Register Empty 인터럽트를 발생시킬 수 있다.

- Bit 4 – FE : Frame Error

  수신 버퍼의 데이터에 frame error가 발생하면 '1'로 설정된다.

- Bit 3 – DOR : Data OverRun

  수신 버퍼에 더 이상의 데이터를 수신할 수 없는 상태에서 데이터가 입력될 경우 '1'로 설정된다.

- Bit 2 - UPE : Parity Error

수신 데이터의 parity에 에러가 발생하면 '1'로 설정된다. UCSRC 레지스터의 UPM1 비트가 '1'로 설정되어 parity를 사용하는 경우에 유효하다.

- Bit 1 - U2X : Double the USART Transmission Speed

USART의 송신 속도를 두배로 설정하는 비트이다.

- Bit 0 - MPCM : Multi-Processor Communication Mode

다중 프로세서간의 통신을 지원하기 위해 사용된다.

▸ USART Control and Status Register B - UCSRB

Bit	7	6	5	4	3	2	1	0
	RXCIE	TXCIE	UDRIE	RXEN	TXEN	UCSZ2	RXB8	TXB8
Read/Write	R/W	R/W	R/W	R/W	R/W	R/W	R	R/W
Initial Value	0	0	0	0	0	0	0	0

- Bit 7 - RXCIE : RX Complete Interrupt Enable

수신 완료시 인터럽트를 발생시킬 수 있다.

- Bit 6 - TXCIE : TX Complete Interrupt Enable

송신 완료시 인터럽트를 발생시킬 수 있다.

- Bit 5 - UDRIE : USART Data Register Empty Interrupt Enable

USART의 데이터 레지스터에 데이터가 존재하지 않으면 인터럽트를 발생시킬 수 있다.

- Bit 4 - RXEN : Receiver Enable

USART의 수신기를 활성화 시킨다.

- Bit 3 - TXEN : Transmitter Enable

USART의 송신기를 활성화 시킨다.

- Bit 2 - UCSZ2 : Chracter Size

UCSRC 레지스터의 UCSZ1..0비트와 함께 USART의 송/수신 비트의 크기를 설정한다.

- Bit 1 – RXB8 : Receive Data Bit 8
  9-bit 동작 모드에서 마지막 9번째 비트에 해당된다.

- Bit 0 – TXB8 : Transmit Data Bit 8
  9-bit 동작 모드에서 마지막 9번째 비트에 해당된다.

▸ USART Control and Status Register C – UCSRC

Bit	7	6	5	4	3	2	1	0
	-	UMSEL	UPM1	UPM0	USBS	UCSZ1	UCSZ0	UCPOL
Read/Write	R/W	R/W	R/W	R/W	R/W	R/W	R/W	R/W
Initial Value	0	0	0	0	0	0	0	0

- Bit 7 – Reserved Bit

- Bit 6 – UMSEL : USART Mode Select
  '1'로 설정된 경우 USART는 동기모드로, '0'으로 설정된 경우 비동기 모드로 동작한다.

- Bit 5..4 – UPM1..0 : Parity Mode

UPM1	UPM0	Parity Mode
0	0	Disabled
0	1	(Reserved)
1	0	Enabled, Even Parity
1	1	Enabled, Odd Parity

- Bit 3 – USBS : Stop Bit Select
  '0'일 경우 1-bit, '1'일 경우 2-bit의 stop bit을 사용한다.

- Bit 2..1 - UCSZ1..0 : Character Size

UCSZ2	UCSZ1	UCSZ0	Character Size
0	0	0	5-bit
0	0	1	6-bit
0	1	0	7-bit
0	1	1	8-bit
1	0	0	Reserved
1	0	1	Reserved
1	1	0	Reserved
1	1	1	9-bit

- Bit 0 - UCPOL : Clock Polarity

동기 전송 모드에서만 사용되며, '0'으로 설정된 경우 송신은 XCK의 Falling edge에서 수신은 Rising edge에서, '1'로 설정된 경우에는 송신은 Rising edge에서 수신은 Falling edge에서 실행된다.

▸ USART Baud Rate Register - UBRR(UBRRH, UBRRL)

Baud rate 레지스터는 12-bit으로 구성되며 UBRRH의 상위 4-bit는 사용하지 않는다. Baud rate는 UBRR 레지스터의 값과 동작 모드에 따라 결정된다.

17.3 하드웨어 설명

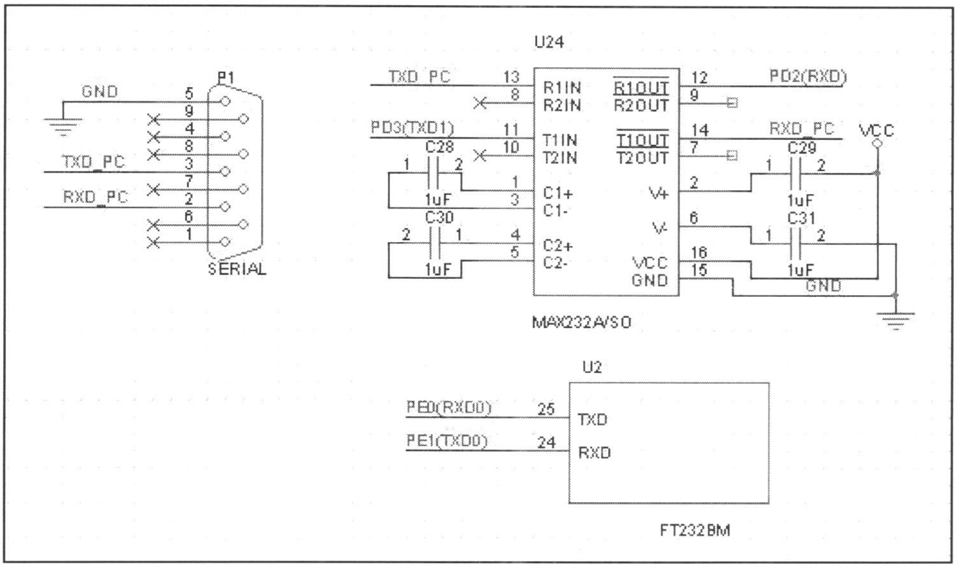

[그림 17.4] 직렬 통신 회로도

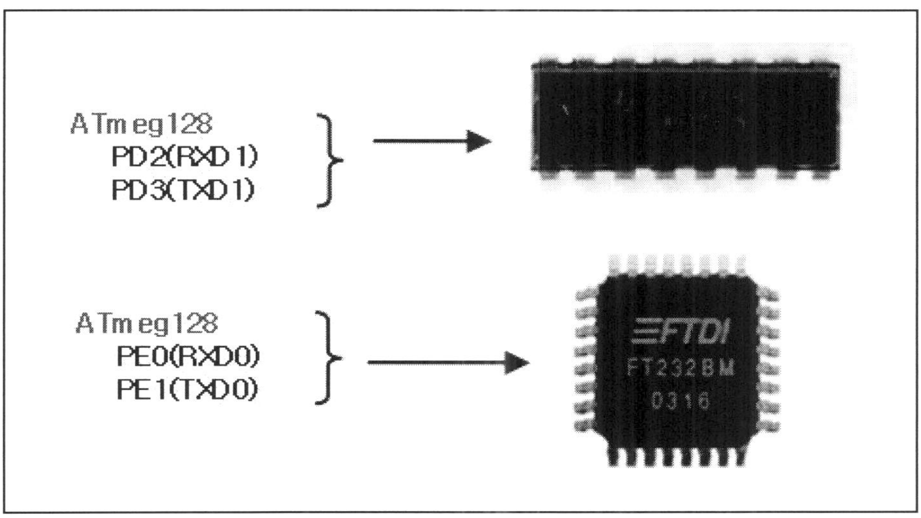

[그림 17.5] 직렬 통신 연결선도

17.4 실험1 - RS232C 시리얼 통신 1

※ 프로그램 실행

SERIAL.hex 파일을 PonyProg2000을 사용하여 다운로드한 후 하이퍼터미널을 실행하고 리셋 스위치를 누르면 아래와 같은 화면이 나온다. PC의 키보드를 누르면 그 문자가 그대로 표시된다. (17.8장을 참고하여 하이퍼터미널을 실행한다.)

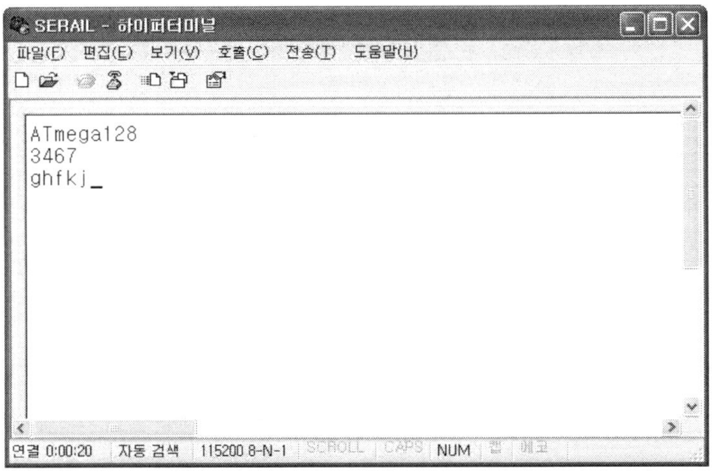


```
/*================================================================
    File Name :  SERIAL.c
    Explanation
    1. USART 직렬통신 프로그램.(USART1 사용)
    2. RS232 케이블을 PC에 연결 후 키보드를 누르면 그 값을 다시 내보낸다.
    3. 통신 프로그램인 하이퍼터미널을 사용한다.
    4. 폴링 방식으로 데이터를 송수신 한다.
================================================================*/
#include <avr/io.h>

void USART_Init(unsigned int baud);
void TX1_Byte(unsigned char data);
unsigned char RX1_Byte(void);

int main(void)
{
    unsigned char receive_data;
```

```
    USART_Init(7); //115200 baud, 데이터 시트 참조

    TX1_Byte('A'); //ATmega128 을 내보낸다.
    TX1_Byte('T');
    TX1_Byte('m');
    TX1_Byte('e');
    TX1_Byte('g');
    TX1_Byte('a');
    TX1_Byte('1');
    TX1_Byte('2');
    TX1_Byte('8');
    TX1_Byte('₩r');
    TX1_Byte('₩n');

    do{
        receive_data = RX1_Byte();
        switch(receive_data){
            case '₩r' : TX1_Byte('₩r'); TX1_Byte('₩n');
                        break;
            case '₩n' : TX1_Byte('₩r'); TX1_Byte('₩n');
                        break;
            default   : TX1_Byte(receive_data);
                        break;
        }
    }while(1);
}

void USART_Init(unsigned int baud)
{
    UBRR1H = (unsigned char)(baud >> 8);
    UBRR1L = (unsigned char)baud;
    UCSR1A = 0x00;                          //asynchronous normal mode
    UCSR1B = (1<<RXEN1)|(1<<TXEN1);         //Rx/Tx enable
    UCSR1C = (1<<UCSZ11)|(1<<UCSZ10);       //no parity, 1 stop, 8 data
}

void TX1_Byte(unsigned char data)
{
    while(!(UCSR1A & (1<<UDRE1))); //wait for empty transmit buffer
    UDR1 = data;                   //put data into buffer, send the data
}

unsigned char RX1_Byte(void)       //receive a character by USART1
{
    while(!(UCSR1A & (1<<RXC1)));  //data received ?
    return UDR1;
}
```

※ 프로그램 설명

```
void USART_Init(unsigned int baud)
{
    UBRR1H = (unsigned char)(baud >> 8);
    UBRR1L = (unsigned char)baud;
    UCSR1A = 0x00;                          //asynchronous normal mode
    UCSR1B = (1<<RXEN1)|(1<<TXEN1);         //Rx/Tx enable
    UCSR1C = (1<<UCSZ11)|(1<<UCSZ10); //no parity, 1 stop, 8 data
}
```

USART의 레지스터를 초기화 하는 부분이다. 일반적으로 초기화는 보레이트, 플레임 형태, 송신 또는 수신을 지정하며 초기화 중에는 전체 인터럽트가 금지되어야 한다.

UBRR1H, UBRR1L 레지스터는 16비트에서 12비트만 유효한 것으로써 USART1의 송수신 속도를 설정하는 기능을 한다. 위의 프로그램처럼 UBRR1H를 먼저 라이트 한 후 UBRR1L을 나중에 라이트 한다. [표 17.1]을 참고하여 보레이트를 계산하며 14.7456MHz의 시스템 클록을 사용하는 경우 UBRR1H, UBRR1L의 값은 다음과 같다.(데이터 시트를 참고)

Baud Rate (bps)	f_{osc} = 14.7456 MHz			
	U2X = 0		U2X = 1	
	UBRR	Error	UBRR	Error
2400	383	0.0%	767	0.0%
4800	191	0.0%	383	0.0%
9600	95	0.0%	191	0.0%
14.4k	63	0.0%	127	0.0%
19.2k	47	0.0%	95	0.0%
28.8k	31	0.0%	63	0.0%
38.4k	23	0.0%	47	0.0%
57.6k	15	0.0%	31	0.0%
76.8k	11	0.0%	23	0.0%
115.2k	7	0.0%	15	0.0%
230.4k	3	0.0%	7	0.0%
250k	3	-7.8%	6	5.3%
0.5M	1	-7.8%	3	-7.8%
1M	0	-7.8%	1	-7.8%
Max[1]	921.6 kbps		1.8432 Mbps	

UCSR1A 레지스터에 0x00을 저장하여 비동기 Normal 모드로 지정하고, UCSR1B의 4, 3비트인 RXEN, TXEN을 1로 만들어 송수신을 허용하며 송수신 인터럽트를 불허한다. UCSR1B의 2비트인 UCSZ20을 0으로 UCSR1C의 2, 1비트인 UCSZ11, UCSZ10을 1로 만들어 문자의 길이를 8비트로 만들고 UCSR1C의 나머지 비트들을 0으로 만들어 비동기 모드, 패리티 금지, 1 STOP 비트를 선택한다.

7bit	6bit	5bit	4bit	3bit	**UCSZ20**	1bit	0bit
0	0	0	0	0	**0**	0	0

7bit	6bit	5bit	4bit	3bit	**UCSZ11**	**UCSZ10**	0bit
0	0	0	0	0	**1**	**1**	0

↓

0	0	0	5bit
0	0	1	6bit
0	1	0	7bit
0	1	1	8bit
1	0	0	예약
1	0	1	예약
1	1	0	예약
1	1	1	9bit

```
void TX1_Byte(unsigned char data)
{
    while(!(UCSR1A & (1<<UDRE1))); //wait for empty transmit buffer
    UDR1 = data;                   //put data into buffer, send the data
}
```

UCSR1A의 5비트인 UDRE1은 송신용 UDR1 레지스터가 새로운 데이터를 받아들일 준비가 되어 있을 때 세트된다. 그러므로 UCSR1A & 00100000(1<<UDRE1)의 값은 데이터를 받을 준비가 되면 00100000의 값을 가지게 되고, 그렇지 않을 경우 0의 값을 가지게 된다. 따라서 while 구문은 데이터를 받을 준비가 되면 무한 루프에서 빠져나와 UDR1 레지스터에 데이터를 보내게 된다.

```
unsigned char RX1_Byte(void)          //receive a character by USART1
{
    while(!(UCSR1A & (1<<RXC1)));  //data received ?
    return UDR1;
}
```

이 함수는 데이터를 보내는 함수이다. UCSR1A의 7비트인 RXC1은 아직 읽지 않은 데이터가 수신 버퍼에 남아 있을 때 즉 수신된 문자가 시프트레지스터에서 UDR1 레지스터에 옮겨갈 때 세트된다. while 구문에 대한 설명은 위의 데이터를 받는 함수 부분을 참고 한다.

17.5 실험2 - RS232C 시리얼 통신 2

※ 프로그램 실행

SERIAL1.hex 파일을 PonyProg2000을 사용하여 다운로드한 후 하이퍼터미널을 실행하고 리셋 스위치를 누르면 아래와 같은 화면이 나온다. PC의 키보드를 누르면 그 문자가 그대로 표시된다.

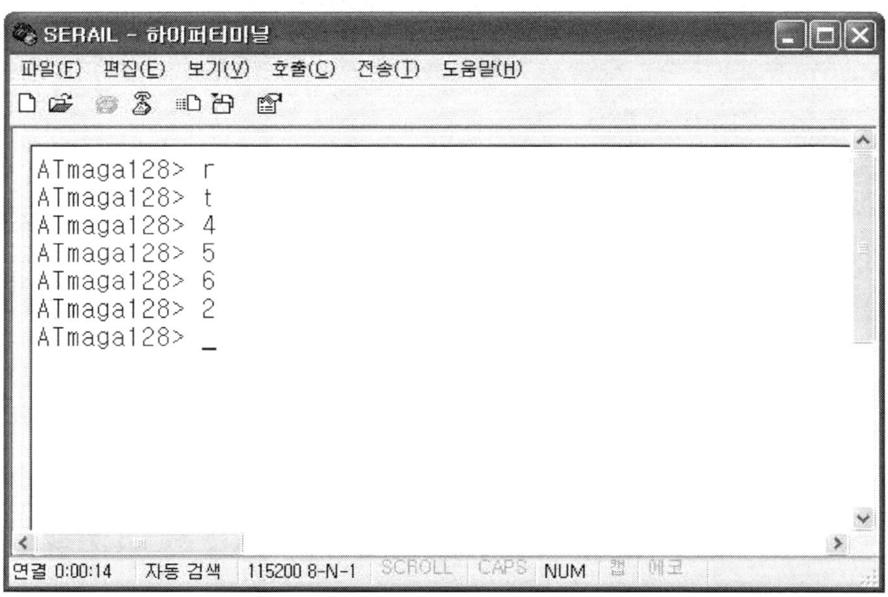

```
/*=====================================================================
    File Name :  SERIAL1.c
    Explanation
    1. USART 직렬통신 프로그램.(USART1 사용)
    2. RS232 케이블을 PC에 연결 후 키보드를 누르면 그 값을 다시 내보낸다.
    3. 통신 프로그램인 하이퍼터미널을 사용한다.
    4. 인터럽트를 사용하여 데이터를 수신한다.
=====================================================================*/
#include <avr/io.h>
#include <avr/signal.h>
#include <avr/interrupt.h>

volatile unsigned char receive_data, receive_completion=0;
unsigned char prompt[]="ATmaga128> ";

void USART_Init(unsigned int baud);
void TX1_Byte(unsigned char data);
void PRINT_M(unsigned char *message);

SIGNAL(SIG_UART1_RECV)
{
    receive_data = UDR1;
    receive_completion = 1;
}

int main(void)
{
    USART_Init(7); //115200 baud, 데이터 시트 참조
    sei();
    PRINT_M(prompt);
    do{
        if(receive_completion){
            receive_completion = 0;
            switch(receive_data){
                case '₩r' : TX1_Byte('₩r'); TX1_Byte('₩n');
                            PRINT_M(prompt);
                            break;
                case '₩n' : TX1_Byte('₩r'); TX1_Byte('₩n');
                            PRINT_M(prompt);
                            break;
                default   : TX1_Byte(receive_data);
                                TX1_Byte('₩r'); TX1_Byte('₩n');
                            PRINT_M(prompt);
                            break;
            }
        }
    }while(1);
```

```
}

void USART_Init(unsigned int baud)
{
    UBRR1H = (unsigned char)(baud >> 8);
    UBRR1L = (unsigned char)baud;
    UCSR1A = 0x00;                                  //asynchronous normal mode
    UCSR1B = (1<<RXCIE1)|(1<<RXEN1)|(1<<TXEN1);     //interrupt, Rx/Tx enable
    UCSR1C = (1<<UCSZ11)|(1<<UCSZ10);               //no parity, 1 stop, 8 data
}

void TX1_Byte(unsigned char data)
{
    while(!(UCSR1A & (1<<UDRE1))); //wait for empty transmit buffer
    UDR1 = data;                   //put data into buffer, send the data
}

void PRINT_M(unsigned char *message)
{
    while(*message != '₩0'){
        TX1_Byte(*message);
        message++;
    }
}
```

※ 프로그램 설명

이 프로그램은 데이터 수신을 폴링 방법이 아닌 인터럽트를 사용하며, 송신은 인터럽트로 수행할 필요성이 없으므로 위와 같이 폴링 방법을 사용한다.

```
void USART_Init(unsigned int baud)
{
    UCSR1B = (1<<RXCIE1)|(1<<RXEN1)|(1<<TXEN1); //interrupt, Rx/Tx enable
}
```

USART의 레지스터를 초기화 하는 부분으로 UCSR1B의 7비트인 RXCIE1 비트를 1로 만들어 수신완료 인터럽트를 허용하며, 메인 함수에서 sei()를 하여 전체 인터럽트를 허용한다.

```
SIGNAL(SIG_UART1_RECV)
{
    receive_data = UDR1;
    receive_completion = 1;
}
```

데이터 수신이 완료 되면 수신완료 인터럽트가 발생하게 되어 이 함수가 실행되게 된다. 수신된 데이터를 저장하고 수신이 완료 됐음을 메인 함수에서 판별하기 위하여 전역변수로 선언된 receive_completion의 값을 1로 만든다. 메인 함수에선 이 변수의 값이 1이면 수신된 데이터에 해당하는 행동을 실행하고, 1이 아니면 다른 행동을 실행할 수 있다.

```
unsigned char prompt[]="ATmaga128> ";

void PRINT_M(unsigned char *message)
{
    while(*message != '₩0'){
        TX1_Byte(*message);
        message++;
    }
}
```

이처럼 필요한 구문을 배열로 지정하고, 그 배열을 송신하는 함수를 따로 만들 경우 메인 함수가 좀 더 간략하고, 보기 좋게 된다.

17.6 실험3 - USB 시리얼 통신 1

※ 프로그램 실행

USB.hex 파일을 PonyProg2000을 사용하여 다운로드한 후 하이퍼터미널을 실행하고 리셋 스위치를 누르면 아래와 같은 화면이 나온다. PC의 키보드를 누르면 그 문자가 그대로 표시된다. (17.8장을 참고하여 하이퍼터미널을 실행하고 USB Driver를 설치한다.)

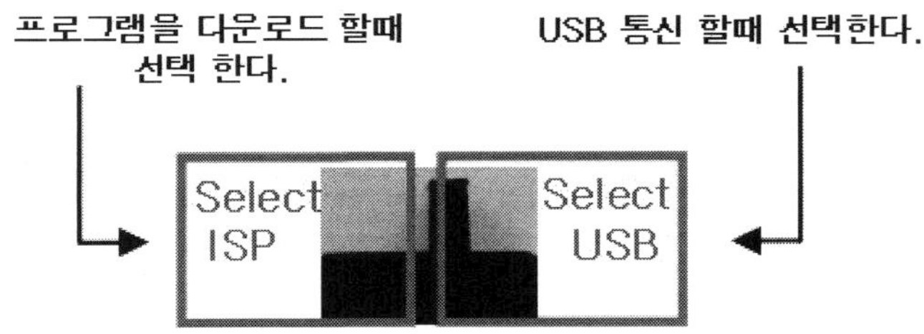

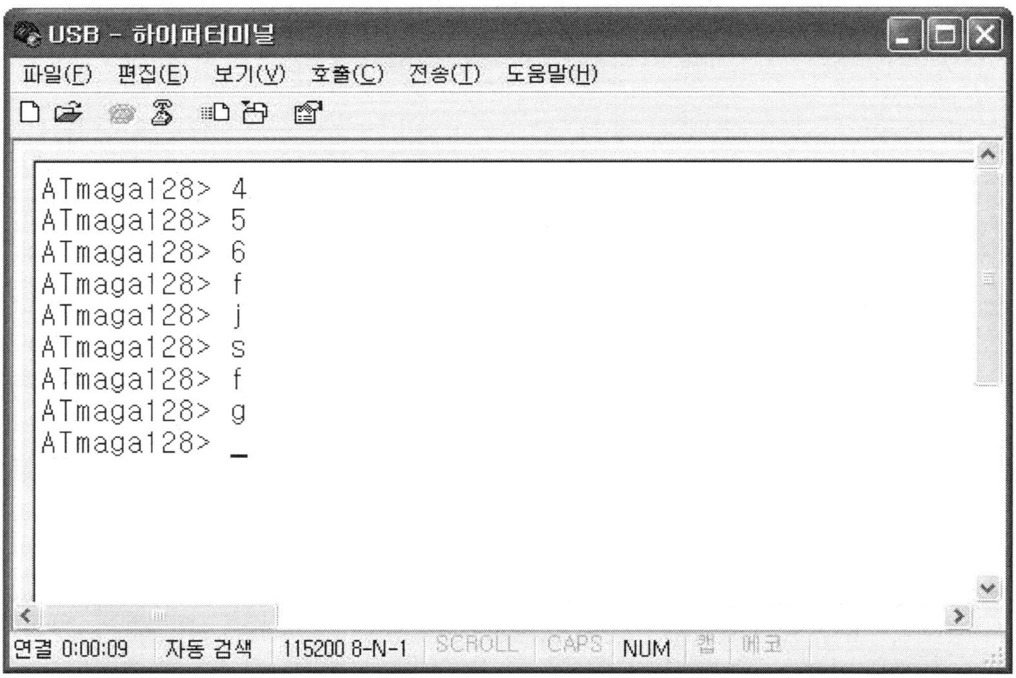

```
/*=====================================================================
    File Name :  USB.c
    Explanation
    1. USART 직렬통신 프로그램.(USART0 사용)
    2. USB 케이블을 PC에 연결 후 키보드를 누르면 그 값을 다시 내보낸다.
    3. 통신 프로그램인 하이퍼터미널을 사용한다.
    4. 인터럽트를 사용하여 데이터를 수신한다.
=====================================================================*/
#include <avr/io.h>
#include <avr/signal.h>
#include <avr/interrupt.h>

volatile unsigned char receive_data,receive_completion=0;
unsigned char prompt[]="ATmaga128> ";

void USART_Init(unsigned int baud);
void TX0_Byte(unsigned char data);
void PRINT_M(unsigned char *message);

SIGNAL(SIG_UART0_RECV)
{
    receive_data = UDR0;
    receive_completion = 1;
}

int main(void)
{
    USART_Init(7); //115200 baud, 데이터 시트 참조
    sei();
    PRINT_M(prompt);
    do{
        if(receive_completion){
            receive_completion = 0;
            switch(receive_data){
                case '₩r' : TX0_Byte('₩r'); TX0_Byte('₩n');
                            PRINT_M(prompt);
                            break;
                case '₩n' : TX0_Byte('₩r'); TX0_Byte('₩n');
                            PRINT_M(prompt);
                            break;
                default   : TX0_Byte(receive_data);
                            TX0_Byte('₩r'); TX0_Byte('₩n');
                                PRINT_M(prompt);
                            break;
            }
        }
```

```
    }while(1);
}

void USART_Init(unsigned int baud)
{
    UBRR0H = (unsigned char)(baud >> 8);
    UBRR0L = (unsigned char)baud;
    UCSR0A = 0x00;                                 //asynchronous normal mode
    UCSR0B = (1<<RXCIE0)|(1<<RXEN0)|(1<<TXEN0);    //interrupt, Rx/Tx enable
    UCSR0C = (1<<UCSZ01)|(1<<UCSZ00);              //no parity, 1 stop, 8 data
}

void TX0_Byte(unsigned char data)
{
    while(!(UCSR0A & (1<<UDRE0)));        //wait for empty transmit buffer
    UDR0 = data;                          //put data into buffer, send the data
}

void PRINT_M(unsigned char *message)
{
    while(*message != '₩0'){
        TX0_Byte(*message);
        message++;
    }
}
```

※ 프로그램 설명

이 프로그램은 USART1 이 아닌 USART0을 사용하여 PC와 송수신을 하는 프로그램이다.

ATmega128은 두 개의 통신포트 USART0, USART1이 내장되어 있으며 모든 레지스터는 동일한 수행을 한다.

17.7 실험4 - USB 시리얼 통신 2

※ 프로그램 실행

USB1.hex 파일을 PonyProg2000을 사용하여 다운로드한 후 하이퍼터미널을 실행하고 리셋 스위치를 누르면 아래와 같은 화면이 나오며 키보드의 0~9까지 누르면 7Segment에 0~9까지 표시되고, "O, R, G"를 누르면 LED Matrix에 녹색, 빨강색, 오랜지색이 표시된다.

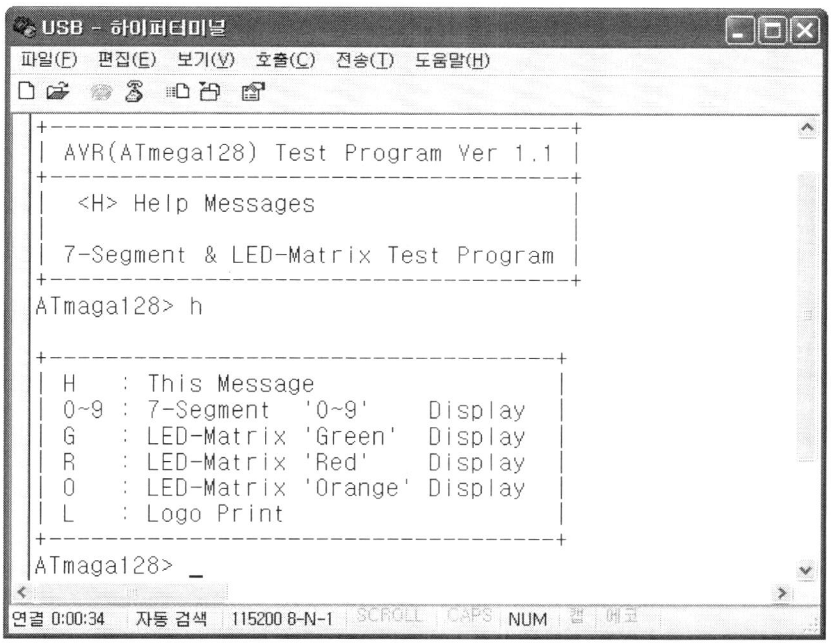


```
/*=====================================================================
    File Name :  USB1.c
    Explanation
    1. USART 직렬통신 프로그램.(USART0 사용)
    2. USB 케이블을 PC에 연결 후 키보드를 누르면 그에 해당하는 값을 출력한다.
    3. 통신 프로그램인 하이퍼터미널을 사용한다.
    4. 인터럽트를 사용하여 데이터를 수신한다.
=====================================================================*/
#include <avr/io.h>
#include <avr/signal.h>
```

```
#include <avr/interrupt.h>

#define PPI_0_PA  (unsigned char *)0x5000//line의 외부 메모리 주소
#define PPI_0_PB  (unsigned char *)0x5001//green의 외부 메모리 주소
#define PPI_0_PC  (unsigned char *)0x5002//red의 외부 메모리 주소
#define PPI_0_CT  (unsigned char *)0x5003//82C55의 컨트롤 단자 외부 메모리 주소

volatile unsigned char receive_data, receive_completion=0;
unsigned char    *line,*green,*red,*ppi_ctrl;

unsigned char prompt[]="ATmaga128> ";
unsigned char logo[]=
                        "\r\n+-------------------------------------+
                        \r\n| AVR(ATmega128) Test Program Ver 1.1      |
                        \r\n+-------------------------------------+
                        \r\n|    <H> Help Messages                      |
                        \r\n|                                           |
                        \r\n| 7-Segment & LED-Matrix Test Program      |
                        \r\n+-------------------------------------+\r\n";
unsigned char M_Unknown_Command[]="Unknown command, Try again\r\n";
unsigned char M_Help[]=
                        "\r\n+-------------------------------------+
                        \r\n| H      : This Message                    |
                        \r\n| 0~9 : 7-Segment  '0~9'        Display   |
                        \r\n| G      : LED-Matrix  'Green'    Display   |
                        \r\n| R      : LED-Matrix  'Red'      Display   |
                        \r\n| O      : LED-Matrix  'Orange'   Display   |
                        \r\n| L      : Logo Print                      |
                        \r\n+-------------------------------------+\r\n";

void Initialize(void);
void USART_Init(unsigned int baud);
void TX0_Byte(unsigned char data);
void PRINT_M(unsigned char *message);
void delay(int d1, int d2);
void initialize_ppi(void);
void martix_out(char green1,char red1);

SIGNAL(SIG_UART0_RECV)
{
    receive_data = UDR0;
    receive_completion = 1;
}

int main(void)
{
    unsigned char green_out, red_out;
```

```
Initialize();
PRINT_M(logo);
PRINT_M(prompt);
green_out = 0xff; red_out = 0x00;
do{
    martix_out(green_out,red_out);//green on
    if(receive_completion){
        receive_completion = 0;
        if('0' <= receive_data && receive_data <= '9'){        //0~9 push
            TX0_Byte(receive_data);
            receive_data -= '0';
            PORTD = receive_data << 4;
            TX0_Byte('₩r'); TX0_Byte('₩n');
            PRINT_M(prompt);
        }
        else{
            switch(receive_data){
                case '\r' : TX0_Byte('\r'); TX0_Byte('\n');
                            PRINT_M(prompt);
                            break;
                case '\n' : TX0_Byte('\r'); TX0_Byte('\n');
                            PRINT_M(prompt);
                            break;
                case 'g'  :
                case 'G'  : TX0_Byte(receive_data);
                            TX0_Byte('\r'); TX0_Byte('\n');
                            PRINT_M(prompt);
                            green_out = 0xff;red_out = 0x00;
                            break;
                case 'r'  :
                case 'R'  : TX0_Byte(receive_data);
                            TX0_Byte('\r'); TX0_Byte('\n');
                            PRINT_M(prompt);
                            green_out = 0x00;red_out = 0xff;
                            break;
                case 'o'  :
                case 'O'  : TX0_Byte(receive_data);
                            TX0_Byte('\r'); TX0_Byte('\n');
                            PRINT_M(prompt);
                            green_out = 0xff;red_out = 0xff;
                            break;
                case 'l'  :
                case 'L'  : TX0_Byte(receive_data);
                            TX0_Byte('\r'); TX0_Byte('\n');
                            PRINT_M(logo);
                            PRINT_M(prompt);
```

```
                        break;
                case 'h'  :
                case 'H'  : TX0_Byte(receive_data);
                            TX0_Byte('\r'); TX0_Byte('\n');
                            PRINT_M(M_Help);
                            PRINT_M(prompt);
                            break;
                default   : TX0_Byte(receive_data);
                            TX0_Byte('\r'); TX0_Byte('\n');
                            PRINT_M(M_Unknown_Command);
                            PRINT_M(prompt);
                            break;
            }
        }
      }
    }while(1);
}

void Initialize(void)
{
    USART_Init(7);
    MCUCR |= (1<<SRE);
    initialize_ppi();
    DDRD = 0xf0;
    sei();
}

void USART_Init(unsigned int baud)
{
    UBRR0H = (unsigned char)(baud >> 8);
    UBRR0L = (unsigned char)baud;
    UCSR0A = 0x00;                                   //asynchronous normal mode
    UCSR0B = (1<<RXCIE0)|(1<<RXEN0)|(1<<TXEN0);      //interrupt, Rx/Tx enable
    UCSR0C = (1<<UCSZ01)|(1<<UCSZ00);                //no parity, 1 stop, 8 data
}

void TX0_Byte(unsigned char data)
{
    while(!(UCSR0A & (1<<UDRE0)));          //wait for empty transmit buffer
    UDR0 = data;                            //put data into buffer, send the data
}

void PRINT_M(unsigned char *message)
{
    while(*message != '\0'){
        TX0_Byte(*message);
        message++;
```

```
    }
}

void delay(int d1, int d2)
{
    int i, j;

    for(i=0;i<d1;i++){
        for(j=0;j<d2;j++);
    }
}

void initialize_ppi(void)
{
    line = PPI_0_PA;            //LED-MATRIX line의 물리적 주소 할당
    green = PPI_0_PB;           //LED-MATRIX green의 물리적 주소 할당
    red = PPI_0_PC;             //LED-MATRIX red의 물리적 주소 할당
    ppi_ctrl = PPI_0_CT;        //82C55의 컨트롤 단자의 물리적 주소 할당
    *ppi_ctrl = 0x80;           //8255 A,B 그룹 모두 출력
}

void martix_out(char green1,char red1)
{
    unsigned char i=0,j=0;

    for(j=0;j<200;j++){
        *green = green1;
        *red = red1;
        for(i=0;i<8;i++){
            *line = (0x01<<(i);
            delay(50,50);
        }
    }
}
```

※ 프로그램 설명

```
int main(void)
{
                .
                .
    do{
        martix_out(green_out,red_out);//green on
        if(receive_completion){
                .
                .
```

이 메인 함수는 항상 LED Matrix를 표시하고 있으며, receive_completion의 값이 1이 되면 수신된 데이터 값에 따라 정해진 행동을 수행한다. receive_completion은 수신 인터럽트 함수에서 그 값이 바뀐다.

```
if('0' <= receive_data && receive_data <= '9'){          //0~9 push
    TX0_Byte(receive_data);
    receive_data -= '0';
    PORTD = receive_data << 4;
```

수신 데이터가 '0' 과 '9' 사이의 값을 가지면 이 부분을 실행한다. 0과 9의 아스키코드 값은 0x30, 0x39 이므로 수신 데이터에 '0'(0x30)을 뺀 후의 데이터 값은 0x00~0x09의 값을 가지게 되므로 이 값을 PORTD에 출력하면 7Segment에 0~9까지 표시되게 된다.

수신 데이터가 위와 다른 값 중 "G, R, O" 이면 변수 green_out, red_out 의 값을 바꾸어 LED Matrix에 그에 해당하는 색을 표시하고, "L, H"이면 logo 메시지와 help 메시지를 표시하며, 그 이외의 값을 가지면 명령어가 틀렸다는 메시지를 표시한다.

17.8 통신 & 하이퍼 터미널 사용 & USB driver 설치 방법

1. SERIAL 통신

- SERIAL.hex 또는 SERIAL1.hex 파일을 Training Kit에 다운로드한다.
- RS232C Cable을 연결하다.
- ISP, USB 선택 스위치는 ISP를 선택한다.
- 통신프로그램은 윈도우즈 통신 프로그램인 하이퍼터미널을 사용하거나, 다른 통신 프로그램을 사용한다. (통신 속도는 115200bps로 맞춘다.)
  (시작 → 모든 프로그램 → 보조프로그램 → 통신 → 하이퍼 터미널)
- Reset 버튼을 누른다. (아래와 같은 화면이 나온다.)

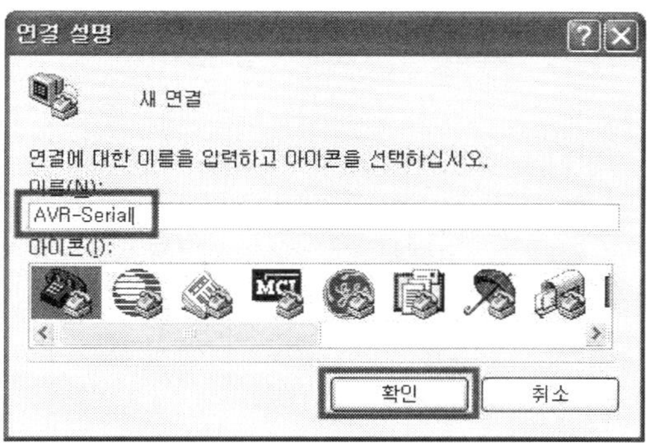

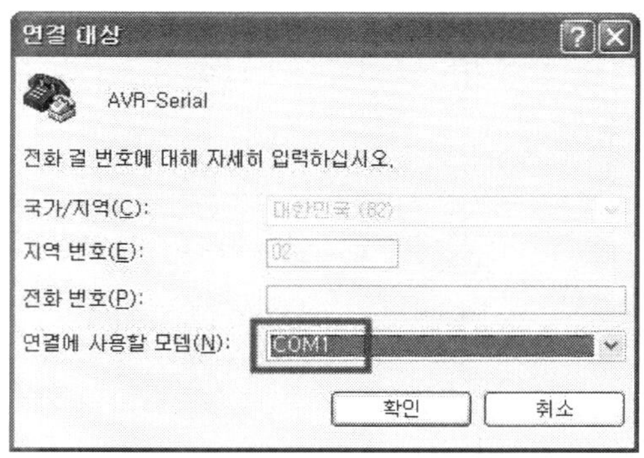

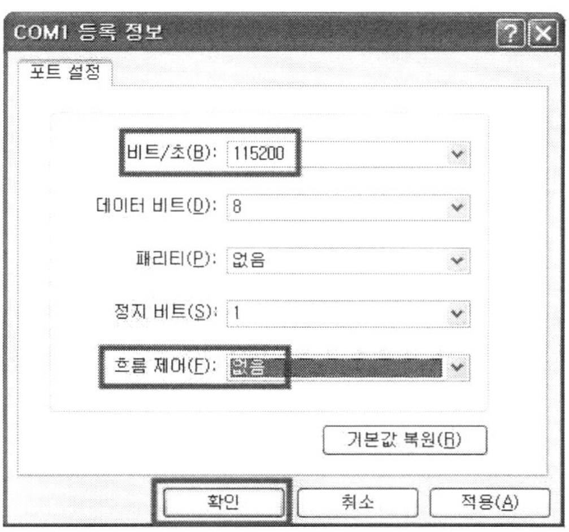

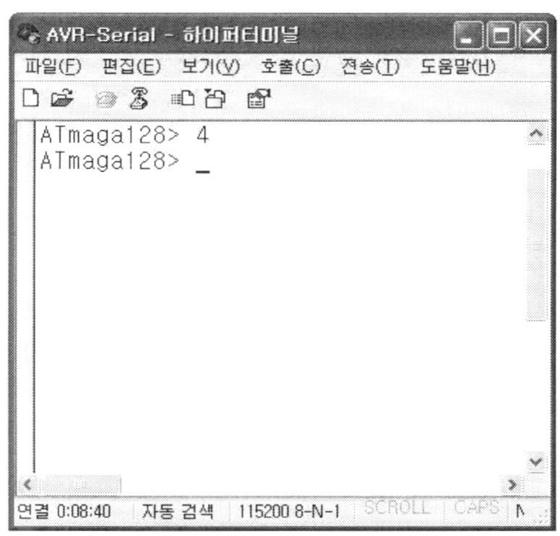

2. USB 통신

- USB.hex 또는 USB1.hex 파일을 Training Kit에 다운로드한다.
- USB Cable를 연결한 후 ISP, USB 선택 스위치는 USB를 선택한다.
- USB driver 설치(3번 항목)를 읽으면서 driver를 설치한다.
- 통신프로그램은 윈도우즈 통신 프로그램인 하이퍼터미널을 사용하거나, 다른 통신 프로그램을 사용한다.(통신 속도는 115200bps로 맞춘다.)
- 연결에 사용할 모뎀을 USB 드라이버 설치 시 확인된 부분으로 설정한다. COM2 이상으로 연결되며, 다음 그림을 참고한다.

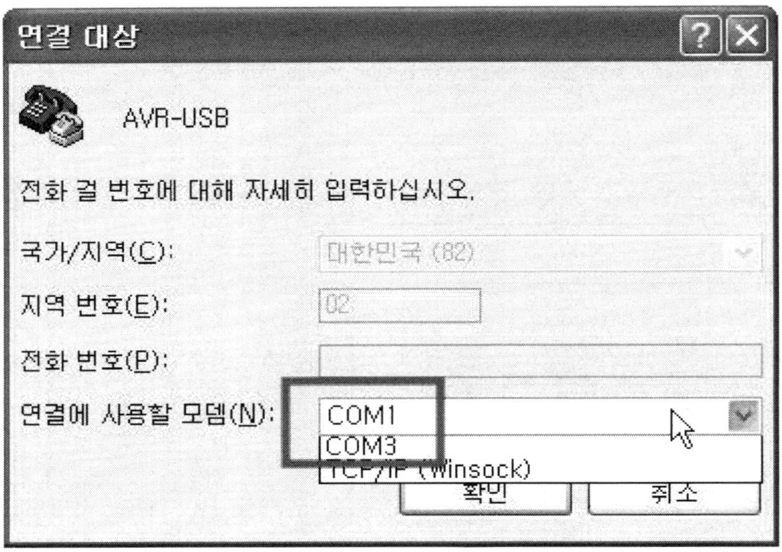

- SERIAL은 COM1 포트에 연결되고, USB은 COM3 포트로 설정되어 있는 모습이며, 이것은 사용자 PC에 따라 달라질 수 있다.

3. USB driver 설치

시작 - AVR_KIT 파워를 연결 후 USB 케이블을 연결한다.

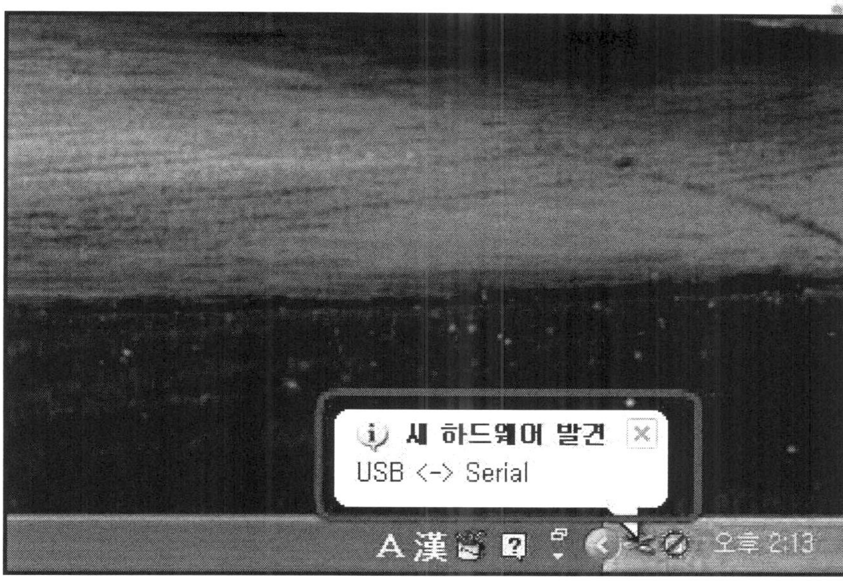

(1) 모니터 우측 하단의 새 하드웨어 발견 클릭한다.
(위와 같은 화면이 안 보일 경우 맨 하단의 11번을 참조한다.)

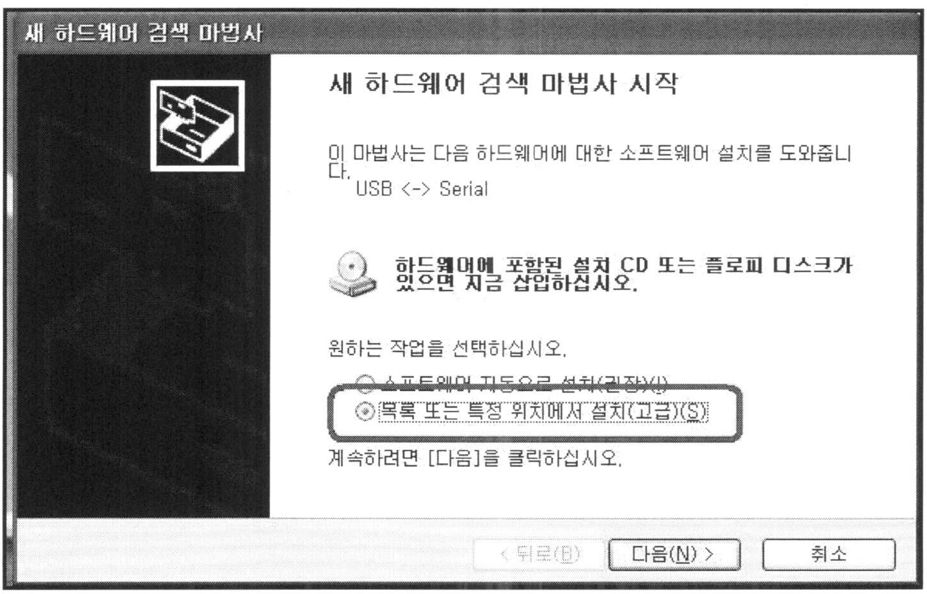

(2) 목록 또는 특정 위치에서 설치(고급)을 체크 한 후 다음을 클릭한다.

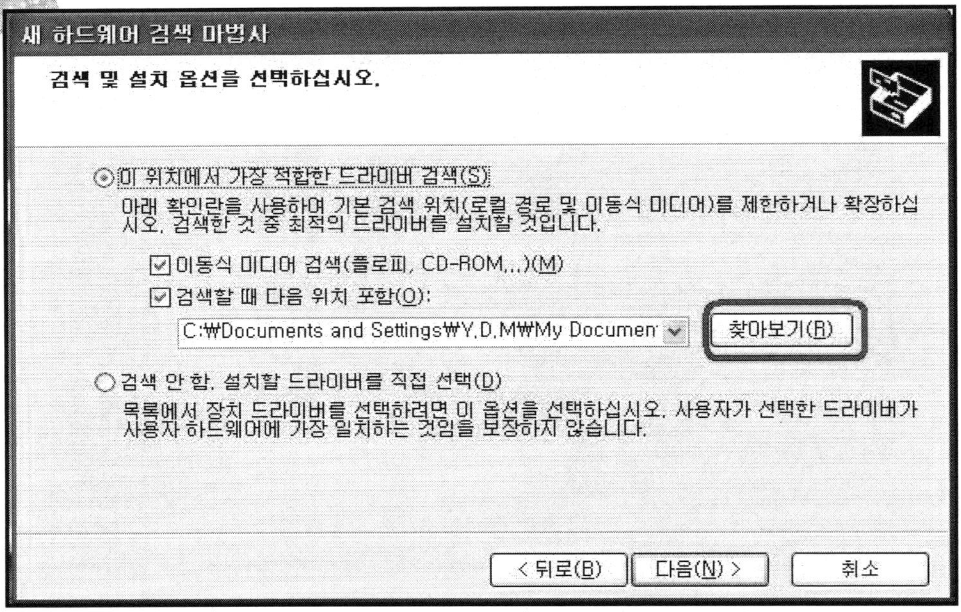

(3) 찾아보기를 클릭한다.

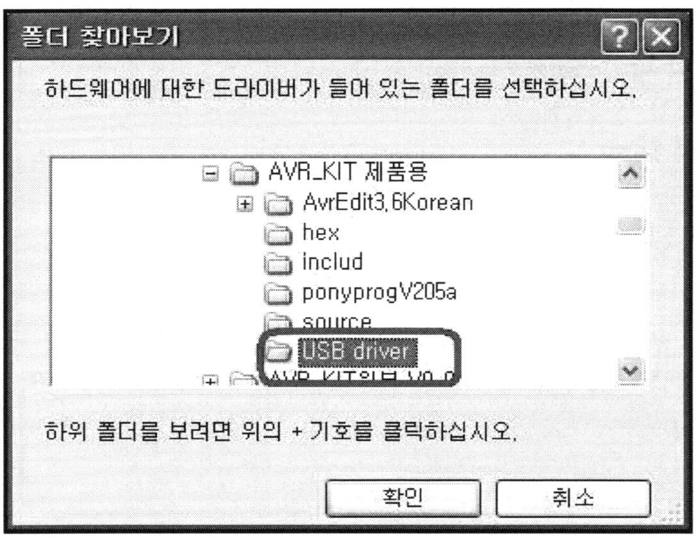

(4) 다운받은(www.bogdoo.co.kr 자료실) 파일 안에 있는 USB driver 디렉토리를 체크한 다음 확인을 클릭한다.

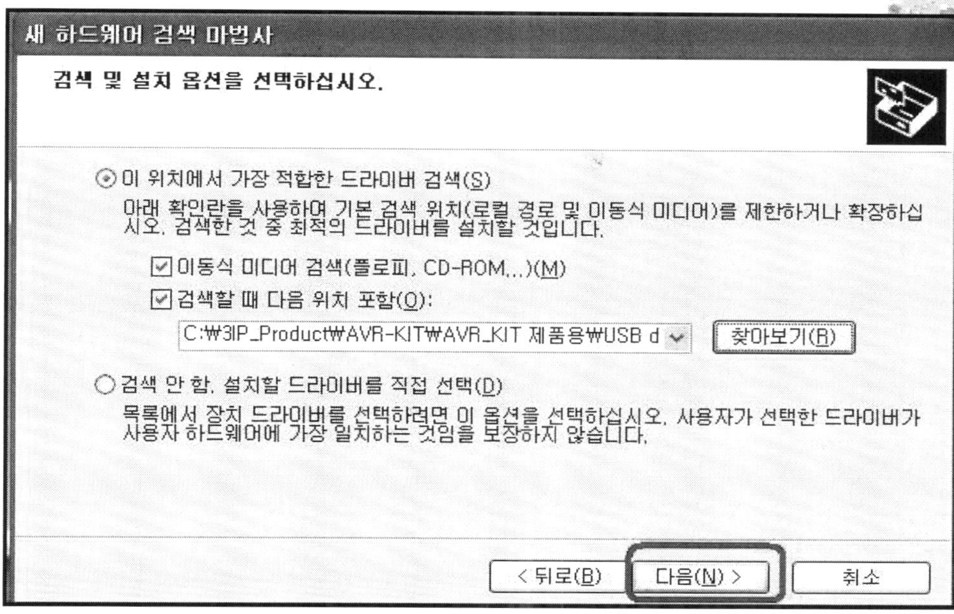

(5) 다음을 클릭한다.

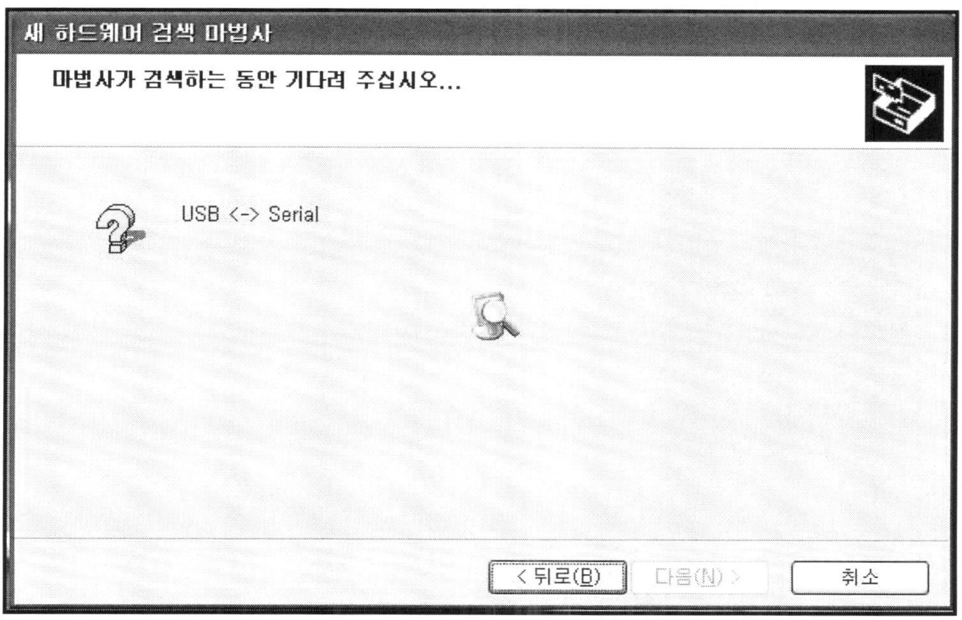

(6) 호환성 테스트가 나올 때 까지 기다린다.

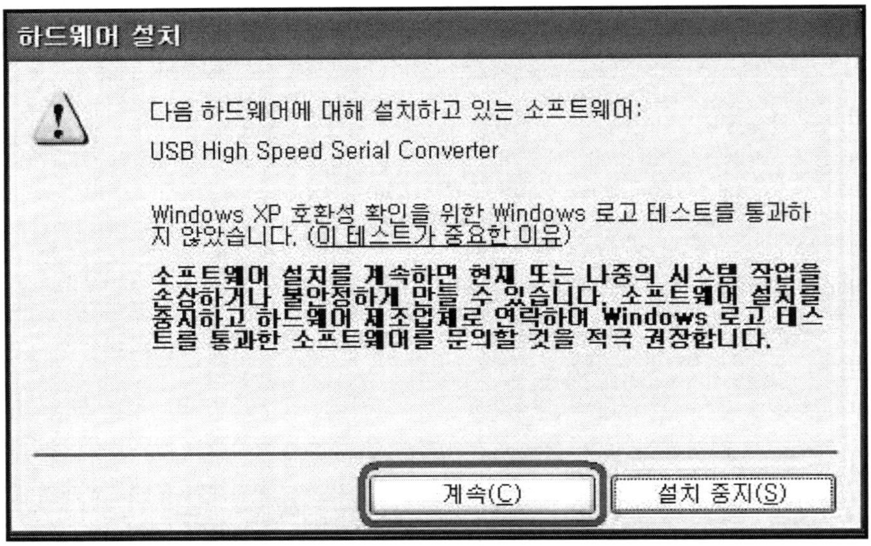

(7) 계속을 클릭한다.

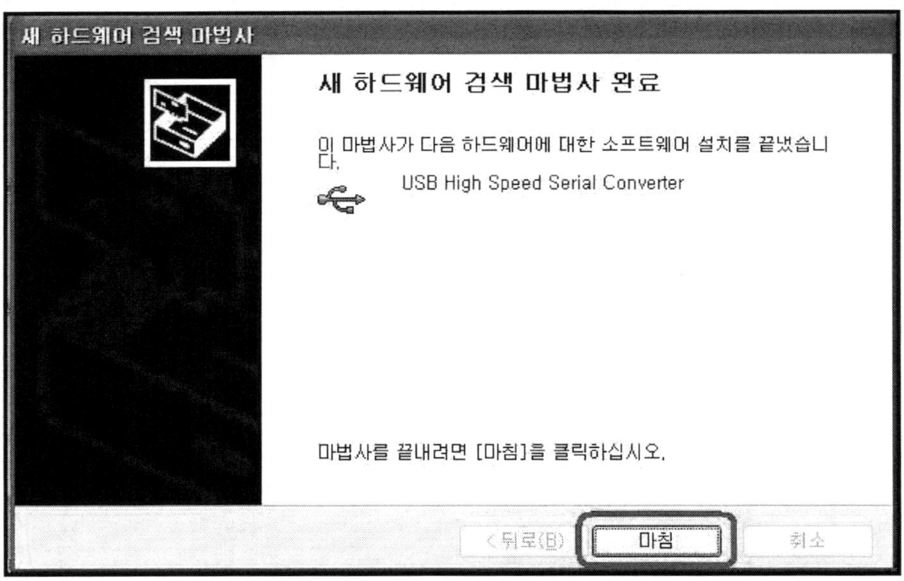

(8) 마침을 클릭한다.

(9) 모니터 좌측 하단에 새 하드웨어 발견을 클릭한 후 1)~8)을 다시 한 번 반복한다.

(10) 설치가 다 끝난 후 확인 하는 방법은 다음과 같다.

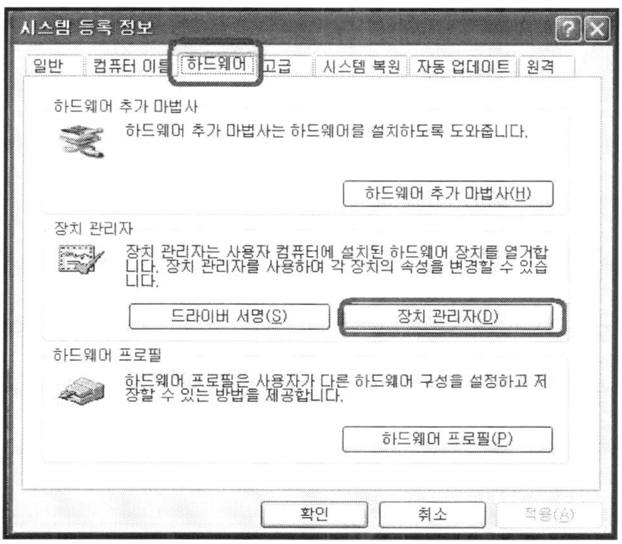

(10-1) 내 컴퓨터 (마우스 왼쪽을 클릭) → 속성을 클릭 하면 위와 같은 화면이 나온다. 위 그림에서 하드웨어 → 장치관리자를 클릭한다.

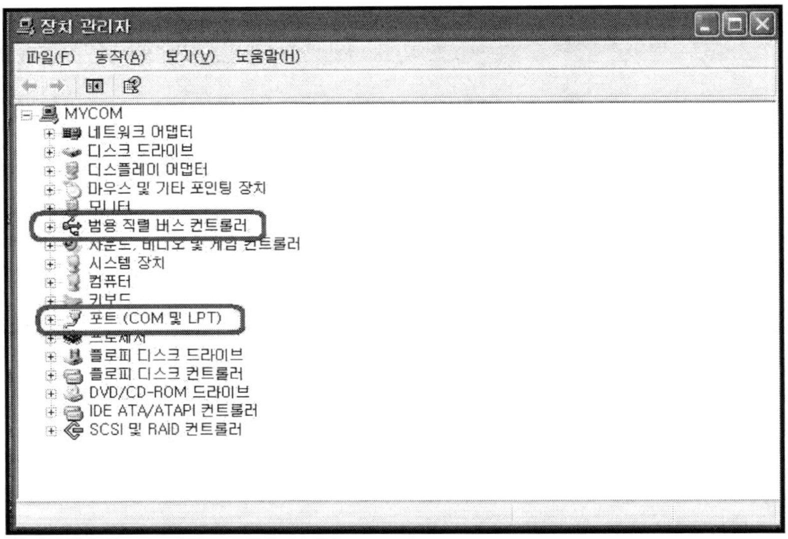

(10-2) 그림에 표시된 부분을 클릭 한다.

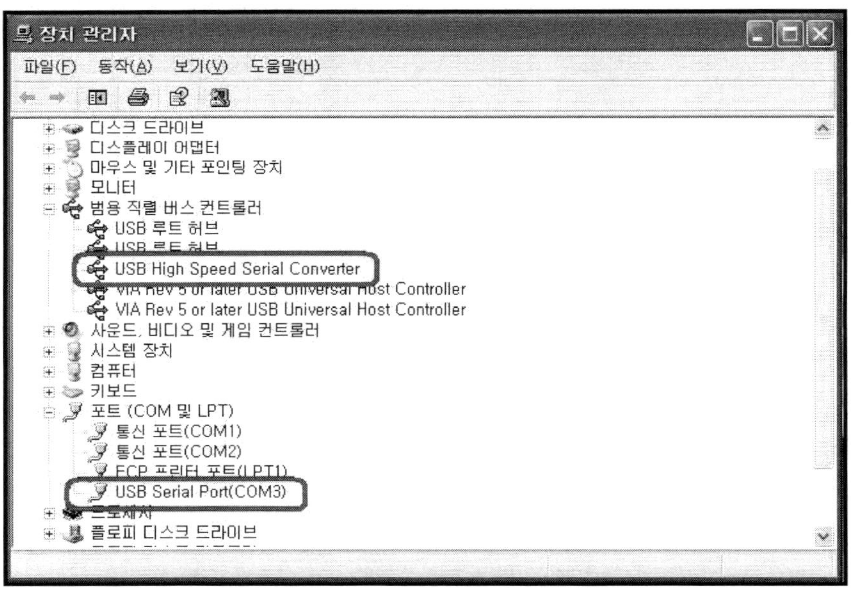

(10-3) 그림과 같다면 설치가 다 된 것이다. USB serial Port(COM3)와 다르게 COM4, COM5로 잡혀도 동작 하는 데는 아무런 문제가 없다.

(11) 자동으로 하드웨어 설치가 잡히지 않을 경우.

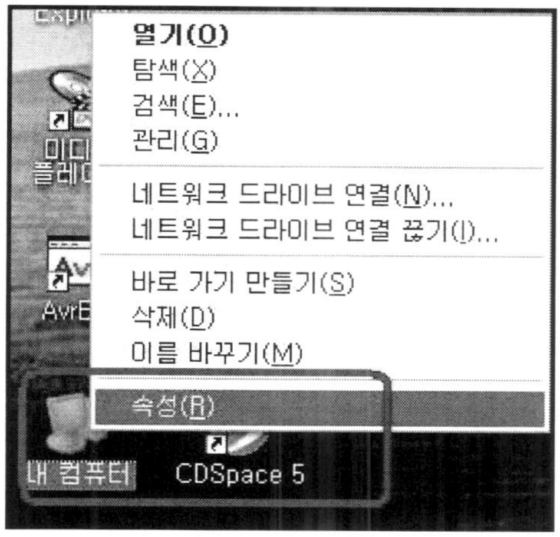

(11-1) 그림과 같이 내 컴퓨터(마우스 왼쪽 클릭) → 속성 클릭

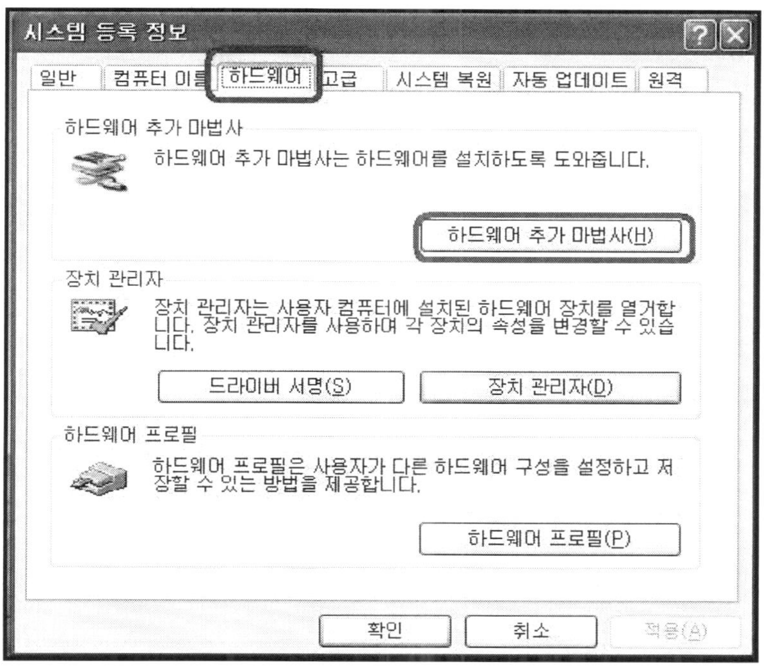

(11-2) 하드웨어 → 하드웨어 추가 마법사를 클릭하면 자동으로 설치된다.

ATmega128

CHAPTER 18

제 18 장 내부 EEPROM 메모리

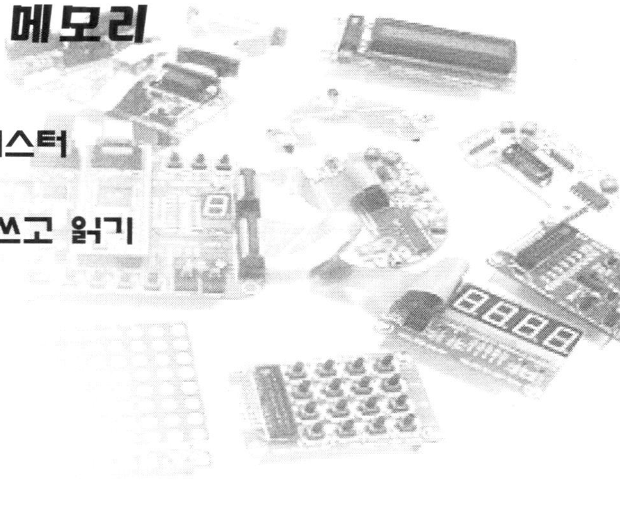

18.1 EEPROM의 개요 & 관련 레지스터

제2장 4절에서 언급 했던 것과 같이 ATmega128에는 반 고정 데이터를 저장 할 수 있는 EEPROM 데이터 메모리가 내장되어 있다. 그 크기는 4K Bytes, 즉 4096바이트이며, EEAR 레지스터를 통한 간접주소지정 방식으로 접근이 가능하고, 100,000회의 기록/삭제 수명을 보장한다.

ATmega128에서 EEPROM에 접근하기 위해서는 EEPROM Address Register, Data Register, Control Register를 사용하여야 하며, Address Register는 EEARH(하위 4비트 사용)와 EEARL(8비트) 레지스터를 조합하여 12bit의 크기를 가지고 4K Bytes 공간에 대한 주소 영역을 표현할 수 있다. EEPROM Data Register인 EEDR은 8비트 크기를 가지고 EEPROM에 데이터를 기록할 때 기록할 데이터를 보관하고 있고, 읽을 때 읽혀진 데이터를 가지고 있다. EEPROM 제어 레지스터인 EECR 레지스터는 EERIE, EEMWE, EEWE, EERE의 4개의 유효한 제어비트를 가지고 있다.

▸ EEPROM Address Register - EEAR

Bit	15	14	13	12	11	10	9	8
	-	-	-	-	EEAR11	EEAR10	EEAR9	EEAR8
	EEAR7	EEAR6	EEAR5	EEAR4	EEAR3	EEAR2	EEAR1	EEAR0
	7	6	5	4	3	2	1	0
Read/Write	R	R	R	R	R/W	R/W	R/W	R/W
	R/W	R/W	R/W	R/W	R/W	R/W	R/W	R/W
Initial Value	0	0	0	0	x	x	x	x
	x	x	x	x	x	x	x	x

EEAR의 15비트~12비트는 사용되지 않고 항상 0으로 판독된다. 11비트~0비트는 EEARH, EEARL로 되어 있으면 0~4095번지까지 EEPROM의 주소를 지정한다.

▸ EEPROM Data Register - EEDR

Bit	7	6	5	4	3	2	1	0
	MSB							LSB
Read/Write	R/W	R/W	R/W	R/W	R/W	R/W	R/W	R/W
Initial Value	0	0	0	0	0	0	0	0

EEPROM 기록 동작에서 이 레지스터는 EEAR에 의해서 지정된 번지에 저장할 데이터를 일시 보존하고, EEPROM 판독 동작에서 이 레지스터는 EEAR에 의해서 지정된 번지에 데이터를 일시 보존한다.

▸ EEPROM Control Register - EECR

Bit	7	6	5	4	3	2	1	0
	-	-	-	-	EERIE	EEMWE	EEWE	EERE
Read/Write	R	R	R	R	R/W	R/W	R/W	R/W
Initial Value	0	0	0	0	0	0	x	0

- EERIE : EEPROM Ready Interrupt Enable

  EEPROM의 사용이 가능해 졌을 때 인터럽트 발생을 활성화 시키는 비트로서, '1'의 값일 때 활성화 되며 '0'일 때 비활성화 된다. EEWE 비트가 clear 되었을 때 인터럽트가 발생된다.

- EEMWE : EEPROM Master Write Enable

  EEPROM에 기록 가능한 상태를 지정하는 비트로 EEMWE가 '1'로 설정되고 EEWE가 '1'일 때 지정된 EEPROM 주소영역에 CPU의 4클록 사이클 이내에 데이터가 기록된다. 만약 EEMWE가 '0'으로 설정되어 있다면 EEWE의 값과는 무관하게 EEPROM에는 데이터를 기록하지 않는다. EEMWE를 소프트웨어에서 '1'로 기록하면 CPU의 4사이클 이후에 하드웨어에서 '0'으로 이 비트의 값을 기록한다.

- EEWE : EEPROM Write Enable

  EEWE는 EEPROM의 Write Strobe 신호로 기록될 공간의 주소, 데이터가 유효한 상태에서 EEWE가 '0'으로 지정되면 EEPROM에 실제 데이터를 기록하게 된다. 단, ATmega128은 CPU에서 내부 플래시 메모리에 기록하는 동안에는 EEPROM에 데이터를 기록할 수 없으며, EEPROM에 데이터를 기록하는 도중 Interrupt 신호가 인가될 경우 기록이 실패할 수 있다.

- EERE : EEPROM Read Enable

  EERE는 EEPROM의 Read Strobe 신호선으로 동작한다. EEPROM에 유효한 주소를 지정한 후 EERE가 '0'으로 되면 지정된 주소 공간으로부터 데이터를 읽어오게 된다.

EEPROM에 데이터를 저장하기 위해서는 다음과 같은 절차를 따라야 한다.

(1) EEWE 비트가 0이 될 때까지 기다린다.
(2) SPMCSR 레지스터의 SPMEN 비트가 0이 될 때까지 기다린다.
(3) EEAR에 EEPROM 주소를 써준다.(옵션사항)
(4) EEDR에 EEPROM 데이터를 써준다.(옵션사항)
(5) EECR의 EEWE 비트에 0을 기록하는 동안 EEMWE 비트에 1을 써준다
(6) EEMWE 비트를 세트 한 후 4클록 사이클 안에 EEWE 비트에 1을 써준다.

18.2 실험1 - EEPROM에 데이터 쓰고 읽기

※ 프로그램 실행

EEPROM.hex 파일을 PonyProg2000을 사용하여 다운로드하면 7-Segment-1이 아래와 같이 카운트 한다.

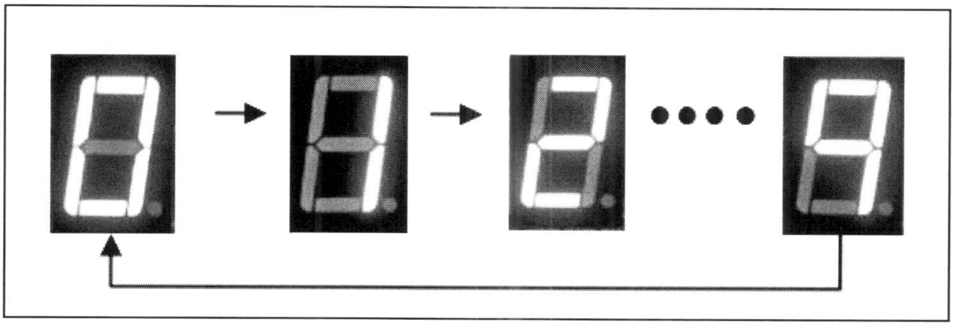

```
/*==================================================================
    File Name :  EEPROM.c
    Explanation
    1. 내부 EEPROM read-write 프로그램
    2. EEPROM에 1~9까지 써 넣은 다음 한 바이트씩 읽는다.
    3. 7-segment-1이 10진수로 증가한다.
==================================================================*/
#include <avr/io.h>

void EEPROM_write(unsigned int address, unsigned char data);
unsigned char EEPROM_read(unsigned int address);
void delay(int d1, int d2);

int main(void)
{
    unsigned int addr;
    unsigned char data=0x00;

    DDRD = 0xf0;                              //PD7~PD4 = out, PD3~PD0 = in
    for(addr=0x0000; addr<=0x0009; addr++){
        EEPROM_write(addr,data);              //EEPROM에 데이터를 쓴다.
        data++;
    }
    do{
        for(addr = 0x0000; addr <= 0x0009; addr++){
```

```
            data = EEPROM_read(addr);         //EEPROM의 데이터를 읽음
            PORTD = (data<<4);                //7segment 점등
            delay(1000,3000);                 //7segment 지연시간
        }
    }while(1);
}

void EEPROM_write(unsigned int address, unsigned char data)
{
    while(EECR & (1<<EEWE));          //이전의 기록이 완료될 때가지 기다림
    EEAR = address;                           //주소 저장
    EEDR = data;                              //데이터 저장
    EECR |= (1<<EEMWE);               //EEMWE=1
    EECR |= (1<<EEWE);                //EEWE=1, EEPROM 저장 시작
}

unsigned char EEPROM_read(unsigned int address)
{
    while(EECR & (1<<EEWE));          //이전의 기록이 완료될 때가지 기다림
    EEAR = address;                           //주소 저장
    EECR |= (1<<EERE);                //EERE=1, read 시작
    return EEDR;                              //데이터 리턴
}

void delay(int d1, int d2)
{
    int i, j;

    for(i=0;i<d1;i++){
        for(j=0;j<d2;j++);
    }
}
```

※ 프로그램 설명

```
DDRD = 0xf0;                          //PD7~PD4 = out, PD3~PD0 = in
for(addr=0x0000; addr<=0x0009; addr++){
    EEPROM_write(addr,data);          //EEPROM에 데이터를 쓴다.
    data++;
}
```

포트 D에 연결되어 있는 7-Segment-1에 수를 표현하기 위해 상위 4비트를 출력으로 설정한 후 EEPROM 0x0000~0x0009 번지에 0x00~0x09까지의 데이터를 차례대로 저장한다.

```
void EEPROM_write(unsigned int address, unsigned char data)
{
    while(EECR & (1<<EEWE)); //이전의 기록이 완료될 때가지 기다림
    EEAR = address;          //주소 저장
    EEDR = data;             //데이터 저장
    EECR |= (1<<EEMWE);      //EEMWE=1
    EECR |= (1<<EEWE);       //EEWE=1, EEPROM 저장 시작
}
```

앞에서 설명한 것처럼 EEPROM에 데이터를 저장하기 위해선 위의 순서를 따라야만 저장이 가능하며, EEPROM에 저장하는 동안에는 인터럽트를 금지 시켜야 한다. EEMWE 비트를 1로 만든 후 4클록 사이클 안에 EEWE 비트를 1로 만들어야 하는데, 이 사이에 인터럽트가 발생하면 4클록 사이클이 지나기 때문이다. 또 EEPROM에 데이터를 읽거나 저장하는 인터럽트 루틴이 다른 EEPROM 접근을 인터럽트하면 EEAR 또는 EEDR 값이 수정되어 EEPROM 내용이 잘못되기 때문이다. 이런 문제를 피하기 위해서는 EEPROM을 읽거나 저장할 때 전체 인터럽트를 금지하고, 복귀 후 전체 인터럽트를 허용하면 된다.

```
unsigned char EEPROM_read(unsigned int address)
{
    while(EECR & (1<<EEWE));  //이전의 기록이 완료될 때가지 기다림
    EEAR = address;           //주소 저장
    EECR |= (1<<EERE);        //EERE=1, read 시작
    return EEDR;              //데이터 리턴
}
```

EEPROM의 데이터를 읽기 위해서는 EEAR에 읽고자 하는 주소를 써주고 EECR의 EERE 비트를 1로 만들어 주어야 한다. 그러면 다음 클록 사이클에서 EEAR가 지정한 EEPROM 데이터가 EEDR에 저장되어 이 값을 읽으면 된다.

```
do{
    for(addr = 0x0000; addr <= 0x0009; addr++){
        data = EEPROM_read(addr);   //EEPROM의 데이터를 읽음
        PORTD = (data<<4);          //7segment 점등
        delay(1000,3000);           //7segment 지연시간
    }
}while(1);
```

EEPROM의 읽고자 하는 주소를 하나씩 증가 하면서, 데이터를 읽은 후 포트D에 연결되어 있는 7-Segment-1에 출력한다.

18.3 실험2 - eeprom.h 사용하기

※ 프로그램 실행

EEPROM1.hex 파일을 PonyProg2000을 사용하여 다운로드하면 실험1과 같은 동작을 수행한다.

```
/*=====================================================================
    File Name :  EEPROM1.c
    Explanation
    1. 내부 EEPROM read-write 프로그램
    2. eeprom.h 파일에서 제공하는 EEPROM 액세스 전용 함수를 사용한다.
    3. EEPROM에 1~9까지 써 넣은 다음 한 바이트씩 읽는다.
    4. 7-segment-1이 10진수로 증가한다.
=====================================================================*/
#include <avr/io.h>
#include <avr/eeprom.h>

void delay(int d1, int d2);

int main(void)
{
    unsigned int addr;
    unsigned char data=0x00;

    DDRD = 0xf0;                        //PD7~PD4 = out, PD3~PD0 = in
    for(addr=0x0000; addr<=0x0009; addr++){
        while(!eeprom_is_ready());      //이전의 기록이 완료될 때가지 기다림
        eeprom_wb(addr,data);           //EEPROM에 데이터를 쓴다.
        data++;
    }
    do{
        for(addr = 0x0000; addr <= 0x0009; addr++){
            data = eeprom_rb(addr); //EEPROM의 데이터를 읽음
            PORTD = (data<<4);      //7segment 점등
            delay(1000,3000);       //7segment 지연시간
        }
    }while(1);
}

void delay(int d1, int d2)
{
    int i, j;
```

```
    for(i=0;i<d1;i++){
        for(j=0;j<d2;j++);
    }
}
```

※ 프로그램 설명

이 프로그램은 실험1과 동일한 수행을 하며, eeprom.h 파일에서 제공하는 EEPROM 전용 함수를 사용하여 EEPROM을 읽고 쓰는 프로그램이다.

eeprom_is_ready(void) - 이 함수는 EEPROM이 접근 가능한 때를 알려준다.

uint8_t eeprom_rb(uint16_t addr) - 이 함수는 한 바이트를 읽으며, 원하는 위치의 16 비트 주소를 보내면 8비트 데이터를 보낸다.

void eeprom_read_block(void*buf, uint16_t addr, size_t n) - 이 함수는 EEPROM 메모리에서 블록의 내용을 읽어 드린다. 읽힌 데이터는 SRAM의 버퍼에 저장되며, 버퍼의 시작 위치는 buf에서 지정하고, 시작 어드레스를 지정한 후(addr), 읽을 바이트의 수를 지정한다.(n)

uint16_t eeprom_rw(uint16_t addr) - 이 함수는 16비트 값을 읽는다.

void eeprom_wb(uint16_t addr, uint_8 val) - EEPROM에 데이터를 쓴다.

ATmega128

Dr. Kim's AVR Series 제품 소개

1. Dr. Kim ATmega8 Training Kit
2. Dr. Kim AT89S52 Training Kit
3. Dr. Kim CPLD Training Kit
4. Dr. Kim AVR + FPGA 복합 Training Kit
5. Dr. Kim AVR, 8051, CPLD, FPGA 콘트롤러 모듈
6. Dr. Kim 확장 모듈
7. Dr. Kim 로봇

1. Dr. Kim AVR Training Kit

1. Dr. Kim ATmega8 Training Kit (모델명 : SAT8-100)

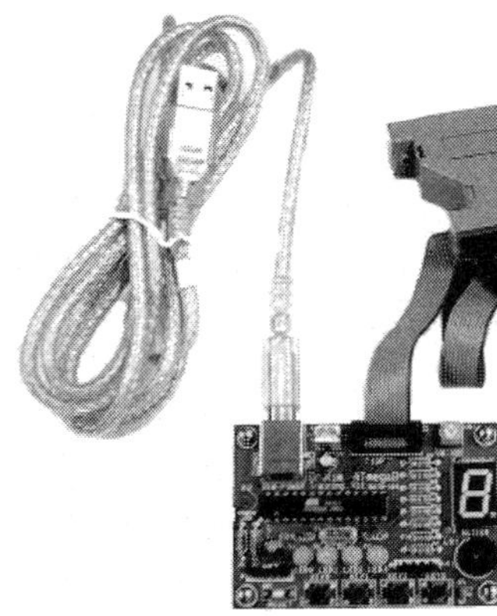

항 목	사 양
마이크로 컨트롤러	ATmega8
메모리	8K Bytes Flash, 1K Byte internal SRAM, 512 Bytes EEPROM
사용가능한 I/O	23 Programmable I/O
시스템 클록	14.7456 MHz
소프트웨어 운영체제	Compiler : AVR Edit Download Program : PonyProg2000
입력 장치	Switch 4개, Reset Switch 1개, ADC 가변저항 1개
출력 장치	LED 4개, 7segment LED 1개, Buzzer 1개
AD Converter	6Channel 10Bit AD Converter
입력 & 보드 전원	DC 4.5V~5V : USB 전원, 파워 서플라이 전원, 1.5V 건전지(AA 사이즈) 직렬연결
보드사이즈	가로 77mm X세로 55mm

▶ 개인이 구입하여 기사시험 준비 등에 적합한 저가형 Training Kit 임

▶ 별도의 전원 없이 USB의 전원으로 사용이 가능하여 컴퓨터가 있는 곳이면 어디서나 사용 가능함

2. Dr. Kim ATmega128 Training Kit (모델명 : SAT128-250)

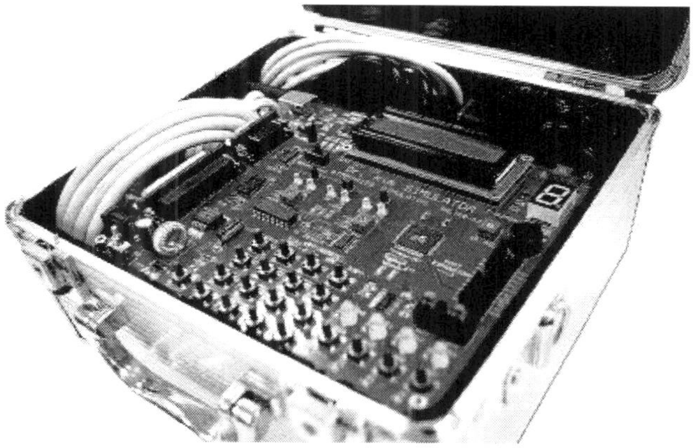

항 목	사 양
마이크로 컨트롤러	ATmega128
메모리	128K Bytes Flash, 4K Bytes internal SRAM, 4K Bytes EEPROM
사용가능한 I/O	53 Programmable I/O
시스템 클록	14.7456 MHz
소프트웨어 운영체제	Compiler : AVR Edit Download Program : PonyProg2000
입력 장치	Switch 4개, Reset Switch 1개, 채터링 방지 Interrupt & Counter Switch 각각 1개, 4×4 Function Switch (16개의 Switch)
센서 장치	On/Off 근접 센서 2개, 거리 감지 센서 1개
출력 장치	LED 4개, 7segment LED 1개, Text LCD(16×2) 1개(Back Light 내장), Buzzer 1개
AD Converter	8Channel 10Bit AD Converter
통신 포트	RS232C Port 1개, USB Port 1개, Parallel Port 1개
확장 포트	13 Pin 입출력 가능 (Dr. Kim 확장 모듈 사용가능)
입력 & 보드 전원	입력 전원 : AC 85V ~ 264V, 보드 전원 : DC 5V
보드사이즈	가로 160mm × 세로 145mm

▶ 기존 고가형 Training Kit (SAT128-300)의 대부분의 기능을 가지고 있으나, 가격을 획기적으로 저렴하게 만들어 개인이 구입하여 AVR 마이크로프로세서 공부나 기사 시험의 준비 등에 사용하거나, 학교, 산업체 현장, 전문가 등이 실험 및 연구에 사용하기 적합한 Training Kit임

▶ 외부 확장 포트를 사용하여 DC Motor, Step Motor, LCD등 Dr. Kim 확장 모듈을 사용하여 다양한 실험을 할 수 있음

3. Dr. Kim ATmega128 Training Kit (모델명 : SAT128-350)

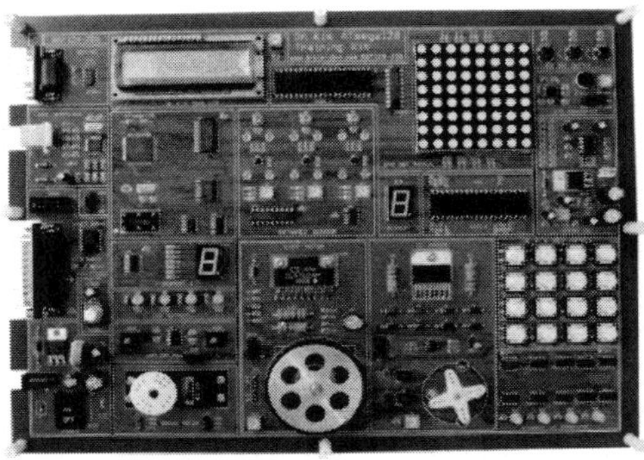

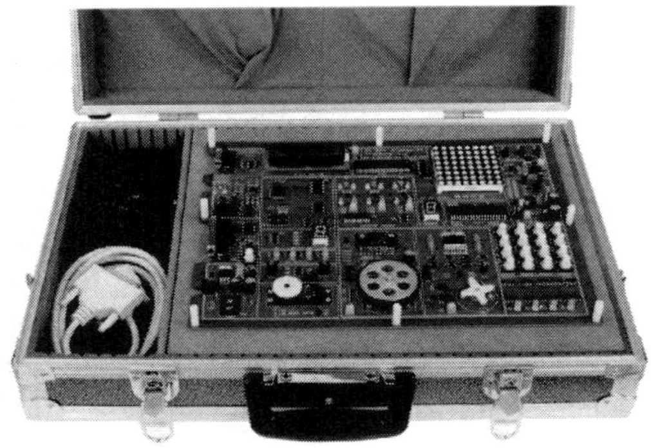

항 목	사 양
마이크로 컨트롤러	ATmega128
메모리	128K Bytes Flash, 4K Bytes internal SRAM, 4K Bytes EEPROM
사용가능한 I/O	53 Programmable I/O
시스템 클록	14.7456 MHz
소프트웨어 운영체제	Compiler : AVR Edit Download Program : PonyProg2000
입력 장치	Switch 4개, Reset Switch 1개, 채터링 방지 Interrupt & Counter Switch 각각 1개, 4×4 Function Switch (16개의 Switch), ADC 가변저항 1개, ADC Switch 3개, 근접센서 거리 가변 저항 3개, 모터 전류 조절 가변저항 2개
센서 장치	On/Off 근접 센서 3개, 거리 감지 센서 3개
출력 장치	LED 4개, 7segment LED 2개, Text LCD(16×2) 1개(Back Light 내장), Audio 1개, DC Motor 1개, Step Motor 1개, RC Servo Motor 1개, 64Dot Matrix 1개
AD Converter	8Channel 10Bit AD Converter
통신 포트	RS232C Port 1개, USB Port 1개, Parallel Port 1개
입력 & 보드 전원	입력 전원 : AC 85V ~ 264V, 보드 전원 : DC 5V
보드사이즈	가로 270mm × 세로 190mm

▶ AVR Command, USB, LCD, Sensor, Motor, Display, Sound 등 Embedded 장치에 의한 실험 및 Dr. Kim 확장 모듈을 사용하여 전자 디바이스 대부분의 기능들을 실험 해 볼 수 있는 고기능 Training Kit로서 학교, 산업체현장, 전문가 등에 적합한 Training Kit임

▶ DC, RC Servo, Step Motor 등 3종의 모터외 실험에 필요한 모든 악세사리 포함됨

4. Dr. Kim ATmega128 Training Kit (모델명 : SAT128-400)

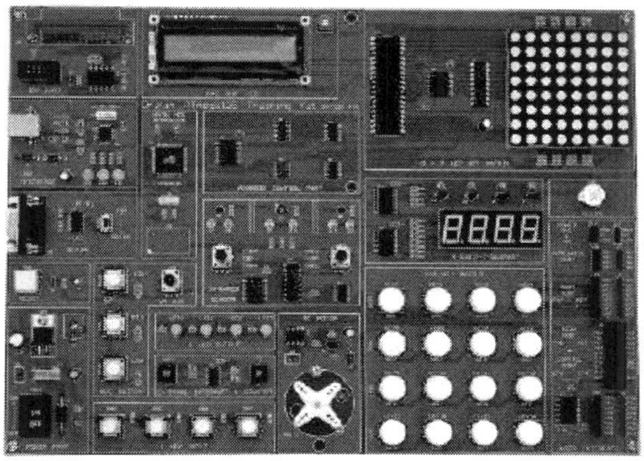

항 목	사 양
마이크로 컨트롤러	ATmega128
메모리	128K Bytes Flash, 4K Bytes internal SRAM, 4K Bytes EEPROM
사용가능한 I/O	53 Programmable I/O
시스템 클록	14.7456 MHz
소프트웨어 운영체제	Compiler : AVR Edit Download Program : PonyProg2000
입력 장치	Switch 4개, Reset Switch 1개, 채터링 방지 Interrupt & Counter Switch 각각 1개, 4×4 Function Switch (16개의 Switch), ADC 가변저항 1개, ADC Switch 3개
센서 장치	On/Off 근접 센서 2개, 거리 감지 센서 1개
출력 장치	LED 4개, 4Digit-7segment LED 1개, Text LCD(16×2) 1개(Back Light 내장), Buzzer 1개, DC Motor 1개, 64Dot Matrix 1개
AD Converter	8Channel 10Bit AD Converter
통신 포트	RS232C Port 1개, USB Port 1개, Parallel Port 1개
확장 포트	13 Pin 입출력 가능 (Dr, Kim 확장 모듈 사용가능)
입력 & 보드 전원	입력 전원 : AC 85V ~ 264V, 보드 전원 : DC 5V
보드사이즈	가로 315mm × 세로 230mm

▶ 기존의 SAT128-200, SAT128-300/300A Training Kit의 기능 대부분을 포함하며, 새로운 기술의 출현에 따른 여러 가지 기능을 추가하였으며, 외부 확장 포트를 내장하여 Dr. Kim 확장 모듈 및 외부 디바이스, 기기등과 연결하여 다양한 실험을 할 수 있는 획기적인 제품으로 개인, 학교, 산업체현장, 전문가 등에 적합한 Training Kit임

2. Dr. Kim AT89S52 Training Kit

1. Dr. Kim AT89S52 Training Kit (모델명 : SIC80-200)

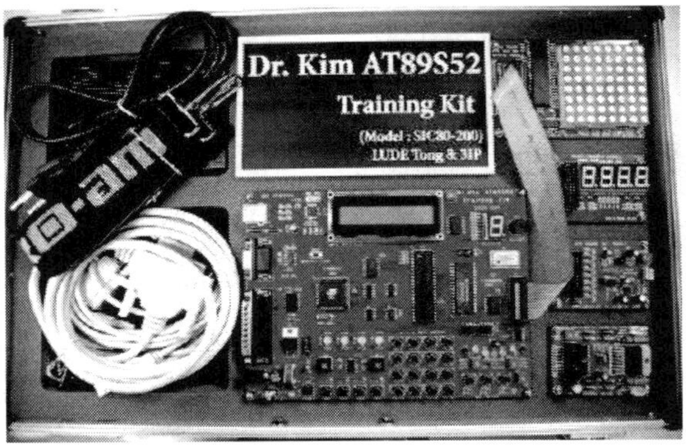

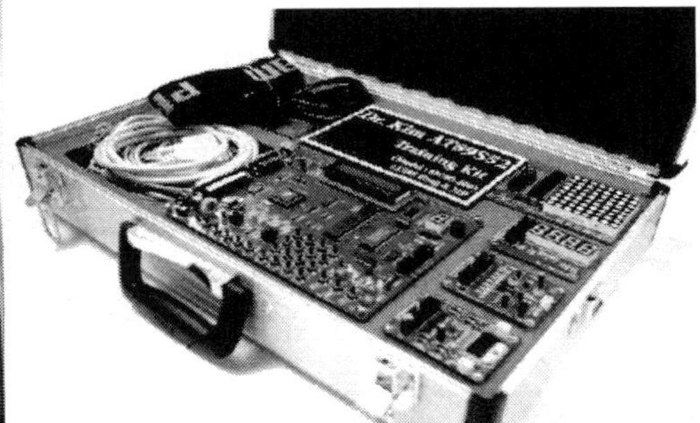

항 목	사 양
마이크로 컨트롤러	AT89S52
메모리	8K Bytes Flash, 256 Bytes internal SRAM
사용가능한 I/O	32 Programmable I/O
시스템 클록	11.0592 MHz
소프트웨어 운영체제	Compiler & Assembler : Keil uVision2 (C51, PK51) Download Program : ISP-Flash-Programmer
입력 장치	Switch 4개, 채터링 방지 Interrupt & Counter Switch 각각 1개, 4×4 Function Switch (16개의 Switch), Reset Switch 1개
센서 장치	On/Off 근접 센서 2개, 거리 감지 센서 1개
출력 장치	LED 4개, 7segment LED 1개, Text LCD(16×2) 1개(Back Light 내장), Buzzer 1개
AD Converter	ADC0809 (8Channel 8Bit AD Converter)
통신 포트	RS232C Port 1개, USB Port 1개, Parallel Port 1개
확장 포트	13 Pin 입출력 가능 (Dr, Kim 확장 모듈 사용가능)
입력 & 보드 전원	입력 전원 : AC 85V ~ 264V, 보드 전원 : DC 5V
보드사이즈	가로 196mm × 세로 150mm

▶ 8051계열 마이크로프로세서를 실험할 수 있는 Training Kit로서 각종 Embedded 장치에 의한 실험 및 Dr. Kim 확장 모듈을 사용하여 다양한 실험이 가능하고, 가격을 획기적으로 저렴하게 만들어 개인이 구입하여 기사 시험의 준비나 학교, 산업체 현장 등에 적합한 Training Kit임

2. Dr. Kim AT89S52 Training Kit (모델명 : SIC80-300)

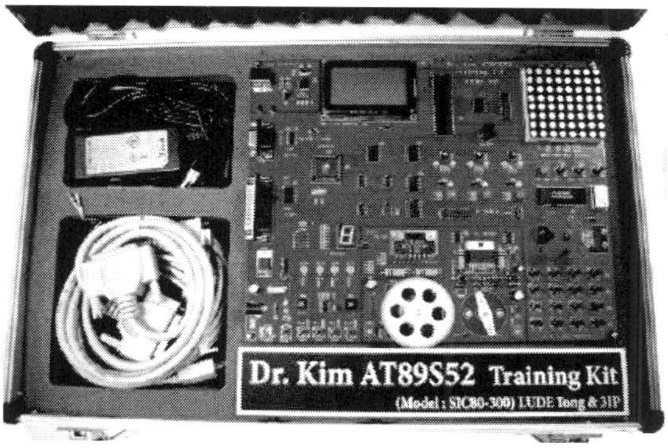

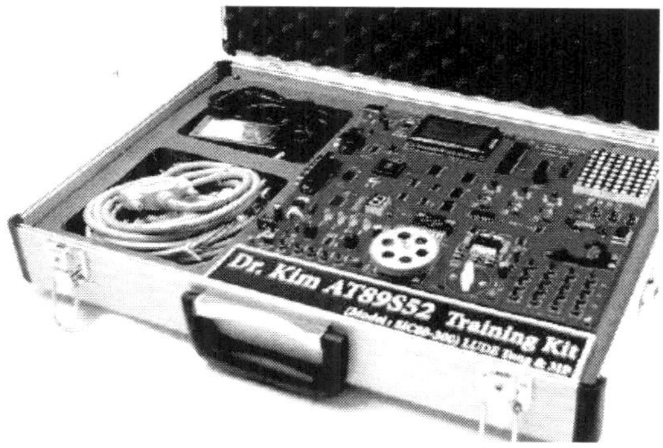

항 목	사 양
마이크로 컨트롤러	AT89S52
메모리	8K Bytes Flash, 256 Bytes internal SRAM
사용가능한 I/O	32 Programmable I/O
시스템 클록	11.0592 MHz
소프트웨어 운영체제	Compiler & Assembler : Keil uVision2 (C51, PK51) Download Program : ISP-Flash-Programmer
입력 장치	Switch 4개, 채터링 방지 Interrupt & Counter Switch 각각 1개, 4×4 Function Switch (16개의 Switch), ADC 가변저항 1개, ADC Switch 3개, 근접센서 거리 가변 저항 3개, 모터 전류 조절 가변저항 2개, Reset Switch 1개
센서 장치	On/Off 근접 센서 3개, 거리 감지 센서 3개
출력 장치	LED 4개, 7segment LED 1개, Buzzer 1개, DC Motor 1개, RC Servo, Motor 1개, Step Motor 1개, 64Dot Matrix 1개, Graphic LCD(128×64) 1개(Back Light 내장)
AD Converter	ADC0809 (8Channel 8Bit AD Converter)
통신 포트	RS232C Port 1개, USB Port 1개, Parallel Port 1개
확장 포트	13 Pin 입출력 가능 (Dr, Kim 확장 모듈 사용가능)
입력 & 보드 전원	입력 전원 : AC 85V ~ 264V, 보드 전원 : DC 5V
보드사이즈	가로 276mm × 세로 230mm

▶ SIC80-200 Training Kit의 기능 대부분을 포함하며, 새로운 기술의 출현에 따른 여러 가지 기능을 추가하였으며, 외부 확장 포트를 내장하여 Dr. Kim 확장 모듈 및 외부 디바이스, 기기등과 연결하여 다양한 실험을 할 수 있는 획기적인 제품으로 개인, 학교, 산업체현장, 전문가 등에 적합한 Training Kit임

3. Dr. Kim CPLD Training Kit

1. Dr. Kim CPLD Training Kit (모델명 : SCA-100)

항 목	사 양
콘트롤러	EPM7128SLC84 (PLCC 타입)
사용 가능한 게이트	2,500 gate
Macrocells	128 Macrocells
사용가능한 I/O	68 Programmable I/O
시스템 클록	20 MHz를 분배하여 사용, 1개의 User 클록
소프트웨어 운영체제	Quartus II ver5.0 이상
프로그램 다운로드	ByteBlasterMV 기능 내장 (PC Parallel Port 사용)
입력 장치	Dip_Switch 8개, Reset Switch 1개
센서 장치	On/Off 적외선 센서 3set (수광 3, 발광 6)
출력 장치	LED 4개, 4Dite-7segment LED 1개, Text LCD 1개, Text LCD(16×2) 1개(Back Light 내장)
Motor	Step Motor, DC Motor, RC Servo Motor 각각 1개
Motor 구동 IC	SLA7024M, L298N
입력 & 보드 전원	입력 전원 : DC 9V ~ 12V, 보드 전원 : DC 5V
보드사이즈	가로 209mm × 세로 165mm

▶ 로봇, 각종 전자 제품 등이 점차 소형화, 저전력화, 지능화되면서 개발자가 각종 전자회로를 ASIC, Gate Array하여 IC로 만들어 제품에 탑재하는 경우가 점차 증대되고 있다.

SCA-100은 이러한 기술의 추세에 적합하게 사용이 가능하도록 ALTERA사의 MAX700 Series인 EPM7128SLC84를 사용하였고, Quartus II 및 Kit에 내장된 ByteBlasterMV 기능으로 VHDL 언어를 이용하여 PLD 내부 구조 및 제어, I/O 기능 등을 쉽게 학습할 수 있도록 만든 CPLD Training Kit 임

2. Dr. Kim FPGA Training Kit (모델명 : SFA-100)

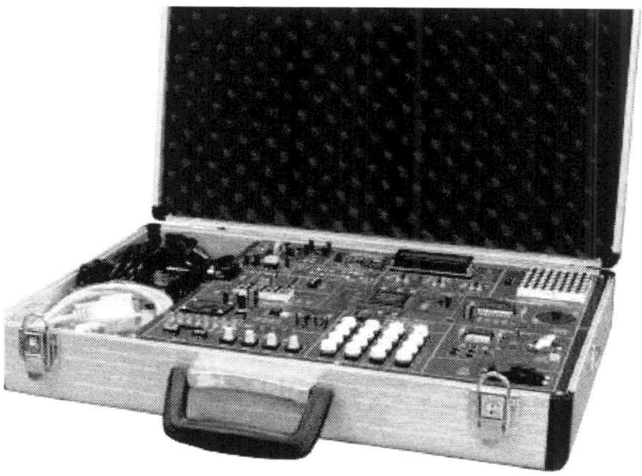

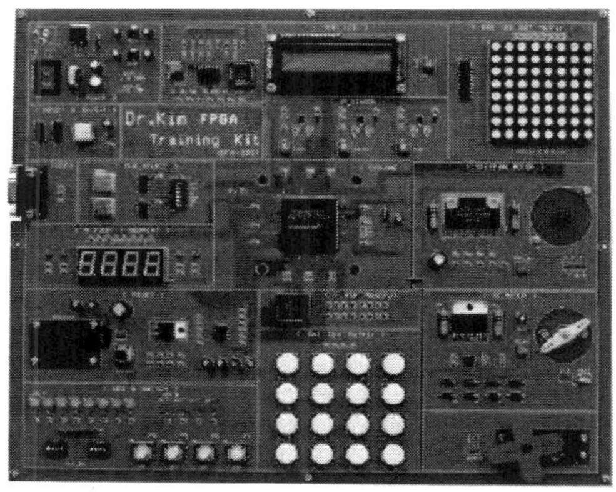

항 목	사 양
콘트롤러	EP1C6Q240C (PQFP 타입)
Logic Elements	5,980 LEs
Total RAM bits	92,160 bits (11,520 bytes)
사용가능한 I/O	185 Programmable I/O
시스템 클록	20 MHz를 분배하여 사용, 25 MHz의 고정 Clock
소프트웨어 운영체제	Quartus II ver5.0 이상
프로그램 다운로드	ByteBlasterMV 기능 내장 (PC Parallel Port 사용), JTAG Download
입력 장치	Dip_Switch 8개, Tact_Switch 4개, Reset Switch 1개, 4×4 Function Switch (16개의 Switch)
센서 장치	On/Off 적외선 센서 3set (수광 3, 발광 6)
출력 장치	LED 12개, 4Dite-7segment LED 1개, Text LCD(16×2) 1개(Back Light 내장), 64 Dot Matrix, Speaker를 통한 사운드 출력
Motor	Step Motor, DC Motor, RC Servo Motor 각각 1개
Motor 구동 IC	SLA7024M, L298N
입력 & 보드 전원	입력 전원 : DC 9V ~ 12V, 보드 전원 : DC 5V
보드사이즈	가로 350mm × 세로 290mm

▶ 로봇, 각종 전자 제품 등이 점차 소형화, 저전력화, 지능화되면서 개발자가 각종 전자회로를 ASIC, Gate Array하여 IC로 만들어 제품에 탑재하는 경우가 점차 증대되고 있다. 이러한 주문자형 IC는 점차 복잡한 회로까지 사용분야가 확대되면서 Gate 수가 많은 제품을 필요로 하고 있는 추세이다. SFA-100은 이러한 기술의 추세에 적합하게 사용이 가능하도록 ALTERA사의 FPGA CYCLONE Series인 EP1C6Q240C를 사용하여 FPGA 내부 구조 및 제어, I/O 기능 등을 쉽게 학습할 수 있도록 만들었고, Quartus II의 SignalTap II Logic Analyzer 기능을 활용하여 Oscilloscope와 같은 고가의 계측장비 없이 Kit의 신호 파형을 확인 할 수 있도록 만든 FPGA Training Kit 임

4. Dr. Kim AVR + FPGA 복합 Training Kit

1. Dr. Kim AVR+FPGA 복합 Training Kit (모델명 : SAF-100)

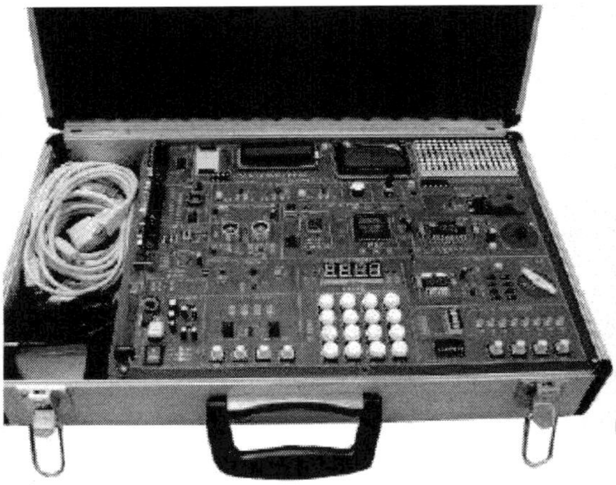

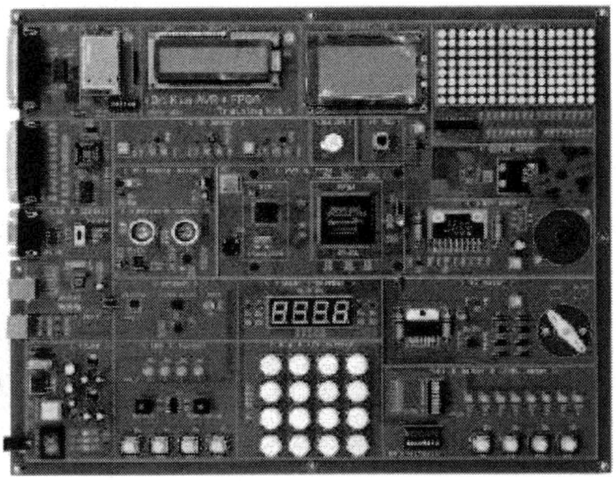

항 목	사 양
콘트롤러	ATmega128L, EP1C6Q240C (PQFP 타입)
메모리	128K Bytes Flash, 4K Bytes internal SRAM, 4K Bytes EEPROM
Logic Elements	5,980 LEs
Total RAM bits	92,160 bits (11,520 bytes)
사용가능한 I/O	AVR : 53 Programmable I/O,

	FPGA : 185 Programmable I/O
시스템 클록	AVR : 8MHz FPGA : 20MHz
소프트웨어 운영체제	AVR : AVR Edit FPGA : Quartus II ver5.0 이상
프로그램 다운로드	AVR : PonyProg2000 (PC Parallel Port 사용) FPGA : ByteBlasterMV 기능 내장
입력 장치	Dip_Switch 8개, Tact_Switch 8개, Reset Switch 1개, 4×4 Function Switch (16개의 Switch), 채터링 방지 Interrupt & Counter Switch 각각 1개
센서 장치	On/Off 적외선 센서 2set (수광 2, 발광 4), 광량 센서 1set (수광 1, 발광 2), 초음파 센서 1개, 마그네틱 센서 1개, 온도 센서 1개, CdS 센서 1개, IR 리모컨 센서 1개
출력 장치	LED 12개, 4Dite-7segment LED 1개, Text LCD(16×2) 1개(Back Light 내장), 64 Dot Matrix, Graphic LCD(128×64) 1개(Back Light 내장)
Motor	Step Motor, DC Motor, RC Servo Motor 각각 1개
Motor 구동 IC	SLA7024M, L298N
통신 포트	RS232C Port 1개, USB Port 1개, Parallel Port 1개, RF 무선 통신 포트 1개
입력 & 보드 전원	입력 전원 : DC 9V ~ 12V, 보드 전원 : DC 5V, 3.3V, 1.5V
보드사이즈	가로 370mm × 세로 297mm

▶ SAF-100은 하나의 Kit에 ATmega128L 마이크로프로세서와 Altera Cyclone FPGA SOC(System On Chip) 콘트롤러를 사용하여 마이크로프로세서와 SOC 기능을 동시에 학습할 수 있도록 만든 획기적인 복합형 Training Kit 임

▶ SOC CPLD, FPGA 기능에 의하여 설계된 Gate Array, ASIC 회로를 USB, LCD, Sensor, Motor, Display 등 내장된 다양한 Embedded 장치나 Dr. Kim 확장 모듈등과 결합하여 AVR 마이크로프로세서로 제어 실험을 할 수 있도록 만든 다기능 복합Training Kit 임

5. Dr. Kim AVR, 8051, CPLD, FPGA 콘트롤러 모듈

[MAT16-100]

[MAT32-100]

[MAT8535-100]

[MAT8-100]

[MAT128-100]

[MAT128-200]

[MAS128-100]

[MIC80-100]

[MIC80-200]

[MCA64-100]

[MCA128-100]

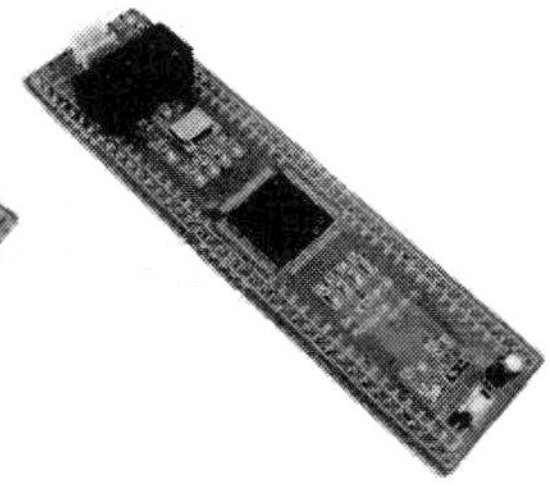

[MCA128-200]

▶ AVR, 8051, CPLD, FPGA 콘트롤러 모듈로서 모듈만 가지고도 AVR, PLD 명령어 및 각종 Programming 실험을 할 수 있으며, Dr. Kim 확장 모듈과 Connector나 Bread Board, 만능 기판 또는 PCB에 장착하여 각종 실험이 가능하고, 매우 저렴하고 사용이 간편하여 기사 시험 등의 준비나 졸업 작품 등에 이용하기에 적합하고 또한 각종 시판 제품의 제어 모듈로도 직접 사용하여 양산 제품화도 할 수 있도록 만든 모듈임

6. Dr. Kim 확장 모듈

[MSEN-100]

[MMOT-200]

[MLCD-200]

[MKEY-100]

[MDOT-100]

[MUR-100]

[MFND-100]

[MLCD-100]

[MMOT-100]

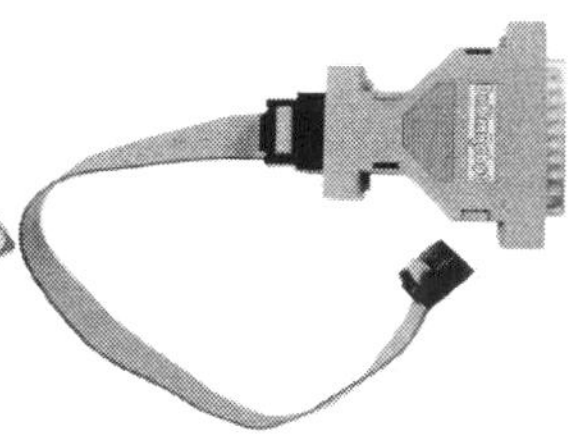

[MISP-300(30cm)

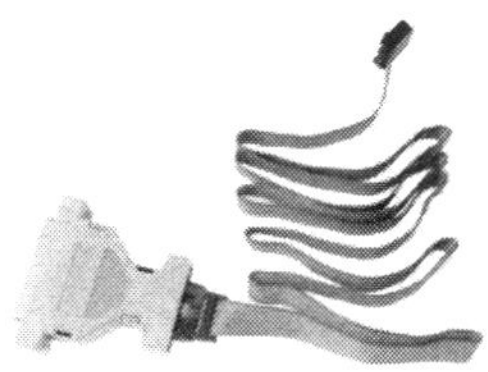

[MISP-200(1M)

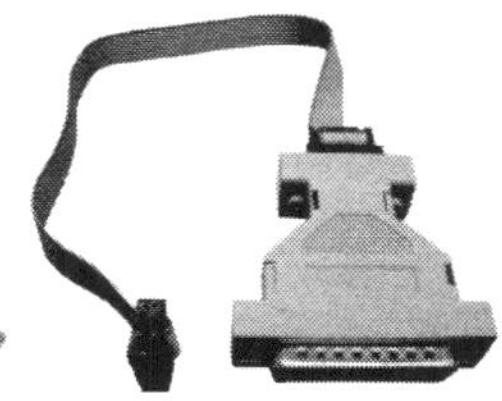

[MISP-100(30cm)]

▶ Dr. Kim Training Kit, Dr. Kim 로봇 및 Dr. Kim 콘트롤러 모듈 등과 Connector나 Bread Board 또는 만능기판으로 간편하게 결합하여 거의 대부분의 전자 디바이스 실험을 할 수 있도록 준비 된 확장 모듈임

▶ 용도에 따라 필요한 모듈만을 매우 저렴하고 간편하게 구입하여 실험이 가능하여 기사 시험 등의 준비나 졸업 작품 등에 이용하기에 적합하고 또한 각종 시판 제품의 모듈로도 직접 사용하여 양산 제품화도 할 수 있도록 만든 모듈임

▶ CPU 모듈과 Connector를 이용하여 Bread Board에서 연결하여 실험하는 모습

7. Dr. Kim 로봇

1. Dr. Kim 로봇(모델명 : RAS128-100, RAD128-100, RFPGA-100, CLT-100)

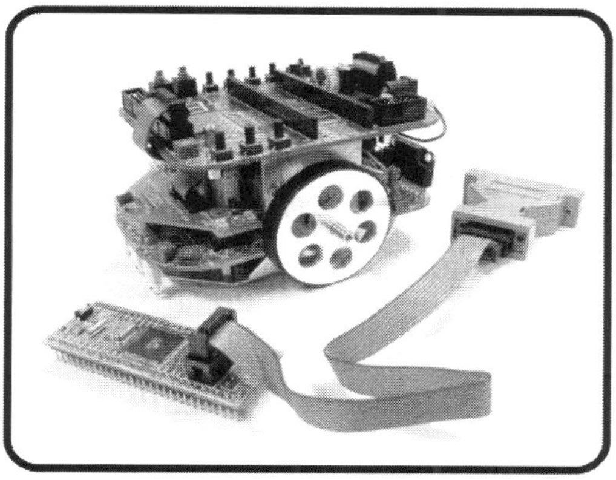

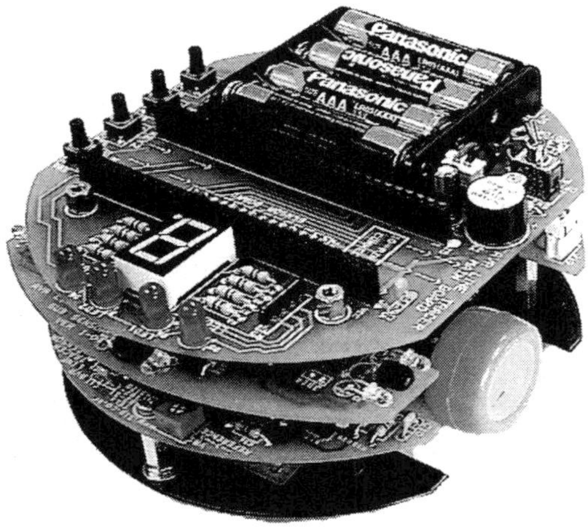

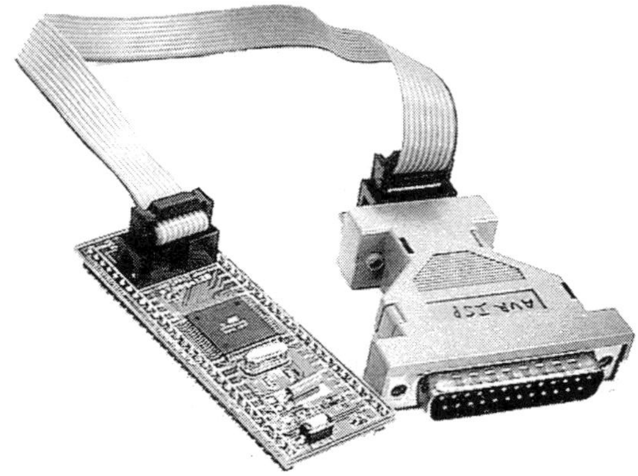

AVR LINE TRACER
MAIN BOARD
Panasonic
KEY0
KEY1

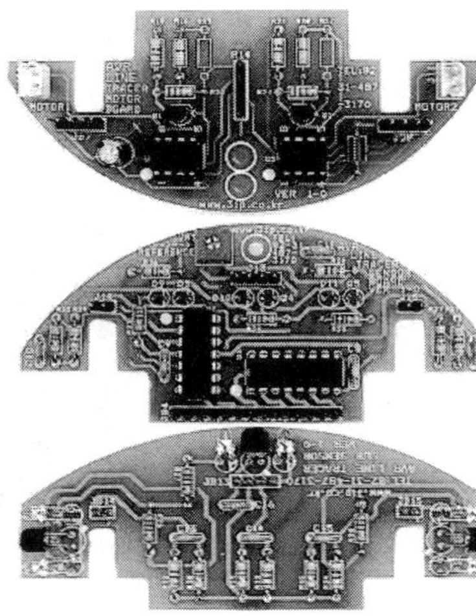

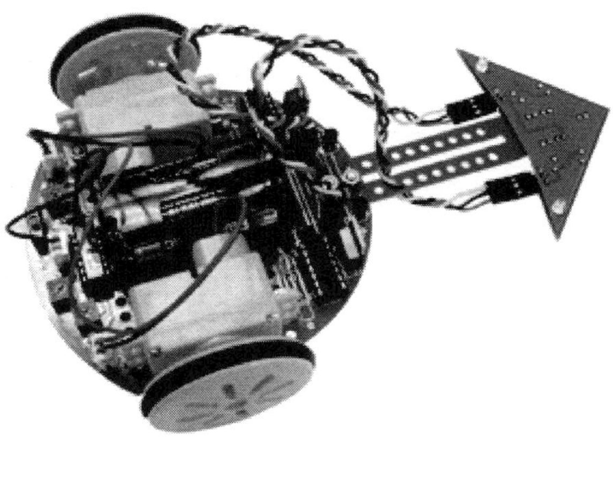

▶ Dr. KIm 로봇은 액추에이터는 DC, Stepping, Servo Motor를 사용하여 만든 로봇이 있고, 콘트롤러는 AVR, 8051계열, CPLD, FPGA를 사용하여 만든 다양한 로봇이 준비되어 있어서 용도에 따라 선택하여 사용할 수 있음

▶ Dr. Kim 로봇은 Training Kit에서 실험할 수 있는 대부분의 전자 디바이스 실험을 할 수 있도록 Training Kit 기능을 가지고 있으며, 로봇 제어 및 Simulation까지 할 수 있는 개인, 학교, 산업체현장 및 전문가 등에 적합한 고기능의 복합 로봇 Training Kit임

▶ 하나의 로봇에 마이크로프로세서 및 SOC 콘트롤러가 탑재되어 있어서 CPLD, FPGA 기능에 의하여 설계된 Gate Array, ASIC 회로를 USB, LCD, Sensor, Motor, Display 등 로봇에 내장된 다양한 Embedded 장치나 Dr. Kim 확장 모듈등과 결합하여 마이크로프로세서로 제어 실험을 할 수 있도록 만든 다기능 복합 로봇 Training Kit 임

▶ Dr. Kim 로봇은 각종 기능 및 동작을 쉽게 직접 조립 하면서 배울 수 있고, 초등학생부터 대학원 이상의 전문가까지 사용할 수 있는 대회용, 교육용 로봇 등 다양한 로봇 Training Kit가 준비되어 있음

ATmega128 이론 및 실험

3판 6쇄 2021년 3월 5일

저 자 김종부 / 서종완 / 안비오
발행인 송광헌
발행처 복두출판사
주 소 서울특별시 영등포구 경인로82길 3-4
센터플러스 807호 (우) 07371
전 화 (02) 2164-2580
FAX (02) 2164-2584
등 록 1993. 11. 22. 제 10-902 호

정가 : 25,000원

ISBN : 978-89-8000-552-9 92560

한국과학기술출판협회 회원사

Dr. Kim ATmega128

제품 개요

Dr. Kim ATmega128 Training Kit (모델명: SAT128-200)

- CPU: ATmega128, ISP Programming
- AVR Command, USB, LCD, Sensor, Motor, Diplay, Sound 등 다양한 Embedded 장치에 의한 실험 및 각종 모듈을 연결하여 다양한 실험 가능
- 기존의 고가의 Training Kit의 대부분의 기능을 가지고 있으나 가격을 획기적으로 저렴하게 만들어 개인이 구입하여 기사 시험 등의 준비나 학교, 산업체 현장 등에 적합한 Training Kit임
- 실험에 필요한 모든 액세사리 포함됨

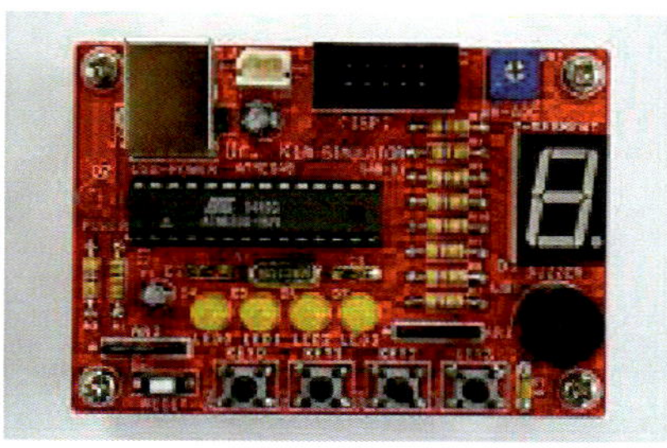

Dr. Kim ATmega8 Training Kit (모델명: SAT8-100)

- CPU: ATmega8, ISP Programming
- AVR Command, FND, LED, Sound, Switch외 각종 모듈을 연결하여 다양한 실험 가능
- 저가형으로 개인이 구입하여 기사시험 등의 준비 등에 적합한 Trining Kit임
- 별도의 전원 없이 USB의 전원이 사용가능하여 컴퓨터가 있는 곳이면 어디서나 사용가능

CPU 또는 AVR Training Kit와 결합이 가능한 주변 모듈

(MLCD-100, MFND-100, MSWH-100, MLED-100, MMOT-100, MSEN-100)

Dr. Kim에서 제공하는 트레이닝 키트 또는 Connector나 Bread Board 또는 만능기판으로 간편하게 결합하여 각종 실험을 할 수 있는 다양한 기능의 주변 모듈임

MLCD-100

MDOT-100

MSWH-100

MMOT-100

MSEN-100

Dr. Kim ATmega128 CPU Module

(MAT128-100, MAS128-100, MAT128-200)